세계 내 정신

제2판

KB165838

제2판
저자의 의뢰로 요하네스 밥티스트 메츠가
수정 및 보완함

Original title: Geist in Welt:
Zur Metaphysik der endlichen Erkenntnis bei Thomas von Aquin
by Karl Rahner
© 1957 by Koesel-Verlag,
a division of Penguin Random House Verlagsgruppe GmbH, München, Germany.

All rights reserved. No part of this book may be used or reproduced in any
manner whatever without written permission except in the case of brief quotations
embodied in critical articles or reviews.

Korean Translation Copyright © 2024 by Sahoipyoungnon Academy
Korean edition is published by arrangement with Penguin Random House
Verlagsgruppe GmbH
through BC Agency, Seoul

이 책의 한국어판 저작권은 BC에이전시를 통해
저작권사와 독점 계약을 맺은 '사회평론아카데미'에 있습니다.
저작권법에 의해 국내에서 보호를 받는 저작물이므로 무단 전재와 복제를 금합니다.

Karl Rahner
Geist in Welt
Zur Metaphysik der endlichen Erkenntnis bei Thomas von Aquin

세계 내 정신
토마스 아퀴나스의 유한한 인식의 형이상학
제2판

카를 라너 지음 | 이규성 옮김

사회평론아카데미

일러두기

1. 이 책은 1957년 독일의 뮌헨에서 제2판으로 출간된 Karl Rahner의 저, Geist in Welt —
   Zur Metaphysik der endlichen Erkenntnis bei Thomas von Aquin를 한국어로 번역한
   것이다.

2. 번역서와 원서를 비교하며 읽을 수 있도록 본문 좌우 여백에 제1판과 제2판에 해당하는 쪽
   을 표기하였다. 로마 숫자와 바탕체로 표기된 숫자는 1939년에 출간된 제1판에 해당하며,
   이탤릭체로 표기된 숫자는 1957년 출간된 제2판에 해당한다.

본 작업의 목적은 논문 제목을 통해 잠정적으로나마 충분히 표기되었다고 할 수 있다. 연구 방법에 대해서는 '들어가기'에서 가장 필요한 것들이 논의될 것이다. 여기에 제공된 것을 넘어 토미스트 철학의 연구 작업들에 대해 제시하는 것은 적절하지 않은 것으로 보인다. 이 작업들과의 철저한 논쟁은 본 작업의 범위 내에서는 허락되지 않는다. 그리고 내가 단순히 동의하는 입장에서 인용하였을 수도 있을 법한 연구 작업은 본서에서 논의된 것들 외에는 나에게 알려진 바 없다. 만일 무엇보다도 피에르 루셀로(Pierre Rousselot)와 요세프 마레샬(Joseph Maréchal)이 인용되었다고 한다면, 이는 본 연구에서 그들의 토마스 해석 정신(Geist ihrer Thomasinterpretation)에 지대한 빚을 졌음을 표현하고자 하기 위해서이다.

본 연구의 제3부는 원래 기획하였던 것에 대한 간단한 개요에 지나지 않는다. 지면 부족으로 말미암아 본 연구의 제3부 주제는 충분히 다루어지지 않았다. 무엇보다도 내가 얻고자 하는 것은 다음과 같다. 즉, '신스콜라주의'(Neuscholastik)라고 일컬어지는 것에서 다소 벗어나 토마스 자신에게로 돌아오는 것이다. 이렇게 함으로써 현대 철학에 제기된 저 질문들에 친숙해지기 위해서이다.

이 작업은 원래 1936년 5월에 마쳤다. 초판은 1939년[인스브루크 라우흐(Rauch) 출판사]에 출판되었다. 언제나 있어 왔던 우호적이고 동조적인 관심에도 불구하고 이 연구는 전쟁의 혼란으로 말미암아 너무나 빨리 그리고 다소 부당하게 시야에서 사라지고 말았다. 그럼에도 불구하고 초판이 일찌감치 절판되었기에 신판이 출간되는 것이 부적절하다고 여겨지지는 않았다. 이를 위하여 새로운 책을 써야 하는 것은 아니었다. 즉, 나의 기본 구상(Grundkonzeption)은 전적으로 동일하게 머물고 있다. 본서의 주제를 전반적으로 다시 한번 비판적으로 반복하고 본질적으로 확장하기에는 나의 직무로 말미암아 시간이 허락되지 않았다. 그래도 신판 출간을 원하는 간절한 소원을 따라야 했다. 그래서 여기 나의 제자인 요하네스 밥티스트 메츠 박사(Dr. Johannes Baptist Metz)에게 지대한 감사를 드리는 바이다. 그는 나의 위임을 받아 본서 제2판을 출판하는 데 수고를 아끼지 않았다. 그는 본문 전체를 점검하고 몇 군데(제2부 제1장)를 수정하였으며, 여기저기 자그마한 보충을 통해 확장하였다. 또한 라틴어 본문을 독일어로 번역하였고, 거의 모든 장을 세분하여 소제목으로 분류하였다. 무엇보다도 그는 본문의 몇 부분에서, 특히 각주에서 본서의 이론을 본서 초판에 대한 주요 비판들과 대조하였고, 1939년 이래 토미스트 인식 형이상학에 관한 여타의 작업과도 대조하였다. 토미스트 인식 형이상학은 명백히 본서가 다루는 주제이다. 따라서 제2판이 초판본과 차이 나는 것은 모두 메츠 박사의 덕이다. 나의 책에 대한 헌신적이고도 지적인 그의 투신 작업의 결과에 나는 전적으로 동의하는 바이다. 따라서 본문에 어떤 것을 추가하고 수정하였는지를 보여 주는 것은 불필요하게 여겨진다.

10

1957년 7월 26일 인스브루크에서
카를 라너

옮긴이의 말

카를 라너(Karl Rahner, 1904~1984)의 별세 10주년을 맞아 에머리히 코레트(Emerich Coreth, 1919~2006)는 라너 신학의 철학적 기초에 대해 의견을 발표했다. 그는 라너의 신학이 철학적 통찰과 확신을 바탕으로 하고 있기 때문에, 이를 이해하기 위해서는 그 철학적 전제가 중요하다고 강조했다. 코레트에 따르면 라너에 대한 비판은 그의 철학적 전제를 오해해서 생긴 것이다. 그는 라너가 철학자가 아닌 신학자임을 명확히 하였다.

라너의 작업은 그리스도교 진리를 당대에 맞게 재해석하고 풍요롭게 만드는 데 목표를 두었다. 그는 당시의 그리스도교 철학이 인간 현존재를 하느님의 구원 질서 안에서 규정하지 않음을 비판했다. 인간은 신앙과 신념으로 살아야 하는데, 당시의 철학이 단지 추상과 개념, 논리에 치우쳐 있었기 때문이다.

그럼에도 라너는 철학이 신학에 매우 유용하다고 확신하였으며, 신학적 인식이 철학적 인식과 밀접한 관련이 있다고 보았다. 코레트 역시 라너의 신학적 인식이 대부분 철학적 통찰에 기반한다고 평가한 바 있다. 코레트의 평가는 라너의 신학적 작업이 철학적 성찰을 통한 것임을 시사하며, 이러한 특징은 그의 초기 저작인 『세계 내 정신』(Geist in Welt)과 『말씀의 청자』(Hörer des Wortes), 그리고 후기 작업인 『그리스도교 신앙 입문』(Grundkurs des Glaubens)에 매우 잘 드러나 있다.

카를 라너는 자신의 철학 박사 논문 「세계 내 정신」을 1936년에 완성하였으나, 1939년에 이르러서야 이 논문을 출판하게 되었다. 이 논문은 토마스 아퀴나스(Thomas Aquinas, 1225~1274)의 인식 형이상학을 해석하고, 인간의 인식 행위가 어떻게 세계 내 정신이 될 수 있는지 규명하는 것을 목표로 하였다. 그러나 라너의 지도 교수 마르틴 호네커(Martin Honecker, 1888~1941)는 라너의 토마스 해석이 근대주의에 의해 왜곡되었다고 판단하여 그의 박사 논문 승인을 거부하였다. 호네커는 라너가 평소 마르틴 하이데거(Martin Heidegger, 1889~1976)의 강의에 충실히 참여했을 뿐 아니라, 논문 곳곳에 하이데거식 표현을 사용했다는 이유로 라너의 박사 논문이 마르틴 하이데거의 영향을 받았다고 의심하였다. 그러나 라너는 자신의 작업이 내용적으로 하이데거보다는 요셉 마레샬(Joseph Marechal, 1878~1944)의 영향을 받았다고 밝혔다.

라너는 1924년부터 1927년까지 예수회철학대학(Hochschule für Philosophie München)에서 신스콜라주의를 공부한 바 있지만, 신스콜라주의에 만족하지는 못했다. 그가 생각하기에 신스콜라주의가 시대적 요청에 적절히 부응하지 못했기 때문이다. 라너는 이 시기에 요셉 마레샬(Joseph Maréchal, 1878~1944)의 『형이상학의 출발점』(Le point de départ de la metaphysique) 제5권을 읽고, 이 책에 강하게 영향을 받았다고 알려져 있다. 제5권의 제목은 '비판철학 앞에서의 토미즘'(Le thomisme devant la philosophie critique)으로 분량은 약 500여 쪽에 달하며, 그 내용은 매우 사변적이면서도 체계적이다. 제목에서 드러나는 바와 같이 마레샬의 책 제5권은 칸트의 비판철학을 극복하면서 전통 형이상학과 칸트의 인식론을 접목하려는 시도였다. 마레샬은 인간 현존재가 역사 안에서 하느님의 구원 질서에 포함되어 있음에도 비판철학이 이러한 사실을 고려하지 않는다고 지적하였다. 라너는 마레샬의 철학이 인간 정신이 존재 자체(esse ipsum)에 선험적으로 개방되어 있음을 드러냈다고 확신하며 마레샬의 철학을 상당 부분 수용하였다.

라너에 따르면, 마레샬은 인간의 추론적 지성이 무한한 최종 목적을 향해 역동적으로 나아간다고 보았다. 이 최종 목적은 하느님으로, 인간 정신은 이를 향한 선험적 개방성을 지니고 있다. 마레샬의 철학은 인간의 추론적 인식 행위가 목적 지향적이라고 정의하며, 모든 대상 인식에는 최종 목적에 대한 인식이 전제된다고 주장했다. 라너는 이러한 마레샬의 철학이 전통 형이상학과 초월적 방법론 사이의 대화를 시도하여 철학적 사유의 변혁을 이루었다고 평가하였다. 그는 마레샬의 철학을 통해 인간 지성의 역동성과 최종 목적을 향한 지향성을 인식하고, 이를 자신의 신학적 사유에 적용하였다.

라너는 마레샬의 작업을 바탕으로 『세계 내 정신』에서 자신의 고유한 인식 형이상학을 전개하였다. 그는 인간의 주체성을 강조하고, 지성의 역동성을 통해 초월적 실재론을 전개하려고 시도하였다. 그에 따르면 인간은 정신적 존재, 즉 육체화된 정신으로서 시공간 안에 존재하는 '세계 내 정신'이다. 다시 말해 인간의 육체는 세계 내에 제한되어 있지만, 정신은 감각 기관을 통해 세계를 인식하면서 초월적 지평으로 향한다. 또한 라너는 진리란 존재와 지성의 일치라고 본 토마스의 관점에 동의하며, 인간 주체와 객관적 대상이 일치될 때 인간의 인식이 생겨난다고 주장했다. 이러한 관점에서 보면 초월적 존재와 인간의 일치는 결국 인간이 감각을 통해 외부 사물을 포착할 때, 능동 지성과 수동 지성이 작용하여 대상을 인식함으로써(대상과 일치함으로써) 가능하다.

라너의 초월적 성찰은 존재 자체와 연관되며, 존재 자체를 향한 인간 정신의 필연적 성향을 보여 준다. 그는 '초월적'이라는 용어를 시공간을 넘어서는 존재 자체를 지칭하는 데 사용하였으며, 초월적인 존재 자체는 인간 정신에 진(眞), 선(善), 미(美) 그리고 일(一) 등의 형이상학적 가치로 드러난다고 주장하였다. 라너의 이러한 인식 형이상학적 입장은 그의 신학에서도 적용되며, 이에 따르면 인간은 자기를 성찰하고 무한을 추구하는 역동성을 탐구함으로써 신학을 수행할 수 있다.

카를 라너는 이미 대한민국 신학계에 널리 알려졌지만, 국내에는 번역된 저서가 많지 않아서 그의 사상을 깊이 이해하기 어려웠다. 그러나 라너의 사상에는 한국적 그리스도교 철학 및 신학의 체계를 구축하는 데 필요한 새로운 관점과 철학적 기반이 담겨 있다. 라너의 사상은 교회의 전통적인 신앙 가르침에 충실하면서도, 이를 현대적이고 창의적인 방식으로 해석하고 실천하는 데 도움을 줄 것이다.

이 책을 통해 카를 라너의 『세계 내 정신』에서 드러나는 심오한 철학 사상이 대한민국 신학계에 긍정적인 영향을 미치기를 기원한다. 비록 그리스도교 철학과 신학이 척박한 상황에 처해 있지만, 역자는 이 책이 한국적 그리스도교 철학과 신학의 발전에 훌륭한 토대를 마련해 줄 것을 확신한다.

또한 이 책은 사제는 물론, 평신도에게도 풍부한 철학적·신학적 사유의 기반을 제공함으로써 이들이 철학적·신학적 지식과 실천에 접근할 수 있게 다리를 놓아 줄 것이다. 이 책을 읽은 이들이 라너의 철학과 신학을 보다 명확히 이해하고, 이를 통해 신학적 해석을 현대적 맥락에 맞게 재구성할 수 있게 되기를 기대한다.

이 책을 번역하고 연구하기까지 많은 이의 지원과 격려가 있었다. 특히 사회평론아카데미의 윤철호 대표와 정용준 편집자, 그리고 서강대학교 신학대학원에서 역자의 지도하에 석사 및 박사 과정을 수행하는 이들의 노력에 감사한 마음을 전한다. 또한 이 책을 번역하는 데 도움을 준 가톨릭대학교의 강엘리사벳 학술연구기금에 무한한 감사를 드린다. 이들의 도움이 없었다면 이 책은 세상의 빛을 받아 볼 기회조차 얻지 못했을 것이다. 이들의 기여가 대한민국 철학계와 신학계에서 라너의 사상을 이해하고 확산하는 데 결정적인 역할을 하였다고 확신한다. 마지막으로, 이 책이 대한민국 철학계와 신학계에 더욱 풍요롭고 다양한 연구의 토대를 마련하는 데 기여하기를 기원한다.

노고산에서

이규성(서강대학교 신학대학원 신학교수)

차례

제3부 상상력에 기반한 형이상학의 가능성

＊ 본 역서는 가톨릭대학교 강엘리사벳 연구기금에서 연구비를 지원받아 번역되었습니다(과제번호: KEF-2017-A2).

본 연구 작업의 목적은 토미스트 인식 형이상학(thomistische Er-kenntnismetaphysik)의 한 부분을 소개하는 것이다. 이 작업을 이해하기 위해서는 연구 대상 및 취급 방식에 대한 사전 설명이 요구된다. 연구 대상과 작업 방식은 상호 의존관계에 있기에 이에 관한 사전 진술을 도외시할 수 없다.

토미스트 인식 형이상학이란 토마스 아퀴나스 자신의 이론을 뜻한다. 따라서 토마스 주석가들이나 토마스 학파의 주장을 동원하지 않고, 아울러 그의 이론의 역사적 기원에 몰두하지 않는 가운데 그를 직접 이해하려고 시도하는 것이 옳을 것이다.

토마스의 이론에 천착하는 것은 역사적 질문이긴 하지만 또한 철학적 질문을 뜻하기도 한다. 그래서 시대의 제약성, 즉 아리스토텔레스 및 아우구스티누스, 그리고 그 시절의 철학에 의존적인 토마스가 본서의 주제는 아니다. 물론 그러한 (역사적) 토마스가 있다. 그래서 역사적 탐구를 통해 이러한 토마스에 대해서 천착하려는 시도 또한 가능하다. 그러한 방식으로 토마스 안에서 정말 철학적인 것에 도달할 수 있는지에 대한 의혹은 응당 있을 수 있거나 그렇지 않을 수도 있다. 무엇보다도 이러한 역사적 작업에서 중요한 것은 '역사'가 아니라 철학 자체이다. 그래서 만일 한 철학자에게서 고유의 철학적인 것이 파악된다면 이는 오직 철학자와 함께 사태 자체를 바라보는 방식으로만 이루어질 수 있다. 오로지 이 방식으로만 그가 뜻하는 바를 이해할 수 있는 것이다. 따라서 본서는 토마스가 한 번이라도 주장하였던 그 모든 것을 예외 없이 수집하여 일률적으로 평가하고 표피적으로 정리하는 것을 목적으로 하지 않는다. 그래서는 토마스의 원래 철학적 사건에 도달할 수 없다. 오히려 자주 논의되지는 않았던 토마스 철학의 첫 출발점의 관점에서 전개 과정 중인 그의 철학을 새롭게 파악하는 것이 중요하다. 또한 하나의 철학에 대한 역사적 서술은, 그것이 참으로 철학이어야 한다면, 단순히 철학적 언명을 표피적으로 정리한 순차적 나열만일 수는 없

12 다. 그것은 철학적 전개 자체가 함께 수행되어야 한다. 그러나 이는 특정한 출발점에서 사태의 역동성에 자신을 의탁하는 가운데, 그리고 아울러 이론적으로 문제가 되는 철학자의 명백한 주장에 대하여 그 전개 과정을 당연히 지속적으로 재평가하는 가운데에서만 가능하다. 이 모든 것은 특히 토마스에게 있어서 더욱 필수적이다. 왜냐하면 그 자신이 내적으로 발전하는 중에 자기 철학의 더 큰 부분을 그 어디에도 소개하지 않았기 때문이다. 그는 체계적인 철학적 전개를 담아내는 더욱 큰 규모의 저술을 작성한 바 없다. 그는 생동적인 철학을 바탕으로 자신의 신학을 저술하였는데, 그 통일성과 발전이 직접적이자 역사적으로 파

XII 악될 수 있도록 수행된 적은 없다. 그의 철학은 조용한 사유 행위의 한가운데에 은닉되어 머물렀을 뿐이다.

따라서 만일 역사적으로 파악 가능한 그의 철학적 단편이 철학이 되기 위하여, 토마스로부터 제공된 출발점으로부터 시작하여 사태의 역동성에 언제나 다시 자신을 의탁하는 것이 절대적으로 필요하다면, 토마스로부터 제공된 그러한 출발점이 개별 인간의 고유한 숙고를 통해 확장되는 것은 당연히 불가피하다. 그러므로 본 연구 작업에서는 토마스에 근거하는 인용으로 각 명제가 증명되어야 한다고 요청하지는 않을 것이다. 직접 파악되는 토마스의 사유 과정을 통해 이러한 고유한 철학함(Philosophieren)이 전개되고 있다고 논증되지 못한다면, 그러한 방법의 결과는 토마스 철학의 역사적 서술이라고 불릴 자격조차 없다.

오로지 이러한 방법을 통해서만 우리는 이 철학 자체로부터 제공된 실마리 또한 손에 쥐게 된다. 오직 이를 통해 우리는 기준을 얻게 되고, 이 기준에 의해 역사적으로 제공된 형이상학 자체의 성취가 평가되며, 개별적인 명제의 파급 효과가 신중히 비교 검토될 것이다. 오로지 그렇게 함으로써 철학의 영원한 것(das Ewige) 또한 그저 있어 왔을 뿐이라는 식의 무의미성(Belanglosigkeit des bloß Gewesenen)으로부터 구제될 것이다.

이러한 방법이 매우 필수적이라고 하더라도 불가피하게 위험성을 지니고 있다는 사실 또한 저자에게 알려진 바이다. 그러나 무엇보다도 '역사적인 것'(das Historische)을 중요하게 여기는 독자는 이 연구 작업 자체를 통해 토마스가 명백히 말한 것, 즉 그의 고유한 명백한 정식(Formulierung)에서 나타나는 정확한 윤곽이 무엇인지와, 그리고 저자 *13* 가 객관적인 질문을 제기하려는 취지 자체로 말미암아 토마스에게서 명백히 드러나는 개별적 숙고 유형들(einzelne Gedankengruppen) 사이에 다소 '초역사적인'(metahistorisch) 연결점을 구하려는 것을 언제나 구별할 수 있을 것이다. 저자는 최소한 이러한 차이를 언제나 알리려고 많이 노력하였다. 그러한 연결선들이 의심스럽게 보인다는 이유로 토미스트적이지 않다고 선언하기 이전에, 단순히 비유적인 것에(im Bildhaften) 정체되어 있는 막연한 상념(Vorstellung)이 아니라, 실제로 철학적인 사유를 중재하는 의미를, 즉 토마스에게서 명백하게 된 것의 의미를 독자 자신이 알고 있는지 자문하기를 바라는 바이다. 저자는 발견의 원칙을 신봉한다. 토마스와 같이 의문의 여지 없는 위대한 철학자에게서 정말로 철학적인 의미를 얻을 수 있는 주장이 있다고 말이다(이는 물론 다짜고짜 객관적으로 옳은 의미를 말하는 것은 아니다). 그리고 이것에 성공하지 못한다면 해석자가 실패하였다는 추정이 가능하다. 그렇지만 성공하지 못하였다고 해서 철학자 자신이 그러한 명제들에서, 단지 '역사적인 것'뿐이라는 것은 선대의 철학, 중세의 물리학 등에서 검토되지 않은 가운데 채택된 것이라고 설명될 수 있다는 전제를 만들었다고는 할 수 없다.

이러한 의미에서 토마스가 주장한 것을 단순히 '묘사'만 하는 것이 아니라 토마스에게 일어난 철학적 사건을 자신의 것으로 그대로 이해하고자 하는 역사적 연구 작업은 당연히 '엄밀한' 역사적 연구 작업보다 그 저자 자신이 형이상학에 대하여 이해할 수 있는 것에 더 의존한다. 여기에는 저자의 고유한 입장이 문제가 되는 것도 아니고, 저자가 의식하든 아니든 간에 자신의 고유한 의견을 토마스를 통해 해석해 내기를 원하는 것도 아니다. 이러한 위험은 다른 곳에서보다 더 크지 않다고 저자는 믿는 바이다. 왜냐하면 저자에게 토마스는 제자들에게 다른 생각을 금지하는 지배자가 아니기 때문이다. 그러나 토마스를 향하여 제기된 질문들의 방향은 저자의 체계적인 관심사로 말미암아 제안된 것이다. 특히 이러한 질문들이 토마스의 완성된 주장을 그 실제적인 문제로 되몰아가려는 곳에서 그러하다. 이에 저자는 여기서 명백하게 신봉하는 바인데, 이러한 실제적인 관심사는 작금의 철학적 문제에 의하여 조건 지워졌다(또는 그래야만 한다). 이러한 의미에서 만일 본서에 현대 철학에서 연원하는 토마스 해석이 작동하고 있다는 인상을 독자가 갖게 된다면 그러한 확신은 궁핍이 아니라 본서에 대한 애정이라고 보고 싶다. 자신의 철학과 자기 시대의 철학에 영향을 주는 질문 말고 어느 다른 이유로 말미암아 저자가 토마스에 전념할 수 있는지는 모르기 때문이다. 적어도 위대한 철학자들 사이에서 작용하는 '영원 철학'(philosophia perennis)의 섭리에 대해 확신하는 자는 역사적 연구 작업에 의한 그러한 현대적 문제 제기를 최소한이나마 처음부터 객관성이 없다고 거부할 수는 없다. 저자는 그러한 방법에서 우선 한 번은 하나의 시도(Versuch)가 문제가 될 수 있다고 본다. 새로운 문제 제기에 의하여 조건 지워지는 최소한의 새로운 형식을 통해 나타나는 이 시도는 토마스가 생각하였던 것에 대한 전통적인 논의에서 벗어나기 때문이다. 그럼에도 불구하고 저자는 하나의 시도 이상은 아니길 바라는 이러한 연구 작업에서 현대 철학의 실제적인 관심사를 공유하고 또 우선 토마스와 함께 사태를 바라보면서 그런 연후에 토마스에게서 철학이 발견한 형식을 함께 보는 우호적인 판단을 희망하는 바이다. 본 연구 작업의 제한적인 범위로 말미암아 칸트부터 하이데거까지의 현대 철학이 토마스와 명백하게 그리고 상세하게 대면하는 것은 허락되지 않는다. 저자는 그러한 평행을 이루는 것에 대한 몇 가지 명민한 암시를 통해 본서의 문제를 더욱 뚜렷하게 드러나도록 하려는 시도를 하지 않을 것이다. 근대 철학을 아는 이라면 바라건대 이러한 접촉점 또한 알게 될 것이다. 본서에서 칸트처럼 들리는 몇 가지 형식에 부딪칠 위험 XIV 에 놓여 있는 스콜라 독자들에게는 여기서 다음과 같은 것이 명백하게 밝혀질 것이다. 즉, 이 책의 주제는 인식 비판이 아니라 인식 형이상학이다. 그래서 칸트와는 반대로 언제나 사유적 질료 형상론(noetischer Hylemorphismus)이 문제시된다. 즉, 사유적 질료 형상론에는 일반적으로 인식 행위의 존재론적 피규정성(Seinsbestimmtheit des Erkennens)이라는 의미의 존재론적(ontologisch) 질료 형상론이 대응한다.

본서의 제목은 『세계 내 정신』(Geist in Welt)이다. 정신이란 세계를 뛰어넘어 '물리적인 것을-뛰어넘는 것'(das Meta-Physische)을 인식하는 능력의 명칭이다. 세계는 인간의 직접적인 경험에 접근 가능한 현실(Wirklichkeit)의 명칭이다. 토마스에 따르면 인간의 인식 행위가 어떻 15 게 세계 내 정신이 될 수 있는지가 본 연구 작업에서 제기되는 주요 질문이다. 인간의 인식 행위는 일단 경험 세계에 존재하고 모든 '물리적인 것을-뛰어넘는 것'은 오로지 세계에서(an der Welt) 인식 가능하다는 주장은 토마스의 이론에 의해서 제기되었다. 즉, 그것은 현상을 향한(an die Erscheinung) 지성의 전회(Hinwendung) 및 지속적인 전회성(Hingewandtheit)이다(conversio intellectus ad phantasma). 따라서 본 연구 작업은 "표상으로의 전회"(conversio ad phantasma)라는 제목을 가질 수도 있을 것이다.

본 연구 작업은 토미스트 인식 형이상학의 핵심 중에서 하나의 주제를 선택하였다. '핵심'에서 왔다는 말은 두 가지 의미를 내포한다. 즉, 본 주제는 전체 형이상학의 핵심에서 채택되었다는 것이다. 그래서 이 주제는 어떠한 의미에서는 전체 토미스트 형이상학이 전개되는 첫 출발점을 전제한다. 또한 다른 많은 것들 다음에나 등장하는 형이상학의 한 부분이기도 하다. 그러나 이 주제는 다음과 같은 의미에서 그것들의 핵심이다. 즉, 인간 인식(Erkenntnis)의 본질에 관한 토미스트적 규정의 다양성이 이 주제를 통해 다시금 기원적인 일치로 결합되기 때문이다.

이로써 최소한 잠정적이나마 본 주제의 정당성이 확보되지만 그와 동시에 그 내적 어려움이 생기게 된다. 인간의 인식 행위에 관한 총체적인 토미스트적 이해가 가능하도록 시도한다는 면에서 본 주제는 정당하다. 왜냐하면 표상으로의 전회라고 하는 것이 인식 수행(Erkenntnisvollzug)에 있어서 인간의 모든 인식 능력들(Erkenntniskräfte)의 일치를 나타내는 토미스트적 주제어이고, 이로써 결국 인간의 인식 행위의 원천적 일치(Ursprungseinheit)를 나타내는 토미스트적 표어이기 때문이다. 어려움이 있다는 것은 바로 이러한 일치를 뜻하는 본 주제가 일치, 즉 표상으로의 전회를 통해서만이 인식 능력의 다양성을 일치시킨다는 것 외에 다른 어떠한 것을 논의하도록 반복적으로 강요하는 한에서 그렇다. 그 제한성에도 불구하고 본 주제에서 토미스트 인식 형이상학 전반을 언제나 반복적으로 그리고 그 모든 부분에 대해서 숙고하도록 강요된다면, 본 주제에서 이 형이상학의 한 단면만 소개하기를 원하기에, 질문과 해결책을 최소한 어느 정도 밝히는 것이 절대적으로 필수적인 한에서만 그러한 것이 가능할 것이다. 우리 질문에 대해 여지없이 만족할 만한 논의는 지적한 논거대로 토미스트 형이상학 전반 자 체를 주제로 삼는 경우에만 가능하다. 따라서 오로지 부분적으로만 착수할 것인지 아니면 아무것도 착수하지 않을 것인지에 대한 질문에 본 연구 작업이 지속적으로 부딪친다는 사실을 서두에 밝히고자 한다. 그래서 예를 들어 토미스트적 존재 개념(esse-Begriff)에 대한 질문이 단지 그냥 다루어지고, 감성(Sinnlichkeit)의 본질에 대한 다양한 문제, 제일 원리(die ersten Prinzipien)에 대한 문제 등이 취급되면서도 해명되지 않고 머물기도 한다. 표현상(species expressa), 개념(verbum mentis), 제일 원리 및 감각적인 것들(sensibilia)로의 인식의 융해(resolutio einer Erkenntnis), 존재의 유비(analogia entis), 통각(統覺, Apperzeption) 등에 관한 질문은 전혀 논의되지 않을 것이다. 비록 여기서 다루는 질문을 궁극적으로 이해하기 위해서는 중요함에도 불구하고 말이다.[1]

....

1 이러한 맥락에서 본 논문 자체의 과정 중 인용된 저술들을 넘어 토미스트적 문제와 관련된 보다 새로운 저작들은 다음과 같다. C. Fabro, La nozione metafisica di partecipazione secondo S. Tommaso d'Aquino², Turin 1950; J. de Finance, Être et agir dans la philosophie de Saint Thomas, Paris 1945; E. Gilson, L'être et l'essence, Paris 1948; J. B. Lotz, Sein und Wert, I: Das Seiende und das Sein, Paderborn 1938; M. Müller, Sein und Geist, Tübingen 1940; L. Oening-Hanhoff, Ens et unum convertuntur(Beitr. z. Gesch. d. Phil. u. Theol. d. Mittelalt. XXXVII, 3), Münster 1953; J. Pieper, Wahrheit der Dinge, München 1947; E. Przywara, Analogia entis I, München 1932; G. Siewerth, Der Thomismus als Identitätssystem, Frankfurt 1939; ders., Die Apriorität der menschlichen Erkenntnis nach

이 연구 작업에서는 그 주제를 총체적으로 파악하는 것부터 시작할 것이다. 그래서 제1부에서는 『신학대전』의 한 항목을 해석한다. 이 항목에서 토마스 자신이 표상으로의 전회를 총체적으로 다루었다. 이러한 첫 조망을 바탕으로 질문의 방향이 성립된다. 이를 통해 표상으로의 전회가 갖는 의미가 더욱 밝혀질 것이다. 제2부에서는 표상으로의 전회에 본질적으로 속하는 문제들이 제기하는 질문을 토미스트적인 방법론을 통하여 체계적으로 발전시킬 것이다. 제3부에서는 토미스트적 형이상학의 부분 질문(Teilfrage)에 대하여 그렇게 얻어진 통찰을 이 형이상학 전반에 대하여 간략하게 조망할 것이다. 여기서 그 가능성과 한계에 대한 질문이 제기될 것이다.

본 연구 작업이 갖는 지면의 한계로 말미암아 토마스 본문에 대한 인용이 대부분 낱말 그대로 실리지 않았다. 이로 인해 안타깝게도 다음과 같은 단점을 피할 수 없게 된다. 정확하게 따져가며 본서를 읽는 이들은 문제가 되는 연관 관계를 파악하기 위해서 해당 문장을 찾아낼 때까지 대량의 토마스 본문을 다시 읽어야 한다는 것이다. 아리스토텔레스 주석서들의 긴 본문은 본서의 단점을 가능한 피하기 위하여 마리에티 판본(Marietti-Ausgaben)의 인용 번호―이 판본을 이용할 수 있는 한―또는 최소한 파르마 판본(Parma-Ausgabe)의 쪽 번호를 사용하였다.

....

Thomas von Aquin: Symposion 1(1948), 89-167(auch als Separatdruck); ders., Thomas von Aquin: Die menschliche Willensfreiheit, Düsseldorf 1954; G. Söhngen, Sein und Gegenstand, Münster 1930; B. Welte, Der philosophische Glaube bei Karl Jaspers und die Möglichkeit seiner Deutung durch die thomistische Philosophie: Symposion 2(1949), 1-190(auch als Separatdruck). – Über den Wahrheitsbegriff bei Thomas hat der Verfasser selbst noch eine kleinere Arbeit veröffentlicht: A Verdade em S. Tomas de Aquino: Revista Portuguesa de Filosofia 7(1951), 353-370.

제1부

『신학대전』 제I권 84문 7항에 대한 입문 해석

I. Die Überschrift des Artikels[1]

Utrum intellectus possit actu intelligere per species intelligibiles quas penes se habet, non convertendeo se ad phantasmata.

II. VIDETUR QUOD NON

Ad septimum sic proceditur

1. *Videtur quod intellectus possit actu intelligere per species intelligibiles quas penes se habet, non convertendo se ad phantasmata:*
   Intellectus enim fit in actu per speciem intelligibilem, qua informatur. Sed intellectum esse in actu, est ipsum intelligere.
   Ergo species intelligibiles sufficiunt ad hoc quod intellectus actu intelligat, absque hoc quod ad phantasmata se convertat.

2. *Praeterea, magis dependet imaginatio a sensu, quam intellectus ab imaginatione.*
   Sed imaginatio potest imaginari actu, absentibus sensibilibus.
   Ergo multo magis intellectus potest intelligere actu, non convertendo se ad phantasmata.

....

1 본문 구분과 배치는 본 논문의 해석에 기초한다. 독일어 번역에서 쉽게 오해할 수 있는 특정 개념들은 의도적으로 라틴어 표현을 그대로 두기로 한다. 독일어로 된 철학적 진술들의 내용을 보존하거나 표현하려는 다양한 정식들은 이어지는 해석에 의해 정당화될 것이다.

I. 항목의 제목

지성은 표상에 전회하지 않고서도 자신이 소유한 가지상(可知像)을 통해 실제로 어떠한 것을 인식할 수 있는가?

II. 반론

1. 지성이 표상에 전회하지 않고서도 자신이 소유한 가지상을 통해 실제로 어떠한 것을 인식할 수 있다는 것은 다음과 같은 것으로 보인다.

   지성은 즉 자신에게 정보를 주는 가지상을 통해 실현된다. 그러나 단순히 지성이 실행된다는 사실을 통해 지성은 이미 인식한다. 따라서 지성이 실제로 어떠한 것을 인식하기 위해서는 가지상으로도 충분하다. 그래서 지성은 표상에 전회할 필요가 없다.

2. 게다가 지성이 상상력에 의존하기보다는 상상력이 외적인 감성(Sinnlichkeit)에 더욱 의존한다.

   그러나 상상력은 감각적인 대상의 소여 없이도 실제로 직관할 수 있다.

   따라서 표상에 전회하지 않고서도 오히려 지성은 어떠한 것을 실제로 인식할 가능성이 더 높다.

3. Praeterea, incorporalium non sunt aliqua phantasmata; quia imaginatio tempus et continuum non transcendit.

Si ergo intellectus noster non posset aliquid intelligere in actu nisi converteretur ad phantasmata, sequeretur quod non posset intelligere incorporeum aliquid.

Quod patet esse falsum; intelligimus enim veritatem ipsam, et Deum et angelos.

III. SED CONTRA

Sed contra est quod Philosophus dicit, in III de anima, quod "nihil sine phantasmate intelligit anima"

IV. CORPUS ARTICULI

제1절: *respondeo dicendum*

Respondeo dicendum quod impossibile est intellectum nostrum, secundum praesentis vitae statum, quo passibili corpori conjungitur, aliquid intelligere in actu, nisi convertendo se ad phantasmata.

3. 결국, (세상의 것이 아닌) 비물질적인 것의 표상은 존재하지 않는
   다. 왜냐하면 상상력은 시간과 공간의 지평을 넘어가지 않기 때
   문이다.

   따라서 만일 우리 지성이 표상에 전회하고서야 어떠한 것을 실
   제로 인식할 수 있는 것이라면 지성은 (비세계적인) 비물질적인
   어떠한 것을 인식할 수 없다는 결론이 나온다.

   그러나 이는 오류임이 명백하다. 확실히 우리는 신과 천사뿐만
   아니라 (또한) 진리 자체를 인식한다.

III. 재반론

반면에 철학자는 『영혼론』(De Anima) 제3부 7장에서 "영혼은 표상
없이는 어떠한 것도 인식하지 않는다."고 말한다.

IV. 해결

제1절: 논제

우리 지성은 수용적 육체와 결합된 현생의 상태에서 표상으로 전회
하지 않고서는 어떠한 것을 실제로 인식할 수 없다.

Et hoc duobus indiciis apparet:
Primo quidem quia, cum intellectus sit vis quaedam non utens
corporali organo, nullo modo impediretur in suo actu per lae-
sionem alicuius corporalis organi, si non requireretur ad eius
actum actus alicuius potentiae utentis organo corporali. Utuntur
autem organo corporali sensus et imaginatio et aliae vires perti-
nentes ad partem sensitivam. Unde manifestum est, quod ad hoc
quod intellectus actu intelligat, non solum accipiendo scientiam
de novo, sed etiam utendo scientia iam acquisita, requiritur ac-
tus imaginationis et ceterarum virtutum. Videmus enim quod,
impedito actu virtutis imaginativae per laesionem organi, ut in
phreneticis, et similiter impedito actu memorativae virtutis, ut in
lethargicis, impeditur homo ab intelligendo in actu etiam ea quo-
rum scientiam praeaccepit.

24 *Secundo quia hoc quilibet in seipso experiri potest, quod quando*
aliquis conatur aliquid intelligere, format aliqua phantasmata sibi
per modum exemplorum, in quibus quasi inspiciat quod intellig-
ere studet. Et inde est etiam quod quando aliquem volumus facere
aliquid intelligere volumus facere aliquid intelligere, proponimus
ei exempla, ex quibus sibi phantasmata formare possit ad intelli-
gendum.

제2절: 전회의 특징

그리고 이는 두 가지 특징으로 드러난다.

첫째, 지성은 육체 기관을 이용하지 않는 활동 능력이다. 따라서 만일 지성의 활동을 위하여 육체 기관을 이용하는 어떠한 능력의 실행이 요구되지 않는다면, 지성은 그 활동에 있어서 어떤 육체 기관의 훼손으로부터 결코 영향을 받지 않을 것이다. 그러나 외적 감각 및 상상력, 그리고 영혼의 감각 기관에 속하는 그 밖의 다른 활동 능력은 육체 기관을 이용한다. 그러므로 지성이 활동하기 위해서는 상상력의 실행 및 다른 (감각적) 능력이 요구된다는 것은 명확하다. 그리고 이는 단지 (지성의 활동에 있어서) 새로운 앎을 얻는 문제에서만이 아니라 이미 먼저 획득한 앎을 사용하는 문제에도 해당된다. 그러니까 정신 이상자에게서처럼 육체 기관의 훼손으로 말미암아 상상력의 실행이 방해받거나 또는 노년기의 둔감함의 경우처럼 기억력의 실행이 방해받는다면, 인간 자신은 이미 먼저 얻었던 앎의 내용에 대해서 실제로 사유할 수 없다.

둘째, 어떠한 것을 이해하려는 자는 누구나 범례에 따라 표상을 형 *25* 성한다는 사실을 경험한다―그 표상을 통해 그는 자신이 숙고하려는 것에 대하여 유사 직관을 얻고자 한다―. 그래서 우리가 어떠한 이에게 어떠한 것을 이해시키려 한다면 사례들을 보여 주어야 한다. 이는 그가 이 범례로부터 숙고할 수 있도록 표상을 형성하기 위해서이다.

제3절: 전회의 형이상학

1호: Erkennen und Sein

Huius autem ratio est, quia potentia cognoscitiva proportionatur cognoscibili. Unde intellectus angelici, qui est totaliter a corpore separatus, objectum proprium est substantia intelligibilis a corpore separata; et per huiusmodi intelligibilia materialia cognoscit.

2호: menschliches Erkennen und menschliches Sein

Intellectus autem humani, qui est conjunctus corpori, proprium objectum est quidditas sive natura in materia corporali existens; et per huiusmodi naturas visibilium rerum etiam in invisibilium rerum aliqualem cognitionem ascendit.

3호: das Sein der Welt

De ratione autem huius naturae est, quod in aliquo individuo existat, quod non est absque materia corporali: sicut de ratione naturae lapidis est quod sit in hoc lapide; et de ratione naturae equi quod sit in hoc equo, et sic de aliis. Unde natura lapidis vel cuiuscumque materialis rei cognosci non potest complete et vere, nisi secundum quod cognoscitur ut in particulari existens.

제3절: 전회의 형이상학

1호: 인식 행위와 존재 행위

그 이유는 (자신의 고유한) 인식 대상과의 본질적 유사성이 모든 인식 능력의 특성이기 때문이다. 따라서 모든 육체성으로부터 분리된 천사의 지성에 고유하게 귀속되는 인식 대상은 비육체적인 가지적 실체이다. 그리고 이러한 방식의 가지성으로 천사는 물질세계 (또한) 인식한다.

2호: 인간의 인식 행위와 인간의 존재 행위

육체적으로 존재하는 인간 지성에 고유하게 귀속되는 대상은 육체적 사물(세상 사물)의 하성(何性, quidditas) 또는 본성(本性, natura)이다. 그리고 인간 지성은 감각적 사물의 이러한 본성을 통하여 아울러 비감각적인 사물에 대한 인식에 어느 정도 도달하게 된다.

3호: 세계의 존재

그러나 본성이 물질적 개별자 안에 존재한다는 것은 '여기 이것'(huius naturae, Diesda)의 본질에 속한다. 그래서 각각의 이 돌 안에 본성이 존재하는 것이 돌의 본성의 특징이고, 각각의 이 말에 본성이 존재하는 것이 말의 본성의 특징인 것이다. 다른 것도 또한 그러하다. 따라서 개별자 안에 존재하는 본성이 인식되는 한에서, 돌의 본성 또는 어떠한 물질적 사물의 본성도 완전하고 참되게 인식될 수 있다.

4호: die menschliche Erkenntnis des Seins der Welt

a) die Anschauung

Particulare autem apprehendimus per sensum et imaginationem.

b) das Denken

Et ideo necesse est ad hoc quod intellectus actu intelligat suum objectum proprium, quod convertat se ad phantasmata, ut speculetur naturam universalem in particulari existentem.

3   5호: Wiederholung des Ganzen in kritischem Nachvollzug der generischen Position

Si autem proprium objectum intellectus nostri esset forma separata; vel si naturae rerum sensibilium subsisterent non in particularibus, secundum Platonicos, non oporteret quod intellectus noster semper intelligendo converteret se ad phantasmata.

a) 직관

그런데 우리는 개별자를 외적 감각과 상상력을 통해 파악한다.

b) 사유 행위

따라서 지성에 고유하게 귀속된 대상에 대한 실제적인 인식을 얻으려는 지성은 개별자 안에 실존하는 보편적 본질을 직관하기 위해서 표상으로 전회하여야 한다.

5호: 반대 입장에 대한 비판적인 관점에서의 전체적인 반복

그러나 만일 우리의 지성에 고유하게 귀속되는 대상이 분리된 본질 형상이라면, 또는 ― 플라톤주의자들이 가정하는 것처럼 ― 감각적 사물의 본성이 개별자를 통해 실현되어 있지 않다면, 우리의 지성은 그 실행에 있어서 항상 표상으로 전회할 필요는 없을 것이다.

V. Die Antworten auf die Einwände

Ad primum ergo dicendum quod species conservatae in intellectu possibili, in eo existunt habitualiter, quando actu non intelligit, sicut supra dictum est. Unde ad hoc quod intelligamus in actu, non sufficit ipsa conservatio specierum; sed oprtet quod eis utamur secundum quod convenit rebus quarum sunt species, quae sunt naturae in particularibus existentes.

Ad secundum dicendum quod etiam ipsum phantasma est similitudo rei particularis; unde non indiget imaginatio aliqua alia similitudine particularis, sicut indiget intellectus.

Ad tertium dicendum quod incorporea, quorum non sunt phantasmata, cognoscuntur a nobis per comparationem ad corpora sensibilia, quorum sunt phantasmata. Sicut veritatem intelligimus ex consideratione rei circa quam veritatem speculamur. Deum autem, ut Dionysius dicit, cognoscimus ut causam, et per excessum et per remotionem. Alias etiam incorporeas substantias, in statu praesentis vitae, cognoscere non possumus nisi per remotionem vel aliquam comparationem ad corporalia. Et ideo cum de huiusmodi aliquid intelligimus, necesse habemus converti ad phantasmata corporum, licet ipsorum non sint phantasmata.

28

V. 반론에 대한 답변

1.에 대하여.

가능 지성(der mögliche Intellekt)이 실제로 인식하지 않는다면, 상술한 바와 같이 상(像, species)은 (오직) 상존적으로 지성 안에 보존되어 있다. 따라서 우리의 실제적인 인식은 상에 대한 단순한 보존만으로는 충분하지 않다. 오히려 우리는 종이 속해 있는 사물에 부합하는 방식으로, 즉 개별자 안에 실존하는 본성에 부합하는 방식으로 상을 사용해야 한다.

2.에 대하여.

표상은 자체로 이미 개별자의 유사상(Gleichbild)이다. 따라서 상상력은, 지성의 경우와 마찬가지로, 개별자의 또 다른 유사상을 필요로 하지 않는다.

3.에 대하여.

우리는 표상이 없는 비물질적인(세상의 것이 아닌, das Nichtwelthafte) 것을 표상이 있는 감각적인 물질세계와의 관계를 통해 인식한다. 따라서 우리는 진리를 바라볼 때에 관계된 사물을 고찰함으로써 진리가 무엇인지를 인식한다. 그러나 디오니시오스에 따르면, 우리는 신 *29* 을 (뻗어 가는) 초월(Überschritt)과 부정적인 분리(verneinende Absonderung)를 통해 원인으로 인식한다. 그리고 현재 삶의 상태에서 우리는 다른 비물질적 (세상의 것이 아닌) 실체들 또한 (그러한) 부정(Verneinen) 또는 물질적인 세계와의 관계를 통하지 않고서는 인식할 수 없다. 따라서 만일 우리가 (세상의 것이 아닌) 무엇인가를 인식하고자 원한다면, 비록 그 자체에 관한 표상이 없다고 하더라도 필히 물질 세계의 표상으로 전회하여야 한다.

1. 『신학대전』의 맥락에서 바라보는 본 항목에 대한 고찰

본 논문의 토대를 구성하는 이 항목(『신학대전』제I권 84문 7항)은 『신학대전』에 위치하는 것으로, 따라서 신학적 체계(theologische Systematik)의 한 부분을 차지하고 있다. 철학적 체계(philosophische Systematik)에서는 (비록 마지막 것을 염두에 두고 첫 번째 것이 논의된다고 할지라도) 인간이 첫 번째 주제어이고 신이 절대자로서 마지막 주제어라고 한다면, 이에 반해 『신학대전』에서는 세계와 관계가 없는(Unbezüglichkeit zu Welt) 절대적인 신이 첫 번째 주제어이고 인간은 마지막 주제어가 된다. 그러므로 인간에 대한 질문은 창조된 존재(kreatürliches Sein)에 대한 질문 영역에 속해 있다.[1]

....

1 예를 들어 다음을 참조할 것. 『신학대전』제I권 84문 서언: 그들은 신학자의 숙고에 직접

그러므로 인간이 무엇인가라는 질문은 우선 »영혼«의 본질을 목표로 삼는다. 이 질문은 인간이 자신에 대해서 알고 있는 것 또는 알고 있다고 생각하는 것 등의 다양함에서 출발해서, 인식된 이 인간적인 것이 4 그 의미와 기준을 얻는 하나의 근거로 돌아가지 않고, 오히려 절대자가 인간과 경계를 이루는 곳에서, 즉 인간의 본질에서 제기된다. 그리고 이는 자신의 »능력«(Vermögen)과 »활동«(Tätigkeiten)을 통해 전개되는 인간의 본질을 이들의 근거에서부터 이해하기 위해서이다. 여기서 »영혼«은 인간의 본질 근거(Wesensgrund)로서 궁극적으로 신학적인 사건(theologisches Geschehen)을 위한 장(場)인 한에서, 즉 계시에 의하여 말 걸어질 수 있는 한에서 또한 고찰될 뿐이다.

인간의 본질은 활동할 때에야 비로소 전적으로 자기 자신이다. 따라서 활동을 통해서만 인간이 무엇인지 드러난다. 즉, 인간의 본질에 관하여 질문이 제기될 때야 비로소 그 본질이 알려진다는 것이다. 인간의 »활동«에 관해서『신학대전』제I권은 단지 인간의 지성적 인식 행위(Erkennen)에 대해서 논의하였을 뿐이다. 인간의 추구 행위(Streben)에 대해서는『신학대전』제2부에서 찾아볼 수 있다. 그리고 그 밖의 활동은 신학자들의 직접적인 관심사가 아니다.

인간의 인식 행위에 대하여 다루는 질문은 무엇보다도 외적 도식에 따라 분명히 구분된다. 즉, 물체에 관한 인식, 인식하는 영혼 자체에 대한 인식, 영혼 너머 저쪽의 실재적이자(real) 정신적인 현실에 대한 인

·······

적으로 관계되지 않는다(non pertinent directe ad considerationem theologi); 제1권 75문 서언: 영적인 피조물과 육체적 피조물에 대한 숙고 이후(post considerationem creaturae spiritualis et corporalis); 제1권 50문 서언: 육체적 피조물과 영적인 피조물의 구분에 관하여(De distinctione corporalis et spiritualis creaturae); 제1권 45문 서언: 창조(creatio); 제1권 44문: 피조물들의 출현에 대하여(De processione creaturarum).

31 식이 그것이다. 그리고 토마스가 의식하였듯이 이러한 외적 도식을 통해 더 깊은 체계가 드러난다. 만일 토미스트 인식 형이상학에서 물질적 사물(res materiales)이 인간 인식의 고유한 대상이라고 한다면(이 진술의 의미와 영향에 대해서는 나중에 다룰 것이다), 이러한 인간 인식의 세 가지 영역은 인간의 인식 행위에 개방되어 있는 권역을 단지 동등하게 병렬적으로 나누어 놓은 영역이 아니라는 점이 필히 드러난다. 인식자에 대한 인식과 절대자에 대한 인식은 이러한 경우 물질적 사물의 본질(essentia rerum materialium)에 대한 인식에 의존한다. 즉, 전자의 가능성은 후자의 가능성으로부터 이해되어야 한다. 이로써 »물체에 대한 인식«(cognitio corporalium)을 다루는 질문은 인간의 인식 행위 전반에 관한 토미스트적 개념을 규정하는 것과 연관되어 있다. 따라서 84-86문은『신학대전』인식 형이상학의 핵심을 이룬다.

우리가 해석에 착수하는 이 항목은 사물 인식에 관한 세 가지 질문 중에서 발견된다. 이 세 가지 질문 자체의 내적 구조와 그들 간의 상호 관계는 그렇게 투명하고 본질적으로 필요한 것이 아니어서, 해석되어야 할 항목이 실제로 그 위치에 있는 정확한 이유가 무엇인지, 그리고 그러한 본질적 필요성이 실제로 있는지에 대해 이 시점에 더욱 깊게 물어보는 것이 가치 있을 것이다.[2] 따라서 이 항목에서 다루어지는 질

5 문의 장을 더욱 폭넓게 설정하였다는 것으로 충분할 것이다. 즉, 이 항목은 »세계«[3]에 관한 인간의 인식 행위에 대한 질문의 일부로, 인간의

....

2 85문 1항 "우리 지성은 육체적 사물과 물질적 사물을 표상으로부터 추상함으로써 인식하는가?"(utrum intellectus noster intelligat res corporales et materiales per abstractionem a phantasmatibus)이 84문 6항 "지성적 인식은 감각적 사물로부터 수용되는가?"(utrum intellectiva cognitio accipiatur a rebus sensibilibus)와 실질적으로 밀접한 관계에 있기 때문에, 84문 7항이 85문 1항 바로 뒤에 위치할 수 있다는 것도 생각할 수 있을 것이다.
3 본 논문 전체에서 보면 이 표현은 육체적인 것들(corporalia), 질료적인 것들(materialia)

모든 인식 행위에 가능성을 열어 주고 한계를 규정하는 인식에 대한 질문의 한 부분인 것이다. 이러한 세 가지 질문의 하위 질문에서는, 그 *32* 리고 또한 이로써 우리의 항목에서는 필히 처음부터 자신들의 문제점 (Problematik)을 해석하기 위한 단초로서 다음과 같은 삼중적인 것에 유의하여야 한다.

1. 지성적 인식이 다루어져야 한다. 왜냐하면 지성적 인식은 신학자 토마스에게 있어서 신학적 사건(theologisches Geschehen)이 출발하는 장이 되기 때문이다.

2. 세계에 대한 인식은 자신의 잠재성을 통해 파악될 수 있는 근본적인 인간 인식으로서 다루어져야 한다.

3. 세계에 대한 인식에서, 그리고 그 인식을 통해 »세계의 저편« (Jenseits von Welt)에 대한 접근 가능성이 열려야 한다.

해석되어야 하는 이 항목을 이해하기 위한 이러한 잠정적인 출발은 『신학대전』의 전체적인 입장에서 오는 것이다. 이제는 이러한 삼중 기준에 내재된 내용을 전개하면서 우리의 항목과 관련된 문제를 제기하고 심화시키는 것도 그 자체로 가능할 것이다. 이 항목의 본문 자체가 언제나 다시 더 보편적인 문제점으로 되돌아가기에 여기서는 이 세 가지 질문과 84문 7항을 관통하는 질문 방향에 대한 일반적인 개요로도 충분할 것이다. 그러므로 우리는 이 항목 자체를 직접 해석할 수 있는 잠정적인 기회를 갖는다. 이 해석은 본 항목을 함께 읽는 독자의 수고를 결코 면하여 주지는 않을 것이다.

....

과 같은 토미스트 용어들을 근거 없이 무분별하게 근대화(Modernisierung)하지 않은 것으로 드러난다. 자구적으로 번역된 이러한 토미스트 용어들을 근대주의적 자연과학의 의미로 물체(Materielles), 육체(Körperdinge)로 생각하는 자는 육체적인 것들에 대한 인식(cognitio corporalium)의 의미에 대해 »세계에 대한 우리의 인식«을 통해 발생하는 것보다 더 착각하는 위험에 빠지게 될 것이다.

2. 항목의 제목에 대하여

지성은 표상에 전회하지 않고서도 자신이 소유한 가지상을 통해 실제로 어떠한 것을 인식할 수 있는가?(Utrum intellectus possit actu intelligere per species intelligibiles quas penes se habet, non convertendeo se ad phantasmata) 이 질문은『신학대전』제I권 84문 7항의 제목이다. 이제목의 더욱 정확한 의미는 오로지 추후의 응답과 관련하여 이해될 수있겠지만, 그럼에도 불구하고『신학대전』84문 직전의 선행 항목들에서 전개된 숙고 방향은 이 질문에 관하여 잠정적이나마 설명할 수 있게 해준다. 84문의 첫 항목은 '인간이 지성적으로 물체를 인식할 수 있는지 여부'라는 전적으로 피상적이자 자의적으로 보이는 질문으로 시작한다. 이 질문은 피상적으로 드러나는 것처럼 보인다. 왜냐하면 이 질문에는 인간은 지성적 인식 행위(intellectuelles Erkennen)가 무엇인지 이미 알고 있어서, 이러한 지성을 통해, 그리고 그 본질에 따라 이미 확정된 자신의 인식 행위에 의해서 지금 개별적으로 무엇을 시작할 수 있는지에 대한 단지 부차적이고도 무해한 질문을 다룰 뿐이라는 전제가 있다고 보이기 때문이다. 그러므로 이렇게 이해된다면 이 질문은 구속력 또한 없는 것으로 보인다. 즉, 지성이 세계에 대한 인식과 관련하여 어떻게든 활동한다고 하더라도, 이 질문에 대한 대답은 물질세계에 속하지 않는 자신의 대상들에 대한 인식 행위에 선행하는 규칙 자체를 포함하고 있지 않다. 그러나 사실 7항의 선행 항목들에서는 뭔가 다른 것이 쟁점이 되었다. 지성적 인식 행위, 즉 인간의 인식 행위 자체의 의미와 그 가능성이 문제로 다루어졌고, 이 질문은 7항에서야 비로소 그 결정적인 절정에 도달한다.

말하자면 첫 항목에서 각각의 주제적 문제 제기(thematische Frage-stellung)에 앞서 이미 선결(先決, Vorentscheidung)이 내려진다. 즉, 인간은 »비물질적, 보편적 그리고 필연적 인식«(cognitio immaterialis, universalis et necessaria)을 소유하고 있다. 절대적 인식이 인간에게서 현실이라는 것, 그리고 인식된 사물의 형상은 지성 안에 보편적으로, 비물질적으로, 그리고 불변적으로 존재한다(forma rei intellectae est in intellectu universaliter et immaterialiter et immobiliter)는 것은 토마스가 그리스에서 헤겔에 이르는 모든 위대한 철학과 함께하는 큰 출발점이 된다.[1]

따라서 84문 첫 항목에 내포된 결정적 의도는 아직은 인식에 대한

....

1 이러한 출발점을 »인식론적으로« 정당화하기 위하여, 어느 정도로 이러한 정당화가 토마스에게 의도되었고 또 이루어졌는지를 보려면 다음을 참조할 것. *J. Maréchal*, Le point de départ de la métaphysique, V: le Thomisme devant la philosophie critique(Louvain 1926), 38-53. 앞으로는 계속 제1판을 인용할 것임(제2판: Brüssel 1949). 본 논문의 과정 중에 언제나 다시 형이상학의 가능성과 그 한계에 대한 질문이 제기된다면, 그것은 형이상학에 선행하는 인식론적 차원에서가 아니라 형이상학 자체에 내재하는 질문, 즉 형이상학과 함께 발생하는 질문의 차원에서 제기되는 것이다.

형이상학적 비판이 아니라 피인식자에 대한 형이상학적 비판이다. 그러므로 이 항목은 세계에 대한 형이상학적 인식의 본질적 가능성에 고유한 문제 제기를 위한 길만 개방해 놓아야 한다. 왜냐하면 여기에는 개별적으로 인식된 사물의 하성(Was)이 상이한 방식으로 사물과 지성에 존재한다고 진술되기 때문이다. 그러나 이로써 인식자(das Erkennende)는 피인식자(das Erkannte)로부터 구별되고, 이미 대상에 대한
34 비판적 입장에 이르게 된다. 즉, 만일 자신의 형상이, 다시 말하여 자신의 존재 행위(Sein)와 자신의 가지적 내용(intelligibler Gehalt)이 지성적 인식자 안에서와 물질적 존재 안에서 서로 »다르다«고 한다면, 이는 그 물질적 대상에 대해 어느 특정한 형이상학적 입지가 지정된다는 것을 뜻한다(angewiesen). 이로써 각각의 물질적 사물이, 사물 안에 내재하지 않으면서도 그 사물을 평가하는 어떠한 기준에 의하여 평가된다는 사실이 필연적으로 주어졌다. 왜냐하면 인식 행위는 물질적 사물을 단지 의식하는 것만이 아니라, 그것의 형이상학적 존재 방식에 대해 판단하면서 다른 것으로부터 구분하기 때문이다.

7　　하지만 바로 그렇게 인간 인식의 형이상학적 비판의 가능성은 열리게 된다. 이 비판은 »인식론«(Erkenntnistheorie)이 아니라 인식 형이상학(Erkenntnismetaphysik)이다. 존재하는 사물, 즉 개별 사물에 대하여 인간은 필연적인 보편 인식(allgemeine Erkenntnis)을 갖는다. 그러한 인식의 본질적 가능성은 파악되어야 한다. 84문의 첫 항목에서 그러한 인식적 난제(Aporie)가 "사물 안에서 다르고 지성 안에서 다르다."(alio modo in re, alio in intellectu)고 이미 논의된 바 있다. 대상과 인식 간의 인식된 관계를 말하는 이러한 구분은 사물을 인식하면서 장악(erkennende Bemächtigung)하는 것이 개별 사물을 넘어서는 앎의 행위(Wissen)라고 말한다. 이 앎의 행위는 단순히 개별 사물을 모방하

는 의식 행위(abbildendes Bewußthaben)가 될 수 없다. 왜냐하면 그와 같은 수동적 의식 행위에는 피인식자와 인식 행위가 본질적으로 서로 다르다고 대조할 가능성 자체가 내포되지 않기 때문이다. 지성적 인식의 두드러진 특징인 개별 존재자를 뛰어넘는 이러한 포괄적 인식 행위(übergreifendes Erkennen)는 어떻게 가능한 것일까?

뒤따르는 항목들에서 이 문제는 더욱 첨예화된다. 직접적 대상보다 더 폭넓게 대상을 파악하여 판단하는 이러한 앎의 행위를 판단되어야 하는 세계 사물에 의존하지 않고서 앎의 행위를 부여하는 다른 기원으로부터 연역해 내는 모든 가능성을 토마스는 원칙적으로 거부한다.[2] 그럼에도 불구하고 자신의 첫 대상이 보편적이지도 필연적이지도 않다고 판단하는 보편적이고 필연적인 인식은 오로지 인식 행위와 그 대상의 만남에서 유래한다.

84문 2-6항에서 숙고한 결과로 나오는 이러한 정식(Formulierung)에 그 핵심적인 것이 사실 가능한 한 덜 모호하게 표현되었지만 문제 *35* 의 궁극적인 명확성에는 이르지 못하였다. 왜냐하면 그러한 형식으로는 다음과 같은 오해를 피할 수 없기 때문이다. 즉, 인식자의 형이상학적 입장(Ort)에 도달하는 것은─이 입장에 의거하여 인식자가 세계를 판단하고 파악하는데─사실 세계와의 접촉으로부터 시작될 수는 있지만, 도달된 이 입지(Standort)가 이러한 경우 원칙적으로 세계 인식(Welterkenntnis)의 외부에서, 그리고 세계 인식과는 독립적으로 유지된다는 오해, 그러니까 세계는 인간 형이상학의 출발점이긴 하지만 최종적인 입지가 될 수 없다는 오해를 말한다.

토마스에게 마지막까지 첨예화된 문제는 7항에 이르게 된다. 지성

....
2 『신학대전』 제I권 84문 2-6항.

은 표상에 전회하지 않고서도 실제로 인식할 수 있는가?(Utrum intel-
lectus possit actu intelligere non convertendeo se ad phantasmata) 이 항
목에서 제기되는 질문 정식은 결국 84문의 전체 맥락에서 다음과 같이
정리될 것이다.

1. 지성적 인식 행위(intellectuelle Erkennen)에 대한 질문이 제기되는
   데, 토마스는 이 행위가 언제나 (감성을 통한) 물질적 세계와의 만남
   에 의해서만 그 가능성을 지닌다고 여긴다.

8 2. 이러한 지성적 인식 행위는 비물질적, 보편적 그리고 필연적 인식
   (cognitio immaterialis, universalis, necessaria)이며 따라서 이미 »형
   이상학«이다. 원칙적으로 이 형이상학은 형이상학이 자신의 출발로
   삼는 대상을 능가한다.

3. 출발점을 능가하는 이러한 형이상학적 인식이 물질적 출발점을 취
   할(Zugriff) 때에 이러한 초월(Übergriff)을 언제나, 그리고 모든 경
   우에 수행해야 하는지 여부에 대한 질문이 제기된다.

7항을 더욱 폭넓게 고찰함으로써 1절에서 드러난 문제점의 삼중적
특징에 이러한 질문의 의미가 본질적으로 함께 속한다는 것은 명백하
다. 마찬가지로 이 특징이 첨예하게 표현되었다는 것도 명백하다. 1절
의 84-86문이 세계에 대한 지성적 인식이 그 본질적인 가능성에 있어
서 모든 인간 인식 자체의 토대가 된다는 토미스트 인식 형이상학의
핵심이어야 한다는 점이 밝혀졌다. 이제 이 문제점 자체를 풀어가는 데
다음과 같은 난제가 더욱 명확히 드러난다. 즉, 세계에 대한 인식은 인
36 간의 모든 인식 전반의 토대가 되어야 하고, 동시에 개별적 사물을 그
자체로 이미 판단함으로써 능가함에도 불구하고, 이 사물에 대한 평
가 기준을 앞서 알지 못하더라도, 이 사물에 근거해야 한다. 세계에 대
한 인식은 판단 기준을 피인식자로서 이미 앞서 소유하지 않는 가운데

세계에 대한 인식과 세계를 넘어서는 형이상학 사이에 놓인 문제의식 (Problematik)은 세계 자체에 대한 인식 안으로 옮겨졌다. 인식 자체는 사물(표상, phantasmata)에 근거해야(전회해야, convertere) 하지만, 그럼에도 불구하고 보편적이고 필연적인 인식으로서 이 사물에 대하여 판단해야 한다.

이로써 7항은 전체로부터 분리되어 자의적으로 이러저러하게 답변될 수 있는 토미스트 인식 형이상학의 부차적이고 지엽적인 질문이 아니라는 점이 드러난다. 이 항목은 이러한 토미스트 인식 형이상학의 난제성(Aporetik) 전체를 매우 첨예하게 요약하고 있다. 그래서 선행한 것을 반복하여 더욱 심화하고, 명시적 문제 제기를 통해서 뒤따라오는 것을 앞서서 규정하고 있다. 이러한 사실은 이 항목을 그 자체로 해석하는 권한을 우리에게 부여하며, 또한 7항에서 제기된 문제를 이해하는 것이 중요하다는 면에서 84문 1-6항의 내용을 모호하게만 기술하는 것이 타당하다고 알려 준다.

3. 반론

이 »항목«의 외적 구조가 역사적으로 어떻게 형성되었는지는 우리
의 목적상 중요하지 않다.[1] 아무튼 우리 항목은 세 가지로 나뉘어 고
찰된다. 그런데 이러한 고찰은 이 항목이 실제로 다루려는 것과는 다
른 방향으로 문제를 전개하고자 한다. 이는 (최소한 이 항목에서는) 사안
에 대해 표피적으로 제기되는 단순히 이러저러한 »어려움« 또는 »반
론«(videtur quod non)이 아니다. 오히려 이러한 »반론«은 질문에 집중
함으로써 올바로 이해하여 이 질문에서 실제로 답을 낼 수 있게 천착
하도록 도와준다.

9

......

1 Vgl., *M. Grabmann*, Einführung in die Summa theologica des hl. Thomas v. Aquin[2]
(Freiburg 1928), 64-68; *F. A. Blanche*, Le vocabulaire de l'argumentation et la structure
de l'article dans les ouvrages de Saint Thomas: Rev. sciences phil. et théol. 14 (1925),
167-187.

토마스는 그러한 난제의 중요성을 의식하고 있다(이 말은 항목 도입 부의 »반론«이 자신의 작품 어디에서나 이러한 의식을 반영한다는 것은 아니 다. 이 반론은 종종 매우 피상적이고 무의미할 때도 있다). 질문에 천착하는 일은 철학자의 일차적이자 어려운 과제이다.[2] 질문이 첫 번째 위치에 있는 이유는 단지 철학자가 답변에 대하여 다른 의견을 갖고 있기 때 문이 아니라, 오히려 철학자가 종종 질문을 전혀 가지고 있지 않기 때 문이다.[3] 질문만이 진리가 추구되어야 하는 영역을 열어 놓는다. 발견 된 진리 자체가 그러한 것으로서 인식되는지 여부는 질문에 대한 천착 에 근본적으로 의존하기 때문에, 그만큼 질문은 철학적 사건(philoso-phisches Geschehen)에 본질적이다.[4]

반론을 해결하는 방향으로 나아가는 듯 보이는 내적 역동성을 이 해하기 위해서는 지금까지 논의되었던 점을 다시 한번 상기해야 한다. 즉, 지성적 인식의 본질적인 가능성이 신학적 사건(theologisches Ge-schehen)의 장에서 본질적으로 가능한 것으로 해명되어야 하고, 따라 서 개별자들과 세계 일반을 넘어서는 보편적이자 필연적 인식(cognitio universalis et necessaria)이 본질적으로 가능함이 이미 그 이전에 해명 되어야 한다. 그러나 이는 처음부터 세계의 개별자에 대한 인식이 인간 의 형이상학을 자신 안에 언제나 유지해야 하는 영구적 공간이라는 사 실을 다음과 같은 이중의 방식으로 배제하는 것처럼 보인다.

....

2 Ⅲ. Metaph, lect. 1 n. 338-339: "우선 이것들을 착수하여, 진리가 규정되기 이전에 이들에 대해서 숙고하여야 필요가 있다."(necesse est ut primum aggrediamur ea de quibus opor-tet dubitare, antequam veritas determinetur); Ⅲ. Metaph, lect. 3. 368: "이들에 대해서 깊 게 숙고하는 것은 용이하지 않다."(non est facile bene dubitare de eis)

3 Ⅲ. Metaph, lect. 1 n. 338: "왜냐하면 그들은 이들에 대해서 숙고하는 것에 전적으로 무 관심하였기 때문이다."(quia omnino praetermiserunt de his considerare)

4 Ⅲ. Metaph, lect. 1 n. 339-340.

a) 우선 보편적이자 필연적 인식은 그 자체로 폐쇄된 사건, 즉 자신의 본질적 가능성에 따라 그 자체에 근거하는 사건이라는 견해를 견지해야 한다. 만일 인식 능력 및 그 실행(Vollzug)이 다른 모든 (감각적) 인식과 명백히 구분되는 특징을 갖고 있다면, 보편적이자 필연적이며 비물질적인 인식으로 선이해된(vorausbegriffen) 지성적 사건(das intellektuelle Geschehen)은 근본적으로 다르기 때문에, 자신의 본질적 의미에 있어서, 그리고 자신의 실행에 있어서 다른 모든 인식 행위에 의존하지 않는다는 점 또한 분명하다. 이로써 다음과 같은 결론을 내릴 수 있다. 그러한 인식 행위가 실제로(aktuell) 실행되기 위한 존재론적 전

38 제는—토마스는 이를 가지상(species intelligibiles)이라고 칭하는데—지성적 인식의 자체 내 폐쇄성(Geschlossenheit)을, 곧 본질적 가능성

10 이 자기 자신에 근거하는 것을 가능케 한다. 따라서 84문 6항에서 이미 규명된 논거는, 다시 말해 지성적 인식이 세계에 대한 감각적 경험을 통해 이루어진다는 논거는 논리적으로 오로지 어떤 시원(始原)의 의미(den Sinn eines Anstoßes), 즉 어떤 전제된 것의 의미를 가질 뿐이고, 지성적 인식이 영속적으로 기반하는 근거의 의미, 곧 지성적 인식을 언제나 모든 경우에 지탱하고 가능케 하는 차원의 의미를 갖지는 않는다.[5] 그래서 형이상학적 인식과 단순한 감각적 세계 경험의 관계는, 상

·······

5 이러한 정식에 대해서는 다음을 참조할 것. Boeth, de Trin. q. 6 a.2 ad 5: "표상은 우리 인식의 시작이다. 이 표상으로부터 지성이 작동하기 시작하는데, 표상은 잠정적인 것이 아니라 영속적인 것이며 또한 지성적 활동의 어떤 기초이다. 이는 마치도 논증의 원리가 학문의 모든 과정 안에 머무는 것이 합당한 것과 마찬가지이다."(Phantasma est principium nostrae cognitionis ut ex quo incipit intellectus operatio, non sicut transiens sed sicut *permanens* ut quoddam *fundamentum* intellectualis operationis, sicut principia demonstrationis oportet manere in omni processu scientiae); De anima. a. 15 corp.에서 토마스는 세계 경험의 출발점을 단순히 전제된 두 가지 양태로 구분하지만, 이 양태들은 지속적이지 않다고 본다. 필연적인 잠재적 감성들(Potentiae sensitivae necessariae):

상 행위(Tätigkeit der imaginatio)와 실제적인 외적 지각(aktuelle äußere Wahrnehmung) 간의 관계에 대한 통상적 견해와 유사하게 피상적이고 느슨하다고 생각될 수 있다.

이로써 첫 두 »반론«의 방향이 밝혀졌다. 아직도 이와 관련하여 필히 주목해야 할 몇 가지 사항이 있다. 첫 번째 반론에서 토미스트 인식 형이상학을 수행할 때에만 얻게 되는 의미를 »가지상«의 결과로 본다면 이는 전적으로 오류일 것이다. 따라서 이 지점에서 형상-상-이론 (Eidos-species-Lehre)의 역사적 발전에 대하여 다룬다 하여도 전혀 우리의 이해를 심화시키지는 않을 것이다. 이 점에서 상(像, species)의 의미가 곧바로 의문에 처한다. 이 항목 전체에서 중요시되는 이것 또는 다른 대안에 찬성하는 결정에 따라 그 의미 자체가 명백히 변하기 때문이다. 요컨대 가지상 개념을 순수한 형식적 관점에서 지성적 인식 자 *39*체(Erkenntnis als solche)의 실현(Verwirklichung)이라고 이해한다면,[6] 가지상의 물질적 본질과 기능은 이러한 인식 자체(Erkenntnis in sich) 가 그 자체로 완수되느냐 또는 오로지 감각 경험으로 향할 때에만 완 ....

a) 플라톤이 강조한 바와 같이 우연적 사건들을 통하여(per accidens tamquam excitantes ut Plato posuit),

b) 아비첸나가 강조한 바와 같이 조치된 행위들을 통하여(disponentes tantum sicut posuit Avicenna);

그리고 토마스는 이러한 두 가지 견해에 자신의 고유한 견해인 세 번째 입장을 소개한다.

c) 지성적 영혼에 고유한 대상을 재현하는 행위들을 통하여(ut repraesentantes animae intellectivae proprium objectum).

토마스는 명시된 가능성을 여기서 상세히 발전시킨다. 이 문제에 대한 아비첸나의 이론에 대해서는 다음을 참조할 것. *M. Horten*, Philosophie des Islams(München 1924), 69-71; *F. Überweg-B. Geyer*, Grundriß der Geschichte der Philosophie II(Berlin 1928), pp. 309; *Carra de Vaux*, Avicenna (Paris 1900), pp. 224-235.

6 이 반대를 통해 다음을 말하고자 한다. "지성은 실제로 가지상을 통해 이루어지며 가지상에 의해서 묘사된다(intellectus fit in actu per speciem intelligibilem qua informatur)." 사실 상(像)의 동일하고 순수한 형식적 개념은 토마스에게서 언제나 다시 나타난다.

수되느냐에 따라 명백히 변한다. 반론이 첫 번째의 것을 전제하고 이에 대한 답변은 두 번째의 것을 전제하기에 상개념(species-Begriff)의 의미는 두 가지 모두의 경우 내용적으로 같을 수 없다. 그러므로 반론은 11 바로 가지상의 본질이 이 항목의 질문에 의해 문제점으로 제기되었다는 것을 명백히 드러낸다. 이로써 이러한 면에서 인간 인식 자체가 어떻게 이 항목에서 질문으로 되돌아왔는지가 또한 명확해진다.[7] 두 번째 반론에 대해서는 더 이상 주목할 필요가 없다. 만일 여기서 그 관계의 문제점을 더 깊게 파고 들어간다면 이 반론에서 전제된 감각(sensus)과 상상력(imaginatio), 그리고 그 상호 관계에 대한 통상적인 견해로부터 너무 동떨어지게 될 것이다. 두 번째 반론은 단지 지성적 인식에 대한 기본적인 이해를 보여 주기 위한 것이다. 왜냐하면 이로부터 최종적인 해결 방향에 부응하여 첫 번째 반론이 나오기 때문이다.

b) 세계에 대한 경험 영역 내에서의 형이상학의 가능성에 대하여 숙고할 때 드러나는 두 번째 난제는 인식을 직관(Anschauung)으로 규정하는 그 기본적인 성향에서 출발한다. 모든 형이상학적 인식론에서와 같이 토미스트 인식론에서도 모든 인식 행위를 처음 정초하는 행위(Akt)는 직관이라고 간주된다는 견해가 근간을 이루고 있다. 여기서 이 직관은 피인식자를 그 자신의 고유하고 현실적인 현재의 자아(Selbst)를 통해 직접 파악하는 행위(ein unmittelbares Erfassen)로 이해된다.[8]

....

7 "intellectum esse in actu est ipsum intelligere"라는 진술은 실제적 인식 행위가 피인식자와 동일하다는 토미스트 형이상학의 원리와 관련이 있는 것이 아니라, 여기서는 단지 »지성이 (가지상을 통하여) 실행된다는 사실이 인식 행위 자체«라는 것을 말하고자 하기 위해서이다. 여기서 "intellectum"은 지성(intellectus)의 목적격이지 피인식자(intellectum, das Erkannte)에서 온 것이 아니기 때문이다.

8 Vgl., I. Sent. dist. 3 q. 4 a. 5 corp.: "인식한다는 것은 현재 가지적인 것 안으로 지성이 단순하게 직관하는 것 외에 다른 것을 말하는 것이 아니다."(Intelligere dicit nihil aliud quam-

따라서 만일 형이상학적 인식이 있다면 형이상학적 직관 또한 있어
야 하는 것은 아닐까? 형이상학이 비육체적인 세계 외적인 것에 대한
파악이라면 어떻게 그러한 직관이 세계에 대한 경험 영역 안에 있을
....
simplicem intuitum intellectus in id quod est praesens intelligibile) 참조, A. Hufnagel,
Intuition und Erkenntnis nach Thomas von Aquin (München 1932), 58; 192ff.; 239. 토
마스에게 직관이 무엇인지를 알기 위한 실마리를 제공하는 후프나겔의 직관 개념은 결국 비
논증적일 뿐이다(Nicht-diskursivität). 그래서 그는 당연히 제일 원리들에 대한 인식 및 최고
의 보편적 본성에 대한 인식을 직관이라고 칭할 수 있다. 이 직관은 두 경우에 기본적으로 동
일한 »직관«이다(Hufnagel, a.a.O. 203; 297에는 다르게 나타남에도 불구하고 말이다). 왜냐
하면 최고의 본질을 »본다는 것«(Schau)은 최고의 보편적 원리들이 진술한다는 것을 내포하
고 있기 때문이다. 그러나 이는 토미스트 형이상학의 내적 흐름에 상응하는 직관 개념이 아니
다. 토미스트 형이상학이라면 토마스에 따른 인식이 현실적으로 실존하는 곳에서 본질적으로
시작되어야 하고, 인식 행위의 원형(Urtyp)은 인식자와 피인식된 존재 행위와의 실재적 동일
성(reale Identität)이어야 한다. 즉, 인식 행위는 존재의 자신과 함께 있는 행위(Beisichsein
des Seins)이다. 따라서 직관은 고유한 토미스트적 의미의 관점에서 보면 실재의 자기 자신
을 통해 존재(Sein in seinem realen Selbst)가 인식자와 동일하다고 파악되는 오로지 그곳
에 현전하는(vorhanden) 것이다. 첫 원리들에 대한 직관은 그 자체로 개념들의 »직관«이다.
그리고 토마스는 직접적으로, 그리고 그냥 이미 존재하는 것 자체의 개념들 안에서 얻을 수
있다는 견해에 매우 날카롭게 반대한다. 게다가 원리들 자체는 추상(abstractio)에 근거하고
(이들은 진술이기에) 구성이자 구분(compositio et divisio)이라는 사실이 추가된다. 즉, 이
들은 직관의 반대가 된다. 그 판단하는 특징으로 말미암아(직관적 본질, 즉 신이나 천사는 판
단하지 않는다) 제일 원리들은 바로 우리의 지성적 »직관성«(Intuitivität)의 단순한 합리성
(Rationalität)의 흔적(Stigma)이다. 직관성은 사실 본연의 의미에서 우리가 소유하지 못하기
때문이다. 개념 형성(Begriffsbildung)으로서의 추상은 후프나겔의 주장(a.a.O. 211, 각주 4;
241 각주 4)에도 불구하고 직관에 대한 순수한 토미스트 개념에 반대가 된다. 후프나겔 자신
에 의하여 전개되고 전제된 토미스트적 직관개념(thomasischer Intuitionsbegriff)에 대한 이
러한 비판에 그는 다시 한번 다음과 같은 글에서 입장을 취해야 하였다. Der Intuitionsbegriff
des Thomas von Aquin: Tübg. theol. Quart. 133 (1953), 427-436. 게다가 우리는 (나중의
것을 미리 말하자면) 기본적으로 다음과 같은 사실에 주목해야 한다. 즉, 토마스에 따르면 당
연히 인간은 정신으로서 직관을 소유한다(Hufnagel 434). 그러나 직관은 세계 안에 있는 정
신의 능력인 감성의 직관(Intuition der Sinnlichkeit)이지만, 상상력(imaginatio)의 토대를
떠나 버린 독자적인 지성적 직관(intuitus intellectivus)은 아니다. 따라서 직관과 관련한 추
상과 판단의 관계가 문제가 된다면(참조, 후프나겔 431f) »직관«(실행될 수 있는 인식현실태)
이라는 개념하에 오로지 상상력만이 (넓은 의미에서) 이해될 수 있다. 그리고 추상과 판단은
본질적으로 하나의 인간적 인식 행위를 통해[인식 행위의 감성과 정신성을 서로 분리하여 더

수 있을까? 형이상학적 현실 자체에 대한 직관이 있다면, 그러한 인식과 이에 근거하는 그 밖의 모든 인식은 세계 경험과 무관하며, 영구적 토대로서의 세계 경험에 기반을 두어야 할 필요는 없기 때문이다.

그러나 이러한 경우 독립적인 형이상학적 직관은 있을 수 없으며, 따라서 자기 고유의 자아를 통해 직접 대상을 파악하는 유일한 직관은 넓은 의미로는 상상력(imaginatio)인 감각 직관(sinnliche Anschauung)일 것이다. 인식 가능성과 그 범위가 결국 직관 가능성과 그 범위와 일치하는 듯이 보이는 것이 사실이라 한다면, 후자가 전자를 지탱하는 근거이기에 지성적 인식은 본질적으로 상상력의 영역으로 제한되었을 41 것이다. 그러니까 인식의 최종적 의미 및 제일 근거는 상상력, 즉 세계에 대한 경험이었을 것이다. 그리고 지성적 인식은 시공간에 제한되어 머물렀을 것이다. 왜냐하면 상상력은 시공간을 초월하지 않기 때문이다(quia imaginatio tempus et continuum non transcendit). 모든 사유 행위(Denken)는 감각 직관을 수단으로서 지향하였을 것이다. 이로써 모든 시공간적인 것을 넘어서고, 모든 존재를 절대적으로 포괄하며, 절

....
욱 적절한 의도를 갖고서 설명할 수는 없다(후프나겔에 반대해서, 429). 왜냐하면 하나는 오로지 다른 것 안에서, 그리고 다른 것을 통한 현실적인 인식이기 때문이다], 인간 정신에 상응하는 것으로서, 그리고 인간 정신 안에서 행위하는 능력으로서 상상력이 실현되기 위한 내적 구성 요소들이다. 즉, 세계에 대한 객관적 직관으로서, 이 직관을 통해 세계가 (격리시켜서 조망할 수 있는) 객체로 이미 존재 행위 일반으로 초월하면서(excessus) 초월적으로 판단된다(토미스트 인식 행위의 일반적인 특징에 따라, 참조, 후프나겔 430). 마지막으로, 후프나겔 자신이 주목하듯이(참조, 435f.), 우리의 논쟁은 다음과 같은 철학적 본문을 해석하는 데 있어서 무엇이 본질인지에 대해 원칙적으로 질문함으로써 규정된다. 말하자면 토마스가 다소간의 동일한 질적 수준에서 (유한한) 인식의 본질에 대한 상이한 기술을 단순히 지시하는지 여부이다(참조, 434f) »그래서 본질에 대한 최종적인 조망(Schau)이 독자에게 위탁되어야 한다는 것이다«(435). 또는 해석자가 모든 것을 하나로 취하는 이러한 조망을 실행하고 이러한 이유로 해석할 때 그가 토미스트 인식 개념에서 '상상력에 기반하는 형이상학'이라는 주장을 핵심 개념이라고 이해할 수 있는 것을 제시하는 바로 그 독자가 되어야 하는지 여부이다.

대자와 필연자(das einfachhin Notwendige)에 도달하는 토미스트적 의미의 인간 형이상학(menschliche Metaphysik)은 본질적으로 불가능하였을 것이고, 비물질적, 보편적, 그리고 필연적 인식(cognitio immaterialis, universalis et necessaria)은 없었을 것이다.»이는 오류임이 명백하다.«(Quod patet esse falsum)

이로써 세 번째 반론에서 다루었던 본질적인 문제점이 어느 정도 해명되었다. 토마스는 이러한 명백한 딜레마를 부담으로 느꼈다. 이는 바로 그가 이 문제에 대해 이러저러한 면으로 값싸게 피해 가려 하지 않았기 때문이다. 사실 그는 다음의 내용을 »식자들의 스승«이었던 아리스토텔레스로부터 위임받았다고 느꼈다. 즉, »표상으로 전회하지 않는다면 영혼은 지성적 인식을 할 수 없고 이 표상은 감각으로부터 오는 것이라고 저 고명한 철학자가 말하였기에, 그는 모든 감각으로부터 분리된 것을 지성이 어떻게 인식할 수 있는지를 보여 주길 원하였다. *42* 그러나 이 질문에 대한 해결책이 아리스토텔레스에게서는 보이지 않는다.«[9]

2절에서는 7항에서 제기된 질문이 다음과 같다고 결론을 내렸다. *13* 곧, 어떠한 의미에서 세계에 대한 경험이 세계 이상의 것에 도달하는 형이상학적 인식의 근거가 될 수 있는가? 이 질문은 실제로 다음과 같이 더욱 세분되어 밝혀진다. 즉, 지성적 인식이 그 자체로 폐쇄된, 자체

....

9 Ⅲ. De anima, lect. 12 n. 781; 785. 아울러 다음을 참조할 것. Ⅲ. De anima, a. 16 corp. 여기에서 『영혼론』 제3권의 내용이 나온다. 토마스는 아리스토텔레스가 순수 지성적 존재에 대한 인식 가능성과 관련한 질문에 대해서만 해결책을 제시하지 않으며, 형이상학 일반의 가능성에 대한 질문에 대해서는 답을 준다고 본다. 그러나 두 경우가 원칙적으로는 같은 질문이다. 사실 토마스는 그러한 비물질적 지성의 현존재가 자신을 인식하도록 한다는 사실을 믿었다. 그래서 이는 그에게 형이상학의 모든 대상과 관련하여 이들이 표상으로 전회함에도 불구하고 어떻게 인식 가능한가라는 동일한 질문이다.

내에 그 고유한 가능성이 근거하는 형이상학적 인식으로 이해되어야
하는지(obj. 1과 2), 즉 감각적 경험에 의존하지 않는 내용을 소유하면
서(상에 대한 질문, species-Frage) 형이상학적 직관을 그 근거로서 갖고
있는 형이상학적 인식으로서 이해될 수 있는지 여부가 하나의 질문이
다(obj. 3). 아니면 독자적인 근거를 지니는 형이상학적 직관 없이 인식
을 유일하게 가능하게 하는 근거인 상상력의 토대 위에서 지속적으로
유지되어야 하는 그러한 인식으로서 이해될 수 있는지 여부가 관건이
된다. 그러나 만일 인간 인식의 두 번째 개념이 유일한 현실적인 개념
이라고 결정된다면, 따라서 이와 더불어 이러한 결정은 상상력의 기초
위에서 형이상학이 어떻게 가능한지를 보여 주어야 한다. 그러므로 표
상으로의 전회(conversio ad phantasma)에 대한 질문은 시공의 지평에
서 발생하는 직관에 근거한 형이상학의 가능성에 대한 질문인 것이다.

비록 토마스가 이렇게 제기된 질문에 대한 해결책을 아리스토텔
레스에게서 발견하지 못했다고 하더라도, 아리스토텔레스의 『영혼
론』에 기술된(Γ 7, 431, a. 17) "영혼은 표상 없이는 아무것도 알 수 없
다."(οὐδέποτε νοεῖ ἄνευ φαντσματος ἡ ψυχή)라는 명제를 자신의 고유한
것으로[즉, 재반론(sed contra)으로] 삼고 있는 한, 그는 아리스토텔레스
의 형이상학에 머문다.[10] 토마스에게 아리스토텔레스의 이러한 명제는,
아무도 방해하지 않는 조용한 자리를 위험하지 않은 평온한 곳에 배당
받기 위해 사람들이 »또한«(auch) 공유하는 여러 관점 중의 하나가 아
43 니다(중세는 다른 곳에서 이러한 방법을 좋아하였다). 토마스는 명제를 원
천적으로 이해하고 결연히 끝까지 숙고하기 위하여 아리스토텔레스

……

10 유사한 구절, loc. cit., Γ 8, 432, a. 8(432, a. 13-14); De Mem. et rem. 431b. 역사적인
상세 고찰은 다음 논문을 참조할 것. *Hufnagel*, Intuition und Erkenntnis, 218ff.; *B. A. Luy-
ckx*, Die Erkenntnislehre Bonaventuras (Münster 1923), 185-187.

형이상학 자체의 출발점까지 깊게 파고 들어갔다. 따라서 그는 »재반론«(sed contra)에서 단순히 항목의 구조를 만족시키는 것에 머물지 않았다.

4. 본문의 형식적 구조

'본문'(corpus articuli)은 명백히 세 부분으로 나뉘어 있다.

1. 토마스가 이 질문에 대하여 내리는 규정: 나는 다음과 같이 답변한
다(respondeo dicendum).

2. 특징: 그리고 이는 두 가지 특징으로 드러난다(Et hoc duobus indi-
ciis apparet). 그래서 이 절은 외관상 이미 두 부분으로 나뉜다.

   a) 첫 번째 특징: '첫째'(primo quidem)부터 '이미 먼저 얻었던 앎의
   내용'(ea quorum scientiam praeaccepit)까지.

   b) 두 번째 특징: '둘째'(secundo)부터 '숙고할 수 있도록 표상을 형
   성하기 위함이다'(formare possit ad intelligendum)까지.

3. 제3부 '표상으로의 전회'의 형이상학: '그 이유는'(Huius autem ra-
tio)부터 '본문'(corpus articuli)의 마지막까지.

'본문' 제3부에서 생각의 흐름을 순전히 형식적으로 조망하기 위해

서 다섯 번이나 »그러나«(autem, 그런데)를 사용한 것에 주의할 필요가 있다. 이 단어는 문장의 흐름을 간단하고 명확하게 구성한다. 이 문장들을 생각의 흐름 안에서 그 자체로 이해하기 위해서 우리는 '그러나'에 의하여 부각된 단어들 또는 문장 성분들에만 주의할 필요가 있다.

1. potentia cognoscitiva(인식 능력)-cognoscibile(인식 대상): 인식 행위와 존재 행위(Erkennen und Sein)

2. intellectus humani, qui est conjunctus corpori, proprium objec-tum(육체와 결합된 인간 지성은 그 고유한 대상이다): 인간의 인식 행위와 인간의 존재 행위(menschliches Erkennen und menschliches Sein)

3. ratio naturae(본성의 본질): 세계의 존재 행위(Das Sein der Welt)

4. particulare(개별적으로) ... apprehendimus(우리는 파악한다): 세계의 존재 행위에 대한 인간의 인식. 전체의 목적에 처음으로 도달된 이러한 네 번째 부분에서는 숙고가 본질적으로 전개될(Gedanke-nentwicklung) 때 등장하는, 말하자면 다음과 같은 주제어들이 강조될 것이다.

   a) imaginatio(상상력): 직관(Anschauung)

   b) intellectus(지성): 사유 행위(Denken)

5. si autem ... esset...(만일 그러나 ... 라고 한다면): 반대 입장에 대한 비판적인 관점에서의 전체적인 반복

만일 '본문'의 배열을 순전히 외적인 기준에 따라 고찰한다면 그 내용에 대해 예단할 수 있는 것이 하나 있다. 즉, 생각의 흐름이 우리가 지금까지의 고찰에서 기대할 수 있었던 것과는 정반대로 진행된다는 점이다. 2절과 3절에 등장하는 반론들(objectiones)은 이 항목(Artikel)이 시공간의 지평 내에서의 형이상학의 가능성에 대한 질문으로 보이

게끔 하였다. 그러나 그 구조를 보면 이 '본문'에는 형이상학의 가능성에 대한 질문이 전혀 제기되지 않은 것으로 보인다. 말하자면 '표상으로의 전회'가 인간의 모든 인식의 필연적 전제로서 드러나기에, 오직 세계 하나에 대한 인식만이 실제로 인간의 유일한 인식으로서의 주제가 되는 것처럼 보인다. 아무튼 이러한 관찰을 통해 토마스에게 시급한 관심사는 상상력(imaginatio)이라는 토대에 인간의 인식 전체의 근거를 세우는 것이라는 점이 확실해졌다. 그러한 토대에서 형이상학이 어떻게 기인할 수 있는지가―토마스는 이 '본문'에서도 명백히 형이상학을 유지하고 있다―이 '본문'에서 다루는 것의 배경으로 머물고 있다. 이러한 질문은 세 번째 반론(objectio)에 대한 답변에서야 주제로 등장한다. 물론 '본문'에 명시적으로 드러나지 않았다 하더라도 이 답변은 세계에 대한 경험으로서의 인간 인식을 파악하도록 이미 본질적으로 규정된다. 형이상학의 본질적 가능성 자체는 '본문'에서 명백하게 무엇이 문제가 되는지에 대한 중요한 전제가 된다. 즉, 형이상학의 본질적 가능성은 세계 내적 경험 가능성을 인간 인식의 토대를 놓는 가능성으로 근거 짓기 위한 전제가 된다는 것이다.

5. 본문의 첫 두 절에 관하여

'본문'의 제1절은 외적으로 보면 두 가지 진술로 구분될 수 있다. 하나는 논제(These)이고 다른 하나는 이러한 결정이 내려지는 대상에 대한 특성 묘사(Charakterisierung)이다. 이 논제에서는 어떠한 종류의 인 45 식 행위에 대해서도, 즉 인식 행위 자체에 대해서도 논의되지 않는다. 문제가 되는 것은 »감수적 육체와 결합된 현재 삶의 상태에서의 지성« 이다(intellectus noster secundum praesentis vitae statum, quo passibili corpori conjungitur). 이 논제에서는 인간과 그 존재 행위(Sein), 그리고 인간의 인식 행위 자체에 대해서 직접 진술하지 않고, 오히려 지성 (intellectus)에 대해서 진술하고 있다. 그래서 지성은 어떻게든 분리된 것이자 확정된 것, 그리고 그 자체로 규정된 것으로서 다른 것들과는 차별적인 것, 즉 자신에 대해서 그 자체로 특정한 진술이 만들어질수 있는 하나의 본질로서 고찰된다. 더욱이 우리가 『신학대전』의 앞선 부분에서 지성에 대해 알고 있는 모든 것을 도외시한다고 하더라도, 지성이 여기서는 분명히 상상력, 감각(sensus), 그리고 지성이 »향해 야«(zuwenden) 하는 표상과는 대조되어 고찰되기 때문에 더욱 그러하다. 그러나 그것은 이와 동시에 정반대로 드러나기도 한다. 즉, 지성은 인간의(우리들의, noster) 것이고 감수적 육체(passibile corpus)와 »결합되어 있다.«(verbunden) 그러나 이러한 결합은 지성적 존재 행위(Intellektsein)에 단지 부가적으로만 지성(Intellekt)에 귀속되는 어떠한 것일 수 없다. 왜냐하면 이러한 특성화는 지성 자신이 실제로 존재할 수 있기 위하여[즉, 어떠한 것을 실제로 이해할 수 있기 위하여(aliquid intelligere in actu)] 왜 표상으로 향해야 하는지에 대한 근거로서 명확히 소개되기 때문이다. 독자는 두 가지 쌍에 대해서만 주의해야 할 필요가 있다. 그것은 즉 지성(intellectus)-감수적 육체에 결합됨(passibili conjungitur corpori)의 쌍과, 실제로 인식하는 행위(intelligere actu)-표상으로 전회함(convertendo se ad phantasmata)의 쌍이다. 따라서 인간 지성은 확정된 것, 그 자체로 충족되는 것(in sich ruhende Größe)으로 드러나지 않고, 비지성적인 것(Nicht-Intellekt, corpus passibile-phantasma)과의 결합하에서만 지성 자신이다. 그러므로 또한 지성은 표상으로의 전회가 뜻하는 것을 이해함으로써 비로소 자신의 본질을 인식하게 된다. 그래서 이러한 이해(Verständnis)는 인간 지성(intellectus humanus)이 무엇인지에 대한 확실하고 명확한 개념에서 출발할 수 없다. 결국 두 가지는 오로지 하나의 포착(einem Griff)을 통해 파악될(begreifen) 수 있다. 그러니까 지성에 대해 확정된 규정으로서 우선 드러났던 것은(즉, 지성이 감각 및 상상력과 갖는 차이점과 상상력의 시공간적 경계를 넘어서는 대상들에 대한 형이상학적 인식 능력인 지성의 특성은) 자신의 본질을 파악하려는 잠정적 시도일 뿐이라고 간주될 수 있다. 논제의 명제는 인

간 지성의 특유한 본질에 대한 형이상학적인 앎의 행위(Wissen)를 전
제하지 않고, 오히려 이를 처음으로 실현한다. 상상력이 인간의 지성성 46
(menschliche Intellektualität)이 본질적으로 정향된 인식 행위로 이해될
수 있을 때에 한에서만, 자신의 본질을 통해 파악될 수 있는 상상력에 16
도 동일한 것이 적용된다. 이로써 우리는 여기서 논의되는 상상력 또는
표상이 무엇인지를 예를 들어 동물의 »순수« 감성(reine Sinnlichkeit)으
로부터 알 수 있다는 오해를 피하였다.

단 하나의 포착만으로 지성의 본질성(Wesenheit)이 표상으로의 전
회의 본질과 함께 파악되듯이, 아울러 같은 방식으로, 그리고 동일한
이유로 지성과 감수적 육체(corpus passibile) 간의 본질적 일치(Wesen-
seinheit)라는 사실과 그 의미는 오직 표상으로의 전회와의 관계하에
서, 그리고 이 관점에 의해서만 규정될 수 있다. 지성과 상상력의 근본
적인 일치(wurzelhafte Einheit)를 통해 수용적 육체(corpus passibile)
와 지성 간의 본질적 일치가 처음으로 밝혀진다.[1] 따라서 처음에는 논
제(These), 그리고 이와는 외견상 무관한 지성과 감성의 특징이라는 두
부분으로 나뉜 것처럼 보였던 명제(respondeo dicendum)는 하나의 유
일하고 불가분한 본질 언명임이 드러난다. 토마스는 이 본질 언명에서

....

1 따라서 I. q. 75 a. 4의 중심적인 사고는 감성이 내적으로 육체적이기에 육체는 내적으로
인간의 본질에 속한다는 것이다. I. q. 76 a. 1 corp.에는 다음과 같은 진술이 있다. "지성적
원리가 형상으로서 육체와 하나 된다는 사실이 지성의 작용 자체로부터 명확하다."(ex ipsa
operatione intellectus apparet quod intellectivum principium unitur corpori ut forma)
이 진술이 이 항목 전체[지성적 기원은 형상으로서 육체와 하나가 되는가(utrum intellecti-
vum principium uniatur corpori ut forma)]의 기본 흐름이다. 왜냐하면 육체적 인간에 대
한 주장과 관련하여 논의하는 것은 오로지 이러한 배경에서만 그 의미와 중요성을 갖기 때
문이다. De anima. a. 1 corp.: "따라서 인간 영혼의 작용으로 말미암아 자신의 존재 양태가
인식될 수 있다."(sic igitur ex operatione animae humanae modus esse ipsius cognosci
potest)

원래 하나의 인간 존재 및 인식에 관하여 그가 파악할 수 있었던 바를 진술한다. 또한 토마스의 연구 결과들은 이미 얻어진 연구 결과를 전제해야 하겠지만, 이 항목에 대한 토마스의 해석은 분명히 확정된 선행 연구에서 출발할 필요가 없다는 새로운 사실도 드러난다. 물론 이 선행 연구 결과들이 아무리 이 항목의 의미를 확인하는 데 도움을 줄 수 있다고 하여도, 그리고 또한 전체 토마스 저작들에 대하여 파악하는 것이 간추려진 이 항목을 이해하는 데 필수 불가결함에도 불구하고 말이다.

'본문' 제1절이 이 항목이 제기하는 질문이 지닌 본질적이고 넓은
47 폭을 드러낸다면, 이 절은 다른 관점에서도 또한 중요하다. '[지성이] 수용적 육체와 결합된 삶의 현재 상태'[praesentis vitae status quo(intellectus) passibili corpori conjungitur]가 무엇인지는 이 항목이 제기하는 문제점을 풀어갈 때에야 확실히 이해될 수 있다. 그러나 인간 지성의 이러한 특성은 인간의 본질이 인간 형이상학 및 그 형이상학적 내용과 함께 어떻게 규정될 수 있는지와 관련한 입장에 대한 사전 결정이기도
17 하다. 즉, 이는 현실적이고 구체적인 인간에서, 다시 말해 시공간의 이 세계에서 인간이 갖고 있는 상황(Stand)에서 시작된다는 것이다. 이러한 상황은 인간이 이해하고자만 한다면 이미 언제나 알려져 있다. 이러한 토대에서 인간이 자신을 이해하고자 하는 결정은 이미 사전에 내려졌고 주의하고 의식하면서(sehend und wach) 수행되었다. 왜냐하면 인간은 자기 자신에게로 돌아갔을 때 언제나 이미 자신과 맞닥뜨린 곳인 세계를 제외하고는 어떠한 다른 입장으로부터 자신을 이해할 수 있는 가능성을 보지 못하기 때문이다.

이로써 우리는 '본문' 두 번째 절의 의미와 과제를 전체적인 관점에서 올바르게 평가할 수 있게 된다. 토마스는 여기서 두 가지 특징

(indicia)에 대하여 논구하는데,[2] 여기에 본 항목의 논점이 드러난다. 특징(indicium)이라는 단어는 두 번째 절의 논점이 명제에 대한 »논증«이라는 오해를 피하도록 이미 주의를 환기시킨다. 이 말은 제2절로써 제1절의 논지가 논증되었다든지, 그리고 나서 사전에 확정된 사실에 관한 단지 어느 정도의 자의적인 »사변«이 제3절에 따라온다는 것을 뜻하지 않는다. 따라서 이는 지금까지 알지 못했던 것이 형이상학 자체를 통해 ─그리고 그러한 것이 여기에서 다루어진다─ 발견된다는 것이 아니라, 언제나 이미 자신에 대해 갖고 있는 이해가 형이상학 자체를 통해 명백히 표현되고, 이렇게 인간은 자기 자신에 대해 깨닫기 때문이다. 형이상학은 인간이 인간으로서 존재한다(ist)는 저 선이해 행위(Vorverstehen)를 개념적으로 정식화한 이해이다. 그래서 이러한 특징은 자기 자신에 대한 인간의 앎의 행위만을 일깨우고, 이를 통해 인간은 각기 자신의 정황(Verfassung)에 대해 알게 된다. 이는 제3절에서 이 인식 행위를, 그 자체로 머물게 하면서도, 형이상학으로 전환하기 위해서이다. 따라서 이 특징은 실험 심리학에 대한 초보적인 학문과 같은 것은 아니다. 왜냐하면 실험 심리학은 발견하지 않으면 알 수 없는 사실을 발견하는 자연과학이거나, 또는 자기 자신을 이해하지도 못하는 형이상학, 또는 가장 좋은 경우라 하더라도 방금 논의된 의미에서 형이상학적 질문의 특징일 뿐이다. 그래서 제2절의 특징은 제1절에서 지시하는 상황에 정말로 자신을 결연히 세우라는 명령이다. 즉, 인간의 사유

48

....

2 S. c. g. Ⅱ, 73에서 같은 것이 논의된다: "이는 그의 특징이다."(cuius signum est); I. q. 89 a. 1 corp.와 de mem. et rem.(기억과 추억에 관하여) lect. 2, n. 314에서도 동일한 »시험«(experimentum)이 논의된다. 이는 »실험«(Experiment)을 뜻하지 않는다. 왜냐하면 토마스의 시대에는 실험을 통해 영혼에 접근하지 않았고 오히려 인간의 현실적인 삶을 시험하는 것에 대한 철학을 통해 접근하려고 하였기 때문이다.

행위를 망상(phrenetici)과 노망(lethargici)의 가능성에까지 이르는 지상의 권력에 노출시키는 것이다(Ausgeliefertheit). 여기서 인간이 무엇인지를 궁구하는 인간 형이상학(die menschliche Metaphysik)이 시작된다. 왜냐하면 모든 인간은 숙고되고 이해되어야 하는 다음과 같은 것을 이미 언제나 실현하기 때문이다. 즉, "인간의 지성적인 영혼은 표상으로 향하는 면모를 소유한다."(anima intellectiva humana habet aspectum inclinatum ad phantasmata)[3]

....

3 De anima a. 16 corp.

6. 본문의 제3절 1호

우선 본 항목과 그 주요 부분을 해석하고자 하는 목적을 다시 한번 18
상기하자. 그 목적은 표상으로의 전회를 통해 제기된 문제를 모든 면에
서 명시적으로 다루려는 것이 아니라, 오히려 이를 위하여 고찰되는 대
상의 일차적인 경계를 설정하는 것이다. 그래서 우리는 본문의 텍스트
가 본 논문의 제2부에서 자세하게 다룰 내용에 대한 표제(Titel)를 어느
정도 포함하는 한에서 그 텍스트에 대하여 숙고한다. 그래서 여기서 중
요한 것은 체계성에 대한 관심을 두지 않으면서 표상으로의 전회가 제
기한 질문을 취합하는 것이다.

"인식 능력은 인식 대상과 본질적 유사성을 이룬다."(Potentia cog-
noscitiva proportionatur cognoscibili)라는 주장은 제3절의 첫 명제이다. 49
이 명제는 인간 인식이 측정되어야 하는가라는 본 항목의 질문에 응
답하기 위한 기준임이 명백하다. 그런데 우리가 이 명제의 의미를―

그 명료성을 전적으로 도외시하더라도—그 자체로 이해하여 이 과제를 수행할 수 있을 정도가 되는가? 인식 능력은 각각 그 대상과 명백한 관계에 있기에,[1] 이에 따라 명제의 의미를 우선 명확하게 할 수 있다. 그러니까 인식 대상(cognoscibile)은 나중에 고유한 대상(objectum proprium)이라고 일컬어지는 것과 동일한 것이다. 인식 능력은 각기 자신에게 고유하게 귀속되는, 자신과의 명백한 관계에 서 있는 대상을 가지고 있다. 따라서 이 명제는 다양한 인식 »능력«(Vermögen)이 있다는 점과, 인식의 본성과 및 대상의 본성에 의해 규정된 각각의 대상 영역이 유일한 잠재적 내적 성취로서 이 능력들에 상응한다는 점을 전제한다. 그러므로 인식 행위(Erkennen)와 피인식자(Erkannte) 사이에는 상호 제한적인 선험성(Apriori)이 있다. 즉, 인식 능력은 무엇이 그 대상이 될 수 있는지를 선험적으로(a priori) 규정하고, 대상은 어떤 인식 능력으로 자신이 인식될 수 있는지에 대한 선행적인 규칙을 포함한다. 그러나 그렇다 해도 명제에 대한 의미가 아직 규정적으로 명확해진 것은 아니다. 인식 능력과 대상 사이의 명확한 관계는 도대체 어떤 기준에 따라 규정되는가? 이 관계는 어떻게 측정되는가? 인식 행위와 피인식자 양자를 동시에 측정하는 기준이 또다시 필요하지는 않을까? 인식 능력의 »특성«이 인식 능력은 무엇을 파악할 수 있는지를 선험적으로 규정하고 대상의 »특성«이 대상은 무엇에 의하여 파악될 수 있는지를 선험적으로 규정한다는 명제를 단지 순수 형식으로만 말하고자 한다

19

....

1 다음 고찰 과정에서 특정한 경우만이 아니라 처음부터 모든 인식과 관계되는 구별에서 알려진 것으로서의 대상과 대상 그 자체 간은 구분되어야 한다는 생각은 의사 문제(Scheinproblem)임이 작업 과정 중에 다음과 같이 밝혀질 것이다. 즉, 존재 행위는 그 자체로 인식된 존재이다. '즉자'(Ansich)와 인간 인식 행위에 의한 '피인식성'(Erkanntsein)의 차이에 대한 질문은 나중에야 적절히 시작될 수 있다.

면, 이러한 형식적 일반성(formale Allgemeinheit)에 의해 이 명제가 이해될 수는 있지만 사실 아무것도 말해 주지는 않는다. 그리고 후속 작업에서 이 명제가 어떠한 의미를 지닐 수 있는지는 알 수 없게 될 것이다. 명백히 이 두 가지 »특성« 사이에는 본질적인 관계가 있어야 한다. *50*
인식 능력의 본질적 특성은 자신의 잠재적 대상과 관련하여 그 특성보다 선행하는 인식 가능성(vorgängige Erkennbarkeit)을 암묵적으로 주장하며, 인식의 본질적 가능성(innere Möglichkeit der Erkenntnis)은 인식 가능성의 본질적 가능성에(in der innern Möglichkeit von Erkennbarkeit) 그 기반을 두고 그 역도 마찬가지이다. 인식 행위와 대상 자체 간의 보다 원천적인 이러한 관계가 있을 때에야 비로소 특정한 인식 능력, 즉 고유한 인식 능력과 그들 각각에 정확히 상응하는 고유한 대상 간의 하나의 명확한 관계, 다시 말해서 측정 가능한 관계에 대하여 말할 수 있다. 그러나 인식 행위에 가지적인 것(Erkennbares)을 인식 행위의 본질적 가능성으로서 부여하고 또 거꾸로도 성립되는 이러한 기원적 관계의 근거는 어디인가? 그러한 관계의 가능성은 인식 행위와 대상이 기원적으로 하나이며, 자신들의 고유한 가능성에 부가적으로 상호 관계를 추구하지 않는다는 사실에만 근거할 수 있다. 그런데 이러한 원천적 일치는 어디서 성립되는가? 이 일치가 다른 인식 능력들과 어떻게 관계되며 또한 다른 인식 대상들과 어떻게 관계되는가? 한 가지 근거에 대한 양자의 관계는 명백히 자신들 간의 관계를 규정하는 척도이다. 이 근거는 무엇인가? 본 절 전체에 대한 기준인 첫 번째 명제에 대한 해석은 하나의 의문으로 끝난다.

또한 본문 제3절 1호에는 천사의 지성(intellectus angeli)에 관한 명제가 포함되어 있다. 우리 자신에 대한 인식과 관련한 질문에 도움이 되는 천사의 지성에 대해 우리가 아는 것이 있는가? 당연히 토마스는 우리가 천사의 특정한 본질에 관해 무엇인가를 규정할 수 있다는 것을 부정한다.[2] 그리고 그런 천사가 토마스의 물리학이 포함된 고중세의 물리학에서 역할을 하지 못하였다면, 아마도 그들은 그의 철학적 사유의 범위에 포함되지 않았을 것이다. 그럼에도 불구하고 현재 호의 것과 같은 명제는 자신의 고유한 철학적 의미를 지니고 있다. 왜냐하면 철학자가 천사의 특정한 본질에 대해 알지 못하기 때문에 그들에 대하여 다루지는 않음에도 불구하고, 이 명제들은 토마스가 지적 직관에 근거한 인식 가능성을 다루는 방식이기 때문이다. 따라서 1호의 이 명제는 일종의 예비적 시도로서 5호의 반대 입장에 대한 비판적 검토를 통해 전체를 반복하는 것과 사실상 같은 것이다. 그것은 정확히 말하자면 인간의 것이 아닌 인식, 즉 지적 직관의 »관념«(Idee)으로, 인간은 이 관념과 대조해 자신의 고유한 본질을 이해한다. 천사의 지성을 이렇게 특징화함으로써 지적 직관(intuitus intellectivus)이라는 관념이 어느 정도까지 파악될 수 있을까? 우리는 토마스에게서 인간 지성의 본질이 »감수적 육체와 결합된 존재«(conjungi passibili corpori)의 관점에서 어떻게 규정되는지를 이미 살펴보았다. »감수적 육체와 결합된 존재«는 지성의 표상으로의 전회(conversio intellectus ad phantasma)라고 다시 표현되는데, 이는 즉 유일하고 필수적인 인간의 직관인 상상력으로의 전회를 뜻한다. 이로써 '육체와 완전히 분리된 천사의 지성'(intellectus angeli qui est totaliter a corpore separatus)이라는 개념이 주어졌다. 그것은 그 자체만으로 스스로 직관하는 지성, 그래서 시공간의 지평을 통한 상상력이라는 수단을 필요로 하지 않는 지성으로 이해된다. 위에서 아

....

2 De Anima a. 16; S.T. I, q. 88, a. 1, a. 2; S.c.g. n, 46; In Ⅲ. De Anima lect. 8, n. 710: "영적 실체들은 우리에게 알려지지 않았다."(substantiae spirituales ignotae sunt nobis)

직까지 모호하게 남아 있던 인식 행위와 대상의 단일한 근거는 바로 그러한 지적 직관의 근거로 이해되는데, 1호의 원리에 따라 시공간의 지평도 초월하는 대상, 즉 그 자체로 지적 직관에 개방되어 있는 '육체에서 분리된 가지적 실체'(substantia intelligibilis a corpore separata)와도 연결되어야 한다.

인간의 인식 행위가 무엇인지 파악하는 데 지적 직관이라는 개념이 어떻게 도움이 되는가? 이러한 개념은 이미 파악되었다고 전제된 자신의 고유한 본질의 특징을 '아무것도 아닌 것'(Nicht)으로 규정하는 자의적 유희(das unverbindliche Spiel) 이상이라는 점이 명백하다. 아니면 다른 것에 맞서 한계를 설정함으로써 자신의 고유한 존재를 규정하는 행위가 첫눈에 알아볼 수 있는 것보다 더 신비로운 과정인가? 사실 인간 지성이 자신의 고유한 한계 내로 어떻게 그렇게 스스로를 정초할 수 있으며, 그리고 어떻게 이로써 이러한 한계의 가능한 저편(Jenseits)에 대한 경이로운 앎의 행위가—이 '저편'은 한계 자체에 대한 앎 안에 언제나 내포되어 있다—드러날 수 있는가? 어떻게 인간의 인식 행위가 그렇게 스스로 자신을 초월할 수 있는가? 만일 인간의 인식 행위 52 자체가 자신의 고유한 영역을 초월할 때에야 비로소 구성된다고 밝혀져야 한다면, 실제로 지적 직관이라는 이러한 개념 형성은 인간 인식의 본질이 그 자체로 드러나는 과정을 보여 주는 특징일 것이다. 또한 인간에게 지적 직관이 귀속된다는 반대 입장의 가능성은 고유한 입장의 정당성을 보여 주는 것일 뿐이었을 것이다. 그러나 우리는 이러한 가정을 통해 우리 자신의 입장을 부정하는 당혹스러움에 빠진 듯 보인다. 상상력의 저편(Jenseits)에 대한 직접적 조망 없이, 즉 지적 직관 없 21 이 인간의 인식은 자신의 고유한 한계를, 그러니까 유일한 직관인 상상력의 한계를 어떻게 초월해야 하는가? 그리고 지적 직관이 형이상학을 뜻한다면, 이러한 당혹스러움은 우리가 이미 만난 질문, 즉 상상력에 기반을 둔 형이상학의 가능성에 대한 질문이다. 이 질문은 이제 지적 직관 없이 상상력의 초월이 가능한지 여부에 대한 질문으로서 다음과 같이 규정된다. 즉, 이 초월이 상상력 수준에서 인간 직관의 가능성을 구성하는지, 그리고 이 초월이 지적 직관이라는 한계 개념(Grenzidee)을 통해 그 특징을 갖는지 여부이다.

7. 제3절 2호

제1절의 뜻과 의미(Sinn und Bedeutung)는 상당 부분 불확실하고 모호하게 남았지만 1호와 2호 간의 형식적인 연관성은 명확하게 지각될 수 있다. 1호의 첫 명제는 인식 능력의 적절한 대상(objectum proprium)을 규정하기 위한 보편적인 기준을 제시했다. 2호에서는 인간의 인식 행위와 인식 대상이 이 기준에 견주어 평가되며, 여기서 평가 행위와 그 결과는 »그러나«로 시작되는 지적 직관이라는 한계 개념에 대비된다.

그러나 이로써 의문(Fraglichkeiten) 또한 시작된다. 인간 지성에 명 53
백히 정향된 대상이 육체적 사물의 하성이라는 명제는 1호의 기본 원리(Leitsatz)에서 연역되어야 하는가? 명백히 아니다. 왜냐하면 (기본 원리라는) 형식적 공허(formale Leere) 그 하나만으로는 그러한 통찰에 어떠한 출발점을 제공하지 않기 때문이다. 또는 이러한 통찰이 인간 지성과 육체 간의 결합이라는 전제하에 그 기본 원리로부터 결과로서 나와야 하는 것인가? 만일 그렇다면 »수용적 육체와 결합되었다«(qui est conjunctus corpori passibili)라는 소전제는 대전제인 1호의 기본 원리와 함께 결과를 형성할 것이고 그 결론은 2호에 위치할 것이다. 이 주장은 순전히 형식적인 관점에서 그 정당성을 가질 수 있을 것이다. 결국 지성의 본질에 대한 통찰과 지성적 활동의 고유성에 대한 통찰은(즉, 지성의 적절한 대상은 육체적 사물이라는 사실만을 명확하게 하는 표상으로의 전환에 대한 통찰은) 단 하나의 포착만을 통해 파악된다는 점은 이미 앞서 (5절) 제시되었다. 자의적으로 숙고된 지성과 육체 간의 »결합«(Verbindung)이 어떻게 지성이 원천적 직관을 통해 도달할 수 있는 유일한 대상이 육체적인 것이라는 사실을 통찰하게 할 수 있는가? 그러나 이러한 결합이 특정한 방식으로라도 생각된다면, 감각을 통해 세계 내 존재를 향한 인간 지성의 그 본질적인 정향성을 이미 파악하지 않고서 어떻게 이 결합에 대해서 알 수 있는가? 그러니까 결론을 파악하는 것과 관계없이 파악될 수 있는 소전제는 실제로 존재하지 않는다. 그러나 어디에서 이 두 가지가 동시에 망라되는 것일까?

22   그것은 본문의 제1절과 제2절이 이미 사전에 우리를 세워 놓은 장소, 즉 시공간의 차원을 지닌 세계이다. 그리고 이 사실은 또한 인간의 인식 행위를 위한 것이다. 그러나 상상력이라는 기반 위에 이미 규정적으로 서 있는 이러한 행위는 이전에 비하여 이미 변화되었다. 왜냐하면 자신에 대한 이러한 원천적인 앎의 행위는—토마스는 이러한 인식 행위에 대하여 이미 앞서 규정하였다—그사이에 이미 앞선 단락 (Paragraph)에서 논의된 바 있는 문제점의 밝은 면과 어두운 면에 즉시 들어왔다. 1호에 있는 지침은 현재 당면한 다음과 같은 문제의 형식적인 예비 표지(Vorzeichnung)이다. 그러니까 인간의 인식 행위와 그 대

상인 인간 세계 간의 명백한 관계 규정이 문제가 되는 것이다. 이를 아는 것은 아직 알려지지 않은 어떠한 근거를 통해 근본적인 일치를 이룬 양자를 파악함으로써 가능하다. 2호의 명제에서 매우 단순하고 자명하게 보이는 다음 두 개념 간의 병치, 즉 육체와의 결합(conjunctus corpori)-육체적 질료로 실존함(in materia corporali existens)의 조합은 오로지 이러한 방식으로 볼 경우에만 참되게 파악된다. 이러한 병치는 답을 제공하지는 않고, 오히려 그들의 공통된 근거에 비추어 이 병치가 가능하다고 이해해야 하는 과제를 부여한다.

1호에서 제기된 실질적인 문제점이 2호에서는 잠정적이고 여전히 모호한 내용으로 남는다는 사실이 그 후반부에 다음과 같이 드러난다. "인간 지성은 감각적 사물의 이러한 본성들을 통하여 비감각적 사물에 대한 인식에도 어느 정도 도달하게 된다."(et per huiusmodi naturas visibilium rerum etiam in invisibilium rerum aliqualem cognitionem ascendit) 바로 이러한 상승(ascensio) 모델은 1호에서 지적 직관이라는 개념을 통해 이미 실행되었다. 이로써 결론부에 다음과 같은 질문이 새롭게 제기된다. 지적 직관 없이 인간 지성에 의해 자신의 고유한 기반을 그렇게 초월하는 것이 어떻게 가능한가? 그리고 초월은 인간의 세계 경험의 구성적 근거이고 초월만이 인간의 세계 경험의 형이상학에 의미를 부여할 수 있는데, 이 초월이 어느 정도로 인간의 세계 경험의 구성적 근거에 속하는가?

본 호를 해석하는 작업을 할 때는 또 다른 점에 주의를 기울여야 한다. 2호는 인간의 인식 행위 자체에 대해서가 아니라 인간의 지성에 대해서 논의한다. 그래서 지성을 인간의 감각 및 상상력으로부터 구별한다. (단순히 육체적 사물이 아니라) 육체적 사물의 하성(Washeit)은 지성 자체에 대상으로서 질서 잡힌다. 그래서 이러한 하성은 이미 감각을 통해서가 아니라 지성을 통해야 비로소 파악된 것으로 보인다. 하성에 대한 이러한 지성적 인식을 어떻게 생각하든 간에, 가장 온건한 가능성을 전제하기 위하여 감각적으로 직관된 대상들 사이에서 어떠한 질서 관계(Ordnungsbeziehung)에 대한 파악이 문제가 된다고 할지라도, 즉 시공간의 차원에서 감각적으로 직관되고 대상으로 이렇게 또는 저렇게 파악된 것에 대한 자리매김이 문제가 된다고 할지라도, 그러한 육체적 23 사물의 하성에 대한 파악 행위(Erfassen)는 인식자와는 구별되는(vom 55 Wissenden Verschiedenen) 의식된 것(eines Bewußtens)을 파악할 가능성, »객체화«(Objektivation) 할 수 있는 능력, 그리고 시공간에 대한 최소한의 선행적 앎의 행위(vorgägiges Wissen)를 전제한다. 오로지 그렇게 함으로써 감각적으로 직관된 것을 맞세우고(Gegenstellen) 자리매김하는(Einweisen) 것이 가능하다고 파악된다. 그러나 지금 이 항목 전체는 상상력을 인간의 유일한 직관이라고 설정하여 직관 없는 지성은 모두 맹목이라는 방향으로 가고 있다. 그런데 그러한 순수 직관 자체가 객체화를 통해 직관된 것을 맞-선 것(Gegen-stand)으로 수용할 가능성을 가지고 있는가? 만일 직관이 자신의 고유하고 실제적이며 현재의 자아(Selbst)를 통해 인식되어야 하는 것을 직접 파악하는 행위라고 한다면, 그렇게 파악된 직관 자체가, 그리고 오직 그 자체로 나란히 함께 있으면서도 서로 배척하지 않는 인식 행위와 피인식자는 모든 면에서 동일하다는 사실을 통해 다른 방식의 인식일 수 있는가? 그러나 만일 어떠한 것이 »대상적으로«(gegenständlich, 맞선 것으로) 직관되어야 한다면, 그러한 직관은 오로지 다음과 같은 조건을 통해서만 가능할 것이다. 즉, 직관은 각자 이미 하나의 영역을 갖고 있으며 그 영역에서 직관된 것이 투영되지만 그 영역 자체는 직관되지 않는다. 그러한 직관은 직관 이상의 것이 아닌가? 하나의 대상적 직관이라는 개념에 단지 직관과 직관된 것을 넘어서는 초월의 계기가 있지는 않은가?

나아가서, 상상력이 유일한 직관이라는 전제하에 질서 구조(Ord-nungsstruktur)에 대한 저 선행적 앎의 행위(jenes vorausgehende Wis-sen)가 어떻게 가능하다고 파악될 수 있는가? 여기서 질서 구조는 직관된 것의 하성을 인식하기 위한 전제로 드러났다. 이 질서 구조는 감각적으로 직관된 대상을 제한된 것으로서, 즉, 오직 이것, 그리고 오직 저것으로서, 오직 여기에, 그리고 오직 지금, 그리고 인식을 위한 »대상«으로서 파악하게끔 한다. 게다가 만일 그러한 것으로서 시공간의 파악(Erfassung)이 필요하다면 그것 또한 다시 한번 자신을 넘어서는 단순한 직관의 초월을 뜻하는 것은 아닌가? 개별자의 단순한 직관을 넘는 이러한 이중의 초월은―이 초월은 질서 파악(Ordnungserfas-sung) 및 대상화(Vergegenständlichung) 안에 놓여 있는 것으로 보인다―상상력 자체의 기반을 넘어서는 미리 앞서 추정된 초월과 어떠한 관계를 갖는가? 처음에는 아주 다른 방향으로 움직이는 듯이 보이는 그것들은 결국 동일한 것인가? 만일 그렇다면 상상력을 넘어서는 지성 56 의 초월이 어떻게 인간의 세계 경험 자체의 구성 요소에 속하는가라는 질문의 출발점이 발견되었을 것이다. 어쨌든 토마스는 지성에 의해 육체적 사물의 하성을 파악하도록 한다는 사실을 통해 다음과 같은 점을 전제하는 듯 보인다. 즉, 이러한 파악을 비로소 가능하게 하는 이중의 초월은 인간의 세계 체험을 구성하는 데 지성이 단지 감각 자체에 기여하여야 하는 바로 그것이다.

인간 인식 행위의 본질과 그 대상의 본질은 한 번만의 포착(Zugriff) 24 을 통해 파악될 수 있다. 왜냐하면 이들은 상호 본질적 가능성의 근거이고, 따라서 궁극적으로 하나의 근거로부터 발출되기 때문이다. 양자 중 어떠한 것이 파악되어야 하든 간에, 언제나 이 파악은 양자를 포괄한다. 이를 고려하지 않고 이러한 단일한 전체를 그 전체 계기의 한쪽 면 또는 다른 면에서 파악하거나 또는 양자로부터 순차적으로 파악할 수 있다. 이러한 이중 포착이 여기서 토마스에 의하여 실행된다. 따라서 본문 제3절에 후속하는 두 호는 인간 인식 대상의 본질과 인간 인식의 본질에 대해서 순차적으로 다룬다. 여기서 두 번 다 전체가 포착된다는 사실이 논증되어야 한다.

8. 제3절 3호

인간 인식의 대상이 세계 사물의 하성이라고 말하는 것이 무엇을 의미하는지에 대한 탐구 과정에서 이미 다음과 같은 질문이 제기되었다. 직관적으로 제공된 단순한 사물 이상의 것을 명확히 뜻해야 하는 하성이 의미하는 바는 무엇인가? 이 하성은 이제 명백히 의문에 처해진다. 즉, "그러나 그것은 이 본성의 본질에 속한다."(de ratione autem huius naturae est quod)(여기서 본성은 앞선 호에서 보여 주듯이 하성이다) 먼저 인식론적인 문제를 야기하는 매우 의심스러운 전제로부터 출발하지 않는다면, 세계 사물의 하성이 이 사물의 하성으로 파악되는 방식으로 가장 근본적으로 자신을 드러낸다는 사실로부터 주저하지 않고 출발할 것이다. 앞서 논의된 것은 이미 1호의 원리이기도 하다.[1] 이것 *57*

....

1 사물의 방식(modus rei)과 인식의 방식(modus cogntionis)은 근본적으로 항상 일치한

이 전제된다면 이 숙고의 흐름이 2호에서 3호로 어떻게 전개되는지 이
해할 수 있다. 2호의 주제는 이러한 하성을 파악하는 것(Erfassen)에 관
한 것이었다. 따라서 이러한 파악을 통해 이 하성의 내적 본성 자체가
이미 드러났어야 한다. 따라서 반대로 3호의 두 번째 문장은 이 하성
을 인식하는 것(cognoscere)을 어떻게 다시 논의할 수 있는지에 대하
여 그 자체로 명확해진다. 이러한 생각에서 출발하여 일단 3호의 첫 문
25 장을 »인식의 방식«(modus cognitionis)으로 다시 한번 도식적으로 변
환시킨다면 대충 다음과 같은 글이 될 것이다. "어떠한 개별자 안에 본
성이 존재하는 것으로서 인식된다는 것, 그리고 이것이 육체적 질료에
대한 »인식« 없이는 가능하지 않다는 점은 이 본성의 인식 본질에 속
한다. 이 돌 안에 돌의 본성이 존재하는 것으로서 인식된다는 사실이
이 돌의 본성을 인식하는 본질에 속한다는 사실과 마찬가지이다."(De
ratione autem cognitionis huius naturae est quod ut in aliquo individuo
existens cognoscatur, quod non est absque »cognitione« materiae corpo-
ralis. Sicut de ratione cognitionis naturae lapidis est quod ut in hoc lapide
existens cognoscatur) 우리는 변형을 통해 이 호의 두 번째 문장과 동
일한 의미의 문장을 얻었다(Unde natura huius lapidis). 먼저 이것으로
분명한 점은 첫 번째 문장에 두 번째 다른 문장이 뒤따른다는 의미에
서 두 번째 문장이 첫 번째 문장에 따라오는 결론은(Unde…) 아니라는

·······
다. 사물의 방식과 인식의 방식이 토마스에게서 종종 다른 것으로 구분되는 것은 토마스가 인
식의 방식을 인간의 지성(intellectivae humanae) 자체의 방식으로 이해하는 경우에서 비롯된
다. 그러나 그가 현실태의 인식 행위(intelligere actu)를 표상으로의 전회에 의해서만 이러한
인식(cognitio)에 귀속시킨다는 사실은 홀로 그 자체로서의 인식이 결코 인식(Erkenntnis)일
수 없다는 증거가 된다. 따라서 오로지 한 인간의 하나의 인식 행위(ein Erkennen)만이 있다.
그리고 1호의 원리에서 명시하는 바와 같이 이러한 인식 행위를 통해 사물의 질서와 인식의
질서가 일치한다.

것이다. 오히려 더욱 문제가 되는 것은 인식 행위와 피인식자를 동시에 관통하는 구조적 관계이다. 만일 변형된 문장의 의미를 명확히 하고자 한다면, 다음과 같이 약간 도식화하여 번역할 수 있다. 즉, 만일 우리가 세계 사물을 파악하고자 한다면 우리는 피인식자(das Gewußte)를 언제나 »어떠한 것에-대하여-알려진 것«(von-etwas-Gewußtes)으로 파악하여야 하고, 구체적인 어떠한 것(Etwas)을 통해 알려진 것이 비로소 세계 사물이 된다. 여기서 알려진 것은 원하는 만큼 불특정 다수의 »구체적인 어떠한 것«과 관련될 수 있다. 다른 말로 하자면, 이미 어떻게든 관계되어 알려진 것일 때에야 비로소 그것은 구체적이고 개별적인 사물과 대상이 되기에, 여전히 방황하는 앎의 행위가 자신의 목적을 달성하게 되는 것은 이런 종류의 이것, 즉 대상에 안착하는 경우에만 가능하다는 것이다. 관계의 이러한 '향처'(Woraufhin, 어디로) 없이 그냥 알려진 것(Gewußtes)은, 그것이 아무리 복잡한 개념이라고 하더라 *58* 도 구체적인 '이것'(Dieses)으로 존재하지는 않는다. 알려진 것을 자의적으로 복잡하게 생각할 수는 있지만, 그것을 이러한 »구체적인 어떠한 것«과 관련시켜야 하는 강제성은 언제나 남아 있다. 그리고 이러한 '구체적인 어떠한 것'은 앎의 행위의 공허하지만 필연적인 '향처'(Woraufhin des Wissens)로 언제나 머문다. 이 '향처'는 앎의 행위에 고유한 방식으로 존재하지만, 실제로는 결코 인식되지 않는다. 원칙적으로 앎의 행위는 그 자체로는 결코 규정될 수 없지만, 앎의 행위와 관련된 공허한 '향처'를 갖고 있다. 알려진 것(즉, 사물의 »본질«) 자체는 이러한 »구체적인 어떠한 것«에(an Etwas) 현존하는 것(Seiende)이다. 관계를 맺는 인식 행위의 '향처'와 알려진 것의 »어처«(於處, Woran)는 토미즘에서 »(제일) 육체적 질료«[materia corporalis (prima)]라고 일컬어진다. 이로써 우리는 3호에 대하여 잠정적으로 이해하게 되었다.

피인식자(das Gewußte)가 질료와 이렇게 연관(Hinbeziehung)될 때에야 비로소 객관적 인식이 제공된다. 이러한 »전회«(Hinwendung)가 모든 인식에 본질적인 한 모든 인간의 인식 또한 질료로의 전회이며(conversio ad materiam), 그리고 이러한 질료가 오직 인간적인 상상력의 표상을 통해야만 도달될 수 있는 한 모든 인식은 표상으로의 전회이다. 그래서 우리는 이렇게 이미 다음 호로 넘어가게 된다. 그런데 그전에 다른 질문이 더 있다.

인식 행위의 그 자체로 언제나 공허한 향처와 피인식자의 어처를 향한 피인식자의 이러한 연관은 어떻게 성립하는가? 어떠한 인식 능력이 이러한 연관을 수행하는가? 이전 단락에서 이러한 대상화는 지성의 성취처럼 보였다. 왜냐하면 순수 직관 자체는 인식 행위와 피인식자의 26 일치를 뜻하는 것처럼 보였고, 그래서 인간의 유일한 직관, 즉 상상력 은 인식 행위로부터 피인식자를 구별하는 그러한 대상화를 실행할 수 없는 듯이 보였기 때문이다. 다른 한편, 이러한 대상화는 그것이 발생하는 '향처'를 필요로 한다는 점이 이제 드러난다. 근본적으로 규정될 수 없기에 지성에 원칙적으로 낯선 것으로 드러나는 그러한 것을 지성은 자체적으로 제공할 수 있는가? 자신의 앎의 행위를 투사하는 지성은 알려진 것의 영역으로는 결코 옮겨질 수 없으면서도 언제나 지성에 대립하는 이러한 영원한 대립자(Entgegenstehende)를 자신의 대상으로 만들기 위해 견지할 수 있는가?

59 그러나 바로 다음 호(4호)의 시작 부분에는 다음과 같이 말한다. "그런데 우리는 개별자를 외적 감각을 통해 파악한다."(Particulare autem apprehendimus per sensum) 이 명제는 방금 제기된 숙고 사항들과 모순되지 않는가? 이 숙고들에 따르면 지성은 앎의 행위의 '향처'와, 즉 질료와 연관하여 하성을 대상화함으로써 구체적인 대상을 파악

하기 때문이다. 그러나 우선 방금 인용된 명제의 가능한 의미에 대해서 질문을 던져 보자. 즉, 감각(Sinn) 자체는 대상적 개별자를 파악한다는 것을 뜻하는가? 또는 감성(Sinnlichkeit) 또한 대상적 개별자를 인식함에 있어서 아울러 본질적이고 구성적인 요소임을 뜻하는가? 우리가 이전의 숙고에서 완전히 잘못된 방향으로 벗어나지 않았다면, 두 번째 의미만이 토마스에 의해 의도된 것일 수 있다. 그렇다면 대상 세계 인식의 가능성에서 감성이 어느 정도로 본질적으로 중요한가라는 질문이 남는다. 이미 우리는 많은 것을 다음과 같이 추정할 수 있다. 즉, 만일 감각을 사물이 우리 안으로 들어오는 통로라고 이해한다면 우리는 감성의 본질을 파악하지 못한다. 방금 인용한 도입부 문장에 따르면 앞선 것들에 대한 지금까지의 해석에 비추어 볼 때 감성은 말하자면 대상화에 의해 의식된 것이 놓여 있는 기반을 구성하는 것으로 보인다. 감성은 실제의 인식 행위와는 다른 피인식자의 '향처'를 자신과 함께(bei sich) 지니는 것으로 보이지만, 반면에 피인식자의 연관 자체는 지성에 의하여 실행되는 것으로 보인다. 그러나 직관으로서의 감성은 구체적으로 자기 자신을 통해 직관된 것과, 분리되지 않은 '자기-자신과-함께-있는 행위' 자체를 통한(in einem ungeschiedenen Bei-sich-selbst-Sein) 직관과의 동일성을 정확히 표현해야 한다! 어떻게 감성은 자신과는 다른 것을 자신에게 대치시키는 능력인 동시에 자신과 동일한 것에 대한 직관 능력일 수 있는가? 그러니까 감성은 인식의 내면성을 직관으로, 그리고 직관의 대상화를 인식으로 포괄하는 분리되지 않은 중간(Mitte)이어야 할 것이다. 그러한 중간으로서 그것은 오직 자신과 함께하는 존재가 될 수 없고, 자기 자신에 대치되어 있는 타자와만 함께하는 존재도 될 수 없다. 인식자가 자기 자신과 함께 있으면서 자신을 타자에 대립시킬 수 있고, 이 타자를 자신에게 대립시킬 수 있다는[타자

로부터 자신을 분리하지 않고 그 자체로 자신과 함께 있는 행위(Beisichsein)
가 아울러 고려될 수 있을지라도] 사실로 말미암아 만일 두 번째 것이[즉,
자신에게-대립된-타자와-함께-존재하는 행위(das Beim-gegen-sich-abge-
setzten-andern-Sein)가] 가능하다면, 자기-자신과-함께-존재하지-않
는 행위(Nicht-bei-sich-selber-Sein)는 감성의 본질적인 특성이 될 것이
다. 그러나 »인식 행위«로서의 감성이 자신과 함께 있는 행위를 표현하
는 한, 감성의 '자신과 함께 있는 행위'는 타자와-함께-있는 행위(Bei-
einem-andern-Sein)일 것이다. 감성이 언제나 이미 직관인 곳으로부터
자신을 분리시킬 수 없는 한, 감성은 타자와 동일하기 때문에 사실 직
관일 것이지만 객관적 직관은 아니다. 감성으로부터 자신을 분리함으
로써, 그리고 분리를 통해 암묵적으로 함께 얻은 앎의 행위를 감성에
제공된 '향처'로 되돌려 연관시킴으로써(Zurückbeziehung), 감성이 자
신을 상실하여 가는 것을 대상화하는 것이 지성의 작업일 것이다. 그렇
다면 감성과 지성은 시공간 안에서 세계에 대한 하나이며, 인간적이고
대상적인 직관을 함께 형성하였을 것이다.

그러나 이것은 모두 단지 예비적인 가정들이다. 그런데 우리는 도
대체 인간의 인식 내에서 지성과 감성을 구분하기 위한 기준을 분명하
고 충분하게 확정해 놓았는가? 분명히 아니다. 그러니까 하나로서 우
리와 만나는 인간의 세계 경험이 두 가지 인식 능력으로부터만 생겨난
다고 가정하도록 무엇이 우리를 강요하는가? 지금까지 확실하였던 것
은 우리 질문의 위치가 경험 세계 안에 놓여 있다는 것뿐이다. 지성과
감성의 본질에 대한 우리의 고찰은 오로지 다음과 같은 사실을 유일하
고 확고한 출발점으로 삼았다. 즉, 토마스는 우리가 경험하는 사물의
하성을 파악하는 행위를 지성에 귀속시켰고, 인식 행위가 구체적인 사
물로 향하는 것이 가능하도록 감성을 필수적인 것으로서 설명하였다

는 사실이다. 무엇이 지성과 감각을 구별하고 세계에 대한 이러한 하나의 인식 행위로 일치시키는지는 여전히 모호하게 남아 있다. 지금까지 오직 한 가지 점만 어느 정도 밝혀졌다. 즉, 세계에 대한 하나의 앎의 행위는 피인식자를 규정되지 않은 '향처'와 연결시키는 것이다. 이러한 연관을 통해 인식된 것은 앞에 서 있는 사물이 되고, 그래서 이 사물 자신이 감각과 감각의 '어처' 간의 일치로서 자신을 드러낸다.

9. 제3절 4호

1호와 2호의 기본적인 고찰에서 우리가 처음부터 기대하였던 것은 다음과 같은 사실이다. 즉, 세계 경험을 통해 만나는 대상의 본질에 관한 질문은 동시에 이 대상에 대한 앎의 행위에 관한 질문이 될 것이다. 실제로 그래서 이미 3호의 문제의식은 우리가 세계를 파악하는 방식에 관하여 천착하도록 몰아갔다. 이 문제의식이 4호의 주제로 명백하게 28 주어졌다. 이러한 고찰은 사물에서 시작해야 한다. 세계의 사물은 가지적인 것과, 가지적인 것을 담지하는 '어처'인 질료 간의 일치를 통해 파악되어야 한다. '어처'를 통해 사물은 제한적인 것으로 서 있고 우리에게 대상이 되기 때문이다. 어떻게 그러한 사물이 이해될 수 있는가? 우리가 4호의 본문을 처음부터 외적으로 접근하게 되면, 그 진술 내용이 두 가지로 구분되어 있다는 사실이 주목된다. 그것은 우선 감각과 상상력에 관한 논의이고, 그다음은 지성에 관한 것이다. 이렇게 구분하는 권리를 우리는 어디에서 얻을 수 있는가? 인간 인식에 대한 형이상학적 설명을 하기 위한 출발점으로서 세계에 대한 인간의 단일한 인식 행위가 우리에게 제공되었다. 세계 사물의 본성이 잠정적으로 우리에게 드러났으며, 또한 이로써 제일 질료를 피인식자와 연관시키는 인간 인식 행위의 고유성이 드러났다. 그러므로 이로써 표상에 대한 전회가 무엇을 의미해야 하는지에 대한 어떤 이해에 이미 도달하였다. 그러나 전회에 관한 진술은 상상력과 지성을 구별할 때 이미 도달한 이해를 뛰어넘는다. 왜냐하면 4호는 보편적으로 알려진 것을 구체적인 표상에 연결시킴으로써 지성이 감성으로 전회한다는 점을 진술하기 때문이다.

무엇보다 먼저, 전회에 대한 4호의 이러한 확장된 진술을 처음부터 오해하지 않도록 주의해야 한다. 마치 지성이 우선 보편적인 하성을 처음에 한 번 알고 나서 나중에 이 인식을 완성시킬 목적으로 감성으로 전회하는 것처럼 여겨서는 안 된다. 오히려 지성적 인식은 언제나 이미, 그리고 처음부터 표상으로 전회하지 않고서는 전혀 발생하지 않는 62 다. 이 명제는 즉 "전회하지 않으면 실제로 인식할 수 없다."는 점을 말하고자 한다. 이미 표상으로 전회하지 않은 현실의 지성적 인식은 없다. 이로부터 다음과 같은 사실이 밝혀진다. 토마스에게는 본질적으로 하나의 인간 인식이 중요하다. 즉, 인식의 두 가지 계통(Stamm)은 그 자체로 완전한 두 가지 인식 능력으로 독립되어서는 안 된다는 사실이다. 게다가 토마스에게 첫 번째로 인식되는 것은 구체적인 개별자라는 사실이 분명하다. 따라서 토마스에게는 두 가지 독립적인 인식 능력의 후속적 협력에 대한 설명이 중요한 것이 아니라, 이러한 하나의 토대로부터 오는 하나의 인간 인식이 그 일치 안에, 그리고 계통의 이중성 안에 있음을 이해하는 것이 중요하다.

그렇다면 인간 인식에 대한 지금까지의 규정에서 인식 능력의 두 가지 원천을 구별하기 위한 출발점이 인간 인식 어디에 있는가? 이미 논의하였듯이 사물의 하성을 파악할 때 (비록 공허할지라도) 세계 자체에 대한, 즉 시공간 자체에 대한 선취(Antizipation)와 대상화(Vergegenständlichung)가 분명히 함께 이해되어야 한다. 그리고 당시 토마스는 29 이러한 하성들에 대한 파악을 바로 이러한 이유로 상상력에 대비되는 »지성«(Intellekt)에 귀속시킨 듯이 보였다. 반면에, 피인식자와 관계하는 저 공허한 '향처'는 피인식자와 '향처' 자체 간의 이러한 연관이 실현될 수 있기 위하여 인식 자체 안에 어떻게든 현존하여야 한다는 점이 밝혀졌다. 이제 이러한 '향처'가 인식자 자신에게 대치되어 분리된다면, 인식 행위는 자기 자신에게 대치되어 분리되어야 한다. 인식 행위는 세계를 소유해야 하며, 따라서 세계 자체가 되어야 하고, 세계와 대치되고 자기 자신과 대치되면서 세계를 대상으로 삼아야 한다. 우리는 감성을 언제나-이미-세계-내의-존재 행위(das Je-schon-in-der-Welt-Sein) 및 자아의-세계-존재 행위(das Selbst-Welt-Sein)라고 부를 수 있는가? 그리고 세계와 자기 자신을 대상화하는 능력을 지성이라고 부를 수 있는가? 그렇다면 세계에 대한 대상적 인식은 인식자와 앎의 행위를 다른 '향처'로부터 지성적으로 차별화(ein intellektuelles Sichabsetzen)하는 것이다. 이러한 지성적 차별화는 보편적으로 알려진 것을, 자기 자신 내의 감성에 의해 소유된 알려진 것의 '어처'와 지적으로 연관시킴으로써 실행된다. 감성은 이러한 '향처'와 '어처'를 준비해 준다. 63 왜냐하면 감성 자체가 본질적으로 »자기 외부«(außer sich)에 있기 때문이다. 그러나 인식자는 감성만이 아니라 동시에 »지성«이라는 사실을 통해 자신을 이러한 '향처'로부터 분리할 수 있고 알려진 것의 대상적 초월을 가능하게 할 수 있을 것이다.

만약 이러한 하성이 다양한 '향처' 및 '어처'에서 대립할 수 있는 한,

인식된 하성의 보편성이 이미 우리에게 밝혀졌다는 사실을 다시 한번 기억한다면, 4호에 대한 해석은 7항에 대한 예비적 설명을 통해서만 도착점에 이르게 될 것이다.

10. 제3절 5호

내용에 관한 한, 본문 마지막 호의 의미와 문제점은 이미 6절에서 다루어졌다. 여기서는 직관적 지성(intellectus intuitivus)의 한계 개념이 주제가 되는데, 인간의 인식 행위는 직관적 지성에 대비되어 스스로를 유지하면서 자기 자신을 파악한다. 여기서도 직관적 지성이라는 개념은 그 대상의 관점에서 파악된다. 이 대상은 분리된 형상(forma separata)으로서 설명된다. 그러한 것이 아직도 인식 행위의 초월적 »대상«이 실제로 될 수 있는가? 초월적 대상은 '개별자' 안에 있지 않을 것이며, 이러한 이유로 인식된 것의 '향처'와 관련 없이 인식될 것이다. 그러므로 초월적 대상은 실제로 조우되고 수용된 대상이 더 이상 아닐 것이다. 따라서 초월적 대상은 인식 행위와 전적으로 동일한 피인식 행위(Gewußtsein)를 통해 파악될 수 있을 것이다. 분리된 형상은 비대상적 인식 행위(ungegenständliches Wissen)를 통해 자기 자신을 파악하는 본질, 즉 분리되지 않은 인식 행위를 통해 자기 자신을 소유하는 직관적 지성을 말한다. 그러므로 분리된 형상은 우리가 6절에서 만났던 것처럼 천사의 지성(intellectus angelicus) 그 자체일 것이다. 그러한 지성 30 은 자기 자신으로부터 나와서 감성의 자기 밖(Außersichsein)으로 진출하는 것, 즉 표상으로의 전회가 불가능할 것이다. 천사의 지성 그 자체는 자신의 분리되지 않은 직관의 고유한 대상(objectum proprium)이다.

직관적 지성의 그러한 한계 개념으로부터 비롯된 문제점은 6절에서 이미 다루어졌다.

11. 반론에 대한 답변

　3절에서는 이미 이러한 반론에 대한 답변을 실제로 예상하지 않고
서 »반론«(videtur quod non)에 대한 잠정적 해석을 시도하는 것은 불
가능하였다.

　첫 번째 반론은 우리를 가지상의 문제로 몰고 갔다. 이 문제는 본문
에서 벌어지는 논의에 암묵적으로 두루 작용하였다. 우리는 지성에 의
해 인식된 것이 감성을 통해 자기 자신 안에 있는 피인식자의 낯선 '향
처'를 향하여 맺는 연관에 대하여 언제나 반복적으로 논의하였다. 그
런데 이 피인식자는 무엇일까? 표상으로의 전회가 인간의 인식 자체의
구성 요소에 속한다면, 가지상은 스스로 존립하면서 앎의 행위에 채워
진 내용이라고 할 수 없다는 것이 이미 분명해졌다. 왜냐하면 이는 지
적인 인식 행위를 그 자체에 근거하는, 즉 그 가능성을 철저히 자기 자
신 안에 유지하는 인식 능력으로 만들 것이고, 그 가능성의 조건인 전

회를 배제할 것이다. 그 자체로 전혀 규정되지 않은 공허(Leere) 상태에서 가지상이 향하는 '향처'를 표상이 명백히 포함하지 않기에 이는 더욱 불가능하다. 이 '향처'는 오히려 감성에 의해 규정된 것으로, 단지 제일 질료(materia prima)로서가 아니라 표상으로서 현존한다. 그러나 이러한 전제하에 그 가지상은 그 외에 무엇을 내포할 수 있는가? 가지상은 표상을 인식 주체에 대치하여 구분하는 가능성 이상일 수 있는가? 그런데 이러한 가능성이 어디에 근거하는가? 따라서 가지상의 내용에 관한 질문은, 감성 안에 현존하는 규정된 타자로부터 인식자를 분리시킴으로써 감성의 타자에게 자신을 잃어버린 것으로부터 돌아와 자신을 복귀시킬 가능성에 대한 질문으로 다시 제기된다. 가지상이 인식 주체에 대립하여 표상을 분리하는 가능성을 뜻한다면, 그 가능성의 영속적 소유가 [즉, 상존적 실존(habitualiter existere)이] 그 자체로 실제적인 인식 행위를 뜻하지 않는다는 것은 자명하다.

앞 단락에서 적어도 추정적으로나마 도달한, 감성이 무엇인지에 대한 이해로부터 두 번째 반론에 대한 답변의 의미가 어느 정도 도출된다. 두 번째 반론은 지성을 상상력과 동일한 관계에 놓았는데, 이는 상상력과 감각(sensus) 간의 관계와 같다. 그래서 두 번째 반론은 이 세 가지 능력을 동등하고 각자가 독립적인 능력이라고 이해하였다. 지성과 상상력을 구별하는 것은 '도대체 무엇 때문에 그들을 구별해야 하는가?'라는 잠정적인 질문에서 연역된다. 대상적 세계 직관은 인식 행위가 타자에게 [즉, 감성(Sinnlichkeit)에] 내어 주어졌음(Weggegebenheit)을 뜻함과 동시에 인식자를 자기 자신인 [즉, 지성(Intellekt)인] 타자로부터 분리함을 뜻한다. 타자는 개별자이므로, 인식 행위가 바로 이 개별자 자신이 아니라면 개별자와의 연관이 (즉, 전회가) 요구된다. 그러나 감성이 그 자체로 타자에 대한 내어 줌(Hingegebenheit)이라면, 감성은 타자적 개별자이기 때문에 전회는 필요하지 않다. 감성으로서의 상상력과 감각은(우리는 여전히 이들을 구별하는 기준을 갖고 있지 않다) »개별적 유사성«(similitudo particularis)을 그 자체로 담지한다. 그러나 타자에 대치되어(gegen) 인식자의 주의를 끄는(Zusammenraffung) 지성은 그렇지 않다. 오직 이를 통해 타자가 대상적으로 드러날 수 있기 때문이다. 따라서 지성은 개별적 타자에게 도달하기 위해서 전회를 필요로 한다. 두 번째 반론에 대한 이 답변에서 모호한 채로 남아 있는 단 한 가지는 감성에서의 »유사성«(similitudo)이 무엇을 뜻하는가이다.

세 번째 반론에서는 표상으로의 전회가 인간의 인식 행위를 확립하는 상상력에 기반을 둔 형이상학의 가능성을 다루었다. 그러므로 두 가지 질문이(즉, 상상력의 영역 내에서 형이상학의 가능성을 확립하는 것과 전회를 통하여 이 영역으로 사유 행위를 확립하는 것이) 객관적으로 일치하는 한, 세 번째 반론에 대한 이 답변의 최종적인 해명은 오직 전회 자체를 설명하는 과정에서만 도달될 수 있다. 그렇다면 여기에서는 이 답변에 의거하여 그러한 형이상학의 문제점을 다시 한번 해명하는 것이 중요하다. 형이상학이 상상력의 영역에 제한되어 있다면 어떻게 상상력의 영역에 속하지 않는 대상에 도달해야 하는가? 명백히 그러한 대상에 추가적으로 도달하는 것이 중요하지는 않다. 그러한 것은(즉, 대상에 도달하는 것은) 상상력의 기반을 떠나 암묵적으로 인간에게 또다시 지적 66 직관을 부여하는 것과 같을 것이기 때문이다. 그러므로 이러한 형이상학적 이해는 상상력 자체의 기반에 서 있는 인간 존재의 선험적 조건에 속해야 한다. 세 번째 반론에 대한 답변에서, 토마스는 형이상학적 이해의 양태를 초월, 비교, 그리고 부정(excessus, comparatio, remotio)이라는 세 가지 단어로 특징짓는다. 의심의 여지없이, 형이상학의 이 세 가지 행위 사이에는 하나가 다른 것에 의해 가능해지는 내적인 관계가 존재하며, 분명히 세 가지 모든 행위는 형이상학적 대상에 처음으로 도달하는 데 필수적인 것으로 여겨진다. 또한 비교와 제거가 형이상학적 첫 인식의 구성적 행위에 속하지 않았다면, 상상력의 분야는 이미 처음부터 포기되었을 것이다. 이 두 행위는 그 자체로 표상으로의 전회를 뜻하기에, 초월이 지적 직관(intiutus intellectivus)과 혼동되지 않으 32 려면 이 행위들은 형이상학의 토대를 마련하는 초월(excessus)을 본질적으로 특성화해야 한다. 그러나 상상력의 영역에서만 유효한 규정을 부인하고 부정하는 제거 행위(Entfernen)가 어떻게 가능한가? 명백히 비교(comparatio)는, 즉 감각적 대상과 형이상학적 대상을 비교하는 것은 두 대상 간의 차이점을 발견할 수 있게 해 주기에, 그 둘 사이의 명백한 구별(Auseinanderrücken), 즉 부정(remotio)으로 이어져야 한다. 왜냐하면 감각적 대상에 대한 규정을 단순히 생략해 버린다면 그 자체로는 형이상학적 대상을 제공할 수 없기 때문이다. 그런데 만일 부정이 비교를 전제로 한다면, 도대체 어떻게 부정이 여전히 형이상학을 구성하는 행위일까? 비교는 직접적으로 형이상학적 대상에 이미 앞서 도달하였던 것처럼 보인다. 오직 그러한 경우에만 형이상학적 대상 자체와 감각적 대상 자체의 비교가 가능한 것처럼 보인다. 그런데 형이상학적 대상으로의 이러한 일시적인 도달은 상상력의 기반에서 어떻게 발생하는가? 이는 명백히 토마스가 여기서 초월이라고 부르는 것을 통해서이다. 그런데 시공간 차원 밖의 대상을 처음 파악하게 하는 형이상학적 인식의 기본 행위이자 상상력의 영역을 넘어서는 이러한 뻗어 나감(dieser ausgreifende Ausschritt)은 무엇인가? 이러한 초월에 대한 개념이 다시 지적 직관으로 이끌지는 않는가? 이 개념은 어떻게 달리 생각 67 될 수 있어야 하는가? 어떻게 이 개념이 비교와 부정(comparatio und remotio) 그 자체를 자신의 고유한 본질의 계기로서 형이상학의 한 근본 행위(Grundakt)에 암묵적으로 포괄한다고 이해될 수 있는가? 이 세 가지 행위가 독립적인 행위, 즉 단지 부차적으로 자신들의 본질에 순차적으로 연결된 행위일 수 없다는 점은 이미 밝혀졌다. 현재 명확한 점은 오로지 다음의 사실이다. 한편으로는 비교와 부정이 자신들의 가능성의 조건으로서 그러한 초월을 전제한다는 사실이고, 또 다른 한편으로는 만일 이러한 초월이 자신의 직접적 자아를 통해 형이상학적 대상에 대하여 직관하는 것이라면 비교와 부정은 형이상학적 인식의 근본 행위로서 간주될 수 없다는 사실이다. 그렇다면 비교와 부정은 철저히 부가적 행위가 될 것이다. 왜냐하면 형이상학적 대상은 이미 직관을 통해 직접 자기 자신 안에서 도달될 것이고, 본질적으로 상상력과 표상으로의 전회와는 관계없이 도달될 것이기 때문이다. 그러므로 상상력에 기초한 형이상학의 가능성에 대한 질문은 인간의 상상력의 조건, 즉 인간의 세계 경험 자체의 조건인 이러한 비직관적인 초월(nichtintuitiven excessus)의 의미가 무엇인지에 관한 질문이다.

우리는 자주 『신학대전』 7항 전체의 문제점을 통해 초월에 관한 질문을 여러 다른 이름으로 이미 만났다. 즉, 총체로서의 세계에 대한 초
33 월적 파악으로서, 타자에 대한 의식적 초월로서, 상승으로서, 그리고 직관 지성(intellectus intuitivus)이라는 한계 개념(Grenzidee)의 가능성으로서 만났다.

이 세 번째 답변에는 주목해야 할 점이 한 가지 더 있다. 그것은 우리가 초월을 세계의 경험에 부가적으로 덧붙여지는 것으로서가 아니라 세계를 경험할 수 있는 가능성의 조건 자체로서 간주한다면, 토미스트적 문제의식의 범위를 넘어서지 않는다는 점을 보여 준다. 반론과 이에 대한 답변에서, 실제로 인식의 형이상학적 대상(신, 천사)과 더불어 진리는 상상력의 기반에서 이 가능성이 모색되는 곳에, 그리고 초월을

통해 가능하게 되어야 하는 곳에 속하는 것으로 드러난다. 표상으로의 전회를 통해 발생하는 형이상학으로의 초월은 세계 인식에 관한 진리의 조건으로 간주된다. 따라서 진리가 한편으로 감성에 의해 소유된 세계와 관련되어 있고, 그래서 항상 표상으로의 전회를 통해 사물에 대한 고찰(consideratio rei)로 구성되어 있는 한, 그리고 다른 한편으로 진 *68* 리가 앎의 행위와 사물 간의 구별을 포함하고 이러한 구별을 통해서야 비로소 앎의 행위가 진리가 되고 사물이 대상이 되는 한, 인간의 세계 경험에 관한 진리는 말하자면 세계와 형이상학의 중간에 있다. 이러한 분리를 통해 진리가 세계에 대치되어 나타나고, 따라서 진리는 오직 감성에 의해 소유된 세계를 넘어서는 초월을 통해야만 가능하다. 그러므로 진리는 이미 형이상학의 영역으로 귀속한다. 따라서 진리를 가능케 하는 초월은 참된 세계 경험의 조건(Bedingung wahrer Welterfahrung)이다.

이로써 『신학대전』 제84문 7항에 대한 잠정적이고도 시험적인 풀이에 도달하였다. 핵심은, 전회에 대하여 명시적으로 다루는 7항에 대한 실마리로서 행해진 사전 연습의 양식을 통해 전회가 제기하는 문제점의 범위를 명백하게 밝히는 것이고, 또한 이러한 범위를 넘어서지 않음과 동시에 문제의 범위를 과소평가하지 않는 것이다. 이것이 제1부의 유일한 목적이었기 때문에, 지금까지 본문을 해석하면서 얻은 것에 대한 요약은 필요하지 않을 것이다. 제2부에서는 자체적인 방식으로 이러한 체계적인 요약을 제공해야 할 것이다. 같은 이유로, 제2부는 제1부를 명시적으로 참조할 필요가 없게 된다.

제2부

세계 내 정신

제1장

기초

1. 출발점: 형이상학적 질문

1) 형이상학적 질문의 기본 구조

인간은 질문한다. 이 점은 최종적인 것이고 축소될 수 없는 것이다. 인간 실존에서 질문이란 다른 사실에 의해 대체되는 것을, 다른 사실에 의해 보류되는 것을, 그래서 다시 한번 자신이 파생적이자 일시적인 존재로 폭로되는 것을 절대적으로 거부하는 사실(Faktum)이다. 왜냐하면 질문에 대하여 질문을 제기하는 행위(jedes In-Frage-Stellen der Frage)는 자체로 다시 문제 제기(Fragestellung)이고, 그럼으로써 질문 자체에 대한 새로운 설명이다. 그래서 질문은 무엇보다도 유일한 '의무'(Müssen)이자 유일한 필연성이며, 질문하는 인간이 구속되어 있는 유일한 확실성(Fraglosigkeit)이고, 자신의 질문 행위가 둘러싸여 있는 유일한 범위이자 질문 행위를 인도하는 유일한 선험성이다. 인간은 필연적으로 질문한다.

　그러나 이 필연성은 존재 행위 자체가 인간에게 오로지 가의성(可疑性, Fragbarkeit)으로만 드러나고, 인간이 존재 행위에 대하여 묻는(nach dem Sein fragt) 가운데 인간 자신이 존재하며(ist), 인간은 존재 행위에 대한 질문(Seinsfrage)으로서 실존한다는 사실에만 기반할 수 있다. 왜냐하면 자의적 질문은 질문 행위 자체(Fragen überhaupt)의 필요성을 정당화할 수 없기 때문이다. 인간은 이러한 질문을 외면하면서 문제 제기의 구속으로부터 자기 자신을 자유롭게 할 수 있고, 이 질문을 전적으로 유기할 수도 있을 것이다. 그렇지만 존재 행위 자체에 대한 질문은 인간이 외면할 수 없는 유일한 질문이다. 만일 존재하는 것(sein) 자체를 원한다면 인간은 이에 대하여 질문해야 한다(fragen muß). 왜냐하면 질문을 통해야만 존재 행위 자체가(그리고 이와 더불어 인간 자신의 고유한 존재 행위가) 인간에게 오로지 가의성으로 주어지기 때문이다. 따라서 인간 현존재를 통한 문제 제기의 필연성에 관한 명제는 자신의 고유한 존재론적 전회(ontologische Wendung)를 포함한다. 이는 즉 인간은 존재 행위에 대한 질문으로서 실존한다는 말이다. 인간은 자기 자신이 되기 위해 필연적으로 존재 행위 자체에 대하여 질문한다. 이러한 질문은 인간 자신의 존재 행위(ist)인 의무 행위(Müssen)이다. 이러한 의무 행위를 수행하면서 질문된 존재 행위 자체는 자신을 표현하고 나타내는 동시에 필연적으로 질문에 머물면서도 자신으로부터 멀어져 간다. 인간 자신인 질문의 존재 행위(Sein der Frage)를 통해(그래서 질문을 제기하는 행위는 인간에게 필연적인 것이다) 질문된 존재 행위 자체는 72 자기를 알리는 동시에 자신의 고유한 의문성(Fragwürdigkeit) 안에 자신을 은폐한다.

　이러한 고유한 존재 상황(Seinsverfassung)에서 인간은 개별적 존재자에 대해 질문한다. 즉, 인간은 다수에 관하여, 그리고 심지어 모든 것에 관하여 질문한다. 그렇지만 형이상학적 질문은 존재 행위에 대한 질문 자체가 무분별하게 전제된 지평에서 제기되는 자의적 대상에 대한 자의적 질문이 아니다. 형이상학적 질문은 오히려 이러한 소박함 (Naivität)을 넘어선다. 그것은 인간 현존재 행위 자체의 근거에서 작용하는 질문에 대한, 즉 존재 행위에 대한 반성적 표현이다. 왜냐하면 형이상학적 질문은 사실―일단 전적으로 형식적으로 말한다면―인간의 질문 행위를 끝까지 철저히 첨예화함으로써 자기 자신에게 대립하여 맞서는 것이고, 이로써 그 자체에 작용하는 전제에 대립하여 맞서는 것이다. 형이상학적 질문은 의식적으로 자기 자신에게 대치하여 맞서는 질문, 즉 초월적(transzendental) 질문이다. 이 질문은 단지 질문된 것에 대해서만이 아니라 질문자와 그의 질문 자체, 그리고 이로써 모든 것 자체에 문제를 제기하는 것이다. 그런데 형이상학적 질문이란 바로 주제화(Thematisierung)를 뜻한다. 이는 존재 행위 자체에 대한 질문을 명확하게 반복하는 것, 즉 질문을 개념적으로 형성하여 반복하는 것이다. 인간은 필연적으로 이러한 질문을 주제화함으로써 실존한다. 초월적 질문으로서의 형이상학적 질문은 존재 행위에 대한 이러한 지배적 질문이 개념적으로 강화된 형식이다. 형이상학적 질문을 제기함으로써 인간은 본질적으로 자신이 존재 행위에 대하여 질문하여야 하는 자라는 사실을 의식한다.

2) 형이상학적 질문의 의문성

그러나 여기에 이미 형이상학적 질문의 의문성도 전적으로 드러난
35 다. 모든 질문은 그 시작의 출처(出處, Woher)를 갖고 있고 형이상학적

질문도 마찬가지이다. 그런데 형이상학적 질문은 어디서부터 시작하는 가? 질문이 찾고 있는 대답을 굳건히 세우기 위하여, 질문이 단단히 서 있는 확실한 근거를 어디에서 발견해야 하는가? 형이상학적 질문은 이 것 또는 저것을 향하여 가는 것이 아니라 모든 것을 향하여 가기에, 사 실 존재 행위 자체에 대하여 의문을 제기한다. 그리고 존재 행위 자체 에 대한 이러한 질문은 의문의 여지없는 소유로 제공되었을 자신의 »옆« 또는 »바깥« 또는 »위«에 있는 어떠한 것에 대하여 물으면서 출발 한다는 식으로 생각될 수도 없고 제기될 수도 없다. 존재 행위 자체는 스스로 존재 행위 자체에 대한 모든 질문을(질문은 확실히 아무것도 아 닌 것이 아니기 때문에) 다시 구성하는 것으로서만 물어질 수 있다. 질문 받은 존재 행위는 그 질문의 존재 행위이고 동시에 질문자의 존재 행 위이다. 그런데 질문이 출발점을 갖고 있지 않은데 그러한 질문이 대체 어디서 시작될 수 있는가? 답이 자리 잡을 수 있는 확고한 토대를 질문 이 갖고 있지 않다면, 질문에 대한 답을 도대체 어떻게 찾을 수 있단 말 인가? 또는 토마스가 형이상학적 질문을 다소 그렇게 첨예화하지 않았 는가? 그는 형이상학자로서 그러한 방식으로 질문을 감행하지 않았는 가? 사실 그는 감행하였다. 그에 따르면 형이상학은 존재 행위 일반(de ente in communi)을 다룬다. 그리고 "진리에 대한 보편적 의문"(univer- salis dubitatio de veritate)은 "진리에 대한 보편적 숙고"(universalis con- sideratio de veritate)만큼 필히 형이상학에 속한다.[1]

그렇게 형이상학적 질문은 자신의 질문 행위의 출발점을 취할 수 있고 그로써 그 대답의 내용 역시 오로지 그 자체로부터, 즉 존재 행위 자체에 대하여 질문해야 할 필요성으로부터 취할 수 있다. 질문 행위

....

1 III Metaph. lect. 1, n. 343.

73

의 이러한 필요성이 형이상학적 질문의—그 자체로 근거하는—유일한 출발점이다. 형이상학적 질문은 그것이 첫걸음을 내디딜 때 출발점을 뒤로 남겨 두어 결코 뒤를 돌아보지 않는 방식으로 시작하지 않는다. 오히려 형이상학적 질문은 질문 행위에 대한 바로 이러한 필요성에 대해 면밀하게 조사한다. 즉, 형이상학적 질문은 보편적 의문을 동시에 탐구한다.[2](simul universalem dubitationem prosequitur) 토마스에 따르면 그것은 확실히 형이상학적 질문의 특징이고, 따라서 자신의 고유한 기원에 대하여 논쟁하는 형이상학 자체의 특징이다. 즉, 형이상학적 질문은 자신의 기원을 부정하는 이에 대항하여 논쟁한다.[3](disputat contra negantem sua principia) 형이상학적 질문은 오로지 이러한 논쟁을 통해 자신의 고유한 토대를 주장한다. 질문 자체는 형이상학적 질문이 자리 잡은 영역이다. 형이상학적 질문은 오로지 이 영역에서 모든 인문학을 지탱하는 굳건한 토대를 발견한다. 오로지 이 영역에서만 형이 74 상학이 전적으로 시작한다. 형이상학은 바로 이러한 질문 행위 자체에서, 즉 처음부터 지배적인 의무 행위(Müssen)로부터 존재 행위 자체에 대한 질문 행위의 '출처'와 '향처'를 취한다. 이 의무 행위는 질문하는 인간 자신이고, 이 의무 행위로부터 모든 현실적인 질문 및 문의 행위(Fragen und Befragen)가 비로소 유발되고, 따라서 제기가 가능해진다.

그러나 형이상학에서 초월적 질문으로서의 존재 행위에 대한 질문이 의식적으로 자기 자신에게 맞서 자기 자신에 대하여 질문하고 살피

....

2 Loc. cit. 여기서 전개된 질문의 존재론적 의미에 대해서는 정확하게 주의해야 한다. 그러고 나면 여기서 인용된 토마스 본문 S.T. I, q. 5, a. 2, corp.에 라케브링크(B. Lakebrink)가 'Hegels dialektische Ontologie und die thomostische Analektik(Köln 1955) Anm. 1.'에서 하듯이 반대할 수는 없다.
3 S.T. I, q. 1, a. 8, corp. 참조, In Post. Anal. lect. 20 (Parma 120); lect. 21 (Parma 122).

는 한, 존재 행위에 대한 질문은 고유한 질문을 던지는 자신의 본질에 대한 인간의 앎의 행위로서 드러난다. 즉, 인간은 이미 존재 행위 자체와 함께 있다(beim Sein im Ganzen). 그렇지 않으면 어떻게 그가 그것에 대해 질문할 수 있는가? 인간은 이미 첫 번째 질문에서(이것은 항상 존재 행위에 대한 질문의 기반 위에서 발생한다) 특정한 방식으로 모든 것 36 이고(quodammodo omnia),[4] 아직 모든 것이 아니며, 여전히 아무것도 아닌 깨끗한 서판(tabula Rasa), 즉 지성의 질서 내의 제일 질료(materia prima in ordine intellectus)[5]이다. 왜냐하면 인간이 존재 행위 자체에 대하여 질문할 때, 이로써 자기 자신이 바로 무엇을 의미하는지에 대하여 질문하기 때문이다.

그러나 모든 형이상학적 질문 자체의 이러한 첫 출발점은 미결인 채로 있다. 이 질문 행위가 어디서 시작되는지는 한마디로 말할 수 없다. 질문 행위가 자신의 길을 시작하기 위하여 이미 전체를 포괄하는 한, 질문 행위는 무(無, nichts)로부터 시작한다. 그리고 존재 행위 자체에 대한 질문자가 되기 위하여 인간은 이미 목표에서 시작한다. 왜냐하면 만약 그가 존재 행위 자체에 대하여 질문하는 동시에 자신의 질문 행위를 통하여 인간 자신이 목표 자체가 아니라 유한한 인간임을 고백한다면 이는 존재 행위 자체에 대하여 이미 알고 있어야 가능하기 때문이다. 그래서 형이상학의 출발점은 독특한 이중성과 단일성을 동시에 포괄하고 있다. 즉, 출발점은 질문하는 인간이며, 그러한 인간으로서 이미 존재 행위 자체와 함께하고 있다. 형이상학의 이러한 출발점은 또한 형이상학의 한계이다. 왜냐하면 이 출발점은 질문이기 때문이다.

......

4 S. c. g. III 112와 다수의 다른 곳.
5 이러한 표현은 토마스에게 매우 자주 등장한다. 예를 들어, De fer. q. 10, a. 8, corp.

그리고 질문이 이미 이전에 한계로 설정한 지평 너머로 그 어떠한 대
답에 도달할 수 없기 때문이다. "진리에 대한 추후의 탐구는 앞서 제기
된 의문점들에 대한 해결책에 다름 아니다."(Posterior investigatio veri-
tatis nihil aliud est quam solutio prius dubitatorum)[6]

75   3) 형이상학적 질문의 »출처«로서의 »세계«

형이상학의 이러한 출발점은 어떻게 자신의 단일적 이중성을 통해
(in seiner einen Doppeltheit) 설명되는가? 우리는 이미 도입부에서 이
러한 이중적이자 단일한 출발점을 다른 형식으로 만났다. 『신학대전』
84문 7항은 인간이 자신이 무엇이고 누구인지를 숙고할 때 언제나 이
미 세계 내에 자신을 발견하는 이미 전제된 앎의 행위의 기반에 대한
예비 규정(Vorentscheidung)을 확립하였다. 이 항목은 인식 행위와 피
인식자 사이의 명확한 관계에 대하여 아는 것을, 이 양자가 동일한 근
거에서 발출하는 한에서 자신의 고유한 탐구 지침으로 부여한다. 그래
서 질문은 다음과 같다. 즉, 인간 형이상학의 출발점에 대한 지금까지
의 묘사로부터 어떻게 7항의 이중적 입장에 도달할 수 있는가? 다른
말로, 서로 대립하여 명료화하고 정당화하는 두 가지 입장이 어떻게 실
제로는 같다고 논증되는가?

인간이 모든 것에 대해 질문하기를 감행할 때, 그는 »무«에서 시작
한다. 그런데 이러한 »무«는 인간이 기분과 독단에 따라 채울 수 있는
공허도, 그리고 그 공허로부터 마음에 드는 어떤 방향으로든 방황할 수
있는 그러한 공허(eine Leere)일 수도 없다. 왜냐하면 인간에게는 존재

....

6   In III Metaph. lect. 1, n. 339.

행위 자체에 대해 질문하는 과제가 부여되었기 때문이다. 그래서 이러한 »무« 자체가 존재 행위 자체를 향해 파악하는 임무를 인간에게 부과하였음이 틀림없다. 이로써 질문 행위가 시작되는 이러한 »무«가, ― 인간이 바로 »무«인데 ― 독단적인 방황의 장소로서의 모호한 공허가 아니라, 오히려 질문하면서 존재 행위 자체를 만날 수 있고 만나야 하는 명백한 궁핍이라는 사실만을 이미 보여 준다. 그러나 이러한 존재-자체-안에-늘-이미-존재함(Je-schon-beim-Sein-im-Ganzen-Sein)의 출처는 아직 명백하게 설명되지 않았다. 만일 인간이 자의적으로, 그리 37 고 이 존재 행위의 어떠한 지점에서 자기만의 선택에 따라 존재 행위 자체에 대해 질문하고 파악할 수 있다면, 그는 질문하는 것도, 존재 행위 앞에 유한하게 서 있는 것도, 그리고 존재 행위 자체 안에 서 있는 것도 아닐 것이다. 만일 인간이 자신의 질문 행위의 이러한 공허한 출처(dieses nichtige Woher)를 자신만의 선택에 의해 규정할 수 있다면, 그는 자신의 선택을 지배하였을 것이고, 그래서 더 이상 질문할 필요가 없을 정도로 이미 그렇게 존재 행위 자체와 함께 있을 것이다. 인간은 필연적으로 언제나 이미 존재자로서 실존하는 동시에 존재 행위 자체 앞으로 소환된 존재자이다. 그러면 존재자는 무엇인가? 그것은 인간 자신이 자신의 육체성을 갖고서 이러한 육체적인 삶의 영역과 주변에 속하는 모든 것과 함께하는 세계의 사물이다. 여기서 질문은 존재 행위 자체가 존재 행위에 대한 자신의 질문 행위의 출처인 이 »세 76 계«와 어떻게 관련되는지가 아니다. 다만 세계 안에 현존하는 한, 인간은 존재 행위 자체 앞에 있다는 사실만큼은 확실하다. »감수적 육체와 결합된 현생의 상태«(Status praesentis vitae, quo passibili corpori con-jungitur)는, 존재 행위에 대하여 질문하는 인간이 딛고 서 있는, 토마스가 어느 정도 아는 유일한 »상태«(Stand)이다. 그에 따르면, 인간은 지상에 거주하지만 이 장소를 하늘의 장소와 마음대로 맞바꾸도록 허락받지 않았다. 토마스의 신학 자체는 이 장소로부터의 도피가 아니라 이 세계의 협소함을 통해, 그리고 스쳐 지나가는 세상 시간의 짧음을 통해 신의 말씀을 경청하는 행위(Hören)이다. 그러니까 그의 신학은 상상력의 기반 위에 머문다. 왜냐하면 계시 자체가 감각적인 것으로부터 수용된 유사성을 통하여 여전히 발생하기 때문이다. 토마스의 신학에서는 계시가 여전히 "감각적 사물의 유사성을 통해"(per similitudines a sensibilibus sumptas) 발생하기 때문에 상상력의 기초에 남아 있다.[7] 그리고 비록 인간이 그의 모든 질문 행위의 장소를 피하려 해도―신비주의나 자살 또는 어떤 다른 방법에 의해―그래서 존재를 이해하는 다른 어떤 장소에 도달할 수 있다고 해도, 그는 여전히 이 세계에서 시작하였을 것이다. 그러나 이로써 토마스에게 오로지 하나의 앎의 행위(ein Wissen)가 있다는 점이 드러난다. 이러한 앎의 행위를 통해 인간은 인간 자신이 된다. 즉, 인간은 세계와 함께하는 앎의 존재(ein wissendes Bei-der-Welt-Sein)이다. 오로지 이러한 존재로 인간은 존재 행위 자체 앞에 소환되었다. 그는 이러한 장소에서부터 자신의 형이상학적 작업을 수행한다.[8]

　　존재 행위 자체 대해서 질문할 때 인간은 세계에 대한 이러한 앎의

....

7　Boeth. De trin. q. 6, a. 3, corp.
8　Vgl., S.T. I, q. 86, a. 2, corp. 토마스는 S. c. g II 60에서 이러한 유일한 출발점을 얼마나 단호하게 고수하는지를 보여 준다. 여기서 우리는 감각으로부터 우리의 인식을 얻게 되고, 지성은 그 자체로 분리된 인식의 기원을 소유할 수도, 인식의 기원일 수도 없다는 점이 추론된다. 왜냐하면 본성은 넘치도록 풍부하지 않기 때문이다(quia natura non abundat superfluis). 그렇지 않으면 지성은 이중의 인식을 가졌을 것이다. 즉, 하나는 분리된 실체의 양식을 (unam per modum substantiarum separatarum) (즉, 지성적인 직관을), 다른 하나는 감각에 의해서 수용된 양식을(aliam a sensibus acceptam) (즉, 지식을) 가졌을 것이다. 그런데 이 둘 중 하나는 불필요한 것이다(quarum altera superflueret).

행위를 통해 이미, 그리고 언제나 존재 행위 자체를 파악하였다. 그러니까 존재 행위와 인식 행위 간의 관계는 이미 형이상학의 가장 일반적인 질문을 통해 암묵적으로 함께 이해되었다. 이것을 어떻게 명확하게 설명할 수 있을까? 『신학대전』 84문 7항 본문 제3절 1호의 원리는 우리 38에게 동일한 질문을 제기하였다. 만일 우리가 지금까지의 숙고를 통해 항상 세계 인식에(der Erkenntnis) 관해서 논의하였다는 점을 여전히 고려한다면, 나아가 이 인식을 언제나 하나의 인식이라고 감안하였고 또 그렇게 감안해야 하였다면 다음 과제로 두 가지 질문이 뒤따른다.

1. 세계에 대한 인간의 인식 행위의 단일성(Einheit)에 대한 질문. 이 77 질문은 주목할 만한 내용에서 전체 작업의 질문과 일치하기 때문에 우선 다음의 것만이 중요할 수 있다. 즉, 존재 행위에 대한 질문 행위의 출발점으로서 세계에 대한 이러한 하나의 인식에 대하여 형식적으로 고찰함으로써 전체 작업의 지속을 위한 방법론적 지침을 얻는 것이다.

2. 인식 행위와 존재 행위 간의 관계에 대한 질문. 이 관계에 대한 선취적(vorgreifend) 이해를 통해 존재 행위 자체에 대한 질문이 가능하게 된다.

그러나 그 이전에 이러한 두 가지 질문이 연원한 출발점은 자체적으로 여전히 몇 가지 주의를 요구한다. 형이상학의 한 출발점에는 특이한 불확실성(Schwebe)이 있는 것처럼 보인다. 이제 이 불확실성은 표상으로의 전회 문제에 대한 토마스의 다음과 같은 정식(Formulierung)에서도 드러난다. 즉 "지성은 표상에 전회하지 않고서도 실제로 어떠한 것을 인식할 수 있는가?" 질문은 이렇게 제기되어 인식 행위의 본질적인 가능성에 대한 질문의 차원에서 이미 작동하고 있다. 만일 우리가 실행 중에 인식 행위를 »외부로부터«(von außen) 마주칠 때, 즉 인식 행위의 가능성을 현실적으로 실현하는 중에 마주칠 때, 우리는 이미 표상과 함께하는 인식 행위를, 언제나 이미 구체적인 '여기 지금'(Hier und Jetzt) 설정된 것으로서 만나게 되고, 언제나 이미 '여기 지금' 있는 개별자의 유사성과 함께하는 것으로서 만나게 된다.[9] 다른 한편, 문제 정식(Formel)에 따라 '여기 지금' 실행되는 세계에 대한 인식 행위는 전회(Zukehr)를 통해야 비로소 마주치게 된다. 따라서 그것은 오로지 존재 행위 자체로부터 이러한 '여기 지금'으로 전회할 수 있었다. 왜냐하면 모든 '여기 지금'은 이러한 전회에 의해 도달되어야 하기 때문이다. 게다가 인식 행위는 자신이 연원하는 이러한 존재 행위 자체에 대해 오직 '여기 지금'에서, 즉 현생의 상태에서 질문하면서 파악할 수 있다. 왜냐하면 현실태의 지성 행위(actu intelligere)인 모든 질문 행위는 '여기 지금'(hic et nunc)을 향한 전회를 인식 행위의 가능성의 조건으로 이미 전제하기 때문이다. 따라서 세계의 '여기 지금'과 '존재 행위 자체'라는 자신의 단일한 이중성 안에 놓여 있는 인간 형이상학의 출발점의 불확실성은 '표상으로의 전회'라는 문제 정식에서 이미 드러난다.

78   그러나 전회 문제가 처음부터 본질적으로 대답을 내포하지는 않는가? 바로 이 질문을 통해 물어진 것은, 어떠한 것이 ─ 그리고 모든 것이 ─ 인식자가 세계 내 존재자로서 '여기 지금' 현존한다는 사실을 통

39 해야만 인식될 수 있을지 여부이다. 그러니까 우리가 출발점이라고 뜻하는 것이 전회의 문제에서야 비로소 질문된 것은 아닐까?

이제 질문으로서의 전회가 아니라 대답으로서의 전회가 형이상학적 출발점의 이러한 역설적인 이중성을 그 자체 안에 포함한다고 말할 수 있을 것이다. 즉, 인식 행위는 세계의 특정한 관점과 만남으로써

....

9 de mem. et rem. lect. 2, n. 314; Vgl. I. q. 85 a. 5 ad 2 usw.

만 가능하다고 규정하는 것은 오직 대답뿐이며, 이 만남은 자체로 존재 행위 자체의 폭에서 온 것이다(Herkommen). 이러한 대답 이전에, 세계 내의 이러저러한 개별자에 대한 인식이 오직 존재 행위 자체(Sein schlechthin)로부터 연원하는 것인지 여부, 그리고 존재 행위 자체에 대한 인식이 오직 세계 내의 여기 지금에서의 만남을 통해야만 가능한지 여부는 사실상 열려 있다. 그렇지만 이러한 개념에는 전회의 문제 자체가 전혀 형이상학적 질문이 아니었을 것이고, 이 문제는 인간의 형이상학 질문이 시작되는 장소를 설정하는 것과 동일하였을 것이다. 사실상 명제로서 표상으로의 전회의 필요성을 주장하는 것은 우리가 존재 행위 자체에 대하여 형이상학적으로 질문하는 장을 설정하는 것과 동일하다. 그래서 그와 같은 명제는 전회의 문제가 처음 시작될 때 이미 규정되었다. 왜냐하면 이 문제는 형이상학적 질문으로서 그러한 전회의 본질적 가능성에 대하여 묻기 때문이다. 즉, 이 문제는 명제 설정에서 이미 모든 것이 함께 암묵적으로 논의된 것에 대하여 질문한다. 그리고 표상으로의 전회의 본질적 가능성을 전개할 때 주목할 점은 다음과 같다. 즉, 여기서는 세계의 '여기 지금'에 도달하였다는 사실(Angekommensein)이 중요한 것이 아니라 오히려 존재 행위 자체로부터 도래하는 것(Herkommen)이 중요하다는 것이다. 그러나 이를 통해 전회는 형이상학 자체의 가능성에 대해 질문한다. 따라서 이 질문 자체가 근본적으로 형이상학적임이 드러난다.

2. 인식의 일치

모든 인식이 상상력이라는 하나의 기반 위에 놓여 있는 한, 토마스에게는 표상으로의 전회에서 인간의 인식 행위를 하나로서(eines) 파악하는 것이 중요하다. 그래서 만일 이러한 인간의 인식의 일치가 그 가능성을 통해 파악된다면, 토마스가 아는 유일한 인간이 세계 내의 인간인 한, 그리고 그에게 중요한 것이 세계 내에서 자기 자신을 이미, 그리고 언제나 인식하면서 발견하는 이러한 인간을 자신의 가능성 안에서 파악하는 것인 한, 그때 이 일치는 이미 전제되어 있다. 따라서 중요한 점은 표상으로의 전회를 통해 질문되는 자신의 내적 가능성을 탐구하기 위해 이미 전제된 이러한 일치 개념으로부터 지침(Anweisung)을 앞서 추론하는 것이다.

인식의 이러한 일치를 통해 무엇이 하나가 된 것인가? 그것은 자신의 여기 지금을 통해(in seinem Hier und Jetzt) 세계 내 존재자에 대하

여 인식하는 것과 존재 행위 자체에 대하여 인식하는 것이다. 만일 우리
가 여기 지금의 한 사물과 함께하는 존재 행위(das Sein bei einem Ding)
를 감성이라고 말하고 존재 행위 자체(das Sein im Ganzen)에 대한 앎의 40
행위를 지성이라고 칭한다면, 우리는 또한 감성과 지성 간의 일치에 대
한—이 일치는 사실 모든 숙고의 출발점을 형성한다—본질적인 가능성
을 이해하는 것이 중요하다고 말할 수 있다. 더 정확히 말하자면, 이러한
이해에 도움을 주기 위해 여기서 중요한 점은 인식 행위의 이미 긍정된
일치를 통해 언제나 이미 동시에 파악된 형식적 지침을 제공하는 것이다.

만일 우리가 감성 대신에 동물성(animalitas)이라는 용어를, 그리고
지성(Intellekt) 대신 이성(rationalitas)이라는 용어를 사용한다면, 우리
의 질문에서 문제가 되는 것은 동물적-이성적인 것(animal-rationale)
의 일치이다. 토마스는 이 문제를 『형이상학』(Metaphysik) 제7권 12강
의 형상적 관점에서(in formaler Hinsicht) 다룬다.[1] 여기서 어떻게 유[類,
genus(동물)]와 종차[種差, differentia(이성적)]가 정의[이성적 동물(animal
rationale)]를 통해 하나일 수 있는가가 문제가 된다. 이들은 가능성으
로서 자기 자신 안에 스스로 정초하고 단지 부차적으로 결합되는 두
가지 것으로 간주되면 안 된다. 즉, 이들은 인간의 두 가지 »부분«으로
간주되어서는 안 된다. 유는 이미 그 자체 안에 종차를 포함한다. 이는
마치 비규정적인 것이, 그러나 즉—어떻게든 존재할 수 있기 위해서 80
는—필연적으로 규정받아야 하는 것이, 자신의 규정을 가능태로 이미
자신 안에 담지한 것처럼 말이다.[2]

따라서 자신의 종차를 함께 이해하지 않고서는 유를 직접적으로 파

....

1 n. 1537ff.
2 Vgl. De anima a. 11 ad 19: "인간 내의 감각 가능한 영혼 자체는 합리적이지만, 짐승 내에서
는 비합리적이다."(ipsa anima sensibilis in homine est rationalis, in brutis vero irrationalis)

악하는 것이 가능하지 않다. 그리고 역으로 종차에 대해서도 마찬가지이다. 이는 다음과 같은 점을 뜻한다. 즉, 인간의 인식의 일치를 통해 일치된 것은 모든 경우에 이 인식의 전체를 통해야만 파악될 수 있다. 존재 행위가 감성을 통해 개별적 세계 사물의 여기 지금 함께한다는 것은 그 자체가 지성을 통해 자신의 구체적인 가능성 안에 언제나 이미 존재 행위 자체와 함께 존재한다는 것과 같고, 그 역도 마찬가지이다. 하지만 이와 같은 사실로부터 다음의 결과가 연역된다. 즉, 감성 자체와 사유 행위(Denken) 자체도 구체적으로 각각 그 자체로 조우될 수 없다. 그러니까 그들이 발견되는 곳에서 그들은 언제나 이미 하나이다.[3] 이는 하나가 다른 하나로 환원되거나 다른 하나로부터 연역될 수 있다는 뜻이 아니라, 각각이 그 자체이면서 상호 일치를 통해서만 서로 구별됨을 뜻한다. 토마스는 이러한 관계에 대해서 잘 의식하고 있었기에, 인간에게도 귀속되는 감성이 동물에게 »순수한«(rein) 것으로 발견된다고 생각해서는 안 된다는 점을 명백히 강조한다. 감성은 동물에게서 »순수하게« »그러한 것«으로 발견되지 않고, 동물적 감성, 사자의 감성 등 특정된 것으로서 발견된다.

그러나 이로부터 그러한 상황에 적합한 화법의 유일한 지침이 다음과 같이 연역된다. 즉, 사유 행위의 본질을 이미 동시에 논의하지 않고서는 감성의 본질을 전적으로 파악한 진술이 이루어질 수 없다. 그럼에도 불구하고 감성과 사유 행위에 대한 진술이 번갈아 이루어져야 하기 때문에, 각각의 후속적 진술은 역으로 그전까지 이루어졌던 진술의 의미에 영향을 주고 그 의미를 변화시킨다. 그리고 그 모두는 전체를 통해서만 자신들의 궁극적인 의미를 갖는다.

....
3 Vgl. dazu auch In VII. Metaph. lect. 9, n. 1462ff.

3. 인식 행위와 피인식자

인간이 형이상학자가 될 때, 그는 여기 지금 개별적 존재자와 함께하는 가운데 언제나 이미 존재 행위 자체와 함께 있는 자신을 발견한다. 따라서 이러한 세계-내-존재 행위(In-der-Welt-Sein)가 이해되어야 *81* 한다면, 존재 행위 자체에 대한 저 선행적인 파악 행위가 그 자체 내에 무엇을 품고 있는지를 명확히 하는 것이 중요하다.

만일 인간이 여기 지금의 존재자에 대한 인식에 이르기 위해 이미, 그리고 언제나 존재 행위 자체와 함께 있다면, 인간은 필연적으로 개별 존재자와 함께하면서 자신을 인식하며 머무는 가운데 존재 행위 자체의 가의성을 반드시 긍정한다.

그러므로 존재 행위 자체(Sein überhaupt)에 대한 기본 규정은 이미 언제나 내려졌다. 즉, 존재 행위는 인식될 수 있다(Erkanntseinkönnen). 그러나 다시 이 규정에는 다음과 같은 두 가지 다른 것이 포함된다.

1. 존재 행위와 인식 행위의 원천적 일치, 그리고 2. 존재 행위가 뜻하는 것에 대한 본질적인 확정불가능성(Unfixierbarkeit) 등이다.

1) 자신과 함께 있는 행위를 통한 기원적 일치로서의 존재 행위와 인식 행위(존재 행위 자체의 주체성으로서의 인식 행위)

존재 행위는 가의성(Fragbarkeit)이다. 그러니까 인간은 근본적인 인식 가능성(Erkennbarkeit), 즉 존재 행위 일반에 대한 특정한 선험적 피인식성(apriorische Erkanntheit)을 긍정하지 않고서는 존재 행위 자체에 대해 질문할 수 없다. 절대적으로 알 수 없는 것, 즉 절대적으로 알려지지 않은 것은 질문될 수 없다. 모든 질문은 질문 대상(Erfragtes)으로부터의 선행적 말걸음(Zuspruch)에 의해서 자극받는다. 이 말걸음은 의식된 것으로서(비록 반성적으로 알려지지 않았다 해도 또는 단지 그렇게 알 수 있지는 않더라도), 그리고 알려진 것으로서(비록 명확하게 인식되지 않았다 해도 또는 단지 그렇게 인식될 수는 없더라도) 질문 자체에 현존한다. 이로써 존재 행위에 대한 질문의 현실에서 볼 때 근본적으로 인식할 수 없는 것의 개념, 즉 심지어 단지 실제로 (전적으로) 인식되지 않은 존재 행위의 개념은 모순으로서 거부되었다. "존재할 수 있는 것은 무엇이든지 인식될 수 있다."(Quidquid enim esse potest, intelligi potest)[1]

그러나 존재 행위와 인식 행위 사이의 이러한 근본적인 관계는, 존재 행위와 인식 능력에 순차적으로 설정된 관계로서가 아니라, 즉 양자에게 무엇보다도 존재 행위에 단지 우연일 수 있는 순차적 관계로

....

1 S.c.g. II 98.

서 덧붙여지는 경우가 아닌 한에서만 자신의 가능성을 통해 파악될 수 있다. "가지적인 것과 지성은 비례적임이 마땅하다(Intelligibile enim et intellectum oportet proportionata esse). (그렇지만 이것만이 아니라 또한) *82* 그들은 하나의 기원에 속하는 것이 틀림없다. 왜냐하면 지성과 현실의 가지적인 것은 하나이기 때문이다(cum intellectus et intelligibile in actu sint unum)." (만일 그렇지 않으면 현실적인 인식 행위를 통한 존재 행위와 인식 행위의 실제적인 일치가 자신의 가능성을 통해 이해될 수 없기 때문이다)²

따라서 존재 행위와 인식 행위는 원천에서 일치한다. 인식 행위는 자신의 대상과 우연히 조우하지 않는다. 토마스는 인식 행위란 어떠한 것을 우연히 조우하는 것임을 뜻하는 통상적인 개념을 명백히 거부한다.³ 인식 행위는 »지성이 가지적인 것을 접촉해서«(per contactum intellectus ad rem intelligibilem) 발생하는 것이 아니다. 오히려 존재 행위와 인식 행위는 동일하다. 즉 »지성과 인식된 것, 그리고 인식 행위는 동일하다.«(idem intellectus et intellectum et intelligere) 인식 행위는 존재 행위의 '자신과 함께 있는 행위'(Beisichsein)이다. 그리고 이러한 '자신과 함께 있는 행위'는 존재자의 존재 행위이다. 그러므로 토마 *42* 스에 따르면 존재자의 존재 행위의 존재성(Seiendheit des Seins eines Seinden)은 [즉, 존재 강도(存在强度, Seinsmächtigkeit)는], 자신으로의 귀환(reditio super seipsum)을 통해, 즉 자신과 함께 있는 행위가 될 수 있는 가능성의 정도에 따른 존재 강도를 통해 규정된다.⁴ 따라서 인식 행위는 »다수로 흩어짐«(spargi ad multa)이 아니라 본질적으로 »주체성«(Subjektivität)이다. 주체성이 대상들을 향해 흩어져 인식의 »객체

......

2 Metaph. Prooem.
3 S.c.g. II 98 결론 부분; De verit. q. 8 a. 7 ad 2(세 번째 행).
4 De verit. q. 1 a. 9 corp.; q. 10 a. 9 corp.; S.c.g. IV 11.

성«(Objektivität)을 볼 수 있는 것 같지만 이는 형이상학적으로 오해한 것이다.[5] 존재 행위는 자신의 고유한 특징으로서의 인식 행위와 인식됨(Erkanntsein)을 자신에게서 발출하게 하는 유일한 근거, 또 그렇게 해서 서로에 대한 양자의 선행적이고 본질적이며 내적인 관계의 본질적인 가능성을 정초하는 유일한 근거이다. 인식 행위는 존재 행위 자체의 주체성이다. 존재 행위 자체는 인식됨을 통해 존재 행위와 인식 행위가 통합됨(Geeintheit)으로써 이들을 원천적으로 일치시키는(einigend) 단일함이다. 후자에서(즉, 존재 행위에서) 양자는 우연적으로, 즉 순전히 외적인 사실로서만 결합된 것이 아니라 오히려 자신들의 기원적 상호 관계성을 통해 실현되었다. 존재 행위의 초월적 가지성은 다른 방식으로는 파악될 수 없다. 즉, "다수는 저절로 일치되지 않는다."(non enim plura secundum se uniuntur)

그래서 인식 행위의 가능성과 인식 가능성이 존재 행위 자체의 본
83 질적 특징이라고 한다면, 그런데 여기서 만일 실제적이고 개별적인 인식 행위가 자신과는 다른 대상에 대한 인식자와의 연관으로만, 즉 지향성으로만 이해된다면, 그때 실제적이고 개별적인 인식 행위는 자신의 형이상학적 본질을 통해 온전히 파악될 수 없다. 인식이 무엇인지에 대하여 형이상학적으로 올바로 이해하기 위한 근본적인 첫 출발점은 오히려 존재 행위가 그 자체로 인식 행위이자 피인식성(Erkanntheit)이라는 사실에서, 즉 존재 행위는 '자신과 함께 있는 행위'(Beisichsein des Seins)라는 사실에서 고찰되어야 한다. "현실태의 지성은, 즉 완성은 현실태가 인식된 것이다."[6](Intellectus in actu perfectio est intellectum in
....

5 Opusc. 28 c. l; vgl. P. Rousselot, L'intellectualisme de Saint Thomas 2(Paris 1924), 5, Anm. 3. 이하 항상 제2판에서 인용됨(제3판 : Paris 1946).
6 S.c.g. II 99.

actu) 이 본질 명제는 다음과 같이 역으로 이해될 수 있다. 즉, 현실적으로 인식된 것은 자기 자신이 되기 위하여 지성 자체의 존재론적 현실이어야 한다. 그러한 정식에서 »지성«은 인식 자체를 의미한다. 그러한 진술을 통해 토마스는 오늘날 꽤 통용되는 형이상학의 존재론적인 이해에 (단순한 존재론적 고찰 방식에 반대된 것으로서) 꽤 명확하게 도달한다. 인식 행위는 존재 행위 자체의 주체성으로서 파악된다. 즉, 인식 행위는 존재 행위의 '자신과 함께 있는 행위'로 파악된다. 존재 행위 자체는 이미 존재 행위와 인식 행위를 원천적으로 일치시키는 단일함이고 존재-론적(onto-logisch)이다. 그리고 인식 수행(Erkentnisvollzug)을 통한 존재 행위와 인식 행위의 모든 실제적인 일치는 오로지 저 초월적 종합의 강화, 즉 존재 »그 자체«(an sich)이다. 이러한 정식, 그리고 그 유사한 정식들을[7] 통해 표명된 인식 행위와 피인식자의 동일성(Identität)을 다음과 같이 이해하고자 한다면, 즉 피인식자 자체가 바로 인식자 자체에 의하여 인식되어야 하고 인식자 자체는 바로 피인식자를 소유하여야 한다는 식으로 이해하고자 한다면, 이는 완전한 오해일 것이다. 오히려 완성(Perfectio)은 한 존재자로서의 지성의 존재론적 현실을 의미한다. "지성과 인식된 것은 동일하다."(Idem est intellectus et quod intelligitur)[8] "인식된 것은 인식자의 완성이다."[9](Intellectum est perfectio intelligentis) 그러므로 만일 성급하게 어떤 임의적으로 고안된 의미를 유사성(similitudo), 즉 상(species)의 ─ 이 개념을 통해 토마스는 인식 행위와 피인식자의 이러한 동일성이 많은 경우에 생성되었다고 본다 ─ 하위에 속하도록 할당한다면, 그리고 지성 안에 현존하면

....

7 I. q. 14 a. 2 corp.; q. 5 5 a. l ad 2; q. 85 a. 2 ad l; q. 87 a. l ad 3 usw.
8 I. q. 87 a. l ad 3.
9 S.c.g. II 98.

서 인식 행위와 피인식자의 이러한 일치를 설정하는 »지향상«(intenti-
onales Bild)에 관하여 어떠한 모호하고 통상적인 상상을 하게 된다면,
토미스트 인식 형이상학의 이러한 원리에 대한 형이상학적 의미를 놓
칠 위험이 있을 것이다. 오히려 존재 행위는 '자신과 함께 있는 행위'이
고 따라서 피인식자는 언제나 인식자의 존재 행위라는 진지하게 수용
된 기본 명제로부터 상이 의미하는 바가 무엇인지 연역된다. 이 원리를
문자 그대로 보면 어떻게 토마스가 다음과 같은 명제에 도달하였는지,
즉 질료가 무엇을 의미하는지가 이해될 수 있다. "비물질적 존재들에
서, 지성과 인식된 것은 동일하다."(in his quae sunt sine materia, idem
est intellectus et quod intelligitur)[10] 오로지 이러한 경우에만 »자신 안에
실현되는 것«(in se subsistere)이 의미하는 것, 그리고 그 밖의 것들이
무엇인지 명확하게 된다. 토마스로부터 제시된 감성에 대한 형이상학
적 개념은 오로지 이 명제로부터 접근될 수 있다. 즉, 이러한 경우에만
한 존재자의 인식 가능성이 자체에 따라서 변화한다는 점이 이해될 수
있다.[11]

　　그리고 그 역도 마찬가지이다. 만일 토미스트 인식 형이상학의 이
원리에 비추어 토미스트 형이상학의 이러한 근본적인 직관을 모두 이
해시키는 데 성공한다면, 이로써 우리가 인식 형이상학의 이러한 제일
원리(erster Grundsatz)를 정확하게 해석하였다는 가장 명확한 증거가
제시된 것이다. 이 증명 과정이 전체 작업에서 이런 저런 방법으로 언

....

10 De spir. creat. a. 1 sed contra n. 8; a. 8 ad 14; I. q. 87 a. 1 ad 3 usw.; vgl. *Hufnagel*,
Intuition und Erkenntnis ..., 70.
11 VII. Metaph. lect. 2, n. 1304: "왜냐하면 존재자가 어떠한 것이냐에 따라, 이것에 따라
그것은 가지적이기 때문이다."(secundum enim quod aliquid est ens, secundum hoc est
cognoscibile)

제나 반복적으로 실행되기 때문에, 이러한 원리를 지금의 방식으로 해석한 것만이 토마스 자신이 뜻한 것이었다는 점을 이 시점에서 더 논증할 필요는 없다.

2) 존재 행위 개념의 본질적인 불확정성

인식 행위와 피인식자의 선행적이자 기원적 일치인 존재 행위가 규정되었다는 사실을 통해, 이 존재 자신은 본질적인 불확정성으로 빠진다. 존재 행위에 관한 해당 규정은 자신의 가의성(Fragbarkeit)으로부터 입증되었다. 이 가의성은 피의성(Fraglichkeit)이다. 즉, 언제나 어디서나 그 대답에 의해 진정되지 않는 가의성인 것이다. 가의성은 '자신과 함께 있는 행위'로서의 존재 행위를 보여 주었다. 그런데 자신의 피의성이 이 규정을 다시 폐기하는 듯이 보인다. 만일 존재 행위가 이미, *85* 그리고 항상 '자신과 함께 있는 행위'라고 한다면 왜 존재 행위에 대하여 질문하여야 하는가? 질문해야 하는 자는 존재 행위이다. 왜냐하면 그는 존재 행위에 대해 질문함으로써 이미 존재 행위와 함께 존재하기(beim Sein) 때문이다. 그럼에도 불구하고 존재 행위가 아니다. 왜냐하면 그는 이러한 존재 행위와 함께하는 존재 행위(Beim-Sein-Sein)가 의심할 바 없이 전적으로 존재 행위를 소유할 정도의 방식으로 아직 존재 행위 자체와 함께 있지 않기 때문이다. 따라서 질문해야 하는 존재 행위는 비존재이고 존재 행위의 본질적 근거가 약하다. 자신의 존재 강도(Seinsmächtigkeit)는 유한하고, 그 때문에 질문해야 한다. 따라서 그것은 온전히 자신에게 있지 않다. 그리고 그때 존재 행위 자체의 개념은 그 내용이 일정하지 않다. 존재 행위 자체의 개념은 명확히 규정할 수 있는 것이 아니다. 즉, 이것을 근거로 자신의 내용과 관련하여, 그리고 '자신과 함께 있는 행위'로서의 인식 행위에 대하여 어떠한 분명한 것을 유추할 수 있는 그러한 것이 아니다. 존재 행위는 '자신과 함께 있는 행위'라는 처음에 도달하였던 질료적 통찰은 형상적 도식으로 다음과 같이 변화한다. 즉, 인식 강도(Erkenntnismächtigkeit)가 존재 강도와 병행하고, 존재자가 존재 행위인 한 자신과 함께(bei sich) 있으며, 거꾸로 이러한 »주체성«의 정도는 존재자의 존재 강도가 어느 정도인지를 나타낸다. 이러한 고찰을 통해 전개된 존재 행위와 인식 행위의 선험적 일치에 관한 형이상학적 접근은 관념론적 오해 가능성을 동시에 차단한다.

토마스가 존재 행위는 존재자의 '자신과 함께 있는 행위'라는 사실을 명확히 통찰하는 것처럼, 일반적으로 그는 인식 형이상학에 대한 자신의 이러한 기본 개념을 형식적 차원으로 변화시켜 설명하는 것을 선호한다. 왜냐하면 이로써 존재 행위 개념 자체의 불확정성이 단숨에 효과적으로 드러나기 때문이다. "존재 행위를 통한 사물의 배열과 진리를 통한 사물의 배열은 동일하다."[12](Eadem est dispositio rerum in esse sicut in veritate) "존재자가 현실인 한 모든 것은 인식 가능하기 때문이다."[13](Cum unumquodque sit cognoscibile in quantum est ens actu) 등이다. 비물질성의 정도에 따른 인식 수준의 구별은, 앞으로 드러나듯이, 동일한 원리의 다른 표현일 뿐이다. 앞서 말한 것에 따르면, 존재 가능성의 정도는 '자신과 함께 있는 행위'(Beisichsein)의 정도를 규정하기 위한(즉, 인식 능력의 정도와 인식 가능성의 정도를 한 번에 규정하는) 출발점이 될 수 없다. 즉, 존재 가능성의 정도가 질료적으로 이미 앞서

....

12 S.T. I-II, q. 3, a. 7, corp.
13 II Metaph. lect. 1, n. 280.

규정된 존재 가능성의 결과로서 연역된다는 의미로 출발점이 될 수 없다는 것이다. 존재 가능성과 '자신과 함께 있는 행위'의 관계에 대한 진술에서는 본질을 규정하는 것이 중요하다. 이 본질 규정을 통해 명제의 주어는 이미 (형식적 방식이라 할지라도) 술어가 말하는 것과 동일한 것을 다음과 같이 논의한다. 즉, »현실태로 존재하는 한«(in quantum est actu) 이것은 »그만큼 인식 가능 한« 것과 순전히 일치한다. 토미스트적으로 표현한다면 »참된 것«(verum)은 »존재자«(ens)에 대한 초월론적인 규정이다.

이로부터 토미스트 인식 형이상학을 이해하기 위한 근본적으로 중요한 다양한 개념들에 대한 잠정적인 이해가 다음과 밝혀진다. 즉, »인식 가능성«의 개념과 »질료«에 대한 인식 및 인식 가능성의 관계이다.

인식 가능성(cognoscibilitas, cognoscibile)은 그 자체로 명확하고 확고부동한 개념이 아니다. 만일 존재 행위가 '자신과 함께 있는 행위'를 뜻한다면, 그리고 다양한 존재 강도의 존재자가 있다면, 그때 '자신과 함께 있는 행위' 자체는 다양한 등급으로 나뉜다. 그러나 인식 가능성은 자신의 기본적인 개념에 따라 '자신과 함께 있을 가능성'(Beisichseinkönnen)이다. 그러므로 인식 가능성 자체는 다양한 등급으로 나뉜다. 인식 가능성은 한 본질이 자기 자신 내에(in sich), 즉 타자에 의한 (그리고 경우에 따라서 자신에 의한) 인식 가능성에 대한 관심 없이 중립적으로(gleichgültig) 거기 서 있는 것(Dastehen)을 뜻하지 않는다. 설사 만일 이러한 타자가 그에 상응하여 조직된 자신의 인식 능력을 바탕으로 이 본질을 파악하는 데 성공할지라도 말이다. 이러한 방식으로 파악할 때 인식 가능성의 내적 단계는 없을 것이고, 오히려 단지 본질에 순응한 인식자에 대한 본질의 표피적 관계일 것이다. 이러한 개념에서 현실의 인식 대상인 어떠한 사물을 단지 가능태로 인식할 수 있는 것들

45

에 대립시키는 것은 의미가 없다.[14] 존재자의 인식 가능성은 무엇보다 타자에 의한 인식 가능성이 아니고 (이 타자가 우연히, 그리고 실제로 이러한 존재자 자체가 된다고 할지라도), 원천적으로 '자신과 함께 있을 가능성'(Beisichseinkönnen)이며[그리고 이러한 연후에 아울러 파생적인 방식

87 으로 »타자와 함께 있을 가능성«(Bei-andern-sein-Können)] 이러한 자신과 함께 있는 행위의 가능성은 존재 행위 자체의 내적 본질 규정으로서 존재 행위의 존재 강도와 함께 변화한다.

이제 만일 자신과 함께 있을 수 있는(Beisichseinkönnen) 존재 행위가 본질적으로 비규정적이고 변덕스러운 것이라면, 그리고 경험에 따르면(이 경험은 단순한 전개를 위해서 여기에서 논의되는 것이다) 어떤 식으로든 결코 인식하지 않아 자신과 함께(bei sich) 있지 않은 존재자가 있다면, 이 존재자 자체의 존재 행위는 자신과 함께 있을 수 없다. 즉, 이 존재 행위는 자기 자신에게 속할 수 없고 »타자«의 존재 행위임이 틀림없다. 이러한 »타자«는 한편으로는 틀림없이 현실적이지만, 다른 한편으로는 그 자체로(an sich), 그리고 자신으로부터(von sich her) 존재를 소유할 수 없다. 존재자의 이 공허하고 자체로 불확실한 '내처'(內處, Worin)를 토마스는 제일 질료라 칭하였다. 이러한 존재 행위의 '내처'는 자신을 위하지(für sich) 않고 오히려 타자를 위하며, 따라서 »자신과 함께« 있지 않다. 자신과 함께 있는 행위 및 자신과 함께 있을 가능성으로서의 인식 행위와 인식 가능성은 질료에 대한 존재 행위의 관계

....

14 Z. B. S.c.g. II 98: "현실의 실존자들이 존재 행위를 통해 가지적인 것처럼 실체들은 자신의 본성에 따라 분리되어 존재한다."(substantiae separatae sunt secundum suam naturcm ut actu existentes in esse inlelligibili) S.c.g. II 91: "자신의 본성에 따라 가지적인 것들 (secundum naturam suam intelligibilia)이 있고 이들은 자신에 따라 가지적이지 않다(quae non sunt secundum se intelligibilia)." 이러한 통찰 없이 전체 토미스트 추상 이론은 결코 이해될 수 없다."

처럼 명확한 관계에 서 있다는 사실이 이제 자명하다. 존재 강도는 이제 질료에 대한 존재 행위의 관계로부터 형식적으로 규정될 수 있으며, 그런 다음 질료적 차원에서 인식과 인식 가능성으로 변환될 수 있다.

따라서 토마스에게 질료에 대한 내적 연관을 갖지 않은 본질이 어떻게 인식 행위와 현실의 인식 가능 대상(cognoscens et actu cognoscibile)을 통해 이미 실제로 '자신과 함께' 있을 수 있는지 이해될 수 있다. 그러므로 현실의 인식 가능한 존재 행위(actu cognoscibile esse)란 우선 다른 인식 행위에 대한 관계가 아니라 오히려 존재 행위의 본질 규정 자체를 뜻한다. 존재자의 존재 행위는 질료 안에, 그리고 질료에 현존하면서 자신을 소진시키는 방식으로 질료에 대한 본질적 연관성을 갖지 않는다. 따라서 그것은 필연적으로 자신과 함께 있고, 인식하면서 자신에 대하여 안다. 잠재적 인식 가능 대상(potentia cognoscibile)이라는 것은 그것이 우연적으로, 그리고 사실상 어느 누구에 의해서도 인식되지 않는다는 사실 때문이 아니라, 자신의 존재 행위가 결코 자기 자신에게 속하지 않고 자신과 함께하지도 않으며, 이러한 실존 방식을 통해 원칙적으로 '자신과 함께 있는 행위'가 될 수 없고 본질적으로 잠재적 인식 가능 대상으로 머무는, 그리고 머물러야 하는 방식으로 공허한 »타자적« 질료의 존재 행위이기 때문에 그러하다.

이로써 인식자의 »고유한 대상«(objectum proprium)의 본래적이고 46 기원적인 개념이 제공되었다. 비록 토마스가 이 개념을 특정한 인식 정도에 따라서 사용하였고 이로 인해 개념의 본래적 기원이 표피적인 고찰에 의해 은폐되었다고 할지라도 말이다. 만일 존재 행위가 무엇보다 88 도 '자신과 함께 있는 행위'(Beisichsein)라면 인식하는 존재 행위의 본래적이고 기원적인 대상은 자기 자신과 함께 하는 기원적인 것, 즉 자기 자신이다. 따라서 인식자의 존재 강도와 기원적으로 피인식자의 존재 강도가 명백히 대등한 관계에 서 있다는 것은 자명하다.

토미스트 인식 형이상학에서 문제는 인식 행위와 대상 사이의 간극을 어떠한 식으로라도 »교량«으로 연결하는 데 있지 않다. 그러한 »간극«은 단지 의사문제(擬似問題, Scheinproblem)일 뿐이다. 오히려 문제는 다음과 같은 질문에 있다. 인식자와 동일한 피인식자(das Erkannte)가 어떻게 타자로서 인식자에게 대치하여 서 있을 수 있는가? 그리고 타자 자체를 수용할 수 있는 인식이 어떻게 있을 수 있는가? 문제는 간극을 »연결«하는 데 있는 것이 아니라, 이 간극이 도대체 어떻게 가능한지를 이해하는 데 있다. 만일 존재 행위가 '자신과 함께 있는 행위'라면, 그러한 인식 개념에서 존재 행위가 타자의 창조적 근거로 이해되는 한, 자신과 함께 있는 존재 행위가 어떻게 타자를 인식할 수 있는지를 더 쉽게 통찰할 수 있다. 이 경우 타자는 결코 »고유한 대상«이 아니다. 인식 행위의 본질에 관한 이러한 첫 출발점에서 더 어려운 질문은 이 출발점에서부터 수용적 인식 행위가 가능하다는 점을 어떻게 보여 주느냐이다. 그러니까 인식하지 않는 존재자가 도대체 어떻게 존재할 수 있느냐이다.[15]

....

15 닝크(C. Nink, Ontologie, Freiburg, 1952, p. 115, 각주 112 포함)는 여기서 전개된 (인식 행위가 존재 행위 자체의 본질적 주관성이게끔 하는) '자신과 함께 있는 행위'로서의 존재 행위에 대한 이해에서, '자신과 함께 있는 행위'는 »존재자의 본질, 즉 자신의 존재 행위의 본질 및 활동 행위의 본질«이 아니라, 오히려 »자신의 존재 행위 및 활동 행위에서« 나온다. 그러나 존재자의 존재 행위에 대한 존재-론적 개념(der onto-logische Begriff)에서 인식 행위, 즉 주관성은, 다시 말해 '자신과 함께 있는 행위'는 (비록 이것이 »논리적으로 필연적인« 방식으로 연역된다고 하더라도) 후속적인 것, 즉 결과가 아니다. 왜냐하면—이 문제를 익숙한 정식들로 표현한다면—결국 인식 행위, 즉 주체성이 »후속하는« 단순히 존재론적 개념으로 전개될 것이라면, 그때에는 자신의 »고유한 즉자«(das eigentliche Ansich) 내의 존재 행위 자체가 다시 한번 인식 행위로부터 구별되기 때문일 것이다. 만일 닝크가 '자신과 함께 있는 행위'가 존재자 자체의 존재 행위에 비롯되는 결과임을 존재-론적(seins-logisch)으로 이해하길 원한다면 (»논리적으로 필연적인 결과«에 대한 자신의 개념이 암시하듯이) 우리는 어

토미스트 인식 형이상학에서 타자에 대한 수용적 인식 행위의 가
능성에 대해 형이상학적인 통찰을 얻는 것은 '자신과 함께 있는 행위'
인 존재 행위 개념과 '자신과 함께 있는 행위'인 인식 행위 개념, 즉 그
리고 존재 행위 자체의 주체성으로서의 개념으로부터만 가능하다. 이
문제에서 그 자체로 처음으로 인식된 대상이지만 인식자의 이차적 대
상인 타자가 어떻게 인식될 수 있는가를 이해하는 것이 중요하지는 않
다. 왜냐하면 이 경우에 수용적 인식 행위가 문제되는 것은 아니기 때
문이다. 그 이유는 그러한 인식자가 처음부터 자기 자신에게 있기 때문
이고, 타자로부터 자신에게 오는 것이 아니라 자신의 자기 소유(Selbst-

....

떻게 이러한 존재론적 결과가 '자신과 함께 있는 행위'로서의 존재 행위에 대한 우리의 이해
로부터 실제로 구별될 수 있는지를 질문해 보아야 할 것이다. 결국 실재적(real) 본질에 있어
서 그 자체로서의(es selbst) 존재 행위가 (자신의 »즉자«를 통해, 즉 »물리학«을 통해) 정확
히 »논리학«, 다시 말해 인식 행위와 인식됨이라는 사실 외에 존재-론적으로 무엇을 말할 수
있을까? 다른 말로, 존재 행위와 '자신과 함께 있는 행위' 간의 구별은 오로지 저 존재-론적
(onto-logisch) 구분이자 이러한 의미에서 »실재적« 구분, 즉 존재 행위 자체를 통한(im Sein
selbst) 지배적 구분이지만, (아무튼) 존재 행위 자체에 추가되지도 이로부터 후속하지도 않
는 구분을 나타낼 수 있다. 이러한 구별은 (이 구별을 무엇이라고 칭하던 간에) 궁극적으로 (»
순수한 사실성«을 통해 자기 자신으로 있는) 존재 행위를 '자신과 함께 있는 존재 행위'로부
터 떼어 놓지는 않는다. 오히려 이러한 구별은—이러한 구별 행위가 단순히 »순수 논리적« 함
축성이 아니라 바로 이러한 존재론적 함축성을 지녀야 하기 때문에, 그리고 그러한 한—자
신의 구별 행위를 통해 저 환원 불가능한 (존재 행위와 논리학의) 존재론적 종합을 다시 한
번 수행 한다. 이러한 종합은 존재 행위 »그 자체«(an sich)이고 나아가 »순수 논리적 방식으
로«도 해결될 수 없다. 왜냐하면 이로써 [사실 논리학으로서도 필연적인 어떠한 것으로 »존재
하는«(ist)] 논리학 자체가 해결될 것이기 때문이며, 따라서 형식적, 즉 »순수 논리적« 구별은
더 이상 할 수 없기 때문이다. 여기에 [»즉자적 존재 행위«(Ansichsein)와는 대조적으로] 결
코 »순수 형식 논리«(rein formale Logik)가 될 수 없는 모든 논리학의 언제나 이미 현전하며
건너뛸 수 없는 존재론적 순환이 명확히 보인다. 이는 라베브링크가 기본적으로 '자신과 함
께 있는 행위'로서의 존재 행위에 대한 우리의 개념을 거부한 경우에도 원칙적으로 적용된다
(a.a.O., 213; 459, Anm. 77). 우리는 존재 행위를 '자신과 함께 있는 행위'로 »협소화한다«는
라베브링크의 의견에 대하여 무엇보다 토마스의 질료 개념에 대한 우리의 해석을 참조할 수
있다(vgl. unten Kap. 4, 39, Abschn. 5 und 6).

besitz)를 통하여 동시에 아울러 타자를 인식하기 때문이다.[16] 그러므로
47 수용적 인식 행위의 가능성에 대한 질문에서 문제가 되는 것은 자신과
다른 타자를 고유한 대상으로 삼는 인식 행위이다.

인간이 어떻게 자기 자신을 이해하길 원하는지에 대하여 처음부터
내려진 규정은 다음과 같은 사실을 말한다. 즉, 인간은 자신을 세계 내
타자에게서 발견하고, 그래서 타자는 그 자체로 인간의 고유한 대상이
며, 그러므로 인간의 '자신과 함께 있는 행위'는 타자와 함께하는 존재
행위(Beim-andern-Sein)이고, 인간은 이러한 기초에서부터 그 모든 가
능성에서 자신을 이해하길 원한다는 점이다. 그래서 수용적 인식 행위
의 문제는 인간에 대한 질문과 하나이고 이 문제는 표상으로의 전회에
대한 질문이라고 밝혀질 것이다.

90 지금까지 말해 온 것으로부터 다음과 같은 것이 밝혀진다. 즉, 그러
한 인식 행위의 가능성은 그러한 인식 행위에서 드러나는 존재 강도의
규정을 통해 발견될 수 있을 것이다. 존재 강도를 규정하는 것은 선험
적으로(a priori) 존재 강도의 고유한 대상이 무엇인지를, 현존재가 어
떠한 것에서 자기와 함께(bei sich) 현존하는지를 규정한다.

인간이 하나의 존재자이고 그래서 특정한 존재 강도를 표현하는 한,
그는 또한 하나의 인식 행위를 소유한다. 자신의 인식 행위에 대한 모
든 질문은 첫 출발점과 마지막 목표에서 이러한 하나의 인식 행위에 대

....

16 이 시점에서 우리는 아직 그러한 타자에 대한 수용적 인식 행위가 인식 행위는 창조적,
즉 본래적 직관(intuitus originarius)이라는 사실과 다른 방식으로도 생각될 수 있는지에 대
해 질문할 필요는 없다. 토마스는 천사들에게 물질적 사물에 대한 인식 행위를 귀속시킨다.
이 인식 행위는 엄밀한 의미에서 분명히 창조적일 수 없다. 그러나 토마스에게 타자에 대한
수용적 인식은 본질적으로 감각적이기 때문에, 그는 천사의 이러한 인식을 신의 창조적 인식
행위에 분여함, 즉 능동적 인식(scientia quasi activa)이라고 생각한다. 그러나 이러한 사안
들에 대해서는 추후에 간략히 논의될 것이다.

한 질문이다. 그러므로 왜, 그리고 어떻게 서로 다른 인식 능력들이 이 특정한 존재 강도에 근거를 두는 이러한 하나의 존재 행위로부터 연원하는지를 이해시킴으로써 이 인식 능력들이 그러한 것으로서 입증되어야 한다.

만일 우리가 타자적 존재 행위와 함께 존재하는 것(Bei-einem-an-dern-Sein)로서의 '자신과 함께 있는 행위'를 감성이라고 칭하고, 타자에 대치되어 대립된 존재 행위(Gegen-ein-anderes-Gestelltsein)로서의 '자신과 함께 있는 행위'를 사유 행위(Denken)라고 칭한다면, 이에 상응해서 다음 장에서 다루어야 할 질문들은 다음과 같다.

1. 감성으로서의 인식 행위: 세계의 현존(praesentia mundi, 제2장 참조)

2. 사유로서의 인식 행위: 세계의 대치(oppositio mundi, 제3장 참조)

3. 자신의 단일성 자체를 통한 인식 행위: 표상으로의 전회(conversio ad phantasma, 제4장 참조)

제2장

감성

1. 감성 개념의 출발점

만약 우리가 인식은 특정한 존재 강도를 지닌 존재자의 '자신과 함께 있는 행위'라는 토미스트 인식 형이상학의 기본 전제로부터 출발한다면, 즉 '자신과 함께 있는 행위'는 존재 강도 자체의 질료적 표현뿐이라는 사실로부터 출발한다면, 이로부터 존재 강도를 지닌 인식자와 피인식자의 동일성이 필연적으로 귀결된다.

그런데 이러한 전제하에 어떻게 타자 자체에 대한 인식이 있을 수 있을까? 다시 말해 인식에 있어서 타자가 인식의 고유한 대상(objec-tum proprium)이고 인식이 타자를 선행하지 않는 가운데, 인식 행위와 동일한 인식 대상을 통해 타자 자체에 대한 인식이 어떻게 있을 수 있을까? 이는 감성의 본질에 관한 질문으로서 우리에게 제기된 문제이다. 이 문제는 우리가 방금 논의한 인식 행위의 본질에 관한 기본적인 접근 방식으로는 해결 불가능한 듯 보인다. 왜냐하면 만일 어떠한 것이 특정한 존재 강도를 소유함으로써 인식하고 자신과 함께 있다면, 그리고 자신과 함께 있는 것과 특정한 존재 강도가 동일한 것이라면, 고유한 존재 강도는, 즉 고유한 »주체성«(Subjektivität)은 본질적·필연적으로 첫 번째 피인식자, 즉 고유한 대상인 것으로 보이기 때문이다. 존재 강화(Seinserhöhung)를 산출하는 원인에 대한—이 원인을 통해 인식자는 '자신과 함께 있는 행위'를 표현하는 존재 강도에 도달할 수 있다—추후의 추론은 이 관계에서 그 어떠한 것도 변화시킬 수 없다. 이렇게 추론된 원인은 모든 인식 자체의 기초이자 첫 번째로 인식된 고유한 대상이 아닐 것이고, 직관된 것도, 즉 자신의 고유한 자아(Selbst)를 통해 직접 파악된 것도 아닐 것이다. 이 경우 인식 행위는 자신의 근본적인 행위에서 자신의 고유한 존재 강도에 대한 직관으로 머물겠지만, 타자에 대한, 즉 자신의 고유한 자아를 통한 대상에 대한 수용적 직관은 아닐 것이다. 강화된 존재 강도는—이를 통해 인식자는 자기 자신에게로 돌아온다—인식자에게 오로지 타자 자체만을 제공할 뿐이고, 이러한 강화(Erhöhung) 자체가(이는 언제나 인식자의 존재 행위의 강화이다) 타자를 통한 자신의 피산출성(被産出性, Bewirktheit)을 그 자체로 담지하고 또 타자로부터 산출된 것(bewirkte, 결과)으로 파악될지라도, 인식자는 아마도 저 타자적 산출자(das Bewirkende)에 대하여 알았 ⁹² 겠지만, 직관된 타자적 산출자와 함께 있지는 않을 것이다. 주체적 영향에서 작용자(das Affizierende)를 추론해 내는 것은 타자에 대한 참된 직관 가능성의 근거를 부여하지는 않는다. 즉, 처음부터 인식을 초월적으로 만들지는 않는다.

인식은 특정한 존재 강도를 지닌 존재자의 '자신과 함께 있는 행위'라는 인식 형이상학적인 전제에도 불구하고 고유한 대상인 타자에 대 ⁴⁹ 한 직관적 인식 행위가 있어야 한다면, 인식자는 존재론적으로 어떻게 파악되어야 하는가? 만일 토미스트 인식 형이상학의 기본 전제에 따라 인식자 자신이 무엇인지만이 고유한 대상으로서 인식된다면, 그럼에도 불구하고 인식이 존재하여야 한다면―이 인식을 통해 고유한 대상인 이 피인식자가 타자로 알려진다―, 그렇다면 이 두 가지는 인식자 자신 이 타자의 존재 행위라는 사실 그 하나에 의해서만 동시에 가능하다고 이 해될 수 있다. 수용적으로 직관하는 자의 존재 행위는 타자 자체의 존재 행위여야 한다. 인식자는 특정한 타자에 대해 모두 파악하기에 앞서 자체로부터(von sich aus) 이미, 그리고 언제나 타자성 안으로 들어가 야 한다. 왜냐하면 '자신과 함께 있는 행위'를 뜻하는 존재 행위가 자체 로(in sich selbst) 자신을 유지하는 한, 즉 자신의 고유한 근거 안에 자 기 자신을 소유하고 자신의 규정을 자신의 고유한 것으로 소유하는 한, 존재 행위와 함께 존재 강화는, 이것이 어디에서 오든지 간에, 존재 행 위가 그 자체로 존재론적 근거를 갖는 동일한 비차별성(Ungeschieden-heit)을 통해 자기와 함께(bei sich) 자신으로 현존하는 것 이외의 다른 방식으로 원천적으로 자신과 함께 있을 수 있는 어떠한 가능성도 처음 부터 없기 때문이다. 존재 행위가 자기 자신의 존재 행위가 아니라 »타 자« 자체의 존재 행위라는 사실에 의해 존재론적으로 자기 자신으로 부터 분리될 때에만, 모든 고유한 존재 현실이 곧 낯선 현실이 되는 방 식으로 낯선 존재 현실을 자신의 고유한 존재 현실로 소유할 가능성이 존재 행위에 귀속될 수 있다. 왜냐하면 해당되는 인식자의 존재 행위는 대자적(für sich) 존재 행위만이 아니라 타자를 향하고 타자와 함께하 는 존재 행위이기(Sein für und an einem andern) 때문이다.

존재 행위가 처음부터 제공되어야 하는 이러한 절대적 타자는, 만 일 특정한 타자에 대한 수용적 직관이 이 절대적 타자에게 귀속 가능 해야 한다면, 한편으로는 인식자의 실제 원리여야 하지만 다른 한편으

93

로는 자기 자신으로부터, 그리고 그 자체로 존재 행위를 소유할 수 없다. 왜냐하면 존재 행위인 타자 자체는 존재 행위가 '자신과 함께 있는 행위'를 뜻한다는 법칙하에 있을 것이기 때문이다. 따라서 스스로 현존하는 타자 자체에 속하는 인식자의 저 존재 행위는 정확히 그 자체로 자신과 함께 현존하는 자의 존재 행위로서 의식될 것이다. 다른 말로, 타자 자체는 이러한 방식으로 의식되지 않을 것이다. 존재 행위가 자기 자신으로부터 분리된 저 실제적인 비존재자는 토미즘에서 제일 질료(materia prima)로 불린다. 그러므로 수용적 인식은 본질적으로 물질적 존재 행위로서만 생각될 수 있기에 곧 감성이다.

그러나 이로써 우리는 근본적 모순에 빠진 듯이 보인다. 왜냐하면 앞에서 비록 존재 행위가 그 자체로 '자신과 함께 있는 행위'를 뜻할지라도 인식하지 않는 존재자가 왜 있을 수 있는지에 대한 근거로서 제일 질료가 분명히 드러났기 때문이다. 즉, 제일 질료는 존재 행위의 의미, 다시 말해 '자신과 함께 있는 행위'를 담지하지 않으면서도 존재자에게 존재 가능성을 주는 것으로 드러났기 때문이다. 이에 따라 어떤 존재자가 너무 결핍되어 자신의 존재 행위가 더 이상 자기 자신으로서의 존재 행위가 아니고 오히려 자신과는 다른 현실의 공허한 가능성의 존재 행위라고 생각되는 순간, 이러한 존재자 자체는 더 이상 자기 자신과 함께 있을 수 없는 듯이 보이고 따라서 인식의 모든 가능성이 부정된 것으로 보인다. 그러므로 타자를 고유한 대상으로 직관하는 것은 이러한 존재 행위가 자신의 고유한 것이 아니라 질료적 존재라는 방식의 존재 강도를 전제하는 듯이 보이고, 인식으로서의 직관은 질료성을 배제하는 존재 가능성을 요청하는 듯이 보인다. 50

그러나 이제 만약 감성이 있다면, 다시 말해 타자 자체에 대한 수용적 직관이 있다면, 방금 지적한 그러한 직관의 난제성(Aporetik)으로부터 감성의 본질은 오직 두 가지 측면의 변증법적 제한을 통해서만 파악될 수 있다는 것이 분명해진다. 이는 감각적으로 인식하는 자의 존재 강도의 규정에서만이 아니라 감각적 인식에 귀속되는 '자신과 함께 있는 행위'의 특성에서도 적용된다.

만약 인식 행위가 존재 행위의 '자신과 함께 있는 행위'(Beisichselbersein des Seins)이고, 타자를 고유한 대상으로 인식하는 행위가 본질적으로, 그리고 존재론적으로 자신으로부터 떨어져서 타자와 더불어 존재함(Weg-von-sich-andern-Sein)을 의미한다면, 감각적 인식자의 존재 행위는 오직 질료적 타자를 향한 진정한 상실과, 질료에 대립하는 존재 행위의 본질적 독립성 사이에서 부유하는 중간[1](schwebende Mitte)이라고 이해될 수 있다. 그래서 감각적 현실태는 분리되지 않는 일치 안에서 질료적이고[즉, 질료의 현실태(actus materiae)이고], 그리고 그러한 질료의 현실태로서 질료에 대립하여(actus contra materiam) 존재 행위를 주장하는 (형상의) 현실태이다.

이와 유사하게, 감각적 인식자가 의식적으로 자기와 함께 있는 행위는 두 가지 면에서 부정적으로만 제한될 수 있다. 그것은 타자에게 대립하고 자신을 분리하여 소유하는 식의 '자기 자신에게 있는 것'(redire in seipsum)이 아니며, 또한 모든 의식 자체를 부정하여 이러한 타자에게 자기 자신을 상실하는 방식으로 '타자와 함께 있는 것'(Beim-

....

1 Vgl. De verit. q. I a. I I corp.: "감각은 어떻게 보면 지성과 사물 사이의 중간이다(quodammodo medius inter intellectum et res)." 사물은 절대적으로 비인식자이지만 지성(intellectus)은 바로 »자신에 대한 반성«(in seipsum reflecti)이 지성에 귀속된다는 면에서 자신의 특징을 갖는다(S.c.g. IV II; I. q. 87 a. 3 ad 3). 여기서 »자신을 통한 실현 행위«(in se subsistentem esse)라는 표현은 존재론적으로 적용된 것일 뿐이다(I. q. I4 a. 2 ad I ; I. Sent. dist. 17 q. I a. 5 ad 3). 이는 다시 »다른 것 위에 부가되지 않은 존재 행위«(non super aliud delatum esse)와 동일하다(I. Sent. 1. c.).

andern-Sein)도 아니다. 자신과 함께 있는 것은 바로 감각적 인식자의 존재 행위이다. 그런데 이 존재 행위는 정확히 타자를 향한 여지없는 상실과 이러한 타자에 대립하는 본질적 독립성 사이에서 부유하는, 일치된 중간이다. 감성을 이러한 형이상학적 개념으로 비추어 보자면, 그와 같은 감성이 자신의 »작용«(Affektion)만을 또는 »외부 세계«(Außenwelt)만을 파악하는지 여부를 묻는 질문은 의미가 없음을 쉽게 알수 있다. 질료의 현실태(actus materiae)인 감성의 내면성(Innerlichkeit)은 정확히는 그 외면성(Äußerlichkeit)이며 그 역도 성립한다. 양자 간의 분리는 질료적이지 않은 행위를 요구하기 때문에, 이 질문은 전자에 대한 것도 후자에 대한 것도 아니다. 여러 다른 것들 가운데 하나를 발견하려는 관찰 행위는 찾으려는 것(das Gesuchte)의 개념을 언제나 이미 전제한다는 사실을 전적으로 도외시하더라도, 감성이 자기 성찰이나 실험적 시도를 통해서는 결코 우리 안에서 관찰될 수 없음은 분명하다. 그러므로 하나의 인간적이자 따라서 또한 사유적인 경험의 총체만을 언제나 조망할 수 있는 경험에 대한 호소는 처음부터 이러한 감성 개념과는 관련이 없다. 51

지금까지 말한 것은 그 자체로 수용적 인식이, 즉 타자를 고유한 대상(objectum proprium)으로 소유하는 인식이 필연적으로 질료적이라는 사실, 곧 감성을 뜻한다는 사실을 제시하였을 뿐이다. 이 논제가 토미스트적이라고 정확히 논증할 기회는 이후에 주어질 것이다. 잠정적으로 이 목적을 위해, 인식 행위는 인식자 자신이 '자신과 함께 있는 행위'라는 토마스의 기본 전제로부터 이 주제가 필연적으로 따라 나온다는 점을 밝히는 것만으로도 충분할 것이다. 그러므로 만약 타자에 대한 인식이 근본적이고 첫 번째 인식이어야 한다면, 즉 세계가 인간의 첫 번째이자 유일한 직관이어야 한다면, 인간의 직관은 반드시 감각적이 95

어야 하며, 직관하는 자의 존재 행위는 타자적 존재, 곧 질료적 존재여야 한다. 어쨌든 토마스가 감성은 질료적인 것이라고 말한다면, 그 말이 무엇인지에 대한 잠정적인 이해에 최소한 도달하였다.[2]

....

2 I. q. 12 a. 4 ad 3; q. 75 a. 3; q. 85 a. 1 corp.

2. 감성을 통한 감각적 타자에 대한 인식

이전 단락에서는 수용적 인식자의 질료성이 개별적 대상과, 즉 자기 자신을 드러내면서 감각적으로 지각 가능한 대상과 어떻게 연관되는지 아직 분명하게 밝혀지지 않았다. 사실 타자 자체에 대한 그러한 직관이 가능하기 위해서는, 자신의 직관의 고유한 대상인 타자를 소유하는 저 인식자가 인식 행위와 첫 피인식자 간의 동일성의 원리에 따라 처음부터 타자성이, 즉 질료 안으로 진입했어야 한다는 점이 논의되었다. 그러나 이러한 타자성이 개별적인 타자적 대상과 어떠한 관계인지, 그리고 따라서 수용적 인식은 필히 질료적이라는 주장을 바탕으로 개별적인 타자적 대상에 대한 인식이 어떻게 더욱 깊이 이해되었는지에 대해서는 아직 밝혀지지 않았다.

이 질문에 대한 어느 정도 만족스러운 답변은 여기에서는 여러 이유로 불가능하다. 그 첫 번째 이유는 질료에 대한 토미스트적 개념이

여기에서 광범위하게 다루어져야 하는데 본 연구의 범위 안에서는 불
96 가능하기 때문이다. 만일 가능하다고 한다면, 작용인(effiziente Kausa-
lität)과 잠정적 원인(transeunte Kausalität)에 관한 토마스의 문제점이
52 여기에서 다루어져야 할 것이다. 작용인이 질료인과 형상인으로 되돌
아가는 것만이 감성에 미치는 감각 대상의 영향에 대한 문제를 파악할
수 있는 계기로 제공되어, 감성에 대한 토마스의 주장이 실제적이자 본
질적으로 이해된다. 존재자의 본질적 근거에서 능력이 발출하는 사례
로부터 다음과 같은 두 가지가 증명될 때에만 이러한 되돌아감 자체가
토미스트적이라고 분명하고 충분하게 입증된다. 즉, 하나는 존재자의
자기실현이 참되게 토미스트적 개념이라는 점, 다른 하나는 이러한 개
념 없이는 능동 지성(intellectus agens)이 사유의 순수한 자발성이라는
생각이 견지될 수 없다는 점이다. 그러나 이른바 자신의 고유한 자리로
돌아간다는 전제들에 대해(즉, 능력의 기원, 능동 지성에 대해서) 본 논문
에서 논의되어야 하기에, 이 주제들 자체가 여기에 제안된 숙고를 위한
전제라고 지금 예단하는 것은 권할 만하지 않다. 이 질문들이 자신의
자리에서 표현되었다면, 보다 넓은 맥락일지라도 여기서 제기된 문제
점 자체로 돌아올 수 있는 기회가 더 있을 것이다. 여기서는 제기된 문
제를 명료화하기 위하여 도움을 주는 것만이 중요할 수 있다.

　토마스의 인식 형이상학에 대한 기본적인 이해는 다음과 같은 사실
에서 출발해야 한다는 것을 우리는 우선 다시 한번 기억해야 한다. 즉,
인식 행위는 '자신과 함께 있는 행위'라는 사실을, 즉 특정한 존재 강
도를 지닌 존재 행위가 자기 자신 안에서(in sich selbst) '성찰됨'(Re-
flektiertheit)을 뜻한다. 그러므로 인식 행위는 결국 자신의 고유한 본질
적 차원에서 인식자로부터 연원하는 행위라고 이해되면 안 된다. 인식
행위는 대상 »자체«(즉자, das Ansich)로 건너뛰어 그 대상을 파악하려

고 하거나, 또는 »단지 정신적인 내적 실존«(bloß mentalen Inexistenz) 을 통해, 다시 말해 »지향적 존재 방식«(intentionale Seinsweise)을 통해 그 대상을 자신 안에 소유하는 것이 아니기 때문이다. »지향적«(intentional)이란 말은 무엇보다도 우선 인식 행위를 통해 대상이 실제 그 자체로 제공되지 않는다는 것을 뜻한다. 이러한 모든 논의는 인식 행 97 위가 근본적인 의미에서 행동(actio)이[즉, 파악하는 행동을 생성하는 것 (Hervorbringen eines erfassenden Aktes)이] 아니라 현실태(actus)라는 것, 즉 자기 자신과 함께 존재하는 현실이라는 토마스의 기본 주장에 모순된다.[1] 토마스에 따르면, 인식 행위와 대상의 존재론적 일치는(»지 향적인« 파악 행위인) 인식에 의해 산출되는 것이 아니라 오히려 논리적 으로 이에 선행한다. 다시 말해, 이 일치는 결과가 아니라 [본연의 의식 으로서(als eigentlicher Bewußtheit)의] 인식의 원인이다.[2] 물론 그 본연 의 실재에서 인식 행위와 동일하지 않은 인식 대상들도 있지만, 이들 53 (인간, 천사, 그리고 신 등)은 해당되는 인식 행위의 고유한 대상이 당연 히 아니라, 오히려 인식 주체와 대상의 자신과 함께 현존하는 존재 행 위(das beisichseiende Sein)가 동시에 존재론적으로 대상들에 대한 관 련성을 자신에게 담지하는 한에서만 인식될 수 있다. 표현상(species expressa), 정신적 언어(verbum mentis, cordis), 정신적 개념(conceptus mentis) 등은 인식 능력에 대한 존재론적 규정을 위한 토미스트적 용어 이다. 이 규정은 자신의 현존을 통해 인식자가 그것을 인식하도록 만들 고, 그렇게 의식된 자신의 존재론적 관련성을 통해 인식 행위에서도 자 기 자신 안에 현존하지 않는 대상을 인식자에게 의식하도록 해 준다.

....

1 Vgl. *Maréchal*, a.a.O., 60ff.; De verit. q. 8 a. 6 corp., 특히 제1절의 결론 부분; I. q. 18 a. 3 ad 1; q. 14 a. 2 ad 2; q. 56 a. 1 corp.
2 I. q. 54 a. 1 ad 3; De verit. q. 1 a. 1 corp.

따라서 그러한 대상 역시 직관되지 않는다. 그리고 그 역도 성립한다. 즉, 대상이 직관된 곳에는, 다시 말해 대상이 자신의 고유한 현실적 존재 행위를 통해 인식자 안에 있다면 표현상이 없고, 따라서 신에 대한 지복직관이나 감각직관에서도 표현상은 없다.[3] 이러한 표현상으로부터 상 자체(species einfachhin)는 어렵지 않게 구분될 수 있다. 상 자체(species ohne Zusatz)가 [가지상(species intelligibilis) 및 감각상(species sensibilis) 또한] 무엇을 의미하는지를 우리는 종종 다루어야 할 것이다. 일반적으로 여기서 말할 수 있는 점은 특정한 인식 능력이 특정한 인식 대상을 파악하기 위한 존재론적 기반이 상 자체라는 것이다. 지향상(intentionales Bild) 등의 상-개념(species-Begriff)에 대하여 지향상의 의미로 부여된 모든 설명은 잘못되었거나 또는 이 지점에서 최소한 성급한 설명이라고 볼 수 있다.

98   따라서 만일 감성을 설명하기 위하여 토마스가 상-개념을 사용하였다는 사실로부터 토마스가 »비판적 실재론«[4]을 표명한다고 성급하게 결론 내리기를 원한다면, 그것은 완전히 오류라고 할 수 있다. 왜냐하면 비판적 실재론에서는 외적 대상에 대한 주체적 작용(Einwirkung)이 느껴지고, 그리고 이로부터 추론해서 또는 그 밖의 다른 방식으로 외적인 대상이 파악된다고 보기 때문이다. 만약 누군가 토마스의 형이상학적 실재론을 명명하고자 한다면 토마스는 »소박한« 실재론자라고 할 수 있을 것이다.[5] 오직 이러한 소박 실재론(naiver Realismus)만이 그

....

3 Quodl. 5 a. 9 ad 2.
4 Vgl. *J. Geyser*, "토마스 아퀴나스는 외부 세계에 대한 우리의 지각을 어떻게 설명하는가?"(Wie erklärt Thomas von Aquin unsere Wahrnehmung von der Außenwelt?), Phil. Jahrb. 12. (1899), 130ff.
5 I. q. 85 a. 2. ad 2.

의 형이상학적 기본 전제를 통해 이해되어야 하며, 이러한 경우에 어떠한 비판적 실재론보다 더 비판적으로 드러난다.

만약 토마스의 »소박« 실재론의 본연적 의미를 이해하고자 한다면, 내적 정합성의 차원에서 다음 세 가지 주장이 이해되어야 한다.

1. 외적 감각 지각(äußere sinnliche Wahrnehmung)에는 [인각(impressa)] 상(species)이 있다. 그러나 이는 그 자체로 지각된 것(das Wahrgenommene)은 아니다.[6]

2. 외적 지각(äußere Wahrnehmung)은 표현상(species expressa)을 형성하지 않는다.[7] 그럼으로써 대상은 자신의 직접적이고 현실적인 자아를 통해 파악될 수 있게 된다.[8]

3. 만일 대상이 자신의 고유한 현실태 안에서 인식 행위 자체의 현실태라면, 대상은 오직 그러한 경우에 자기 자신만을 통해 직접 파악될 54 수 있다. 즉 직관될 수 있다.

이러한 주장들은 무엇보다 매우 다른 기원을 가지며, 서로 모순되는 것으로 보인다. 첫 번째 주장의 첫 부분은 감각 대상이 감성에 »작동한다«(affizieren)는 사실, 즉 감성에 자신을 알려야 한다는 »소박한« 직관으로부터 출발한다. 첫 번째 주장의 두 번째 부분과 두 번째 주장은 »소박 실재론«에 대한 표현이다. 세 번째 명제는 앞 장에서 이미 지적된 형이상학적 기원을 본질적으로 갖는다. 이 세 명제는 서로 모순된 듯이 보인다. 세 번째 명제는 직접적으로 두 번째를 폐기하는 듯 보

....

6 De spirit. creat. a. 9 ad 6; In III. de anima lect. 8, n. 718.

7 Quodl. 5 a. 9 ad 2. Vgl. auch 1. c. corp. und 1. q. 85 a. 2. ad 3. (인각상과) 표현상은 토마스에게서 문자 그대로 발견되지는 않는다. 그는 이를 대신해 '마음의 언어'(verbum cordis)라고 칭한다. 그러나 사안이 명백히 동일하고 »언어«를 감성에 잘 적용할 수 없기 때문에 우리는 여기서 사태(Sachverhalt)를 후기 스콜라 용어로 표현하겠다.

8 I. q. 85 a. 2. ad 2.

인다. 두 번째는 첫 번째와 맞지 않는 듯 보인다. 왜냐하면 외부 대상에 대한 직접적 파악 행위는 고유한 자기 자신을 통해 상을―그런데 이 상은 인식 내의 대상에 대한 표명과 같은 것을 언제나 나타내는 것처럼 보인다―불필요하게 만들거나 또는 실제적 지각이 비로소 뒤따르는 단순한 자극 정도로 절하시키는 듯이 보이기 때문이다. 그러나 이러한 마지막 가정은 토마스가 가르치는 감성의 수동성(Passivität)에 다시 한번 모순된다.[9] 이러한 외견적 모순들로부터 어떤 경우에도 분명한 점은 이 명제들에 포함된 개념의 각각의 의미가 이 모든 명제를 항상 함께 고려할 때에만 보다 정확한 의미로 정립될 수 있다는 사실이다. 만일 우리가 이러한 진술들의 의미를 예컨대 상호적으로 명확하게 밝힌다면, 다음과 같은 통찰로 귀결될 것이다.

1) 감각 대상의 자기 소여로서의 감각상

감각 지각에 표현상이 없다면, 사물은 감각 지각에서 고유한 자아로 파악되어야 한다. 이 진술은 대상을 »가리키는« 모든 인식이 결국 대상 자신, 대상 »그 자체«(즉자, Ansich)를 향하여 간다는 의미에서뿐만 아니라, 토마스가 표현상을 가정하는 곳에서도 모든 »직접적« 인식을 주장한다는 의미에서 글자 그대로 받아들여야 한다.[10] 그래서 표현상이 외부 감성에 없다면, 그럼에도 사물 자체가 직관되어야 한다면, 감각 대상과 감성은 감각상을 통해 동일하기에 [수용된(recepta)] 감각상은 오로지 사물 자체에 있는 어떠한 것일 수 있다[현실태에서의 감각

....

9 I. q. 79 a. 3 ad 1 usw.

10 I. q. 85 a. 2 zusammen mit Quodl. 5 a. 9.

대상은 현실태에서의 감각이다(sensibile in actu est sensus in actu)].[11] 따라서 사물은 자신의 자아를 통해 감성의 매개 안으로 들어가야 한다. 55 감각상은 사물의 현실태 자체이다. 이 명제는 »현실태에서의 감각 대상은 현실태에서의 감각이다«라는 명제의 전제하에 분명히 표현상을 부정하면서 귀결된 것이다. 이러한 관점이 반드시 토미스트적 사고 밖 100 에 놓여 있는 것으로 간주 될 수 없다는 점은 다음과 같은 사실로부터 귀결된다. 즉, 토마스에 따르면 절대적 존재 행위인 신의 존재론적 현존이 인식 행위에서 [영광의 조명(lumen gloriae)의 전제하에] 신에 대한 지복직관을 위해 충분하고, 바로 이러한 이유로 신의 절대적 존재 행위 자체는 자신의 직접적 파악을 위한 각인된 가지상(species intelligibilis impressa)이다. 외적인 지각에서 상은 사물의 현실태(즉, 규정) 자체이다. 이러한 일반 정식을 통해 우리는 지베르트(Siewerth)의[12] 연구 결과에 전적으로 동의한다. 이러한 논제에 대해 보다 정확히 해석할 때 우리가 어디에서 그의 논지로부터 벗어나는지는 곧 규명될 것이다.

2) 감각 대상의 자기실현으로서의 감각상

만일 감각상에 대하여 논의할 때 토마스가 이 감각상을 분명히 어떠한 방식으로라도 외적 대상의 »작용«(Wirkung) 및 그 »대리«(Stellvertretung)로서 이해한 점에 의미가 있으려면,[13] 그럼에도 불구하고 이 ....

11 I. q. 14 a. 2 corp. Vgl. In III. de anima lect. 13, n. 787f.; S.c.g. I 46: "감각상을 통해 감각은 현실의 감각자이다."(per speciem sensibilem sensus est actu sentiens)

12 G. Siewerth, 토마스 아퀴나스의 인식 형이상학(Die Metaphysik der Erkenntnis nach Thomas von Aquin), 제1부: 감각 인식(Die sinnliche Erkenntnis) (München und Berlin 1933), passim.

13 지베르트(G. Siewerth)가 자신의 주장을 조화시키려고 시도한 본문들을 비교할 것. (S.

상이 사물 자체의 어떠한 것(etwas an der Sache selbst)이어야 한다면, 분명히 그 상은 사물에 언제나 이미 부속되는 정적 규정으로 이해되어 서는 안 된다. 오히려 이 사물이 감성의 매개 안으로 들어와 머무는 가 운데, 그리고 그러한 한에서 사물 자체가 자신의 것으로 산출하는 규정 으로서 이해되어야 한다. 대상이 감성의 매개를 통해 자신의 고유한 것 으로서, 즉 대상을 보여 주는 것으로서[즉, 대상의 »자기실현«(Selbstvoll-zug)으로서] 상을 산출하는 한에서 상은 대상 자체의 규정이어서 대상 은 상을 자신의 고유한 것으로 소유한다. 그래서 한편으로는 이러한 상 이 대상 자체를 소여된 것으로 제공하면서, 다른 한편으로는 자신을 »대 리하는 작용«(stellvertretende Wirkung)으로 이해될 수 있다. 만일 대 상이 감성의 매개를 통해 자신을 그렇고 그렇게 규정된 것으로 새롭게 산출해야 한다면, 이는 이러한 규정이 그 본질적인 하성에 따라 감성의 매개를 통한 이러한 자신의 자기실현과 무관하게 대상에 귀속될 수 없

101 다고 말하는 것이 아니다. 사실 토마스에 따르면 전적으로 육체가 공기 의 매개를 통한 형식적 존재의 확장에 효과적으로 영향을 주며,[14] (육체 는 이 존재 행위를 이러한 확장과 무관하게 그 자체로 소유한다) 따라서 지 향적 존재 행위(esse internationale)인 색상의 유사성 또한 육체적 작용

56 을 통해 이미 공기에도 현전한다.[15] 그러나 대상이 감성의 매개 안으로 들어와(이 매개를 통해 존재 현실이 자기 성찰, 즉 의식이 된다) 자신의 고 유함을 유지하는 존재 현실(Seinswirklichkeit)은 감성과의 동일화 이전 에 이미 대상에 귀속된 존재 현실을 뜻하는 것이 아니라, 감성에 영향 을 미치는 대상의 새로운 자기 산출(neues Sicherwirken)을 뜻한다. 이

....

60ff.), 또는 예를 들어 다음을 비교할 것. Quodl. 8 a. 3 corp.

14 De pot. q. 5 a. 8 corp.

15 I. q. 67 a. 3 corp.

는 처음부터 이미 소유하고 있는 형식적 존재 행위 자체에서 대상을 통해 인식 능력을 규정하는 것을—이 대상이 신의 절대적 순수 존재 행위 자체가 아닌 한—토마스가 어떠한 경우에도 거부한다는 사실에서 드러난다. 토마스의 명제는,[16] 그 본질적 근거를 여기서 세울 필요는 없지만, 상이 대상 자체의—언제나 이미 대상이 담지한—바로 그 존재 행위라는 점에서 (그리고 오직 이러한 의미에서만) 지베르트의 명제를 배제한다. 그럼에도 불구하고 만일 상이 감성을 통한 대상의 자기증여(Selbstgebung)여야 한다면, 이 영향이 감성의 매개를 통한 대상의 새로운 자기실현이라는 방식으로만 감성에 대한 대상의 »작용«일 수 있다. 여기서 토미스트적인 전제로부터 추론된 이 명제가 직접적으로 토미스트적이라는 점은 이미 논의된 바와 같이 나중에야 비로소 밝혀질 수 있다.

이로써 우리는 최소한 잠정적이나마 감성에 대한 토마스의 형이상학적 설명에서 역할을 하는 몇 가지 개념을 올바로 이해할 수 있게 되었다. 토마스가 말하길, 감각적 인식에서 중요한 것은 »정신적 존재 행위에 따른«(secundum esse spirituale) 변화(immutatio)이다.[17] 즉, 감각 상은 정신적 존재 행위, 곧 지향적 존재 행위를 소유하고 있기 때문에 따라서 지향(intentio)이다.[18] 지금까지 논의된 내용으로부터 다음과 같은 결론에 도달하게 된다. 즉, 지향적·정신적 존재 행위를 오늘날의 »지향적«, 즉 »관념적«(ideellen) 존재 행위라는 의미에서 본성적 존재 행위(esse naturale)에 반대되는 것이라고 이해하고자 한다면, 그리

102

....

16 S.c.g. II 98; De verit. q. 8 a. 7; I. q. 56 a. 2 obj. 3 und ad 3; 이 본문에 대한 프란츠 폰 실베스트리스(Franz von Silvestris)의 주석과 함께 다음도 참조할 것. S.c.g. III 51.

17 I. q. 78 a. 3 corp. usw.

18 I-II. q. 22. a. 2. ad 3; I. q. 78 a. 3 corp. usw. 추가적 본문은 추후에.

고 »실재적« 존재 행위에 반대되는 것으로서의 내존재 행위(Insein)라고 이해하고자 한다면, 이 용어들은 잘못 이해된 것이다. 이러한 이해에 토미스트적 의미가 처음부터 결여되었다는 점은 토마스가 전혀 인식의 문제가 아닌 지향적 존재 행위를, 즉 지향을 알고 있다는 사실에서 온다. 그래서 빛과 색은 지향적 존재 행위를 통해 정신적으로 공기 중에 있으며,[19] 주요 작용자의 능력(virtus eines agens principale)은 »지향적으로«(intentional) 도구(Instrumentum)[20] 속에 있다. 따라서 그러한 경우에 지향적 존재 행위(esse intentionale)는 분명히 현실적·물리적 존재 행위(ein wirkliches physisches Sein)이다. 이에 따라 상의 정신적 존재 행위(esse spirituale)는 현실적 존재 행위(wirkliches esse)를 뜻한다. 즉, 정신적 존재 행위는 현대의 »지향성«의 의미나 원래의 »비물질성«의 의미에서 말하는 »정신적«임을 뜻하는 것이 아니다. 왜냐하면 감각적 인식 행위는 본질적으로 물질적이어야 하기 때문이다.[21] 여기서 정신적 존재 행위는 오히려 자기 자신에 대하여 성찰하는, 즉 물질적 현실태(actus materiae)로 자기 자신과 함께 있는 저 현실적·물리적 존재 행위이다. 다시 말해 정신적 존재 행위는 자신으로부터의 소외에도 불구하고 자신의 특정한 존재 강도를 통해 물질 존재로서, 그래서 자기 자신과 함께 있는 행위 자체로서의 현실적·물리적 존재 행위이다. 왜, 그리고 어떠한 의미에서 토마스가 지향적 존재 행위를 빛과 색에 귀속시킬 수 있는지는 나중에 다룰 것이다. 빛과 색의 존재 방식과 상

....

19 I. q. 67 a. 3 corp.; De verit. q. 2.7 a. 4 ad 4 usw. 추가적 본문은 추후에.
20 De verit. q. 2.7 a. 4 ad 4; De pot. q. 3 a. 7 ad 7; q. 3 a. II ad 14.
21 이러한 의미에서 토마스는 다음과 같이 일반적으로 말할 수 있다. 즉, 감각은 육체적으로, 그리고 물질적으로 감각한 사물의 유사성을 수용하여야 한다(In II. de anima lect. 12. n. 377). 주의할 점은 »본성적으로«(naturaliter)가 아니라 »물질적으로«(materialiter)가 칭해졌다는 것이다. 본성적 존재 행위가 무엇인지는 곧 설명될 것이다.

의 존재 방식 간의 일치는 양자가 물론 전혀 다른 근거에도 불구하고
영향을 일으키는 대상에 본질적으로 [존재 행위를 통해, 단지 생성만이 아
니라(in esse, nicht nur in fieri)] 의존한다는 사실에 있다. 아무튼 이 둘
은 실재적 존재 행위인 양자에 속하는 특성을 통해서만 비교될 수 있
다. 본성적 존재 행위는 따라서 지향적 존재 행위와는 반대로서 단순
히 »실재적 존재 행위«(reales Sein)를 재현하는 것이 아니라, 자기 성찰
을 통해 자신과 함께 존재하는 것이 아닌 저 사소한 물리적 존재 행위
이다. 따라서 만일 감각적 인식자 안에 오로지 정신적 변화(immutatio 103
spiritualis)만 주어졌는지 또는 여기에 본성적 변화(immutatio naturalis)
도 주어졌는지 여부에 따라 토마스가 각각의 감각을 구분한다면,[22] 이
는 다음과 같은 것을 뜻한다. 즉 몇몇의 감각에서는 »영향«이(이미 지시
된 감각을 통해) 전적으로 자신 안에 반영된다는 것이다(또는 적어도 그
러한 것으로 지속된다). 반면에 다른 감각에서는 다음과 같은 작용도 있
다. 즉, 이 영향은 그 존립에 또한 »자기와 함께« 현존하는지 여부에 의
존하지 않는다. 따라서 이 영향은 또 다른 지각자로부터 물리적 육체인
감각 기관(Organ)의 본성적 특성이라고 확인될 수 있다. 그래서 예컨
대 특정한 대상과의 접촉을 통해 야기되는 기관의 습기 또는 따뜻함은
그 자체로 단지 기관의 본성적 특성일 뿐이다. 이 특성의 존립은 그 특
성이 의식되었는지 여부에 의존하지는 않는다.

　　나아가서 이제야 '감각적 인식 행위는 질료 없이 상을 수용하는 행
위'(suscipere speciem sine materia)라는 명제의 의미가 이해될 수 있
다.[23] 다시 말하지만 무엇보다도 이는 감성에서 »형상«(forma)의 »지향

....

22　I. q. 78 a. 3 corp.; In II. de anima lect. 14, n. 418; In I. Metaph. lect. l, n. 6; l-II. q. 22. a.
2. ad 3.
23　In III. de anima lect. 2., n. 590; In II. de anima lect. 24, n. 553-554.

적《 내존재 행위(intentionales Insein)만 중요하다는 것을 뜻하지 않는다. 이 점에 대해서는 더 이상 말할 것이 없다. 또한 이러한 표현은 상이 자신의 현실적·물리적 존재 행위에서 질료로부터 독립적이라는 것을 뜻하지도 않는다. 이러한 존재 행위로서 상이 질료에 본질적으로 독립적이라면(이 경우 동일한 것이 상의 실체적 담지자에게도 통용된다), 상은 담지자와 함께 》스스로 실현되는 것《(res in se subsistens)일 수 있다. 그러나 이는 감성의 질료성(materialitas der Sinnlichkeit)에 전적으로 모순된다. 그 근거는 상 또한 명백히 질료로 존재하는 것으로서[즉, 질료적 추가로서(cum appenditis materiae), 질료적 조건으로서(cum condici-onibus materiae)] 설명되기 때문이다.[24] 상이 》질료 없이《(sine materia) 있다는 것은, 앞으로 밝혀지겠지만, 첫 번째로 대상이 언제나 전체로서 영향을 미친다고 해도 감성에 대한 대상의 영향은 질료의 표현이 아니라 그 형상의 표현이기 때문이다. 그리고 두 번째로 상이 '자신과 함께 있는 것'(Beisichsein)은 본질적으로 질료에 대한 이 존재 행위의 대립성의 표현, 즉 질료에 반대되는 현실태(actus contra materiam)이기 때문이다. 이러한 대립성이 아무리 불가분의 일치인 내존재 행위에서 역시 질료 안에 머물러 있다고 할지라도 말이다.

104   3) 감성의 자기실현으로서의 감각상

감각적 인식 능력(die sinnliche Erkenntnisfähigkeit)이 질료의 존재 행위라는 사실을 통해 그 능력의 존재 행위는 처음부터 타자성 안으로 향하였고, 그래서 질료를 통해 드러나는 존재 행위가 타자로 명시될 수

----

24   I. q. 79 a. 3 corp.; I. Sent. dist. 8 q. 5 a. 2. corp. usw.

있다는 가능성을 그 자체로 열어 놓았다. 왜냐하면 외부로부터 획득된 존재 성장(Seinszuwachs)에 의해, 그리고 그 성장을 통해 존재 행위가 의식된 경우에만, 즉 존재 행위가 그 자체로 타자성 안에 있을 때에만, 그 자체가 의식인(즉, 감각상인) 존재 강도의 성장만이 인식자 이외의 타자로 나타날 수 있기 때문이다. 그렇지 않으면 존재 성장은 자기 스스로 존립하는 존재자의 존재 행위로 이해될 것이고, 이에 따라 존재자의 존재 행위 자체로부터 구분되지 않을 것이다. 이러한 정황을 이해하려면 물론 다음과 같은 점을 주의하여야 한다. 즉, 질료의 현실태(actus materiae)인 존재 행위가 바로 이로 말미암아 타자(das andere)를 자신과 동일하게 소유한다는 것, 따라서 존재 행위가 자신을 타자와의 대치에서 분리하지 않는다(nicht absetzt)는 것, 그리고 이로써 엄격한 의미에서 타자는 비로소 »다른 것«(anderes)이 된다는 것 등이다. 이러한 성취는 감성의 성취가 아니라 사유 행위의, 즉 질료의 현실태이지만, 질료로부터 자유로운 저 존재 행위의 첫 번째 특성이다. 이에 대해 좀 더 다루어야 할 것이다. 이것이 감성 자체에 가능하다는 의미에서, 즉 감각적 인식자가 자신에게서 타자를 파악한다는 의미에서, 곧 보편적 타자성의 의미에서뿐만 아니라 자신의 특정한 특성을 지닌 특정 타자적 대상(bestimmter anderer Gegenstand)으로서 타자를 파악한다는 의미에서 다음과 같은 두 가지가 충족되어야 한다. 즉, 한편으로 대상 자체의 현실태인 상이 감각적 인식자 자신에 의하여 산출되어야 한다. 그렇지 않으면 상은 성찰되었음(Reflektiertheit)을 뜻하는 존재 강도를 담지하지 않기 때문이다. 다른 한편으로 상은 감각 대상 자체의 자기실현이어야만 한다. 그렇지 않으면 자기실현은 자신의 자아에서 직관되지 않기 때문이다. 양자가 어떻게 통합될 수 있는지는 추후에 밝혀질 것이다. 이 지점에서 분명한 점은 이것이 작용인에 관한 일반 이론으로부터 연역되어야 한다는 것이다. 그렇지 않으면 감성의 본질적 수동성이 폐기될 것이기 때문이다.

만일 우리가 앞에 열거한 세 가지 명제를 돌아본다면, 다음과 같은 결론이 나온다. (인각) 상은 질료의 타자성에 의한 감성의 자기실현이자 동시에 감각 대상의 자기실현이다. 상이 감성의 자기실현인 한에서 상은 의식적이다. 그리고 상이 질료의 타자성에 의한 대상 자체의 현실태인 한에서 타자적 대상은 자기 자신 안에서 타자로서 직관된다. 따라서 표현상을 위한 여지는 없다. 그러나 이로써 작용인의 문제는 포기되었다. 이 문제는 나중에서야 다뤄질 것이다.

4) 감성의 수동성

지금까지 감각 인식에 관하여 전개된 논의들은 여러 방면으로 보충되어야 할 것이다. 만일 감성이 타자 자체에 대한 직관이어야 한다면, 인식 행위와 피인식자 자체가 동일하다는 명제의 전제하에 감성이 »수동적«(passiv)이어야 하다는 점은 자명하다.[25] 왜냐하면 외부 영향에 이어 외부로부터의 규정에 대한 자발적 반응인 지각 행위가 대상에 의해 초래된 규정에 사실적이고 추가적으로 뒤따른다면, 지각된 것(Wahrge-nommene)은 그러한 반응에 의해 초래된 바로 그 존재 현실(Seinswirk-lichkeit)일 것이고, 그렇다면 그것은 타자적 실재가 아니라 자기 고유의 실재일 것이기 때문이다. 따라서 대상에 의하여 산출된 규정이 예비 자극이라고 이해될 수는 없다. 즉, 이 자극을 향하여 감성이 활동하게 되고 이를 통해 감성이 자신의 »지향적« 대상을 낳는다는 의미에서

....

25 I. q. 79 a. 3 ad 1; S.c.g. II 57; De verit. q. 26 a. 3 ad 4.

의 예비 자극이 아니라는 말이다. 오히려 이 규정은, 그러니까 대상 자체의 현실인 상은 수동적 능력 자체인 감성을 통해 자신의 형상적 존재 행위에 의식을 불러일으킨다. 따라서 감각 행위 자체의 내면에 감성의 수동적 규정성(passive Bestimmtheit)이 존립하게 된다. 토마스 역시 이에 부응하여 능동 감각(sensus agens)의 개념을 거부한다.[26]

이로부터 왜, 그리고 어떠한 의미에서 외적 지각의 대상이 가능태의 감각 대상(sensibilia potentia)이 없는 방식으로 현실태의 감각 대상(sensibilia actu)인지 또한 이해된다.[27] 이는 단지 능동 감각이 없다는 명제에 대한 다른 표현일 뿐이다. 왜냐하면 인간 사유 행위의 첫 대상 *106* 은 그 자체로 오로지 가능태의 가지적인 것(intelligibilia potentia)이라는 이유로 능동 지성(intellectus agens)이 요청되기 때문이다. 만일 감각 대상 자체가 현실태의 감각 대상이라면(그리고 그러한 한에서), 이것이 자신의 고유한 자아(Selbst)를 통해 감각적으로 의식되어야 함을 뜻할 것이다. 그렇지 않다면 감각 대상은 가능태의 가지 대상인 것처럼 자신의 고유한 자발적 능력을 통하여 감각 대상만이 »즉자적으로«(an sich) 소유하고 있을 가능태의 감각 대상의 상태에서 현실태의 감각 대상으로 고양되어야 하기 때문이다. 이렇게 되면 물질적 사물이 그 자체로 현실태의 가지 대상이 되지 않듯이, 새로운 상태는 감각 대상에게조차 고유한 자체로서 귀속될 수 없게 될 것이다. 그러나 그럼에도 불구 *60* 하고 분명히 감각 대상은 이미 언제나 그 자신으로부터 현실태의 감각 대상이 아니기에 현실태의 감각자(sentientes actu)일 수도 없을 것이다. 그런데 이는 우선 다음과 같은 명제하에 기대되어야 할 것이다. 즉, "현

....

26 De spir. creat. a. 9 corp.; De anima a. 4 ad 5 ; I. q. 79 a. 3 ad 1.
27 I. q. 79 a. 3 ad 1; I. q. 84 a. 4 obj. 2 und ad 2; De spir. creat. a. 9 corp.

실태의 감각은 현실태의 감각 대상이다."(sensus in actu est sensibile in actu) 왜냐하면 인식 행위와 피인식자의 동일성이라는 보편 명제를 근거로 현실태의 인식 대상(actu cognoscibile)이 곧 현실적으로 인식자이기 때문이다. 그럼에도 불구하고 감각 대상 자체가[»정신 밖의 것«으로서(extra animam)][28] 현실태의 감각 대상이어야 한다면, 이는 방금 논의된 토미스트 인식 형이상학의 기본 통찰을 근거로 오직 다음과 같이 이해될 수 있을 것이다. 즉, 감각 대상은, 이 대상이 정신 밖에 존재하는 한, 감성 안으로 뻗쳐(왜냐하면 감성 자체는 »자체 밖«에 있어야 하기 때문에) 그리고 그 매개를 통해(그리고 오로지 매개를 통해서만) 자신의 고유한 활동에 의해 의식을 뜻하는 저 존재 강도에 도달하게 된다. 그래서 감각 대상은 그 자체로 현실태의 감각 대상일 수 있고 이는 오직 감성의 매개를 통해서만 가능하기에, 감각 대상은 감성 안에 있지만 자존하는(in sich) 현실태의 감각자(actu sentiens)는 아니다. 감각 대상(sinnlicher Gegenstand)의 자기실현은 의식적이며, 감각 대상 자신은 이 실현을 통해 현실태의 감각 대상(actu sensibile)이 된다. 그런데 감각 대상의 자기실현이 오로지 감성(Sinnlichkeit)의 매개를 통해서만 가능하다면, 그렇지 않다면 자기실현은 자존하는 현실태의 감각자여야 하기 때문인데, 그렇다면 이로써 다음과 같은 점이 명확해진다. 즉, 감각 대상의 자기실현이 »수용적«(leidend) 감성의 매개를 통한 이러한 내적 존재행위(Insein)라는 점은 단지 장소적 현존(Anwesenheit), 또는 철저히 수동적으로 작동하는 감성에 의한 전달됨(Getragenwerden)을 뜻한다고 생각될 수 없다. 이러한 관점에서는 어떻게 감각 대상의 자기실현이 감각 대상을 현실태의 감각 대상으로 만드는 저 존재 강도

107

....

28 I. q. 79 a. 3 ad 1.

를 소유할 수 있는지 이해될 수 없다. 왜냐하면 감각 대상 자신이 이를 통해 또한 현실적인 감각자가 될 경우에만 감각 대상은 명백히 이러한 존재 현실(Seinswirklichkeit)을 산출할 수 있기 때문이다. 감성의 매개를 통해 감각 대상의 자기실현을 현실태의 감각 대상으로 만드는 존재 강도는 감성 자체에 의해 감각 대상에 부여되어야 한다. 그러나 이러한 부여는 (능동 감각이 없기에) 감각 대상의 자기실현에 뒤따르는 행위로 이해될 수는 없다. 그래서 우리는 감각 대상의 자기실현은 감성의 자기실현과(상의 »수동적인« 수용과 함께) 동일해야 한다는 주장 앞에 다시 서게 된다. 이러한 현실이 감각 대상의 능동적 자기실현인 한, 감각 대상은 자신의 자아 안에서 현실태의 감각 대상이고, 따라서 직관된다. 대상의 현실이 감성 자체에 의하여 산출되는 한, 대상의 현실은 현실태의 감각 대상이고, 따라서 감성을 의식한다. 그러나 이는 일반적으로 수용자에 의한 규정의 수동적 수용 자체가 수용자에 의한 이러한 규정 생성을 본질적으로 포함한다는 점을 전제한다. 수동성에 대한 이러한 이해 ⁶¹ 가 토미스트적이라는 점은 전술한 바와 같이 추후에 다루어질 것이다.

그러나 이미 이 시점에서 지금까지 논의된 것으로부터 감성의 본질적 특성이 추론될 수 있다. 만일 자신의 의식을 이루는 감각상(species sensibilis)의 존재 강도가 감성에 기초한다면, 그래서 사실 존재 강도가 의식의 »수동적« 수용을 통해 상에 의식을 부여한다면, 감성은 이러한 존재 수준(Seinshöhe)에서 언제나 이미 완결되었음이(vollendet) 틀림없고, 따라서 이로부터 감성은 이미 언제나 그러한 존재 강도의 질료의 현실태로서 세계를 소유한다(Welthabe). 그러므로 최종 분석에서 보자면, 감각 대상은 감성의 내부로 침투하지 않고, 오히려 감성이 질료의 현실태로서 이미 언제나 세계의 외부로 나간다. 그리고 이 감성은 질료에 대립된 현실태(actus contra materiam)로서 언제나 다음과 같은 존재 강도를 뜻한다. 즉, 감성의 매개 안으로 들어오는 것은 이로써 아울러 이미 그 자체로 성찰되어 있고 의식적이며, 그리고 저 세계 소유에 대한 유일한 형식적 한계 설정을 뜻하며, 이는 자신의 존재 행위를 통해 이미 언제나 감성이다. 이에 다음과 같은 점이 이해될 수 있다. 즉, 토마스에 따르면 감성은 지성의 차원에서 이미 학습한[29] 인식자의 상존적 인식 행위(das habituelle Wissen eines Wissenden)를 통해서만 도달되는 저 존재 수준을 이미 »발생할 때마다«(per generationem) 자신의 차원에서 소유한다. 그리고 또한 감성은, 비록 감각 대상에 의하여 규정된다 할지라도[licet (sensibile) moveat ipsum (sensum)], 더 탁월한(nobilius) 존재 강도를 갖는다.[30] 감성이 질료의 외형을 통해 이미 언제나 온전한 세계 소유로서 이해될 때에만 왜 감성이 능동 감각(sensus agens)을 필요로 하지 않는지에 대한 토마스의 낯선 논증이 이해될 수 있다. "감각 대상들은 정신 밖에서 현실태로 발견된다. 따라서 (!) 능동 감각을 상정할 필요가 없다."[31](sensibilia inveniuntur actu extra animam et ideo (!) non opportuit ponere sensum agentem) 감성은 말하자면 그 자체로 »정신 외부에«(extra animam) 언제나 이미 있어야 하며, 감성 자체는 의식을 뜻하는 저 존재 강도를 소유하여야 한다. 그렇다면 감성 외부에 있는, 즉 정신 외부에 있는 것을 그러한 »내면성«(Innerlichkeit)으로 들여오기 위하여 다른 능력을 필요로 하지는 않는다.

따라서 감성이 그 자체로 이미 언제나 온전한 세계 소유라면 [잠재적 대상에 대한 공허한 기대에 있을지라도, 그래서 감성을 규정하는 대상을 통해 언제나 이미 개방된 자신의 폭에 대한 형식적인 한계 설정을 위하여 감성

....

29 II. De anima, lect. 12, n. 374. Vgl. *Siewerth*, a.a.O., 91-95.
30 III. De anima lect. 3, n. 612.
31 I. q. 79 a. 3 ad 1.

이 »가능태로«(in potentia) 있다고 하더라도],[32] 따라서 감성을 통해 드러
날 수 있는 자신의 잠재적 대상들의 구조는 자신의 존재론적 구조를
통해 앞서 표시된다. 감성의 이러한 선험적 구조를 잠재적 대상의 구조 ₆₂
로 다루는 것은 다음 본문에서 논의될 것이다.

감각상(species sensibilis)이 감각 대상의 고유하고 새로운 자기실현
이라는 면에서(그러나 감각상은 감각 대상이 언제나 이미 소유하는 정적인
존재 행위를 뜻하지 않는다) 다음과 같은 사실이 성립된다. 즉, 감각 대상
의 존재 행위가 감성 자체의 매개를 통해 존립한다는 논제는 대상과는
구분되는 상이 곧 유사성(similitudo)으로 나타난다는 토마스의 저 주 ₁₀₉
장과 모순되지 않는다는 것이다.[33] 이에 관해서는 다음과 같은 점에 대
해서만 주의하여야 한다. 곧, 상은 단순히 지향상(intentionales Bild)을
뜻하지 않으며, 대상의 자기실현을 의식한 존재자가 자신의 내적인 본
질을 통해 대상을 묘사하고 드러냄으로써 그 어떠한 것의 유사성이 존
재자일 수 있다는 점이다. 토마스는 감각 인식에 대해서 다음과 같이
한 번 논의한 바 있다. 즉, "마치 능동적인 것이[즉, 감각 대상(das sensi-
bile)이] 자기 자신 안에 갖고 있는 것과 수치상 동일한 상을 수용자에
[즉, 감각에(den sensus)] 흘려보낸다고 이해해서는 안 된다. 이와 반대
로 행위자는 자신과 유사한 것을 발생시킨다."[34] [non est intelligendum

·······

32 Vgl. In III. de anima lect. 3, n. 612: "(감각 대상은) 어떤 의미에서 (감각보다) 더 탁월
하기 때문이다. 즉, 그것이 실제로 달콤하거나 희기 때문에 가능태의 적절한 감각이 이를 향
한다."(est enim [sensibile] secundum quid nobilius (quam sensus), scilicet inquantum
est actu dulce vel album, ad quod est sensus proprius in potentia) 더욱이 이러한 »가능
태«(Potentialität)는 어떠한 관점에서는 감각 대상(sensibile)에 비해 감각(sensus)의 더욱
강력한 존재 강도를 표현하는 것이라는 사실과, 따라서 그 밖의 현실태에 대한 가능태의 경우
에서처럼 존재론적인 열등을 뜻하지 않는다는 사실이 나중에 밝혀져야 할 것이다.

33 Vgl. Texte bei *Siewerth*, a.a.O., 67ff.

34 Quodl. 8 a. 3 corp.

quasi agens (das sensibile) influat in patiens (den sensus) eandem nu-
mero speciem quam habet in se ipso, sed generat sui similem.] 여기서
우리는 상과 유사성에 대한 논의에 대하여 그 기원적인 발생 과정의
관점에 비추어 다음과 같이 관찰할 수 있다. 곧, 감각 대상은 이미 언제
나 상을 갖고 있다[대상은 상을 자체적으로 갖고 있다(habet in seipso)]. 즉,
상은 감각 대상이 우연적 각인(Ausprägung)에서 드러나는 하성적 본
질(washaftes Wesen) 자체이다. 그러나 대상은 단순히 감성 내의 이러
한 상을 통한 성찰로서 존립할 수 없다[대상은 숫자적으로 동일한 상을 흘
려보내지 않는다(non influat eandem numero speciem)]. 왜냐하면 감각
대상은 유한한 대상이고, 이는 오로지 신의 절대적 존재 행위를 통해서
만 가능하기 때문이다. 따라서 감각 대상은 이러한 상의 새로운 자기
실현을 필요로 한다[즉, 이는 발생한다(generat)]. 감각 대상의 자기실현
으로서의 발생은 한편으로는 이것을 자기 자신 내의 감성에 존립하도
록 하고, 다른 한편으로는 새롭게 발생된 상이 이미 언제나 소유된 상
에 »유사한 것«(Similis)이 되도록 작용하며, 이에 따라 새롭게 발생된
상이 대상 자체의 유사성이 되게 한다. 이러한 해석에서 유일하게 전제
되는 점은 다른 수용자를 향한 일시적인 작용이 본질적으로 언제나 또
한 수용자의 매개를 통한 행위자의 자기실현이라는 사실이다.[35] 그러나
만일 그렇다면, 이 점은 나중에 보여 주게 되겠지만, 상을 유사성 등으
로 설명하는 주장들은 감성에 대한 우리의 설명에 반대되는 그 어떠한
근본적인 어려움도 주지 않을 것이다. 따라서 그러한 주장들에 대한 더
자세한 설명은 필요하지 않은 것으로 보인다.

....

35 이 전제는 아래에서(vgl. Kap. 4, 9절) 더 상세하게 전개되어 토마스의 명제로 입증될 것
이다. 이는 상을 통해 도달한 감각 사물의 특정한 »직접성«을 이해하는 데 규정적이다(Zu J.
de Vries: Schol. 15 [1940], 407).

3. 감성의 선험적 구조 I: 공간

인식 행위는 '자신과 함께 있는 행위'(Beisichsein), 즉 존재 행위 자체의 자신에 대한 성찰됨(Insichreflektiertheit)이다. 인식 행위는 '어떠한 것이 이러한 어떠한 것이다(ist).'라는 정도에 따라 그 어떠한 것을 아는 것이다. 이로써 알 수 있는 점은 인식자가 인식할 수 있는 것은 자신의 존재 행위에 선험적으로 확정되어 있다는 것이다. 왜냐하면 인식자의 존재 행위는 인식자가 무엇이 될 수 있는가에 대한 선험적 규범(Gesetzlichkeit)이기 때문이다. 인식자의 본질적 존재 구조는 자신의 잠재적 대상에 대한 선험적 법칙(Gesetz)이다. 특정한 존재 강도를 지닌 존재자의 구조는 자기 '자신과 함께 있는 행위'의 구조로 변형된다. 그러니까 존재자의 구조는 이미 언제나 자신과 함께 있는 행위의 구조이며, 그래서 또한 자기 고유의 대상(objectum proprium)의 구조이고, 이로써 그에 의해 인식되어야 하는 그 밖의 다른 모든 것에 대한 선험적 조건이기도 하다. 인식이란 대상과 인식 능력의 존재론적 일치의 결과이기 때문에 더욱 그러하다. 그러나 일치됨(Einswerden)은 대상을 자신과 일치시키는 존재자의 존재 행위를 통해, 즉 인식 능력의 존재 행위를 통해 그 가능성의 선험적 규범을 소유한다. 인식의 선험(Apriori)은 존재 행위의 구조 안에 근거되어 있기 때문에, 그리고 인식 행위와 피인식자의 존재론적 일치는 필연적으로 피인식자의 존재론적·본질적 규범 또한 준수해야 하기 때문에, 인식의 선험은 잠재적 대상들의 본성을 은폐하지 않고 오히려 이미 언제나 드러냈다(enthüllt).

1) 감성의 가장 보편적인 선험으로서의 동자

감성의 선험적 구조들이란 무엇일까? 감성은 질료에 대립한 현실태인 만큼 질료의 현실태이다. 그래서 이러한 본질적 특징 없이 감성을 이해하려는 모든 시도는 근본적으로 오류이다. 감성은 질료적 형상으로서 이에 따라 존재 행위가 '자기와 함께 있는 것'이다. 질료는 우리에게 공허하지만, 즉 그 자체로는 비규정적이지만, 모든 형상에서 가능태로 존재하는, 우리 앞의 '향처'이고 알려진 것의, 즉 형상의 '어처'로 드러났다.[1] 물론 그 역으로도 여기서 뜻하는 »형상«은 그러한 '향처와 어처'(Worauf und Woran)를 향한 자신들의 본질적인 연관을 통해서만 규정된다. 필히 그 자체로 비규정적인 질료는 본질적으로 특정한 형상을 향하여 정향되어 있지는 않다. 따라서 질료는 형상에 의해 특정된

....

1 토마스는 질료의 »개념«을 얻는 이러한 방법, 즉 »서술의 방법«(via praedicationis)을 명백히 알고 있다. Vgl. In VII. Metaph. lect. 2, n. 1287. 이렇게 얻은 질료만이 여기 우리에게 운동의 근거로서 드러난다. [자연철학의 방식을 통해(per viam naturalis philosophiae)] 질료 또한 운동만으로 직접 표시될 수 있는지 여부와 방식에 대해서 몰두할 필요는 없다.

존재자를 언제나 비존재(Nichtsein) 및 변화 가능성 안에 유지한다. 즉, 질료는 »움직임«(Bewegung)의 근거이다.[2] 어떠한 것이 어떠한 것으로 부터 와서 어떠한 것이 되는 모든 »움직임«은 유사한 비규정적 근거에 서 발생하고 이 근거를 전제한다.[3] 만일 감성이 질료의 현실태라고 한 다면, 감성 자체는 본질적으로 자신의 가능성과 변화의 근거 안으로 존 재 행위가 자신을 내어주는 것(Hineingegebensein des Seins)이다. 즉, 질료인 무제한적 »무«(Nichts)의 근거를 향한 존재 행위의 내어줌이 다.[4] 그러므로 감성의 선험적 규범(Gesetzlichkeit)은 »운동«(motus)이 고 존재자는 무한한 »무« 안에 존재하기에, 이 운동은 언제나 이미 다 른 존재자를 향하여 본질적으로 기울어져 있는 존재자의 특성이다.[5] 감

2 II. Metaph. lect. 4, n. 328.

3 우리는 토마스가 운동 개념과 다른 유사한 개념들 간의 경계를 정한 것처럼 운동 개념에 서부터 시작한다. z. B. S.c.g. II 17; 19; De verit. q. 26 a. 1 corp.[감수라고 고유하게 칭해진 다(passio proprie dicta)].

4 II. Metaph. lect. 4, n. 328: 질료 자체는 무한의 측면을 가지고 있으며 질료적인 무한 자 체에는 무 자체가 속한다(ipsa materia habet rationem infiniti et ipsi infinito, quod est materia, convenit ipsum nihil).

5 만일 감성(sensatio)이 본연의 의미에서의 운동으로서가 아니라, 즉 불완전한 것의 운동 으로서가 아니라 완전한 것의 운동으로서 토마스에게서 여기저기에 나타난다면(I. Sent. dist. 37 q. 4 a. 1 ad 1; IV. Sent. dist. 17 q. 1 a. 5 sol. 3 ad 1; I. q. 18 a. 1 corp.; I-II. q. 31 a. 2 ad 1; 2. II. q. 179 a. 1 ad 3; De verit. q. 8 a. 14 ad 12; De pot. q. lo a. 1 corp.; In VI. Phys. lect. 8 [Parma 431b unten]; In III. de anima lect. 12, n. 766), 그리고 만일 상응하는 존재 수준 에 있는 형상이 감성에 주어져 있다면, 이는 형상이 자기에게 있는 것 자체가 이러한 소여에 대한 새로운 생성의 특성을 더 이상 소유하지 않고 오히려 자신의 형상적 영향이라는 사실만 을 뜻한다. 이는 결국 우리의 이해를 논증한다. Vgl. In III. de anima lect. 1 2, n. 766: "그것 은 완전한 것의 현실태이다. 왜냐하면 그것은 이미 상에 의하여 현실태가 된 감각의 작용이 기 때문이다."(est actus perfecti, est enim operatio sensus iam facti in actu per speciem suam) 이러한 작동을 '상에 의한 현실태에서의 생성'(fieri in actu per speciem) 이후의 새 로운 사건으로(생성 자신은 그 자체로 불완전한 현실태actus imperfectus이다) 이해해서는 안 된다는 사실은 이미 밝혀졌다. 감성을 매개로 하는 형상(Form, 형식) 자체에 대한 의식 은 완전한 것의 현실태(actus perfecti)이지만, 이것이 감성을 통한 이러한 형상의 확장에 대

성 자체가 운동에 속하기 때문에 존재자가 존재의 근본적인 구성인 운동에 속하는 한 감성의 잠재적 대상은 존재자이다. 만일 다른 한편으로 감성이 질료의 현실태임에도 불구하고 질료에 대립한 형상적 현실태(actus formae contra materiam)라고 한다면, '감성이 운동으로 이해

65 된다는 사실'과 일치하는 가운데 감성은 운동에 대립한 형상이 질료를

112 통해 가장 강하게 주장하는 것 또한 파악해야 한다. 그러므로 이미 실제로 가능한 것 자체의 현실인[즉, 현전(Anwesenheit인)] 운동은,[6] 즉 새로운 현실을 선취함으로써 피규정성(Bestimmtheit)이 실제로 벗어나는 것(Sichentgleitenlassen)은—이 새로운 현실의 영역에서 인간은 이미 그에 대한 가능성을 지닌 현존재로 서 있다—한편으로 운동이 질료성의 특성인 한, 그리고 감성이 질료의 현실태인 한, 감성 자체가 그 안

....

한 존재론적 과정이 고유의 생성(Werden), 즉 고유의 수용(passio)라는 사실을 부정하는 것은 아니다. Vgl. S.c.g. II 57: "그러므로 감각은 유기체 자체의 수동적 능력이다."(sensus est igitur virtus passiva ipsius organi) I .q. 85 a. 2. ad 3: "다음과 같은 두 가지 작용이 있다. 하나는 오직 변화에 따른 것이며, 따라서 감각 작용은 감각 대상에 의하여 변화된 것을 통해 완성된다."(duplex operatio: una secundum solam immutationem et sie perficitur operatio sensus per hoc quod immutatur a sensibili) 유사한 곳, I. q. 2.7 a. 5 corp.; Quodl. 5 a. 9 ad 2: "외부 감각의 인식은 오로지 감각의 변화를 통해 감각자에 의하여 완성되며, 어떠한 감각 가능한 형상을 형성하지는 않는다."(cognitio sensus exterioris perficitur per solam im- mutationem sensus a sensibili non format sibi aliquam formam sensibilem) Vgl. auch In VII. Phys. lect. 4 (Parma 455), 여기에서는 감각과 지성이 이들의 수용 행위(pati)와 관련하여, 즉 운동과 관련하여 명백히 구별된다[수용과 변화는 지성에서보다는 감각에 더 적절하다고 말할 수 있다(passio et alteratio magis proprie dicitur in sensu quam in intellectu)]. 반면에 이들은 감각 행위(sentire)에 본연의 의미의 운동(motus proprie dictus)을 부정하는 듯이 보이는 본문들에서는 언제나 일치하는 것으로 드러난다. VII. Phys. lect. 6 (Parma 460)에서는 다음과 같이 논의된다. "변화는 각혼의 전체에 있다."(alteratio est in tota parte animae sensitivae) (그러나 변화는 원래 운동에 속한다) 그리고 이 변화는 지성에서 제외된다. Comp. theol. c. 12.8에서는 감성의 본질적 피동성에 대하여 동일하게 가르친다.

6 III. Phys. lect. 2-3 (Parma 295ff.). Vgl. 앞의 각주 3에서 제공된 '[(감수적) 운동이라고 고유하게 칭해진다(motus (passio) proprie dictus)]'에 대한 것을 참조할 것.

에서 더 실행되는 그것이다. 다른 한편으로 감성이 질료에 대립한 현실태(actus contra materiam)인 한, 감성이 대립해서 주장하는 그것이다. 질료는 그 자체로는 공허한 비규정성(Unbestimmtheit)이자 중립성(Gleichgültigkeit)으로서 운동 방향을 규정하는 선행 법칙을 포함할 수 없기 때문에, 감성 또한 질료의 현실태로서 한편으로 어떠한 명백한 연관 없이 서로를 대체하고 뒤따르는 감각적 인상을 통하여 »비논리적으로« 실행되는 행위(unlogisches Weitergetriebenwerden)이다. 다른 한편으로 감성은 질료에 대립한 최고의 형상적 현실태로서(먼저 사유를 통해서가 아닌) 단순한 물질적인 형상-질료-사물(Form-materia-Dinge)의 결합을 넘어서서 이미 그 자체로 종합의 시작이다. 이러한 종합의 시작은 (시공간적으로) 단지 분산되고 무차별하게 병치되고 순치된 것들의 종합의 시작이다. 이 종합은 물질적인 형상-질료-사물의 단순한 결합을 넘어선다. 그래서 질료적인 것들의 일치 자체는[수적 원리로서의 하나(das unum principium numeri)] 본질적으로 여러 단계(Gestuftheit)를 갖는다. 인식자의 질료성에도 불구하고 일치는 단순히 물질적인 것에서보다는 감각적인 인식자에게서 더 크다. 피인식자가 그 자체에서 하나인 것보다 이미 자신의 피인식자를 더욱 일치시키는 감각적 인식자의 이 일치가 지니는 특성은 아마도 감성의 선험성에 대한 가장 기본 113 적인 특징일 것이다. 왜냐하면 이렇게 해야만 감성은 그 특성상 단순히 정신적인 것과 비물질적인 것으로부터뿐만 아니라 하위 감각적인 것(das Untersinnliche)으로부터, 즉 순전히 물질적인 것으로부터도 구분될 것이기 때문이다. 그러나 토마스는 감성의 이러한 특성을 명시적으로 충분히 개진하지는 않았다. 그는 감성이 질료적이라는 사실과, 감성이 전술한 의미에서 »질료 없이 형상을 받아들이는 것«(suscipere formam sine materia)이라는 변증법적 이중 화법에 본질적으로 만족해 한

다. 그러나 질료적인 것 내에 있는 감성의 본질적 특성은 »질료 없이«
라는 표현으로 매우 모호하게 파악될 뿐이다. 감성이 정신적이자 지성
적인 것으로부터 구분된다는 사실이 본 논문을 전개하는 데 당연히 더
요청되는 한, 토마스에게서 나타나는 이러한 불충분함은 본 논문의 질
문에서 그리 중요하지 않다.

감성이 지성적인 것과 구분되어야 한다면, 따라서 감성은 질료적
능력으로서 고찰되어야 한다. 그러나 전술한 바에 따르면 감성은 동적
인 것(mobile)으로서 파악되어야 함을 뜻한다. 감성의 잠재적 대상들
에 대한 선험적 규칙은 감성의 이러한 존재론적 구성(Seinsverfassung)
안에 놓여 있어야 한다. 그러나 동적인 것은 공간과 시간을 자신의 가
장 명시적인 특징으로 가진다.[7] 이에 따라 공간과 시간은 순수 감성의
선험적 형식(die apriorischen Formen)이 된다. 이러한 명제로써 토미스
트적인 문제 제기에서 감성의 선험성이 더욱 근본적으로 이해될 수는
없는지라는 질문을 부정해서는 안 된다. 감성의 선험적인 구조를 찾아
갈 때 우리가 우선 질료와 동적인 것에 직면한다는 사실이 이미 이 방
향을 가리킨다. 그러나 토마스 자신이 표상으로의 전회에 관한 바로 그
고전적인 논증에서 상상력을 시공간 안에서 제약된 어떠한 것이라고
특징짓기에, 감성이 선험적으로 시공간적인 어떠한 것으로서 여겨진다
면 우리의 목적에 충분하다.

66

....

7 공간과 시간에 대한 운동의 관계에 대해서는 다음을 참조할 것. I Sent. dist. 8 q. 3 a. 3
corp.; III. Phys. lect. r(Parma 293 b).

2) 감성의 선험성으로서의 양적인 것

피인식자는(das Gewußte)[즉, 형상(die Form), 관념(die Idee)은][8] 우리에게 보편적인 것, 즉 부유하는 것(das Schweifende)으로 드러난다. 곧, 피인식자는 특정한 '이것'(Dieses)에 대해서는 그 자체로 중립적 (gleichgültig)이지만 언제든지 자주 질료의 '어처'에서 사물로서 존재할 수 있으며 오로지 그러한 '어처'에서만 다수화한다(vervielfältigen). '향처'와 '어처'에 대한 연관 이전의 형상으로서 '피인식자'는 자신의 질적 피규정성을 통해 다른 형상과 구별되고, 그래서 자신을 다른 형상과 차별화함으로써, 그리고 차별화를 통해 »하나«(eine)이다. 토마스는 이러한 일치를 초월적 일치(unitas transcendentalis)라 칭한다. 그리고 그는 이 일치를 '수적 원리로서의 하나'(unum principium numeri)를 뜻하는 '수적 단일성'(unitas numerica)과는 엄격히 구분한다. 다수의 동일한 것들 중의 하나를 뜻하는 이러한 수적인 원리로서의 하나는 자신을 다른 것들과의 질적인 차이를 통해 구분하지 않는다는 사실만을 통해서 하나이기 때문이다.[9] 형상 자체는 다른 것들과 함께 계량화되지 않는다. 왜냐하면 형상은 이러한 연관 없이 다수화되었다고 생각될 수 없기 때문이다. 그 이유는 자신의 다양성을 통해 형상이 '어처'에서[즉, 주체(Subjekt)에서] 사물로서 [실존하는 것으로서(ut subsistens)] 구체화되었다고 생각될 것이기 때문이다.[10] 동일한 것으로서의 형상이자 다수에

．．．．．．．

8 I. q. 15 a. 1 corp.

9 III. Metaph. lect. 12, n. 501; V. Metaph. lect. 8, n. 875; V. Metaph. lect. 10, n. 901; X. Metaph. lect. 3, n. 1981; lect. 8, n. 2093 usw.

10 Vgl. S.c.g. I 30; De spir. creat. a. 8 corp.: "형상이 추상적으로, 또는 존재 행위에 따라, 또는 지성에 따라 정렬되는 것이라면, 그것은 하나의 상에서 오직 하나로 남는다."(forma si ponatur abstracta vel secundum esse vel secundum intellectum, non remanet nisi una

의해 다수화된 형상인 '알려진 것'은 질료를 통해야 비로소 계량화될 수 있다. 이는 다음과 같은 사실을 뜻한다. 곧, 질료를 통해 존재 현실 (Seinswirklichkeit)은 »양적인«(quantitativ) 것이 된다. 다른 말로 하면, 다수의 유사한 것들 중에서 개별자가 되고 양적인 부류 중에서 하나(in genere quantitatis)가 되며 수적 원리로서의 하나가 된다.[11] 이로써 우리는 '동일한 것의 병치'(das Nebeneinander des Selbigen)라는 양적인 개념에 도달한다. 그러나 이러한 양적 존재(Quantitativsein)는 일단 다수

67 로 구분된 사물의 병렬적 관계일 뿐만이 아니라 질료 자체와 함께 개별적 사물에 이미 본질적으로 그 자체로 속한다. 즉, 이는 공간적 의미에서 양적이다. 자기 형상의 존재 현실, 곧, 자신의 초월적 일치는 동일한 것이 다수성으로, 즉 가분성(可分性, Teilbarkeit)으로 본질적으로 확장된다. 그러니까 수량은 질료의 부분에 의해서 유지된다.[12](Quantitas se tenet ex parte materiae)

115 감성은 질료의 현실태이다. 따라서 자신의 잠재적 대상에 대한 선험적 법칙은 대상이 양적으로 존재하는 것(Quantitativsein)으로부터 규정된다. 감성은 다수화된 동일체 및 공간적인 것 자체를 파악하는 능력이다.[13] 다른 말로 감성은 연속체를 초월하지 않는다.[14](continuum non

....

in specie una) S.c.g. IV 65: "많은 하얀 것들은 다양한 것들 가운데 있다는 사실에 입각하지 않으면 이해될 수 없다."(non possunt apprehendi multae albedines nisi secundum quod sunt in diversis subjectis) Vgl. auch *Rousselot*, a.a.O., 83ff.

11 De pot. q. 9 a. 7 corp.

12 III. q. 90 a. 2 corp.; I. q. 3 a. 2 sed contra.

13 이러한 정식에는 언제나 고유한 대상(objectum proprium)이 문제가 된다는 점에 유의해야 한다. 자신의 고유한 타자적 형식 대상(abjectum formale)을 추구하는 과정에서 타자의 존재 구조에 대한 인식 능력이 어떻게 양적인 것이자 다수의 것을 인식할 수 있는지, 그리고 이를 인식할 수 있다는 사실에 대해서는 여기서 당연히 의문의 여지가 없다.

14 I. q. 84 a. 7 obj. 3; De pot q. 3 a. 19 corp.; q. 10 a. l corp.

transcendit) 감성의 대상이 되어야 하는 것은 감성의 존재론적 공간성에 종속되어야 하며 종속될 수 있어야 한다. 그러니까 그 자신이 공간적이어야 한다. 질료가 가진 공허한 잠재적 무한성 자체와 더불어 감성의 이러한 선험적 공간성은 잠재적으로 무한하다.[15] 감성이 이미, 그리고 언제나 세계를 온전히 소유(vollendete Welthabe)하는 한, 감성은 특정한 감각 대상에 의한 모든 개별 규정에 앞서는 공간 자체에 대한 순수 직관이다.[16] 감성은 개별적 감각 대상의 제한된 공간성(begrenzte Räumlichkeit)을 이러한 순수 직관의 공허한 무한으로 제한하는 것으로 수용한다. 이는 물론 감성이 공간을 자신의 직관 »대상«으로 삼는다고 주장하는 것은 결코 아니다. 인식 행위의 형식적 선험적 원리에 대한 성찰은, 후에 논의되겠지만, 오로지 이러한 선험의 유한한 범위를 넘어서는 선취(Vorgriff)의 토대에서만 가능하다. 이러한 공간성이 감성의 본성 자체로부터 비롯된다면 선험으로서의 공간성은 모든 개별적 감각을 감성의 단순한 변형 자체로서 지배한다. 따라서 양적인 것(das Quantivative)은 공통 감각 대상(sensibile commune)이다.[17]

3) 감성의 기본인 상상력(imaginatio)의 선험적 형식으로서의 공간성

감성 자체는 양적이기 때문에 양적인 것은(즉, 공간적인 것은) 감성

....

15 I. q. 7 a. 3 corp.; ad 2 und ad 3; a. 4 corp. 결론 부분 및 ad 1; Maréchal, a.a.O., 119-121.

16 *Maréchal*, a.a.O. l18f.

17 I. q. 78 a. 3 ad 2; II. de anima lect. 13, n. 393ff.; III. de anima lect. l, n. 576ff.; De sensu et sensato lect. 2, n. 29.

자체의 선험이다. 이에 따라 모든 감각에 대한 순수 직관은, 이 직관에
모든 감각의 본성에 상응하는 변이가 있음에도 불구하고, 양적이다. 이

제 개별 감각은 서로 무관하게 병렬적으로 서 있지 않다. 이는 감성을

직면하는 관점에서 감각을 통상적인 의미에서 감각 기관의 외적인 위
치에 따라 구분해야 할 이유가 결코 없기 때문만은 아니다(이러한 구분
자체도 외적 감각의 도움으로만 가능하다). 또한 이는 우리가 추후에 개별
감각으로 할당하는 차원에 하나의 세계를 소유하는 감성의 유일한 주
체가 있기 때문이거나, 이 세계가 감성의 유일한 주체이기 때문만도 아
니다. 오히려 이는, 만일 감성이 타자 그 자체의 직접적 소유여야 한다
면, 양적으로 존재하는 것(das Quantitativsein)이 감성의 특성 자체라고
입증되기 때문이다. 이로써 감성은 다수의 다양한 감각 능력(Sinnes-
fakultät)을 통해 전개되기 직전에 이르게 되었다. 토마스는 이 »지점«
을 공통 감각(sensus communis)이라고 부른다. 우리는 이 개념을 개별
적 감각의 지각을 추후에 수합하는 능력이라는 식으로, 그래서 이 모
든 지각이 하나의 주체에 의하여 알려지게 하는 능력이라는 식으로 표
피적으로 이해해서는 안 된다. 공통 감각의 이러한 기능은 개별적인 외
적 감각이 공통 감각으로부터 연원하고 자신의 창조적인 근거인 그 공
통 감각에 머문다는 점을 보여 줄 뿐이다. "공통 감각은 공통의 뿌리이
며 외적 감각의 원리이다. 즉, 공통 감각은 모든 감각의 원천적인 뿌리
이다. 모든 기관에서 감각할 수 있는 능력(vis)은 이 뿌리로부터 발출한
다."[18](Der sensus communis ist communis radix et principium sensuum
externorum, die fontalis radix omnium sensuum, a quo procedit vis senti-
endi in omnia organa) 감성이 기원하는 근거이자 유지 기반 자체인 이

....

18 I. q. 78 a. 4 ad 1; q. 1 a. 3 ad 2; III. de anima lect. 3, n. 602; 609.

러한 공통 감각으로부터 표상(phantasia, imaginatio)뿐만 아니라 기억도 연원한다. 즉, 공통 감각은 이것들의 뿌리이다.[19] 이것들은 공통 감각에 매우 밀접하게 속하기에 마치 »감수«(感受, passiones)처럼, 즉 자신의 고유한 본질의 내적 특성처럼 드러나고,[20] 오로지 약화된 의미에서만 자기 고유의 잠재성(Pontenz)이라고 불린다. 토마스는 공통 감각을 »표상과 기억의 뿌리«(radix phantasiae et memoriae)라고 칭한다.[21] 그래서 »뿌리«는 자신으로부터 발출되는 것을 자신과 함께 유지하여, 그 발출되는 것의 현실태는 언제나 이미 앞서 공통 감각의 현실태이기 *117* 도 하다[상상력과 기억은 공통 감각의 현실태를 전제한다(praesupponunt actum sensus communis)]. 공통 감각, 상상력, 그리고 기억 간의 보다 정교한 관계에 대해서 상론하는 것은 본 논문의 주제가 아니다. 어쨌든 이들이 서로 밀접한 관계에 서 있기에 우리는 이들을 유일한 감각 총체(ein einziges Sinnganzes)로서 외적 감각에 대비시킬 수 있다. 이 감각 총체로부터 외적 감각이 발출하며 그것들의 영속적인 근거인 이 감각 총체 안에 감각이 존립한다.[22] 우리는 내적 감성의 이러한 하나의 총 69

....

19 De mem. et rem. lect. 2, n. 319; 322; I. q. 78 a. 4 obj. 3 und ad 3. 다른 내적 감각과의 대조 및 관련된 평가는 여기서 고려하지 않을 것이다. 아울러 I. q. 78 a. 4 corp.와 de mem. et rem. lect. 2. 간의 기억에 관한 작은 견해차에 대해서도 고찰하지 않을 것이다. 전자는 평가(aestimativa)에 더욱 가깝고 후자는 표상(phantasia)에 더 가깝다.

20 In de mem. et rem. l. c,, n. 319.

21 I. c., n. 322.

22 공통 감각은 »더욱 탁월«(nobilior)하기에 외적 감각을 담지하는 뿌리이다. Vgl. In III. de anima lect. 3, n. 602; 612는 I. q. 77 a. 4 und a. 7에 비추어 보면 다음과 같다. 즉, 더욱 완전한 능력은 자체적으로 더 낮은 기능이 발출되도록 허용하며, 기본적으로 그것들의 주체로서 그것들을 유지한다. 이제 상상력과 기억은 공통 감각에 밀접하게 속하게 되어 외적 감각에 대한 공통 감각의 관계에 참여하게 된다. 인식 능력의 이러한 형이상학적 관계에 대한 일반론은 다음을 참조할 것. Vgl. *Siewerth*, a.a.O., 22ff. 상상력(imaginativa)은(이와 더불어 다른 내적 감각은) 기원 관계와 관련해서도 공통 감각에 속해야 한다는 사실은 상상력이 외적 감각보다 더 높은 수준의 잠재력(altior potentia quam sensus externus)을 지녔다는 점

체를 [비록 토마스가 일반적으로 내적 감각(sensus interni)이라고 부를지라도] 내적 감각(sensus internus) 또는 보다 간단히 상상력이라고 칭할 수 있다. 왜냐하면, 이미 상술한 바와 같이, 적어도 상상력은 동일한 형식적 대상을 통해 공통 감각에 가장 가깝게 접근하기 때문이다.[23] 더군다나 공통 감각을 자신의 기원인 외적 감각으로부터 거꾸로 규정할 필요 없이 우리는 자신의 고유함으로 공통 감각을 특징짓는 계기를 갖고 있다. 결국 토마스에게 상상력은 언제나 지성에 필수적이자 밀접한 능력으로 나타난다.[24] 이는 다음과 같은 사실에서도 드러난다. 즉, 모든 인식에 필수적인 표상은 상상력의 현실태(actus imaginationis)이다. 이 표상은 대상의 질서에서 감각 가능한 사물보다 우위에 있으며, 현실태의 가지적인 것에 직접 경계를 이루며,[25] 상상력의 현실태이다.[26] 그렇다면 하나의 주체 자체의 더 높은 능력과 더 낮은 능력 간의 관계에 대하여 118 이해한 토마스에게는 다음과 같은 점이 자명하다. 즉, 외적 감각은 상상력에 자신의 항구적 기원을 가져야 한다는 것이다.[27] 이로써 우리는 내적 감성을 단순히 »상상력«이라고 부를 수 있는 권리를 갖게 된다.

따라서 토미스트적 관점에서 상상력은 단순히 다수의 감각상을 하

....

에 기인한다(III. q. 30 a. 3 ad 2). 이는 공통 감각의 경우와 마찬가지로 상상력에는 형식 대상으로서의 양적인 것이 할당된다는 사실 또한 보여 준다. De verit. q. r 5 a. 2 corp. In de coelo et mundo II. lect. 13 (Parma III b): "상상력은 모든 감각 대상의 한 가지 능력이지만 다양한 능력들을 통해 감각에 참여한다."(imaginatio una est virtus omnium sensibilium quae tamen sensus participat per diversas virtutes) S.c.g. I 65에서 상상력은 순위에서 외적 감각보다 명백히 유일하게 우월한 능력으로(virtus unica superior) 설정된다.

23 Vgl. De verit. q. 15 a. 2 corp.

24 I. q. 55 a. 2 ad 2.

25 S.c.g. II 96.

26 I. Sent. dist. 3 q. 4 a. 3 corp.

27 I. q. 77 a. 4 und a. 7.

나의 전체로 취합하는 능력만은 아니다. 상상력이 외적 감각으로 하여
금 »특정한 자연적 유출을 통해«²⁸(per naturalem quandam resultatio-
nem) 자신으로부터 흘러나오도록 하는 한에서, 토마스는 상상력을 이
러한 상의 가능성을 지탱하는 기반 자체(der tragende Boden)로 간주
한다. 오로지 이러한 이유로 상상력은 표상과 기억(phantasia und me-
moria)으로서 외적인 인상을 하나로 모아 유지할 수 있다. 토마스가 공
통 감각에 대해서 말하는 것은 우리가 "상상력은 모든 감각의 원천적
뿌리이다."(fontalis radix omnium sensuum)라고 말하는 데에서도 유효
하다. 따라서 감성의 선험적 형식으로서 일반적으로 논의된 것이 이제
는 자신의 뿌리, 곧 상상력에 대하여 다음과 같이 주장된다. 즉, 감성 70
자체의 기본 능력으로서 상상력의 선험적 형식은 자신의 질료적 정량
성(materielle Quantitativität)에 의한 다수의 동일체의 공간성이다. 따라
서 언제나 이미 완성된 현실태인 상상력은 무제한적 공간성의 순수 직
관이다.

상상력의 순수 직관으로서 이러한 무한한 공간성을 토마스는 »표시
되지 않은 가지적 질료«(materia intelligibilis non signata)라고 칭한다.
비록 이러한 표현이 토마스가 자신의 이론체계에서 지성적 추상과 연
관된 순수 직관의 선험에 대하여 논의하고 이 선험을 이러한 관점에서
고려한다는 점을 가리킨다고 할지라도 말이다.²⁹ 상상력의 순수 직관 *119*

....

28 Vgl. I. q. 77 a. 7 ad 1.
29 이 명제를 설명하기 위해서는 사전에 다음과 같은 것을 주목해야 한다. 즉, 실제로 추상
의 첫 단계는 감각적으로 주어지고 직관된 것을 일반화하고 대상화하는 데 있다. 이로부터 이
러한 추상으로는 주체와 객체의 지금까지 분리되지 않은 중간에 감각적으로 제공된 것의 질
료적 규정들이 증가하지 않는다는 점이 이미 분명하다. 그러나 다음과 같은 두 가지 추상 수
준에도 동일하게 적용된다. 즉, 실제로 그들은 첫 번째 추상에서 이미 대상적으로 제공된 것
의 두 가지 요소를 분리하면서 강조하는 것 외에 다른 것이 아니다. 하나는 시공간의 순수 직

으로서의 공간은 다수적 동일체의 공허하고 무한한 '내처'로, 즉 상상력이 초월하지 않는 »연속체«(continuum)로 드러났다. 그러나 바로 이러한 것이 가지적 질료에 대한 다음과 같은 토미스트적 개념이다. 즉, "가지적 질료는 연속체 자체이다."[30](materia intelligibilis quae est ipsum continuum) 이에 따라 가지적 질료는 상상 및 상상력(phantasia und imaginatio)과의 관계에 놓여 있다는 것이 아울러 명백하다.[31] 가지적 질료는 수학의 대상이다. 이 질료는 상상력에 특별한 방식으로 속하는 질서를 갖는다.[32]

이로써 표상으로 전회하는 가운데 지성이 향하는 바로 그것이 무엇인지에 대한 질문의 한 단계가 최소한 밝혀졌다. 즉, 표상은 감성의 원천 근거인 상상력의 현실태(actus imaginationis)이고, 감성의 선험적 형식은 공간이다. 이 공간은 유사한 것들의 양적인 다수성이라는 특징을 갖는다. 이러한 상상력의 현실태로 지성의 전회가 발생한다.

....

관이고(즉, 두 번째 추상 단계이고), 다른 하나는 (초월적) 지성의 선험이다(즉, 세 번째 추상 단계이다). 양자는 첫 번째 추상 단계에서 후험적 감각 자료를 대상화하기 위해 그러한 대상화의 가능성을 위한 필수 조건으로 이미 암묵적으로 함께 주어졌다. 따라서 첫 번째 추상 단계에서 내용적 규정들이 증가하지 않는 경우에 가지적 질료(materia intelligibilis)가 내용적으로 이미 주어져 있어야 한다. 세 가지 추상 단계에 대해서는 다음을 참조할 것. In Boeth. de Trin. q. 5 a. 3.

30 VII. Metaph. lect. II, n. 1508; 1533.

31 VII. Metaph. lect. 10, n. 1494/95. 가지적 질료가 수학의 대상이라는 점에 대해서는 다음을 참조할 것. l. c.

32 Vgl. in Boeth. de Trin. q. 6 a. 1 두 번째 본문의 질문(ad secundam quaestionem corp). und ad 4: 그들은 상상력에 속한다: 수학적 방식은 상상력으로부터(imaginationi subjacent; modus mathematicae ab imaginatione); ebenso 1. c. a. 2 corp.: 상상력으로 연역되는 것으로서의 수학(Mathematik als »deduci ad imaginationem«.)

4. 감성의 선험적 구조 II: 시간

감성의 선험적 형식은 동적 존재자(ens mobile)의 선험적 형식이라는 점이 밝혀졌다. 그러나 동적인 것은 토마스에게 다음과 같은 존재자이다. 즉, 존재자는 자신의 가능성을 실현한 총체성뿐만이 아니라 각각의 가능성을 언제나 앞서 »미래적인 것«으로 소유하고[1] 이 방향으로 움직인다. 그러한 존재자는 시간적(zeitlich)이다. 여기서 시간에 대한 토미스트적 개념을 상세히 전개하는 것은 본 논문의 목적은 아니다. 유일하게 가능한 것은 그 자체로 항상 불만족스럽게 남을 수밖에 없는

....

1 IV. Sent. dist. 17 q. l a. 5 sol. 3 ad l: "그것은 자신의 상을 완성하기 위해 미래의 어떠한 것을 언제나 예기한다."(semper exspectat aliquid in futurum ad perfectionem suae speciei); De verit. q. 8 a. 14 ad 12: "자신의 상을 완성하기 위하여 그는 미래의 어떠한 것을 예기한다."(Quae exspectat aliquid in futurum ad hoc quod eius species compleatur) 오직 그러한 것만이 시간적이다.

몇 가지 주의할 점에 대해서 논의하는 것이다.

1) 운동의 시간 형성적 특질

무엇보다 토마스에게 시간은 본질적으로 운동과 함께하는 어떠한 것이다. 따라서 시간은 모든 운동에 본질적이다. 즉, 시간은 어떠한 운동이다.[2](aliquid motus) 이에 반해 비록 토마스가 시간을 정의하는 데 측정을 포함한다고 하더라도 운동을 천문학적 차원의 제일 운동(primus motus)과의 비교를 통해 여러 부분으로 나누어 순서대로 나열하는 것은 부차적이다. 이러한 비교 측정이 부차적인 이유는 이 측정이 지성에 의하여 발생하여[3] 실제로는 운동이 아니기 때문이다. 이에 따라 이 측정은 분리시켜 셈하는 형상적 요소와는 반대로 시간의 질료적 요소에 대한 숙고가 아니고 운동의 본질적 시간성에 대한 숙고 또한 아니다. 그러므로 (하늘의 운동을) 수치로 측정하는 척도에 대한 질문은 여기에서는 중요하지 않다. 토마스 자신도 각 운동에 내재하는 시간을 알고 있고, 또한 여러 시간들을 알고 있다. "측정되는 것 안에(즉, 운동하는 것 안에) 있는 측정은 마치도 주체 안에 있는 우연적인 것이고, 측정된 것이 다수화된 것처럼 이 측정도 다수화된다."[4](mensura quae est in mensurato sicut accidens in subjecto, et haec multiplicatur ad multiplicationem mensurati)

그러면 지금 운동이 어느 정도로 시간을 형성하는가? 그리고 만일 시간이 운동에 의하여 운동의 본질적 규정으로서 그렇게 형성된다면

....

2 IV. Phys. lect. 17(Parma 362a).
3 I. Sent. dist. 19 q. 5 a. 1 corp.; II. Sent. dist. 12 q. 1 a. 5 ad 2 usw.
4 II. Sent. dist. 2 q. 1 a. 2 ad 1.

우리는 어떠한 시간 개념을 얻는가? 우리는 운동을 통해 시간을 형성하는 것에 대한 질문을 이러한 방식으로 제기할 수 있다. 왜냐하면 시간의 »우유«(偶有)(accidens)는 명백히 »그 자체로 우유«(accidens per se)를 뜻하지만 그러한 우유는, 추후에 밝혀질 테지만, 토마스에 따르면 주체 자체에 의하여 형성되기 때문이다. 운동은 운동을 순차적으로 배열하는 상태들의 연속이 아니다. 운동은 그러한 상태로부터 형성되지 않고 오히려 운동 자신이 상태를 먼저 구성한다. 따라서 운동은 과 72 거, 현재, 그리고 미래로 구성된 것이 아니라, 오히려 이들을 처음으로 있게 한다. 토마스는 상태의의 순차적 배열이, 즉 각기 자기 존재 기반을 갖고 자기 자신이 되기 위하여 미래의 것을 필요로 하지 않는 순차적 배열이 운동이라는 점을 명백히 부인한다. 이러한 배열은 적절한 의미에서 운동이 아닐 것이다. »왜냐하면 이 배열은 가능태에서 현실태로 오지 않고 현실태에서 현실태로 왔기 때문이다.«[5](quia non est de potentia in actum sed de actu in actum) 아직 존재하지 않은 어떠한 것 121 을 미리(vorweg) 향하는 경우에만 특정 하성을 갖는 '변화체'(變化體, Sichändernde)만이 본연의 의미에서 운동에 속한다. "그것은 자신의 상의 완성을 위해 미래의 어떠한 것을 언제나 예기하며"[6](semper exspectat aliquid in futurum ad perfectionem suae speciei), "이러한 자신의 상을 완성하기 위하여 미래의 어떠한 것을 기대하는 행위"(actio quae exspectat aliquid in futurum ad hoc quod eius species compleatur)이다.[7] 그러므로 어떠한 것을 향해 뻗는 행위(Sichvorstrecken)가 현재의 »상태«를 가장 먼저 근거 짓는 방식으로만 운동과 시간은 존재한다.

....

5 I. Sent. dist. 37 q. 4 a. l corp.

6 IV. Sent. dist. 17 q. l a. 5 sol. 3 ad l.

7 De verit. q. 8 a. 14 ad 12.

이러한 뻗는 행위를 토마스는 "더 저쪽의 현실태를 향한 질서"(ordo ad ulteriorem actum)라고 칭한다. 여기서 토마스는 이 질서가 이러한 '더 저쪽의 현실태'(ulterior actus)를 위하여 가능태로 그저 서 있는 것 (existere in potentia ad ipsum) 이상이라고 강조한다. 그저 서 있는 것은 단지 이 질서를 위한 전제일 뿐이고 운동의 출발점일 뿐이기 때문이다. ["더 불완전한 어떠한 것, 즉 이전의 가능태와 관련하여 비교되는 한에서"(secundum quod comparatur ad aliquid imperfectius: ordo ad anteriorem potentiam)] 자신의 고유한 가능태로부터 나와 다가올 때야만 피동자는 자신을 뻗치는 행위를 한다.[8] 이러한 뻗는 행위는 현실태가 되려는 경향이다(tendere in actum).[9] 즉, 이는 가능태 및 불완전한 현실태와는(즉, 피동자의 각각의 순간적인 상태와는) 다른 운동의 계기로서 현실태를 향하여 더 저쪽으로 전진하는 행위(ein ulterius in actum procedere)이다.[10] 과거에서 미래로 향함으로써 그때그때의 자신의 순간적인 상태 안에 있는 것만이 운동 중이다. 자신의 순간적인 상태가 그 고유한 본질적 의미에 따라 다른 것으로 변화하길 원하고 오로지 이로써 자기 자신의 상태가 되는 것, 오직 이것만이 시간 안에 있다. 따라서 자신의 원리에 따라 연속적인 것 혹은 연속적인 것과 관련한 어떠한 것이 있는, 바로 이것이 시간 안에 있다고 일컬어진다.[11](illa secundum se dicuntur esse in tempore, de quorum ratione est successio vel aliquid ad successionem pertinens) 그래서 이는 움직이는 것의 »중지«(Ruhe)가 변화 이상의 내적으로 고양된 존재를 말하는 것이 아니라 오히려 자

....

8 III. Phys. lect. 2(Parma 295/96).
9 VIII. Phys. lect. 10 (Parma 500a).
10 I. Sent. dist. 19 q. 2 a. 1 corp.
11 I-II. q. 31 a. 2 corp.

신의 고유한 본질의 파괴를 말한다는 점에서 참이다. 즉, 중지는 운동의 부정이 아니라 자신의 결여이다.[12](quies non est negatio motus, sed privatio ipsius) 변화하는 중에 각각의 계기가 자기 자신이 되기 위하여 자기 전후의 타자와 관계를 갖는데, 오로지 그러한 변화만이 연속적 운동(motus continuus)이며 그것으로서 시간을 형성한다. 시간을 형성하는 이러한 연속성은 »현재가 서로 계승하는« 나열(Aufreihung)이 아니 73 다. 이러한 »시간«은 인간적 시간, 즉 동자의 시간이 아닐 것이다.[13] 운 *122* 동은 연속성을 통하여 시간을 형성하는데, 이러한 운동의 연속성은 순간의(»nunc«) 정적 순열(Hintereinander)이 아니다. 그래서 바로 나란히 놓인 »시점«은 결코 원리적으로 설명되지 않지만[14] 다음과 같은 명제는 유효하다. "운동의 모든 부분은 운동이다."[15](quamlibet partem motus esse motum) 먼저의 상태로부터 미래의 상태로 향하여 나아감으로써 운동의 매 순간은 운동 자체를 자신 안에 유지한다.

동자가 마지막(finis)을,[16] 즉 움직임의 '향처'를 갖고 있다는 점을 고려한다면 이는 더욱 명확해질 것이다(움직임의 '향처'는 당연히 필연적으로 움직임의 마지막 점일 필요가 없고, 오히려 질료적인 것 자체에 의한 움직임의 총체이다. 왜냐하면 질료의 잠재적 무한성은 총체로서 한 번에 현실로 결코 전환될 수 없기 때문이다). 이제 토마스는 운동 중인 하나의 상태가 두 번째 상태를 향한 과정을 통해 그 상태로 넘어가는 것이 아니

....

12 IV. Phys. lect. 2o(Parma 370).

13 Vgl. z. B. I. q. 53 a. 3 corp.; q. 61 a. 2 ad 2; q. 63 a. 6 ad 4; I-II. q. u3 a. 7 ad 5; de verit. q. 8 a. 4 ad 15; I. Sent. dist. 8 q. 3 a. 3 ad 3; dist. 37 q. 4 a. 3 corp.; De instantibus c. 1; c. 4.

14 IV. Phys. lect. 8(Parma 430); De instantibus c. 1.

15 I. Sent. dist. 37 q. 4 a. 1 ad 3.

16 III. Sent. dist. 27 q. 1 a. 4 ad 11.

라, 오히려 운동의 마지막을 향한 선취 자체에 의해 넘어간다는 점을 명확히 본다. 즉, "어떤 것의 시작은 언제나 자신의 완성으로 정향되어 있다."[17](semper inchoatio alicuius ordinatur ad consumtionem ipsius) "마지막은 지향에 있어서 선행한다."[18](Finis est prior in intentione) 즉, 마지막은 움직임의 처음이다. "마지막은 원인이라는 특성을 갖고 있다."[19](Finis habet rationem causae) "마지막을 향한 것이 마지막을 위한 것이 아니라면 원하여진 것이 아니다."[20](Id quod est ad finem non est volitum nisi propter finem) 여기서 주의할 점은 토마스에 따르면 모든 존재자는 하나의 목적을 향한 단 하나의 움직임을 갖는다는 것이다.[21] 따라서 움직임은 자신의 모든 순간을 장악한다. 이 움직임이 오직 자신의 마지막을 향하여, 그리고 마지막으로부터 오는 한에서 그렇다. 그래서 운동의 현재는(즉, 운동의 순간적인 상태는) 선취 행위(Vorgreifen)를 통해 미래를 향하여 자신의 과거를 유효하게 하는 것이다. 그리고 오로지 이러한 »과거-에서-미래-에로-잡는 행위«(Aus-der-Vergangenheit-in-die-Zukunft-Greifen)를 통해서만 현재가 유지된다. "마지막을 향해 운동하는 것 안에서(그리고 모든 것이 마지막을 향하여 운동한다) 제일 동자와 최종 목적 간의 모든 매개는 먼저 것의 관점에서는 목적이고 그 뒤에 따라오는 것의 관점에서는 능동적 원리이다."[22](In his quae agunt propter finem omnia intermedia inter primum agens et ultimum finem sunt fines respectu priorum et principia activa respectu sequentium). 시

....

17 I-II. q. 1 a. 6 corp.
18 I-II. q. 1 a. 3 ad 2; a. 1 ad 1.
19 I-II. q. 1 a. 1 ad 1.
20 I-II. q. 8 a. 3 corp.
21 Vgl. I-II. q. 1 a. 5.
22 S.c.g. III 2.

작은 마지막을 자체적으로 지니고 있다. "행위는 어떠한 방식으로든 자 *123*
신의 가능태 안에 있다."[23](In ipsa potentia quodammodo est actus)

따라서 동자의 운동은 시간을 형성한다. 질료적인 것은, 이미 상술 *74*
한 바와 같이, 필연적으로 동자이다. 그러나 감성은 불완전한 것의 운
동(motus imperfecti), 즉 고유한 의미에서 운동이라고 이미 보여 준 바
있다. 그러니까 감성은 그 본질에 따라 처음부터 시간을 형성한다. 감성
의 대상이 되어야 하는 것은 그 대상이 존재론적으로 감성과 하나가 되
어야 하기 때문에 시간의 법칙하에 놓여 있다. 대상은 대상 자체가 감성
과 함께 시간을 형성하면서 시간 안에서 자신을 펼치는 한에서 대상이
다. 그 지속은 선험적이자 시간을 형성하도록 움직여진 감성의 잠재적
무한성을 제한하는 것으로 그 자체에서 감각적으로 파악된다. 토마스
는 우리 인식의 시간성과 감성의 연관성에 대해서 언제나 거듭 강조한
다.[24] 숙고와 상상력의 연속성(successio cogitationum et imaginationum)
은 영혼의 운동(motus animae)으로서 우리가 시간을 이해하고 경험
할 수 있도록 한다. 즉, 우리는 운동과 시간을 동시에 감지한다.[25](simul
sentimus motum et tempus) 공간이 바로 상상력의 선험적인 법칙으로
입증되듯이 시간도 마찬가지이다. 크기, 운동, 그리고 시간은 그들이
표상 안에 있는 한 공통 감각을 통해 이해되고 알려지게 된다.[26](Mag-

....

23 I-II. q. 27 a. 3 corp.
24 I. q. 85 a. 5 ad 2; q. 107 a. 4 corp.; I-II. q. 53 a. 3 ad 3; q. 113 a. 7 ad 5; III. q. 75 a.
7 corp.(prolatio verbi est sub motu coeli); I. Sent. dist. 8 q. 2 a. 3 corp; dist. 38 q. 1 a. 3
ad 3; IV. Sent. dist. 17 q. 2 a. 1 sol. 1 ad 1; Periherm. I. lect. 2(Parma 3); De mem. et rem.
lect. 2, n. 319f.; S.c.g. I 102; S.c.g. II 96 마지막 부분; De instantibus c. 1.
25 IV. Phys. lect. 17(Parma 362a). 문맥에 따르면 고유한 시간과 운동이 중요한 문제가 된
다. De instantibus c. 1.에서도 매우 유사하다.
26 De mem. et rem. lect. 2, n. 319.

nitudo, motus et tempus, secundum quod sunt in phantasmate, compre-
henduntur et cognoscuntur per sensum communem) 상상력이 본질적으
로 자기 운동의 언제나 더 큰 '향처'에 개방될 정도로 시간이 질료의 공
허한 무규정성의 관점에서 본질적인 경계를 갖고 있지 않는 한, 질료의
현실태인 상상력의 잠재적 무한성과 함께 상상력의 선험적 직관인 시
간 또한 동일한 의미에서 무한하다.[27]

2) 공간과 시간의 선험적 직관의 상호 관계

공간과 시간의 선험적 직관은 어떠한가? 공간과 시간이 질료적인
것의 특성으로서 이해되는 한 이에 대하여 몇 가지가 이미 논의되었
다. 토마스의 어법에서 이미 공간과 시간은 언제나 반복적으로 함께
등장한다.[28][예를 들어, 시간과 연속체(tempus et continuum), 시간과 장소
75 (tempus et locus), 여기 그리고 지금(hic et nunc)] 토마스에 따르면 이들
이 질료성과 자신들의 양적 존재(Quantitativsein)로부터 유래하는 한,
밀접하게 함께 속한다. 토마스에게서는 공간성에서 시간성을 추론하는
것처럼 보일 때가 많다. 그는 먼저 고유한 시간을 형성하는 운동의 연

....

27 S. c. g. II 38 [연속적 무한(infinitum in successione)]; I. q. 7 a. 3 ad 4. 토마스에게 상
상의 시간(tempus imaginarium)은 현실적으로 시간을 형성하는 운동을 넘어서는 시간의 확
장(De pot. q. 3 a. 1 ad 10), 즉 시간을 통해 일어나는 것들의 주체(quasi subjectum eorum
quae in tempore aguntur)가 현실의 시간과 현실의 시간적인 것들을 넘어(1. c. a. 2 corp.)
무제한적 시간으로 확장함을 뜻한다(1. c. a. 17 ad 20). 무한한 시간에 대한 이러한 상상은
상상력 자체가 자신의 차원에 경계가 없을 경우에만 가능하다. 유사한 것은 다음을 참조할
것. II. Sent. dist. 1 q. 1 a. 5 ad 7; ad 13 usw.
28 I. q. 16 a. 7 ad 2; q. 75 a. 6 corp.; q. 84 a. 7 obj. 3; I-II. q. 113 a. 7 ad 5 ; De mem.
et rem. lect. 2, n. 314; De instantibus c. 1 ; N . Phys. lect. 17(Parma 362b); De pot. q. 9 a.
7 corp.; II. Sent. dist. 3 q. 1 a. 2 corp.; dist. 23 q. 2 a. 1 ad 3; S.c.g. I 102; III 84.

속성이 공간적인 연관에 근거한다고 간주한다.[29] 그러나 다음과 같은 점을 주의하여야 한다. 즉, 토마스는 그러한 논의에서 자신의 시간 개념을 천체 운동(motus caeli)으로부터 비롯된 움직임에 대한 외적 척도로 염두에 두고 있다는 것이다. 이는 동자의 공간성과 본질적인 시간성의 관계에 대한 우리의 질문에서 고려되지 않았다. 사실 토마스는 공간적이지 않은 »운동«의 고유하고 본질적인 시간성, 곧 감성의 본질적인 시간성 또한 알고 있다. 이 시간성은 그 자체로 장소의 움직임(Ortsbewegung)은 아니다.[30] 더군다나 질료적인 것의 시간성은 (그리고 이와 함께 감성의 시간성은) 단순히 질료적인 것의 활동을 규정하지 않고, 활동에 앞서 근거로 놓여 있는 존재자 자체를 내적으로 규정한다.[31] 시간성은 자신의 협소함 안에 질료의 무한한 폭을 결코 채울 수 없기 때문에 시간성의 존재 행위는 가멸적인 것의 존재 행위(esse corruptibilium),

125

....

29 I. Sent. dist. 8 q. 3 a. 3 corp. und ad 4; Quodl. 9 a. 9 corp.; V. Metaph. lect. 15, n. 985.

30 세 가지 운동에 대해서는(이 중 오직 하나만 공간 운동이다) 다음을 참조할 것. Vgl. In V. Phys. lect. 4 (Parma 388f.). 국소 운동(motus localis)이 다른 종류의 움직임에 대한 우선적인 외적 조건이라는 사실의 결과로 토마스의 견해가 바뀌지는 않는다. 이러한 우선성이 마치도 국소 운동이 내적으로 다른 운동을 구성한다는 듯이 이해되어서는 안 된다. 토마스는 이러한 변경을 명확히 거부한다(In VIII. Phys. lect. 14, Parma 511/12). 그러나 이로써 시간을 형성하는 운동이 있다는 사실, 그리고 이 운동은 본질적으로 장소의 움직임이 아니라는 사실이 인정된다(전제로서의 국소 운동, »더욱 완전한 것«으로서의 국수 운동 등). 그 밖의 것들은 우리의 질문과는 관계없고 구속력 없는 사변일 뿐이다. 토마스는 국소 운동의 시간이 아닌 내적 시간을 알고 있다. 그것은 영혼의 운동 시간이자 감성의 시간이며(in IV. Phys. lect. 17, Parma 362b; De instantibus c. 1) 국부 운동이 아닌 다른 모든 운동의 시간이다. 1. Sent. dist. 37 q. 4 a. 3 corp.: "모든 운동에는 연속성과 시간이 있어야 한다."(oportet cuilibet motui adesse successionem et ita tempus) 이 원리는 증가된 운동과 감소된 운동(motus augmenti et diminutionis), 그리고 변경된 운동(motus alterationis)에 다음과 같은 결론과 함께 명확히 적용된다. "그러고 나서 시간은 스스로(즉, 내적으로) 운동을 측정한다."(et tunc tempus per se ipsum motum mensurat)

31 I. q. 10 a. 5 corp.

곧 본질적으로 덧없는 것이다.[32] 왜냐하면 시간성의 존재 현실은 공허한 질료의 중립성(Gleichgültigkiet)을 향하여 언제나 쇠락하고, 따라서 무(無)로 변화하기(vertibile in nihil) 때문이다.[33] 그래서 시간성은 질료를 향한 형상의 경향이다(즉, 시간성은 질료에 내적으로 존재하고, 따라서 일치를 이룬다). 즉, 시간성은 언제나 이미, 시간성이 실현되면서 성취되는 것보다 더 큰 것을 향하는, 곧 질료의 더 큰 가능성을 향한 경향이고 기울임(Hinfälligkeit)이며, 이미 이를 통해 시간 형성적(zeitbildend) 운동을 구성한다. 그래서 이 모든 것에서 어떠한 경우라도 토마스에게 시간은 공간처럼 감성의 순수 직관을 구성하는 것에 최소한 동일하게 본질적으로 속하는 것으로 보인다.

3) 시공간적 선험성으로부터의 파생

이로써 토미스트적 인식 형이상학에 관한 감성의 선험적 구조가 충분히 기술되었을까? 사실은 아니다. 시간과 공간은 그 자체로 오로지 (공통 감각의) 상상력의 선험성을 어느 정도 적절한 방식으로 한정할 뿐이다. 감성 자체가 상상력의 뿌리에서 발출하는 한, 감성의 선험적 법칙은 전체 감성을 지배한다. 그러나 이 감성은 자신의 선험적 구조에 의해 아직 충분히 파악되지는 않았다. 토마스는 감각 능력(Sinnesfähigkeit)의 형식적 대상(objectum formale)에 대하여 질문하면서 감성의 선험적 형식이 무엇인지, 또는 그 한 가지 능력의 선험적 형식이 무엇인지를 규정한다. 왜냐하면 형식 대상이[즉, 형상적 근거(ratio formalis)가]

....

32 이 표현에 대해서는 다음을 참조할 것. I. q. 75 .a. 6 ad 2.
33 II. Sent. dist. 7 q. 1 a. 1 corp. 질료의 가능태(potentia materiae)는 사멸성의 본질적 원리(principium corruptionis)이다. I. q. 50 a. 5 ad 3.

개별 사물에 대하여 실제로 이해하는 것보다 더 선행하는 저 관점 외의 다른 것을 말하지 않기 때문이다. 이러한 관점에서 개별 사물은 이 능력의 대상이 될 수 있고, 이 관점은 해당 능력의 본성 안에 선험적으로 기초되어 있다.[34] 그래서 형식 대상은 실제로 제공된 개별 대상들을 종합하는 원리, 즉 이러한 대상들을 능력을 통해 하나의 인식 안에 일치시키는 원인(causa unionis)이다. 그러나 종합 원리는 언제나 일치 대상에 선행하며 그 자체로 하나여야 한다.[35] 그래서 인식 능력은 이러한 종합 원리를 자신 안에 담지해야 한다. 이 원리는 종합의 본질에 의해 규정된다.[36] 이러한 종합 능력의 범위는 형식 대상의 폭에서 드러난다.

126

....

34 I. q. 1 a. 3 corp.; q. 59 a. 4 corp.; 2. II. q. 59 a. 2 ad 1; S.c.g. I 76; I. q. 1 a. 7 corp.: "그러나 그것에는 어떠한 능력 또는 습관의 대상이 고유하게 귀속된다. 이러한 이유 때문에 마치도 인간과 돌이 채색되어 있는 한 시각과 연관된 것처럼, 모든 사물은 능력이나 습관과 관계된다. 따라서 시각의 고유한 대상은 채색된 사물이다."(proprie autem illud assignatur objectum alicuius potentiae vel habitus, sub cuius ratione omnia referuntur ad potentiam vel habitum, sicut homo et lapis referuntur ad visum inquantum sunt colorata. Unde coloratum est objectum proprium visus.) Vgl. III. Sent. dist. 27 q. 2 a. 4 sol. 1 corp. und ad 3.

35 I. q. 65 a. 1 corp.: "만일 다양한 것들이 어떠한 것 안에서 일치된다면, 이러한 일치의 어떠한 원인이 반드시 있어야 한다. 왜냐하면 다양한 것들은 그 자체로 일치되지 않기 때문이다. 토마스는 여기서 이 원리를 다른 맥락에서 사용하였지만, 그에 따르면 보편적으로 적용되는 원리로서 사용되었다." I. q. 3 a. 7 corp.: "왜냐하면 하나로 묶는 다른 원인을 통하지 않고서는 그 자체로 다양한 것들은 어떠한 것에 하나로 일치되지 않기 때문이다."(quae enim secundum se diversa sunt, non conveniunt in aliquod unum nisi per aliquam causam adunantem ipsa) 유사한 내용에 대해서는 다음을 참조할 것. S. c. g. I 18; VII. Metaph. lect. 13, n. 1588-1589.

36 Vgl.1. q. 14 a. 12 corp.: "그것은 인식 원리인 형상 양식에 따른다."(secundum modum formae quae est principium cognitionis) 이 명제에서 우선 상을 존재론적으로 고찰하는 것이 중요하지만 이 상 자체는 인식자의 본질에 의존한다. In II. Metaph. lect. 5, n. 332: "그러나 모든 인식을 위해서는 가지적인 것에 대한 인식자의 규정된 비율이 요청된다. 그러므로 본성들 및 습관들의 다양성에 따라 인식에도 다양성이 있다."(requiritur autem ad quamlibet cognitionem determinata proportio cognoscentis ad cognoscibile. Et ideo secundum diversitatem naturarum et habituum accidit diversitas circa cognitionem)

77 토마스에 따르면, 감성의 형식 대상은 공간과 시간을 통해 충분히 규정되지는 않았다. 왜냐하면 토마스는 공통 감각, 상상력의 형식 대상보다도 더욱 협소하고 규정적인 개별 감각의 형식 대상을 알기 때문이다.[37] 따라서 감성의 선험적 형식에 대한 완전한 파악은 이러한 형식 대상과 관계되어야 할 것이다. 그러나—그리고 이로써 동시에 왜 이것이 여기서 요청되지 않는지에 대한 이유가 주어졌다—이러한 선험적 형식은 감성 자체의 특성을 나타내는 데 공간과 시간만큼 동등한 중요성을 지니고 있지는 않다. 왜냐하면 선험적 형식은 모든 감각 능력의 공통된 뿌리인 상상력에서 감성과 직접 관계되지는 않기 때문이다. 사실, 상상

127 력은 개별 감각을 자신에서부터 발출시키기 때문에, 따라서 자신의 본질은 원천적 뿌리(fontalis radix)인 자신으로부터 발출되어 나오는 것에 의해서만 전적으로 규정된다. 이는 마치 상상력이 또한 공상(Phantasie)으로서 세간의 의미에서 자신이 발산시킨 것을 다시 자기에게 회수하는 것과 같다. 그리고 이러한 의미에서 다음과 같이 정확히 말할 수 있을 것이다. 즉, 감성은 공간과 시간 내의 선험적 존재 행위라기보다는(아울러 질적인 것에 대한 감성의 전적인 선험성을 통해) 세계 자체에 대한 선험적 소유라고 토미스트 방식으로 더 옳게 규정될 수 있다.[38] 그럼에도 불구하고 감성의 본질은 우선적으로 감성 자신이 어디서 오는지에 의하여, 즉 질료에 의하여 규정될 수 있다. 질료의 형식인 감성은 자연 사물이 무엇인지에 대한 형이상학적 자기 구성에서 먼저 질량에 의해, 그리고 나서 질적인 규정들에 의하여 규정된다.[39] 질료의 특성인

....

37 I. q. 78 a. 3.

38 Vgl. *Siewerth*, a.a.O., 104.

39 I. q. 3 a. 2 sed contra; I-II. q. 52 a. 1 corp.; III. q. 77 a. 2 corp.; IV. Sent. dist. 12 q. 1 a. 1 sol. 3 corp.; S.c.g. IV 63; In Boeth. de Trin. q. 5 a. 3 corp.

질량에[40](형상의 특성인 질적인 것과는 반대되어) 공간과 시간이 근거한다. 따라서 공통 감각인 공간과 시간은 상상력과 감성 자체를 우선적이자 원천적인 방식으로 특징짓는다.

감성에 대한 지금까지의 고찰은 우리가 추구한 목적에 어떠한 결과를 도출하였는가? 인간은 존재 행위 자체에 대한 형이상학적인 질문을 통해 그 존재 행위가 무엇을 뜻하든지 간에 물음을 던진다. 그리고 이러한 질문을 통해 특정한 장소에 세워진다. 인간은 이 장소의 경계를 넘어가지 않으며, 이 장소는 어떻게 질문을 제기해야 하는지에 대한, 그리고 이 물음에 어떻게 대답해야 하는지에 대한 지침을 자기 자신 안에 담지하고 있다. 인간은 언제나 이미 세계 내의 존재자로서 질문한 78 다. 이미 세계 내에서 언제나 인간은 감성을 통해 존재한다. 가능한 한 감성을 인간의 형이상학적 탐구의 토대로 이해하는 것이 중요하다. 감성은 타자에 대한 소유로 드러났다. 왜냐하면 감성은 질료의 현실태이기 때문이고 존재 현실이기 때문이다. 여기서 존재 현실(Seinswirklichkeit)의 본질은 의식(Bewußtheit)이기에 질료의 공허하고 비규정적인 무한성의 현실태이다. 이로써 감성 자신은 시간과 공간을 구성하기 때 128 문에, 언제나 이미 시간과 공간 안에 있다. 세계 소유인 감성이 언제나 이미 소유하고 있으며 그 자체인 타자는 시간적이고 공간적이다. 그러한 것만의 자아가 감성에 제공되었고, 감성은 그러한 것만을 직관할 수 있다. 상상력은 시간과 연속체를 초월하지 않는다(Imaginatio tempus et continuum non transcendit).

....

40 IV. Sent. l. c. 수량(quantitas)은 공허하고 산만한 비규정적 상태에 있는 질료에 대한 표현이다. 질료가 형상의 주체인 한, 즉 형상의 내처인 한, 그리고 질료를 통해서만 그 질적인 것(Qualitatives)이 존립할 수 있는 한, 수량은 한 실체적 본질이 자신의 »우연적« 특성으로 전개하는 순서에서 첫 번째이기도 하다.

제3장

추상

1. 문제: 주체의 자신으로의 귀환

인간이 존재 전체(Sein im Ganzen)에 관하여 묻기 시작할 때, 그는 언제나 이미 자신으로부터 떨어져서 감성을 통해 타자, 즉 세계 안으로 세워져 있는 자신을 발견한다. 감성은 타자, 즉 질료를 향한 존재의 내어줌(Hingegebenheit)을[즉, 자신과 함께 있는 행위(das Beisichsein)를] 뜻한다. 그래서 감각적인 것(das Sinnliche)은 다른 모든 것으로부터 자신을 분리함으로써 취득한 자기 소유(Selbstbesitz)와, 존재자 자신을 전적으로 은폐할 타자로의 여지없는 상실(Verlorenheit) 사이의 구분되지 않는 중간(Zwischen)에 위치한다. 하지만 인간은 존재 전체에 대하여 질문하고, 존재 전체를 포괄적으로 질문에 부치며, (그리고 이로써 자신을 질문에 부치는데), 이를 통해 인간은 질문자로서 자신을 다른 모든 것으로부터 예리하게 분리시킨다. 즉, 인간은 자신을 세계로부터, 그리고 감성을 통해 언제나 이미 그 안의 존재자인 자신으로부터 분리시킨다. 그리하여 인간은 타자를, 그리고 이미 감성을 통해 타자를 향하여 수행된 자기 양여(Hingabe)를 »객체화한다.« 인간은 질문을 던지면서 언제나 이미 자신이 있었던 »외부«로부터 되돌아온다. 감성을 통해 인간 자신이었던 타자는 인간이 수용하였던 타자이고 의식되었던 타자여서 감각적 인식자인 인간이 그로부터 자신을 분리해낼 수 없을 정도이다, 왜냐하면 감성 자체는 타자가 됨으로써만 타자를 수용하기 때문이다. 이러한 타자가 지금 인식자로부터 거리를 두고 등장한다. 즉, 타자가 대-상(Gegen-stand, 대립해-서있음)이 된다. 그런 연후에야 인간은 세계 내에서 인간적으로 선다. 이제야 비로소 인간은 자신의 형이상학적인 질문에 세워져 있는 자신을 발견하였던 기초 위에 존재하고, 자신의 형이상학적 작업에 머물려고 선결(Vorentscheidung)을 통해 이미 결심하였던 이 기초 위에 비로소 존재한다. 감성이라고 일컬어지는 것에 대한 고찰에서 우리는 원칙적으로 이 기초에 대하여 온전히 파악하지는 못하였다. 왜냐하면 감성이 바로 타자, 즉 세계에 대한 첫 번째이자 기원적 수용(Hinnahme)이어야 한다면, 다른 말로 감성이 수용적 직관이어야 한다면, 이는 감성이 타자를 향한 존재론적 양여(Hingabe), 곧 질료의 현실태가 된다는 점을 통해서만 가능하다는 사실이 밝혀졌기 때문이다. 따라서 감성은 타자를 대-상으로 거리를 두고 마주 서게 할 수 없다. 왜냐하면 감성은 충분히 »주체적«(subjektiv)이지 않고 너무 »객체적«(objektiv)이기 때문이다. 즉, 감성은 본질적으로 언제나 타자의 현실 자체이기 때문이다.

감성을 통해 제공된 타자를 자신으로부터 떨어뜨려 문제 삼고 판단 130 하며 대상화(vergegenständlichen)하여 이로써 비로소 인식자를 주체로 만드는, 곧 타자가 아니라 자기 자신과 함께하는, 다시 말해 자기 자신으로 서 있는 주체로 만드는 인간의 한 가지 인식 능력을 우리는 사유 행위, 곧 지성이라고 칭한다. 자기 자신으로 완전히 회귀할 수 있는 (reditio completa in se ipsum) 가능성은 토마스의 형이상학에서 감성에 대비되는 지성의 가장 규정적인 특성이다.[1] 사유 행위를 통해서야 비로소 감성에서 얻어진 구분되지 않은 일치, 즉 감성과 감각적 대상의 일치가, 다시 말해 주체와 객체의 일치가 실제로 주체가 된다. 자기 자신으로 서 있음(Insichselberständigkeit)으로써 이 주체는 자신과 마주한 세계를 소유한다. 즉, 대상 세계에 대한 인간의 경험은 사유 행위를 통해서야 비로소 가능하다. 그래서 이제 우리의 질문은 세계에 대치한 (oppositio mundi) 인간 인식 행위에 대한 질문, 곧 사유하는 인식 행위 (denkendes Erkennen)에 대한 질문이다.

만약 세계에 대한 인간 인식이 이러한 성질의 것이라면, 그 (인식) 가능성을 파악하는 것은 이중적 과정을 통해 일어나야 한다. 곧 인간은 감성 자체를 통해 세계에서 언제나 이미 자신을 잃어버렸다는 것이다 (또는 만일 인간의 인식이 오로지 감성만일 수 있다면 그렇게 되었을 것이다). 인간은 자기 포기로부터 벗어나 감성을 통한 주체-객체의 일치로 돌아옴으로써 자신의 인간적 지위를 획득한다. 이렇듯 인간은 자기 자신과 대면하면서 다시 세계를 향할 때에야 비로소 진정한 주체가 된다. 이러한 두 가지 »국면«은 당연히 순차적인 것으로 간주될 수 없다. 그 둘은 서로를 조건 지우며 그 기원적 일치를 통해 하나의 인간 인식을 형성한다. 토미스트 인식 형이상학에서 세계라는 타자에 대한 감각적 내어줌(Hingegebenheit)으로부터 주체가 분리되는 것을 »추상«(abstractio) 이라는 장에서 다룬다. 세계를 향한 전회(Hinwendung zur Welt), 그래서 대-립적(gegen-ständig)이 되어 버린 이러한 돌아섬을 우리는 표상

....

1 S.c.g. IV 11.

으로의 전회라고 부른다. 이러한 두 가지 용어에 대해 단순히 문자적으로 이해할 때 다음과 같은 결론이 나온다. 토마스의 형이상학적 관점에서 볼 때 감성에 대한 우리의 분석이 옳다면, 인간의 인식 과정인 표상으로의 전회는 표상으로부터의 벗어남(aversio a phantasmate)이 표상 *131* 으로의 전회에 선행할 경우에만 의미가 있을 수 있다. 왜냐하면 감성이란 언제나 이미 표상에서의 존재 행위, 즉 세계와 함께하는 존재 행위를 나타내기 때문이다. 만일 추상이 선행하지 않는다면 어떻게 표상으로의 전회가 사유 과정으로서 필수적일 수 있을까? 그 역도 마찬가지이다. 이러한 추상은 명백히 다음과 같은 점을 전제한다. 즉, 주체는 오로지 세계로부터 그렇게 옴으로써 의식적으로 소유된 것으로서의 자신을 획득한다. 만일 그렇지 않다면 추상은 숙고하면서 '자신과 함께 존재하는'(Beisichsein) 기본적 과정으로 간주될 수 없기 때문이다. 그러나 만일 그렇다면 이는 다음과 같은 것을 의미한다. 이러한 추상은, 즉 자기 자신으로의 이러한 회귀는, 감각적 세계 소유(sinnliche Welthabe)로부터의 전적인 해방을 뜻할 수 없다. 그렇지 않다면 자기 자신으로의 주체의 회귀가 도대체 왜 이러한 세계 소유와 함께 시작되는지 이해될 수 없을 것이다. 그러나 만일 그렇다면, 추상이 언제나 세계로부터 오는 행위(ein Kommen von Welt)이고, 언제나 그렇게 추상이 세계로부터 지속적으로 오는 것으로서 존립한다는 사실을 전회가 지시하는 경우에 한해서만, 표상으로의 전회는 추상 자체의 본질적인 특성이다.[2] 이러한 두 가지 »국면«에 관해 고찰할 때 추상과 전회를 순차적 81

....

2 S.c.g. IV 11: "그는 자신의 첫 인식의 시작을 외부에서 취한다. 그는 외부의 어떠한 것으로부터 나아간다."(primum suae cognitionis initium ab extrinseco sumit. procedit ex aliquo exteriori) 여기서 이러한 출발은 동시에 영구적 기초라는 점에 주의해야 한다. "표상이 없으면 인식 행위도 없다."(non est intelligere sine phantasmate)(1. c) 즉, "그것이 시작되는 원

으로 다룬다 할지라도 이들의 본질적 일치에 대하여 주목하여야 할 것이다. 또한 추상이 무엇인지 알지 못하고서는 전회가 다루어질 수 없다는 사실은 명확하다. 이에 따라 사유 행위로서의 인간 인식 행위에 관하여 다룰 때 두 장으로 구분한다.

....

리는 일시적인 것이 아니라 영구적인 것이다."(principium ex quo incipit non sicut transiens sed sicut permanens) (Boeth. de Trin. q. 6 a. 2 ad 5)

2. 자기 자신으로의 추상적 회귀의 특징

인식자가 자신을 세계로부터 거리를 취하여 자기 자신에게로 회귀하는 내적 가능성을 이해하기 전에 회귀의 실제적인 특성을 어느 정도 이해하여야 한다. 사유 행위를 통한 이러한 세계 소유는 상호 보완적이고 서로를 명확하게 하는 다음과 같은 세 가지 특성을 제공한다. 그것은 보편 개념, 판단, 그리고 판단의 진실성이다.

1) 구체화하는 종합: 보편 개념 *132*

토마스의 인식 형이상학에서 추상이 주제가 된다면, 이는 무엇보다도 보편 개념의 형성이 문제가 됨을 뜻한다. 따라서 만일 추상이 주체와 객체의 대립을 실행해야 한다면, 그것은 보편 개념에서 첫 번째 특성을 가져야 한다. 보편 개념은 다수 안에(in vielen) 존재하고 다수에 의하여 진술될 수 있는 인식된 것(ein Gewußtes)이다. 여기서 어떻게 이러한 개념이 하나하나 형성될 수 있는지, 어디서 이 개념이 특정 내용을 얻는지, 그리고 어떻게 이 개념이 본질적으로 구성되었는지는 우선적 질문이 아니다. 우선 문제가 되는 것은 보편 개념의 형식적 본질이다. 보편 개념에서 존재 행위 자체는[즉, 형상(forma), 실체적 본질 또는 우유적 본질은(essentia substantialis oder accidentalis)] 다수의 잠재적 존재자에게서(즉, 주체들에게서) 파악된다. 만일 보편 개념의 내용에 의해 규정될 수 있는 잠재적 주체들에 대한 자신의 지향(Hinordnung)에서 보편 개념의 내용이 전적으로 분리된다면, 이는 더 이상 보편 개념이 아닐 것이다. 잠재적 주체들로부터 보편 개념이 »추상적으로« 사유될 수 있다면, 잠재적 주체들에 대한 지향은 본질적으로 보편 개념에 속한다. 보편 개념에 대해 알려진 내용이 주체와의 관계에서 괄호 안에 넣어지고 그 자체로 숙고되어야 할 때에만[예를 들어 »색상«(Farbe) 자체가 어떠한 색깔 있는 사물로부터 독립적인 것처럼], 보편 개념 자체는 보편적인 것과 주체가 통합된 개별 사물이 된다. 보편 개념은 하나의 사물이 되는데, 보편적인 것(색상)을 색상으로 만드는 것, 즉 색성(色性, Farbigkeit)과 주체 간의(즉, 색성에 의해서 »색상«이 되는 것의) 구분을 통해서만 이 사물은 의미 있는 것으로서 의식 안에 불러일으켜질 수 있다.

" 전체를 이해하기 위해서는 우리 사유 행위의 고유한 구조를 명확히 하는 것이 중요하다. 전회는 정확히 '여기 이것'(Diesda)을 향한 보편적인 것의 관계 맺음(Hinbeziehung)이다. 토마스를 따라 전회 없는 인식은 없다고 한다면, 구체적인 '여기 이것'과는 관련 없는 보편 개념에 대한 이해와 보편적 본질에 대한 판단이 그러한 전회를 배제한다는 주장에 대해 최소한 반박할 수 있다. 그러나 사실은 이 모든 보편성 또한 언제나 전회를 통해 사유되어야 한다. 보편자가 보편적인 것으로 지각되었을 때에서야 비로소 우리는 보편자를 우리 사유 행위의 대상으로 파악한다. 다시 한번 제2차 질서를 구체화하는 전회를 통해 소위 알려진 실제 대상으로서의 그 자체가 본질적으로 다시 구조화된 대상으로서의 보편자를 이해한다. 우리에게 알려진 것은 모든 경우에 유사하게 형성된다. 인식된 것 그 자체가 감성에 제공된 구체적인 것과 직접적이거나 또는 간접적으로만 관련된다는 점을 통해서만 인식된 것은 보편적이거나 구체적이다. 개별 개념은 자신 안에 언제나 이미 보편적인 것을 포함하고 있으며, [»이러한 종류의 이것«(dieses von der Art)], 보편 개념 자체는 여전히 '이것'과 관계하거나 [»이러한 종류«(die Art von diesem)] 또는 그 자체가 »이러한 종류의 이것«으로서 이해된다. 인식론적으로는 오직 보편 개념만 있고 보편 개념은 표상으로의 전회를 통해서만 알려질 수 있다는 토마스의 주장은 이 두 가지를 필히 결합하여야 한다는 표현이며 우리의 모든, 그리고 개별적 인식이 하나의 구조임을 설명하는 것이다. 만일 비구체적인 것(Nicht-konkrete) 자체가 사유 행위의 대상이 된다면, 그것은 어려움 없이 구체적인 것(concretum)으로서의 기능을 수행한다. 왜냐하면 인간은 구체적인 그것에 대해서 어떠한 것을 생각하고, 이 »그것«(es)은 »어떠한 것«(etwa)에 대해서 마치도 자신의 보편자에(즉, 형상에) 대하여 구체적인 것처럼 대하는 관계를 갖기 때문이다. 인간은 그것에 관한 »어떠한 것« 없이 단지 »그것«만에 대해서는 결코 사유할 수도 구상할 수도 없다. 인간은 »그것«을 감각적으로 직관(anschauen)할 수 있다. 그러나 그것은 감성만으로는 대상적으로 주어지지 않는다. 인간은 [사물 안에 존립하면서도 구별된 형상(forma in se subsistens separata)을 사유함으로써] »그것«이 »어떠한 것« 그 자체(etwas an sich)와는 다르다는 사실을 판단하고(urteilend)

부정할 수 있다. 그러나 그렇게 되면 여전히 해결되어야 할 질문이 다음과 같이 제기된다. 즉, 판단을 통한 이러한 부정(Negation) 이후 사유 행위의 대상은 여전히 정말로 남아 있는가? 사유 행위를 통한 모든 구상(Vorstellung)은, 그것이 보편적이든 아니면 특이하거나 개체적이든지 간에, 무언가에 관하여 어떠한 것을 아는 행위이다(ein Wissen von etwas über etwas). 보편 개념의 특성으로 우선 드러나는 것은 단순히 보편 개념 자체의 특성에 불과한 것이 아니라 우리 인간적 앎 자체의 본질 양식에 대한 표현이다. 즉, 언제나 무언가에 관하여 어떠한 것이 알려진다(immer wird etwas über etwas). 사실상 여기서 지금 '주체의 자기 자신으로의 회귀'(reditio subjecti in se ipsum)가 드러난다.

⁸³ 모든 대상 인식은 언제나, 그리고 어떠한 경우에도 '이것'(Dieses)에 대한 보편자의 관계 맺음이다. 따라서 이러한 '이것'은 앎과 마주한 연관점(Beziehungspunkt)으로서 드러난다. 왜냐하면 인식자가 자신에 의해 (보편적으로) 인식된 것을 이 연관점과 연결하기 때문이다. 그러나 그리고 나서 주체가 인식 내용을 연결하는 '이것'으로부터 주체는 어느 정도 자신의 인식 내용(Wissensinhalt)과 함께(즉, 보편 개념과 함께) 거리를 두고 서게 된다. '이것'에 주체 자신을 맞세움으로써 인식 내용이 인식 행위를 수행하는 주체의 편에 서고, 따라서 인식 내용이 임의의 이것들에 관계를 맺을 수 있기 때문에, 이러한 인식 내용은 바로 이러한 이유로 보편적이다. 또는 역으로 말해서, 주체가 보편 개념의 내용을 주체와 객체의 감각적 혼합(Ungeschiedenheit)으로부터 분리한다는 사실로 말미암아(그렇다고 해서 이것이 그 내용의 전적인 축소를 의미할 필요는 없다. 왜냐하면 이 분리에서 전적으로 공허한 '이것'만이 남겨지기 때문이다), '이것'에 자신을 맞세움으로써 주체는 처음으로 자기 자신을 획득한다. 주체는 자기 자신에게로 회귀하고, 이를 통해 처음으로 하나

의 대-립(Gegen-stand, 마주-섬)을 갖는다. 이 대-립을 향해 주체는 자기 자신에게로 회귀하는 가운데 얻어진 것과, 따라서 보편적이 된 인식된 것을 관계시킬 수 있다. 인식 행위를 수행하는 주체의 자신에게로의 회귀와 보편적인 것이 »주체«로부터 분리(Abhebung)되는 것은 하나이자 동일한 과정이다. 그래서 보편 개념은 대상 경험을 처음으로 가능하게 하는 주체와 객체 간의 대치(oppositio)를 보여 주는 실제적인 첫 번째 특징이다. 따라서 보편 개념의 획득인 추상은 주체가 자기 자신으로의 이러한 회귀(reflexio)를 실현하는 것이다(reditio subjecti in seipsum).

2) 확언적 종합: 판단과 그 안에서 드러나는 진리

이로써 자기 자신으로의 회귀가 지닌 두 번째 특징을 이해하기 위한 출발점, 즉 판단을 이해하기 위한 출발점을 사실상 이미 얻었다. 보편 개념은 잠재적인 (구체적인) 어떠한 것에 관한 무엇(Was)으로서, 즉 잠재적 주체와 함께 종합될 수 있는 인식된 것(Gewußtes)으로서 우리에게 본질적으로 드러났다. 그러나 이는 다음을 의미한다. 보편 개념, 즉 단순 이해(simplex apprehensio)는―통상 토마스는 이 논제하에 보편 개념에 대해서 논의한다―판단과는 구분된다. 이는 판단에서 보편 개념이 술어(Prädikat)이기 때문인데, 이러한 구분은 개념들이, (즉 주어, 술어가) 그 본질적 구성을 위해 추후에 조합되는 전체로부터 부분이 구분된다는 의미가 아니라, 잠재적 종합이 실제로 실행된 주어와 술어의 종합과는 구분된다는 의미이다. 왜냐하면 잠재적 주어를 향한 연관은 이미 보편 개념 자체에 속하기 때문이다. 동시에 이는 실행된 종합이 잠재적 종합보다 앞서기 때문에 명제가 보편 개념에 선행한다는(vor) 것을 의미한다. 잠재적 종합의 본질은 실행된 종합에서 더 정확

135

히 인식될 것이다. 이를 통해 보편적인 것과 이에 상응하는 잠재적 주어 간의 연관에 관한 지금까지의 진술에서 발견된 모호함은 사라지게 될 것이다.

84 통상적으로 한 명제의 주어는 그 자체로 전적으로 규정되지 않은 '여기 이것'이 아니다. 이미 그 자체로 보편적으로 알려진 것과 공허한 '여기 이것'의 종합이다. 이는 명제의 서술어에도 동일하게 적용되며 심지어 필수적이다. 술어의 보편 개념은 주어에 배속되기 전에 이미 구체화되어야 한다. 즉, 술어의 보편 개념은 마치 잠재적 주어와 관계된 것처럼 생각되어야 한다. 그러고 나서 판단은 명제 주어(Satzsubjekt)의 주체(이것)를 술어의 주체와 동일화한다. 따라서 주어와 술어는 각기 이미 그 자체로 (첫 번째 또는 두 번째 순서의) »구체적인 것«(concretum) 이다. 즉, 주어와 술어는 (임의의) 이것 안에 있는 자신의 내존재 행위(Insein)를 통해 보편적이다. 이러한 종합을 토마스의 용어로 »구체화«(concretio)라고 한다. 이에 대해서는 나중에 상론할 것이다. 구체화는 구체화하는 종합이라고 번역될 수 있다. 이제 우리는 보편 개념에 대해서 논의된 것을 다음과 같이 정식화할 수 있다. 모든 보편 개념은 반드시 동시에 생각된 구체화과 함께, 그리고 구체화를 통해 이해된다. 그리고 모든 개별자는 구체화를 통해 대상적으로 사유된다. 이 구체화는 '여기 이것'으로부터 구분된 보편적인 것을 자체 안에 이미 품고 있다.

이제 판단은 통상 주어와 술어라는 두 개념의 종합으로 이해된다. 이러한 이해는 개념 자체의 본질적 구조를 의식한다면 정당화될 수 있다. 여기서 개념은 각각의 경우에 구체화하는 종합 그 자체이다. 이러한 전제하에 어떻게 한 가지 명제에서 두 가지 개념의 종합이 더 정확히 이해될 수 있을까? 다음과 같은 것은 분명하다. 즉, 두 가지 개념 안

에 들어 있는 보편적인 것이 동일한 실현체(suppositum)와 함께 종합
된다. 따라서 판단 종합에서 문제가 되는 것은 서로 동등하게 병치된 136
두 가지 하성의 합이 아니라, 오히려 동일한 '이것'에 대한 두 가지 하
성의 연관이다. 여기서 주어는 구체화하는 종합을 통해, 여기서 이 종
합은 전제될 뿐 실현되지는 않지만, 술어의 보편적인 것이 관계되는 저
특정한 전제를 확정하고 특징짓는 기능만을 갖는다. 술어 자체는 방금
고찰된 구체화하는 종합에서 보편적인 것과 임의의 '여기 이것'의 잠재
적 종합인 반면에 이제 주어는 '여기 이것'이 의미하는 바를 분명히 규
정한다. 술어에 포함된 보편적인 것과 규정된 이러한 '여기 이것'의 종
합은 이제 판단을 통해 실현된다. 술어 개념과 함께 제공된 구체화하는
종합에서 임의의 '여기 이것'이 더 이상 유보되지 않고 오히려 명제 주
어를 통해 이미 규정된 전제가 유보될 때, 잠재적인 것으로서의 구체화
하는 종합은 (이는 임의의 '여기 이것'과의 종합이기에) 실제로 실행된 종
합으로 전환된다. 구체화하는 종합은 규정된 전제와 연관되어야 하고,
이 종합은 판단을 통해 아울러 실제로 연관된다. 토마스는 이러한 종합
을 »결합«(complexio), 즉 »확정«(affirmatio)이라고 명명한다. 우리는
이를 확정적 종합(affirmative Synthesis)이라고 제시하고자 한다.

정확히 보자면 대상에 대한 인식은 확정적 종합을 통해서만 도달한 85
다. 또는 달리 말한다면, 구체화하는 종합은 실제적인 사유 행위를 통해 확
정적 종합으로서 발생한다. 대상에 대한 인식은 인식자가 보편적으로 인
식된 것(ein allgemeines Gewußtes)을 즉자적으로 현존하는 실현체(an
sich seiendes suppositum)와 관계시킬 때에야 비로소 제공된다. 우선
판단이 즉자적으로 현존하는 실현체를 향하여[즉, »사태를 향하여«(ad
rem)] 간다는 것에 대해서는 더 이상의 설명이 필요하지 않다. 왜냐하
면 이러한 »즉자«(Ansich)가 정확히 무엇인지에 대해서는 일단 미루어

놓을 수 있기 때문이다. 따라서 판단은 인식하는 주체의 편에 서서 보편적으로 인식된 하성의 관계 연관을 통해 존립하지 않고, 오히려 이 하성이 인식 주체에 마주 서 있는 (구체적인) »어떠한 것«에 대한 연관을 통해 존립한다고 주장되어야 한다. 여기서 '어떠한 것'은 명제 주어의 하성을 통해 표기되고, 이 '어떠한 것'에 대해 술어의 하성이 진술된다. 보편 개념을 대자적으로(für sich) 사유하려고 시도한다 하더라도, 이는 오로지 확정적 종합을 통해야만, 즉 판단을 통해야만 성공한

137 다. 왜냐하면 그러한 개념»만« 숙고된다면, 이미 전술한 바와 같이, 이러한 사유 행위는 개념에 대한 '어떠한 것'을 사유하기 때문이다. 개념 자체는 이로써 이미 대상화된 것으로서, 즉 즉자적으로 존재하는 것으로 이해된다. 사유 행위는 이 개념을 마주 서 있는 것(Gegenstehende)으로 간주하고, 인식자는 대상(Gegenstand)인[즉, 사물(res)인] 이 개념을 향해 인식된 것(Gewußtes)과 연관시킨다. 그러므로 보편 개념은 언제나 이미 사유 행위, 즉 앎(Wissen)으로부터 독립적인 것으로서, 즉 그 자체로 현존하는 것으로서 규정된 것으로 생각된다. 이로써 종합하는 것만이 아니라 확정하는 종합이 실행된다. 따라서 인간 의식에 대한 앎은 오로지 확정적 종합을 통해서만 존재한다. 그리고 이러한 판단 행위(Urteilen)는 다음과 같은 개념들의 연결이 아니다. 마치 이 개념들이 자신 안에 근거하는 사유 행위의 요소들인 것처럼, 그리고 판단이 오로지 그 요소들의 추후적인 결합인 것처럼 말이다. 오히려 판단 행위는 앎을 즉자로 향하게 하여 연관시키는 행위인 것이다. 이러한 연관에서 개념들은 판단을 통해서만 잠재적 요소로서 존재한다. 개념은 사물에 대한 판단을 통해서나 또는 판단의 대상으로서만 존재한다. 이로써 주체와 대상 사이에서의 맞세움(Gegensetzung)은 실제로 확정적 종합이라고 주장될 수 있다. 여기서 이 맞세움은 추상화하는, 즉 보편 개념을

형성하는, 주체의 자기 자신으로의 회귀를 통해 실행된다.

마침내 주체의 자기 자신으로의 완전한 회귀(reditio completa sub-jecti in seipsum)에 대한 세 번째 특성, 즉 진실성이 드러났다. 그 자체로 구체화하는 종합이 참되거나 거짓이 아니라 오히려 구체화하는 종합이 확정적 종합을 통하여 사안 자체에 대한 연관에 성공하느냐 또는 실패하느냐가 참 또는 거짓과 관계된다. 따라서 진리 자체가 현존하는 현실에 대한 앎과의 관계를 뜻하는 한, 그리고 이러한 확정적 종합을 통해 자신으로의 회귀(reditio sich)를 실행하는 한, 이로써 진리는 주체와 객체의 맞세움(Gegenstellung)을 비로소 창출한다. 그리고 이러한 맞세움은 진리 없이는 전혀 가능하지 않다는 점 또한 주장된다.

3) 토마스에게 있어서 구체화와 결합

이 문제에 대한 토미스트의 주장을 나타내는 본문 해석이 고된 작업이기에, 우리는 본 논의 전개 과정이 방해받지 않도록 지금까지는 토마스의 본문으로 들어가는 것을 생략하였다. 이러한 전개 과정이 토마스의 견해에 상응한다는 입증은 지금 다시금 간략히 보충될 수 있다.

86

138

1. 토마스의 구체화(concretio) 개념[1]: 사실 이 개념은 토마스가 감성의 본질을 개진하는 전체 전개 과정에 이미 숨겨져 있었다. 감성은 언제나 이미 실현된 구체화이다. 따라서 이 구체화는 실현 자체를 파악할 수 없다. 왜냐하면 감성이 질료의 실현체의 형상인 한, 감성이 질료의 타자에게 자신을 포기함으로써 존재 현실(Seinswirklichkeit, forma)이 '자기와 함께 있게'(Beisichsein) 되기 때문이다. 따라서 감

....

1 Vgl. dazu *Maréchal*, a.a.O., 202ff.

성은 형상의 분리적 연관(trennende Hinbeziehung)을 실현체에 가져다줄 수 없다. 그러므로 감성은 »질료적이자 구체적으로«[2](materialiter et concrete) 인식하고, 따라서 개별적인 것에 대한 인식일 뿐이다. "시각은 구체적으로 인식한 것을 결코 추상적으로 인식할 수 없다."[3](Visus nullo modo potest in abstractione cognoscere id, quod in concretione cognoscit) 주체와 객체를 분리시키는 주체의 자기 회귀(Rückkunft des Subjekts auf sich selbst), 즉 추상이 언제나 감성의 분리되지 않은 타자와 함께하는 것(Beim-andern-Sein)에서 시작하는 한, 인간은 회귀를 통해 함께 얻어진 추상화된 앎을 감각적으로 제공된 것에 대한 관계로부터 완전히 분리시킬 수 없다. 왜냐하면 앎은 감각적으로 제공된 것을 통해 언제나 이미 구체화되기 때문이다. 그래서 사유 행위는 하나의 행위로서 »구체적인 것을 추상적으로 이해하는 것«[4](apprehendere concretum in abstractione)이다. 인간은 자신의 추상적 앎을, 이 앎이 대상적이 되어야 한다면, 오로지 구체화하는 종합을 통해, 즉 »실현체«를 통해, 다시 말해서 »주체«(subjectum)를 통해 확립할 수 있다. "우리의 지성이 실현된 것이라고 지칭하는 것은 구체적으로 지칭하는 것이다."[5](Intellectus noster quidquid significat ut subsistens, significat in concretione) 인식 행위는 지칭 행위를 통해 대상을 지칭된 것으로서 소유해야 하기 때문에, 대상을 지칭하는 행위는 구체적으로 지칭하는 행위이다(significare in concretione). 따라서 이 지칭이 »어떠한 것으

....

2 I. q. 86 a. I ad 4.
3 I. q. 12 a.4 ad 3.
4 1. c.
5 S.c.g. I 30. 이에 대한 적용은 예를 들어 다음과 같다. De pot. q. 7 a. 2 ad 7.

로부터 오는 것«(quo aliquid est), 하나의 »형상«(forma), 즉 »내적
으로 존재하는 어떠한 것«(aliquid quod inest)과 »실현체«, »근저
에 놓인 어떠한 것«(aliquid quod subicitur), 즉 »주체«와의 종합인
한, 이러한 지칭은 복합체에 대한 지칭이다.[6] 따라서 다음과 같은 명
제가 성립한다. "구체적으로 지칭된 것은 그것이 인간으로서든 또는 *139*
하얀 것으로서든 자체적으로 실존하는 것으로서 지칭되고, 추상적
으로 지칭된 것은 형상의 양태를 통해 지칭된다."[7](Quod significatur
concretive, significatur ut per se existens ut homo vel album quod
significatur in abstracto, significatur per modum formae) 따라서 실
제적인 사물 그 자체(reales Ding an sich, res subsistens) 또한 »구체
적인 이름으로«(nomen concretum) 표기된다.[8](신성이 아니라 신, 감
성이 아니라 짐승 등) 그래서 짐승은 구체화된 감성을 지칭한다. 즉, *87*
"짐승은 구체화 방식을 통해 감각 본성으로부터 온다고 추정된다."
[9](animal sumitur a natura sensitiva per modum concretionis). 감성
에 대해 전술한 바에 따르면, 감성을 포함해서 언제나 이미 실현된
구체화가 존재론적 술어로서 질료적 사물에 귀속된다는 점은 자명
하다. 또한 구체화는 실현(Vollzug)으로서 우리 사유 행위의 특징이
지만 우리의 사유 행위를 위한 필수적인 구체화가 감성으로부터 파
생된다는 점도 자명하다.[10]

2. 토마스의 결합 개념: 토마스는 알려진 것 가운데서 개별적인 것(in-

....

6 I. q. 13 a. I ad 2 und ad 3; a. 12 ad 2.

7 I. Sent. dist. 33 q. 1 a. 2 corp.

8 I. q. 32 a. 2 corp.; Vgl. In VII. Metaph. lect. 2, n. 1289: '구체적 또는 파생적 술어'(con-
cretiva sive denominativa praedicatio).

9 I. q. 3 a. 5 corp.

10 I. q. 12 a. 4 ad 3.

complexa, indivisibilia)과 종합된 것(complexa)을 구분한다. 예를 들어 개별적인 것은 집, 군대, 인간, 정의의 내용 등이다.[11] 이와 같은 사실만으로도 지금 논의된 구체적인 것은 개별적인 것에 속한다는 점이 명확하다. 그러니까 구체화하는 종합과 확정적 종합이 동일하지 않다는 점은 분명하다. 종합된 것(complexum)은 논의될 수 있는 것이다.[12] 즉, 그것은 판단이다. 인간은 언제나 »특정한 종합에 따라서«(secundum quandam complexionem) 인식한다.[13] 이러한 종합은 »확정 또는 부정을 통해«(per affirmationem vel negationem), 즉 판단 긍정(Urteilsbejahung) 또는 판단 부정(Urteilsverneinung)을 통해 일어난다. 왜 판단과 그 확정이 종합(Synthesis, complexio)으로서 이해되어야 하는지, 심지어 구체화와 함께 일어나지 않는 것으로서 이해되어야 하는지는 토마스에게 있어서 명확하다. 즉, 종합된 것은 »사태에 대한 개별적인 것과의(그러니까 이미 구체화된 보편적인 것과의!) 비교«(comparatio incomplexi ad rem)를 통하여, 즉 구체화된 보편적인 것과 대상의 특정한 즉자와의 종합을 통해 일어난다.[14] 개념적인 특징들 자체의 단순한 종합인 정의(definitio) 또한

140

....

11 III. de anima lect. II n. 746; 761-62; Periherm. lib. I, lect. 3(Parma 5); III. Sent. dist. 23 q. 2 a. 2 sol. 1 corp. 위의 인간은 한 가지 구체적인 사례이다: I. Sent. dist. 33 q. 1 a. 2 corp. 개별체의 단순성과 불가분성(die Einfachheit und Unteilbarkeit eines incomplexum)이 개념적 특징의 유일성으로 이해되어서는 안 된다는 점은 [예를 들어 정의(Definition)와 같이] 여러 실례에서 필히 그 결과로 연역된다. »일치«는 오직 확정적 종합만을 배제하고, 공동의 실현체에서 다수의 개념적 특징들이 복잡화되고 구체화된 종합을 배제하지는 않는다.

12 II-II. q. 1 a. 2 corp.

13 1. c.

14 S.c.g. I 59: "사물에 대한 단순체와의 비교를 표기 가능케 하는 복합체."(complexum in quo designatur comparatio incomplexi ad rem) VI. Metaph. lect. 4 n. 1223ff.(ganze lectio); I. q. 16 a. 2 corp.: 판결을 통해 "(지성은) 술어로써 지칭된 어떠한 형상을 주어로

이 사태 그 자체(Sache an sich)에 대한 긍정적 연관을 포함하지 않는 한, 즉 이 정의가 »사태와의 비교 또는 적용«(comparatio vel ap- 88 plicatio ad rem)을 포함하지 않는 한, 정의 자체는 아직 개별적인 것(incomplexum)이다. 이는 이 정의가 자신의 특징과 실제로 양립 가능할 수 있다는 판단을 암묵적으로 포함하지 않는 한, 또는 사물 자체에 대한 정의의 판단적 지시가 실제로 정의 내려진 것이라는 판단을 암묵적으로 포함하지 않는 한, 그러하다.[15] 따라서 그 본연의 의미에서의 진리는, 즉 사태 자체와의 인식된 일치로서의 진리는, 개별적인 것(incomplexa)을 통해서가 아니라 오로지 종합된 것(complexa)을 통해 주어질 수 있다는 점은 자명하다.[16]

지금까지에서 다음과 같은 사실이 연역된다. 즉, 토마스에게 있어서 판단이 두 가지 개념의 종합을 통해 충분히 논구되지 않았다는 것이다.[17] 오히려 판단의 고유한 구성적 계기는 주어와 술어를 통해 구체화시키는 종합이 사태 자체(Sache selbst)에 대한 연관, 즉 확정적 종합이라는 사실이다. 이러한 확정적 종합을 통해 진리는 비로소 지성적 과정의 특성이 된다.[18] 진리는 알려진 것이 즉자와 연결될 때, 즉 사태의 존

....
써 지칭된 어떤 사물에 적용한다."[aliquam formam significatam per praedicatum applicat (intellectus) alicui rei significatae per subjectum] 다음을 주의할 것. 이는 »주어에 적용하는 것«(applicat subjecto), 곧 »주어 개념과 관계하는 것«을 말하는 것이 아니라, 오히려 술어의 내용이 사물(res)과 관계하는 것, 곧 주어 개념을 통하여 지칭되는 사물과 관계하는 것을 말한다. 문장 진술의 향처는 주어 개념이 아니라 사물 자체이다.
15 VI. Metaph. lect. 4 n. 1237; S.c.g. I 59; I. q. 17 a. 3 corp.; I. Sent. dist. 19 q. 5 a. 1 ad 7; De verit. q. 1 a. 3 corp.
16 I. q. 16 a. 2 corp.; 그리고 이전의 각주들을 참조할 것.
17 판단에서도 구체화(concretio)가 발견된다는 사실에 대해서는 다음을 참조할 것. I. q. 85 a. 5 ad 3.
18 참조, 각주, 17; Periherm. lib. I.lect. 3(Parma 5/6).

재 행위(esse rei)와 연관될 때,[19] 다시 말해 사태에 대한 적용(applicatio ad res)이 주어질 때에만 존재한다.[20]

자신의 구체화시키는 종합과 함께 보편 개념, 확정적 종합으로서의 판단, 그리고 진리가 어느 정도로 토마스 자신에게도 완성된 귀환(reditio)의 특성인지는—여기서 귀환은 사유의 기본적인 과정으로서 감성을 통해 자신과 분리되지 않고 수용된 타자를 우선 경험의 대상으로 삼는다—토마스에 따르면 이러한 귀환의 본질적 가능성에 대하여 논의되어야 하는 것으로부터 연역되어야 한다. 그러나 귀환 가능성에 대한 질문은 실제로 '확정적 종합 가능성의 선험적 조건은 무엇인가?' 라는 질문과 함께 제기된다는 점에서 지금까지 논의된 바로부터 귀결된다. 왜냐하면 이러한 확정적 종합은 대상을 처음 제공하기 때문이다. 여기서 이 대상은 주체에 마주 서 있고 주체는 이 대상에 대해서 자신의 앎을 처음으로 진술한다. 진리는 이러한 동일한 사태에 대한 또 다른 이름일 뿐이다. "영혼 외부의 사태가 소유하지 않는 어떠한 것을 어떠한 고유한 것으로 지성이 우선 소유하기 시작하는 곳, 그곳에서 진리의 본질이 우선적으로 발견된다."[21](Ibi primo invenitur ratio veritatis, ubi primo intellectus incipit aliquod proprium habere, quod res extra animam non habet). 감성에서 인식은 그 자체만으로는 아무것도 소유하지 않는다. 왜냐하면 인식은 사태와 동일하기 때문이다. 인식은 사유 행위를 통해서만 영혼 밖에 있는 사태로부터 분리해서 자신의 앎과 함께 자기에게로 귀환하고, 이를 통해 인식은 자신의 앎을 사태와 연관시킬 수 있으며, 이러한 연관이 성공하였음을 의식할 수 있다. 즉, 인식은

....

19 I. Sent. dist. 19 q. 5 a. 1 corp. und ad 7; a. 3 corp.
20 이 표현에 대해서는 다음을 참조할 것. S.c.g. II 96 am Schluß; S.c.g. I 59.
21 De verit. q. 1 a. 3 corp.

참된 판단을 내릴 수 있게 된다. 추상을 통해 얻어진 보편 개념의 '여기 89
이것'과의 연관에 대하여 본 절의 서두에서 논의된 것은 판단에 대한
고찰을 통해 다음과 같이 설명된다. 즉, 주체와 객체의 '맞세움'(대립)
에서 규정적인 것은 구체화하는 종합 자체가 아니라 확정적 종합이다.

자신의 존재 행위 자체가 이러한 앎의 심리적 발생에 기인하지 않
는 즉자에 대하여 앎이 갖는 이러한 판단적 연관은 판단 행위에서, 즉
결합에서 본질적이다. 이는 인식 행위가 존재 행위를 향하여, 즉 사유
행위와는 다르면서 분리된 앎(abgelöstes Wissen)을 생각하고 적용하
는 그러한 연관을 통해서만 파악되는 존재 행위를 향하여 반드시 필연
적으로 간다는 말은 아니다. 그러한 '마주 세움'(Gegenüberstellung)은
인식 행위 자체의 본질에 속하지 않는다. 반대로 인식 행위 자체는 무
엇보다도 존재의 본연적 존재로서 이해되어야 한다. 그러나 이로써 피
인식자는 자기 자체로서 이해된다는 점이 귀결된다. 따라서 그 자체에
대한 이해는 인식하는 주체와 대상을 마주 세우지 않고서도, 즉 확정적 142
종합인 판단 없이도 생각될 수 있다.[22]

그러나 인간적 인식 행위(menschliches Erkennen)는 우선 세계-와
함께-있는-존재(Bei-der-Welt-Sein), 즉 감성을 통한 타자-와 함께-있
는-존재 행위(Bei-einem-andern-Sein)이며, 따라서 자신의 즉자를 통해
(in seinem Ansich) 타자를 고유한 대상으로 인식하는 것은 오로지 타
자를 마주 세움으로써, 그리고 대척되어 있는 타자, 즉 즉자적으로 현
존하는 이 타자(an sich seiende andere)를 향하여 앎이 연관됨으로써만
가능하다. 그러므로 이 타자는 그러한 인식 행위와 관련하여 규정적으

....

22 따라서 예를 들어 신은 판단하지 않는다: I. q. 14 a. 14; q. 85 a. 5 corp.; S.c.g. I 58/59
usw.

로(normierend), 즉 인식의 척도로서 드러나고,[23] 이러한 연관에 맞거
나 또는 빗나갈 수 있는 어떠한 것으로 드러나기에, 그러한 판단적 인
식 행위에는 자신의 의향이 잘못될 수 있는 가능성이, 즉 오류 가능성
이 본질적으로 존재한다. 이러한 것은 존재 행위의 자기 동일성을 통한
즉자의 정적인 자기 소유에서는, 즉 즉자적으로 자기와 함께 현존하는
정적인 자기 소유에서는 불가능하다. 그러므로 그러한 이상적인 경우,
즉 토미스트적 의미의 직관에서, 대상을 통해 고유하게 규정된 것[즉,
고유한 대상(objectum proprium)]에 대한 논의가 있을 수 없듯이, 판단
과 오류에 대한 논의는 있을 수 없다. 왜냐하면 사태가 자신의 즉자를
통해 자기 자신에게 소여성으로 오기에, 인식 행위는 사실 처음부터,
그리고 궁극적으로 그와 일치하고 그렇게 머물기 때문이다. 그러므로
90 토마스에게 직관은 언제나 참되다.[24] 그러나 인간 인식은 순수한 감성
이 아니기에, 엄밀한 사유 행위를 통해 타자를 '동일하지 않은 것'(das
Nichtidentische)으로서 소유한다. 따라서 인간 인식은 오로지 앎을 즉
자, 즉 사태를 향하여 연관시킴으로써만 타자에 도달한다. 인간의 고
유한 방식인 결합(complexio)을 통해서만 사태 그 자체(Ansich der Sa-
che)는 인간에 의해서 도달될 수 있다.

　　이러한 연관은 인간의 인식 행위에서 본질적이다. 사유 행위가 필
히 대상을 두고 사유하는 한, 즉자를 확정하지 않는 사유 행위는 없다.
인간은 언제나 타자적인 (구체적인) 어떠한 것에 대한 (보편적인) 어떠

　　……

23 I. q. 21 a. 2 corp.; S.c.g. II 12; De verit. q. l a. 2 corp.; a. 8 corp.; De pot. q. 7 a. 10
ad 5 usw.
24 따라서 감각적 직관 자체에는 오류가 있을 수 없다: I. q. 17 a. 2; De verit. q. l a. 10.(이
논고는 『신학대전』에서보다 형이상학적으로 더욱 명확하고 날카롭다); 마찬가지로 (천사의)
지적 직관에도 오류는 있을 수 없다: I. q. 58 a. 5 usw.

한 것을 사유하고, 따라서 언제나 그 자체로 현존하는 것(Ansichseien-
des)을 상정한다. 인간이 이러한 '즉자'를 알면서 이에 도달한다는 점,
즉 즉자적으로 존재하는 것에 대한 자신의 사유 행위가 성립된다는 점
에 대하여 의심하거나 또는 부정한다고 할지라도 인간은 그러한 '즉자'   *143*
를 상정한다. 왜냐하면 '즉자'에 대한 의심과 부정은 새로운 것을 구성
하기 때문이다. 그러니까 »그러한 것은 도달될 수 없다«는 진술, 다시
말해서 »우리는 그러한 가능성에 대해서 어떠한 것도 규정할 수 없다«
는 진술은 이러한 사유의 실제적 실행과는 무관한 어떠한 것, 즉 '즉자'
라고 생각되는 어떠한 것을 상정한다.²⁵

....

25 Vgl. I. q. 2. a. I ad 3 und obj. 3: "진리로 존재하는 행위는 (일반적으로) 그 자체로 알
려져 있다."[veritatem (in communi) esse est per se notum]; "왜냐하면 진리가 존재하는
것을 부정하는 이는 진리가 존재하지 않는다고 인정하기 때문이다."(quia qui negat veri-
tatem esse, concedit veritatem non esse); "왜냐하면 진리가 없다면, 진리가 존재하지 않
는 것이 참이기 때문이다."(si enim veritas non est, verum est veritatem non esse) 토마
스가 이러한 반대 논증의 정확함을 인정한다는 사실에 대해서는 다음을 참조할 것. 1. c. ad
3 und I. Sent. dist. 3 q. Ia. 2. corp.: "그러나 진리가 존재한다는 것은 그 자체로 알려져 있
다."(veritatem autem esse est per se notum) '진리가 존재한다는 것은 그 자체로 알려져 있
다'는 명제에 대한 증명을 '참되다'(verum est)와 '진리는 존재하지 않는다'(veritatem non
esse)라는 두 개념 간의 모순만을 보여 주려고 하는 단순히 논리적 '부조리로의 연역'(deduc-
tio ad absurdum)으로 이해해서는 안 된다. 이러한 논증은 무효가 될 것이다. 왜냐하면 모순
은 »진리는 존재하지 않는다«는 단순한 개념 자체를 통해 입증될 수 없기 때문이다. 만일 진
리가 존재하지 않는다면, 논의된 가정에서 숙고된 것처럼, 이는 »참된 것«(Wahrem)의 의미
에서가 아니라 오히려 오류들(falsa)만큼이나 그러한 '참된 것들'(vera)이 없기에 이러한 »참
된 것«(verum)이 가정과 모순적 관계라는 의미가 아니라 (참된 것들이 있다는) 반대 가정과
모순적 관계라는 의미에서 최소한 »참«(wahr)이기 때문일 것이다. 오히려 전체 증명은 실제
적 사유 행위[부정하는 이는 …; …을 인정한다(qui negat … concedit)]가 본질적으로 (»진
리는 없다«는) '즉자'에 대한 연관을 포함한다는 초월적 연역(transzendentale Deduktion)이
다. 숙고된 개념들 간의 모순을 입증하는 것이 중요하다기보다는 오히려 실제로 수행된 사유
행위의 암묵적인 것과 명시적인 것 간의 모순을 입증하는 것이 중요하다. 사유 행위를 통해
명시적으로 수행된 '즉자'의 폐지(Aufhebung eines Ansich)는 그러한 것을 암묵적으로 새롭
게 설정한다. 토마스는 자신이 개념들 간의 단순한 모순 자체를 보지 않았다는 사실을 여지없
이 명확하게 말한다. I. Sent. dist. 19 q. 5 a. 3 ad 3: "그리고 다음과 같이 이의를 제기하는 경

91   확정적 종합이 향해 가는 이러한 '즉자'가 구체적으로 무엇인지에 대해서는 더욱 고찰되어야 할 것이다.

....

우-"(Et si obicitur): »진리는 없다. 따라서 진리가 창조되지 않았던 저 시간이 있는 한, 진리가 존재한다는 것은 오류이다.«(veritas non est, ergo veritatem esse est falsum, quantum ad illud tempus in quo non erat veritas creata), "나는 이러한 것은 논리적이지 않다고 말한다. 왜냐하면 진리가 없다면 오류 또한 없기 때문이다."(dico quod non sequitur. quia quando non est veritas, nec etiam falsitas est) 따라서 진리가 결코 존재하지 않는다면, 토마스에 따르면 '즉자'에 대한 위의 증명을 순수히 논리적으로 이해하는 데 그 타당성의 전제가 되는 진리가 있다는 것도 오류가 아니다. 이제 이 질문으로 돌아가야 할 것이다. 이 점과 더 많은 토마스 본문에 대해서는 다음을 참조할 것. *Maréchal*, a.a.O., 42ff.

3. 자신으로의 주체의 회귀와 능동 지성

우리가 숙고한 것의 요점에 대해서 다시 한번 확실하게 해 둘 필요가 있다. 인간의 인식이란 타자에 대한, 즉 세계에 대한 대상적 수용(Hinnahme)이다. 인식 행위와 존재 행위가 동일하다는 전제하에 타자 자체를 직관적으로 수용할 수 있는 가능성을 파악하기 위해 감성은 질료의 현실태(actus materiae)라고 소개되었다. 그래서 감성 자체는 타자를 제공하지만, 어떤 것이 참이라고 판단될 수 있는 대상으로서 제공하지는 않는다. 인식 행위와 피인식자를 마주 세우는 이러한 대상화 능력을 우리는 사유 행위라고 일컫는다. 이러한 사유 행위의 특징, 즉 보 *144* 편적이고 판단 능력이 있는 참된 인식을 통해 우리는 피인식자를 마주 세우고 대상화하는 특징과 인식자의 자기 자신으로의 회귀의 특징을 이해하였다.

이렇게 추상화하면서 회귀하는 가능성을 어떻게 이해할 수 있을까?

감성에 대해서 논의하였던 것으로부터 우선 첫 번째 자명한 진술이 다음과 같이 부정적으로 연역된다. 즉, 감성 자체는 이러한 회귀를, 다시 말해 타자에 대치된 '자신과 함께 존재함'(Beisichsein)을 성취할 수 없다는 것이다.

지성은 타자에 대치하여 자신과 함께(bei sich) 존재하면서 숙고하는 행위이다. 그리고 지성 자체는 보편적인 것을 실현체와 연관시킬 수 있다. 즉, 지성은 판단할 수 있다. 또한 지성은 판단이 참되다는 점을 인식할 수 있다. 지성은 타자에 대치되어 놓인 것으로서 자신과 함께 존재한다. 양자는 일치를 통해 인간 인식의 본질에 대하여 다음과 같이 기술한다. 즉, 인간은 인간 자신으로서 자기 자신과 함께 존재한다. 왜냐하면 그는 보편적으로 알려진 것을 어떠한 것과 연관시킴으로써, 그리고 어떠한 것에 대한(über etwas) 판단을 통해 이러한 (구체적인) 어떠한 것으로부터(von diesem Etwas) 자신을 구별하기 때문이다. 그러나 인간은 타자에 대치하는 이러한 구별을 통해서만 자기 자신과 함께 현존한다. 즉, 그는 인식하면서 자기 자신 안에(in sich) 자립해 있다. 그가 오로지 그렇게 자기 자신과 함께 존재한다는 점을 부인하고 싶어하는 것은 우리의 질문 행위를 영구적으로 지속시키는 기반을 떠나는 것을 뜻할 것이다. 즉, 인간은 언제나 자신을 이미 세계와 함께 존재하는 자로서 발견한다는 선행 규정(Vorentscheidung)을 떠난다는 것을 뜻한다. 그러니까 인간의 '자기 자신과 함께 있는 행위'(Beisichselbersein)는 타자와-함께하는-존재 행위(Beim-andern-Sein)로서의 '자신과 함께 있는 존재 행위'(Beisichsein)만, 즉 감성만이 아니더라도 세계에 대하여 마주 서 있음으로써 성립된다.

»타자에 대치한 자신과 함께«(bei sich gegen anderes)라는 정식에는 인간의 사유 행위가 무엇인가를 더 정확하게 파악하기 위한 하나의

실마리가 이미 포함되어 있다. '자기 자신과 함께 있는 행위'로서의 '자신과 함께 있는 존재 행위'와 타자에-대치되어-세워진-존재 행위(Gegen-anderes-gestellt-Sein)로서의 '자기 자신과 함께 있는 행위'는 이러 *145* 한 이중성을 통해 인간 지성의 기본 구성(Grundverfassung)을 형성한다. 이 기본 구성은 능동 지성(intellectus agens)과 가능 지성(intellectus possibilis)에 대한 토미스트적 이해에서는 타당한 것이다. 비록 이러한 두 가지 용어 모두 다른 관점하에서 기본 구성 전체를 표현한다고 할 *92* 지라도 말이다.

그러니까 만약 '자기 자신과 함께 있는 행위'가 타자에 대치된 대립 (Gegenstellung) 없이도 인간의 사유 행위에 가능하였다면, 첫 번째로 인식된 것[das Erstgewußte(objectum proprium)]은 인식자 자신의 존재 행위였을 것이다.[1] 그렇다면 능동 지성에는 어떠한 가능성도 없었을 것이다. 이 능동 지성이 보편적으로 알려진 것을 타자적 존재자로부터 구별해 내는 능력을 말하는 한, 그리고 이를 통해 인식자의 인식 내용을 의미된 것과 대립시켜 처음으로 연관시킬 수 있는 능력을 말하는 한에서 그렇다. 그러나 가능 지성을 위한 여지 역시 사실상 없을 것이다. 즉, 타자에 대한 앎을 이 타자에 의해 제공된 앎으로서 수용하는 능력을 위한 여지가 없다는 것이다. 왜냐하면 이러한 전제에서는 지성이 '자기 자신과 함께 있는 행위'의 가능성을 언제나 이미 자기 자신만을 통하여 갖기 때문이다. 그렇게 된다면, 타자가 자신을 지성에 드러내어 지성이 타자에 대치됨으로써 자기 자신과 함께(bei sich selbst) 존재할 수 있는 가능성을 타자가 지성에 부여한다는 사실에 의존하지 않고, 지

....

1   이에 대한 고찰은 다음을 참조할 것. I. q. 54 a. 4 corp.: 천사의 지적 직관은 타자에-대치하여-세워짐(Gegen-ein-anderesGestelltsein) 없이 '자기 자신과 함께 있는 행위'(Beisich-selbersein)이다.

성은 이미 앞서서 자신과 함께 존재하고 자신을 이미 인식하였을 것이다. 역으로 인식이 타자에 대립하는 것이 아니라 단지 타자와 함께 현존하는 방식의 '자신과 함께 있는 행위'였다면, 그러한 인식은 '자기 자신과 함께 있는 행위'를 본질적으로 배제하는 감성일 뿐일 것이다. 그리고 타자의 어떠한 것에 대한 것을 아는 데에서 이 타자로부터 존재 행위를(즉, 앎을) 분리하는 것은 불가능할 것이다. 결국 남는 것은 타자에게 존재론적으로 내어주는 가운데 타자를 수동적으로 수용하는 능력뿐일 것이다.

능동 지성과 가능 지성이 무엇을 의미하는지를 토미스트적으로 이렇게 잠정적으로 정식화한다면, 능동 지성은 지성을 탁월하게 특징짓는 계기라는 점이 분명히 드러난다. 왜냐하면 가능 지성은 타자를 수용하는 능력으로서만 규정되기 때문이다. 그리고 타자와의 조우에 대하여 기다려야 하기 때문에 가능 지성은 그 자체로는(an sich) 비어 있다 (possibilis). 이는 형식적으로 감성에도 적용되는 규정이다. 그러나 감성이 가능 지성에 의하여 다음과 같이 이해된다면, 즉 알려진 것의 존재 행위를 수용하는 것이 존재 행위가 알려진 것으로부터 분리되어 타자로서의 알려진 것에 연관하는 방식으로 발생한다면, 수용적 능력을 지닌 지력(Intellektualität)은 능동 지성의 기능이 무엇인지에 따라 정확히 규정된다.

여기서 간략히 드러난 점은 이 작업 단계에서 모색하여야 하는 것, 즉 완전한 회귀(reditio completa)의 가능성을 어떠한 토미스트적 주제 하에서 숙고하여야만 하는가라는 것이다. 사실 토마스가 능동 지성에 대하여 말한 바는 이 질문에 대한 답변이다. 능동 지성은 존재자로부터 존재 행위를 추상화하면서 자신의 기능을 실행하는 가운데 인식자를 '즉자적으로 현존하는 자'(das Ansichseiende)에 맞서 떨어뜨려 놓는다.

4. 능동 지성의 본질

의심할 여지 없이 우리가 능동 지성이라는 개념에 도달한 접근 방식은 토미스트적 문제 제기의 영역에 속하지만, 그 이상의 전개는 애초에 이러한 접근 방식 자체의 내적 역동성에 맡겨져서는 안 된다. 오히려 우리는 무엇보다도 토마스가 능동 지성에 대해서 명백히 진술한 내용을 갖고 시작할 것이다. 이는 우리가 더욱 확실히 철학적 작업의 한계 내에서 보다 안전하게 궁구하기 위해서이다.

토마스는 능동 지성의 개념을 어떻게 소개하고 있는가? 질료적 사물 안에 들어 있는 형상(그러한 것으로 알 수 있는 것)은 질료의 형상(forma materiae)이다. 형상 자체는 필연적으로 개별화되어 있고, 따라서 토마스가 결론을 내듯이, »현실태의 가지 대상«(intelligible actu)은 아니다. 이 추론에 대해서 우선 상론하기로 하자. 이미 앞서 우리는 토마스가 존재자의 인식 가능성(Erkennbarkeit)은 존재 강도의 정도에 따라 본질적으로 변화된다고 생각한다는 점을 살펴보았다. 지금 넓은 의미에서 '현실태의 가지 대상'은 '현실태의 인식 대상'(cognoscibile actu)과 단순히 동일시될 수 없다. 왜냐하면 우리는 그 자체로 '현실태의 인식 대상'으로도 분류되는 '현실태의 감각 대상'(sensibile actu)을 감성을 통해 만났기 때문이다. 따라서 만약 토마스가 형상이 질료의 현실태인 한에서 '현실태의 가지성'(actu intelligibilitas)이 아니라고 한다면, 그는 더 높은 질서에 대한 인식 가능성을 파악하고 있음에 틀림없다.

1) 질료적 형상의 인식 가능성에 대한 선험적 가능성의 조건으로서의 능동 지성

인식 가능성이 그 자체로 어떠한 인식에 개방되어 존재하는 한, 즉 그 자체로 존재 행위와 인식 행위의 동일성 영역으로 들어와 존재할 수 있는 한, 인식 가능성 자체는 사물의 존재 행위이다. 가지성(Intelligibilitas)은 사유 행위 자체에 마주한 존재자에 대한 인식 가능성이다. 이 사유 행위의 특성에 대해서 우리는 2절에서 고찰한 바 있다. 질료의 현실태인 형상은 이 사유 행위에 개방적으로 존재할 수 없다. 즉, 형상은 사유 행위에서 사유 행위와의 일치를 통하여 드러나는 것으로서 존재할 수 없다. 왜냐하면 이를 위해서는(사유 행위의 가장 기본적인 특징을 끌어들이기 위해) 형상이 보편적이어야 하기 때문인데, 사실 형상이 인식에 앞서 자신의 질료를 통해 특정한 실현체로 이미 구체화되어 있는 한, 딱히 보편적일 수 없다. 그러니까 감성과 그 대상들이 인간 인식의 유일한 기원이라면, 어떠한 '현실태의 가지 대상'(intelligibile actu)은 감성에 의해 단순히 수동적으로 수용될 수 없다. 그래서 그 '현실태의 가지 대상'은 감각적으로 제공된 것에 대치하는 사유 행위의 자발적 행위 자체, 즉 능동 지성에서만 자신의 기원을 가질 수 있다. 이에 토마스는 능동 지성을 언제나 반복해서 선험적인 것으로서 소개한다. 즉, 능동 지성은 사유 행위 자체에 내재하는 선험적 가능성의 조건으로서 정확히 '현실태의 가지 대상'에 대한 가능성의 조건이다. 여기서 '현실태의 가지 대상' 자체는 감성에서 발견되지 않으며, 경험적 증거에 따르면 그 어떤 다른 곳으로부터도 인간에게 오지 않는다. 특히 구성된 '현 94 실태의 가지 대상'은 그 자체로 감성을 되돌아 지시한다. 이에 관하여 다음과 같은 몇 가지 토마스 본문을 인용할 수 있다. 어떠한 것이 »다수 안에서, 그리고 다수에 대한 하나의 것으로서«(quasi unum in multis et de multis) 파악될 때,[1] '현실태의 가지 대상'은 인식된다. 즉, »현실태의 가지 대상들은 보편적이다.«[2](universialia sunt intelligibilia actu) "이러한 사물에서 개별화는 이 표기된 질료를 통해 이루어지며 개별화 148 된 것들은 '현실태의 가지 대상들'이 아니다."[3](In quibus individuatio fit per hanc materiam signatam, individuata non sunt intelligibilia actu) 그러므로 감성은 '현실태의 가지 대상'을 자신과 함께 소유하는 것이 아니라 질료 자체로 이루어진 다수의 '여기 이것'을 향한 내어줌이다.[4] 이러한 이유로 인간의 보편적 인식 행위는 »감각 대상들로부터 수용된 상을 가지 대상들로 만드는 능동 지성«(intellectus agens qui facit species a sensibilibus acceptas esse intelligibiles)의 능력을 필요로 한다.[5] » 그런데 아리스토텔레스가 이들이(즉, 그 자체로 보편적으로 존재하는 형

....

1 De anima a. 4 corp.
2 De spir. creat. a. 9 corp.
3 S.c.g. II 75.
4 I. q. 12. a. 4 corp. und ad 3; q. 85 a. l corp.; S.c.g. I 65 ; V. Metaph. lect. 13, n. 947.
5 S.c.g. II 96.

상이) 현실태의 가지 대상들이 아닌 감각 대상들을 통해서만(즉, 언제나 이미 성취된 구체화 안에서만) 실현된다고 주장하였기 때문에, 토마스는 어떠한 능력을 상정할 필요가 있다고 간주하였다. 이 능력은 질료와 개별화의 조건으로부터 사물의 상을 추상함으로써 가능태의 가지 대상들을 현실태의 가지 대상들로 만든다. 이 능력은 능동 지성이라고 불린다.«[6] 여기서 여담이 추가되어야 하겠다. 토마스는 보편성으로서의 현실태적 가지성으로부터 능동 지성의 개념에 도달하였다. 따라서 가지성은, 토마스가 의식하였듯이, 특히 인간의 존재 등급(Seinsgrad)과 사유 행위의 관점으로부터 고찰된다. 존재 등급은 현실태의 가지 대상에 대한 인식 가능성에 상응하여 존재한다. 그런데 여기서 현실태의 인식 대상은 이러한 이유로 보편적이지 않고, 따라서 보편성은 언제나 모든 사유 행위 및 모든 현실태의 가지성을 나타내는 특성이 아니다. 그러나 인간의 인식 형이상학에서 '자기 자신과 함께 있는 것'은 비-질료적-존재 행위의-현실태(Nicht-actus-materiae-Sein)로 규정된다. 인간의 사유 행위가 타자에 대치되어서야만 가능한 한, 즉 실현체에 대치된 질료적 형상을 소유함으로써만 가능한 한, 보편적인 것은 현실태적 가지성의 특성이다. 그 자체로 질료의 공허한 '여기 이것'을 향해 정향되지 않은 존재 등급은 질료를 통해 다수화되기에(formae separatae, 분리적 형상) 보편적인 것일 필요 없이 그 자체로 현실태의 가지 대상이다.[7] 존재

등급은 다른 형상과 구분되는 »특별한« 차이성을 근거 짓는 형상적 개별성을 지니고 있다. 그러나 이는 동일한 것들로서 다수화될 수 없다. 이는 바로 질료의 공허한 비규정성을 향한 정향성을 포함하기 때문이

....

6 De spir. creat. a. 9 corp. Vgl. I. q. 54 a. 4 corp; q. 79 a. 3; De anima a. 4; De spir. creat. a.10 corp. 시작 부분; III. de anima lect. 10, n. 731; S.c.g. II 59; S.c.g. II 77.

7 Vgl. S.c.g. II 75; De anima a. 17 ad 5; a. 2 ad 5 und ad 6; a. 3 ad 17; I. q. 86 a. l ad 3.

다. 그러나 형상이 질료를 통해 구체화 되는 한, 형상은 타자에게 존재한다. 따라서 존재 등급은 그 자체로 자기 자신과 함께 존재할 수 없다. 즉, 존재 등급은 인식자로 존재할 수 없고, 따라서 피인식자로도 존재할 수 없다.

2) 질료를 통한 형상의 제한에 대한 인식으로서의 능동 지성: »분리«의 양태

토마스가 지성의 기능에 대하여 기술한 본문을 오해하지 않기 위해서는 그가 어디에서부터 능동 지성의 개념에 도달하였는지를 시야에서 잃어서는 안 된다. 능동 지성이 가지상을 분리시킨다고 한다면, 즉 능동 지성이 가지상을 가능 지성에 각인한다고 한다면, 그러한 상들은 "가능태의 가지 대상들을 현실태의 가지 대상들로 만든다"(facere intelligibilia potentia esse intelligibilia actu)는 형이상학적 정식(程式, Forumulierung)의 관점에서 설명되어야 한다. 그리고 그 역은 성립되지 않는다. 왜냐하면 사유 행위를 형이상학적 전제인 능동 지성으로 이끄는 직접적인 질문으로부터 우리의 고찰이 이러한 정식에 도달하였기 때문이다. 이러한 형이상학적 전제 자체는 관찰될 수 없는데, 그 이유는 사유 행위가 자신에 대하여 성찰하기 시작할 때 언제나 이미 추상하였기 때문이다. 능동 지성의 활동을 기술한 비유적 표현들을 '감각적 형상 자체는 질적인 내용을 통해 또 다른 »수준«(Niveau)으로 이끌어진다.'라는 추정으로 오도하면 안 된다.

왜냐하면, 만일 우리가 추상이라는 원래의 정식을 고려한다면, 형상이 보편적이 되고 그 역도 마찬가지라고 하는 한, '형상이 현실태의 가지 대상이 된다고 말하는 것이 무엇을 뜻해야 하는가?'라는 질문은 여전히 남기 때문이다. 확실히 우선 말할 수 있는 것은, 형상은 질료를 통해, 그리고 질료에 의해서 개별화되는데 이러한 것은 질료부터 형상이 »분리됨«(abgelöst)을 통해 발생한다는 것이다. 토마스는 언제나 반복적으로 이렇게 말한다. 그리고 우리는 이러저러한 표현 방식에서 이미 자주 그를 따랐다. 따라서 이 정식은 잠정적인 것으로서, 그리고 이 질문에 대하여 짧게 요약한 결과로서 정당화된다.

150   그러나 추상이 명백한 주제이므로 이제 다음과 같은 질문이 떠오른다. 즉, 질료로부터 질료적 형상의 분리를 통해 다수의 '여기 이것'에 대한 자신의 연관 가능성(Beziehbarkeit)이 알려지는데, 여기서 질료로부터 질료적 형상의 분리를 어떻게 이해해야 하는가? 그리고 그 분리 가능성이 어떻게 파악될 수 있는가? 왜냐하면, 만일 이러한 표현 방식에서 드러나는 바를 유지하길 원하고 질료로부터 형상의 현실적 분리가(그것이 실제적이든 지향적이든 중요하지 않다) 문제가 된다는 사실을 가정하길 원한다면, 추상은 본질적으로 모순일 것이기 때문이다. 그러니까 질료의 형상은 본질적으로 존재자(seiende)이자 피인식자(gewußte)로서 본질적으로 '여기 이것'과 관계되어 있다.[8] 그렇다면 질료적 형상이 어떻게 존재자로서 또는 피인식자로서 »분리 가능할 수« 있을까? 지금 우리는 이제까지 이에 대해서 간과하지 않았다. 따라서 여기서 우리가 다음과 같이 논의하였다는 점을 발견하였다. 즉, 질료적 형상은 잠재적인 '여기 이것'을 향한 자신의 정향성을 지니는 방식으로 분리되었고 오로지 구체성을 통해 실재적인 것이라고 생각될 수 있다. 이러한 진술은 옳지만 지금 문제가 되는 것과 직접 관계되는 것은 아

96

·······

8 De verit. q. 8 a. 6 ad 5: "왜냐하면 질료는 정의에 포함되기에 본성적 형상은 질료 없이는 결코 이해되지 않는다는 사실은 명백하다."(constat enim quod formae naturales numquam intelliguntur sine materia, cum materia in earum definitione cadat)

니다. 왜냐하면 이 진술은 형상의 분리를 이미 실행된 것으로 전제하고 형상의 유래가 어떻게 구체적인 것으로부터 명백하게 남아 있을 수 있고 남아 있어야 하는지를 알려주지만, 분리 자체의 가능성을 이해할 수 있게 하지는 않기 때문이다. 문제가 되는 것은 '타자적인 이것들'(andere Diese)을—이들에서 '연관'이 감각적으로, 그리고 직관적으로 파악된다—향한 형상의 '연관'을 어느 정도로 인식할 수 있는가이다. 그 직관적인 내용에는 그러한 종류의 것들이 발견되지 않는다. 다른 유사한 것들과의 »비교«는 이미 선행하는 추상을 전제한다. 왜냐하면 비교 자체는 다수의 실현체(supposita)에 동일한 방식으로 속하는 형상에 대한 연관이기 때문이다. 어떠한 경우에도 자기 동일성을 확정하기 위한 두 형상 간의 비교는 형상과 구체적인 '여기 이것' 간을 구분한 이후에 온다. 왜냐하면 두 개의 '여기 이것' 자체는 서로 비교될 수 없기 때문이다. 또는, 이 문제를 다른 방식으로 표현하자면, 다른 잠재적인 '여기 이것들'이 어느 특정한 구체적인 것에서 직관된 형상의 잠재적 주체들로 나타나는 방식으로 인식 행위 이전에 어떻게 자신을 드러낼 수 있는가? 그런데 그들 내에서는 이미 그들의 형상과 그 실현체가 서로 구분되었을 것이다. 따라서 추상은 이미 발생한 것으로 전제되었을 것이다. 또는, 같은 문제를 형상의 관점에서 본다면, 단지 우연히 형상이 정확히는 감각적으로 소유된 이러한 '여기 이것'의 형상이고 '여기 이것'만을 통해 형상이 사실 »구체적으로«(in concretione) 형상이라는 점이 어떻게 형상에서 드러나는가? 또는, 더욱 간단히 말해서, 어떻게 형상과 '여기 이것'이, 즉 존재 행위와 존재자가 서로 구분되는가? 왜냐하면 이들은 감성을 통해 항상 하나로서 주어졌고 존재 행위는 언제나 오직 존재자로서 발생하고 발생할 수 있기 때문이다.

어떠한 경우에든 이는 우선 다음과 같이 표현된다. 즉, 그러한 분리의 실제적 실현은, 인식이 분리와 관계없이 존재하지는 않을지라도, 감각적 구체성의 우연성에 대한 선행 인식에 근거하고 있다. 이 인식은 감각적 인식에 선행하여 이미 언제나 실행되었고, 이 인식을 통해서만 감각이 존재 행위를 소유한다.[9] 이러한 우연성은 당연히 감각적 차원에서 직관적으로 제공된 것이 아니다. 우연성은 형상 안에 있는 다른 여러 가지 가운데 하나가 아니라 형상 자체의 존재 방식이다. 즉, 우연성은 질료(축소, 제한)에 의한 형상의 제한성이고, 이는 감성에 본질적으로 은폐되어 있다. 그러므로 형상은 자신의 형상의 제한성인 '여기 이것'에 의해서 제한적으로 인식되어야 한다. 오로지 이러한 방식으로만 형상이 그 자체로 »더 넓게«, 그리고 그렇게 다른 '여기 이것들'과 관계를 가질 수 있다. 그러고 나서야 형상은 질료와는, 즉 형상의 실현체와는 존재론적으로 다르게, 그리고 그 자체로 보편적으로 드러날 수 있다. 그러니까 추상적 숙고 행위에서 지성적인 것은 질료를 통하여 형상을 한정하는(coarctatio formae per materiam) 것에 대한 인식이며 오로지 이것뿐이다. 그러나 감각 대상 자체의 질적인 내용은 지성의 차원으로까지 올라가지는 않는다.

이로부터 다음과 같은 결론이 드러난다. 즉, 토마스의 비유적인 진술을 소박하게 해석해서 추상을 지성 안에서 이루어진 산물이라고, 즉 추상을 직관에 감각적으로 제공된 것에 대한 지성의 »이중«(Doppel) 산물이라고 생각할 수는 없다. 다시 말해, 감성이 자신의 대상을 바라보는 것과 같은 방식으로 추상을 지성이 바라보는 하나의 »상«(Bild)이라고 생각해서는 안 된다. 만일 상이라고 생각하게 되면 '표상으로의

....

9 De verit. q. 25 a. 1 corp.: "감각은 이 채색된 사물을 파악하는 것이다. 그러나 색 자체를 파악하는 것은 아니다."(sensus est apprehendere hoc coloratum, nicht aber die Farbe selbst)

전회'가 처음부터 불필요하고 무의미할 것이기 때문이다. 본질적으로 불가능한 것은 논외로 하고(예를 들어 지성적인 색은 무엇이란 말인가?), *152* 그러한 상 자체만이 자신의 감각적 본보기(Vorbild)처럼 구체적이기에 다수의 모상(Abgebildetes)을 향한 상의 연관을 통해서가 아니라면 상은 그 자체로 보편적일 수 없다. 그런데 여기서 이해되어야 할 것은 바로 연관 가능성이다. »가지상«(species intelligibilis) 자체는(즉, 이 용어가 감각적으로 직관적인 것을 포함하지 않는 한), 비록 이 용어에 플라톤적 유래가 있다 할지라도, 토마스에게 상의 특성(Bildcharkater)을 갖지는 않는다. 감각적으로 직관된 것만이 상의 특성을 지닌다.

여기에 간단한 여담 한마디.[10] 오로지 이러한 이해를 통해서만 토마스가 왜 언제나 반복적으로 »표상을 통해 가지상을 보는 행위«(videre species intelligibiles in phantasmatibus)에 대해서,[11] 즉 »주시하는 모든 것을 표상을 통해 주시하는 행위«(in phantasmatibus inspicere omne quod inspicit)에 대해서 말할 수 있는지를 알 수 있다.[12] 토마스는 다음과 같은 결론에 도달한다. 곧, 그러므로 마치도 현실태의 가지 대상들이 능동 지성으로부터 가능 지성으로 흐르는 것처럼 능동 지성은 현실태의 가지 대상을 만들지 않는다(non enim intellectus agens sic facit intelligibilia in actu quasi ab ipso effluant in intellectum possibilem). (그러니까 능동 지성은 가능 지성을 통해 표상의 이중을 야기하지 않는다. 더욱이 앞서 밝혀진 근거에 따르면 이러한 이해는 오류이다.) 그렇다면 우리는

....

10 Vgl. zum folgenden *Maréchal*, a.a.O., 148ff.

11 I-II. q. 180 a. 5 ad 2.

12 Boeth. de Trin. q. 6 a. 2 ad 5; 유사한 내용: de mem. et rem. lect. 2 n. 316(in phantasmatibus inspicere); I. q. 86 a. 1 corp.(in phantasmatibus intelligere species intelligibiles); III. q. 11 a. 2 ad 1(a phantasmatibus et in phantasmatibus apprehendere species intelligibiles).

이해하기 위해 표상과 감각을 필요로 하지 않을 것이다(sic enim non indigeremus phantasmatibus et sensu ad intelligendum). (표상으로의 전회는 필요하지 않을 것이다. 그리고 토마스는 우리의 해석에 의심의 여지가 없도록 비교를 통하여 올바른 개념을 설명한다.) 빛이 특정한 방식으로 현실태의 색을 만들어내는 경우, 이는 빛이 원래 자기 자신 안에 그 색을 소유하고 있는 것이 아니라 빛이 그들에게 특정한 방식으로 가시성을 부여하는 것이다[13](sicut lumen facit quodammodo colores in actu, non quasi habeat apud se, sed inquantum dat eis quodammodo visibilitatem). 그 밖에, 추상에 대해 좀 더 이해함으로써 가지상에 대한 이러한 이해는 더욱 심화될 것이다. 물론 이러한 숙고를 통해 추상에 대해 이해하기 위해 형상 개념(Eidos-Begriff)을 사용함으로써 토마스의 표현 방식은 그 명증성을 잃어버렸다는 점을 부인하여서는 안 된다.

이로써 능동 지성의 기능이 더욱 명확히 드러난다. 능동 지성은 감각적으로 직관된 양태에 따라 정신적인 상을 가능 지성에 각인시키는 능력이 아니다. 가지상은 바로 이렇게 이해되어서는 안 된다. 능동 지성은 오히려 감각적으로 직관된 것을 제한된 것으로서, 즉 실행된 구체성으로서 인식하는 능력이다. 그리고 이러한 한에서만 능동 지성은 감각적으로 소유된 형상을 »보편화한다.«, 즉, 오로지 이러한 한에서 능동 지성은 형상을 자신의 질료적 구체성으로부터 분리한다.

3) »선취«로서의 능동 지성

그러므로 우리는 능동 지성이 어떻게 이해될 수 있는지에 대해서

....

13 Comp. theol. c. 88.

물어야 한다. 이는 능동 지성이 형상을 제한되고 한정적인 것으로서, 그리고 이로써 그 자체로 확장된 가능성을 자기 자신 안에 포함하는 것으로서, 즉 보다 확장된 가능성의 영역에서 그 한계가 정해진 것으로서 인식할 수 있기 위해서이다. 이는 명백히, 능동 지성이 개별적 형상을 이해하기 위해서 이보다 앞서 그 자체로 이 가능성의 전체 영역을 파악하고, 따라서 감각적으로 구체화된 형상에서 구체성을 이 가능성의 제한으로서 경험하는 경우에만 가능하다. 이를 통해 능동 지성은 형상 자체를 이러한 가능성의 영역에서 다수화될 수 있는 것으로서 인식한다. 확장된 가능성에 대한 이러한 초월적 이해를 우리는 »선취«(Vorgriff)라고 부른다. 초월적 이해를 통해 구체적으로 감성 내에 소유된 형상은 제한된 것으로서 파악되고, 또 그렇게 추상된다. 비록 이 용어가 토마스에게서 직접 발견되지는 않지만 그 내용은 사실 토마스가 하나의 유사한 상을 이용하는 가운데 »초월«(excessus, Überschritt, 넘어감)이라고 부르는 것에 들어 있다.[14]

그래서 우리의 과제는 선험적으로 파악된 지평의 범위를 규정하는 것이 될 것이다. 선취를 통해 그 자체로 파악되는 이 지평은 감성의 형식을 제한된 것으로서 경험할 가능성을, 즉 이 형식을 제한성의 기반인 감각적인 '여기 이것'으로부터 떼어 낼 가능성을 제공한다. 또한 이로써 인식 행위 자체에 완전한 회귀의 가능성을 만들어 준다. *154*

....

14 초월 개념에 대해서는 다음을 참조할 것. I. q. 84 a. 7 ad 3: "감성이 우리 인식의 항구적인 기초임에도 불구하고 초월은 형이상학의 대상들을 파악하기 위해서 필수적이다." 토마스는 여기서 위디오니시우스 아레오파기타(Pseudo-Dionysius Areopagita)의 De div. nomin.를 지시한다. 그러나 이 저술에 대한 토마스의 주석은(c. 1. lect. 3: Parma XV, 271 ff.) 초월 개념의 의미에 대한 우리의 질문에 아무것도 제공하지 않는다. Boeth. de Trin. q. 6 a. 2 corp.에는 초월과 부정이 형이상학의 대상을 획득하기 위한 조건으로 드러난다. 1. c. a. 3 corp. 결론 부분에서도 마찬가지이다.

우리의 질문은 구체적으로 다음과 같다. 즉, 이 지평은 무한한 시공간에 대한 상상력의 지평인가? 또는 이 지평은 더 넓은, 즉 원칙적으로 그 모든 차원에서 무제한적이어서 시공간을 넘어서는 것으로 자신을 드러내는 존재 행위 자체의 지평인가?

99　　선취를 어떻게 이해할 수 있는지에 대한 직전의 규정으로부터 곧바로 그 본성이 한 가지 관점에서 더 밝혀질 수 있겠다. 즉, 선취는 그 자체로 대상에 이르지 않는다. 선취는 그 본질에 따라 대상적 인식을 위한 가능성의 조건(Bedingung der Möglichkeit) 중 하나이다. 인간의 인식에[이러한 인간의 인식은 어떠한 것에 관하여 어떠한 것을(von etwas über etwas) 아는 행위의 형식을 통하며, 이 형식은 모든 판단을 통해 입증된다] 제공된 모든 대상은 그 자체로 오로지 선취를 통해 파악될 수 있다. 판단이 대상을 인식에 제공하는 방식으로 선취 자체가 그러한 대상에 이른다면, 이 선취 자체는 다시금 또 다른 선취에 의하여 조건 지워질 것이다. 그렇지만 다른 한편으로는 선취가 선취하는 것만 제시된다는 사실을 통해 선취의 본질과 폭이 표기될 수 있다. 이로부터 다음과 같은 결론이 나온다.

　　1. 이미 제공된 근거로부터 선취의 이러한 '향처'는 그 자체로 인간이 상상할 수 있는 대상이 아니다.

　　2. 이 '향처'는 인간 대상의 양태에 따라서 설명되어야 한다. 왜냐하면 대상을 인식하기 위한 가능성의 조건이 주제적으로 반성적 인식의 대상이 된다면 이는 이러한 반성적 인식 자체가 인간 인식의 모든 조건에 종속될 때에만 발생하기 때문이다. 그러나 여기에는 인식된 '무엇'(Was)의 구체성이 표상으로의 전회를 통해 이 '무엇'이 진술하는 (구체적인) '어떠한 것'(Etwas)과 함께 속한다. 다른 말로 선취의 '향처'는, 만일 이에 대해서 명백히 표현하자면, 대상으로서 이

해되어야[vorgestellt, 즉, 설명되어야(bezeichnet)] 한다. '향처'가 비록 그 자체로서의 의미[gemeint, 즉, 긍정(bejaht)]가 아니라고 할지라도 말이다.[15]

3. 비록 선취의 '향처' 자체가 대상이 아닐지라도 특정한 행위를 통해 *155* 선취가 파악하는 것을 넘어서는 대상을 선취의 '향처'는 드러낼 수 있다. 이러한 드러냄은 자신의 고유한 자아를 통해 대상을 제공하는 것을 뜻하지 않고(만일 제공한다면 선취 자체는 대상을 향하여 갈 것이다), 오히려 선취가 자신의 '향처'의 폭 안에서 이러한 다른 대상의 실재적 가능성을 암묵적으로 함께 긍정함으로써 일어난다. 선취는 자신의 실재적 실행을 통해(즉, 행위를 통해, 그런데 이 행위의 '향처'는 현실적으로 가능해야 한다) 자신의 본질에 따라 선취의 폭 내에 존재할 수 있는 것을 설정한다. 그렇지 않다면 선취는 아무것도 없는 100 (Nichts) »더«(Mehr)를 향해 다다를 것이다. 부정적 무한성에 대한 인식은, 곧 설명될 토마스의 용어를 사용하면, 부정적인 것을 인식하기 위한 조건일 것이다. 그러나 이는 사실 토마스에 따르면 정반대이다.

4. 선취가 단지 우리에게 알려진 인간 인식의 조건들 중 하나에 불과한 한, 선취가 '파악'(Griff)을 넘어가지 못하는, 즉 대상적이고 구체적인 인식을 넘어가지 못하는 인간 인식에 대해서 우리는 철학적으로 알지 못한다. 인간 인식은—이에 대하여 우리는 철학만으로 어떠한

....

15 우리는 그러한 »대상«을 토미스트 용어로 실제 자아를 통해 소개되는 대상들(intentio prima)과 대조되는 두 번째 질서의 대상(intentio secunda)이라고 칭한다. 이를 구분하기 위해서는 다음을 참조할 것. I. Sent. dist. 2 q. 1 a. 3 corp. 시작 부분; De pot. q. 7 a. 9 corp.; a. 6 corp. 용어(intentio prima-secunda) 자체에 대해서는 다음을 참조할 것. I. Sent. dist. 23 q. 1 a. 3 corp.; dist. 26 q. 1 a. 1 ad 3; III. Sent. dist. 6 q. 1 a. 1 sol. 1 corp.

것을 알고 있다─언제나 본질적으로 자신의 여지없는 충만함에는 미치지 못한다. 이러한 충만함이 자신의 선취의 폭 안에서 표현된다고 할지라도 말이다. 그럼에도 불구하고 실제로 가능한 것이라고 동시에 암묵적으로 긍정되는 모든 것과 함께 이러한 이상을 향하는 이 선취는 구속력 없는 보충이 아니라 오히려 대상적 인식 자체에 대한 가능성의 조건이다.

5. 선취는 잠재적 대상의 총체를 향한 정신의 운동(Hinbewegung des Geistes auf das Ganze)이라고 더 정확히 이해될 수 있다. 왜냐하면 오로지 이러한 방식으로만 개별적 피인식자의 한계성이 경험될 수 있기 때문이다. 여기서 정확히 선취의 '향처'인 이 총체성은 추가적인 합일 수 없고 오히려 잠재적 대상들의 기원적 단일성(Einheit)일 수 있다. 선취에 관한 논의는 지금 일단 모순을 뜻하는 것처럼 보인다. 그러나 선취는 대상 자체, 즉 인간이 인식하면서 표현할(sich vorstellen) 수 있는 것을 향하여 대자적으로 갈 수 없다. 다른 한편으로 선취는 »무«(Nichts)에 결코 도달할 수 없으며(무에 대해서는 나중에 논의될 것이다), 또 다른 대상에, 선취가 이 대상과 함께 전혀 의식되지 않는 방식이라고 하더라도, 도달할 수도 없다. 다른 모든 것을 도외시하더라도, 선취가 성취해야 하는 것 때문에 이는 배제되었다. 따라서 선취가 '향처'에 대한 언급을 통해서만 주제적으로 될 수 있다고 하더라도, 선취의 '향처'는 선취에 대한 의식 자체를 통해서만 드러난다. 이는 다음과 같은 것을 뜻한다. 즉, 인식이 자신의 개별적 대상 자체를 파악할 때 항상 이미 대상을 넘어 운동하는 것으로서의 자신을 경험한다는 점에서, 즉 대상 자체의 총체를 향하는 운동을 통해 선취가 드러나는 방식으로 인식이 자신의 잠재적 대상의 지평을 통해 대상을 인식한다는 점에서, 선취는(그리고 그 '향처'

는) 알려진다. 따라서 대상을 대상화하기 위해서는 선취가 발생하는데, 이 선취가 대상을 뛰어넘어 표현된 대상을 필요로 하지는 않으며, 즉 잠재적 대상의 총체가 선취에 의하여 그 자체로 파악될 필요 없이, 선취는 자신을 파악할 수 있게 하는 하나의 존재 행위를 소유한다.

5. 초월 I: 예비 설명

101   감성에서 이미 실행된 종합을 통해 야기된 형식들의 한계를 지성이 인식하는 한—이러한 인식은 지성이 형식들을 이해할 때 그 가능성의 폭을 선취하여 포괄함으로써 이루어진다—지성은 구체적으로 감성에 소여된 형식을 추상화한다. 이에 따라 능동 지성의 선험적 선취의 외연을 규정해야 하는 과제가 생겨난다. 피인식자로서의 외연은, 즉 형식을 파악하는 모든 경우에 암묵적이자 동시적으로 함께 파악되는 외연은, 이로써 즉각적으로 가능 지성의 절대적 범위를 보여 준다.

우선, 지성적 선취의 폭은 추상의 조건으로서 시공간 자체에 대한
157   감성의 순수 직관의 폭만큼 큰 것처럼 보일 수 있다. 따라서 선취는 감성이 직관할 수 있는 전체 외연과 관련할 것이고, 이에 따라 개별자의 직관의 한계를 드러낼 것이다. 지성의 선험성은 감성의 선험성만큼 넓을 것이다. 따라서 이는 우리가 지성과 그 기능 자체를 감각적으로 소

여된 것을 대상적으로 파악할 수 있는 가능성의 조건으로서만 만났기 때문에 이미 시사된 것으로 보인다. 물론 이러한 추정은, 시공간 자체에 대한 순수 직관에 의한 감성만이 감각적으로 소여된 것의 한계를 파악할 수 있을 것이라는 사실을 의미하지는 않는다. 시공간은 질료의 공허한 비규정성, 즉 질료의 »없음«(Nichts, 無)을 표현한 것이다. 질료가 특정한 '이것'(Dieses)으로, 즉 '여기 그리고 지금'(Hier und Jetzt)으로 정확히 한정될 때야 비로소 질료와 시공간은 감성을 통해 질료의 현실태로서 존재 행위와 인식이 된다.[1] 따라서 감성의 개별 행위에서 순수 직관은 실로 개별자를 파악하는 데 작동하지만 분리되어 인식된 것으로서 작동하는 것은 아니다. 만일 그렇지 않다면 공허한 가능성은 이미 그 자체로 인식 가능해야 할 것이다. 질료가 형상의 현실태를 통해 존재할 때에만 비로소 인식 가능해야 하는 것은 아니기 때문이다. 감각은, 즉 상상력은, 다른 말로 표현한다면 형상적 대상(objectum formale)을 갖고 있다. 그러나 감각 자신은 형상적 대상을 그 자체로 인식하지 않는다. 오히려 감각 자신은 형상적 대상이 자신의 고유한 현실태를 통해 인식 자체보다 선행적으로 감각적 인식의 전제인 존재론적 구체화에 이미 제한되어 있는 한에서만 그것을 인식한다. 감각은 시공간을 인식하지 않고 오히려 자신의 현실태에 의해 '여기, 그리고 지금'(Da und Jetzt)에 국한되듯이, 그 자체로 '여기 그리고 지금'만을 소유한다. 하지만 '여기'(das Da)가 공간적인 장소 자체인 한, 그리고 '지금'(das Jetzt)이 과거로부터 나와 미래로 선취하는 한, 소유하지 않는다. 더욱이 위에서 논의된 가정이 유효하지 않다는 더욱 명확한 통찰은 곧 다루어질 두 번째 가정에서 온다. 102

....

1 De verit. q. 25 a. 1 corp.

비감각적 능력(nichtsinnliche Fähigkeit)인 사유 행위의 선험적 폭이
시공간의 폭, 즉 감각적 직관 자체의 지평일 것이라고 추정할 수는 있을
것이다. 사유 행위는 이 지평을 파악할 것이고, 이러한 선취를 통해 감
각적 형식을 제한된 것으로 경험할 것이며, 따라서 추상할 것이다. 토
미스트적으로 표현한다면 이 주장은 다음과 같을 것이다. 즉, 능동 지
성의 형상적 대상은 질료적-동적 존재자(ens materiale mobile), 다시
말해서 수적 원리의 존재자(ens principium numeri)로서, 다수의 동일
한 것을 지니는 양적 존재 행위이자 시공간 안에 실존하는 존재 행위
이며 질료적 사물의 하성(quidditates rerum materialium)이다. 능동 지
성 자체가 비감각적 능력인 한 그 자신은 질료의 제한(contractio mate-
riae)에 종속적이지 않을 것이다. 따라서 능동 지성은 질료의 잠재적 폭
을 그 자체로 파악할 수 있을 것이며, 이 기초 위에 있는 형상의 제한성
과 이에 따라 본질적으로 형상에 속하는 보편성을 경험할 수 있을 것
이다. 이러한 가정이 세계의 감각 대상을 추상하고 객체화할 수 있는
가능성, 그리고 완전한 회귀를 설명하고 있는가?

이 질문을 직접 다루기 전에 세 가지 예비 질문을 다음과 같이 명확
히 해야 한다.

1. 상호 제한과 제한 받음(Begrenzung und Begrenztheit)에 놓여 있는
   형상과 실현체의 더 정확한 관계에 대하여 상론해야 한다. 왜냐하면
   제한 기능이 형상과 질료에 관하여 진술되는 한, 이미 이에 대하여
   정리된 지금까지의 정식들이 흔들리는 것으로 보였기 때문이다.

2. 정확히 무엇이 »형상«으로서 추상되어야 하는지를 물어봐야 한다.

3. 두 번째 질문을 명료하게 함으로써, 토미스트적 관점에서 지성적 선
   취가, 즉 추상을 가능하게 하는 선취가 향하여 가는 »존재 행위«(es-
   se)가 어떻게 이해되어야 하는지에 대한 잠정적인 규정이 연역되어

야 한다.

1) 형상과 실현체의 상호 제한

진술에서 술어의 내용으로서의 형상은, 즉 구체적이고 확정적인 종합을 통해 어떠한 것(etwas)에 관하여 알려진 것이 이러한 어떠한 것(dieses Etwas)과 연관된 것으로서의 형상은, 지금까지의 탐구를 통해 이미 언제나 보편적인 것(das Allgemeine)으로서 드러났다. 형상이 다수의 잠재적인 어떠한 것[즉, 여기 이것(Diesda)]과 관계되는 것으로 드러나는 한, 이 보편적인 것은 그 자체로 (최소한 상대적으로는) 비한정적인 것(das Unbegrenzte)이다. 이러한 점에서 형상은 그 자체로 비한정적인데, 이러한 형상이 정확히 '이러한 여기 이것'(dieses Diesda)이 되는 한에서 이 형상이 관련하는 실현체로 말미암아 제한된 비한정적인 것이다. 다른 한편으로 형상은 한정시키는 것으로서 드러나며, 자신의 *159* 공허한 가능태를 통해 질료가 여러 형상의 실현체가 될 수 있는 한에서, 그리고 질료가 이러한 특정 형상을 통해 정확히 이러한 종류의 것이 되어 다른 것이 될 수 없다는 한에서, 질료는 그 자체로 비한정적인 것으로 드러난다. 예를 들어서 빨강은 그 자체로 다수의 '이것들'(von vielen Diesen)의 빨강일 수 있다. 빨강은 제한된다. 즉, 정확히 이 빨간 것의 빨강이며, 그 역도 마찬가지이다. 이러한 '여기 이것'은 붉을 수도 103 푸를 수도 있는데, 빨강으로 말미암아 푸르지 않고 정확히 붉게 된다.

형상과 질료의 두 가지 비제한성에 대해서 다루기 전에, 형상과 질료에 각기 이미 그 자체로 고유한 제한성(Gegrenztheit)에 대하여 논의해야 할 것이다. 형상은 그 자체로 질적인 제한을 갖는다. 예를 들어 초록이 아닌 빨강을 갖는 것과 같다. 이러한 질적 규정성이 어느 정도로 비교되는지, 그래서 어느 정도로 제한성으로 인식될 수 있는지는 지금의 고찰 과정에서 다음과 같은 통찰에 이를 때야 비로소 분명해진다. 즉, 모든 질적인 것이, 다시 말해 본질(essentia)의 차원에 있는 모든 것이, 유일한 존재 행위(das eine esse)를 향한 내적 질서를 소유하고 본질은 이러한 내적 질서의 가능성을 드러낸다는 것이다. 존재 현실(Seinswirklichkeit)의 내적 본질이 그 자체로 질료에 의한 구체화에 반대되지 않고 질료가 오로지 이러한 존재 현실을 위한 실현체인 한, 질료는 그 자체로 이미 제한되어 있다. 그러한 비질료적 존재(forma separata, 분리된 형상)가 있을 수 있다는 점이 여기서 우선 전제되어있고 나중에 논증되어야 할 것이다. 나아가서, 공허한 '여기 이것'이 그 자체로 이미 언제나 개별화되어 있고 바로 그러한 이유로 존재 현실을 담지할 수 없는 한, 다시 말해 »무«이어야 하는 한, 질료는 그 자체로 제한되어 있다. 그렇지 않다면 즉자적으로(an sich) 보편적인 존재 현실과 개별적인 '여기 이것' 사이의 대립이—'여기 이것'에서 질료가 제한된다—새롭게 시작되었을 것이기 때문이다.[2] 여기서 고려해야 할 점은

160 질료의 »개념«에 어떻게 도달할 수 있는가이다. 질료는 그 자체로 개별적이고(또 그러한 한 특정적이고) 공허한(즉, 가지적인 존재 현실과는 달라서 보편적 존재 현실과는 다른, 따라서 비규정적인) '여기 이것'이다. 여기서 '여기 이것'은 형상, 즉 존재 현실의 담지자이다.[3] 그러므로 그러한

....

2 II. Sent. dist. 12 q. 1 a. 4 corp.: "그것은 형상이 없어야 한다. 왜냐하면 형상을 갖고 있는 모든 주체는 형상과 형상의 주체로 나뉠 수 있기 때문이다."(oportet esse absque forma, quia omne subjectum quod habet formam divisibile est in formam et subjectum formae)

3 따라서 유한한 사물의 실재적인 무(Nichts)인 질료에 다음과 같이 적용할 수 있다. "자신에 따르면 존재 행위를 가질 수도 없고 인식 가능하지도 않다."(secundum se neque esse habet neque cognoscibilis est): 1. q. 15 a. 3 ad 3) 그래서 신에게조차 질료는 총체성과 형

'여기 이것' 자체에서 공동 개념(Gemeinbegriff)은 도출될 수 없다. 질료 자체는 보편 개념을 근거 지을 수 있는 »형상«을 갖고 있지 않다. 질료는 »구분시키는 모든 형상의 부정에 의해서만«(per remotionem omnium foum rmardistinguentium) »하나«일 뿐이다.[4] 따라서 개별성의 고유한 개념은 질료에 의해 개별화된 것으로부터 형성될 수 없다. 정확히 말하자면, 개별성 자체에는 »사물의 공통성«(communitas rei)이 없다.[5] 그럼에도 불구하고 우리가 »하나의« 질료를 다수의 사물 안에 있는 동일한 것이라고 말해야 한다는 점은 본 작업의 전체적인 것에서만 궁극적으로 설명될 수 있다. 다시 말해 우리는 그 어떠한 것이라도 »구체적으로«(in concretione)만 표기할 수 있다. 그리고 우리는 궁극적인 '여기 이것'에서도 다시금 개별성 자체와 다수의 궁극적인 '여기 이것' 자

....

상의 관념과는 다른 관념을 갖고 있지 않다(1. c.). 그러므로 우리는 질료에 대해 알려진 것이 "오직 유비에 따라(secundum analogiam tantum)"(II. Sent. dist. 12 q. l a. 4 corp.; vgl. II. Sent. dist. 17 q. l a. l ad 4) 연관된 향처라고만 알 수 있다. 1. q. 87 a. l corp.에서는 "형상에 대한 관계 없이는 제일 질료를 알 수 없다."라고 논의된다. 그리고 VII Metaph. lect. 2, n. l 296에서는 다음과 같이 주장된다. "(질료는) 자신의 본질에 따라 인식될 수 있는 수단을 갖고 있지 않다. 왜냐하면 인식의 원리는 형상이기 때문이다."[(materia) secundum essentiam suam non habet unde cognoscatur, cum cognitionis principium sit forma] "그러나 질료는 관계의 어떠한 유사성을 통해 인식되고 제일 질료는 유비에 따라 인식 가능하다."(materia prima est scibilis secundum analogiam) VIII. Metaph. lect. l, n. l 687에서는 다음과 같이 논의된다. "질료는 형상에 대한 앎 없이는 인식될 수 없다. 왜냐하면 존재자가 형상을 향한 가능태에 있지 않으면 이해될 수 없기 때문이다."(materia non potest intelligi sine intellectu formae, cum non apprehendatur nisi ut ens in potentia ad formam)—신이 제일 질료를 어떻게 아는가라는 질문에 대해서 우리는 여기서 자세히 들어갈 수 없다. 존재 행위 자체의 기원으로서, 또한 제일 질료의 기원으로서, [제일 질료로부터 발출됨(Entsprungensein)이 진술될 수 있고 또 진술되어야 하는 한] 신은 언제나 이미 발출된 존재자만 만날 수 있는 유한한 지성과는 다르게 질료를 인식한다. Vgl. De verit. q. 3 a. 5; I. q. 15 a. 3 ad 3; q. 57 a. 2 corp.; S.c.g. I 65; 71.

4 I. q. 16 a. 7 ad 2; De verit. q. l a. 5 ad 15; 1. Sent. dist. 2 q. l a. l ad 3.

5 I. q. 30 a. 4 corp. und ad 1-3; 1. Sent. dist. 25 q. l a. 3 ad 4.

체를 구별하고, 이로써 »보편적«인 개별성으로부터 보편적인 '여기 이
것',[6] 즉 명백히 규정할 수 있는 »하나의« 질료를 형성한다.[7] 보편 개념
의 일치 또는 개별적 일자들의 일치 없이, 어느 정도로 질료 자체가 (형
상을 통한 자신에 대한 정보에 논리적으로 선행하는) 무한한 차원들을 지닌
161 것으로서, 그럼에도 불구하고 아울러 »하나의« 질료인지는 다른 맥락
에서 적절히 다루기로 하자.

토마스는 질료가 즉자적으로 갖고 있는 제한성에 대해서 다음과 같
이 명확히 강조한다. "제일 질료는 가능태에서도 (이미 논의된 자신의 무
한성에서) 순전히 무한하지 않고, 상대적으로만 무한하다. 왜냐하면 제
일 질료의 가능태는 오로지 본성적 형상에만 확장되기 때문이다."[8](ma-
teria prima etiam secundum potentiam non est infinita simpliciter, sed
secundum quid; quia eius potentia non se extendit nisi ad formas natura-
les) 이러한 강조는 다른 곳에서도 유사하게 자주 나온다.[9] 형상의 내적
제한성 자체에서도 마찬가지이다. 형상은 본질적 무한성을 지니지만,
이는 언제나 (신의 존재를 제외하고는) »상대적«(secundum quid)으로만
무제한적이다.[10] 모든 본성은 자신의 고유한 특징의 범위로 한정되기
에[11] 형상을 통해 제한된 것,[12] 즉 제한된 본성을 통하여 그러한 것, 어

....

6 I. q. 30 a. 4 corp.: "부유하는 개체."(individuum vagum)

7 토마스는 이것이 그 자체로 불가능하다는 사실을 의식하고 있다: Quodl. 9 a. 6 ad 3.

8 I. q. 7 a. 2 ad 3.

9 De anima a. 9 corp.; II. Sent. dist. 30 q. 2 a. 1 corp.

10 III. q. 10 a. 3 ad 3; vgl. ad 2.

11 l. c. ad 2: "모든 것의 본질은 한 가지 종에 속한다는 이유로 제한된다."(omnium essen-
tia limitata sub ratione unius speciei); 유사한 내용에 대해서는 다음을 참조할 것. Quodl. 3
a. 3 corp.; I. Sent. dist. 43 q. 1 a. 1 corp.

12 I. q. 7 a. 2 corp.: "형상에 따라 유한하고 제한된 본성에 따라 제약된다."(finitum se-
cundum formam „; contractum ad terminatam naturam)

떠한 »한정됨«(contractum)이 있다. 따라서 »다양한 형상의 등급에 따 105
른 정도차«(magis et minus secundum gradum diversarum formarum),[13]
즉 다양한 등급에 따른 »가상적 수량«(quantitas virtualis)이 있다.[14] 이
러한 협소함의 궁극적 근거는 본질이 자신의 존재 행위와 관련하여 (그
자체로 제한성을 말하는) 가능태로서 이해될 수 있다는 사실에서 찾을
수 있다. 여기서 본질에 의해 그 자체로 무한한 것의 제한인 존재 행위
의 유한성은 다양한 본성들의 범위를 비교할 수 있게 한다.[15] 이에 대해
서는 나중에 다시 살펴볼 것이다.

　이제 우리는 질료와 형상의 본질적 무한성에 대하여 계속 고찰할
것이다. 그러나 질료와 형상의 이 무한성은 근본적으로 서로 다르다.
토마스 자신은 양자의 무한성의 본질에서 오는 이러한 차이를 다음과
같이 명확히 강조한다. "따라서 어떠한 것이 무한하다고 일컬어지는 162
것은 그것이 유한하지 않다는 사실에서 온다는 점에 대해서 유의해야
할 것이다. 그러나 어떠한 의미로는 질료는 형상을 통해, 그리고 형상
은 질료를 통해 제한된다. 질료는 형상을 통해 확실히 제한되는데, 질
료가 형상을 수용하기 이전인 한(물론 시간적인 선행성이 문제가 되는 것
은 아니다),[16] 질료는 다수의 형상을 향한 가능태에 있다. 그러나 질료
가 하나의 형상을 받아들일 때 그 하나의 형상을 통해 제한된다. 그 자

....

13　De spir. creat. a. 8 ad 8.
14　De verit. q. 29 a. 3 corp. 이는 형상의 관점에서 존재 행위의 본질적인 협소함이다. 이
협소함은 차원적 수량(quantitas dimensiva)과는 구분된다. 토마스는 '가상적 수량'을 '영적
크기'(spiritualis magnitudo)라고도 칭한다: S.c.g. I 43; vgl. auch S.c.g. III 54; De verit. q.
2 a. 2 ad 5 ; a. 9 ad 7 usw.
15　일시적으로 다음을 참조할 것: De pot. q. 1 a. 2 corp.; De verit. q. 20 a. 4 ad I(esse
finitum); q. 29 a. 3 corp.
16　I. q. 66 a. 1.

체로 고찰된 형상은 다수의 것들에 공통적이지만 사실 질료에 의해 제한된다. 그러나 형상이 질료 안에 수용된다는 사실을 통해 형상은 규정적으로 이 사물의 형상이 된다. 그런데 질료는 그것을 제한하는 형상에 의해 완성된다. 따라서 질료에 귀속되는 상대적 무한성은 불완전한 본성을 갖는다. 왜냐하면 질료가 형상을 갖지 않는 것과 같기 때문이다. 그러나 형상은 질료에 의해 완성되지 않고 오히려[17] 질료에 의해 자신의 폭이 축소된다. 그러므로 질료에 의해 제한되지 않는 형상의 관점에서 바라보는 무한성은 완전한 본성을 지닌다."[18] [Considerandum est igitur quod infinitum aliquid dicitur ex eo quod non est finitum. Finitur autem quodammodo et materia per formam et forma per materiam. Materia quidem per formam, inquantum materia antequam recipiat formam, est in potentia ad multas formas; sed cum recipit unam, terminatur per illam. Forma vero finitur per materiam, inquantum forma in se considerata communis est ad multa; sed per hoc, quod recipitur in materia, fit forma determinate hujus rei. Materia autem perficitur per formam, per quam finitur; et ideo infinitum secundum quod attribuitur materiae, habet rationem imperfecti; est enim quasi materia non habens formam. Forma autem non perficitur per materiam, sed magis per eam (materiam) ejus (formae) amplitudo contrahitur; unde infinitum, secundum quod se tenet ex parte formae non determinatae per materiam, habet rationem perfecti]

……

17 모든 면에서 차이가 있는 것이 아니므로, 여기에서는 차이가 무엇인지를 정확히 아는 것이 중요하다. 형상 또한 오로지 구체화를 통해서만 실제의 현실태가 될 수 있는 한, 형상에 대해서 이러한 관점에서 질료를 통한 »완성«이라고(실제로 이를 통해서는 아니지만) 진술할 수 있다.

18 I. q. 7 a. 1 corp. 유사한 내용에 대해서는 다음을 참조할 것. I. Sent. dist. 43 q. 1 a. 1 corp.

토마스는 질료의 무한성을 결여된 무한성, 즉 (질료를 따르는) 질료적 무한성이라고 부르고, 형상의 무한성은 부정적 무한성, 즉 [형상을 따르는(secundum formam)] 형상적 무한성이라고 부른다.[19] 질료의 무 106 한성이 질료의 공허하고 무제한적인 가능태를 뜻하는 한, 그래서 질료에 형상이 박탈되었다고 생각되는 한,[20] (질료가 형상에 의하여 규정되어 어떠한 식의 가능태를 갖든 간에)[21] 이로써 질료가 본질적으로 향하는 완성(즉, 현실태, 형상)이 질료에 거부되는 한, 질료의 무한성은 결여된(privativ) 것이다. 형상의 무한성에 본질적인 한계성이 부정되는 한에서 토마스는 형상의 무한성 자체를 부정적(negativ)이라고 일컫는다. 결여(privativum)에 반대되는 의미로 사물을 »정상«(Normale)에서 벗어나 불완전하게 만들지 않는 »부족«(Fehlen)이 문제될 경우에 토마스는 *163* 언제나 »부정«(negativum)이라는 용어를 사용한다.[22] 그 밖에 다른 두 용어는(즉, 질료적-형상적) 그 자체로 자명하다.

지금까지의 고찰을 통해 질료와 형상의 본성적인 무한성이 구분되었다. 이제 중요한 것은 이러한 무한성이 인식(Erkenntnis)의 대상이 될 수 있는 방식이다. 왜냐하면 이들의 차이에 따라 이들에 대한 인식의 근본적인 차이 또한 따라오기 때문이다. 이에 대한 토마스의 진술은 다음과 같은 명제에 기초한다. "모든 인식은 형상 또는 현실태를 통해 이루어진다."(omnis autem cognitio est per formam vel actum) 모든 인식

....

19 용어에 대해서는 다음을 참조할 것. III. q. 10 a. 3 ad 1; I. Sent. dist. 3 q. 1 a. 1 ad 4; S.c.g. I 43; De verit. q. 2 a. 2 ad 5; a. 9 ad 7; De pot. q. 1 a. 2 corp. »형상에 따름-질료에 따름«(secundum formam-secundum materiam)에 대해서는 다음을 참조할 것: I. q. 7 a. 1 corp.; q. 25 a. 2 ad 1; q. 86 a. 2 ad 1; Quodl. 3

20 참조, 앞의 각주를 참조할 것.

21 I. q. 66 a. 2 corp.; II. Sent. dist. 12 q. 1 a. 1 corp.

22 Vgl. z. B. I. q. 12 a. 4 ad 2; II. Sent. dist. 43 q. 1 a. 6 corp. usw.

은 인식을 가능하게 하는 근거인 존재 현실에 다다른다. 인식 행위는 언제나 이미 구성된 현실에서 존재자로서의 자신을 만나고, 그래서 이 현실에 의해 가능하게 된 자신으로서, 그리고 본질적으로 이 현실로 향한 자신으로서 스스로를 이해한다.[23] 따라서 그 알려진 것과 가지 대상만이 현실이다. 인식 행위가 그 자체로 소유하는 이러한 기본적인 자기 이해로부터 토마스에게는 다음과 같은 사실이 따른다. 즉, 자신의 공허한 가능태에 있는 결여된 무한성은 현실태에서(an der Wirklichkeit)만 인식될 수 있는 것이 아니라, 결여된 무한성을 이해하게 하는 현실태를 통해서(durch die Wirklichkeit)도 인식될 수 있다. "그리고 그러한 (결여된) 무한성은 자신의 본성상 알려지지 않는다. 왜냐하면 그것은 형상이 결여된 질료이기 때문이다.[24] 형상은 그 자체로 알려지지만 질료는 형상 없이는 알 수 없기 때문이다."[25] [tale autem (privative) infinitum ex sui ratione est ignotum, quia scilicet est materia cum privatione formae quia forma secundum se nota, materia autem sine forma ignota] 토마스는 이 원리를 언제나 반복적으로 강조한다. 존재 현실인 형상의 부정적 무한성과는 반대로 단지 가능성이자 무(Nichts)인 ─ 이 무와 가능성을 향하여 형상이 유지되고 무와 가능성을 통하여 형상이 제한된다 ─

....

23 I. q. 87 a. 1 corp.: "어떠한 것은 현실 그대로 지식에 속한다. 그리고 이것은 실제로 감각적인 사물에서 명백하게 드러난다. 왜냐하면 시각은 가능태의 채색된 사물이 아니라 현실태의 채색된 사물만 인식하기 때문이다."(Aliquid sub cognitione cadit, prout actu est. Et hoc quidem manifeste apparet in rebus sensibilibus: non enim visus percipit coloratum in potentia, sed solum coloratum in actu) »드러난다«(apparet)라는 용어는 제I부 5절 »경향, 실험, 드러나다«(inclicium, experimentum, apparet)에 부여된 의미로 이해되어야 한다. 즉, 그것은 어떻게 인간이 언제나 이미 자신의 인식을 마주하는지에 대한 표시로, 가능성보다는 현실로 향하여 자신의 인식을 그대로 수용하라는 명령으로서 이해되어야 한다.

24 III. q. 10 a. 3 ad 1. Vgl. S.c.g. III 54.

25 I. q. 86 a. 2 ad 1.

질료의 결여된 무한성은 질료로부터가 아니라 형상으로부터만 인식의 대상이 된다. 즉, "형상에 의해 완성되지 않고 질료적 부분에서 자신을 유지하는 무한은 그 자체로 인식되지 않는다. 왜냐하면 모든 인식은 형상에 의해 이루어지기 때문이다. 그러나 형상적 부분에서 자신을 유지하고 질료에 의해 제한되지 않은 무한은 그 자체로 최고의 방식으로 인식된다."[26](infinitum quod se tenet ex parte materiae non perfectae per formam ignotum est secundum se; quia omnis cognitio est per formam. Sed infinitum quod se tenet ex parte formae non limitatae per materiam est secundum se maxime notum) 부정적 무한성으로부터 결여된 무한성이 인식된다는 점은 이미 앞서 형상에 대한 유비로써 질료를 인식하는 것에 대해 인용된 본문을 통해 충분히 논증되었다. 만일 우리 주제의 의미를 더욱 명확히 하려면 우리는 다시 한번 다른 방식으로 이 결과를 다음과 같이 정식화할 수 있을 것이다. 즉, 한 존재자를 제한하는 원리의 가능태적 무한성은(즉, 결여된 무한성은) 한 형상적 현실태의 긍정적 무한성을(즉, 부정적인 무한성을) 통해서만 인식된다. 질료는 그것을 직접 이해하는 파악을(fassenden Griff) 통해 인식되지 않고, 오히려 대치로서, 즉 보편적인 것인 형상의 제한으로서 인식된다. 따라서 질료에 대한 인식은 형상의 추상을 이미 전제한다. 질료는 원래 형상의 추상을 통해 인식되지 않고 오히려 형상이 추상된 출발점을 향한 형상의 전회를 통해, 다시 말해 감각적으로 이미 구체화되고 소여된 형상으로의 전회를 통해 이루어진다. 따라서 토마스에게 질료 자체에 대한 인식은 사실 보편적(부정적으로 무한한) 형상에 대한 인식 가능성의 조건이 아니

162

....

26 I. q. 12 a. l ad 2. Vgl. Quodl. 3 a. 3 corp.; I. Sent. dist. 3 q. l a. l ad 4; IV. Sent. dist. 49 q. 2 a. l ad 12; De verit. q. 2 a. 2 ad 5.

라 오히려 그 역이다. 결여된 무한성에 대한 인식 가능성과 부정적 무
한성에 대한 인식 가능성의 이러한 관계는 물론 가장 엄격하고 본연의
의미에서 질료와 형상에 통용될 뿐만이 아니라 가능태적 무한성과 형
상적 무한성이 존재하는 모든 곳에서 통용된다.[27] 왜냐하면 이러한 관
계는 형상적 현실태를 향하는 능력인 인식의 본질에서 오기 때문이다.
존재 규정이 그 가능성의 더 넓은 »무«를 향하여 유지되는 한, 인간이
(한 현존재의) 구체적 존재 규정의 유한성과 한계성을 인식한다는 사실
은 언제나 타당하다. 그러나 이러한 더 넓은 무 자체는 (존재 행위의) 형
상적 현실태의—이것이 본질 또는 존재, 그 무엇이든 간에—무한성에
맞서 무 자체가 유지되는 한에서만 인식될 수 있다. 모든 인식은 무한
성에 대한 선취를 통해 정초된다.

<small>.......</small>

27 따라서 토마스의 보편 정식은 다음과 같다. I. q. 1 2 a. 1 corp.: "각각의 것은 그것이 실제
로 무엇인지에 따라 인식될 수 있다"(unumquodque cognoscibile secundum quod est in
actu); I. q. 1 4 a. 3 corp.: "그것은 자신의 현실태 양식에 따라 인식될 수 있다. 왜냐하면 어떠
한 것은 가능태의 상태에 따라 인식되지 않고 현실태의 상태에 따라 인식되기 때문이다."(co-
gnoscibile secundum modum sui actus. Non enim cognoscitur aliquid secundum quod
in potentia est, sed secundum quod est in actu); I. q. 84 a. 2 corp.: "가능태 자체도 현실
태를 통하지 않고서는 인식되지 않는다."(nec ipsa potentia cognoscitur nisi per actum) 유
사한 것에 대해서는 다음을 참조할 것. I. q. 87 a. 1 corp.; a. 2 corp.; a. 3 corp.; De verit. q.
2 a. 4 ad 7; q. 13 a. 3 corp. usw. 따라서 »결여«(privatio) 또한 긍정적인 것(das Positive)
을 통해 인식된다: I. q. 14 a. 10 corp. und ad 4; I. Sent. dist. 36 q. 1 a. 2 corp. und ad 4;
Quodl. q. 11 a. 2; IX. Metaph. lect. 10, n. 1894: "가능태는 현실태로부터 인식된다."(ex
actu cognoscitur potentia) 여기에 이러한 관계에 대한 또 다른 이유는 다음과 같다: "왜냐하
면 지성은 현실태이기 때문이다."(quia intellectus actus est) 인식자는 인식을 통해 자신을
성장하는 현실태로 경험한다. 따라서 인식과 대상의 기원적 동일성에 비추어 대상에도 동일
하게 적용되어야 한다.

2) 추상화하는 선취를 통해 파악된 형상으로서의 즉자적 존재 행위

우리에게 문제가 되는 것은 추상을 가능하게 하는 선취의 폭, 즉 감각적으로 이미 실행되고 제공된 구체화와 결합에 의한 형상의 한계에 대한 인식을 가능하게 하는 선취의 폭이다. 이러한 폭을 규정하기 위해서는 한계를 드러낸 선취에 의해 »분리«되어야 하는 것을 더욱 명확히 밝혀야 한다. 어떠한 »형상«의 제한이 선취를 통해 파악되어야 하는가? 우선 문제가 되는 것은 실제적이고 구체적인 것으로서 감성을 통해 주어진 저 주체로부터의 분리이다. 왜냐하면 이 구체적인 것에 대해 처음으로 어떠한 것이 진술되고 대상적으로 인식하는 자가 우선 이것에 마주하기 때문이다. 그러나 이는 »형상«이라는 것, 다시 말해 단순히 구체화하는 종합만이 아니라 확정적 종합에서 술어가 무엇이지가 우선적이자 근본적으로 분리된다는 것을 뜻한다. 그래서 확정적 종합의 부정적 단계라고 할 수 있는 추상이 문제가 된다. 단지 구체화하는 종합 자체를 통해 발생하는 »구체적인 것«(concretum)은, 또는 좀더 정확하게 말하자면 이러한 종합이 홀로 일어날 때 발생할 수 있는 »구체적인 것«은, 이미 설명된 바와 같이 아직 대치되어-서 있는 것 (Gegen-stand)이 아니다. 그러므로 그러한 종합의 형상 자체는 규정적인(언제나 종합의 부정적인 단계인) 추상을 통해, 즉 실제적인 것으로서 감성에 제공된 참되고 유일회적인 '여기 이것'으로부터의 추상을 통해 무엇이 분리되었는지를 드러낼 수 없다.

그러면 이제 그 자체로 기본적 추상의 형상이기도 하였던 확정적 종합을 통한 형상은 무엇일까? 만일 우리가 확정적 종합의 본질에 관 *166* 해 논의하였던 것으로 돌아간다면, 우선 다음과 같이 말해야 한다. 즉,

확정적 종합에서 의미된 것은 즉자적 존재 행위(das Ansichsein)였다. 다시 말해 진술 내용이(통상적 의미에서 앎의 질적 내용으로서의 형상이) 사태로(»ad rem«) 향하여 감에 따라, 판단을 통해 의미되었던 것이(술어의 형상이) 이미 그 자체로, 즉 확정적 종합을 수행하는 것과는 별도로 명제 주어에 의해 표기된 사물에 귀속되고, 따라서 이미 수행된 결합이 판단을 확정하는 것보다 언제나 앞서 주어지기에, 판단에 앞선 »긍정을 통한«(per affirmationem) 저 결합이 오로지 추후의 실행을 통해 존 109 립한다고 판단이 인정한다는 의미에서 절대적 존재였다.[28] 이미 언제나 수행된 이러한 결합은 사유 행위에 앞서 감성을 통해 인간의 인식 행위에 실제적으로 주어졌다.

따라서 우리는 다음과 같이 말할 수 있다. 추상화하는 선취는 무한한 것을 향하여 간다. 무한한 것은 종합을 통해 제한된 것으로, 즉 인식된 것의 대상적 즉자로 긍정된다. 그래서 즉자적 존재 행위 자체(das Ansichsein überhaupt)는 선취를 통해 파악된다.

그런데 형상적 보편성에서 선취를 통해 파악된 이 즉자적 존재 행위는 무엇인가? 그리고 판단의 결합에서 문장의 주어를 통해 지칭된 것에 귀속되는 이 즉자적 존재 행위는 무엇이란 말인가? 토마스는 이것이 존재 행위라고 답한다. 이 명제에 대한 토미스트적 논증을 제시하기 위해서 토마스의 존재 행위 개념(esse-Begriff)이 무엇인지를 잠정적이나마 함께 밝혀야 한다.

....

28 IX. Metaph. lect. 11, n. 1914: "지성이 구성하는 것이 사물에 구성된다면 그것은 참이다."(est verum, si componitur in re quod intellectus componit)

3) 토마스의 존재 개념에 대한 예비 설명

이 절의 최종 목적은 오로지 다음과 같은 것이다. 즉, 토마스의 진술을 즉자의 관점에서 아주 간단히 소개하면서 즉자가 말하고자 하는 내용적 표현인 존재 행위에 다다르는 것이다. 토마스에게 이 존재 행위 그 자체(esse an sich)가 무엇인지는 다음 절에서 더 자세하고 체계적으로 논의될 것이다. 물론 이는 오직 잠정적 방법으로만 이루어질 것이다. 왜냐하면 토미스트적 존재론 전체를 여기서 서술할 수 없고 그럴 의도도 없기 때문이다. ₁₆₇

앞으로 나오는 것들과 전체 연구의 관련성을 잃지 않기 위해서, 이 관련성은 다음과 같이 두 개의 명제로 설명되어야 한다.

a) 만일 인간의 인식이 자신의 자아를 통해 감성에 획득된 타자인 세계에서 자신의 첫 번째 대상이자 다른 모든 것을 담지하는 대상을 소유한다면, 대상이 자신의 구체적이자 제한적인 자아(Selbst)를 통하여 감성에 주어지는 한에서만, 인식은 존재 행위를 고유하고 유일회적인 즉자적 존재 행위로서 알 수 있다. 따라서 존재 행위가 무엇이냐고 묻는다면 자신의 자아를 통해 감성 안에 획득된 »존재자«(ens)를 언제나 지시해야 할 것이다. 감각적으로 제공된 존재자 없이는 존재 행위가 무엇을 말하는지에 대해서 결코 인식할 수 없다. 그러나 이를 명시적으로 강조한다 하더라도 다음과 같은 질문이 제기된다. 어떻게 이 존재자가 사유적 실제로서(als wirkliches denkend), 즉 감성이 실현할 수 없는 사유적 실제로서 대상적으로(gegenständlich) 인식될 수 있는가? 여기에 추상이 필요하다. 그래서 앞으로의 탐구는 존재 행위의 추상과 존재 행위에 대한 이해로만 향할 것이다. 이 이해가 추상을 통해 정확히 드러나는 한 그러하다.

b) 인간 인식이 이러한 타자를 인식 주체로부터 구별하여 대상적으로 아는 것이라면, 오직 다음과 같은 한에서만 이 존재 행위를 특정 타자의 즉자적 존재 행위로서 대상적으로 아는 것이다. 즉, 감성을 통해 제한된 것으로서 주어지는 이 존재 행위가, 존재 행위 자체를 향한 선취를 통해 그 자체로 무한한 것으로서 파악되는 한 그러하다.

그러면 이 존재 행위란 무엇인가? 만일 이것이 순수하게 정의상으로만 볼 때 즉자와 동일하다고 이해된다면, 잠정적으로 다음과 같은 진술이 가능하다. 사유 행위를 통해 실현된 확정적 종합에 앞서 언제나 이미 실현되어 만날 수 있는 것으로서의 종합이 제공된 곳에 존재 행위에 대한 앎이 있다. 이는 판단에서 의도된 즉자에 대한 지금까지의 이해를 달리 설명한 것일 뿐이다. 그러나 이제 존재 행위는 이 단어가 언제나 이미 어떠한 방식으로라도 이해된다는 의미에서 언제나 현실적인 것(Wirklichsein), 즉 실재적인 것(Realsein)을 말한다. 확정적 종합에 앞서 이미 실현된 것으로 만날 수 있는 종합으로서의 존재 행위는 왜 현실적인 것으로서의 존재 행위와 동일시될 수 있는가? 즉자적 존재 행위는 통상적 이해로는 서로 관련이 없는 근본적으로 다른 두 가지 양상으로 드러나는 것으로 보인다. 그 하나는 명제 그 자체의 본질 타당성(Wesensgültigkeit von Sätzen an sich)으로서의 »이상적인«(ideales) 즉자적 존재 행위, 즉 (토미스트적으로 표현한다면) »영원한 진리«의 본질 타당성, 다시 말해 시간과 무관한 타당성을 지니는 진리의 본질 타당성이고, 다른 하나는 실재적 실존 행위(reales Existieren)이다 (이 단어가 더 정확히 무엇을 뜻하는지와 관계없이 말이다). 그런데 두 양상은 지성적으로 실행되어야 하는 확정적 종합에, 이와 관련되어 있는 종합이자 »즉자적으로«(an sich) 언제나 이미 실행된 것으로서의 종합을 드러내는 것으로 보인다. 그래서 두 양상은 »즉자«이지만 본질적 차원에서는 근본적으로 서로 분리되어 있고 독립적인 것으로 보인다.

　토마스는 이 두 가지 양상이 동등하거나 대등하다고 보지 않는다. 그에게 있어서 현실의 존재 행위로서의 존재 행위는 유일하고 기본적인 즉자이고, 모든 것은 오직 존재 행위가 현실의 존재 행위를 뜻하는 한에서만, 그리고 그러한 정도에서만 즉자이다. 그래서 토마스에게 있어서 사태에 도달하는(applicatio ad rem) 판단은 존재 행위에 도달한다.[29] 이 존재 행위는 토마스에게 있어서 언제나 현실의 존재 행위를 뜻한다. 따라서 존재 행위는 확정적으로 실행되어야 하는 종합에 이미 실현된 종합이 주어지는 방식의 하나가 아니라 유일한 즉자이다.

　이것이 정말로 토마스의 이해라는 점을 입증하기 위해, 우리는 확정적 종합이 언제나 즉자에 다다른다는 주장에 대한 토미스트의 »초월　111 적 연역«(transzendentale Deduktion)과 동일한 고찰 과정과 관련된 본문에서 시작할 것이다.[30] 문제가 되는 본문은 『신학대전』의 제 I 부 16 문 7절 반론 4와 답변 4이다. 토마스는 이 절에서 다음과 같은 질문을 제기한다. "창조된 진리는(이에 의거하여 유한한 내용의 명제들, 예를 들어 수학적, 윤리학적, 형이상학적 명제들이 이해된다)[31] 영원한가?" 토마스는

....

29　I. Sent. dist. 19 q. 5 a. 1 corp. und ad 7; De verit. q. 1 a. 5 ad 19; Boeth. de Trin. q. 5 a. 3 corp.: "두 번째 작용은(즉, 지성은) 사물 자체의 존재 행위에 관한 것이다."[secunda operatio (intellectus) respicit ipsum esse rei]; I. q. 14 a. 14 ad 2.: "표현할 수 있는 구성은 사물의 어떠한 존재 행위를 의미한다."(compositio enuntiabilis significat aliquod esse rei); II. Metaph. lect. 2., n. 298: "사물의 존재 행위는 정신이 사물에 대해서 갖는 참된 의견의 원인이다."(esse rei est causa verae existimationis quam mens habet de re) 따라서 명제 내의 계사(Satzkopula)가 있는 것은 또한 사물의 존재 행위에도 기초한다: "그것은 본질의 현실태 사물의 존재 행위에 기초한다."(fundatur in esse rei quod est actus essentiae)(I. Sent. dist. 33 q. 1 a. 1 ad 1).

30　I. q. 2. a. 1 obj. 3 und ad 3; 동일한 내용에 대해서는 다음 및 상응하는 응답을 참조할 것: De verit. q. 1 a. 5 obj. 2., 3, 5, 18 usw.; I. Sent. dist. 19 q. 5 a. 3 obj. 3 und 4.

31　I. q. 16 a. 7 obj. 1: "원의 비율: 둘 더하기 셋은 다섯이다"(ratio circuli: duo et tria esse

이 질문에 대하여 부정적 결론을 내린다. 토마스는 단 하나의 진리만을 판단 실행(Urteilsvollzug)의 특징으로서 알고 있다. 명제의 진리는 실재 존재 행위의 즉자에 이르는 지성의 진리일 뿐이다. "언표된 것들의 진리는 지성의 진리 외에 다른 것이 아니다."[32](veritas ennuntiabilium non est aliud quam veritas intellectus) 지성은 명제의 진리로 향하지 않고 사물의 존재 행위로 향해 간다. 그래서 사물 자체조차 지성에 의해 실제로 수행된 판단을 통해 구성된 사유 진리(Denkwahrheit)의 결과로만, 그리고 사유 진리에 대한 유비로만 »참«이다.[33] 그래서 사유 행위는 그 자체로 타당한 명제를 향하지 않고 존재 행위를 향해 간다. 이러한 이유로 영원히 현존하는 지성과 이와 더불어 영원히 실제로 현존하는 대상이 있다는 전제하에서만 그 자체로 타당하고 영원한 진리가 있다. 그러니까 이러한 전제를 통해, 그래서 현존하는 이러한 사유 행위의 특성으로서 그 자체로 타당하고 영원한 진리가 있는 것이다. 그러므로 엄격히 말해 다수의 영원한 진리가 아니라 오로지 하나의 진리만이 있다. 그래서 영원한 진리들에 대한 관념(Idee), 즉 이상적 타당성에 대한 관념은 토마스의 인식 형이상학에서는 자리를 잡을 수 없다는 것이 밝혀진다. 토마스가 아는 유일한 즉자는 실재적 존재 행위(das reale Sein)이다.[34]

　　지금 토마스 자신은 난제에 봉착해 있다. 이 난제는 즉자를 향하는

....

quinque); 유사한 내용에 대해서는 다음을 참조할 것. De ver. q. 1 a. 5 obj. 8; I. Sent. dist. 19 q. 5 a. 3 obj. 7: "모든 전체는 자신의 부분보다 크다."(omne totum est maius sua parte); De verit. q. 1a. 4 obj. 3 및 ad 3에서는 같은 의미에서 도덕적 원칙의 [곧 옳음(rectitudo) 의] 존재가 강조된다.

32　I. q. 16 a. 7 corp.

33　De verit. q. 1 a. 2 ganz; I. q. 16 a. 7 corp.

34　이에 대해서는 다음을 참조할 것. St. v. Dunin-Borkowski, Die »ewigen Wahrheiten« im System des heiligen Thomas von Aquin: Stimmen der Zeit 108 (1925), 31-34.

인간 인식 행위의 정향성에 대한 그의 »초월적 연역«처럼 정확히 다음과 같다. "만일 진리가 이전에는 없었는데 시작되었다면(이는 참된 명제가 실존하는 지성의 기능으로서만 간주될 때에야 가능하다고 전제될 수 있다) 진리가 존재하지 않았다는 것은 참이었다. 물론 그것은 어느 정도의 진리와 함께 참이었다. 그래서 진리는 그것이 시작되기 이전에 있었다. 진리가 그러하였다는 것은 참이 아니었다."[35](si veritas incepit cum ante non esset, verum erat veritatem non esse, et utique aliqua veritate verum erat, et sic veritas erat antequam inciperet) 토마스는 이러한 귀결을(즉, 진리가 존재하지 않았다는 점이 참이었다는 주장을) 단호히 배격한다. 다시 말해 그는 "(»진리가 존재하지 않는다«는 주장에 대해) 이러한 진리가 있었다는 점은 참이 아니었다(non erat verum veritatem talem esse)"라며 단호히 배격한다. 물론 이는 토마스를 따라서 »~라는 점은 참«이 아니기 때문에 »~라는 점은 거짓«이라는 것이 아니라,[36] 오히려 다음과 같이 단순한 논리적 전제로 말미암은 것이다. "진리는 존재하지 않음"(veritatem non esse)이라는 명제는, 이 명제를 생각하는 지성을 도외시한다면, »진리는 존재하지 않는다«(veritas non est)는 명제가 참도 거짓도 아니기 때문에 오히려 이 명제가 결코 존재하지 않을 것이라는 점에만 논리적으로 귀결된다. 다시 말해 이상적이든 실재적인 양태이든 간에 이 명제의 그 어떠한 존속 또는 비존속(Nicht-Bestehen)에 관하여 결코 말할 수 없다는 것이다. 따라서 토마스는 창조된 진리(vertates creatae)는 영원하지 않다는 자신의 명제를 유지할 수 있다. 우리의 우선적 관심사는 토마스가 신의 영원한 지성 및 이와 일치하는 그의 대상 외에

112

170

....

35 I. q. 16 a. 7 ad 4.
36 I. Sent. dist. 19 q. 5 a. 3 ad 3.

그러한 영원한 진리가 존재한다는 점을 부정하는 데 사용한 전제를 논증하는 것이 아니다. 여기서 중요한 것은 방금 전개된 사유 과정에서, 정확히 말하자면 토마스 자신이 인간의 인식 행위에 필연적으로 전제되는 '즉자'에 대하여 숙고하는 과정에서, 지성과 그 대상의 현실적 존재 행위로부터 독립적인 절대적 타당성 등으로서의 '즉자'를 알지 못하였다는 점만 드러난다는 것이다.[37]

그래서 토마스에게 있어서 즉자적 존재 행위와 현실 존재 행위로서의 존재 행위는 일치한다. 객관적 앎(objektives Wissen)은 원칙적으로 현실 존재를 향하여 간다. 이로써, 곧바로 철저하게 전개될 결론을 예상하기 위하여, »본질«(Wesenheiten)은 오로지 존재 행위를 향한 정향을 통해서만 대상 인식의 즉자일 수 있다는 점이 밝혀진다. 토마스에게 있어서 »본질«은 이상적인 '즉자'에 머물면서 실재 존재 행위에 그 자체로 무차별적인 »의미 구성물«(Sinngebilde)이 결코 아니라 오히려 존재 행위를 향한 가능태일 뿐이고, 오로지 자신의 자아 자체를 통해서만 대상적으로 이해될 수 있다. 토마스는 본질을 존재 행위의 제한 능력으로서만,[38] 즉 개별적 '여기 이것'에 있는 존재 행위가 자신의 무제한적

....

37 토마스가 왜 안셀무스(Anselmus)의 존재론적 신존재 증명을 거부하였는지에 대한 궁극적 이유가 바로 이러한 이해 때문이라는 점을 잠시 지적할 수 있을 것이다(I. q. 2 a. 1; I. Sent. dist. 3 q. 1a. 2; S.c.g. I 10/n ; De verit. q. 10 a. 12).: 판단을 통해 존재 행위를 파악하였다는 사실을 이미 알고 있는 경우를 제외하고는 판단을 이상적으로 유효한 것이라고 파악할 수 없다. 따라서 안셀무스적 증명의 전제가 그 자체로(an sich, 즉, 객관적으로) 유효하다고 파악될 수 없다. 그리고 그 진술에서 추후에 객관적으로 현전하는 것으로 인식될 실존을 발견하는 것도 불가능하다.

38 De pot. q. 5 a. 4 ad 3: "존재 행위는 본질의 현실태이다."(Esse est actus essentiae). S.c.g. II 53에서는 왜 본질이 현실태인 존재 행위에 대한 가능태로 이해되어야 하는지에 대한 이유를 제시한다: "왜냐하면 어떠한 두 가지가 발견되든 간에 그중 하나가 다른 하나의 보충이면 그 비례적 관계는 마치 현실태에 대한 가능태의 비례적 관계와 같다. 따라서 존재 행위 자체는 모든 창조된 실체들에 대해서 그들의 현실태로 비교된다. 자신의 존재 행위에 대한

충만 속에 주어지지 않았다는 실재적 근거와 표현으로서만 알고 있다. 이것들은 그 이상일 수 없다.[39] 따라서 존재 행위에는 다음과 같은 이유

....

모든 창조된 실체는 현실태에 대한 가능태로 비교된다.*"*(In quocumque enim inveniuntur aliqua duo, quorum unum est complementum alterius, proportio est sicut proportio potentiae ad actum Ipsum igitur esse comparatur ad omnes substantias creatas sicut actus earum Comparatur substantia omnis creata ad suum esse sicut potentia ad actum) De pot. q. 7 a. 2 ad 9: *"*존재 행위는 본질의 현실태이며 모든 것 중에서 가장 완벽하다.*"*(Esse ist der actus essentiae und inter omnia perfectissimum), 왜냐하면 *"*현실태는 언제나 가능태보다 더 완전하기 때문이다.*"*(actus semper perfectior potentia)

39 De pot. q. 3 a. 5 ad 2: *"*존재 행위가 하성에 귀속된다는 사실 자체로부터 단지 존재 행위뿐만이 아니라 하성 또한 창조되었다고 주장된다. 왜냐하면 그것이 존재하기 이전에는 아마도 창조주의 지성 외에는 아무것도 없었기 때문이다. 즉, 창조가 없는 곳에는 창조적 본질만이 있었다.*"*(Ex hoc ipso quod quidditati esse tribuitur, non solum esse, sed ipsa quidditas creari dicitur, quia, antequam esse habeat, *nihil* est nisi forte in intellectu creantis, ubi non est creatura, sed creatrix essentia) (즉, 하성은 신의 창조적 지성 이전에도 그 자체로 하성에 귀속될 임의의 이상적 존재 행위를 통한 대상이 아니라, 오히려 신적 지성은 고유하게 창조적으로 실존 행위를 수행하는 자신의 본질을 파악한다는 의미에서만 대상이다) 결과적으로 토마스는 어떠한 것을 창조할 수 있는 신의 가능성이 피조되는 실재적 가능성을 전제한다는 것을 부정한다: I. q. 9 a. 2 corp.; De verit. q. 2 a. 10 ad 2 in contr. 따라서 토마스에 따르면 개념 정의는 실제 사물(res)과 관련된 경우에만 단순한 언어적인 해명을 넘어선다: *"*정의는 어떠한 사물의 본질을 나타내기 위해서가 아니라면 그러한 추론에 어떠한 것도 추가하지 않기 때문이다(즉, 설명은 이름과 같은 의미를 갖고 있기 때문이다).*"*(nec enim super talem rationem addit aliquid definitio, nisi quia significat essentiam alicuius rei) (즉, 하성이, 곧 알려진 것이 존재자의 실제적 또는 잠재적 대상의 본질성으로 파악되는 한, 이러한 맥락에서 »사물«이 이해되어야 한다; 한 의견의 단순한 »지향적 대상«으로서, 즉 의미의 단순한 내용으로서 이 사물은 »그러한 추론«으로부터 구분될 수 없다. 왜냐하면 이러한 의미에서 설명은 하나의 »사물«일 것이기 때문이다) *"*그러므로 정의가 나타내는 본질을 가진 어떠한 사물이 없다면 정의는 어떠한 이름의 의미를 드러내는 추론과 결코 구분되지 않는다.*"*(unde si non sit aliqua res, cuius essentiam definitio significet, nihil differt definitio a ratione exponente significationem alicuius nominis): Post. Anal. lib. II lect. 6(Parma 193a). 토마스에게는 알려진 것이(즉, 한 가지 단어로 생각된 것이) 반드시 본질은 아니며, 알려진 것이 사물의 '무엇'(Was)으로 알려질 때에야 비로소 본질이라는 점이 분명하다. 비록 알려진 것이 하성의 측면에서 존재자를 파악하지만, 그럼에도 불구하고 사물은 이미 존재 행위를 향한 본질적 지향성(Hinordnung)을 진술한다. Vgl. auch J. de Tonquedec, La critique de la connaissance2(Paris 1929), 322f. und A. Forest, La structure metaphysique du concret selon Saint Thomas d'Aquin(Paris 1931), 151-154.

113 로 더 이상의 규정이 추가되지 않는다. 왜냐하면 존재 행위가 더 이상
의 규정을 통해 완성되어 공허한 비규정성에서 충만한 내용적 규정성
으로 옮겨지지는 않기 때문이다. »비존재가 아니라면 그 밖에는 존재
하지 않기 때문에«(cum ab eo nihil sit extraneum nisi non ens),[40] 그러
한 규정은 그에게 필연적으로 귀속되는 것으로서 그와 함께 주어진다
(단순 완성, perfectiones simplices). 또는 그러한 규정은 존재 행위가 즉
자 안에 소유하고 있는 충만함을 제한하는 한계일 뿐이다. 왜냐하면
»모든 것의 최상의 형상적인 것은 존재 행위 자체이기«(illud quod est
maximum formale omnium, est ipsum esse) 때문이다.[41] 존재 행위는 규
정적이고 충만하게 하지만 규정될 수도 채워질 수도 없다. 따라서 마치
그 자체가 규정을 통해 더욱 커지는 공허한 질료적 비규정성처럼 존재
행위가 타자에 의하여 규정될 수는 없다. 형상, 종(species) 등은 오로
지 모든 가능태가 자신의 현실태를 제한하듯이 존재 행위를 제한한다.
"인간의 존재 행위는 인간 종으로 제한된다. 왜냐하면 그것은 인간 종
의 본성에 수용되기 때문이다. 그리고 말의 존재 행위와 다른 피조물의
존재 행위에 대해서도 같다. 그것은 존재의 완성된 어떤 양태로 제한된
다."[42](Esse hominis terminatum est ad hominis speciem, quia receptum
est in natura speciei humanae, et simile est de esse equi et cujuslibet cre-
aturae limitatur ad aliquem modum perfectionis essendi)

172   그러나 이는 통상적인 존재 개념에 대해 근본적인 수정을 요청한
다. 존재 행위는 단순한 '현전 존재'(Vorhandensein)가 더 이상 아니다.

....

40 De pot. q. 7 a. 2 ad 9.
41 I. q. 7 a. 1 corp.
42 De pot. q. r a. 2 corp. 유사한 내용에 대해서는 다음을 참조할 것. I. q. 7 a. 2 corp. 결
론 부분.

즉, 다양한 본질이 자신의 이상적 존재 행위에 부가하여 실제로 존재하길 원하여 동일하고 차이 없이 서 있어야 하는 마치 무심한 기반과 같은 것이 아니다. 존재 행위는 »유«[43](類, genus)가 아니다. 그것은 오히 114려 내적으로 작동되어 정적으로 고정되지 않고 마치 무(nichts)와 무한 사이에서 오가는 것처럼 드러난다. 본질은 단지 그 자체로는 경계가 없는 이러한 존재 행위가 이 또는 저 특정한 »존재자«에게 있는 존재 강도의 특정한 정도로 제한되었다는 표현일 뿐이다. 그래서 본질은 더 이상 병렬적으로 서로 무관하게 서 있지 않고 모두 하나의 존재 행위와 관련되어 서 있다. 이 존재 행위는 가장 공허한 개념이 아니라 오히려 가장 충만한 개념이다. 두 가지 개념 내용이 서로 일관되어 있다는 »이상적« 필연성, 다시 말해 두 개념 사이에서 확정적 종합을 실행하는 »이상적« 필연성은 다음과 같이 자명하다. 하나의 본질 개념이 나타내는 존재 강도를 지니는 하나의 존재 행위는 다른 개념이 표현하는 특성 자체를 갖는다. 아울러 »이상적« 불가능성, 즉 »논리적« 불가능성에서도 마찬가지이다. 하나의 존재 행위, 즉 일치된 존재 행위는 두 가지 개념의 내용이 본질의 차원에서 왜 서로 배제하는지에 대한 근거이기도 하다.

지금까지의 것은, 확정된 종합이 향하여 가고 선취가 추상을 통해 전체로서 이해하는 '즉자'를 토마스가 존재 행위라고 칭하는 것과 일치시킨다는 점을 보여 주는 데에만 도움이 된다. 지금 이러한 존재 개념

....

43 De pot. q. 7 a. 3 corp.: "그 어떠한 것도 자신의 존재 행위에 따라 류에 배속되지 않고 자신의 하성으로 말미암아 배속된다. 왜냐하면 각자의 존재 행위는 자신에게 고유하고 다른 사물의 존재 행위와는 구분되기 때문이다."(Nihil ponitur in genere secundum esse suum, sed ratione quidditatis suae quia esse uniuscuiusque est ei proprium et distinctum ab esse cuiuslibet alterius rei)

은 존재 행위를 향하여 가는 선취의 본성이 더욱 명확히 자신을 보여
줄 수 있다는 정도까지는 최소한 전개되어야 한다. 여기서 피할 수 없
는 사실은 지금까지 논의된 것들 중에서 어떠한 것은 다시 한번 새롭
게 취급되어야 한다는 것이다.

6. 초월 II: 토마스의 존재 개념[1]

앞선 절의 결론에서는 토마스에게 판단에 의해 의미된 즉자의 절대
영역은 존재 행위의 영역과 일치한다는 사실을 보여 주는 데에만 주안
점을 두었다. 이제 이러한 동일시의 근거가 토마스에게 무엇인지 묻는

----

1 전체 절에 대해서는 다음을 참조할 것. *F. M. Sladeczek*, Die verschiedenen Bedeutun-
gen des Seins nach dem heiligen Thomas von Aquin: Scholastik 5(1930) 192-209; 523-
550. *A. Marc*, L'idee de l'etre chez Saint Thomas et dans la scolastique posterieure(Pa-
ris 1933) (Archive de Philosophie X, 1, 1-144). 여기에 "들어가기" 각주 1에 제공된 *de
Finance, Gilson, Lotz, Müller, Przywara, Siewerth, Söhngen*의 저술들을 참조할 것.
존재 개념은 여기서 우리의 인식 형이상학적 의도의 측면에서 간략하게만 전개된다. 그러한
제한은 논의되는 모든 측면에서 총체적 문제로 변화하는 존재 개념에 대한 논의에서 위험하
지 않은 것은 아니다. 따라서 여기에서도 어느 정도의 모호함을 피할 수는 없다. 예를 들어 존
재 행위의 현실태(actus essendi)의 기능, 그러나 무엇보다도 존재 개념의 일관된 유비는 고
려되지 않은 채 남아 있다(유비는 그 자체로 일의적 개념들의 추가적인 »비교«의 결과로 간
주될 수 없다: I. q. 13 a. 5 ad 1) 후자의 문제에 대해서는 본 저자의 다음 저술을 참조할 것.
Hörer des Wortes(München 1941), 58ff.

것으로 이 진술을 보완해야 한다.

1) 판단을 통해 파악된 실재의 즉자로서의 존재

우리는 이 질문에 대해 토마스에게서 긴 논의를 기대해서는 안 될 것이다. 그의 관점은 자신에게는 자명하다고 드러난다. 질문이 옳든 그르든 간에 그것은 역사적 작업과 직접 관계되지는 않는다. 그는 처음부터 세계에 세워진 자신을 발견하고 그 세계로 인식이 향하여 가게 하였기 때문에, 그의 관점은 자신에게는 자명한 것이다. 그러나 이 세계는 현실적이다. 그래서 그에게는 어떠한 '즉자'가 인식 대상들에 귀속되는가 하는 난제가 생긴다. 그러나 이는 인식이 이러한 현실 세계에서 오는 »타당성«(Geltung)이 아닌 다른 »타당성«을 지닌 대상을 향하여 갈 수 있는지 여부에 대해 질문하는 방식이 결코 아니다. 아마도 다른
115 모든 잠재적 인식이 존립하는 토대이자 담지 근거인 인식 대상이 감각
174 사물의 형상(formae rerum sensibilium)이라는 점은 그에게는 하나의 전제 조건이다.[2] 토마스는 진리와 타당성이 처음부터 언제나 현실 세계에서 참이고 유효하다고 간주한다. 그래서 그는 언제나 인식을 진정한 인간의 인식으로 염두에 두고 있다. 이 인식을 통하여 인간은 현실 세계에서 자신을 발견하기 때문이다. 인식이 타당성에 대한 파악으로서, 다시 말해 본질들의 순수 질서에 대한 파악으로서 규정될 수 있다는 생각은 그에게 근본적으로 성립될 수 없다. 따라서 하성들(Washeiten)과 이들의 필연적 상호 관계에 대한 인식 또한 이미 처음부터 실존하는 것의 관계에 대한 인식이다. 하성을 통해 실제의 현실을 궁극적으로

....

2 Vgl. I. q. 84 a. 4 corp.; q. 85 a. 1 corp.; q. 87 a. 2 ad 2; q. 88 a. 3 corp.; De verit. q. 10 a. 6.

지시하는 것을 괄호 치는 것은 그에게는 하성 자체를 파기하는 것과 같을 것이다. 그리고 오직 이러한 전제를 근거로 토마스에게는 아직도 다음과 질문이 제기된다. 우리는 이러한 양식의 진리와 타당성을 어쩌면 이들에게 귀속되면서도 현실적인 세계로부터는 분리된 그 자체를 [»분리된 형상(formae separatae), 즉 자존하는 형상(formae subsistentes)« 을] 통해 이해하는가? 또는 세계의 사물에 있는 그것들의 실제적 존재 행위를 통해서만 이해하는가? 그리고 아울러 이 질문에서 두 번째 가정을 위한 규정이 주저 없이 내려진다. 이것은 »즉자적으로«(an sich) 존재하는 이 타당성이, 다시 말해 실재 세계로부터 분리된 이 타당성이 (»자존하는 형상이«) 어떻게 여전히 실재 세계의 내적 법칙이[»이러한 육체적인 것들의 분리된 상(horum corporalium species separatae³«)] 될 수 있는가, 그리고 왜 우리가 오로지 그러한 그 자체 위의 세계를 인식할 수 있어야 하는가라는⁴ 해결될 수 없는 문제를 이 가정이 피하기 때문만은 아니다. 토마스가 첫 번째 가정에서 자신의 인식 행위를 통해 자기 자신이 되는 인간이 왜 실재 세계에서 자신을 정말로 실재적(real)이라고 발견하는가에 대해 통찰하지 않기 때문이기도 하다.⁵ 그래서 토

....

3 Vgl. I. q. 84 a. 1 corp.

4 I. q. 84 a. 1 corp.: "앎과 정의들은 이러한 감각적 육체와 관련하지 않고 오히려 저 비물질적이고 분리된 것들과 관계하기에, 영혼은 이러한 육체적 사물을 이해하지 않고 이 육체적인 것들의 분리된 상들을 이해한다."(scientias et definitiones non referri ad ista corpora sensibilia, sed ad illa immaterialia et separata, ut sic anima non intelligat ista corporalia, sed intelligat horum corporalium species separatas) 아리스토텔레스에 따라, 토마스는 『형이상학』 주석에서 이러한 '육체적인 것들의 분리된 상들'(corporalium species separatae)의 문제를 광범위하게 전개한다.

5 I. q. 84 a. 4 corp.: "그러나 이 입장에 따르면 왜 우리의 영혼이 육체와 결합해야 하는지에 대한 충분한 이유가 제시될 수 없다."(sed secundum hanc positionem sufficiens ratio assignari non posset, quare anima nostra corpori uniretur) 인용된 문장에 이어지는 문장도 참조할 것.

마스에게는 인식이 처음부터 현실 세계의 사물을 향하여 가는 것으로
175 드러나기에, 현실적 대상 세계로부터 원칙적으로 독립적이고 이상적인
즉자를 통해 이러한 현실의 대상 세계 자체를 확장할 이유가 성립하
지 않는다. 그럼에도 불구하고 즉자적으로 존재하는 잠재적 인식 대상
116 이 시공간적 세계의 즉자와는 단순히, 그리고 절대적으로 일치하지 않
는다는 것은 토마스에게는 현실 세계에 병치된 그 자체로서, 다시 말해
동일한 기원으로 파악되는 대상 범위로서 이상적인 즉자로 인간의 인
식 행위가 향하여 간다는 사실로부터 귀결되지 않는다. 오히려 이는 실
제적이지만 아직 세상적이지 않은 즉자에 대한 긍정이 실제적이자 세
상적인 즉자에 대한 인식 행위의 가능성의 조건에 속한다는 사실로부
터만 귀결된다.

그래서 토마스에게는 확정적 종합으로서의 판단은 언제나 즉자를
향하여 가고, 이러한 즉자는 언제나 존재 행위이다. 이에 반대되는 난
제는 토마스 자신의 본문에 나오는 것으로 보인다. 그에 따르면 비–존
재(non-esse)를 향하여 가는 판단이(이 판단 자체는 자신의 대상적 즉자
를 소유한다) 있기에 »사물을 통한«(in re) 존재 행위는 명제 계사(命題
繫辭, Satzkopula)의 존재 행위에 언제나 상응하지는 않는다.[6] 그러나 토

......

6 Vgl. In V. Metaph. lect. 9, n. 896; De ente et essentia c. 1; III. Sent. dist. 6 q. 2 a. 2
corp. und ad 5 ; Quod1. q. 9 a. 3 corp.: "철학자가 분명히 말하듯이, 존재 행위는 두 가지
방식으로 진술될 수 있다고 나는 대답한다. 한 가지 방식으로는 영혼이 만드는 모든 진술의
결합을 뜻하는 언어적 계사가 문제가 된다는 사실에 따른 것이다: 여기서 이러한 존재 행위는
사물의 본성 안에 있는 어떠한 것이 아니라 결합하면서 나누기도 하는 영혼의 현실만을 통한
존재 행위이다; 따라서 존재 행위는 모든 것에 귀속된다. 존재자의 실존이든 아니면 결여이
든 간에 이 모든 것에 대한 명제가 형성될 수 있다면 말이다; 왜냐하면 우리는 맹성(盲性)이
있다고 말하기 때문이다. 다른 방식으로는 존재 행위는 그것이 존재자인 한 존재자의 현실태
라고 진술된다. 즉, 이것에 의해 어떠한 것이 사물의 본성을 통해 현실태로 실존한다고 표현
된다."(respondeo dicendum quod esse dupliciter dicitur ut patet per Philosophum: uno

마스의 이러한 본문에서조차 그러한 판단에 의해 의미된 대상에 이상적 즉자가 귀속되지 않고 »영혼의 현실태를 통한 존재 행위[7]«(esse in actu animae)가 귀속된다는 점이 우선 논의되어야 한다. 나아가서 토마스가 여기서 생각하는 사례는 언제나 »결여[8]«(privatio), »부정, 그리고 그 유사한 것[9]«(negatio et huiusmodi)이다. 사유 행위를 통한 부정 가능 *176* 성이 형이상학적 문제 제기의 계기를 제공한다 하더라도, 실제로 현존하는 판단 대상이 아닌 그러한 »즉자적 존재자«(ansichseiende)가 즉자를 향하여 가는 모든 판단이 실제적 즉자를 토대로 갖고 있다는 사실에 반대되지는 않는다. 왜냐하면 토마스는, 인용된 곳에서 명시적으로는 강조하지 않았다 하더라도, 대상적이지만 비실제적인 그러한 것이 실제적 존재의 제한과 결여이고, 따라서 자신의 즉자는 여전히 존재 행 *117* 위 그 자체에 필연적으로 근거한다는 사실을 확실히 의식하고 있기 때문이다.[10] 토마스가 비실제적인 대상에서, 즉 그 자체로 현존하지 않는

....

modo secundum quod est copula verbalis significans compositionem cuiuslibet enuntiationis quam anima facit: unde hoc esse non est aliquid in rerum natura, sed tantum in actu animae componentis et dividentis; et sic esse attribuitur omni ei, de quo potest propositio formari, sive sit ens, sive privatio entis; dicimus enim caecitatem esse. Alio modo esse dicitur actus entis, inquantum est ens, id est quo denominatur aliquid ens actu in rerum natura) 다음의 설명은 토마스에 따르면 여기서 존재자를 둘로 나누는 것이 두 가지 동등한 대상 영역을 구성하려는 의도가 아니라는 점을 보여 주기 위한 것이다. (계사에 의한) 판단의 현존재가 현실의 존재 행위를 넘어가는 듯이 보이는 곳에서조차 이 현존재 행위는 현실의 현존재에 기초를 두고 있다. 그런 다음 다소 다른 형식을 통해 판단 진술에 대해서 세 가지 대상 영역으로 구분하는 본문들은 다음과 같다. I. Sent. dist. 2 q. 1 a. 3 corp.; dist. 19 q. 5 a. 1 corp.; dist. 30 q. 1 a. 3 corp. usw. 더 자세한 본문에 대해서는 다음을 참조할 것. *Sladeczek*, a.a.0., 206f., Anm. 65-68.

7 Vgl. Quodl. 9 a. 3 corp. und ad 4.

8 De ente et essentia c. l. (privationes et negationes); Quodl. 1. c. (privatio entis).

9 V. Metaph. lect. 9, n. 896.

10 "긍정과 부정은 동일한 류로 환원된다."(Affirmatio et negatio reducuntur ad idem genus, I-II. q. 71 a. 6 ad 1) "그래서 부정은 어떠한 긍정을 향한 환원에 의하여 상 안에 구성

판단 대상에서 언제나 그러한 예(결여, 부정)만을 지칭한다는 사실은 그가 존재 행위에 본질적으로 근거하지 않는 판단 대상을 전혀 알지 못한다는 점을 정확히 보여 준다. 이상적 대상은 그에게 언제나 현실적인 존재 행위의 고립된 계기일 뿐이다. »(어떠한 의미에서는)존재자‹, 즉 인식 대상이 될 수 있는 것의) 네 번째 류는 가장 완벽한 것이다. 즉, 이것은 결핍된 혼합 없이 존재 행위를 본성 안에 소유하고, 실체처럼 자신을 통하여 실존하는 듯 견고하고 확고한 존재 행위를 소유한다. 그리고 다른 모든 것은 첫 번째이자 으뜸인 이것과 연관된다. 왜냐하면 질과 양은 이들이 실체에 내재하는 한 존재한다고 진술되기 때문이고, 양태와 발생은 이들이 실체를 향하는 경향이 있거나 전에 논의한 다른 것을 향하는 경향이 있는 한 존재한다고 진술되기 때문이며, 결여 혹은 부정은 이들이 전에 논의한 세 가지 중 하나를 부정하는 한 존재한다고 주장되기 때문이다.[11]«(Quartum genus est, quod est perfectissimum, quod scilicet habet esse in natura absque admixtione privationis et habet esse solidum et firmum quasi per se existens, sicut sunt substantiae. Et ad hoc sicut ad primum et principale omnia alia referuntur. Nam qualitates et quantitates dicuntur esse, inquantum insunt substantiae; modus et generationes, inquantum tendunt ad substantiam vel ad aliquid praedictorum; privationes

....

된다."(negatio constituitur tamen in specie per reductionem ad aliquam affirmationem quam sequitur, I-II. q. 72 a. 6 ad 3) "왜냐하면 사물에서의 부정은 어떠한 방식으로든 그 원인인 어떠한 긍정에 언제나 기초하기 때문이다."(Semper enim in rebus negatio fundatur super aliqua affirmatione, quae est quodammodo causa eius, 1. c. corp.) 이러한 긍정은 최소한 이해된 것 또는 상상된 것(intellecta vel imaginata)이어야 한다. De malo q. 2 a. 1 ad 9 erste Reihe. Vgl. auch I. Sent. dist. 35 q. 1 a. 1 ad 2. 토마스에게 왜 부정이 언제나 긍정적인 것을 파악하는 데 기초하는지는 이미 앞선 절에서 설명되었다.

11 IV. Metaph. lect. 1, n. 543.

autem et negationes, inquantum removent aliquid trium praedictorum)
이에 따르면 토마스는 간접적 또는 직접적 방식으로 존재 행위와 관련된 것 외에는 인식의 다른 대상을 알지 못한다. 전적으로, 그리고 모든 면에서 존재 행위에 의존하지 않고서 인식 대상이 될 수 있는 것은 없다.

토마스 자신은 "실재의 존재 행위와(즉, 존재자와) 연관되지 않은 인식 대상이[즉, 참(verum)이]] 있다."[12] "왜냐하면 비존재자(non-ens, das Nicht-real-Seiende)조차도 인식의 대상이 될 수 있기 때문이다."[13]라는 *177* 주장에 반론을 제기한다. 그는 비존재자가 그 자체로 인식의 대상이 될 수 있는 가능성을 갖고 있지 않다고 대답한다.[14] 그러나 그럼에도 불구 *118* 하고 이러한 경우에서처럼 그것이 어떻게 인식의 대상이 될 수 있는가? 토마스는 그러한 대상은 »지성이 그것을 가지 대상으로 만들어 내는 한, 그리고 비존재자가 특정한 지성적 존재자인 한, 즉 지성에 의하여 파악될 수 있는 한«(inquantum intellectus facit illud cognoscibile, inquantum non-ens est quoddam ens rationis, apprehensum scilicet a ratione) 인식된다고 대답한다.[15] 일단 이 대답은 질문에 대해서 충분

·······

12 I. q. 16 a. 3: "참과 존재자는 전환되는가?(utrum verum et ens convertuntur) 만일 본 항목이 처음부터 동어 반복에 대해서 묻는 것이 아니라면, 즉 존재자가 처음부터 순전히 명목상 정의에서 참(verum)과 같은 뜻이 아니라면, 존재자는 오직 현실의 존재자를 뜻할 수 있다. 그렇다면 본 항목의 질문에 대해 긍정하는 것은 실제로 현존하는 모든 것이 인식 대상이 될 수 있다는 점만을 말하는 것이 아니라, 거꾸로(converti) 인식 대상은 오직 모종의 방식으로 실제로 존재하는 것만, 그리고 (이것이 존재 행위로부터 소유하는 한, 1. c. corp.) 바로 그것으로 실존하는 것만 될 수 있다는 점도 말한다."

13 1. c. obj. 2.

14 1. c. ad 2.: "비존재자는 그 자체로 인식될 수 있는 것을 갖고 있지 않다."(non ens non habet in se unde cognoscatur) I. q. 16 a. 7 ad 4: "비존재자는 그 자체로부터 참인 것을 소유하지 않고, 오로지 그 자체를 파악하는 지성으로부터 소유한다."(non ens non habet ex se ut sit verum, sed solummodo ex intellectu apprehendente ipsum)

15 I. q. 16 a. 3 ad 2.; a. 7 ad 4: "그것을 파악하는 지성으로부터"(ex intellectu apprehendente illud); a. 5 ad 3 :"그러나 오직 지성의 파악만을 통해"(sed solum in apprehensione

히 설명하지 않는 듯이 보인다. 왜냐하면 지성적 존재자는 현실적인 것 (ens)과 독립된 대상 영역을 지시해서는 안 되기 때문이다. 이는 대상 (참)과 현실적인 것이 동일하다고 입증되어야 하기 때문이고, 지성적 존재자에게는 이를 처음 구성하는 실존보다는 분명히 적게 심리적 실 존(psychische Existenz)이 귀속되어야 하기 때문이다. 직관의 적절한 대상(objectum proprium)이 문제가 되지 않을 때에는 파악 행위의 대 상이 아니라 파악 행위가 심리적으로 실존한다.[16] 대답을 더욱 정확히 설명하기 위해서는 이 대답이 토마스가 앞서 논의하였던 주장에 모순 되지 않는다는 사실로부터 출발해야 한다. 즉, 그러한 비존재자는 대 상(참)이 될 가능성을 자체로부터 가질 수 없으며, 그 자신으로부터 자 신을 보여 줄 수 없다는 것이다. 따라서 »그것을 인식 대상으로 만드는 행위«(facere illud cognoscibile), 다시 말해 지성적 존재자의 »현실태의 영혼에 의한 존재 행위«(esse in actu animae)는 오직 다음과 같은 사실 만을 뜻한다. 즉, 지성이 대상의 실재성을 부정하는 한에서만 비실재적 대상을 구상할 수 있다는 것이다. 그래서 지성이 잠재적 실재 대상의 존재 행위를 파악하기에, 이에 따라 실재 대상에 대한 이러한 (부정적 인) 파악이 비실재적인 것의 대상화를 위한 지속적인 전제 조건이 된다 는 것이다.

178

토마스는 명시적으로 다음과 같이 주장한다.[17] 즉, "맹성(盲性, cae-

....

intellectus)

16 그렇지 않을 경우 토미스트적으로 표현한다면 인각상(species impressa)이 인식 대상이 될 것이며, 이는 토마스에 따르면 옳지 않다: I. q. 85 a. 2., 어떠한 경우에든 토마스에게는 '이 해된 의도'(intentio intellecta)가 아니라 '이해되는 것'(res quae intelligitur)인 »지성적 존 재자«(entia rationis)가 있다. 즉, 사안에 대해서 알려진 의도가 아니라, 의도된 사안이 문제 가 된다. 이러한 개념들에 대해서는 다음을 참조할 것. S.c.g. IV 11.
17 De verit. q. 3 a. 4 ad 4.

citas)이 시각의 결여를 통해 인식되는 것처럼, 원리의 그릇됨은 진리의 결여를 통하지 않고서는 인식되지 않는다."(falsitas principii non cognoscitur nisi per privationem veritatis sicut caecitas per privationem visus) 이 인용문에서 맹성은 언제나 인식의 비실재적 대상을 위한 예시였다. 그러니까 비실재적 대상은 오로지 실재-존재자의 부정으로서만 파악된다. 곧 비실재적 대상에 대한 파악은 언제나 실재적 존재 행위에 대한 파악에 근거한다. 이는 맹성의 예를 통해 쉽게 통찰될 수 있다. 왜냐하면 결여는 이를테면 형상으로서의 확정적 종합을 통해 현실적인 주체와 관련되어 있기 때문이다.[18] 따라서 이 예시는 여기에서 문제가 되는 다음 논점들을 증명하지 않는다는 인상을 줄 수 있다. 즉, 모든 지성적 존재자(ens rationis)는, 다시 말해 숙고 가능한 모든 비-실재적-현존재적 인식 대상(nichtreal-seiende Gegenstand der Erkenntnis)은, 예를 들어 순수 수학의 대상과 같은 것은 실재적 존재 행위를 파악하고 긍정하는 것을 본질적으로 포함한다는 사실을 증명하지 못한다는 인상 말이다. 그런데 토마스는 맹성이라는 이 예시가 모든 비실재적인 대상의 실례가 되어야 하는 방식으로 생각한다. 왜냐하면 그는 예를 들어 수학적 대상 또한 실재 존재자에 대한 파악을 통해 자신의 궁극적이자 영속적인 기초(fundamentum remotum)를 갖는 대상에 속하고 또한 실재 존재자에 대한 부정(Negation)으로 이해되어야 하는 대상에 속한다고 간주하기 때문이다. 그래서 이들을 대상화하는 것은 동시에 언제나 이들의 궁극적 지지 근거, 즉 존재 행위에 대한 긍정이기도 하다.[19]

119

......

18 II. Sent. dist. 37 q. I a. 2 ad 3.

19 I. Sent. dist. 2 q. 1 a. 3 corp.: "영속적 기초는 사물 자체이다. 이는 마치 수학의 추상과 그 유사한 방식들과 같다."(remotum fundamentum est res ipsa sicut est abstractio mathe-

그러니까 다음과 같이 요약할 수 있다. 모든 판단은 직·간접적으로 (아울러 지성적 존재자에게서도) 존재 행위를 향하여 가거나, 무엇보다도 더욱 정확하고 신중하게 표현하자면, 현실적으로 '현존하는 자'(ens)를 향하여 간다. 이러한 경우가 아니라면 그것은 결코 참된 판단이 아니다.[20]

2) 선험적 종합 »그 자체«로서의 존재 행위

우리는 지금까지의 전개를 필히 다시 한번 반복해야 하는 지점에 서 있다. 이는 우리가 지금 도달한 지점으로 이 전개를 더욱 명확히 가져오기 위해서이다. 대상에 대한 인식은 판단이 향하는 대상의 본질적 제한성에 대한 인식을 통해서만 가능하다는 것이 우리에게 드러났다. 왜냐하면 대상화하는 판단은 명제의 주어에 의해 지시되는 특정 개별

....

maticorum et huiusmodi) Vgl. auch In Boeth. de Trin. q. 5 a. 3, 수학과 그 밖의 학문들의 관계를 특정 방식으로 전개하면서, 토마스는 이러한 대상 영역이 실제적인 것에 대한 인식으로부터 절대적이자 본질적으로 독립되었다는 사실을 지각하지 못한 것으로 보인다. 그의 3단계 추상 이론에서도 마찬가지이다. 그중 두 번째는 수학의 대상을 대체한다는 이론이다. 이와 관련하여 수학은 가지적 질료로부터 추상하지 못한다는 이론에서도 마찬가지이다. -Vgl. auch I-II. q. 8 a. 1 ad 3: "사물의 본성 안에 현존하지 않는 것은 지성 안에 존재자로서 수용된다."(illud quod non est ens in rerum natura, accipitur ut ens in ratione)['지성 안에'(in ratione)라는 표현을 '수용한다'(accipere)라는 표현과 연결하면 »사유 행위 안에서 >존재자<(ens)로, 즉 실재의 존재자(Realseiendes)로 파악된다. 즉, 구상된다(vorgestellt)«] De natura generis. c. 1.: "실제로 존재하는 사실에 의거하지 않으면 어느 것도 알려질 수 없기 때문에, 어떠한 방식으로든 존재자 자체를 상상하지 않는다면 지성은 현존하지 않는 자신의 대상 또한 이해할 수 없다; 지성이 이해하려고 노력하는 것이 지성의 존재자가 된다."

20 그러므로 사물적 기초(fundamentum in re, 이는 현실적 존재를 뜻한다)를 갖지도 않고 영속적 기초(fundamentum remotum)도 갖지 않는 키메라(Chimaera)는 거짓 개념(conceptio falsa)이며 그 자체는 현실에 있는 하나의 대상과 같은 대상을 결코 제공하지 않는다: I. Sent. dist. 2 q. 1 a. 3 corp.

자를 향한 보편자(술어)의 연관이기 때문이다. 보편적인 것, 즉 특정 개별자에 의해 언명된 것은 특정 개별자 안에 제한되어 현존한다. 특정 개별자의 이러한 본질적 제한성은 제한된 것을 넘어 제한된 것 그 이상(mehr)을 향한 선취를 통해서만 인식될 수 있다. 이러한 »더«(mehr) 120 는 지금까지는 »형상«(forma) 자체의 부정적(형상적) 무제한성으로 드러났다. 그러나 »형상«은 지금까지 주로 본질(Wesen, essentia) 또는 대상의 본질적 특성(Wesenseigentümlichkeit), 어떠한 것에 대한 진술의 '무엇'(Was)으로 이해되었다. 보편적인 것, 즉 무제한적인 것의 범례만 이러한 하성의 질서에서 취해졌을 뿐만 아니라, 보편적인 것 자체의 추상도 토마스에게는 무엇보다도 그 하성의 분리로 나타난다. 이제 다른 한편으로 확정적 종합(affirmative Synthese)으로서의 판단이 궁극적으로 언제나 존재 행위인 '즉자'를 향하여 간다는 점이 밝혀졌다. 확실히 180 이와 함께 본질은 존재 행위의 가능성과 한계로 이해된다는 점이 드러났다. 그러나 존재 행위 자체가 자체적으로(in sich) 무한자로서 추상 작업을 수행하는 선취(abstrahierenden Vorgriff)를 통해 파악된다는 점, 그래서 오직 본질(본질로서의 형상)만 파악되는 것이 아니라는 점이 아직 충분히 명확하지는 않다. 이 점이 드러날 때, 이러한 추상과 본질로서의 형상의 추상 간의 연결이 그 자체로 밝혀질 것이다. 즉, 존재 행위에 대한 추상은 형상을 추상할 수 있는 가능성의 조건인 것이다.[21] 왜냐하면 '즉자'는 항상 존재 행위에 기반을 두고 있기 때문이다. 그러므로 한편으로 오로지 '즉자'를 향한 이러한 '하성'의 연관을 통해서만 형상

....

21 이러한 형이상학적 의미에서 존재자는 포착되어 들어오는 »첫 번째의 것«이다(I-II. q. 94 a. 2 corp.). »선험적« 가능성의 조건(apriorische Möglichkeitsbedingung)으로서, 즉 하성적 형상의 모든 (지성적 파악에서 일어나는) 개념적 추상의 지평으로서. 참고, *J. de Vries*, a.a.O., 408.

을 대상화할 수 있는 한, 다른 한편으로 이 '즉자'가 존재 행위이고 그 자체(als solches)로 인식될 수 있는 한, 존재 행위에 대한 인식 행위는 하성으로서의 형상을 대상화할 수 있는 가능성의 조건이다. 그러나 이러한 대상화 없이는 형상 자체에 대한 추상은 생각될 수 없다. 왜냐하면 추상은 오로지 대상화의 부정적 단계이기 때문이다. 형상은 실제의 구체적 사물에 최소한 우선적으로 주어져야 하는데, 형상이 분리하는 주체 자체(loslösendes Subjekt selbst)의 규정 자체가 되지 않으면서 '즉자'와 관련될 경우에만 구체적인 사물로부터 »분리될« 수 있다. 이러한 앎을 타자의 '즉자'와 관련시킬 가능성 없이 인식 주체가 자신의 앎과 함께 자기 자신으로 회귀(reditio)하는 것은 실제로 회귀라고 할 수 없다. 왜냐하면 회귀는 인식 주체를(형상, 이데아를) 자신의 인식 행위로부터 단절시킬 가능성을 뜻하지 않기 때문이다. 그래서 우리는 이로써 이후의 논의에 대해서 선취하고 있다. 존재 행위 자체가 선취를 통해 »추상되어야« 하고, 이로부터 선취는 추상을 가능하게 하는 사유 행위로서 적어도 존재 행위와 관계된다는 점을 보여 주는 것이 무엇보다도 중요하다.

존재 행위를 향한 선취는 자체적으로 부정적이고 무제한인 형상을 향한 선취가 드러났던 방식과 유사하게 파악되어야 한다. 다시 말해 명제 술어의 내용인 형상은 판단이 형상과 관계시키는 구체적인 것(concretum)에 대응하여 그 자체로 더 폭넓게, 즉 보편적으로 드러났다. 왜냐하면 가능한 많은 구체적인 것에 의해 진술될 수 있기 때문이다. 이는 존재 행위에서도 마찬가지이다. 존재 행위인 즉자적 존재 행위(Ansichsein)는 여러 개별자들에 의해 진술될 수 있다. 개별 판단에서 존재 행위는 주체에 의하여 묘사된 판단 대상에 속해 있는 것으로 간주되지만(또는 적어도 암시적으로 긍정되지만) 필연적으로 바로 이 대상에만 귀속되는 것은 아니고, 그 자체로 더욱 폭넓고 보편적이며 무제한적이다. 이는 동일한 것이 다수로 존재하는 행위를 파악하는 데에서 드러난다. 다시 말해 그러한 존재 행위는 자체로 하나이자 다수이다. 존재 행위의 이러한 일치는 하나의 유일한 현실을 구성하는 다양한 규정들이 (그것의 부분으로서, 그것의 본질적인 특성 또는 우연적인 특성으로서) 이 실재의 한 존재 행위를 통해 일치된 것으로 드러나는 가운데 하나의 유일한 현실인 한 존재자에게 귀속된다는 점에서 가장 명확히 드러난다. 왜냐하면 만일 이러한 각각의 규정이 자신의 각각의 고유한 실재를 통해 현실적이라고 한다면 마찬가지로 규정들이 있는 만큼 다수의 현실적인 사물이 있을 것이기 때문이고, 이러한 규정들의 본질을 홀로 구성하는 단 하나의 규정으로서 단 하나만의 현실적인 것이 존재하는 것은 아니기 때문이다.

그래서 토마스는 다음과 같이 말한다.[22] "그러므로 존재 행위는 존재 행위를 소유하고 있고 자신의 존재 행위를 통해 실현된 자에게 합당하게 귀속된다. 그러나 형상과 이러한 다른 유사한 것들은 마치 그 자체로 있는 것인 양(마치 그들이 자기 자신에게서 고유한 '즉자'를 가진 것인 양) 존재자라고 진술되지 않는다. 그들에게 어떠한 것이 있기 때문이다."[23](illi enim proprie convenit esse quod habet esse et est subsistens in suo esse. Formae autem et alia huiusmodi non dicuntur entia quasi ipsa sint, sed quia eis aliquid est) 그러나 이로부터 본질과 그 우유(Ak-

....

22 I. q. 45 a. 4 corp.
23 Vgl. I. q. 5 a. 1 ad 1; q. 39 a. 3 corp.: "우유들은 주체를 통해 존재 행위를 소유하고 있다."(accidentia esse habent in subjecto) VII. Metaph. lect. 4, n. 1352: "그러나 우유들은 주체에 내재한다는 사실 외에는 존재 행위를 소유하지 않는다."(accidentia vero non habent esse nisi per hoc quod insunt subjecto)

zidentien)에 현실을 부여하는 하나의 존재 행위는 이러한 하성과 저러한 하성에 현실을 부여하는 본질적 자유와 무한성을 가져야 한다는 점이 필연적으로 밝혀진다. 따라서 ('나무는 녹색이다.'와 같은) 모든 본질 판단에는 보편적 존재 행위가 암묵적으로 긍정되었다는 점으로 귀결된다. 보편적 존재 행위는 주체의 하성과 [목성(木性), 녹성(綠性) 등과 같은] 술어의 하성을 자신 안에서 결합할 수 있으며, 그러한 한에서 (다수 규정들의 존재 행위가 현존하는) 하나이고 보편적이다. 토마스는 지금처

182 럼 하나의 유일한 현실적 사물의 (본질적 원리와 같은) 본성적 부분에 대해서도 동일한 생각을 전개한다.[24] 토마스 자신은 하나의 현실적인 것의 개별 존재 행위가 그 규정의 다수를 향하여 관계를 갖는다는 점을 강조하는데, 이러한 존재 행위를 통해 이 하성들이 실제로 몇몇 현실적 사물의 규정이 된다.[25] 다시 말해 "어떠한 하나가 두 가지 실체적 존재 행위를 가질 수는 없다. 왜냐하면 하나는 존재자에 기초하기 때문이다.(일치는 현실적인 것을 따른다. 현실적인 것의 두 가지 근거가 있는 곳, 즉 두 가지 존재 행위가 있는 곳에는 두 가지 사물이 있다.) 그러므로 만일 다수의 존재 행위가 있다면, 이에 따라 어떠한 것이 무조건 현존한다고 진술된다면, 그것은 하나라고 일컬어질 수 없을 것이다. 그러나 하나의 실현된 존재 행위가 다수의 것과 관련되어 있다는 사실은 부적절하지 않다(즉, 한 가지 존재 행위는 다수의 피규정성을 위한 현실 근거이다).[26] 이는 마치 베드로의 존재 행위는 하나이지만 자신을 구성하는 다양한 원리들과 관련이 있는 것과 마찬가지이다."[27](impossibile est quod unum

....

24 I. q. 90 a. 2 corp.; I. q. 45 a. 4 corp.
25 III. Sent. dist. 6 q. 2 a. 2 corp.
26 Vgl. l. c. ad 1.
27 유사한 내용에 대해서는 다음을 참조할 것. Comp. theol. c. 212 usw. Vgl. auch III. q.

aliquid habet duo esse substantialia, quia unum fundatur super ens, unde
si sint plura esse, secundum quae aliquid dicitur ens simpliciter, impos-
sibile est quod dicatur unum. Sed non est inconveniens quod esse unius 122
subsistentis sit per respectum ad plura, sicut esse Petri est unum, habens
tamen respectum ad diversa principia constituentia ipsum)

따라서 하나의 현실(Wirklichkeit)은, 즉 하나의 현실적 사물의 존

....
17 a. 2 corp., 여기서 우유의 존재 행위가 두 번째 존재 행위로서 실체의 존재 행위와 구분되
는 반면에, 오직 하나의 존재 행위만이 적어도 사물의 실체적 부분과 통합시키는 부분에 함께
귀속된다. S.c.g. IV 11 und III. q. 77 a. 3 ad 2에서는 토마스가 사실 우유들에 고유한 존재
행위를 귀속시키지만 본질적으로는 실체의 존재 행위에 의존되어 머무는 것으로서 귀속시킨
다는 사실을 명확히 밝힌다. 우연적 규정들과 사물의 관계에 대한 이러한 이해를 통해 한 사
물의 존재 행위는 사물과 자신의 우연적 규정들 간에 이루어지는 일치의 근거라는 사실이 여
전히 유효하다. Vgl. auch: I-II. q. 4 a. 5 ad 2: "형상과 질료의 존재 행위는 동일하며 이러한
동일성은 결합의 존재 행위이다."(idem est esse formae et materiae et hoc idem est esse
compositi) 유사한 내용에 대해서는 다음을 참조할 것. II. Sent. dist. 1 q. 2 a. 4 ad 2. 본질
적 일치와 하나의 존재 행위에서 본질 형상의 유일성으로 추론하는 본문들 또한 비교되어야
할 것이다. I. q. 76 a. 3 corp.; a. 4 corp.; q. 77 a. 2 ad 3 usw. 전체 문제에 대해서는 다음
을 참조할 것. R. Jolivet, La notion de la substance(Paris 1929), 57-60. 토마스의 본문에서
다루어야 할 또 하나의 어려움이 있다. De verit. q. 21 a. 5 ad 8에 따르면, 본질은 존재 행위
를 통해서만이 아니라 이미 그 자체로 하나이다. 그러나 방금 상술한 바와 같이 토마스에 따
르면, 존재 행위를 향한 본질의 지향성은 본질에 매우 근본적이어서 본질은 지향성 없이는 아
무것도 아니라는 사실에 유의해야 한다. 따라서 현실의 존재 행위의 근거한 실제의 실존 행위
를 통해서야 본질이 되는 것이 아니라, 오히려 본질은 그 자체로 이미 (물론 존재 행위 자체
를 향한 지향성을 통해, 즉 본질의 근본적 지향성을 통해) 하나의 본질로 이해될 수 있다. 그
러나 이는 여기에서 중요한 생각을 부정하지 않는다. 즉, 하성에 대한 본질 규정들이 하나의
존재 행위에 의한 하나의 본질이라는 사실이다. 이는 더 해명되어야 한다는 의미에서 이러한
하나의 보편적 존재 행위가 »보편적« 일치를 통해 이러한 다수의 본질 규정들을 유기적으로
일치시키는 한에서 그러하다. 따라서 여기에는 결국 다음과 같은 이해가 남아 있다. 즉, "그러
나 모든 결합체는 (존재 행위가) 자신을 구성하는 것들을 일치시킨다는 사실에서 존재 행위
를 소유한다"[omne autem compositum habet esse secundum quod (esse) ea, ex quibus
componitur, uniuntur]: De pot. 7 a. lcorp. 존재 행위와 본질의 관계에 대해서는 다음을 참
조할 것: M. Müller, Existenzphilosophie im geistigen Leben der Gegenwart(Heidelberg
1949), Exkurs I.

재 행위는 다양한 피규정성들의 현실이며, 그래서 그 자체로 보편적이고 자신의 내적 본성에 따라 다양한 하성들의 현실이 될 수 있다. 그리고 그러한 보편자로서의 존재 행위는 모든 판단을 통해, 아울러 본질 판단을 통해 파악된다. 하나의 존재 행위 안에서 주어와 술어의 하성이 일치를 이루는 한, 확정적 종합은 하나의 존재 행위를 향하여 간다. 결국 이 명제는 앞서 말한 것의 또 다른 표현일 뿐이다. 다시 말해 확정적 종합은 이미 언제나 »사물의 본성을 통해«(in rerum natura) 성취된 종합, 즉 종합 »그 자체«를 향하여 간다. 그런데 이 '즉자'가 바로 존재 행 183 위이다. 존재자가 존재 행위를 소유하는 한, 자신의 규정들의 다수성은 언제나 이미 수행된 종합으로, 즉 확정적 종합에 앞서 제공된 종합으 123 로, 다시 말해 실제로 현존하는 본질로 일치된다. 그리고 판단을 통해 존재 행위가 다수의 하성 중 하나로서 파악되는 한, 존재 행위는 본질적으로 보편적으로 파악된다.

3) 형상적·초범주적 일치의 보편적 존재 행위로서의 존재 행위

오해를 피하기 위해 존재 행위의 보편성에 대한 논의는 두 가지 관점에서 보다 정확히 규정되어야 한다. 보편성은 형상적이자 초범주적 일치로 이해되어야 한다.

존재 행위는 형상적 (부정적) 무한성이다. 확정적 종합은 현존하는 '즉자'를 향하여 간다. 그러나 이는 달리 표현한다면 개념으로서의 명제 주어와 술어를 구체화하는 종합이 존재 행위를 긍정함으로써 즉자적으로 현존하는 대상적 사물이 된다는 것을 뜻한다. 그러나 존재 행위는 판단 자체를 통해 보편적으로, 다수의(즉, 모두의) 잠재적 하성들의 현실 근거로 드러난다. 한 존재자의 모든 규정을 충족시킨 근거인 존재 행위에 대한 논의 방식은 본질적으로 토마스를 넘어서지는 않는다. 왜냐하면 그는 존재 행위가 모든 존재자의 »핵심«이라고 말하기 때문 *184* 이다.[28] 따라서 구체화하는 종합을 통해 자체적으로 표현된 '즉자적 현존자'(Ansichseiende)의 구체적 본질은 존재자의 현실 근거인 존재 행위가 어느 정도의 범위에서 특정한 존재 행위를 통해 그러한 현실적 존재 행위가 되게 하는지에 대한 표현이다. 이로써 존재 행위의 »보편성«(Allgemeinheit) 또한 이미 드러났다. 질료적 본질 형상의 보편성은 이것이 다수의 물질적 주체 안에 (제일 질료의 형상으로서) 동일하게 반복될 수 있다는 점에 있다. 다시 말해 보편성이란 동일한 것의 반복 가능성을 말한다. 다수의 동일한 것이 현실로 존재할 수 있는 한, 즉 다수의 구체적인 것이 동일한 하성에 의하여 실존한다고 파악되는 한, 존재의 보편성은 사실 반복 가능성으로 나타난다. 이 점에서 존재 행위의 이러한 보편성은, 이것이 다수 실존자의 하성으로서 간주되는 한, 형상의 보편성에 대한 또 다른 표현일 뿐이다. 그러나 존재 행위의 보편성은 존재 행위에 고유한 다른 방식으로도 나타난다. 다시 말해, 존재 행위는 다수의 본질 규정들을 실현시키는 근거이다. 그러므로 존재 행위는 일치의 충만함으로서 보편적이다. 일치의 충만함은 한 사물의 본질 규정들인 존재자의 본질 규정들을 자신으로부터 풀어내고 자신 안

....

28 I. q. 8 a. I corp.: "존재 행위는 모든 이에게 더 내밀하고 모든 것에 더욱 심오하게 내재하는 것이다."(esse est magis intimum cuilibet et quod profundius omnibus inest) 유사한 내용에 대해서는 다음을 참조할 것. I. q. 105 a. 5 corp. 마지막 부분. II. Sent. dist. I q. I a. 4 corp.: "존재 행위는 존재 행위를 규정하는 것들보다 모든 사물에 더욱 내밀하다."(esse est magis intimum cuilibet rei quam ea per quae esse determinatur) De anima a. 9 corp.: "존재 행위는 사물에 더욱 직접적이고 내밀하게 결합된 것이다."(esse est illud quod immediatius et intimius convenit rebus)

에서 하나로 결합한다. 왜냐하면 존재 행위는 바로 저 '즉자적 존재 행위'(Ansichsein)라고 불렸고, 판단을 통해 진술된 규정들은 이 '즉자적 존재 행위' 안에서 하나가 되기 때문이다. 그러나 이는 존재 행위가 자신을 통해 실존하는 것을 철저히 무시하는 단순 실존의 공허한 중립성을 뜻하지 않는다는 점을 말하고 있다. 그러므로 존재 행위는 규정되

124 지 않은 가능한 것의 양태에 따라 추가되는 규정을 통해 성취되고 규정되는 것이 아니다. 왜냐하면 이러한 규정은 존재 행위에 의해서만 현실적인 규정이며 규정하는 규정이기 때문이다. 따라서 존재 행위는 »형상적[29]«이지만, 이는, 토마스가 명백히 부인하듯이, 존재 행위 자체가 형상, 즉 고유한 의미에서의 하성이라는 뜻은 아니다.[30] 왜냐하면 존

185 재 행위야말로 (형상인) 하성을 현실로 가져오는 것이기 때문이다. 그러나 비록 주체와 관련된 형상의 경우와는 다른 방식이지만, 존재 행위는 형상적인데, 어떠한 것에 대하여 진술된 것이라는 의미에서, 그래서 이 (구체적인) 어떠한 것의 규정자라는 의미에서 그렇다. 왜냐하면 존재 행위는 다수의 것 중 하나의 규정이 아니라 모든 현실적인 규정들의 유일한 근거이기 때문이다. 게다가 존재 행위는 »가장 형상적이고 단순한 것«(Formalste und Einfachste)이다. 즉 "어떠한 것도 존재 행위보다 더 형상적이고 단순하지 않다."[31](nihil est formalius aut simplicius quam esse) 다시 말해 이는 공허한 비규정성이라는 의미에서가 아니다. 그렇지 않다면 존재 행위는 물질과 동일할 것이며 존재 행위는 »가

....

29 I. q. 4 a. I ad 3; q. 7 a. I corp.; q. 8 a. I corp.; S.c.g. I 23; De pot. q. 7 a. 2 ad 9.

30 S.c.g. II 54. 또한 이는 토마스가 비물질적 본질에서도 현실태와(즉, 존재 행위와) 가능태 (즉, 형상, 본질) 간의 차이를 명백히 구분한다는 사실에서 드러난다: I. q. 50 a. 2 ad 3; S.c.g. II 52-54. 자세한 것은 다음을 참조할 것. Sladeczek, a.a.O., 200f.

31 S.c.g. I 23; I. q. 7 a. I corp.: "모든 것 중 가장 형상적인"(maxime formale omnium)

장 형상적«이 아니라 »가장 질료적«일 것이다. 위의 인용 구절에서 토마스가 정확히 추론할 수 있는 점은 순수 존재 행위는, 그 자체로 실존한다면, 더 이상의 규정들을 수용할 수 없다는 것이다. 이에 상응해서 존재 행위의 단순성 또한 이해되어야 한다. 간단히 설명할 단어를 사용한다면, 단순성은 모든 규정에 의해 비워진, 그럼에도 불구하고 범주의 질서에 머무는 개념인 (구체적인) »어떠한 것«의 단순성이 아니라, »외부로부터«(von außen) 어떠한 규정을 받지 않는 단순함이다. 왜냐하면 모든 잠재적인 것은 자신의 유일한 근거인 존재 행위 안에 이미 포함되었기 때문이다.[32] 토마스가 말하듯이 공허하고 비규정적인 어떠한 것, 즉 공통 존재자(ens commune)는 토마스의 존재 행위와 혼동되어서는 안 된다. 오히려 공통 존재자는 더욱 자세한 모든 규정을 비허시키는 하성, 즉 (질료적 형상인) »존재자성«(entitas)과 함께 존재 행위를 구체화하는 종합을 통해 실현되는 어떠한 것이다. 가장 공허한 하성을 나타내는 '존재자성'은 '임의적 하성'(Iregendwasheit)이라고 번역할 수 있겠다.[33] 이러한 구체화를 통해 존재 행위는 이미 생각할 수 있는 가장 날카로운 방식으로 이미 제한되어 공통 존재에 규정들이 추가될 수 있다. 실제로 »외부로부터«가 아니지만(왜냐하면 규정은 모두 존재자이기 때문에 그러하다), 그럼에도 불구하고 이를 통해 공통 존재가 더욱 풍요롭고 충만하게 된다.[34] 모든 구체적인 것 중에서 단순히 현존하는 것 (aliquid, ens cummune)은 가장 불완전하고 공허하지만, 존재 행위 자

125

186

....

32 Vgl. I. q. 3 a. 7 corp. "다섯 번째…"(quinto…)

33 »존재자성«(entitas)에 대해서는 다음을 참조할 것. I. q. 16 a. 6 corp. 마지막 부분; I. q. 48 a. 2 ad 2에서 '존재자성'은 말하자면 범주로 나누어진 하성들에 대한 집합 명사라는 점이 명백히 드러난다: "열 가지 범주로 나누듯이 사물의 하성을"(entitatem rei, prout dividitur per decem praedicamenta)

34 Vgl. I. Sent. dist. 8 q. 4 a. I ad 1.

체는 구체화에서 떨어져 나온 그 밖의 다른 모든 것보다도 더욱 완전하다고 이해될 수 있다. 즉 "살아 있는 것들이 실존하는 것들보다 더 탁월한 것처럼 보이지만, 그럼에도 불구하고 존재 행위가 사는 것보다 더 존귀하다."[35](licet viventia sint nobiliora quam existentia, tamen esse est nobilius quam vivere) 그런데 다른 한편으로 공통 존재 행위는 바로 자신의 공허를 통해 존재 행위의 충만함을 지시하기도 한다. 다시 말해 자신의 비규정적 하성은 모든 가능한 규정된 하성들을 향한 대리적 지시일 뿐이며, 공통 존재 안에서도 그 자체인 바로 이러한 존재 행위는 이러한 모든 잠재적 하성들이 실현되는 근거로서 이들을 자기 안에 담지할 수 있으며 자체로부터 만들어 낼 수 있다.

존재 행위는 그것이 단순히 어떠한 것의 충만함이 아니라 일치를 통한 충만 자체를 말한다는 의미에서 가장 형상적이다. 물론 우리는 다수로 실존하는 규정을 열거하여 그 차이성을 부정함으로써만 충만함을 생각할 수 있을 것이다. 왜냐하면 존재 행위는, 자신의 일치를 통해 존재자의 규정들을 자신의 고유한 것으로서 결합하면서도, 이 규정들이 존재 행위 자체 안에서 여전히 개별 존재자의 규정으로 남아 이러한 '즉자'를 향하여 관련될 수 있게 하는 방식으로, 그들 간에는 상이한 것들로서 서로 떨어지게 하는 본질적 근거로 드러났기 때문이다. 따라서 개별 존재 행위의 존재 행위는 무엇보다도 먼저 문제가 되고 있는 이러한 존재자에게 귀속 가능한 모든 규정을 본질적으로 담지하는 근거로서 최소한이나마 드러난다. 그러나 그것은 그 자체로 모든 가능한 규정들 자체의 충만함이기도 하다. 왜냐하면 존재 행위는 모든 판단에

....

35 De pot. q. 7 a. 2 ad 9; De verit. q. 22 a. 6 ad 1 ; I. q. 4 a. 2 ad 3; I-II. q. 2 a. 5 ad 2; De divinis nominibus cap. 5 lect. 1(Parma XV, 348); I. Sent. dist. 17 q. 1 a. 2 ad 3.

서 동일한 '즉자적 존재 행위'를 선취하였기 때문이다. '현실적인 것'으로서의 존재 행위를 통해 모든 가능한 하성적인 규정들이 통상적인 의미에서 현실적인 한, 모든 판단에는 동일한 존재 행위를 향하여 선취되고, 모든 판단을 통해 동일한 존재 행위에 대한 앎이 함께 알려진다. 그러나 이러한 존재 행위는 규정들이 존재 행위를 통해 그냥 현실적이라는 의미에서가 아니라, 오히려 존재 행위가 규정들의 일치 근거라는 의미에서, 즉 규정들을 자체적으로 자신의 규정들로 만들어 내고 자신 안에 결합하여 이들을 자기 자신을 통해 이미 선취하였던 일치 근거라는 187
의미에서, 하성적 규정들의 현실태로서 드러난다. 그러나 이로부터 존재 행위는 그 자체로 모든 가능한 규정들의 근거 자체가 되어야 한다고 귀결된다. 다시 말해 존재 행위는 그 자체로 »모든 것 중에서 가장 완전«(inter omnia perfectissimum)하고,[36] 특별한 규정을 지닌 현실태로 126
서 생각될 수 있는 그 어떠한 것보다도 더 충만하다.[37] 존재 행위는 그 자체로 모든 형상의 현실태(actualis omnis formae),[38] 즉 모든 사물의 실재성(actualitas omnis rei),[39] 다시 말해 생각할 수 있는 모든 하성적인 규정을 일치시키는 근거이다.[40] 그러므로 존재 행위는 그러한 모든

....

36 De pot. q. 7 a. 2 ad 9; I. q. 4 a. l ad 3.

37 1. c.: "존재 행위는 사는 것보다 더 고귀하다."esse est nobilius quam vivere usw;

38 I. q. 3 a. 4 corp.

39 I. q. 5 a. l corp. Vgl. De spir. creat. a. 8 ad 3.

40 존재 행위는 모든 규정들의 충만이다: "그러나 모든 것의 완성은 존재의 완성에 속한다; 이에 따라 어떠한 방식으로 존재 행위를 소유하는 것들은 완전하기 때문이다."(omnium autem perfectiones pertinent ad perfectionem essendi; secundum hoc enim aliqua perfecta sunt, quod aliquo modo esse habent): I. q. 4 a. 2 corp. "사는 것, 이해하는 것, 그리고 그 유사한 것들처럼(즉, 한 존재자의 모든 가능한 규정들처럼) 신적 선하심에 참여하는 다른 모든 것 중에 존재 행위는 첫 번째이자 마치 자기 안에 특정한 방식으로 일치된 모든 것을 앞서 소유하는 다른 것들의 원리와 같다."[Esse inter omnes alias divinae bonitatis participationes, sicut vivere et intelligere et huiusmodi(d. h. aller möglichen Bestimmun-

규정들과 관련하여 수동적 수용자(passiv Empfangende)의 특성이 아니라 »행위자«(Tätige)의 특성, 즉 규정하는 특성을 지니고 있다. 존재 행위의 무한성은 공허한 가능성의 무한성 또는 수동적으로 수용하는 가능성의 무한성이 아니라 모든 생각 가능한 규정들을 언제나 이미 소유한 충만함이다. "그러므로 마치 현실태가 가능태와 비교되는 것처럼 존재 행위 자체는 본질과 비교되어야 한다."[41](Oportet igitur quod ipsum esse comparetur ad essentiam sicut actus ad potentiam) 따라서 모든 규정들의 충만함으로서의 존재 행위는 동시에 어떠한 그 이상의 규정에 대하여 여전히 가능태로서 관련을 맺는 방식의 현실태는 아니다. "존재 행위 자체는 모든 것이 분여(分與)할 수 있는 궁극적 현실태이지 그 자신은 어디에도 분여하지 않는다."[42](ipsum esse est actus ultimus qui participabilis est ab omnibus, ipsum autem nihil participat) 따라서 존재의 무한성은 형상적 (부정적) 양태이다. 이로써 존재 행위의 보편성은 자체로 초범주적 양태라는 사실도 이미 결론으로 나왔다.[43] 왜냐하면 존재 행위는 모든 범주적 규정들의 유일한 근거이기 때문이다.

존재 행위에 대해서 논의된 내용은 마치 기술된 이러한 존재 행위 자체가 그 자체로 우리 판단의 개별적 대상 안에 온전하고 충만하게 188 대상의 존재 근거로서 현존하는 것인 양 이해되어서는 안 된다. 만일

....

gen eines Seienden), primum est et quasi principium aliorum, praehabens in se omnia praedicta secundum quendam modum unita]: I. Sent. dist. 8 q. l a. l corp. "존재 행위 자체는 모든 후속적 선을 앞서 자신 안에 소유한다."(Ipsum esse in se praehabet omnia bona subsequentia): I-II. q. 2 a. 5 ad 2.

41 I. q. 3 a. 4 corp. 앞 절에서 이미 인용된 본문을 참조할 것.

42 De anima a. 6 ad 2.

43 Vgl. Post. Anal. lib. II. lect. 6(Parma l 92): "존재 행위는 류가 아니다." 유사한 내용: II. Sent. dist. II q. l a. 2 ad 2; IV. Sent. dist. 12 q. l a. l sol. l ad 2; De pot. q. 7 a. 3 corp.; "존재 행위는 상이 아니다": IV. Sen. dist. 12 q. l a. 2 sol. 3 corp.

그렇지 않다면 모든 규정들의 충만함이 각각의 대상에게도 필연적으로 귀속되어야 하기 때문이다. 더욱이 존재 행위 자체는 선취의 '향처'가 아니라 인식, 즉 개념을 위한 제일 질서의 대상인 것이다. 오히려 다른 가능한 규정들을 배제한 상태에서 특정한 하성적인 규정이 하나의 그-자체-존재자(ein An-sich-Seiendes)에서 기인한다는 판단은 이러한 즉자적 존재자에게 존재 행위가 전적으로 충만하게 귀속되지 않는다는 암묵적 판단 외에 다른 것이 아니다. 그러나 또한 이는 우리 판단의 실제 대상들이 단순히 그들의 하성적인 규정들에 의해서가 아니라 바로 그들의 근거인 존재 행위를 통해 구별된다는 사실을 의미한다.[44] 그래서 모든 판단은 바로 대상에 대한 비판, 즉 판단된 것에 속하는 존재 행위의 정도에 대한 평가이다. 본질을 판단할 때 명제 주어를 뜻하는 '즉자적 존재 행위'는 형상으로서 이미 그 자체로 한계를 말하는 술어의 하성을 통해 제한되고, 존재 행위 자체를 뜻하는 충만함을 부분적으로 빼앗긴다. 따라서 잠재적 판단의 대상들은 그들의 현실성 자체를 통해 구별된다.[45] 각각의 규정이 그들의 현실 근거, 즉 각각의 고유한 존재 행위와 동일한 방식으로 관계하는 한, 그리고 이러한 각각의 대상의 존재 행위가 자신의 본질성에 의해 제한된 존재 행위 자체의 부분 실현이라고 이해되어야 하는 한, 존재 행위는 대상들에 의해 오로지 유비적으로만 진술될 수 있다.

그러므로 우리는 다음과 같이 요약할 수 있겠다. 모든 판단에서, 그

127

....

44 이러한 한에서 토마스는 다음과 같이 말할 수 있다: "각각의 존재 행위는 그것에 고유하고, 각각의 다른 사물의 존재 행위와는 구분된다."(esse uniuscuiusque est ei proprium et distinctum ab esse cuiuslibet alterius rei): De pot. q. 7 a. 3 corp.

45 IV. Sent. dist. 12 q. 1 a. 2 sol. 3 corp.: "각각의 사물은 자신의 종에 고유한 존재 행위를 소유한다."(Unaquaeque res habet proprium esse suae speciei)

리고 따라서 모든 추상에서 보편적 존재 행위는 선취를 통해 함께 암묵적으로 파악된다(miterfaßt). 그래서 완전한 회귀, 추상, 그리고 선취에 대한 진술 내용은 이에 상응하여 존재 행위를 향하여 관계되어야 한다.

4) 절대적 존재 행위로서의 존재 행위

그러면 이 존재 행위란 무엇인가? 존재 행위는 인간의 대상 인식을 가능케 하는 추상 및 완전한 회귀를 위한 가능성의 조건인 선취의 '향처'로서 드러났다. 전술한 것으로부터 선취의 '향처' 자체는 (일차 질서의) 대상이 아니라는 결론이 나온다. 따라서 존재 행위는 먼저 선취의 범위 자체, 즉 이차 질서의 대상에 대한 표현일 뿐이다. 그러므로 존재 128 행위는 형이상학적 »직관«의 대상도 아니다. 왜냐하면 존재 행위는 한편으로 존재 행위의 폭을 기술하는 선취의 '향처'라고 드러났을 뿐이고 선취 자신의 의식에 주어졌을 뿐이기 때문이다. 다른 한편으로 존재 행위 자체는 유한한 실재를 통해—오로지 실재만 직관될 수 있다—전혀 주어지지 않고, 절대 존재 행위 안에서 실재 자체가 실현되지만 절대 존재 행위 안에서는 실재가 철학적 고찰의 대상일 뿐인 인간의 인식 방식으로는 대상적으로 직관되지 않는다. 이는 추후에 설명될 것이다.

그러나 이러한 선취의 '향처'에서, 이것을 선취의 방식으로 여기에 추가한다면(이로써 다음 절의 결과가 이미 전제된다), 대상은 이미 앞서 표시된 방식으로 드러난다. 그것은 절대 존재 행위, 즉 신(Gott)이다. 이 절대적 존재 행위는 구상된 대상(vorgestellter Gegenstand)으로 파악되지 않는다. 왜냐하면 선취가 »파악«(Griff)이 아닌 한에서, 존재 행위를 제한하는 특정 형상을 향한 전회와, 표상을 향한 전회가 동시에 일어날 경우에만 선취가 수행될 수 있기에, 선취를 통해 파악된 존재 행위는 오로지 선취를 통해서만 함께 암묵적으로 파악된 것으로서,[46] 하성적 규정들에 의해 제한 가능한 것으로 그리고 언제나 이미 제한된 것으로 암묵적으로 함께 알려지기(mitgewußt) 때문이다. 그러므로 존재 행위가 말하는 존재 행위의 충만함은 대상적으로도 결코 주어지지 않는다. 그래서 자신이 (선취를 통해 단지 암묵적으로 함께 알려지는 것만 *190* 이 아니라) 인식되기 위하여 존재 행위가 성찰을 통해 대상적으로 되었다면, 이는 오로지 존재 행위 자체가 다시 한번 형상을 통해 구체화하는 경우에만 일어날 수 있다. 이 형상은 하나의 특정적인 것이라서 존재 행위를 특정한 존재 등급의 충만함으로 제한하거나, 아니면 모든 형상의 대표, 즉 공통 존재자(ens commune, Irgendwasheit)의 형상이기에 존재 행위가 존재 현실의 특정 등급으로 제한되지 않지만 이를 위해 공통 존재자의 공허로 여지없이 비워지거나, 둘 중의 하나이다. 따라서 선취를 통해 함께 파악된 이러한 존재 행위가 제한될 수 있는 한, 존재 행위는 절대적이지 않은 것으로 드러난다. 왜냐하면 절대적인 것은 제한의 가능성을 필히 배제하기 때문이다. 그래서 선취를 통해 파악된 존재 행위는 그 자체로 »공통의«(commune) 존재 행위이다. 설사 이것이 공통 존재자와 동일시될 수는 없을지라도 말이다. 그러나 필연적이자

……

46 이러한 한에서 토마스는 다음과 같이 말할 수 있다: "우리의 지성은 존재 행위를 열등한 사물에서 존재 행위가 발견되는 방식으로 이해한다. 우리는 이 사물로부터 앎을 획득하고 이 사물에서 존재 행위가 실현된 것이 아니라 내재한다. 그러나 이성은 어떠한 것이 실현되어 있음을 발견한다."(intellectus noster hoc modo intelligit esse, quo modo invenitur in rebus inferioribus a quibus scientiam capit, in quibus esse non est subsistens sed inhaerens. Ratio autem invenit quod aliquod esse subsistens sit): De pot. q. 7 a. 2 ad 7. 더욱이 이러한 정식들 또는 유사한 정식들을 사용할 때, 여기서 어떠한 존재 행위가 대상적 파악 행위의 대상이고 어떠한 대상이 선취 자체의 대상이 아닌지가 문제가 되는지를 유의해야 한다.

언제나 이미 수행된 인식의 조건인 이러한 선취를 통해―'즉자'와 이에 따른 존재 행위는 의심 속에서도 긍정된다― 절대 존재 행위의 실존 또한 함께 긍정된다. 왜냐하면 선취의 폭 안에서 잠재적 대상으로 있을 수 있는 것은 함께 긍정되기 때문이다. 절대 존재 행위는 선취의 이러한 폭을 여지없이 채울 것이다. 그러니까 절대 존재 행위는 현실적인 것으로서 (단순히 가능한 것으로서 파악될 수는 없기에) 함께 긍정된다. 이러한 의미에서, 그리고 오로지 이러한 의미에서만 '선취는 신을 향하여 간다.'라고 말할 수 있다. 이는 자신의 자아를 통해 절대 존재 행위를 대상적으로 구상하기 위하여 선취가 절대 존재 행위로 직접 향하여 간다는 것은 아니다. 왜냐하면 신의 현실은 절대 존재 행위의 현실로서 선취의 폭을 통해, 즉 공통 존재 행위(esse commune)를 통해 암묵적으로 함께 긍정되기 때문이다. 이러한 관점에서 절대 존재 행위를 파악하는 것은 이 선취의 폭을 여지없이 채우는 것이리라. 그러나 다른 한편으로 철학적으로만 접근할 수 있는 인간 인식에서 선취는 표상으로의 전회로 말미암아 대상 자체에 대한 파악보다 언제나 더 넓은 한, 일차 질서의 대상으로서의 절대 존재 행위를 직접 파악할 수 있는 가능성에 대하여 철학적으로 규정지을 수 없다. 이는 결코 »선험적«(apriorischer) 신존재 증명이 아니다. 왜냐하면 선취와 자신의 '향처'는 실재 존재자에 대하여 필연적 조건인 후험적 파악을 통해서만 현전하는 것으로서, 그리고 모든 인식에 필연적인 것으로서 증명되고 긍정될 수 있기 때문이다. 토마스의 신존재 증명은[47] 자신의 이러한 인식 형이상학적 상황을 실재 존재론적으로 적용한 것일 뿐이다. 다시 말해 긍정된 실재적이고 제한된 존재자는 무한한 절대 존재 행위(esse absolutum)

....

47 I. q. 2 a. 3; S.c.g. I 13.

의 실재(Realität)를 자신의 조건으로서 요청한다. 그 대신에 우리는 다음과 같이 말하였을 뿐이다. 즉, 한 존재자의 실재적인 한계를 긍정하는 것은 절대 존재 행위를 암묵적으로 함께 긍정하는 '존재 행위를 향한 선취'를 그 조건으로 갖는다는 것이다.

있을 수 있는 오해를 피하기 위하여 (모든 판단에서 수행되는) 이러한 »절대적인 것에 대한 암묵적 동시 긍정«(Mitbejahung des Absoluten)에 대하여 바로 여기서 일반적인 소견이 추가되어야 할 것이다. 모든 형이상학적 선험처럼 이러한 »암묵적 동시 긍정« 또한 (이미 이 단어가 암시하듯) 긍정된 것에 대한 특정한 의식 소여성(Bewußtseinsgegebenheit)을 말하고 있다.[48] 그러나 여기에서는 곧 그러한 »의식성«(Bewußtheit)이 본질적으로 다양한 양태로 있다는 점에 주의해야 한다. 그래서 »절대적인 것에 대한 선험적 의식«(»절대적인 것에 대한 초월적 경험«)에는 »대상적-주제적 인식«이 아니라 »비대상적-비주제적 의식«이 문제가 된다. 이 의식은 자체로부터 순수한 선험성을 통해 반성적-가용적 앎(reflex-verfügbares Wissen)으로 결코 격상될 수 없다. 이러한 이유로 절대적인 것에 대한 이러한 선험적 인식을 고유하게 주제화하거나 반성적으로 표현하는 것, 그리고 범주적으로 해석하는 것, 즉 실제로 »신 존재 증명«과 같은 것이 전혀 불필요한 것이 아니라, 이러한 선험적 인식의 특징에 의해 제일 먼저 가능하게 되고 아울러 (그러한 »앎«에 본질적으로 필요한 것으로서) 요청된다. 반면에 인간이 신에 대해 조금이라도 알아야 한다면, 신은 결코 순수 후험이 될 수 없다. 토마스의 원리에 따르면 전적으로 후험적인 것, 그리고 이러한 의미에서 절대적으로 »무의식적인 것«, 즉 모든 면에서 »외부에서 오는 것«을 인간 주체는 알

....

48 Vgl. *J. de Vries*, a.a.O., 408f.

수 없다. 앎이란 본질적으로 주체 자체가 자신과 함께 현존하는 현실태 (beisichseiende Aktualität)이다. 그러나 이 현실태는 인식된 대상으로부터 독점적으로 수행될 수 없다. 그렇다면 어떻게 인식된 것 자체가 다시 한번 인식자가 자신과 함께 존재하는 방식이 될 것인가? 즉, 어떻게 인식자가 자신과 함께 존재하면서 조명받는 방식으로 될 것인가? 토마스에 따르면 오히려 다음과 같다. 주체에 의해 인식된 객체는, 이것이 주체에 의하여 인식된 것인 한, 객체는 주체의 현실태를 통해 알려지기에 자기 홀로 주체의 저 현실태를 유발하지 못한다. 인간에 의한 모든 외래 인식(Fremderkenntnis)은 인간의 자기 인식의 양태, 즉 자신의 »주체성«의 양태이다. 양자는 단순히 외적으로만 동기화된 것이 아니라 인간 인식의 본질적 계기이다. 이제 이것은 인간의 신인식(Gotteser-kenntnis)에도 해당된다. 그리고 절대적인 것에 대한 명확하고 대상적 인식을 위한 가능성의 조건인 절대적인 것에 대한 인간의 초월적-선험적 »인식«(Wissen, 앎)은 »(자기 자신으로서 언제나 주체성인, 즉 앎이자 어떤 면에서는 모든 것인) 영혼«의 인식 형이상학적 적용일 뿐이다.

이제 다음 절로 넘어가기 위하여 요약해 보기로 하자. 대상 인식은 오로지 선취를 통해 가능한 것으로 드러났다. 5절의 시작에서 우리는 이러한 선취의 폭에 대하여 질문을 던졌다. 이제 질문에 대한 답이 내려졌다. 설명된 바에 따르면 존재 행위는 선취의 폭을 보여 준다. 이 결과는 이제 여러 방면에서 더 명확해질 것이다.

7. 초월 III

1) 절대적인 부정적 무한성 자체로의 넘어섬

선취는 모든 가능한 실재적 규정들의 일치되고 성취된 근거인 존재 행위를 향하여 간다. 이 존재 행위의 특성이 부정적 무한성이다. 이는 이미 논증된 바 있다. 그러나 존재 행위에 대한 이러한 규정에는 명시적으로 다루어야 할 질문이 여전히 있다. 부정적 무한성에 대한 개념을 형식적으로 다루는 데에서 다음과 같은 점이 논증되었다. 즉, 형상의 부정적 무한성은 형상 자체의 궁극적 본질적 제한성을 결코 배제하지 않으며, 그러한 무한성이 자신의 형식적 개념으로부터 우선 »상대적 무한성«(infinitum secundum quid)만을 말한다는 점이다. 따라서 문 *193* 제는 모든 것의 형상으로서의 존재 행위 또한 토마스에 따르면 자신의 부정적 무한성을 통해 궁극적 본질적 유한성도 뜻하는지 여부이다. 토마스는 이 질문에 부정적이다. 선취가 향하는 존재 행위 자체는 부정적 무한성 자체를 뜻한다. 그러나 이는 다시 말하자면, 대상들을 파악하기 위해 선취가 발생하는데 선취가 향하는 존재 행위는 대상들에 의해 한정될 수 없다는 의미가 아니다. 오히려 이는 선취가 향하는 존재 행위 자체가 본질적으로 한정될 수 없다는 의미이다. 즉, 존재 행위가 단순히 모든 것을 자신 안에 담지하기 때문이 아니라, 이 모든 규정들이 본질적으로 제한적인 존재 행위와 함께 제한된 가능성인 한, 선취가 향하는 존재 행위 자체는 모든 가능한 규정들의 충만한 존재 근거라는 의미에서 그렇다,

130 　선취에 귀속되는 부정적 무한성 자체에 대해 실증하기 위해 결여된 무한성에 대한 인식 가능성과 부정적 무한성에 대한 인식 가능성 사이의 관계를 명확히 함으로써 이미 사전 준비가 되었다.

　선취의 '향처'는 파악되어야 하는 것보다 »더욱«(mehr) 크다. 왜냐하면 '향처'가 파악되어야 할 것의 한계를 드러내야 하기 때문이다. 파악되어야 할 것과 비교한다면 '향처'는 그 자체로 결여된 무한성을 소유하지 않는다. 그렇지 않다면 선취는 무, 즉 현실로 파악되어야 하는 것의 단순한(bloße) 가능성을 향하여 갈 것이기 때문이다. 그러나 가능성은 현실로부터 인식되는 것이지 그 반대는 아니다. 더욱이 선취는 모든 것의 형상인 존재 행위를 향하여, 그러니까 부정적 무한성을 향하여, 그래서 더 이상의 규정 가능성이 없는 무한성을 향하여 간다는 점이 이미 드러났다.

　인간의 대상 인식의 첫 번째이자 근본적인 선취의 이러한 '향처'는 본질적으로 유한할 수 없기에 자신의 부정적 무한성은 단지 »상대적«일 뿐일 것이다. 그렇지 않다면 두 가지 가능성이 생각될 수 있을 것이다. 즉, 선취가 존재 행위의 이러한 궁극적 유한성을 드러내거나, 또는

이 유한성이 존재 행위 안에 은폐되어 머무는 것이다.

선취 자체가 존재의 본질적 유한성을 드러내는 것이라면, 이는 선취 자체가 »무«에 대해서 선취한다는 사실에 의해서만 가능하였을 것이다. 그러나 선취는 자신의 선취 행위의 '향처'를 존재 행위라고 긍정하며, 자신이 유한하다고 인식한 것보다 현실적으로 »더욱 큰 것«(Mehr)이라고 긍정한다. 또한 선취는 이러한 가정에서는 무일 것 같은 결여적 무한성을 부정적 무한성으로부터 인식한다. 따라서 이러한 가 194 정은 본질적으로 받아들일 수 없는 것으로 판명된다. 이는 »존재 행위«와 »유한한«이라는 두 개념 사이의 직접적이고 논리적인 모순이 밝혀져서 안셀무스가 벌인 신존재 증명의 그릇된 추론을 시도한다는 뜻에서 그러한 것이 아니라[우리의 개념에서 보면 유한한 존재 행위(esse infinitum)는 자신 안에서(in sich) 본질적으로 모순적이지 않다고 간주될 것이다] 오히려 존재 행위는 본질적으로 유한할 것이라는 반대 가정이 무를 향한 선취가 아닌 존재 행위를 향한 선취를 뜻하는 가정 자체의 암묵적 추정에 어긋난다는 의미에서 그렇다.

이로써 선취가 향하는 '향처'의 본질적 유한성이 선취에 은폐되어 머물러 있을 가능성이 있을 것이라는 두 번째 가정 또한 이미 그 자체로 불가능하다고 밝혀졌다. 왜냐하면 앞의 고찰이 선취는 존재 행위를 그 자체로 무제한적이라고 계시한다는 것을 보여 주었기 때문이다. 이러한 가정에 반대하여 덧붙일 질문이 있다. 즉, 어떻게 이 가정에서 존재 행위의 유한성이 철학적으로 가능한 문제 제기로 오로지 추가적으로만 등장할 수 있단 말인가? 이러한 문제 제기를 위한 가능성의 조건은 존재 행위 자체가 자신을 드러내는 곳, 즉 선취 자체에서 보여야 할 것이다. 그러나 이로써 우리는 첫 번째 가정으로 돌아갔다. 이 두 번째 가정은 '향처' 자체의 유한성에 대한 인식이 첫 번째 유한한 대상의 인 131

식을 위한 가능성의 조건은 아니면서도, 선취가 향하는 본질적으로 유한한 '향처'가 인식의 일차 질서의 대상을 더 큰 유한성으로 계시한다고 주장한다. 이러한 경우 이 '향처'는 지금 존재 행위 자체이거나 또는 존재 행위 자체의 제한된 영역일 것이다. 첫 번째의 경우, 존재 행위는 그래도 총체로서 유한해야 하기에 자신을 유한하다고 드러내야 하는데 그렇게 드러나지 않는다면, 그리고 선취가 총체를 넘어서 무를 향하여 간다는 사실에 입각해 존재 행위가 포괄되어야 하는데 그렇지 않다면, 어떻게 존재 행위 총체가 선취될 수 있는지 이해되지 않는다. 두 번째 경우, 선취가 향하는 '향처'는 결국 존재자[어떠한 것으로서, 존재 행위 자체가 이 안에서 본질(Sosein)에 의해 제한받는다] 자체일 것이다. 선취는 대상에 대한 인식을 가능하게 해야 하지만, 선취 자체는 이 대상과 같은 종류의 대상을 향하여 가지 않는다.

195   2) 인간 정신성의 구성 요소로서의 절대자를 향한 초월

결국 선취는 절대적으로 부정적 무한성인 존재 행위를 향하여 간다. 이로써 인간 인식의 근본 행위로서의 선취는 다음과 같이 규정적 특성을 갖게 된다. 즉, 선취를 행하는 인간 인식은 절대적 무한성을 향하여 정렬되어 있다. 그래서 인간은 정신이다. 정신은 이러한 무한한 것을 언제나 선취를 통해서만 소유한다. 그래서 인간은 유한한 정신이다. 인간은 그 자체로 무한한 존재 행위 총체 앞에 마주하여 서 있는 자신을 발견하기에 정신이다. 정신은 이러한 무한한 것을 자신의 선취의 절대적으로 무제한적인 폭에서만 갖고 있기에 유한하다. 그러므로 정신은 절대 존재 행위 자체는 아니며, 정신은 자신의 구체화하는 사유 자체를 통해 절대 존재 행위를 구상하여(vorstellend) 대상화할 수 없다. 왜냐하면 절대 존재 행위는 그러한 사유 행위에 자신을 전체로서 구상하여 대상화하지 않기 때문이다. 존재 행위 그 자체는 자신의 충만함을 여지없이 보존함과 동시에 자신으로부터 구별되는 형상을 소유하고 있지 않다. 그래서 자신을 존재 행위로부터는 구별하면서도 존재 행위를 제한함 없이 존재 행위에 대해 구체화하고 확정하는 종합을 통해 진술하는 형상을 존재 행위는 갖고 있지 않다. 따라서 인간은 선취를 통해 자신의 모든 인식을 능가하면서 존재 행위 자체를 향하여 개방되어 있는 자신을 경험할 경우에만 무한성에 대해서 알게 된다. 인간은 »특정한 방식으로 모든 것«(quodammodo omnia)이다. 이 '특정한 방식'이 뜻하는 것은 지금 드러난다. 즉, 인간은 »초월을 통해«, 다시 말해 선취를 통해 모든 것이다. 인간은 존재 행위를 향한 자신의 움직임을 경험하면서 절대 존재 행위에 대하여 인식한다. 따라서 인간은 정신이다. 오로지 그러한 식으로만 절대 존재 행위에 대해서 안다는 사실에서 인간은 자신의 유한성을 경험한다.

이로써 우리는 5절의 처음에 제기되었던 문제에 대하여 토미스트적인 의미에서 대답하였다. 그러니까 초월은 물질적, 양적 존재 행위, 시공간 내의 존재 행위, 본질적으로 유한한 존재를 향하지 않고 본질적으로 무한한 존재 행위를 향하여 간다. 이로써 형이상학이 가능하다고 드러난다는 점, 그리고 어떠한 의미에서 형이상학이 가능하다고 드러나는지에 대해서는 나중에 명확하게 밝혀질 것이다.

존재 행위 자체를 향한 선취를 통해 개별 대상의 존재 행위는 제한되는 것으로 드러난다. 이로써 형상의 추상화 또한 가능한지 파악되어야 132 한다. 이와 관계있는 곳이 어디인지는 이미 위에서 간단히 표시되었다.[1] *196*

....

1 S. 179 f.

만일 나중에 초월과 완전한 회귀의 관계에 대해서 명시적으로 다루게 되면 이 질문이 다시 제기될 것이다.

토미스트적 인식 형이상학에 대한 우리 설명의 마지막 부분은 최소한 외적으로 보아서 사안 자체의 역동성에 의해 더 많이 이끌어졌다. 따라서 이 전개를 토마스 자신이 제공한 것으로 증명하는 과제는 여전히 남아 있다. 다음 절은 이 작업을 수행하는 데 목적을 둔다.

8. 초월과 능동 지성

토마스의 전제들을 객관적으로 전개함으로써 존재 행위 자체를 향한 선취가 규정적 추상 과정으로서 우리에게 드러났다. 토마스는 추상 능력을 능동 지성이라고 한다. 우리는 지금까지 이 개념을 존재 행위를 향한 선취에 대한 통찰 이전의 지점까지만 좀 더 형식적인 방식으로 발전시켜 왔다. 왜냐하면 지금까지 능동 지성은 감성을 통해 구체성에서 하성을 분리하는 능력으로 드러났기 때문이다. 그러니까 이는 존재 행위가 구체적인 존재자로부터 선취를 통한 추상 작업에 의해 분리될 때에만 일어난다는 점이 밝혀졌다. 그러나 본 논문에서 추구하는 역사적 관점에서 토마스 자신이 능동 지성을 존재 행위에 대한 추상 능력이라고 명시적으로 이해하였는지 여부는 여전히 질문으로 남아 있다. 이제 이 질문에 대하여 답해야 할 것이다. 그 대답이 토마스에게 있었던 실제적 문제를 더욱 명확히 밝힐 것이라는 점에서 기대된다.

능동 지성은 추상 능력, 즉 구체적인 것으로부터 보편적인 것을 파악하는 감성의 능력이다. 토마스는 여기서 세 가지 추상에 대해서 알고 있다. 이러한 세 가지 추상 단계에 대한 고찰과 그들 사이의 관계에 대한 고찰에서는 토마스의 능동 지성이라는 표제하에 우리가 존재를 향하여 추상 작업을 수행하는 선취라고 일컫는 것을 그 자체로 포함하는 개념을 생각하는지 여부를 밝혀야 한다.

197   ## 1) 세 가지 추상 단계

추상의 세 단계의 순서는 잠시 도외시하고 이와 관련된 문제성에 대해서 더욱 명시적으로 다루어야 할 것이다. 토마스는 다음과 같이 추상의 세 단계를 말한다.

1. 감성을 통해 구체적인 '여기 이것'에 주어진[표시된 질료(materia signata)의] 보편적인 본질을 '여기 이것'에서 추상하는 것

2. 첫 번째 단계에서 파악된 보편적 본질성을 여전히 그 자신에 포함하는 질적인 것으로부터 양적인 것[가지적 질료(materia intelligibilis)]을 추상하는 것

133   3. 존재자의 존재 행위가 질료에 의해 구체화된 존재자에게만이 아니라 존재자 자체에 귀속되는 초월적 규정을 추상하는 것[1]

이 세 가지 단계는 우선 각각 간단히 설명되어야 한다. 첫 번째 추상은 »개별적 감각 질료로부터«[2] 온다. 사실 감성에 관한 장 전체에서

....

---

1   삼중 추상화(triplex abstractio)에 대한 가장 중요한 본문들이 고찰되어야 한다(부분적으로 학문들의 구분이라는 제하에서 질문을 다룬다): Boeth. de Trin. q. 5 a. 1 ; a. 3; a. 4; q. 6 a. l; a. 2; I. q. 85 a. 1 ad 2. 이 외에도 개별 추상 유형을 다루는 본문을 참조해야 할 것이다. 이들에 대해서는 나중에 논의될 것이다. Vgl. auch *Maréchal*, a.a.O., 165-201.

2   I. q. 85 a. 1 ad 2.

이 추상에 대하여 계속해서 논의되었다. 다수의 '여기 이것'에 현실적으로 존재할 수 있는 하성은 파악된다. 이는 다수의 것들에 들어 있는 동일한 것을 추상하는 것이다. 이 추상에는 물질적 사물의 내적 형이상학적 본질에 대한 인식이 문제가 되지 않는다는 점에 더욱 유의해야 할 것이다. 토마스의 표현 방식은 마치 사물의 형이상학적 본질이 물질적 조건으로부터의 추상을 통해 이미 인식된 것처럼 들린다.[3] 그러나 토마스는 그러한 인식이 사실 전체 인식 과정의 출발점에 있는 기본적이고 단순한 추상의 문제가 아니라, 결코 완전히 도달할 수 없는 목표라는 점에 대해 의식하고 있다.[4] 하성들이 복잡하게 생각될지라도, 감성을 통해 제공된 구체적인 '여기 이것', 즉 개별적인 감각 물질과 관련되지 않는다면, '개별적 감각 질료로부터의 추상'(abstractio a materia sensibili individuali)은 (만일 우리가 추상 안에 함의된 두 번째 및 세 번째 단계를 도외시한다면 사물의 형이상학적 본질이 아닌) 직접적·감각적으로 소여된 하성들이 다수의 '여기 이것' 안에 실제로 존재할 수 있다는 사실과 이 하성들이 언제나 »보편적«이고 그렇게 머문다는 사실을 인식하는 것 외에는 아무것도 이루지 못한다.[5] 이러한 첫 번째 단계에서 추상된 하성은 감각적으로 직접 제공된 것이다(예를 들어 감각으로 관찰되는 이러한 둥글고 빨간 것은 하나의 둥글고 빨간 것이 된다). 하성은 보편적

198

....

3 *Hufnagel*, Intuition und Erkenntnis…, 209f에서 설명된 토마스를 참조할 것.
4 Texte bei *Hufnagel*, a.a.O., 206-207; 278-284. 본문에 대한 정확한 해석에서 우리는 후프나겔(Hufnagel)과는 다르다.
5 I. Sent. dist. 36 q. 1 a. 1 corp.: "보편자들이 어떠한 방식으로 집합되어 있든 질료에 의해 개별화되지 않는다면 이들로부터 개별자가 되지 않을 것이다."(quocumque modo universalia aggregentur, numquam ex eis fiet singulare, nisi per hoc quod individuantur per materiam) 마찬가지로 II. Sent. dist. 3 q. 3 a. 3 corp.; VII. Metaph. lect. 15, n. 1626; De anima a. 20 corp.; De verit. q. 2 a. 5 corp.; I. q. 14 a. II corp.

으로 인정된다. 이 정도의 추상은 더 이상의 것을 이룰 수 없고, 이루지 않을 것이다. 그러므로 이러한 추상은 사유에 관하여 논의되는 곳에서는 언제나 이미 수행되었음이 자명하다. 왜냐하면 추상은 첫 번째의 가장 단순한 판단에서 »빨간 것이 있다«는 사실이 이미 전제되었고 판단이 없는 대상 인식은 불가능하기 때문이다. 파악된 대상들의 하성적 규정에 감성이 제공하는 것에 의해서 이러한 추상 자체에 아무것도 »생략되지« 않는 한, 토마스가 인식에 대해 말하는 것처럼, 추상은 실제의 구체적 세계, 즉 물리적인 것들(physica)에 대한 인식에 속한다.

134

두 번째 추상 단계는 »공통의 감각적 질료로부터의 추상이다. 그러나 이는 공통의 가지적 질료로부터의 추상이 아닌 개별적 질료로부터의 추상이다.«[6](abstractio a materia sensibili communi, non tamen a materia intelligibili communi, sed solum individuali) 여기에서도 [개별적 질료로부터 오는(a materia individuali)] 개별적 '여기 이것'을 도외시하고 보편적인 것이 파악된다. 그러나 이 보편적인 것은 (감각적 질료로부터) 감성을 통해 제공된 질적 규정들 또한 도외시한다. 그래서 첫 번째로 [공통 질료로부터가 아니라(non a materia communi)] 본질적인 것이 실현될 수 있는 어떠한 이것들을 향한 본질적 지향성을 담지하는 보편적인 것이 남아 있고, 두 번째는 자체로 양적인 것인데 [가지적 질료로서(materia intelligibilis)] »양적인 것에 속하는 실체(substantia secundum quod subiacet quantitati, 넓은 의미로는 하나의 어떠한 것)«[7]로서의 보편적인 것이 남아 있다. 그래서 이러한 두 번째 추상 단계는 양적으로 다수의 동일한 것 자체, 즉 수적 원리의 존재자(ens principium numeri)와

....

6 I. q. 85 a. 1 ad 2.
7 1. c.

관련을 갖는다. 이 단계의 추상은 수학적 대상들을 제공한다.

세 번째 추상 단계는 »가지적 질료에서 오는 추상«(abstractio etiam *199* a materia intelligibili)을 말한다. "마치 존재자, 일자, 가능태와 현실태, 그리고 비질료적 실체들에서 분명한 것처럼, 질료 없이도 존재할 수 있는 부류의 그 밖의 다른 것들과 같이 사실 공통의 가지적 질료로부터 추상될 수 있는 것들도 있다."[8](quaedam vero sunt quae possunt abstrahi etiam a materia intelligibili communi, sicut ens, unum, potentia et actus et alia huiusmodi, quae etiam esse possunt absque omni materia ut patet in substantiis immaterialibus) 따라서 이 단계에서는 모든 물질적·양적인 것들로부터 »추상된다«. 이것이 어떻게 가능할까? 대상은—이것으로부터 이러한 초월주(Transzendentalien)가 추상되어야 한다—질료적인 것, 즉 하나의 (구체적인) 어떠한 것이다. 이것에서 공허한, 그 자체로 무규정적인 '여기 이것'(즉, 질료)에 있는 하성이(즉, 형상이) 구체화된다. 언뜻 보기에 본문이 요구하는 것처럼 만일 이 세 번째 추상에 대한 설명을 그렇게 받아들이기를 원한다면, 이러한 물질적인 것을 고찰하는 데 그 질료는 도외시될 것이다. 그렇다면 »도외시하는« 고찰은 형상, 즉 하성 자체를 향할 것이다. 결국 이 고찰은 이러한 형상을 함께 구성하는 일련의 규정들로부터 여전히 몇몇의 규정된 것들만을 관심의 초점으로 선택할 수 있을 뿐일 것이다. 그러나 그런 다음, 이러한 도외시하는 고찰이 전적으로 오류가 되지 않으면서도 형상 및 그 모든 규정에 필연적으로 귀속되는 질료를 향한 본질적인 지향을 배제할 수 있다는 점에 대해 어떻게 추상에 대한 그러한 이해로 가능하다고 설명할 수 있는지는 결코 보이지 않는다. 감성에 제공된 모든 하성적인 것

....

8 1. c.

은 질료로부터 그 자체로 주어졌으며, 하성적인 것과는 언제나 구별
135 되면서도 이 하성이 적용되는 '여기 이것'과 연관되어 있다. 설사 형상
에 대한 몇몇의 규정들에(즉, 그 초월적인 특성들에) 질료를 향한 본질적
이고 필연적인 관계가 귀속되지 않는다고 가정하더라도, 방금 지적한
세 번째 추상이 특징들의 단순한 분리와 생략이라고 이해된다면, 이러
한 파악에서 추상이 질료를 향한 이러한 초월적 특징들의 관계를—이
러한 특징들은 사실상 감각적으로 제공된 사물을 통해 관계를 맺고 있
다—, 단지 사실적 관계이지만, 본질적으로는 그 특징들에 속하지 않는
관계로 인식할 수 있을지에 대해서는 조금도 해명할 수 없다. 비감각적
200 (비질료적) 사물과의—초월주는 (사물을 언제나 시공간 안에 제한하는) 질
료를 향한 이러한 연관 없이 발견된다—비교는 불가능하다. 왜냐하면
그러한 대상들 자체는 원칙적으로 상상력의 기초 위에서 우리에게 주
어질 수 없기 때문이다. 토마스에 따르면 대상들만이 이 기초 위에서
본래적으로 만나질 수 있다. 이러한 숙고가 토미스트적이라는 점은 곧
드러날 것이다. 이 숙고가 옳다면 결론은 다음과 같이 저절로 따라온
다. 즉, 세 번째 단계의 추상은 감각적·직관적으로 제공된 것의 단순한
분리를 통해 구성될 수 없다. 다른 말로 하면, 추상은 하성에 대한 구상
(Vorstellung)으로서의 사유 행위에 귀속되는 업적이 결코 될 수 없다.
왜냐하면 하성에 대한 단순한 구상 행위(vorstellen)로서의 사유 행위는
궁극적으로 오로지 감각적으로 제공된 것만을 구상할 수 있기 때문이
다. 어떠한 결합과 분리를 통해 이것이 일어나든 간에 말이다. 그러나
감각적으로 제공된 그러한 것, 그리고 단순히 구상된 것은 본질적으로
질료, 그러니까 공간과 시간을 향한 자신의 관계를 지닌다.

2) 판단 계기로서의 세 번째 추상 단계: 형이상학적 개념 형성의 배타적 능력으로서의 능동 지성

사실 지금 토마스는 세 번째 추상을 단순히 구상적 사유 행위에 의한 분리 과정이라고는 전혀 생각하지 않는다. 토마스에 따르면 세 번째 추상은 본질적으로 판단의 계기이며 오로지 판단에서만 일어난다. 이것이 그렇다는 것은 토마스의 두 가지 일련의 사유에서 드러난다. 첫째, 그는 세 번째 추상을 다른 두 가지와는 반대로 명시적으로 판단과 연관시킨다. 둘째, 그는 지칭 방식(modus significandi)이, 그러니까 하성을 단순히 구상적으로 파악하는 방식은 근본적으로 초월적 본질성에 도달할 수 없다는 점을 강조한다.

세 번째 추상은 판단의 계기이며 오로지 판단에서만 일어난다. 이는 우선 보에티우스(Boethius)의『삼위일체론』'q. 5 a. 3'을 따르는 것이다. 여기에 다음과 같은 질문이 있다. "수학적 고찰에는 질료와 운동이 없는가?"[9] (utrum mathematica consideratio sit sine materia et motu) 여기

....

9 나에게 접근 가능한 모든 판본은 다음과 같다. (Parma 1864) XVII, 386a; edit.(Antverpiae 1612) XVII, fol. 130 r col. 2 B; edit.(Venetiis 1741) VIII, 379; edit. de Maria(Tiferni Tiberini, 1886) opusc. III., 361; edit. Mandonnet(Paris, 1927) opusc. omnia III., 113. 모든 판본의 본문 마지막은 다소 손상되었지만, 전체 저작을 주의 깊게 읽은 이는 누구나 쉽게 해결할 수 있는 정도이다. 본문의 마지막은 의심의 여지 없이 다음과 같다: "그러므로 지성의 작용에는 삼중 구별이 발견된다. 하나는 통합 지성과 분리 지성의(즉, 판단의) 작용에 따른 것이다. 이는(quae)[하나(una), 즉 구별(distinctio)과 관련되지만 작용과는 관련되지 않는다] 분리라고 적절히 칭해진다."[Sic igitur in operatione intellectus triplex distinctio invenitur. Una secundum operationem intellectus componentis et dividentis (Urteil), quae auf (una—distinctio—zu beziehen, nicht auf operatio) separatio dicitur proprie] "또 다른 것은 사물의 하성들을 형성하는 작용에 따른 것이다(즉, 개별적으로 있는 것들에 대한 단순 파악이다). 이는(quae)[이 명제의 두 번째 'quae'는 첫 번째처럼 작용에 관계되지 않고 '다른 것들'(alia), 즉 구별과) 관련된다] 감각적 질료로부터의 추상이다[즉, 감각적 (제일) 특성들에 의해, 다시 말해 감각적 질료라고 불리는 감각적 특성에 의해 질료로부터 구별되는 특

서 유난히 긴 본문을 자세히 해석하는 것은 불가능하다. 우리는 우리의 질문에서 중요한 것만을 강조할 것이다. 토마스는 그의 질문에 대답하기 위하여 세 가지 추상 단계를 학문의 세 분야(물리학, 수학, 형이상학)로 나누는 토대로서 전개한다. 토마스는 명시적으로 진술되지 않은 일

....

성이다]."[*Alia* secundum operationem quae format quidditates rerum (d. h. die simplex apprehensio indivisibilium, des quod quid est), quae (dieses zweite quae dieses Satzes bezieht sich nicht wie das erste auf operatio, sondern auf alia—distinctio—) est abstractio a materia sensibili (d. h. von der materia als ausgezeichnet durch sinnliche—erste—Qualitäten, durch qualitates sensibiles a quibus dicitur materia sensibilis)] "그리고 이는 수학에 어울린다."(Et haec competit *mathematicae*) [그러나 판본에서 말하는 형이상학은 아니다. 왜냐하면 논고 전체 작품에 따르면 형이상학은 감각 질료로부터 추상하는 것이기 때문이다. vgl. l. c. ad 4: 수학은 무작위의 질료로부터 추상하지 않고 감각 질료로부터만 추상한다(mathematica non abstrahit a qualibet materia, sed solum a materia sensibili)] "세 번째 것은(즉, 저작에 따라 사물의 하성들을 형성하는 작용에 따라 발생하는 차이를 말한다) 개별자에서 보편적인 것의 구성에 따른 것이다."(Tertia secundum compositionem universalis a particulari) ['Antwerpen und Mandonnet'에서는: 대립(oppositionem); 'Venedig und de Maria'에서는: 구성(compositionem); 실제로는 저작에 상응하여 »추상«(abstractio)이라고 칭해져야 한다. 왜냐하면 개별자로부터의 구성과 대립은 무의미하거나 최소한 익숙하지 않기 때문이다] 이것은, 즉 'secundum'에서 'paticulari'까지는 두 번째 추상 단계의 두 번째(quae) 문장에 상응하며 '사물의 하성들을 형성하는 작용에 따른 차이' 내의 특화(Spezifikation)이다. 이 작용에는 두 번째 및 세 번째 추상 단계도 속한다. "그리고 이는 또한(이 '또한'은 삭제될 수 있다) 물리학에 적절하고 모든 학문에 공통적이다(즉, 가장 낮은 추상 단계로서 이는 물론 또한 수학과 형이상학에 대한 전제이다). 왜냐하면 모든 학문에서 우연한 것은 무시되고(즉, 구체적인 '여기 이것' 자체가 그러하다) 그 자체가(즉, 그것 하나로부터만 알 수 있는 하성들이) 수용되기 때문이다."(Et haec competit etiam physicae et est communis omnibus scientiis, quia in omni scientia praetermittitur quod est per accidens et accipitur quod est per se) 이 판본들에 실려 있는 저술의 전반부에서도 의미를 방해하는 오류가 있다. 그 내용은 다음과 같다: "그러나 만일 하나가 자연의 본성을 구성한 것에 따라 다른 것에 의존하지 않는다면 그때 하나는(판본에 지금 따라오는 »non«은 삭제될 수 있다) 지성에 의해 다른 것으로부터 추상될 수 있다."(Si vero unum ab altero non dependeat secundum id quod constituit rationem naturae, tunc unum potest ab altero abstrahi per intellectum) 데커(B. Decker)의 친필 원고에 기초한 새로운 본문 비평에 따르면(in: Studien und Texte zur Geistesgeschichte des Mittelalters IV, Leiden 1955) 여기에 제안된 수정 사항은 (»etiam«을 삭제하는 것을 제외하고) 확정되었다. 이 판본에서 문제가 되는 본문은 다음

련의 생각에서 출발하여, 추상이 우선 »구별«(distinctio)로 이해되어야 한다고 본다. 이는 첫 번째는 두 번째 없이도 생각될 수 있다는 방식으로, 다른 '무엇'(Was)에 대해서는 도외시하는 가운데 하나의 '무엇'에 대한 파악이다.[10] 이제 이러한 전제하에 본문은 '지성의 이중 작용'(duplex operatio intellectus)을 구분하는 것으로 시작된다.[11] 알려진 것, 즉 하성(intelligentia indivisibilium, des quid est)에 대한 단순한 이해, 그리고 판단(ennuntiatio)이 그것이다. 이제 토마스는 판단에는 형이상학적 추상을, 하성에는 물리학적 추상과 수학적 추상을 귀속시킨다. 본문(corpus articuli)의 서두에서 사유 행위를 두 가지로 나눈 것은 단순히 임의적인 출발점을 뜻하지 않는다. 왜냐하면 본문의 말미에 이것이 다음과 같이 다시 다루어지기 때문이다. "따라서 이렇게 지성의 작용에는

202

137

....

과 같다: "그러므로 지성의 작용에서 삼중 구별이 발견된다. 하나는 구성적 지성과의 분리라고 적절히 칭할 수 있는 분리적 지성에 따른 작용이다; 그리고 이 작용은 신학 또는 형이상학에 적절하다. 다른 것은 사물의 하성들을 형성하는 작용에 의한 것으로, 이 작용은 감각적 질료로부터의 형상의 추상을 말한다; 그리고 이것은 수학에 적절하다. 세 번째 것은 특수한 것에서 보편적인 것의 (추상을 뜻하는) 동일한 작용에 따른 작용이다. 그리고 이것 역시 물리학에 적절하며 모든 학문에 공통적이다. 왜냐하면 학문에서는 우연에 의해 존재하는 것은 무시되고 그 자체로 있는 것이 수용되기 때문이다."[Sic ergo in operatione intellectus triplex distinctio invenitur. Una secundum operationem intellectus componentis et dividentis, quae separatio dicitur proprie; et haec competit scientiae divinae sive metaphysicae. Alia secundum operationem, qua formantur quiditates rerum, quae est abstractio formae a materia sensibili; et haec competit mathematicae. Tertia secundum eandem operationem (quae est abstractio) universalis a particulari; et haec competit etiam physicae et est communis omnibus scientiis, quia in scientia praetermittitur quod per accidens est et accipitur quod per se est]

10 따라서 그는 논고 마지막에서 세 가지 유형의 추상을 삼중 구분으로 요약할 수 있다.

11 이 두 가지 지성 작용은 각자 그 자체로 존재하는 지성의 행동 방식으로 이해되어서는 안 되고, 오히려 서로에게 조건이 되는 한 가지 사유 행위의 계기로서 이해되어야 한다는 점은 이미 앞서 논의되었다. 그리고 그 밖에 다루어진 본문 자체를 통해서도 확인되었다. 왜냐하면 다른 두 가지의 기초인 세 번째 추상은 단순 이해 과정(Vorgang der intelligentia indivisibilium)으로서의 다른 두 가지가 판단에 기초하는 방식으로 판단을 통해 발생하기 때문이다.

삼중의 구별이 있다. 하나는 지성의 작용에 따라 구성되고 나누는 것인데, 이를 소위 분리라고 한다. 그리고 이는 신학 또는 형이상학에 속한다.˝(sic igitur in operatione intellectus triplex distinctio invenitur. Una secundum operationem intellectus componentis et dividentis, quae separatio dicitur proprie. Et haec competit scientiae divinae sive metaphysicae) 그래서 토마스는 분명히 형이상학적 대상들의 추상을 판단에 귀속시키는 반면, 다른 두 단계는 하성에 대한 단순한 구상과 연결한다.

이 진술은 우리에게 중요하다. 이것만으로도 우리가 이전 절에서 토마스의 숙고 방향으로 움직이고 있었다는 점이 드러난다. 만일 우리가 형이상학적 영역을 향한 초월을 판단에서만 수행되는 존재 행위를 향한 선취에서 발견한다고 생각한다면 말이다. 이 본문에서 토마스는 왜 형이상학적 추상이 판단에 바로 귀속되는지에 대해서 분명한 근거를 제공하지 않는다. 그는 단지 형이상학적 대상이 (부분적으로도) 질료적인 것으로부터 실제로 분리되어 있다고 말할 뿐이다. 이는 옳지만, 203 분명히 판단과 단순 이해(simplex apprehensio)를 향한 세 가지 추상 단계에 대하여 방금 논의된 분류를 위한 최종 근거라고 볼 수는 없다. 왜냐하면 실제로 분리된 것 또한 단순 이해에서 서로 분리되어 구상될 수 있는 것을 토마스가 간과할 수 있었다는 점이 매우 명백하기 때문이다. 물론 이러한 단순 이해는 인간에게서처럼 전적으로 형이상학적 구상일 수 있다는 사실을 전제로 한다. 이러한 전제가 맞지 않다면, 형이상학적 대상을 전술된 판단에 귀속시키는 것으로도 이해할 수 있다. 그럼에도 단순 이해의 이러한 무능에 대한 심오한 근거를 제시하는 것이 요청되어야 한다. 무능은 자신의 본질 자체에 놓여 있어야 한다. 무능이 이러한 대상들이 질료로부터 실제로 분리되어 있다는 사실에만 있는 것은 아니기 때문이다.

동일한 결과를 보에티우스의 『삼위일체론』 'q. 6 a. 2'에 대한 정확한 해석으로부터 얻을 수 있다. 질문은 다음과 같다. "신적인 영역에서 상상력은 전적으로 남겨질 수 있는가?"(utrum in divinis sit omnino imaginatio relinquenda) 토마스는 "모든 인식의 »원리«는 감성에(즉, 감각과 상상력에) 있다."라고 말한다. 감성으로부터 우선 감각적 이해가 일어나고, 그다음에 상상적 이해, 그리고 마지막으로 지성적 이해가 일어 138 난다. 판단은 언제나 마지막에 있다. 그러나 토마스에 따르면 물리학에서 인식이라는 용어는 다시 감각이고(인식은 감각에서 제한되어야 하고 감각으로 연역되어야 한다) 수학에서는 다시 상상력이다[즉, 인식은 상상력에서 제한되어야 하고 상상력으로 연역되어야 한다(terminari ad imaginationem; deduci ad imaginationem)]. 토마스가 형이상학적 인식에서 »제한되다«(terminari), »연역되다«(deduci)를 판단이 객관적으로 소유된 대상으로서 의존하는 어떠한 것으로 설정한 것이라고 사람들은 추측할 수 있다. 그리고 지성적 이해가 내용적으로는 형이상학적 판단이 의존하는 근거가 되도록 처음에 감각적 이해와 상상적 이해 옆에 지성적 이해를 배치함으로써 그가 이러한 용어를 준비하였다고 사람들은 추측할 것이다. 그런데 사실 토마스는 그러한 것들에 대해서 말하지 않는다. 그는 오로지 부정적 방식으로 다음과 같이 말할 뿐이다. "따라서 우리는 신의 영역에서 감각으로도 상상력으로도 이끌려서는 안 된다."(ideo in divinis neque ad sensum neque ad imaginationem debemus deduci) 이는 숙고 과정을 조금은 조심스럽지 못하게 전개하는 가운데 일어나는 우연일까? 앞선 'q. 5 a. 3'에 비추어 본다면 이 질문은 주저 없이 부 204 정될 수 있다. 지성적 이해(apprehensio intellectiva) 자체가 형이상학적 판단의 »한계«(terminus)일 수 없다. 표상처럼 지성적 이해를 필요하지 않다거나 또는 영속적으로 지성적 이해를 전제하지 않는다는 것을 뜻하지는 않는 그러한 형이상학적 판단은 지성적 이해로부터도 멀어지는 것이다.[12] 지성적 이해 자체는 형이상학적 대상을 구상하여 제공할 수 없다. »왜냐하면 표상은 대상으로서의 지성적 영혼이며«,[13](cum phantasmata sint intellectivae animae ut objecta) »대상으로서의 지성에 비교되기 때문이다.«[14](comparentur ad intellectum ut objecta)

이 해석에 대한 추가 확인은 『악론』(De Malo)의 'q. 16 a. 12 corp.'을 참조하면 된다. 거기에서 상은 단순 이해의 근거이고 가지적 조명은 판단의 근거이다. 그러나 가지적 조명은 정신의 본질과 함께 제공된 선취, 즉 존재 행위를 향한 선취 자체 외에 다른 것이 아니라는 점이 나중에 밝혀질 것이다. 따라서 선취가 『악론』에서는 판단 행위의 가능성이듯이, 판단은 여기 『삼위일체론』(De Trinitate)에서 오직 존재 행위와 그 초월주 자체가 계시하는 장소이다.

따라서 단순 이해를 배제한 가운데 형이상학적 인식을 오로지 판단에만 관련시키는 보에티우스의 『삼위일체론』의 두 절에서 다음과 같은 질문이 제기된다. "왜 하성에 대한 단순한 지성적 구상은 실제로 초월적 하성을 구상할 수 없는가?" 우리는 이에 대한 대답을 지칭 양식(modus significandi)에 대하여 토마스가 말하는 것에서 찾아볼 수 있다. 우리는 이 지칭 양식을 통해 형이상학적 대상을 파악하는데, 라틴어 'significare'는 지칭한다는 뜻이다. 그러니까 용어가 중요한데, 우리는 이 용어로 형이상학적 대상을 나타내기 때문이다. 그러나 용어는 문장과 달라서 단순 이해의 언어적 표현이다. 그래서 만일 토마스가 지칭방식은 판단과는 달리 형이상학적 객체와 관련하여 언제나, 그리고 본

......

12 Vgl. 1. c. ad 5.
13 1. c. corp.
14 1. c. ad 5.

질적으로 불충분하고도 적절하지 않다고 말한다면, 그는 이로써 단순 이해 자체가 형이상학적 객체를 구상할 수 없다고 주장하는 것이다. 이에 대하여 간략히 설명해 보기로 하자.

우리가 말하는 피할 수 없는 방식은 우리가 생각하는 피할 수 없는 205 방식의 결과이자 표현이다.[15] 개별 단어(nomen)는 개별 개념의 표현이기에 단순 이해(intelligentia indivisibilium)를 나타내고 표현(enuntiabile)은 판단 행위를 나타낸다.[16] 그러므로 만일 우리가 인간 언어의 단어 그 자체만이 이미 초월적 대상의 특성, 즉 시공간을 근본적으로 넘어서는 대상의 특성을 표현할 수 있는지 여부를 확정한다면, 이로써 단순 이해 자체가 형이상학적 대상을 구상할 수 있는지 여부가 확정된 것이다. 토마스는 인간의 언어에서 두 가지 종류의 »이름«, 즉 추상적 이름과 구체적 이름을 발견한다.[17] 이 두 종류의 이름은 본질적으로 연결되어 있다. 우리는 구체적인 것을 특정한 종류의 (구체적인) 어떠한 것 외에 다른 것으로 생각할 수 없으며(그래서 이러한 방식으로 이미 추상적인 것을 생각하였다), 어떠한 것이 존재하는 방식 외에 하나의 추상적인 것(abstractum)을 생각할 수 없다[그래서 우리는 어떠한 것에서 하나의 구체적인 것(concretum)을 동시에 생각하였다].[18] 그러나 이로부터 이름과 더 140

....

15 I. q. 45 a. 2 ad 2: "지칭 양식은 이해 양식을 따른다."(modus significandi sequitur modum intelligendi) Vgl. I. q. 13 a. l corp. usw.; "그래서 어떤 것에 대해서 아는 대로 그 것에 대해서 명칭한다."(sic nominamus aliquid, sicut cognoscimus illud)

16 Periherm. lib. I. lect. 4 (Parma 8b): "하나의 이름은 하나의 단순 이해를 지칭하는 데 사용되지만 표현은 복합 개념 자체를 지칭한다."(unum nomen ponitur ad significandum unum simplicem intellectum sed oratio significat ipsam conceptionem compositam)

17 Vgl. I. q. 3 a. 3 ad l; q. 13 a. l ad 2; q. 32 a. 2 corp.; S.c.g. I. 30 usw.

18 다른 말로 우리는 하나의 구체적인 것을[즉, 실재의 즉자적 현존자(ein reales Ansich-seiendes)를] 언제나 오직 '그것으로 있는 것'(quod est)과 '어떠한 것에 의해 있는 것'(quo est) 간의 결합체(compositum)일 뿐이라고 구상할 수 있다. I. q. 3 a. 3 ad l: "그들은 우리

불어 지성적 구상 자체만으로는 형이상학적 대상을 구상할 수는 없다는 결론이 나온다. 구체적인 단어는 추상적인 단어 자체와 마찬가지로 질료, 동일한 것의 다수성, 질량, 그리고 시공간을 향한 본질적인 지향성(Hinordnung)을 지니고 있다. 왜냐하면 구체적인 이름에서 자신의 방식과는 다른 것으로 암묵적으로 함께 생각되고, 추상적인 이름의 내용이 연관되어 있는 이 구체적인 '어떠한 것'은 질료이기 때문이다. 우리 인간의 모든 언어에서 나타나는 이러한 현상이 생겨난 이유는 감성에 관한 장에 따르면 이해될 수 있다. 즉, 이 현상을 통해 우리 인식의 유래가 그 현상에 영속적으로 머무는 기반인 감성으로부터 온다는 사실이 밝혀진다. 따라서 이로부터 »(형이상학적 대상에 적용되어야 하는) 모든 이름에는 표현 방식과 관련되어 있는 한 결함이 있다«[19] (quantum vero ad modum significandi omne nomen cum defectu est)는

....

에게 결합체로서 실현되어 있다."(apud nos non subsistunt nisi composita) I. q. 13 a. 1 ad 2: "실현되어 있는 어떠한 완성체를 지칭하기 위해 우리가 부여한 모든 이름은 복합체에 속해 있는 것처럼 구체적으로 지칭한다."(omnia nomina a nobis imposita ad significandum aliquid completum subsistens significant in concretione prout competit compositis) I. q. 3 a. 5 corp.: "동물은 구체적인 양식에서 감각적 본성으로부터 취해진다; 왜냐하면 감각적 본성을 취한 것을 동물이라고 부르기 때문이다."(animal sumitur a natura sensitiva per modum concretionis; hoc enim dicitur animal, quod naturam sensitivam habet) 유사한 내용에 대해서는 다음을 참조할 것. I. q. 85 a. 5 ad 3. 그리고 반대의 경우도 마찬가지이다: 우리는 추상적인 것을 어떠한 것을 규정짓는 것 이외의 다른 것으로 구상하면서 현재화할 수 없다. 즉, 오직 '어떠한 것에 의하여 있는 어떠한 것'(quo aliquid est)으로 말이다. S.c.g. I 30: "실제로 단순하게 지칭하는 것에 대한(즉, 어떠한 것과 자신의 존재 방식의 결합체가 아닌 것으로서) 우리 지성은 '그것으로 있는 것'이 아니라 '어떠한 것에 의하여 있는 것'을 지칭한다."[intellectus noster quod vero ut simplex significat, (significat) non ut quod est, sed ut quo est]. "요약하자면: 추상적인 것들은(사실 단순한 것을 나타내지만) 자신을 통해 실현된 존재자를 지칭하지 않고, 구체적인 것들을(자신을 통해 실현된 자를 지칭하지만) 결합된 존재자를 지칭한다."(abstracta non significant ens per se subsistens, et concreta significant ens compositum): I. Sent. dist. 4 q. 1 a. 2 corp. Vgl. auch I. Sent. dist. 33 q. 1 a. 2 corp.

19 S.c.g. I 30.

결론이 나온다.

그래서 이러한 고찰로부터 토마스가, 인식 행위를 통해 형이상학적 대상에 도달하지만 인식 행위를 지성적 구상 자체 안에 있는 것으로 보지는 않는다는 점이 확인된다. 따라서 세 번째 추상 단계는 첫 두 단계와는 본질적으로 다른 성격을 갖는다. 세 번째 단계는 첫 추상의 기초에서 구상된 본질 규정의 총체성으로부터 개별 규정을 구분하고 배제하여 초월적 규정만이 남게 하는 행위라고 생각될 수는 없다. 만일 그렇다면 이 초월적 규정은 그 자체로 구상되어야 하기 때문이다. 확실히 이러한 규정은 그 내용에 실제로 구상되어 있다. 토마스는 이에 대해 명시적으로 말한다.[20] 만일 그렇지 않다면 도대체 어떻게 이 규정에 관한 것이 알려질 수 있는지에 대해서 이해할 수 없을 것이다. 그러나 형이상학적 추상이 구상된 것이 단지 구상되고 진술되는 방식에 의해 실제로 가능하다는 점을 어떻게 인식할 수 있는지를 정확히 설명할 수 있어야 하는 것만은 아니다. 오히려 형이상학적 추상은 지칭된 것이 모든 객관적 의미를 잃지 않으면서도 지칭된 것과 (지칭된 것에 있는 어떠한 것인) 지칭 양식(modus significandi)이 서로 분리된다는 점이 어떻게 인식될 수 있는지를 정확히 설명해야 한다. 이러한 지칭 양식을 통해 구상하는 지성적 구상 자체는 언제나 이것을 달성할 수는 없다. 왜냐하면 이러한 추상을 통해 정확히 극복되어야 하는 것은 구상에 본질적으로 수반되는 것, 즉 지칭 양식을 통해 필연적으로 드러나는 질료와 구상된 것의 관계이기 때문이다.

토마스에 따르면 형이상학적 대상과 관련한 지성적 구상체(das Vor-

....

20 지칭 양식(modus significandi)에 관하여 인용된 본문을 참조할 것. 여기서 이 사안은 언제나 전제이다. 명칭들(nomina)은 사실 형이상학적 대상들에 의하여 진술된다.

207 gestellte)의 적용 불가능성은—이는 구상체의 지칭 양식과 함께 주어
진다—부정에 의해 지양된다는 점을 지금 지적할 수 있겠다. 이는 옳
다. 토마스는 질료에 대한 우리의 구상 내용(Vorstellungsinhalte)의 연
141 관성을 부정적으로 제거함으로써 [존재(存在), 일성(一性), 진성(眞性) 등
과 같은] 초월적 개념을 획득하였다고 생각한다.[21] 그러나 여전히 두 가
지 질문이 남는다. 하나는 '논의된 바처럼 부정(Verneinung)으로 이해
되는 추상이 실제로 무엇인가?'이다. 그러한 추상의 근본 행위로서의
»아니오«(Nein)는 다른 것들과 함께 구상된 내용이 아니다. 게다가 관
계가 더 이상 함께 구상되지 않을 정도로 구상체에서 질료와의 관계가
부정되지는 않는다. 왜냐하면 그러한 이해는 단순 이해를 통한 지칭 양
식이 기본적으로 형이상학적 대상에 결코 적합하지 않다는 명제에 의
해 정확히 거부되기 때문이다. 그렇다면 이러한 지칭 양식에 대한 »아
니오«는 무엇일까? 이에 두 번째 질문이 이어진다. 만일 질료를 통한
구체화로부터 본질적으로 독립적인 이러한 실재적 가능성이 어떻게든
이 거부에 이미 앞서서 파악된다면, 즉 거부 이후에 지성적 구상 내용
에 남아 있는 것의 가능성으로서 파악된다면, 그래서 남아 있는 이 가
능성이 구상된 것에서 구상된 것으로 드러나지 않는다고 당연히 파악
된다면, 지칭 양식에 대한 거부(Nein)는 형이상학적 대상에 대한 앎을
열 수 있는 가능성을 가질 뿐이고, 거부를 통해 양식(modus)으로부터
분리된 '지칭된 것'(significatum, 의미)이 실제로 가능한 것이라고 인식
될 수 있는 가능성을 가질 뿐이다. 만일 그렇지 않다면 구상된 내용에

....

21 III. de anima lect. II, n. 758: "우리에게 알려진 감각적 사물을 넘어서는 모든 것을 우리
는 오로지 부정을 통해서만 인식한다."(omnia quae transcendunt haec sensibilia nota no-
bis, non cognoscuntur a nobis nisi per negationem) Vgl. I. q. 84 a. 7 ad 3; q. 88 a. 2 ad 2;
I. Sent. dist. 8 q. 2 a. r ad 1 ; In Boeth. de Trin. q. 6 a. 3 corp. zweite Hälfte.

대한 부정은 더 이상 본질적인 의미를 지니지 못하게 되기 때문이다. 또한 토마스가 논박하는 바와 같이 형이상학적 대상을 부정 없이 파악할 수 있기 때문이다. 토마스는 부정 이후에 남아 있는 지성적 구상의 나머지 것의 실재적 가능성을 이미 부정에 앞서 파악해야 할 필요성을 명확히 알고 있다.[22]

따라서 단순 이해(simplex apprehensio)에서 지칭 양식의 문제로부터 다음과 같은 것이 귀결된다. 즉, 형이상학적 보편자에 대한 파악으 *208* 로서의 추상은 형이상학적 존재 행위(das metaphysische Sein)를 대상적으로 구상하지 않는 가운데 이를 선취하는 행동(Akt)이어야 한다. 그러면 한편으로, 구상된 내용은 부정을 통해 자신의 질료와의 관계로부터 정당하게 분리될 수 있다(물론 그 내용이 반드시 그러한 관계를 의미하지 않는 한에서이다). 이는 그 내용 자체가 실제로 가능한 것으로서 지양되지 않거나 또는 적어도 비인식적이지 않을 때 가능하다. 다른 한편으로, 형이상학적 대상은 이미 그 자체로 단순 이해 자체에서 대상적으로 구상되지 않았기에, 그 자체로 질료를 향하여 연관된 지성적 구상 내 142 용에 대한 이러한 부정적 구상은 형이상학적 대상 자체를 주제적으로 (thematisch) 알기 위해서 필요 불가결하다. 따라서 이 문제는 이미 우리가 보에티우스의 『삼위일체론』의 두 절에서 고려한 것과 동일한 방향을 가리킨다. 즉, 형이상학적 규정의 규정적 추상은 판단에서 일어난다. 그러므로 우리가 앞 절에서 토미스트적 전제들로부터 판단은 그

....

22 De pot. q. 7 a. 5 corp.: "부정의 지성은 언제나 어떠한 긍정에 기초한다. 따라서 인간의 지성이 신에 대한 (따라서 모든 형이상학적 대상에 대한) 어떠한 것을 긍정적으로 알고 있지 않는 한, 신에 대한 어떠한 것도(즉, 우리가 신을 이해할 수 있게 하는 긍정적인 내용을) 부정할 수 없다."(intellectus negationis semper fundatur in aliqua affirmatione, unde, nisi intellectus humanus aliquid de Deo affirmative cognosceret, nihil de Deo posset negare)

자체로 무제한적이며 질료를 통해 제한을 넘어서는 존재를 향하여 간다고 확정한다면, 지금 거꾸로 다음과 같은 것을 말할 수 있다. 즉, 판단 행위 자체를 통해 존재 행위에 대한 앎이 열리고, 지성적 이해를 통해 긍정적으로 구상될 수 있는 것을 넘어서는 존재 행위는 »추상된다«. 결과적으로 앞서의 고찰에 따라 존재 행위 자체가 판단 가능성의 조건인 선취를 통해 드러난다면, 그리고 방금 다룬 고찰에 따라 존재 행위가 판단을 통해 추상되고 그러한 추상 능력을 토마스가 능동 지성이라고 한다면, 능동 지성은 존재 행위 자체를 향한 선취의 능력이라고 규정될 수 있다. 아마도 처음에는 놀랄 만한 이러한 규정은 다음 절에서 토미스트적이라고 더욱 폭넓게 입증될 것이다. 이로써 다음과 같은 결론이 연역된다. 즉, 그렇게 규정된 능동 지성은 다른 두 추상 단계의 가능성에 기초를 구성하며, 이를 통해 지금까지 단순히 병치된 세 가지 추상 단계의 관계가 해명된다.

그러나 그 전에 우리의 주제에 대해서 다른 관점에서 조명하여 다시 한번 간단히 살펴보기로 하자. 즉, 존재 행위는 지성적 이해를 통해, 다시 말해 추상적 개념을 통해―이 개념이 판단과는 다른 한―도달되지 않고, 유일하게 판단 자체를 통해서만 도달되고 드러난다. 우리의 견해에 반대하여, 개념적 이해를 통해 형상과 마찬가지로 »형상의 형상«, 즉 존재 행위가 질료로부터 분리되며 형상적 추상(abstractio formalis) 또한 개념적 이해를 통해 성취된다는 점을 토마스가 알 것이라고 주장할 수는 없다.[23] 우선 토마스의 경우 »형상적 추상«과 »판단«은 단순히 서로 대립되어서는 안 된다. 세 번째 추상 단계는 전술한 바와 같이 필연적이자 배타적인 판단 계기이다. 그러나 순수 개념적인 형

....

23 Vgl. J de Vrie.s, a.a.O., 408.

상적 추상은 (정확히 그렇게 이해한 만큼) 판단 자체와는 구분되는 것으로서 존재 행위 자체인 저 »형상«에 정확히 도달할 수 없다. 왜냐하면 초월적 존재 행위는 엄밀히 말해서 존재 행위의 »형상적인 것«을 다시 한번 적절하게 보존하는 본질적 형상 및 자기 자신과 구분되는 본질적 형상을 갖고 있지 않기 때문이다.[24] 존재 행위는 자기 자신으로부터 (하성적-보편적) 차별화함에 있어서 추상화하는 개념을 통해 »분리«될 수 없고, 오히려 오로지 보편자와 개별자와의 종합, 형상과 주체와의 종합, 가능성과 판단의 확정적 종합을 통해 »즉자적으로«(an sich) 자신(selbst)인 긍정적 현실과의 저 종합을 통해서만 다시 실현될 수 있다. 정확히 존재 행위는 이해 자체가 형성하는 방식의 보편 개념은 아니다. 보편 개념의 »형상적인 것«(formale)은 전술한 바와 같이 자기 자신에게만 속한다(sui generis). »보편적« 존재 행위는 또한 모든 특이한 차이들을 포함하는데, 그것은 단순히 순수한 류가 아니다. 존재 행위는 그 자체로 보편적인 것과 개별적인 것 사이의, 형상과 질료 사이의 »관계«(Beziehung) »이다«(ist). 이미 드러난 지평을 통해 저 »구별«(Unterscheidung)과 소위 지성적 이해 자체의 (총체적, 그리고) 형상적 추상을 수행하는 저 »분리«가 가능하다. 존재론적으로 보면 이러한 인식 형이상학적 존재 개념은 초월적 존재 행위가 스스로(in sich selbst) 자신을 입증하며 추후에 (»비교«를 통해) 유비적으로 자신을 입증하지는 않는다는 점을 뜻한다.

....

24 Vgl. oben S. 184 Anm. 30.

9. 존재 행위를 향한 초월 능력으로서의 능동 지성

토마스는 능동 지성을 초월적 타당성의 제일 원리들을 형성하는 능력이라고 특징짓는다. 반면에 이러한 원리들은 존재 행위와 관계있으며 존재 행위를 기반으로 한다. 이에 따라 토마스는 능동 지성이 본질적으로 존재 행위 자체를 파악한다는 사실에 의해 규정된다고 본다. 이러한 파악 행위는 이미 설명한 근거에 따르면 구상(Vorstellung)으로 이해될 수 없다. 따라서 이러한 파악 행위의 방식으로서 가능한 것으로 판단에서 행하여지는 초월만이 남는다. 이러한 초월은 감각적으로 구체화된 존재자를 넘어 존재 행위 자체를 향하여 간다. 능동 지성은 이러한 선취를 통해 근본적으로, 그리고 규정적으로 특징지어진다. 왜냐하면 감각적으로 제공된 것이 존재 행위에 대한 파악을 통해, 그리고 존재 행위에 내포된 제일 원리들에 대한 파악을 통해 실제로 이해되기 때문이다. 그러나 능동 지성은 지금까지 형식적으로는 어떠한 것을 실제로 이해할 수 있게 만드는 능력이라고 정확히 규정되었다. 이러한 관련성은 지금 토마스에 의해 자세히 논증될 것이다.

1) 제일 원리들의 추상을 통한 능동 지성의 기본적인 특성화

토마스는 제일 원리들과 능동 지성 사이의 본질적 관련성을 규명 143 한다. 이러한 제일 원리들은 존재 행위와 사유 행위의 최고 원리들을 뜻한다. 왜냐하면 중요한 것은 모든 학문의 보편적 원리들(universalia principia omnium scientiarum)이기 때문이다.[1] 그러니까 단순히 사유 행위 자체에 초점을 맞춘 학문의 원리들만이 아니라, 존재 행위 자체를 향하여 연관 짓는 저 학문의 원리들이 문제가 되는 것이다.[2] 능동 지성은 제일 원리들의 근거이다. "능동 지성의 자연 조명 자체에서 제일 원리들이 인식된다."[3](Ex ipso lumine naturali intellectus agentis prima principia fiunt cognita) 이와 비슷한 진술들이 계속 반복적으로 발견된 211 다.[4] 우선, 능동 지성과 추상적 본질 자체 사이에 존립하는 관계처럼 능동 지성과 제일 원리들 사이에 동일한 관계가 있으리라고 생각할 수 있을 것이다. 즉, 능동 지성은 제일 원리들을 추상화하는 능력이다. 이에 따라 능동 지성이 가장 보편적인 개념들의 근거인 한, 아울러 가장 보편적인 개념들에 기초한 가장 보편적인 원리들도 발생시킨다. 이것

....

1 I. q. 117 a. 1 corp. Weitere Texte bei *Hufnagel*, Intuition und Erkenntnis…, 200 ff.

2 De anima a. 5 corp.

3 IV Metaph. lect. 6, n. 599.

4 Vgl. II. Sent. dist. 28 q. I a. 5 corp.; III. Sent. dist. 23 q. I a. I corp.; De verit. q. 9 a. 1 ad 2; q. 10 a. 13 corp.; q. II a. 3 corp.; De anima a. 4 ad 6; a. 5 corp.; Quodl. 10 a. 7 ad 2; I. q. 79 a. 5 ad 3; q. n7 a. I corp.; I. II. q. 53 a. I corp.; S.c.g. II 78; III 46; In VI. Ethic. lect. 5, n. 119.

은 사실이지만, 원리들과 능동 지성 간의 관계를 토마스가 보는 것처럼 완전히 설명하지는 않는다. 제일 원리들은 토마스에게 지성의 임의적 산물이 아니라 근본적 산물이다. 이 원리들이 바로 가장 보편적인 것이다. 그래서 모든 다른 특정 명제들과 개념들 안에 포함되어 있기 때문에 근본적인 것이 아니라, 이들이 능동 지성의 범위를 표현하고 있고 또 능동 지성이 자신의 »도구«(Instrumente)로써 이들을 이용해 추상, 즉 '가지 대상들을 만들기'(facere intelligibilia) 때문에 근본적이다. 인간적 특성에서 발생하는 제일 원리들은 폭과 능동 지성의 본성을 나타내는 지표이다. "제일 원리들은 우리 안에서 마치 능동 지성의 도구와 같다. 능동 지성의 조명으로 말미암아 우리 안에 자연 지성이 활동한다. 따라서 제일 원리들이 확장되지 않는(무를 향해 다소 유동적이고 부정확한 관계를 갖는) 곳에서 우리의 자연 지성이 인식에 도달할 수 없다."[5](Prima principia sunt in nobis quasi instrumenta intellectus agentis cuius lumine in nobis viget ratio naturalis. Unde ad nullius cognitionem ratio nostra naturalis potest pertingere ad quae se prima principia non extendunt) 제일 원리들의 범위는 지성의 조명 능력의 강도를 나타내는 지수이다. 제일 원리들은 자신 안에서 능동 지성의 »빛«에 참여하면서 빛을 담지한다.[6] 능동 지성은 자신의 추상 기능을 수행하기 위하여 이 원리들을 »도구들«(instrumenta)로 사용한다. "원리들 자체는 특정 도구로서 능동 지성과 비교된다. 왜냐하면 능동 지성은 이 원리들을 통해 사물을 현실태의 가지 대상들로 만들기 때문이다."[7](ipsa vero

144

....

5 De verit. q. 10 a. 13 corp.; 유사한 내용에 대해서는 다음을 참조할 것. II. Sent. dist. 28 q. I a. 5 corp.

6 De verit. q. 9 a. 1 ad 2.

7 De anima a. 5 corp. Ähnlich De anima a. 4 ad 6: 현실태로 가능 지성을 환원할(reductio

principia comparantur ad intellectum agentem ut instrumenta quaedam eius, quia per ea facit intelligibilia actu) 그러나 현실태의 가지 대상들로 만드는 행위(facere intelligibilia actu)는 능동 지성의 본질적이고 유일 한 기능에 대한 형상적·형이상학적 표현이다.[8] 따라서 추상을 위한 도 *212* 구적 원리로서의 제일 원리들은 능동 지성의 편에 서 있다. 그러나 토 마스는 이로써 모순에 빠진 것으로 보인다. 왜냐하면 그에게 제일 원리 들은 동시에 능동 지성의 추상 활동의 결과이기 때문이다.[9] 이 모순을 피하려면 우리는 제일 원리들을 능동 지성의 첫 번째이자 고유한 결과 로 이해하여야 하며, 다른 본질들에 대한 추가적인 추상은 이러한 근본 적이고 규정적인 추상의 단순한 결과로 이해하여야 한다. 이로써 우리 는 능동 지성의 규정적인 결과로서의 제일 원리에서 거꾸로 능동 지성 의 내적 본성을 규정하는 정당성을 갖는다.

2) 자신의 존재 행위를 통해 존재자를 선취함으로써 원리의 추상화를 가능하게 함

제일 원리들은 »개념들«(conceptiones)에[10] 기반을 두기에, 토마스 는 능동 지성과 제일 원리들 간의 관계에 대해서 기술하였던 방식과

----

intellectus possibilis in actum) 때, 지칭 원리들(principia demonstrationis)은 제작자인 능 동 지성(intellectus agens als der artifex)의 도구들(instrumenta)이다.

8 Vgl. S.c.g. II 76; 96; De spir. creat. a. 9 corp.; a. 10 corp.; I. q. 54 a. 4 corp.; I. q. 79 a. 3 corp.; De anima a. 4 ad 4 usw.

9 IV. Metaph. lect. 6, n. 599; n. 605; III. de anima lect. 10, n. 729; II. Sent. dist. 17 q. 2 a. 1 corp. 마지막 부분.

10 IV. Metaph. lect. 6, n. 605. '개념들'에 대해서는 다음을 참조할 것: Quodl. 8 a. 4 corp.

동일하게 능동 지성과 제일 개념들 간의 관계도 설명한다.[11] 파악된 개념이자 최상의 원칙들에 근거하는 첫 번째이자 최상의 개념은 »존재자«[12](ens)이다. 그래서 능동 지성을 근본적으로 특징짓는 제일 원리들에 대한 인식은 존재자에 대한 추상적 인식에 기반한다. 그러므로 능동 지성의 본성이 해명되려면 능동 지성이 포착하는 이 존재자가 무엇인지에 대한 질문이 제기되어야 한다. 형이상학적 원칙들을 정초해야 한다는 사실에서 그것은 질료적 사물의 최상위 개념인 »존재자«와 일치할 수 없다는 결론이 나온다. 그것은 »다수의 동일한 것들에서 반복 가능한 종류의 어떠한 것«이다. 따라서 토마스는 언제나 주의 깊게 수적 원리의 존재자(ens principium numeri)와 형이상학적 존재자를 구분한다.[13] 그는 형이상학적 존재자를 존재자 자체라고 칭하기도 하고 또는

145

213

....

11 De verit. q. II a. 3 corp.

12 De verit. q. I a. I corp.: "지성이 가장 친숙한 것으로 상상하는 것이자, 지성으로 하여금 모든 개념을 해결하게 하는 것이 존재자이다. 따라서 지성의 다른 모든 개념은 존재자에 대한 추가로부터 수용되어야 한다."(Quod primo intellectus concipit quasi notissimum et in quo omnes conceptiones resolvit, est ens unde oportet, quod omnes aliae conceptiones intellectus accipiantur ex additione ad ens) Vgl. I. q. 5 a. 2 corp.; q. II a. 2 ad 4; I-II. q. 94 a. 2 corp. usw. 이러한 제일 개념(conceptio prima)에 모순률이 제일 형이상학적 원리로서 기반한다: I-II. q. 94 a. 2 corp.; In IV. Metaph. lect. 6, n. 605. 여기서 주의할 점은 제일 개념들에서와 마찬가지로 원리들에는 질서가 있다는 사실이다.(2. II. q. l a. 7 corp.) (1. II. q. 94 a. 2 corp.; 1. q. 16 a. 4 ad 2; De pot. q. 9 a. 7 ad 6 및 '반론에 대해 거부당한 이들'(ad ea quae in oppositum objiciuntur). 존재자에 기반하는 원리들에 대해서는 또한 다음을 참조할 것. S.c.g. II 83. 토마스가 존재자를 가장 먼저 파악된 것으로 설명할 때, 인간의 첫 행위가 존재자를 자신의 형이상학적 순수성 자체를 통해 파악한다는 의미가 아니라는 점에 주목하는 것이 유용하다. 동일한 것이 제일 원리들에도 적용된다. 이는 객관적으로 파악된 모든 대상에서 존재자가 (그리고 제일 원리들이) 자신의 잠재성에 대한 형이상학적 근거로서 함께 암묵적으로 파악된다는 것만을 뜻한다. 연대순으로 최초로 포착된 대상이 구체적으로 각각 무엇인지는 여전히 미결된 것으로 남아 있고 철학적 관심사가 아니다.

13 III. Metaph. lect. 12, n. 501; V. Metaph. lect. 10, n. 901; IV. Metaph. lect. 2, n. 559; X. Metaph. lect. 3, n. 1981; lect. 8, n. 2093.

보편적 존재자(ens universale), 즉 불연속적인 수량적 유(genus quanti-tatis discretae) 안에서 존재자의 특정한 유(speciale genus entis)인 수적 원리의 존재자(ens principium numeri)와는 대조적으로 존재 행위 자체로부터 파생되는 존재자(ens quod imponitur ab ipso esse)라고 칭하기도 한다.[14] 그러나 어떻게 이러한 형이상학적 존재자가 능동 지성에 의해 도달될 것인가? 감성에서 구상적으로(vorstellungsmäßig) 알려진 모든 지성적 내용은 본질적으로 질료를 향하여 연관되어 있으므로, 잠재적 다수화의 근거를 본질적이자 필연적으로 그 자체로 갖고 있다. 따라서 수적 원리의 존재자를 넘어서 이르지는 못한다.[15] 사실 이는 마치 우리가 지금까지의 고찰에서 잘못된 방향으로 빠졌던 것처럼 보인다. 왜냐하면 언뜻 보기에도 존재자에 대한 추상이 여타의 보편적 본질을 추상할 수 있는 가능성의 기반이 결코 될 수 없기 때문이다. 여타의 추상 *214* 되어야 하는 보편 개념들 곁에 단순히 더 보편적인 것, 그리고 더 공허한 것으로서 서 있지 않은 어떠한 것이 추상을 통해 파악된 존재자라는 제하에 파악되는 경우가 아니어야 한다면, 다소의 공허한 보편성이 하나의 추상을 또 다른 추상 가능성에 실마리로 제공하는 것처럼 보이지는 않기 때문이다.

이 가정이 토마스에게 실제로 적용된다는 사실은 그가 존재 행위를

....

14 IV. Metaph. lect. 2, n. 559. 따라서 토마스는 신과 그 밖의 비물질적 사물을 이해하게 하는 형이상학적 존재자(ens metaphysicum)와 그 일치가 수량적 원리의 하나(unum quod est principium numeri)인 존재자와 혼동되어서는 안 된다고 자주 강조한다. "존재 행위를 따라 하나인 첫 번째 존재자는 질료에 의존하지 않는다."(ens unum secundum esse non dependet a materia) Vgl. 1. q. II a. 3 ad 2; q. 30 a. 3 ad 2; I. Sent. dist. 24 q. l a. l ad l; De pot. q. 9 a. 7 corp.

15 Vgl. VII. Metaph. lect. 9, n. 1477: "형상은 질료 없이 지성에 의해 사유될 수 없기에, 질료는 형상의 정의에 실제로 상정되어야 한다."(materia sine qua non potest concipi intel-lectu forma, oportet quod ponatur in definitione formae)

어떻게 이해하고 있는 지에서 드러난다. 만일 존재자가 단지 더 보편적인 것으로서, 그리고 단지 더 공허한 것으로서 여타의 보편 개념들과 더불어 서 있을 것이라고 우리가 두려워하였다면, 그리고 (구체적인) 어떠한 것과 형상의 종합을 통해 구체화된 다른 어떤 보편적인 것이 질료에 대한 자신의 취소할 수 없는 연관을 포기하는 »이러한 종류의 어떠한 것«(Etwas von der und der Art)으로서 존재자가 이해될 것이라고 우리가 두려워하였다면, »사물«(res)과는 구별되는 토마스의 존재자 개념을 통해 존재자에 본질적이지 않은(nicht) 측면에서 하필이면 존재자가 고찰되었을 것이다. "존재자는 존재 행위의 현실태에서 파생되지만 사물의 명칭은 존재자의 하성 또는 본질을 표현한다."[16](Ens sumitur ab actu essendi, sed nomen rei exprimit quidditatem sive essentiam entis) "존재자의 명칭은 사물의 존재 행위에서 온다."[17](Nomen entis sumitur ab esse rei) "존재자가 존재 행위의 현실태로부터 정해지는 만큼 사물은 하성에 의해 정해진다."[18](Res imponitur a quidditate tantum ens imponitur ab actu essendi) 이 인용문들에서 말하는 하성은 바로 단순 이해 자체에 의하여 구상된 대상이다. 그러한 하성으로서 (구체적인) »어떠한 것«에서 실제로 오직 하나의 »무엇«만이 지성적으로 구성되고, 따라서 질료에 대한 관계는 배제될 수 없다. 그러나 지금 토마스는 존재자 개념에 대한 설명에서 존재자를 사물로서가 아니라, 즉 존재자의 하성에 의거해서가 아니라, 오히려 존재자의 존재 행위에 의거해서 파악할 것을 명령한다. 이제 토마스 본문에 대한 이전의 해석은 존재 행위가 판단의 대상임을 보여 주었다. 그러니까 존재자가 존재 행위를 진술하는

....

16 De verit. q. 1 a. 1 corp. und ad 3(zweite Serie). Vgl. I. Sent. dist. 8 q. 1 a. 1 corp.
17 I. Sent. dist. 25 q. 1 a. 4 corp.
18 IV. Metaph. lect. 2, n. 553.

한, 즉 존재자가 추상에 의해 첫 번째로 파악된 것이고 기본적인 추상이라면 추상이 판단을 통해 존재자를 존재 행위로 파악하는 한, 추상은 존재자를 추상한다. 존재자가 첫 번째로 추상된 것이라고 토마스가 말한다면 이는 이미 전술한 의미에서 보편적인 것으로서의 존재 행위가 추상되는 첫 번째 것이라는 의미이다. 따라서 능동 지성의 기능이 존재자 개념을 추상함으로써 제일 원리들을 파악하는 행위라고 규정된다면, 이는 능동 지성이 존재 행위를 향하여 간다는 것을 뜻한다.

원리에 대한 인식이 감각 인식에 의존한다는 점에 대해 주의한다 215
면 이 결과는 생소하지 않을 것이다.[19] 그러니까 감성과 지성으로 이루어진 하나의 인간 인식이 감각적·실재적 대상과 대면할 때 존재로서의 존재자에 대한 파악과 제일 원리들에 대한 파악이 뒤따라와야 한다. 그러나 인간 인식과 실재 대상 간의 이러한 만남에서 실제로 수행된 첫 행위는 판단이다. 즉, 하성은 실제로 감성에 제공된 대상의 하성으로서 파악된다. 그러나 실재의 대상을 향한 이러한 연관은 판단이며, 게다가 실재 대상에 대한 하성의 추상과 함께 필연적으로 제공된 것이다. 왜냐하면 하성은 이러한 실재하는 것의 하성으로 분리되기 때문이다. 하성이 실재의 것으로부터 기원한다는 의식은 실재의 것에 대한 하성의 연관, 즉 판단에 다름 아니다.[20] 그러므로 실재의 감각적 존재자와의 만남 147

·······

19 S.c.g. II 83; De anima a. 4 ad 6; I-II. q. 51 a. 1 corp.
20 Vgl. S.c.g. 1 59: "그러나 비복잡 지성은(즉, 단순 이해는) 무엇임(하성)을 파악할 때 사물에 대한 비교를 통해 하성을 이해한다. 왜냐하면 지성은 사물을 그것의 실재로 이해하기 때문이다."[intellectus tamen incomplexus (d. h. die simplex apprehensio) intelligendo quod quid est (die Washeit) apprehendit quidditatem in quadam comparatione ad rem; quia apprehendit eam ut huius rei quidditatem] 사물에 대한 비교(comparatio ad rem)는 판단의 본질적 특성이라고 우리에게 이미 알려졌다. 따라서 하성의(즉, 추상의) 첫 성취는 판단을 통해 이루어진다. 단순 이해는 판단과 별도의 독립적 기능으로 이해되어서는 안 된다. 단순 이해는 판단의 필수 부분이기에 현실 인간의 사유 행위에서 단독으로 발생할 수 없다.

을 통해 존재자가 추상된다면, 그것은 판단에서 일어나는 것이다.

따라서 만일 능동 지성의 본질이 존재 행위에 대한 파악이라는 점이 능동 지성의 첫 특징적 산물로서의 제일 원리들의 관점에서 새롭게 확인된다면,[21] 왜 존재 행위를 향한 이러한 선취가 모든 보편적 본질성(즉, 형상, 하성) 자체에 대한 추상 가능성의 조건인지에 대한 질문이 여전히 남는다. 이 질문이 해명되어야 비로소 존재 행위 자체를 향한 선취가 능동 지성의 본성을 구성한다고 말할 수 있다. 그런 다음에야 다수의 상들(Bilder)과 유비에 대한 철학적 이해에도 도달할 수 있다. 토마스는 이 상들과 유비를 이용해 능동 지성의 본질에 대해서 기술하려고 시도하였지만, 이들은 지금까지는 고찰되지 않았다.

우리는 능동 지성이 파악하는 존재자 개념에서 다시 한번 출발한다. 존재자의 이름은 사물의 존재 행위로부터 파생된다(Nomen entis sumitur ab esse rei). 토마스에게서 존재 행위가 무엇을 의미하는지 우리는 이미 알고 있다. 즉, 그것은 선취의 절대적으로 무한한 범위를 나타내는 지표로서 모든 잠재적 인식 대상들의 유일하고 충만한 근거이다. 그러므로 만일 지성적으로 파악된 모든 대상이(즉, 모든 구체적 존재자가) 제한된 존재 행위로서 파악된다면, 그것은 잠재적 사유 대상들의 무한한 범위를 향한 선취를 통해 파악되는 것이다. 그러나 이는 사유 행위가 이로써 순간적으로 파악되어야 하는 개별 대상에 있다는 것을 뜻하며, 사유 행위는 이미 어떠한 방식으로라도(즉, 선취하면서) 사유할 수 있는 대상 총체에 있음을 뜻한다. 여기서 »총체«(Ganze)는 개별적 대상들의 양적 축적을 뜻하지 않는다. 왜냐하면 이러한 총체는 잠재적

....

하성은 언제나 사물의 하성으로 생각되고 그것으로 판단되었다. 또는 하성에 대한 어떠한 것이 생각되고 다시 판단되었다.

21 이러한 파악이 오로지 선취로만 생각되어야 하는 이유는 앞선 고찰에서 이미 논의되었다.

대상의 모든 규정의 원천적 근거로서 이미 확정된 의미에서의 존재 행위이기 때문이다. 그러나 이로써 인식 행위는 처음에 감각적으로 제공된 대상의 형상을—비록 이 형상이 처음에 감각적으로 파악된 사물의 성질의 총합이라고 할지라도—이 존재 행위의 제한으로서 경험할 수 있게 된다. 사유 행위는 존재 행위를 향한 선취를 통해 형상을 존재의 제한된 가능성으로 파악한다. 왜냐하면 사유 행위는 규정과 함께 구체적으로 제공된 것을 선취를 통해 언제나 이미 넘어섰기 때문이다. 이러 148 한 점에서 존재 행위를 향한 초월은 그 자체로 이미 언제나 파악된 개별 존재자의 부정이다. 본질적 인식 기능으로서의 »부정«(negatio)과 »제거«(remotio)의 형이상학적 가능성은 이 초월에 기초한다. 초월은 부정과 제거가 인식 내용의 일부를 인식을 위해 무의미하게 억압하는 것이 아니라 오히려 정말로 새롭고 실재적인 대상성(Gegenständlichkeit)을 드러내는지를 이해하게 해 준다. 명시적 부정은 형상에 의해 제한된 존재 안에서 이미 성취된 개별 대상의 »부정«인 초월에 기초한다. 부정은 구상적으로 제공된 대상에 있는 어떠한 것을 향하여 관계한다. 이와 동시에 지성 또한 개별 대상을 파악하기 위하여 명시적 부정 이전에 이미 언제나 선취한 것에 대한 주제적 파악을 위한 시야를 열어 준 217 다. 거꾸로 선취의 이러한 '향처'는 언제나 오로지 선취의 '향처'로만 주어지기 때문에, 다시 말해서 개별 대상을 파악하는 것이 선취를 의식할 수 있는 가능성의 조건이기 때문에, 선취는 오로지 부정에 의한 성찰(Reflexion)을 통해서만 주제적으로 파악될 수 있다. 따라서 명시적 형이상학은 본질적으로 반성적이자 부정적으로 작동하는 학문으로 드러난다. 이에 대해서는 나중에 상술하기로 한다.

그런데 존재 행위를 향한 선취를 통해 형상이 어떻게 보편적이라고 파악되는지에 대해서는 아직 명확하지 않다. 지금까지는 형상이 선취를 통해 제한으로, 즉 존재 행위에 대한 가능태(potentia)로 드러날 수 있다는 점만 밝혀졌다. 하지만 형상이 어떻게 형상의 가능태인 질료와 관계하는 현실태(actus)로서 선취를 통해 드러날 수 있는지에 대해서는 아직 밝혀지지 않았다. 이전의 고찰에서 우리는 비교를 통해 보편적 본질이 얻어진다는 이론이 충분치 않다는 점을 말한 바 있다. 왜 비교 자체가 자신의 고유한 가능성의 조건에 대한 질문으로 몰고 가는지에 대한 이유는 비교가 비교 대상들에 앞서 그것들에 공통적일 수 있는 본질 자체의 파악을 전제한다는 사실, 즉 구체적인 것들 자체는 서로 비교될 수 없기에 '여기 이것'으로부터 형상이 이미 분리되어 있어야 한다는 점이 요구된다는 사실에 있다. 물론 이들을 비교할 수 있기 위해서는 이들이 실제로 그 자체로 유사해야 한다. 그렇다면 그들이 일치하는 곳이 어떻게 그대로 보일 수 있는지에 대한 질문이 곧바로 제기된다. 비록 그 일치점이 구체적인 것들을 서로 다른 두 가지로 만드는 어떠한 것에 부가적인 것이 아닐지라도 말이다. 이에 대해서는 절대적으로 두 가지에 공통적인 일성(Einheit)이 구성되기 이전의, 조합되지 않은 것으로서의 일성을 향하여 그 두 가지와 관계되어 있다는 점 외에는 달리 생각할 수 없다. 여기서도 토미스트적 원리가 적용된다.

149 "다수성 이전에 일성이 발견되어야 한다. 다른 어떠한 것에 의하여 구성적으로 일치되지 않는 한, 그 자체로 다수인 것들은 일성으로 수렴하지 않는다."[22](Ante multitudinem opportet invenire unitatem Quae autem secundum se sunt plura, in unum non conveniunt, nisi ab aliquo com-

218 ponente uniantur.) "왜냐하면 만일 다양한 것들이 다른 어떠한 것을 통해 일치된다면 다양한 것들은 자체로 일치되지 않기에 이러한 일치의

....

22 S.c.g. 118.

다른 원인이 존재해야 하기 때문이다."[23](Si enim diversa in aliquo uniantur, necesse est huius unionis causam esse aliquam, non enim diversa secundum se uniuntur) 여기서 일치(unio)의 »원인«(causa)으로서의 이 »구성 행위«(componens)는 일치가 실현되는 관점에서 하나여야 한다는 점을 주목해야 한다. 그러나 이제 감각적으로 소유된 두 가지 형상의 단순한 실제적 유사성에 선행하여 이 유사성을 파악할 수 있게 하는 일치가 우리에게 일어났다. 형상은 초월이 향하여 가는 한, 존재 행위의 가능태들로 파악된다. 이로써 이들을 유사한 것들로 또는 동일한 것들로 인식하는 것이 가능하다. 따라서 초월을 통하여 보편 개념을 형성하는 것이 가능해진다. 또한 이것으로 존재 행위를 향한 초월이 추상 자체의 조건으로, 따라서 첫 번째와 두 번째의 추상 단계의 조건으로 입증되었다. 세 번째 추상 단계는 비록 마지막에 명시적으로 될지라도 첫 두 단계의 가능성이다.

이로써 존재 행위 자체를 향한 초월이 능동 지성의 내적 본성에 대한 본질적이자 유일한 형이상학적 표현임이 밝혀졌다. 그래서 지금 우리는 다양한 상들과 개념들을 올바로 해석해야 하는 입장에 있다. 토마스는 이 상들과 개념들의 도움으로 능동 지성의 본질에 대해서 기술하려고 시도하였다. 우리는 능동 지성을 비토미스트적으로 생각하는 방식으로 역사적 유래의 관점에서 이해하려는 위험에 빠져서는 안 된다. 그러므로 이 고찰을 지속하고자 한다. 왜냐하면 만일 토마스가 능동 지성의 본질을 파악하고자 사용하였던 상들과 개념들에서 제한 없이 진정한 철학적 의미를 얻는 데 성공한다면 지금까지의 우리의 결론이 옳다고 증명되기 때문이다.

....

23 I. q. 65 a. 1 corp.; vgl. I. q. 11 a. 3 corp. tertio.

3) 조명-구상에 대한 존재론적 해석(대상에서 암묵적으로
함께 »보인« »조명«이자 대상의 »가시성«을 선험적으로 가능하게
하는 »조명«)

   능동 지성의 기능을 설명하는 데 가장 많이 사용되는 상들[24] 중의
하나는 표상이 »조명«(lumen)으로서의 능동 지성에 의하여 비추어진
다는 생각이다.[25] 이 상은 무엇을 말하려는 것일까? 만일 우리가 단순
히 상 자체에 머문다면 무엇보다도 이는 능동 지성에 의한 표상의 가
시화가 중요하다는 것을 말하는 것이다. 이는 아주 일반적으로 조명
150 된 대상에 대한 조명의 과제이다. '가시화됨'(das Sichtbarsein)은 당연
히 우리의 경우에 의식을 말한다.[26] 추상의 경우에 표상 자체의 '알려
짐'(Gewußtheit)이 문제가 되지는 않는다. 왜냐하면 표상은 이미 감성
을 통해 인간 인식 행위에 의해 알려졌기 때문이다. 따라서 그렇게 알려
진 것 자체는 다시 한번 또 다른 (지성적) 방식으로 알려질 필요가 없다.
   이러한 맥락에서 마치 토마스에게는 인식 내용이 추상을 통해 한
인식 능력으로부터 다른 능력으로 옮겨 가는 것이 문제가 된다는 식
의 오해는 다시 한번 피해야 할 것이다. 자신의 인식 능력들에 대한 내

....

24 상에 관해서는 다음을 참조할 것: I. q. 67 a. l corp.: "영적 차원에서 은유적으로 논의된
다."(metaphorice in spiritualibus dicitur); De anima a. 4 ad 4: 지성을 향한 조명의 비교;
In lib. de causis[lect. 6(Parma XXI, 729 b)]: "조명은 유사성을 통해 진술될 수 있다."(per
similitudinem dici potest lumen)
25 Vgl. *M. Honecker*, Der Lichtbegriff in der Abstraktionslehre des Thomas von Aquin:
Phil. Jahrb. 48(1935), 268-288. 여기서 토마스의 본문들을 찾을 수 있다.
26 I. q. 67 a. l corp.: "그러나 (조명의 명칭은) 인식의 특정한 형태에 따라 보이게 하는 모
든 것을 지칭하기 위하여 후에 확장되었다."[postmodum autem extensum est (nomen lu-
cis) ad significandum omne illud quod facit manifestationem secundum quamcumque
cognitionem]

용에 대해서 아는 이는 한 인간이기 때문에 두 가지 인식 능력들을 통하여 두 번에 걸쳐 어떠한 것을 알도록 하는 것은 의미가 없다. 능력이 아니라 인간이 인식한다. 즉, "더욱 적절히 말한다면, 인간은 영혼을 통해 인식한다.[27] 왜냐하면 적절히 말해서 감각 또는 지성이 아니라 오히려 인간이 이 둘을 통해 인식하기 때문이다."[28](magis proprie dicitur quod homo intelligat per animam; non enim proprie loquendo sensus aut intellectus cognoscunt, sed homo per utrumque) 따라서 토마스는 의식의 일치가 추상이 문제가 되는 곳에서 이미 처음부터 주어졌다고 *220* 본다. 감성에 제공된 것은, 그것이 거기에 주어지는 한, 바로 그렇게 지성에도 주어졌다. 왜냐하면 »적절하게 말해서« 전혀 아무것도 능력들에 주어지지 않고 오히려 그 능력들을 통해 인간에게 주어졌기 때문이다. 따라서 감각적으로 감성에 제공된 것 외에 지성에 여전히 주어져야 하는 것은 엄격한 의미에서 질료적 본성으로 말미암아 감성에 주어질 수 없는 것뿐이다. 의지와 지성의 관계에 대한 질문과 동일한 의미에서 토마스는 한 인간의 두 가지 능력의 관계를 상세하고 원칙적으로 전개한다.[29] 영혼의 실체[30]로부터 오는 능력들의 질서에 대한 관념을 사용하여 이러한 생각들을 적절히 적용하는 것은 우리의 이해가 정확하다는 사실을 확증할 것이다. 추상은 감성이 파악하는 것을 지성이 어떻게 아는가에 대해서가 아니라, 오히려 지성이 어떻게 그것을 보편적인 것(allgemeines)으로 아는가에 대해서 설명해야 한다. 지성은 »오로지«

....

27 I. q. 75 a. 2 corp. und ad 2.
28 De verit. q. 2 a. 6 ad 3; vgl. De spir. creat. a. lo ad 15 ; I. q. 76 a. l corp.
29 Vgl. I. q. 82 a. 4 ad 1; q. 87 a. 4; 1 II. q. 17 a. 1 corp.; a. 3 ad 3; III. Sent. dist. 23 q. 1 a. 2 ad 3; De verit. q. 22 a. 12 corp.
30 I. q. 77 a. 6 und a. 7 und Parallelen.

보편적인 것만을 안다고 토마스가 말한다면,[31] 이는 우리의 해석과 모순되지 않는다. 이 진술은 우리 지성의 유감스러운 결함을 표현하려는 것이 아니라, 토미스트의 논제가 오직 다음과 같은 사실에 대한 자명한 표현일 뿐이라는 것을 말한다. 즉, 한편으로는 이러한 하나의 인식 행위를 통해 하나의 기능 그 자체가 다른 기능이 본질적으로 이미 성취한 것을 성취해서는 안 되거나 또는 할 수 없다는 점이 인간 인식 행위의 통일성으로부터 필연적으로 귀결된다. 그리고 다른 한편으로는 지성이 감각적으로 제공된 것을 존재 행위 자체를 통해 보편적인 것으로 인식한다는 점은 바로 지성 자체의 존재 강도에 대한 표현이다. 게다가 감성은 정신의 감성이다. 왜냐하면 지성은 감성을 자신의 가능태로 설정하고 그래서 감성의 성취를 자신의 것으로 유지하기 때문이다.[32] 인간적 존재 수준(Seinshöhe)의 정신이 자신과는 다른 자신의 가능태로서 감성을 자신에게서 산출해야 한다는 점은 물론 자신의 존재론적 약점(Seinsschwäche)을 보여 주는 지표이다. 여기서 다음과 같은 점을 주의해야 한다. 감성에 관한 장에서 대상에 대한 수용적, 비창조적 인식은 감성을 본질적으로 요구하며[33] 오로지 감각적 수용에 의해서만 직관될 수 있다는[34] 사실이 밝혀졌다. 그래서 만일 지성이 감성과는 다른 한(그리고 오로지 그러한 한), 그리고 한 인간 의식의 하나의 계기인 한, 토마스가 지성의 개별 인식을 부인한다면, 이는 그의 전제하에서는 자

....

31 I. q. 14 a. II ad 1; q. 86 a. 1 usw.

32 Vgl. I. q. 77 a. 7 corp.

33 Vgl. z. B. De anima a. 2.0 ad 6.

34 따라서 토마스도 질료적 개별자에 대한 인식을 순수 지성에 가능한 것으로 설명하기 위해서 이것을 창조적인 신적 인식으로부터 구성하려고 시도한다. Vgl. I. q. 57 a. 2.; S.c.g. II 100; De verit. q. 8 a. II corp.; IV. Sent. dist. 50 q. I a. 3 corp.; De anima a. 20 corp. und ad 8; Quodl. 7 a. 3 corp.

명하지만 표현된 방식으로 오해해서는 안 된다. 그래서 만일 토마스가 지성이 질료적 개별자를 직접적이 아니라 '어떠한 성찰을 통하여'(per quandam reflexionem), 즉 '표상으로의 전회를 통해'[35](per conversionem ad phantasmata) 파악한다고 인정한다면, 이로써 지성의 협소한 개념이 다시 의식의 개념으로 확장된다.

따라서 감각적으로 소유된 하성은 보편적이라는 사실, 즉 다수의 '여기 이것' 안에서 형상일 수 있다는 사실만이 능동 지성의 조명을 통해 가시화된다. "개별적 질료 안에 있는 것을 인식하는 행위는(그러니까 질적 내용은 개별적 질료, 즉 표상을 통해 감각적으로 알려져 머문다) 그러한 질료에 있는 대로가 아니라, 표상이 재현하는 형상을 개별적 질료에서 추상하는 행위이다."[36](cognoscere id quod est in materia individuali non *prout est* in tali materia, est abstrahere formam a materia individuali quam repraesentant phantasmata) »~인 대로가 아닌 것«(non prout)을 인식하는 것은 추상 자체의 유일한 업적이다.

이제 능동 지성의 »조명«이 감각적으로 제공된 것에 대한 이러한 특정한 이해를 어느 정도로 가능하게 할 것인가? "사물의 실재성 자체 152 는 그 자체의 특정한 조명이다."[37](Ipsa actualitas rei est quoddam lumen ipsius) 존재자의 존재 수준은 자신의 »조명성«(Lichthaftigkeit)이다. 본문의 맥락에서 이것이 인식되어야 할 것 중 가장 먼저 논의되었다면, 이는 능동 지성에 대해서도 그대로 유효하다. 왜냐하면 첫 번째, 토마

....

35 I. q. 86 a. 1 corp. usw. 마지막의 전체 절에 대해서는 다음을 참조할 것: *Rousselot*, a.a.O., 110-113; *Maréchal*, a.a.O., 156ff.

36 I. q. 85 a. 1 corp.

37 lib. de causis lect. 6(Parma XXI 729b); vgl. De anima a. 15 corp.: "지성적 조명 또는 지성적 본성."(lumen intellectuale sive intellectualis natura)

스에게는 인식 능력과 피인식 가능성(Erkennbarkeit)이 언제나 평행하

고 존재 수준에 상응하기 때문이다. 그리고 두 번째로, 본문에 선행하
는 문장은 다음과 같다. "어떠한 것이 인식되도록 하는 것은 유사하게
말한다면 조명이라 할 수 있다."(Illud per quod aliquid cognoscitur, per
similitudinem dici potest lumen) 그런데 지금 능동 지성은 표상의 내용
이 보편적인 것으로 알려질 수 있도록 하는 것이기 때문에, 따라서 »어
떠한 것이 인식되도록 하는 것«(illud per quod aliquid cognoscitur)이
다. 그러므로 우리는 능동 지성의 조명이 자신의 고유한 존재 강도, 즉
자신의 실재성(actualitas)이라고 말할 수 있을 것이다. 이 실재성은 표
상과는 별개로 능동 지성에 그 자체로 이미 귀속되어야 한다. 왜냐하
면 실재성은 감각적으로 알려진 것에 대한 특정한 이해 방식의 근거여
야 하기 때문이다. 그러므로 실재성 자체는 감성에 기초할 수 없고, 이
감성에 의해 야기될 수도 없다. 능동 지성은 언제나 이미 그 자체로 이
러한 존재 수준에, 즉 항상 현실태로(semper in actu) 있다.[38] "능동 지
성은 그만큼 능동적이고 결코 수용적이지 않다."[39](Intellectus agens est
agens tantum et nullo modo patiens) 따라서 지성의 빛을 이해하려면
이 실재성을 더 잘 이해하는 것이 중요하다.

우선 일반적으로 말한다면 이 실재성은 어떠한 방식으로라도 이미
인식 및 피인식 가능성의 영역, 즉 '자신과 함께 있는 행위'로서의 존재
영역에 속하는 존재 현실임에 틀림없다. 만일 그렇지 않다면 이 실재성
이 어느 정도까지 어떠한 것을 인식할 수 있도록 하는 »조명«일 수 있

....

38 Vgl. I. q. 54 a. l ad l; III. Sent. dist. 14 q. l a. l so!. 2 ad 2; De verit. q. 16 a. 1 ad 13;
q. 20 a. 2 ad 5; De virtut. q. l a. l corp.; a. 9 ad 10; S.c.g. II 76; In III. de anima lect. 10, n.
732-733.
39 I-II. q. 50 a. 5 ad 2.

는지에 대해서 알 수 없기 때문이다. 토마스에 따르면 추상은 무의식적 과정이라는 이러한 고찰에 반대하고 싶은 유혹을 받을 수도 있을 것이다. 그러나 토마스는 이러한 이해를 암시하는 본문에서 인식 행위 자체는 의식으로서 가능 지성의 문제, 또는 더 잘 말한다면, 가능 지성을 통한 인간의 문제라는 사실만을 말하고자 한다.[40] 그는 능동 지성의 조명이 어떻게든 그 자체로 인식되지 않는다는 점을 말하고 싶어 하지는 않는다. 반대의 가정은 토미스트적 인식 형이상학의 기본 개념에 어긋난다. 왜냐하면 이 인식 형이상학에 따르면 사물의 피인식성은 명백히 자신의 존재 수준에 따르지만,[41] 자신의 과제가 감각 재료에 형상을 부 여함으로써 이를 현실태의 가지 대상으로 만드는 능동 지성은 그만큼 *223* *153* 인간의 존재 수준에 대한 표현이기 때문이다.[42] 이제 토마스도 능동 지성의 조명은 파악되며 이러한 파악 방식을 올바로 이해하려는 노력이 우리가 먼저 이 기본 개념을 명확히 보는 것을 방해해서는 안 된다고 명백히 말한다.

토마스에 따르면 능동 지성의 조명은 대상을 인식하기 위한 매개체(medium sub quo)이다.[43] 이 매개체는 "마치 눈을 향한 태양의 조명처럼 우리의 가능 지성을 향한다."[44](se habet ad intellectum possibilem nostrum sicut lumen solis ad oculum) 이것은 특정 객체를 스스로 제공

....

40 Vgl. De spirit. creat. a. lO ad 15.

41 II. Sent. dist. 20 q. 2 a. 2 ad 2["능동 지성은 가능 지성보다 더 우월하다."(der intellectus agens altior quam intellectus possibilis)]; De anima a. 5 ad 10.

42 II. Sent. l. c.; De verit. q. 10 a. 6 corp.; a. 20 a. 2 ad 5; I. q. 87 a. 1 corp.["능동 지성의 조명은 가지 대상들 자체의 현실태이다."(lumen intellectus agentis actus ipsorum intelligibilium)]; III. Sent. dist. 14 q. r a. r sol. 2 ad 2.

43 De verit. q. 18 a. 1 ad 1; Quodl. 7 a. 1 corp.; IV. Sent. dist. 49 q. 2 a. 1 ad 15.

44 Quodl. 1. c. 물론 비교는 신중히 다루어야 한다: vgl. De anima a. 16 corp. 여기서 강조점은 태양(sol)이 아니라 조명(lumen)이다.

함 없이 보편적인 지성적 관찰을 가능하게 한다.[45] 또한 이것은 »어떠한 것이 실제로 가시적이 되도록 하는«(quo aliquid fit actu visibile) 것이다.[46] 이제 이 조명은 객체로 보이진 않더라도 그러한 매개체이다. 빛과 그것에 의해 인식 가능하게 된 것의 관계에서 정확히 다음과 같은 결론이 나온다. "알려진 모든 것은 지성적 조명의 힘에 의해 인식되기에 그 자체로 인식된 것 자체는 지성적 조명을 자신 안에 참여된 것으로서 포함한다."[47](cum enim omne quod intelligitur, ex vi intellectualis luminis cognoscatur, ipsum cognitum inquantum huiusmodi includit in se intellectuale lumen ut participatum) 따라서 능동 지성의 조명은 인식된 대상 자체 안에 구성적 요소로 포함된다. 그러나 이 조명이 인식된 대상에 [그대로(ut huiusmodi)] 속한다면 그것은 동시에 암묵적으로 인식된(miterkannt) 것이다. 토마스가 일반적으로 조명 매개체와 조명받은 것의 관계를 규정하는 방식에서 동일한 것이 더욱 명확한 결론에 도달한다. 그 자신은 자연적 조명을 통한 대상에 대한 조명과 능동 지성의 조명을 통한 감각 대상에 대한 조명 사이에서 매개체라는 보편적 개념하에 평행선을 그었기 때문에, 우리는 조명 자체에 대한 인식과 관련한 보편 원칙들을, 그가 이 원칙들을 명시적으로 거부하지 않는 한, 능동 지성에 적용할 수 있다. 토마스에 의해 평행선이 그어진 본문은 불명확성으로 말미암아 아직 우선적으로 고려되지 않았지만, 곧 다루어질 것이다. 『명제집 주해』(Sentenzenkommentar)의 본문에서도 동일한 것이

224

....

45 IV. Sent. 1. c.: "이것은 일반적으로 관찰되어야 하는 것에 대한 시각을 완성하지만, 특정한 대상을 향한 시각을 규정하지는 않는다."(hoc est quod perficit visum ad videndum in generali, non determinans visum ad aliquod speciale objectum)

46 De verit. l. c.

47 De verit. q. 9 a. 1 ad 2. Vgl. 1. c.: "지각된 인식에 포함된 빛."(lumen contentum in cognito percepto)

적용되었는데, 이 본문은 그 자체로 아마도 후기 토마스의 아리스토텔레스주의를 아직 명백히 포함하지 않았다는 의혹을 불러일으킬 수 있기 때문이다. "조명은 어떤 면에서는 시각의 대상이고 또 다른 면에서는 그렇지 않다. 왜냐하면 빛이, 반사 또는 다른 방식으로 어떠한 제한된 사물과 연결된 것을 제외하고는, 우리의 시각에 보이지 않는 한, 빛을 그 자체로 시각의 대상이라고 하지 않고 오히려 제한된 사물에 언제나 있는 색이 그 대상이라고 하기 때문이다. 그러나 조명을 통하지 않고서는 아무것도 보일 수 없는 한, 빛은 가시적인 것 자체라고 할 수 있다."[48](Lumen quodammodo est objectum visus, quodammodo non. Inquantum enim lux non videtur nostris visibus nisi per hoc quod ad aliquod corpus terminatum per reflexionem vel alio modo conjungitur, dicitur non esse per se visus objectum, sed magis color qui semper est in corpore terminato; inquantum autem nihil nisi per lumen videri potest, lux ipsum visibile esse dicitur) 우리는 이러한 보편적 원칙을 우리의 사안에 적용할 수 있다. 왜냐하면 토마스 또한 지성적 대상을 능동 지성의 빛과 연결시키며,[49] 인용된 구절에서 이러한 원칙을 종종 자연 인식의 빛에 평행으로 설정한 신앙의 빛에 적용하기 때문이다.[50] 따라서 우

154

......

48 De verit. q. 14 a. 8 ad 4. 토마스가 자연 조명(natürliches Licht)과 그 인식 가능성(Erkennbarkeit) 간의 실제적 관계에 대해 올바로 기술하였는지 또는 그러지 않았는지 여부와, 그가 이러한 기술을 언제나 견지하였는지 또는 그렇지 않았는지 여부는 우리의 숙고에 중요하지 않다. Vgl. De verit. q. 8 a. 3 ad 17; 1. q. 56 a. 3 corp. usw. 그가 상술한 방식으로 조명에 대한 인식 가능 방식을 최소한이나마 본다는 점에서(그가 또 다른 것에 대해서 알고 있는지 여부는 여기서 중요하지 않다), 그리고 우리가 이 방식을 우리의 경우에 적용할 권리가 있다는 점에서 충분하다.

49 De verit. q. 9 a. 1 ad 2; vgl. I. q. 87 a. 1 corp.: "능동 지성의 조명은 가지 대상들 자체의 현실태이다."(lumen intellectus agentis actus ipsorum intelligibilium)

50 I. q. 12 a. 2 corp.; I-II. q. 109 a. 1 corp.; 2. II. q. 8 a. 1 corp.; q. 15 a. 1 corp.

리는 다음과 같이 말할 수 있다. 능동 지성의 조명 자체가 인식의 눈길이 향하는 대상이 아니라 오히려 대상의 가시성의 근거로서 동시에 인식되는 한, 능동 지성의 조명은 사유 행위에 의해서 파악될 수 있다. 그러므로 토마스가 만일 능동 지성은 »대상으로가 아니라 대상들을 현실태로 만든다«[51](non ut objectum, sed ut faciens objecta in actu)는 차원에서 가능 지성과 관련 있다고 말한다면, 이는 그 조명의 피인식성이 배제된 것이 아니라 단지 조명이 지성적으로 파악된 대상들의 근거로서 암묵적으로 함께 보인다(migesehen)는 점을 말할 뿐이다.

지금까지 우리가 본문 조합들(Textkombinationen)을 통해 달성하려고 했던 것을 명시적으로 다루는 본문을 지금 다음과 같이 정확히 읽을 수 있게 된다. "사물의 빛은 가시적인 것들의 가시성의 원리가 되지 않는 한, 그리고 가시적인 것들을 실제로 가시적으로 만드는 어떤 형상이 되지 않는 한, 본질적으로 보이지 않는다. 왜냐하면 태양 안에 있는 빛 자체는 만일 우리의 시각 안에 존재하는 그 유사성을 통하지 않고서는 우리에게 보이지 않기 때문이다. 그래서 유사한 방식으로 능동 지성의 조명이 가지상을 실제로 가지적으로 만드는 가지상의 원리가 되는 한, 그 자체로 우리에 의하여 이해된다."[52](lux corporalis non videtur per essentiam nisi quatenus fit ratio visibilitatis visibilium et forma quaedam dans eis esse actu visibile; ipsa enim lux quae est in sole, non videtur a nobis nisi per similitudinem eius in visu nostro existentem. Et similiter lumen intellectus agentis per se ipsum a nobis intelligitur in-

....

51 I. q. 79 a. 4 ad 3.
52 De verit. q. 10 a. 8 ad 10 (두 번째 줄); 유사한 내용에 대해서는 다음을 참조할 것: De verit. q. 9 a. 1 ad 2: "인식 자체는 지성적 조명을 분여된 것으로 자신에 포함한다."(cognitum inquantum huiusmodi includit in se intellectuale lumen ut participatum)

quantum est ratio specierum intelligibilium faciens eas intelligibiles actu)
이 본문은 불명확성으로 말미암아 지금까지 보류되었다. 언뜻 보기에
자체로 모순되는 것처럼 보인다. 우선 자연의 빛을 보는 것과 정신의   155
빛을 보는 것 사이의 평행선이 (유사한 방식으로) 그려져야 한다. 그러
나 동시에 그 반대의 경우도 있는 것처럼 보인다[사물의 빛은 보이지 않
지만 지성의 빛은 알려진다. lux corporalis non videtur —lumen intellectus
intelligitur)] 이제 »~ 않고서는«(nisi)과 »~되는 한«(inquantum)이라는
접속사를 통한 진술 대립(Gegesatz in der Formulierung)은 문제가 되
는 사안에서 평행을 이루어야 한다는 점이 당연히 논의되어야 한다. 그
러나 그렇게 되면 다음과 같은 질문이 제기된다. 부문장의 이러한 이중
의 제한(nisi… ~ inquantum…)은 주문장의 주장(non videtur… ~per se
ipsum intelligitur…)을 취소하는가, 아니면 더욱 정확하게 만드는가? 평
행이 취소되지 않는다면 오로지 후자만 우리의 사안이 된다. 그렇다면
다음과 같은 사실이 유효하다. 즉, 지성의 조명은 실제로 그 자체로 파
악되는데, 이는 물론 감성으로부터 비롯하는 내용을 가진 가지적 보편
자에 대하여 파악할 때에만, 그리고 그 파악을 통해서만 가능하다. 본
문에 대한 이러한 이해는 본문 전체의 맥락에서도 충분하다. 토마스는
영혼의 고유한 본질을 실제로 인식하는 것은 오로지 감성에서 비롯되
는 대상의 도움으로만 가능하다는 점을 고수하고자 한다. 태양 빛이 어
느 정도로 눈에 존재하는지에 대한 본문의 추가 설명은 평행과는 관련
이 없고, 따라서 여기에서 전념할 필요는 없다. 토마스가 추가 설명을
하는 경우는 반대가 제기되는 것에 대하여 완전한 평행을 고수하기 위
한 것일 뿐이며 그 자체로는 필요하지 않을 것이다. 이것으로 우리는
이 본문으로부터 그와는 무관하게 이미 달성된 결과도 확인하였다.

또한 지금 토마스의 가장 명확하고 분명한 구절에 대해[53] '그 구절 은『명제집 주해』에서 나온 것이기에 아리스토텔레스의 경험주의보다 는 아우구스티누스의 선험주의를 더 많이 주장하고 있다'는 식의 의혹 을 더 이상 불러일으켜서는 안 될 것이다. "이해된 모든 것은 능동 지 성의 조명에 의해 비추어지지 않고서는, 또한 가능 지성에 수용되지 않 고서는 이해되지 않는다. 따라서 사물의 빛이 모든 색에서 보이는 것 처럼 모든 가지 대상에서 능동 지성의 빛이 보이지만, 대상의 원리로 서가 아니라 인식 매개체의 원리로서이다."(Omne quod intelligitur, non intelligitur nisi illustratum lumine intellectus agentis et receptum in intel- lectu possibili. Unde sicut in omni colore videtur lumen corporale, ita in omni intelligibili videtur lumen intellectus agentis, non tamen in ratione objecti, sed in ratione medii cognoscendi) »인식 매개체의 원리로서«라 는 표현은 어떠한 어려움도 만들어 낼 수 없다. 본문의 전체 방향이 보 여 주듯이 '능동 지성의 조명은 홀로 이미 언제나 인식 행위의 대상으 로 정신에 존재한다.'는 견해는 피해야 한다. 이 견해는 옳지 않다. 정 신의 빛이 보이는 이유는 "이해된 모든 것은 능동 지성의 조명에 의해 비추어지지 않고서는 이해되지 않는다는 사실에"(1. c.)만 의하기 때문 이다. »인식 매개체의 원리로서«라는 표현은 다음과 같이 번역할 수 있 을 것이다. 즉, »마치도 능동 지성의 빛 자체로 홀로 인식의 대상이라 는 것이 아니라 오히려 이 빛이 인식 대상의 구성 요소로서(실제로 가지 적으로) 이 인식 대상에 들어가 있는 한 그러하다.« 이것이 다른 어떠한

것을 말하지 않는다는 사실은 토마스에 따르면 표상 또한 대자적으로 만(für sich allein) 이미 정신적으로 파악된 인식 대상(objectum cognos-

....

53 I. Sent. dist. 3 q. 4 a. 5 corp.

cibile)으로서가 아니라, 그 내용이 실제로 인식된다는 사실이 부정되지 않으면서도 오로지 인식의 매개체(medium cognitionis)로서 인식 대상에 들어간다는 점에서 드러난다.[54] 그 외에도 »인식 매개체« 개념은 대상에 대한 인식을 통해 — 대상의 인식 매개체도 자신이고 이것이 단순히 인식의 전제로서 인식에 후속적으로 추론되지도 않으면서 — 자신도 인식된다는 점이 명백하게 되는 방식으로 등장한다.[55] 그러므로 능동 지성의 빛은 대상에서 동시에 파악된다.

여기서 지금까지의 고찰을 통해 토마스가 어떻게 자신의 아리스토텔레스적 후험주의를 이해하였는지가 명확해진다. 즉, 그는 생득 관념(angeborene Idee)을 인정하지 않는다.[56] 그러나 지성적으로 인식된 것에는 정신이 그 자체로부터 함께 가져오는 선험적 요소가 동시에 인식되며[즉, 능동 지성의 빛이 보이고(videtur lumen intellectus agentis)], 이 선험적 요소는 [조 *227* 명에 의해 비추어지지 않으면 인식되지 않는(non intelligitur nisi illustratum a lumine)] 모든 대상 인식의 전제이다. 모든 인식의 이러한 선험적 요소는 따라서 생득 관념이 아니다. 왜냐하면 그것은, 즉 감각 재료에 대하여 »형상적« 기능을 수행할 때 감각적으로 제공된 것에 대해 지성적으로 파악하기 위한 가능성의 조건으로서만 동시에 인식되기 때문이다. 따라서 토마스는 능동 지성의 빛을 감각적으로 제공된 것에 대한 형상으로,[57] 그리고 감각적으로 제공된 것을 인식 »재료«로 나타낼 수 있다.[58] 그러므로 정신과 감각적으로 제공된 것은 현실태와 가능태처럼 가지 대상의 구성

....

54 De verit. q. 2 a. 6 corp.
55 De verit. q. 2 a. 9 corp.
56 I. q. 84 a. 3.
57 III. Sent. dist. 14 q. 1 a. 1 sol. 2 ad 2.
58 I. q. 84 a. 6 corp.: materia causae.

을 통해 서로 관련된다.[59] 능동 지성이 가지 대상을 자신의 작용인으로서만, 즉 자신과는 절대적으로 다른 원인으로서 산출하는 한에서 표상의 현실태라는 점이 이 표현 방식에서 발견되었을 뿐이라는 식으로 이러한 표현 방식을 경시해서는 안 된다. 오히려 능동 지성의 빛은 실제의 가지 대상 안에 본질적이자 구성적으로 포함되어 있으며, 따라서 실제로 동시에 인식된다. 토마스는 선험주의를 결과에 선행하는 작용인이라는 가벼운 의미에서 가르치지 않는다. 오히려 그는 피인식자 자체에 내재하는 선험적 요인이라는 의미에서 가르친다. 이에 상응하여 다음과 같은 토마스의 명제도 진지하게 수용되어야 한다. "감각적 사고력은 지성적 인식의 전적이고 완벽한 원인이라고 주장될 수 없고, 오히려 어떠한 면에서 물질적 원인이다."[60] (non potest dici quod sensibilis cognitio sit totalis et perfecta causa intellectualis cognitionis, sed magis quodammodo materia causae) 이 명제는 표상이 자체로는 지성에 영향을 미칠 수 없다는 것을 말하고자 하는 것만은 아니다. 오히려 그것은 그 자체로 (지성에 영향을 미칠 수 없다고 하더라도 존재할 수 있는) 실제의 가지 대상이 아니고, 실제의 가지 대상에서 동시에 인식되는 선험적·형상적 요인인 지성의 빛이 물질적 원인인 표상과 결합할 경우에만 그러하다. ―능동 지성의 조명과 표상 간의 형상-질료적 결합은 엄격한 의미에서 자연 사물의 물질적 형상과 질료 간의 결합과 같은 것으로 생각될 수 없다는 점에 대해서 길게 상술할 필요는 없다. 그렇지 않으면 빛 자체의 이 형상은 표상의 질료를 통해 제한받을 것이고 바로 빛에 의하여 가능하게 되어야 하는 정신적·비물질적 인식은 근본적으로 일어나지 않기 때문이다.[61] ―이 선험적 요소가 표상의 »형상«으로만 알

....

59 De verit. q. 10 a. 6 corp.; De spir. creat. a. 10 ad 4; Campend. theol. c. 88.
60 I. q. 84 a. 6 corp.
61 Vgl. *Maréchal*, a.a.O., 134f.

려져 있는 한, 당연히 이 점에서 선험적 요소는 표상에 대한 인식보다 후험적이다. 그리고 그러한 한 표상으로부터의 »추상«에 대해 논의될 수 있다. 토마스가 형상과 질료의 관계에서 자주 강조하는 상호 선험성의 관계가 여기에서도 유효하다.[62]

그러므로 우리는 다음과 같이 말해야 한다. 즉, 추상에서 능동 지성의 빛은 보편적 대상에서 동시에 발견되며, 이 빛은 인식자 자신의 실재성(actualitas)이다. 이로부터, 만일 현실이 감각적 내용의 형상이라면 이 현실은 그 자체로 피인식성을 갖고 있다는 결론이 다시 나온다.[63] 그러나 지금 인식자의 현실이 피인식자의 현실이라는 것이 어떻게 가능한가? 토마스의 추상 이론에서 빛에 관한 사색에 대해 숙고하도록 강요하는 이 질문은 우선 "지성과 현실태의 가지 대상은 동일하다."[64](intellectus et intelligibile actu sunt idem)는 토마스의 명제를 기억하게 한다. 그리고 그 전개가 토마스의 생각에서 벗어나지 않았다는 점을 보증해 주는 것으로서 가치가 있다. 이 진술에서, 감각적으로 파악된 내용이 지성적으로 파악된 내용과 구별되는 한, 능동 지성의 현실은 가지 대상의 현실이라는 점이 이어지고 있다. 왜냐하면 이를 위해 표상의 »조명«(Erleuchtung)이 요구되었기 때문이다. 이제 능동 지성의 현실은 무엇으로 구성되며, 이 현실이 감각적으로 제공된 내용의 현실이 되면 감각적으로 제공된 내용에 어느 정도로 보편성을 부여할 것인가? 이 질문에 대한 답이 얻어지면, 추상에 대한 회화적 담론, 즉 능동 지성

....

62 Z. B. De verit. I. 9 a. 3 ad 6; q. 28 a. 7 corp.; V. Metaph. lect. 2, n. 775 usw.
63 이러한 표현과 다른 것들에 대해서는 다음을 참조할 것. III. Sent. dist. 14 q. I a. 1 sol. 2 ad 2. 여기서 '조명의 한 가지 본성'이(una natura luminis)[즉, 지적 영혼이(animae intellectivae)] 가지적 동화(assimilatio intelligibile)를 통해 현실태(actu)로 되는 것의 형상으로[즉, 실재성으로서(actualitas)] 나타난다.
64 I. q. 14 a. 2 corp.; q. 55 a. 1 ad 2; q. 85 a. 2 ad 1 usw.

의 빛에 의한 표상의 조명에 대한 형이상학적 내용은 이해된 것이다.

　　그러나 그 이전에 지금까지의 결과에 반대되는 어려움이 있다는 사실도 논의되어야 한다. 우리는 표상의 조명을 실제 추상 과정과 동일하게 보는 이해에 도달하였다. 이에 대해 조명 행위(illuminare)와 추상 행위(abstrahere)를 명확히 구분하는『신학대전』'I. q. 85 a. 1 ad 4'에서는 반대되는 것으로 보인다. 사실 토마스는 다른 곳에서는 이러한 구분을 하지 않는다. 다른 곳에서의 그의 진술들은(Formulierungen) 적어도 그러한 구분을 추측하도록 하지 않으며, 오히려 그 구분을 배제하는 것처럼 보인다. 그래서 그는 다음과 같이 말한다. "가지 대상들을 현실태로 만드는 것은 그의 지성적 조명에 속한다."[65](lucis intellectualis cuius est intelligibilia facere actu) 또는 "능동 지성의 빛은 어떠한 육체적 기관의 실제가 아니라는 그 자체는 (아마도 조명이) 표상으로부터 가지상을 구분할 수 있다는 사실을 설명하기 위해 충분하다." [66][hoc ipsum quod lumen intellectus agentis non est actus alicuius organi corporei sufficit ad hoc quod (sc. lumen) possit separare species intelligibiles a phantasmatibus]『영혼론』'a. 4 ad 4'에서는 능동 지성이 가능태의 가지 대상을 현실태의 가지 대상으로 만들기 위하여 필요하며(ut faciat intelligibilia in potentia esse intelligibilia actu) 바로 그러한 이유로 빛(lumen)이라고 불린다고 말한다. "능동 지성의 빛은 가지상을 현실태의 가지 대상으로 만드는 가지상의 원리이다."[67](Lumen intellectus agentis est ratio specierum intelligibilium faciens eas intelligibiles actu) 따라서 빛은 언제나 현실태의 가지 대상을 산출하는 것으로 나타난다.

．．．．．．

65　III. Sent. dist. 14 q. 1 a. 1 sol. 3 corp.

66　De spir. creat. a. 10 ad 6.

67　De verit. q. 10 a. 8 ad 10 in contr.

그러나 실제로 가지 대상이 있다면 추상은 이미 실현된 것이다. 조명
작용이 무엇으로 구성되어야 하는지를 거의 상상할 수 없기 때문에, 추
상에 앞선 표상에 대한 조명 작용도 따라서 있을 것 같지 않다. 왜냐하
면 조명 작용은, 올바로 이해하였다면 이미 추상 자체를 뜻하는 표상
의 유기적 존재 방식을 제거하거나(aufhebt), 글자 그대로 이해하였다
면 토마스에 의해 거부되기 때문이다.[68] 또는 조명이 표상을 물질적인
것으로, 즉 유기적 구조로 남겨둔다면, 조명이 추상에 어떠한 기여를
하는지 알 수 없게 된다. 따라서 토마스가 문제의 장소에서 한 가지 사
안에 대해 다수의 가능한 정식들로 말미암아 호도되어, 두 가지 상[조
명 행위(illuminare) – 추상 행위(abstrahere)]이 상이한 것을 뜻하지 않는
다는 점을 간과하였다는 사실을 받아들이지 않는다면, 그가 이곳에서
'조명 행위'라는 단어를 단 하나의 사안에 사용하였을 것이라는 가능성
만이 남는다. 다른 곳에서는 다르게 표현한 그 하나의 사안이란, 감성
을 자신의 능력으로서 자신에게서 발출하도록 하고 자신 안에 유지하
는 정신에 의해 감각 대상으로 삼투하는(Durchformtheit) 경우에 '조명
행위'라는 용어가 사용된다는 것이다. 이는 우리가 나중에 '표상으로의 *230*
전회' 자체, 지성에 있는 감성의 기원, 그리고 감각적 사고력(cogitati-
va)에 대해 다룰 때 논의될 것이다. 문제가 되는 본문의 맥락은 분명히
이 방향을 가리킨다. 두 번째 의미에서 암시된 조명은 여기서 처음으
로 제시되는 조명과 매우 밀접한 관계를 갖고 있다는 사실이 이미 어 *159*
느 정도는 명확히 될 수 있다. 감각적으로 알려진 내용이 능동 지성의
빛에 의해 정보를 얻는다는 사실을 통해 추상이 발생하는 것으로 이해
되는 한, 추상은 감각적으로 알려진 것에 대한 빛의 전회로서의 '표상

....

68 I. q. 85 a. 1 ad 3.

으로의 전회'를 이미 개념적으로 포함하고 있다. 이로써 전회와 더불어 추상은 이미 실현되었다. 그리고 추상 자체를, 즉 감각적 내용과 일치된 것으로 알려질 수 있는 선험적 형상의 앎과 표상으로의 전회를, 다시 말해 감각적 내용과 선험적 형상의 일치를—이를 통해 전회가 어려움 없이 의식된다—조명이라고 비교적 곧 정당하게 명할 수 있겠다. 두 번째의 경우, 조명을 그것의 형상적 본질로부터 오는 추상으로부터 (오로지 그렇게만!) 정당하게 구분할 수 있다. 그렇게 토마스 자신도 능동 지성이 상들을 현실태의 가지 대상들로 만드는 것에 따른 행위(actio secundum quod intellectus agens facit species esse intelligibiles actu)와 이 행위의 (형상적) 결과로서의 지성 행위(intelligere) 자체를 구분한다.[69] 이 모든 것에 대해서는 아래에서 논의될 것이다.

우리는 다음과 같은 질문으로 돌아간다. 능동 지성의 현실성은 무엇으로 구성되며, 이 현실성이 감각적으로 제공된 현실이 되면 이것은 감각적으로 제공된 내용에 어느 정도로 보편성을 부여할 것인가? 토마스는 능동 지성을 »모든 것이 이것에 의해 만들어지는 바로 그것«(quo est omnia facere)이라고 정의한다.[70] 따라서 능동 지성은 잠재적 대상들의 총체(omnia)를 [언제나 실제로(semper actu)] 자신의 순수한 자발성으로 말미암아 실제로 파악 가능한 대상들로 만들 수 있는 한[즉, 모든 것이 만들어지는 한omnia facere)], 한꺼번에는 아니지만 이 전체를 특정한 방식으로 자신 안에 포함하고 있다. 여기에 능동 지성의 현실은 인식 행위 차원의 현실로서 구성되어 있다. 그러나 다른 한편으로 능동 지성은 잠재적 규정들의 총체를 이미 자체적으로 갖고 있지는 않다.

....

69 De verit. q. 8 a. 6 corp.
70 I. q. 88 a. 1 corp.

만일 갖고 있다면 능동 지성은 감성과 그 후험적 재료의 도움 없이 자기 혼자 가능 지성에 이 규정들을 구상해(vorstellen) 줄 수 있어야 한다.[71] 능동 지성에 대한 이러한 두 가지 진술은 능동 지성이 인간 정신의 자발성이라는 사실을 통해서만 일치할 수 있다. 인간 정신의 자발성은 잠재적 대상들의 총체를 향하여 역동적으로 정렬되어 있고,[72] 이미 그러한 것으로서 자신의 역동적 지향성을 통해 모든 대상의 총체성을 자신의 가장 보편적인 형이상학적 구조에 따라 존재의 원리하에(sub ratione entis) 선취한다.[73] 그러나 이 자발성은 가능 지성에 대상을 구상해 주고 이 지성 안에 대상들의 형이상학적 구조들을 구상해 주기 위해서 감성의 규정들을 여전히 요구한다. 따라서 능동 지성은 감성의 모든 잠재적 대상의 총체를 향해, 즉 먼저의 고찰에 의거해 진술할 수 있는, 존재 행위를 향한 자신의 역동적 지향성을 통해 개별 규정을(즉, 표상을) 파악한다. 이로써 능동 지성은 이 규정을 존재자로서 파악한다. 능동 지성이 감성의 이 재료를 존재 행위를 향한 자신의 선취적 역동성하에서 파악하는 한, 이 재료에 »빛을 조명하며«, 존재자의 이러한 형이상학적 구조들을 부여한다. 이 구조들은 제일 원리들에서 논의된 바 있다. 또한 능동 지성의 현실은 현실태의 가지 대상의 현실이 되고, 따라서 보편자를 감각 대상에서 인식할 수 있도록 한다. 토마스의 진

160

....

71   III. de anima lect. 10, n. 739; De spir. creat. a. 10 ad 4; De anima a. 5 ad 6 und ad 9; I. q. 88 a. 1 corp.: "(모든 것이 향하면서 변화하는) 그것들로 역동적으로 자신을 확장한다."[ad ea (auf das omnia fieri) active se extendens]

72   보편적 존재자 전체와 관련하여 현실태가 될 가능태(Potentia ad actum respectu totius entis universalis), 즉 역동적으로 자신을 확장하는 행위를 토미스트적으로 지성이라고 부를 수 있을 것이다. 이 진술은 I. q. 79 a. 2 corp. und q. 88 a. I corp.에서 발견된다.

73   Vgl. De verit. q. 22 a. 12 corp.: "그러나 행위의 근거는 행위자의 형상이다. 행위자는 형상을 통하여 행동하기에 행위자에는 그가 목적하는 바가 내재해야 한다."(ratio autem agendi est forma agentis per quam agit, unde oportet quod insit agenti ad hoc quod agat)

술은 다른 것이 아니라 다음과 같은 것을 뜻하였다. 즉, 능동 지성의 활동에 의해 첫 번째로 파악된 것은 존재자이며, 제일 원리들이 능동 지성의 조명을 통해 이 존재자에 빛을 비춤으로써 현실태의 가지 대상이 발생한다. 그리고 감각적으로 소유된 것이 가지 대상을 통해 능동 지성의 빛에 참여한다.

이로써 능동 지성의 본질과 작용에 관한 개별적 진술들에[74] 대한 탐구에서 이전의 우리의 결론이 다음과 같이 확인되었다. 즉, 능동 지성은 존재 행위 자체를 향한 자발적 선취이며 이를 통해 보편자를 파악하는 능력이다.

지금까지 말한 것에서 토마스의 생각을 이해한 바로는 오로지 부수적으로만 주의가 요구될 뿐이다. 만일 능동 지성이 인간의 최고 능력이라면, 그리고 능동 지성이 존재 행위 자체를 향한 초월 능력이라고 이해되어야 한다면, 그래서 초월을 통해 절대 존재 행위가 암묵적으로 함께 긍정된다면, 이로써 사실 능동 지성은 유한한 정신이 자신의 개방성과 신에 대한 의존성을 만나는 형이상학적 장소이다. 이는 모든 유한한 존재자가 절대 존재 행위를 지향하는 일반적 방식에서만이 아니라, 절대 존재 행위가 능동 지성의 모든 행위에, 즉 모든 판단에 암묵적으로 함께 긍정된다는 면에서 그러하다. 그러므로 토마스는 능동 지성이 특별한 방식으로 절대 정신의 빛에 참여한다고 이해한다.[75] 이는 능동 지성이 절대 정신에 의존해서 실제로 그것에 유사하기 때문이 아

232

....

74 완성을 추구해야 한다면, 여기서 또한 토마스가 도구적 원인으로서의 표상과 함께 능동 지성을 제일 원인으로 간주하는 경우 그가 무엇을 이해하는지를 검토해야 할 것이다. 그러나 이러한 고려는 같은 결과를 가져다줄 것이다.

75 *M. Grabmanrz*의 본문, Der göttliche Grund menschlicher Wahrheitserkenntnis nach Augustinus und Thomas von Aquin(Münster 1924), 53ff.; *Maréchal*, a.a.O., 322-325.

니라 유한한 정신이 존재 행위 자체를 향한 선취를 통해서만 정신이기 때문이다. 이 선취를 통해 절대 존재 행위는 이미 언제나 파악된다. "모 161 든 인식은 창조되지 않은 조명으로부터 유래한다."[76](Omnis cognitio a lumine increato derivatur) "모든 인식자는 모든 인식을 통해 암묵적으로 신을 인식한다."[77](Omnia cognoscentia cognoscunt implicite Deum in quolibet cognito)

....

76 De pot. q. 5 a. 1 ad 18.
77 De verit. q. 22 a. 2 ad 1.

10. 완전한 회귀로서의 추상

이 장이 끝까지 어느 방향으로 가야 하는지 알기 위해서는 짧게나마 뒤돌아보아야 할 것이다. 인간은 항상 세계와 함께 대상적으로 파악된 자신을 발견한다. 그러한 인식 가능성의 조건들에 대해서 질문이 제기되었다. 타자인 세계에 대한 수용적 직관은 질료적 현실인 감성을 통해서만 가능한 것으로 드러났다. 자신의 타자에 (존재의) 형상을 내어주는 것(Hingegebensein)인 그러한 감성은 타자를 수용하면서 받아들일 수 있다. 왜냐하면 감성은 타자이기 때문이다. 그러나 감성은 존재론적으로 타자로부터 자신을 구별할 수 없기 때문에 대상적 앎을 가능하게 할 수는 없다. 감성을 통해 소유하게 된 타자에 대치하여 자신을 구별할 수 있는 주체의 능력을 우리는 사유 행위라고 불렀다. 사유 행위를 통한 이러한 대치는 감각적으로 소유된 대상에 대한 앎을 추상함으로써, 그리고 추상화된 앎을 타자와 연관시킴으로써 일어난다. 추상과 연관은 세계를 대상적으로 인식할 수 있는 두 가지 불가분의 계기이며, 이러한 인식을 통해서만 인간은 본연의 자신이 된다. 우리는 인식 대상으로부터 인식 주체를 사유 행위에 의해 구별하는 것을 완전한 회귀(reditio completa)라고 칭하였다.[1] 완전한 회귀는 추상을 통해 발생한다고 우리는 말하였다. 이전의 절들에서 추상 가능성의 조건들이 제시되었다면, 이제는 이 조건들이 완전한 회귀를 본질적으로 이해할 수 있도록 하는지 여부에 대해서 검사하는 것이 여전히 남아 있다. 가능한 한 이것이 즉각 일어난다면, 그래서 회귀 자체의 본질이 파악된다면, 표상으로의 전회를 직접 다루는 것은 가능하다. 왜냐하면 전회는 완전한 회귀를 통해 세계로부터 자유롭게 된 주체가 세계를 향해 방향을 돌리는 것(Hinwendung) 외에 다름이 아니기 때문이다. 우리가 추상을 통해 완전한 회귀 가능성을 파악하였는지 여부에 대한 질문에 관해서는 토마스가 귀환 자체를 어떻게 이해하는지 우선 물음으로써 명확히 하고자 한다.

1) 자신으로의 완전한 회귀로서의 형상적 본질(자신 안에 실현된 형상)

토마스는 종종 '자신의 실재, 즉 자신의 인식 행위를 넘어서는(super actum suum, super suum intelligere) 가능태에 대한 성찰(reflecti)', '어떠한 성찰을 통한 본질로의 회귀'(redire in essentiam per quandam reflexionem), '자기 자신을 넘어서는(super seipsas) 가능태에 대한 성

....

1 lib. de causis lect. 15(Parma XXI 742-743)에 따른 표현(토마스의 출처); De verit. q. 1 a. 9 corp.; q. 10 a. 9 corp.

234 찰', '완전한 귀환' 등에 대해서 논의한다. 이러한 표현들이 본질적으로
동일한 것을 말하고자 하는지 또는 본질적으로 정신의 서로 다른 사건
162 인지 여부에 대해서는 당분간 고려하지 않을 것이다. 우리는 잠정적으
로 이 표현들에 대한 아직은 모호한 이해에서부터 다음과 같이 출발한
다. 즉, 이 모든 표현에 대해 진술하는 지성은 어떻게든 이 귀환을 통해
자기 자신이 되며, 자신의 대상과는 구별되는 자신의 행위에 대해서 인
식하고, 자기 자신을 행위자로서, 그래서 자신의 알려진 대상과는 구
별되는 것으로서 파악한다. 이러한 사건이 저 정신적 행위의 특성인지
아니면 단지 명시적인 반성적 행위를 뜻하는지는 일단 보류해 두기로
하자.

　　그러한 성찰 가능성에 대해 토마스는 반성적 원리의 비물질성(Im-
materialität)으로 거슬러 올라간다.[2] 이러한 진술을 먼저 이해하는 것이
중요하다. 왜 물질성은 성찰을 방해하는가? 이러한 진술과 관련하여
토마스는 물질로 존재하는 것(Materiell-Sein)을 »타자에게 넘겨진 존재
행위«(super aliud delatum esse), »물질에 의존하는 존재 행위«[3](depen-
dens esse a materia), »질료로 부어짐«[4](super materiam effundi) 등으로
칭한다. 따라서 물질로 존재하는 것은 (자기 자신을 인식하지 않는, 즉 자
기 자신에게로 회귀하지 않는) 자기 자신과 함께 존재하지 않음(Nichtbei-
sichselberseins)의 이유로 제시된다. 이러한 진술만으로도 다음과 같은
것이 이미 보인다. 즉, 반성적인 자기 자신의 존재 행위가 불가능한 이

....

2 S.c.g. IV 11; I. q. 14 a. 2. ad l; q. 87 a. 3 ad 3; I. Sent. dist. 17 q. l a. 5 ad 3; De verit. q.
22. a. 12. corp.
3 I. Sent. l. c.; II. Sent. dist. 19 q. l a. l corp.: "고정된 본질은 다른 곳으로 옮겨지지 않는
다."(essentia fixa stans non super aliud delata)
4 I. q. 14 a. 2. ad l. Vgl. I. q. 76 a. l corp.["질료로 형상이 »삼투됨"«(immergi der forma
in materia]; S.c.g. II 68.

유는 오로지 정초된 것의 존재론적 표현일 뿐이기 때문이다. 어떠한 것은 존재론적으로 »타자«와 함께 있기 때문에(super aliud delatum esse) 인식론적으로 자기 자신과 함께 있지 않다. 따라서 제공된 근거는 더 잘 알려져 있는 것이거나 자명한 것이 아니라 오히려 정당화되어야 하는 것에서 비로소 드러난다. 제일 질료는 엄격한 형이상학적 의미에서—여기서 문제가 되는 것은 제일 질료이지 물리학적 의미의 통상적 개념인 »물질«(Materie)이 아니다—다음과 같은 »타자«이다. 즉, 그 자체로 자기 자신과 함께 있다고 말하는 존재 행위가(형상이) »타자«에게 자신을 상실(effundi)하여, 형상이 타자(감성)와 함께 있을 때에만 자신과 함께 있다고 할 수 있거나, 또는 형상이 타자의 형상으로서만, 즉 단순 »물질«로서만 존재할 수 있다. 존재론적으로 자기 자신과 함께 있는 존재 행위는 인식하면서 그냥 그렇게 자기 자신과 함께 있기에 바로 이로부터 존재 행위가 무엇인지 규정된다. '자신과 함께 있는 행위'의 내적 변화를 통해 존재 행위의 내적 변화 자체가 드러난다. "자신의 본질로 회귀하는 것은 (인식론적으로) 사물이 자신을 통해 실현되는 것 외에 다른 것이 아니다. 형상이 자기 자신 안에 존재 행위를 소유하는 한, 형상은 자기 자신으로 회귀한다."[5](redire ad essentiam suam nihil aliud est quam rem subsistere in seipsa. Forma, inquantum in seipsa habet esse; in seipsam redit) 따라서 우리는 제2부의 첫 장에 삽입하였던 첫 번째 형이상학적 전제와 함께 다시 한번 서 있다.

그래서 물질적인 것은 자기 자신에게 오지 않고 비물질적인 것은 본질적으로 자기 자신과 함께 있다는 명제로 토마스가 뜻하고자 하는 것 또한 일반적으로 이해될 수 있다고 하더라도, 이로써 인간의 완전한

....

5 I. q. 14 a. 2 ad 1.

회귀가 이해된 것은 아니다. 토마스에게 인간의 인식은 완전한 회귀를 뜻하지만, 이러한 자기-자신-에게-오는 것(Zu-sich-selber-Kommen)은 본질적으로 하나의-타자-로부터-유래하는 것(Von-einem-anderen-Herkommmen)이다. 회귀(reditio)에 대한 상(das Bild)은 자신과-함께-있음(Bei-sich-Sein)의 방식에 가장 적합하다. 즉, "지성은 자기 자신으로 되돌려져 자기 자신을 이해할 수 있다."(intellectus in seipsum reflectitur et seipsum intelligere potest)(이 명제는 비물질적 존재 행위 자체에 대한 언명이다) "그러나 지성적 삶에는 다양한 단계들이 발견된다. 왜냐하면 인간의 지성은 자기 자신을 이해할 수 있다손 치더라도"(Sed in intellectuali vita diversi gradus inveniuntur, nam intellectus humanus, etsi seipsum cognoscere possit) (정신적 존재의 완전한 회귀가 본질적으로 지성에 귀속되는데도) "그럼에도 불구하고 자신의 인식의 첫 시작은 외부 기원들로부터 파생하기 때문이다."(tamen primum suae cognitionis initium ab extrinseco sumit)(자기 자신에게 현존함은 하나의-타자-로부터의-유래이다) "왜냐하면 [자신과 함께 있는 행위는 본질적으로 타자와-함께-있음(Beim-andern-Sein)에 의해 담지되기 때문에][6] 표상이 없는 인식 행위는 없기 때문이다."(quia non est intelligere sine phantasmate) 다른 말로 인식 행위는 »어떠한 외적인 것에서 나오는 것«(procedere ex aliquo exteriori)이기 때문에, »스스로 자신을 인식하는 것«(per se cognoscere seipsum)은 아니다."[7] 따라서 인간이 자기 자신과 함께 존재한다는 것(Beisichselbersein)은 감성으로부터 오며 오로지 우리가 타자를 아는 가운데, 그리고 타자를 아는 것을 통해서만 가능하다. 그러나 도대체

....

6 S.c.g. IV 11.

7 l. c.

이것이 어떻게 그렇게 가능한가? 수용적 타자와-함께-있음은 감성을 뜻하는데, 감성은 본질적으로 자신을 이러한 타자로부터 구별하지 못한다. 우리가 감성과는 다른 자기 소유의 »능력«(사유 행위, 정신)을 가정하더라도, 우리가 이 두 가지 능력이 기원과 협력의 일치를 통해 이해된다고 가정하더라도(이는 나중에 여전히 문제가 되겠지만), 자신에게 로 옴(Zusichkommen)의 영구적 출처(Woher)인 감성으로부터 자기 자신에게로 회귀하는 가능성은 아직도 밝혀지지 않았다. *236*

완전한 회귀를 그 보편적인 형상적 본질을 통해 가능한 것이라고 이해하기 위해서는—여기서 본질은 회귀의 전형적인 인간적 형상을 여전히 도외시한다—자신과 함께 현존하는 존재 행위는 비물질적, 즉 자기 자신을 통한 실현 행위(in seipso subsistere)이어야 한다. 이에 따라 인간이 자기 자신으로 회귀하는 것 또한 마찬가지이다. "영혼은 자신을 통해 실현하는 형상"이다.[8](Anima forma in se subsistens)

2) 인간에게 고유한 완전한 회귀(표상으로의 전회를 통한 회귀)

그러나 인간에게 전형적인 회귀가 아직 형이상학적으로 이해되지는 않았다. 오히려 거꾸로 '자신을 통해 실현하는 존재 행위'(esse in se subsistens)를 영혼에 귀속시키는 것이 회귀를 폐지하는 것으로 보인다. 즉, '인식을 통해 자신과 함께하는 존재 행위'(erkennend bei sich sein)란 존재론적으로 자신을 통한 실현 행위(in se subsistere)를 뜻해야 한다. 그러나 존재론적으로 '자신과 함께 현존하는 자'(Beisichseiendes)

....

8 I. q. 51 a. 1 corp.; q. 75 a. 2 corp.; a. 6 corp. usw.

는 개념적으로 엄밀하게 필연성의 관점에서 보면 더 이상 타자와 함께 존재할 수 있는 것처럼 보이지는 않는다. 설사 그것이 존재론적으로 타자의 형상이라 할지라도, 또 '타자에게 넘겨진 존재 행위'(super aliud delatum esse), 곧 '질료로 사라지는 것'(super materiam effundi)이 그러한 존재자에게 귀속된다고 하더라도, 그래서 감각적 사고력을 통해 타자와 함께 존재한다고 할지라도 말이다. 따라서 자기 자신으로의 복귀(Rückkunft)는 질료로부터 분리하는 추상(trennendes Abgezogenwerden)을 통해서만, 즉 비약을 통해서만 가능하다고 생각될 수 있다. 이러한 도약은 아마도 감성으로부터 오지만 영구히 감성에 머물지는 않고 오히려 이 감성을 떠나기에, 감성은 복귀 가능성을 지탱하는 근거로는 더 이상 머물지 않게 된다. 우리가 복귀와 감성이 동일한 주체에 동시에 가능하다고 전제하더라도 말이다. 완전한 회귀는 그 자체로 외부로부터의 영구적 발출(procedere ab exteriori)이 아니다. 주체가 복귀를 통해 타자로부터, 이를테면 자신에 대한 앎을 동시에 취하여 그것을 그대로 수용하기 위해 필히 전제되는 감성으로부터 앎을 »추상한다« 고 가정한다면, 나아가서 이렇게 함께 취하는 것(Mitnahme)이 복귀 가능성의 조건이라고 가정한다면, 인간에게 전형적인 '자신과 함께 있는 존재 행위'가 감성으로부터 항구적으로 유래한다고 이해할 수 있을까? 여기에는 분명히 두 가지 조건이 있다.

    1. 그러한 앎이 어떻게 추상될 수 있는지를 이해하여야 한다. 주체가 자기 자신에게 복귀할 때 그와 동시에 앎을 함께 취하는 것(Mitnahme des Wissens)은 '자신과 함께 있는 행위'가 »어떠한 외적인 것으로부터 발출함«(procedere ex aliquo exteriori)이라는 사실에 대한 첫 번째 전제이다. 그렇지 않다면 주체는 무의식으로 빠지게 되거나 자신의 감각적 사고력과는 관계없이 자신과 규정들 자체를 파악하

게 될 것이기 때문이다. 타자에 대치한 '자신과 함께 있는 행위'가 아닌, 즉 복귀가 아닌 '자신과 함께 있는 행위'가 문제가 될 것이다. 따라서 주체는 자신을 타자에 대하여 아는 어떠한 존재로서 경험해야 한다. 그러나 이는 주체가 »추상«해야한다는 것을 뜻한다. 또는 더 정확히 한다면, 주체는 비물질적인 것이 자신을 통해 실현되도록 하는 것이어야 하고, 물질적인 것으로부터(즉, 타자로부터) 보편적인 것을(즉, »어떠한 것을«) 아는 가운데 자기 본질에 대한 의식으로(즉, 자신과 함께 있는 행위로) 와야 한다. 추상 자체의 가능성에 대한 근본적인 것은 이미 논의되었다. 이 추상이 자신을 통해 실현하는 행위(das in sich Subsistierende)에 의해 일어나는 것으로서(즉, 이에 의해서만 추상이 발생할 수 있는 것으로서) 전제되었다면, '자신과 함께 있는 행위'는 감성으로부터의 지속적 복귀라고 생각할 수 있는 첫 번째 조건이 충족되었다.

2. 이러한 »추상된«(abstrahiertes) 앎이 어떻게 가능한지 이해될 필요가 있다. 즉, 복귀할 때 어떻게 타자에 대하여 마치 동시에 취해진 앎이 »형상«(forma)으로서, 곧 타자에 대한 규정으로서 드러나는 지, 그래서 앎이 감성으로부터 오는 자신의 유래를 어떻게 보여 주는 지를 이해하여야 한다. 이것이 주체가 자신을 타자에 대해 인식하는 어떠한 존재로 경험할 수 있기 위한 전제이다. 이는 이미 처음에 어떻게든 내포된 조건이다. 그러나 거기에는 타자에 대하여 알려진 »어떠한 것«에 대한 강조와, 따라서 가능성 제시가 놓여 있다. 알려진 어떠한 것을 정확히 타자의 '무엇'으로 인식한다는 것이 여기서 문제가 된다. 이로써 타자 자체가 감성을 통해 구체적으로 취해졌다는 사실로 이 질문이 이미 처리되었다고는 말할 수 없다. 왜냐하면 감성은 타자와 구분되는 자기 자신에 대해서 모르기 때문이다.

정신은 자신에 대해서 안다. 인간 정신으로서의 정신은 타자에 대해서 인식하는 자신을 안다. 따라서 정신 그 자체는 타자에 대해서 알아야 한다. 이것이 어떻게 가능한가는 정확히 존재 행위를 '자신과 함께 있는 행위'로 이해함으로써 어렵게 된 문제이기도 하다. 왜냐하면 인간 정신이 감성으로 »규정되었다«(determiniert)고 가정하더라도, 다시 말해 '자신과 함께 있는 행위'가 자체로 속해 있는 존재 강도(Seinsmächtigkeit)의 등급에 도달하였다고 가정하더라도, 감성에 의해 수동적으로 수용된 규정이, 다시 말해 존재 행위를 고양시키는 규정이(곧, 형상이) 어떻게 의식될 것인지가 이로써 잘 이해될 수 있을 것이다. 그러나 감성을 통해 타자 자체가 어떻게 자기 자신을 통해 자신을 드러내는지는 이해되지 않을 것이다. 왜냐하면 이 형상은 있는 그대로, 다시 말해 의식된 주체의 규정으로, 곧 자신과 함께 있는 주체 자체의 규정으로 의식될 것이기 때문이다. 토마스는 인식 행위와 피인식자는 동일하다는 이러한 문제를 알고 있었다. 규정을 통해 어떠한 것이 인식자가 되는데, 이 규정은 존재론적으로 인식자의 규정이다. 그러나 피인식자가 인식자로부터 구별되는 한, 이 규정은 피인식자의 규정으로서 드러나야 한다. 인식 행위의 초월이라는 이러한 문제는 감성의 문제가 아니다. 사물은 감성에 자기 자신을 드러낼 수 있으며, 주저 없이 다음과 같이 말할 수 있다. "현실태의 감각 대상은 현실태의 감각이다."[9](sensibile in actu est sensus in actu) 현실태의 감각 대상(sensibile in actu)에 대한 파악은 감성의 존재 수준(sensus in actu)과 함께 그렇게 주어졌다. 왜냐하면 이러한 존재 수준은 여전히 »타자에게 넘겨진 존재 행위«(ad aliud

....

9 I. q. 14 a. 2 corp.

delatum esse), 즉 존재적으로 타자와 함께하는 존재 행위(ein onti-sches Beim-anderen-Sein)이기 때문이다. 이는 정신에는 다르다. 정신은 자신을 통해 실현하는 자이다(in se subsistens). 만일 가지 대상이 인식자 자체가 아니라면, 인식자로부터 구분되는 타자여야 하는데도 불구하고, '현실태의 가지 대상이 현실태의 지성'(intelligibile in actu est intellectus in actu)이라는 진술은[10] 어떻게 여전히 타당할 수 있을까? 따라서 완전한 회귀가 자신의 인간적 특성에 의해 이해되어야 한다면 문제가 된다.

토마스는 다음과 같이 논의한 적이 있다. "비인식자들은 자기 고유의 형상 외에는 아무것도 갖고 있지 않다. 그러나 인식자는 타자의 형상 또한 소유하도록 타고났다. 왜냐하면 인식된 것의 상이 인식자 안에 있기 때문이다."[11](Non cognoscentia nihil habent nisi formam suam tantum; sed cognoscens natum est habere etiam formam rei alterius. Nam species cogniti est in cognoscente) 첫 번째 문장은 명확하다. 그러나 문제는 두 번째 문장의 »왜냐하면«(nam)이다. 왜 이 상이 타자의 형상(forma rei alterius)을 타자의 형상으로서 파악하는 가능성의 근거를 가져다주는가? 토미스트적 관점에서 상은 피인식자 자체가 아니라 인식 *239* 자 자신의 존재론적 규정이다. 이 규정은 인식의 근거로서 인식에 선행한다.[12] 그러므로 상이 인식하여야 하는 자(Erkennen-Sollenden)를 현 166

....

10 l. c.
11 I. q. 14 a, 1 corp.
12 Vgl. De verit. q. 1 a. 1 corp.; 대상에 대한 (상을 통한) 존재론적 동화(die seinsmäßige assimilatio)는 인식의 근거이다. 아울러 다음을 참조할 것. I. q. 54 a. 1 ad 3. 동화가 »상«을 통해 발생한다는 것에 대해서는 다음을 참조할 것. I. Sent. dist. 3 q. 1 a. 1 obj. 3 und ad 3. Vgl. *Maréchal*, a.a.O., 63-65; 254 f. 나아가서 상에 대한 비교는 다음을 참조할 것: I. q. 14 a. 2 corp.; q. 56 a. 1 corp.; q. 88 a. 1 ad 2: 인식된 사물의 유사성은 마치 인식자 자신의 일종

실의 인식자로 만든다면, 이 상은 인식자 자신의 존재론적 규정으로서만 인식될 수 있다. 토마스 자신도 다음과 같은 결론을 내린다. "실제로 인식된 사물의 상은 지성 자체의 상이며(즉, 지성 자신의 존재론적이고 의식적인 규정이며), 따라서 상을 통해 자기 자신을 알 수 있다."[13] (species rei intellectae in actu est species ipsius intellectus et sic per eam seipsum intelligere potest) 이 »따라서«(et sic)라는 용어는 위에서 논의된 »왜냐하면«이라는 용어와는 대조적으로 토미스트적 전제하에서는 아주 분명하다.[14] 그렇다면 여기서 다음과 같은 명제도 가능하지 않을까? "왜냐하면 내적으로 명확한 것이 외적인 것을 인식하는 것을 금하고 막기 때문이다. 즉, 그것은 지성을 방해하고 어떠한 방식으로라도 타자의 관찰로부터 숨기고 차단할 것이다."[15] (Intus apparens enim prohibebit cognoscere extraneum et obstruet, id est, impediet intellectum et quodammodo velabit et concludet ab inspectione aliorum) 지성 자체의 존재 현실인 상은 »어떠한 규정된 본성«(aliquam naturam determinatam)을 갖게 하여 "자신과 같은 성질의 저 본성이 다른 본성들을 알지 못하게 한

....

의 형상과도 같다.

13 In III. de anima lect. 9, n. 724.

14 De spir. creat. a. 8 ad 14: "지성이 가지상을 통하여 형성되는 한, 현실태의 지성은 현실태의 피인식자이다."(intellectus in actu est intellectum in actu inquantum informatur per speciem intelligibilem) L. c.: "질료를 갖고 있지 않은 것들에서(즉, 지성적으로 인식하는 영혼과 같은 것들에서) 지성은 이해되는 것과 동일한 것이다."(in his quae sunt sine materia idem est intellectus et quod intelligitur) 그리고 다른 쪽도 참조할 것: S.c.g. II 98: "따라서 우리의 가능 지성은 가지상을 통하지 않고서는 자기 자신을 인식하지 않는다. 가지상에 의해 지성은 지성적 존재 행위 중의 현실태가 된다."(intellectus igitur possibilis noster non cognoscit seipsum nisi per speciem intelligibilem qua fit actu in esse intelligibili) 하나이자 동일한 존재 현실이(즉, 상이) 그 자체로 정신이 '자기와 함께 있도록'(Beisichsein) 야기하고 정신에 대치한 대상을 드러낸다.

15 In III. de anima lect. 7, n. 680.

다."[16](illa natura connaturalis sibi prohiberet eum a cognitione aliarum naturarum) 상이 인과적으로, 즉 최소한 간접적이자 부분 인과적으로 외적인 영향에 의존한다는 사실은 아무것도 설명하지 않는다. 왜냐하면 정확히 »현상적인 것«(phänomenaler)으로서 언제나 이미 타자로서 파악된 대상이 인과론적 추론을 통해 타자로 밝혀진다는 설명은 정당화되지 않기 때문이다. 지성 자체의 상이 감성과는 대조적으로 능동 지성만의 산물이라는 사실을 전적으로 도외시하면, 상은 주체의 존재 현실로서 의식되고 그래서 외적 사물에 대한 인과적 의존성을 보여 주지 *240* 않는다.[17]

이 문제를 바탕으로 우선 한 가지를 다음과 같이 말할 수 있다. 즉, 상의 존재 현실이 (엄격한 의미에서 정신적인 존재 현실로서) 정신의 '자신과 함께 있는 행위'와 정신에 대립되는 대상에 대한 명백한 규정이어야 한다면, 이는 상이 정신과 대상에 공동으로 귀속하는 규정들을 담지하고 드러내는 한에서만 처음부터 가능하다고 여겨진다. (질적·양적 종류의) 물질적인 것 자체의 규정들은 존재론적으로 오로지 물질적인 것 *167* 에만 귀속될 수 있으며, 그 자체로는 엄격한 의미의 가지상(intelligible species) 자체 안으로 들어갈 수 없다. 만일 그렇지 않다면 이 규정들은 또한 존재론적으로 정신의 규정들이 될 수 있어야 한다. 이들은 하나의 감각적-정신적 인식 행위에 의해 감각적으로 그러한 것들로 인식된다. 그래서 우리는 이미 종종 접하였던 가지상에 대한 이해에 다시

....

16 토마스가 제시한 사례에서도 타자에 대한 인식을 불가능하게 하는 주체의 우연적 변화만 문제가 된다는 사실에 유의해야 한다.

17 "인식되는 것은 발걸음이 아니라 행동의 원리이다."(Illud quod intelligitur, non est ut passum sed ut principium actionis)라는 명제는 여기에서도 적용된다. Vgl. De verit. q. 8 a. 6 ad 8; q. 8 a. 6 corp.; a. 7 ad 2(zweite Serie); ad 2(erste Serie).

와 있다. 물론 이로부터 순수 정신적 인식 행위가 물질적인 것을 인식할 수 없을 것이라는 결론이 나오는 것은 아니다. 그러나 감성에 의해 처음 알려진 물질적인 것이 고유한 형상에 의해 수용적으로 인식된다는 사실에 의해서만, 또는 물질적인 것이 창조적인 인식을 통해 자신의 창조적 근거 자체에서, 그리고 그 자체 안에서 파악된다는 사실에 의해서만 물질적인 것은 인식된다. 만일 토마스가 능동 지성에 의해 생성된 가지상에 대해 논의한다면, 일반적으로 이는 감성에 제공된 것을, 정확히 이것이 능동 지성의 조명하에 파악되는 한, 동시에 포함한 주제이다. 이로써 가장 엄격한 의미에서 지성 자체의 규정이 무엇인지, 즉 가장 협소한 의미에서 가지성이 무엇인지에 대한 우리의 이해와는 반대로 지나치게 협소한 해석으로 말미암아 어려움이 야기될 수 있는 일부 토미스트 본문에 대해 그 의미를 설명하였다. 따라서 지성의 고유한 존재론적 규정과 함께(따라서 엄격한 의미에서 오로지 »가지적으로«(intelligibel)만 인식될 수 있다) 감각적으로만 제공된 내용이 다소 넓은 의미에서의 »가지상«이라는 복잡한 개념으로 포함되는 것(Hineinbeziehung)은 전적으로 정당하고 당연하다. 왜냐하면 »가지 대상«(intelligibile)은 좁은 의미에서 감각적으로 제공된 것에 대한 파악을 통해서만 의식되기 때문이다.

가장 엄격한 의미에서의 가지 대상과 감성에 머무는 감각적 내용 간의 이러한 확실한 분리로 인해 문제는 더 복잡해진 것으로만 보인다. 즉, 한편으로는 감각적으로 인식된 내용이 감성 안에 있고, 다른 한편으로는 정신의 (일단 전제된) 의식된 존재 현실이 있다. 정신의 이러한 존재 현실은(즉, 좁은 의미에서의 가지상은) 인식자와 인식된 대상의 구조가 동시에 드러낼 수 있는 것 이외의 어떠한 것도 지성적 의식에 허용해서는 안 된다. 이러한 전제하에 주체와 객체가 가지상을 통해 존재론적으로 일치하는 한, 가지상은 대상의 구조를 드러낼 수 있다(kann). 그러나 정신의 존재론적 규정인 가지상이 실제로 감각적으로 제공된 구조로서 자신을 어느 정도로 드러낼 수 있을까? 토미스트적 진술로는 다음과 같은 질문을 의미한다. 즉, 능동 지성의 조명이 감각적으로 인식된 하성을 통해 실제로 분여된 한에서만, 그래서 사실 이 하성 자체가 자신의 감각적 소여성에 머물게 되는 한에서만, 정신 자신인 능동 지성의 조명이 보일 수 있는 가능성은 어디에 있는가?

이 질문에 대한 답이 나왔다고 잠시 가정해 보기로 하자. 그렇다면 168 회귀의 가능성은 이해되었는가?—확실히. 영혼은 자신을 통해 실현하는 자로 이해되었다. 영혼 자체는 자기 자신과 함께 있으며, 이 영혼이 전적으로 어떠한 것과 함께 있다(überhaupt bei etwas)는 사실만 가정된다. 영혼이 오로지 감각적 인식자인 한, 영혼은 타자에 대치해서 오로지 자신과 함께 있고 자기 자신으로의 고유한 회귀를 수행한다. 유일한 전제는 영혼이 감성에서 자기 자신으로 오기에 영혼의 감각적 인식은 영혼의 '자신과 함께 있는 행위'의 항구적 조건이라는 사실이다. 그러나 이는 영혼이 감각적으로 제공된 것을 지성적으로 인식한다는 방식에서만 일어날 수 있다. 영혼의 이러한 앎의 행위가 영혼의 존재 행위인 한, 영혼에 의해 인식된 이러한 존재 규정이 어떻게 감각적으로 인식된 것의 존재 규정으로서 드러날 수 있는지, 그리고 드러나야 하는지에 대한 질문이 남아 있다. 우리는 방금 다루었던 질문으로 돌아간다.

그러나 이 질문은 사실 표상으로의 전회에 대한 질문 외에 다른 것 242 이 아니다. 감각적으로 제공된 것에 대한 전회를 통해서만 어떠한 것이 알려진다는 명제는(감성과 오성에 의한 이중의 동등한 앎이 가정되어서는 안 된다. 이러한 앎은 명제를 처음부터 무의미하게 만들 것이기 때문이다) 다음을 뜻한다. 즉, 본연의 의미에서, 그리고 가장 좁은 의미에서 가지적으로 알려진 것은 이것이 오로지 감각적으로 알려진 것에 의해 유효하고 파악되는 한에서만 알려진다. 그러나 이 가능성이 어떻게 이해되어야 하는지는 바로 인간의 완전한 회귀 가능성에 대한 고찰이 우리에게 강요한 질문이었다. 그래서 추상 문제는 필연적으로 표상으로의 회귀 문제가 되었고, 이로써 거꾸로 추상은 표상으로의 회귀에서 필연적이고 본질적인 계기로 드러난다. 따라서 제3장에서의 탐구는 지금 자신의 고유한 제목하에 다루어져야 하는 필요 불가결한 질문이라는 사실이, 그래서 제3장의 결과들을 언제나 전제하는 중요한 질문이라는 사실이 드러난다. 다시 말해 제3장에서의 탐구는 표상으로의 전회에 대한 포기할 수 없는 질문이라는 사실이 드러난다.

제4장

표상으로의 전회

1. 질문에 대한 정의

표상으로의 전회에 대하여 논의된다면 지금까지의 고찰에 대한 검토를 통해 무엇에 대해 묻고 있는지를 더욱 명확하게 규명하는 것이 무엇보다도 중요하다. 표상은 »사물«(Ding)로 여겨져서는 안 된다. 표상은 감각적 인식 자체의 표제어이다. 따라서 표상으로의 전회에 대한 진술에서 인간의 지성적 인식은 본질적으로 표상으로의 전회를 통해 일어난다고 주장된다면, 이는 감각적 인식이 동시에 수행되는 경우에만 지성적 인식이 가능하다는 것을 말한다. 그러나 이러한 단순한 고찰로부터 다음과 같은 결론이 나온다. 즉, 만일 전회에 관한 명제가 서로 다른 차원에 대한 두 가지 동일한 내용을 갖는 인식들 간의 필연적인 결합에 관한 명제라고 이해된다면, 이러한 명제는 처음부터 의미 없게 될 것이다. 이전의 숙고에서 명백하게 드러났듯이, 지성적 인식 자체는 감각적 인식 자체가 할 수 없는 어떠한 것을 성취해야 하는 것만은 아니다. 감각적 인식이 접근할 수 없는 내용을 추가함으로써 감각적 인식의 전체 내용이 지성적 인식 자체를 통해 다른 차원에서 반복된다는 듯이 상상해서는 안 된다. 왜냐하면 감각적 인식 자체의 내용이 사유 행위의 차원에서 반복되는 것이라면, 이러한 감각적 인식으로의 전회가 지성적 인식 자체를 위해 여전히 어떠한 의미를 가질 수 있는지에 대해서, 왜 그리고 어떻게 동일한 의식 안에 동일한 내용의 인식이 이중으로 주어지는지에 대해서 알 수 없게 될 것이다. 따라서 표상으로의 전회는 »표상의 동반에 의한« 지성적 인식이 아니라(표상은 사물이 아니라 인간 의식의 내용이며, 이 의식에는 사유 행위도 속한다) 오히려 감각적 직관과 지성적 사유 행위를 하나의 인간 의식으로 일치시킨다는 사실을 위한 표제이다. 따라서 앞 절에서 전회는 완전한 회귀에 (그리고 추

244 상에) 따라오는 과정으로서가 아니라 오히려 하나의 완전한 회귀 자체의 본질적 계기로서 드러났다는 결론에 이르렀다. 자기-자신과-함께-있는 행위(Bei-sich-selber-Sein)와 추상은 내적으로, 그리고 본질적으로 하나의-타자에-대하여-아는-어떠한 것(Etwas-von-einem-anderen-Wissen)이고, 따라서 이미 그 자체로 표상으로의 전회이다.

그러므로 추상에 대한 장을 전개할 때 사안에 따라 표상으로의 전

170 회가 자주 논의되었다는 사실은 놀라운 일이 아니다. 즉, 구체화에 대하여, 어떠한 것에 대한 무엇(Was an einem Etwas)으로 알려진 것에 대한 인식에 대하여, 감성으로부터의 복귀, 표상의 조명, 상에 대한 능동 지성의 조명을 보는 것(넓은 의미에서), 지칭 방식(modus significandi)에 대하여 논의되었다. 이미 표상으로의 전회를 자체로 포함하는 그 밖의 많은 개념들에 대해서도 논의되었다.

이것만으로도 이 장에서 표상으로의 전회가 인간 인식의 실제적 특성이라고 증명하는 것이 문제되지 않는다는 점이 이미 결론으로 나온

다. 따라서 표상으로의 전회는 토마스가 인간 인식의 본질 자체에 관하여 묻는 장소에 대한 사전 규정에서 이미 긍정되었다. 표상으로의 전회는 이전 장의 모든 고찰에서 이미 동시에 암묵적으로 긍정되었다. 오히려 전회의 가능성에 대하여 파악하는 것이 더욱 문제가 된다. 이러한 관점에서 지금까지의 것은 질문의 여지를 남겨 놓았다. 지금까지의 것으로부터 여전히 질문의 대상으로 남아 있는 것이 나타나야 한다.

마지막 두 장은 인간 인식의 특정한 특성들의 입장에서 인간 자신의 존재 이해가 드러나는 방식으로 전개되었다. '수용적 직관 인식의 조건은 무엇인가?' 하는 질문으로부터 감성의 본질이라는 결론과 이로써 감각적으로 인식하는 인간 본질이라는 결론이 나왔다. 즉, 질료의 현실태와 육체의 형상이 그 결론이다. 그러나 판단하는 인식, 보편적 인식, 그리고 주체로부터 떨어져 대상 자체를 향하여 가는 인식 가능성에 대한 통찰에서 사유 행위의 본질과 이로써 정신으로서의 인간 본질, 즉 존재 행위 자체를 향한 초월, 다시 말해 자신을 통해 실현하는 형상(forma in se subsistens)이 결과로서 드러났다.

그러나 이로써 자신의 인식을 통해 인식 가능성이라고 드러난 인간의 존재 구성은 서로 거의 모순적으로 보이는 독특한 이중성으로 관찰된다. 즉, 인간은 »자신을 통해 실현하는«(in se subsistens) 자이고, 특 *245* 히 (물질적) 타자의 현실이다. 따라서 자연스럽게 다음과 같은 질문이 제기된다. 인간의 존재 구성에서 이러한 규정의 이중성이, 이것이 부정되지 않은 가운데, 어떻게 더 기원적 일치로부터 파악될 수 있을까? 표상으로의 전회는 인간 인식의 본질적 일치를 나타내는 표현이다. 따라서 이는 인식 행위의 이러한 단일성을 그 기원인 인간의 존재 구성의 단일성으로부터 파악하라고 요청한다. 왜냐하면 오로지 그래야만 표상으로의 전회 자체가 파악될 수 있기 때문이다.

그 자체로 이해되듯이, 하나의 인식 근거인 인간 존재 행위의 이러한 기원적 일치는 자명한 것이 아니다. 즉, 기원적 일치는 통합 기능과 관계없이 이미 그 자체로 알려진 것을 의미할 수는 없다. 일치는 결합되어야 하는 것 자체에서 드러난다. 그것은 추후의 결합이 아니라, 자기 자신으로 오기 위하여 분리된 것이 드러나도록 하는 그 자체로 하나의 일치된 본질이다. 따라서 자신의 하나의 본질을 성취하는 것으로서 서로 분리된 것을 또한 일치시켜 유지하는 본질이다. 즉, 인간 본질은 자신을 자신의 일치 자체로 통합한다.

판단을 통해 발생하는 존재 행위 자체에 대한 선취(Vorgriff)는 시공간의 지평을 언제나 이미, 비록 선취에 불과하더라도, 넘어섰다는 사실로부터 인간 »정신«은 아무리 감각 직관 없이는 맹목이라고 할지라도 인간에게서 더욱 기원적이라는 사실이 결과로 나온다. 그리고 통합시키는 단일한 인식과 인간 존재 행위는 우리가 »사유 행위«라고 일컫는 것에 의해 단일한 인간 인식에 더욱 기원적으로 규정된다는 사실도 결과로 나온다. 따라서 정확히 인간 지성의 기원적 본질의 관점에서 인간의 인식 능력의 다수성(Vielheit)과 단일성(Einheit)을 파악하는 것이 과제가 될 것이다. 이전의 장에서는 능동 지성이 인간 인식을 정신적 인식으로 파악하게 하는 것이 무엇인지를 탐구하는 토마스의 논제였다면, 마찬가지로 가능 지성은 이 정신을 정확히 인간 정신으로 파악하게 하여 이것으로부터 전체로서의 인간 인식을 밝히는 논제가 될 것이다. 그러므로 가능 지성의 관점에서 감성은 자신의 능력으로 입증되어야 한다. 이 능력을 통해 가능 지성의 고유한 것이자 그것과는 다른 것으로서 존재하여야 하는 인간 정신이 있다. 그러나 이로써 표상으로의 전회 가능성과 필연성 또한 이미 파악될 것이다.

그래서 만일 감성이 인간 고유의 정신 능력으로 경험되어야 한다면, 이는 감성 자체에서 드러나야 한다. 인간 정신은 감성을 언제나 이미 되찾는 방식으로 떠나보냄으로써 감성이 자신의 고유한 작업을 정신 작업으로서 완수하게 한다. 정신이 자신을 위한 능력인 감성을 자신으로부터 떠나보내는 한, 감성 옆에서 감성과는 다른 것으로서, 그리고 감성에 병치되어 자신의 고유한 기능을 가진 능력으로 그대로 등장한다. 이 기능은 지금 감성과 함께 하나의 인간 인식에 그대로 추가적으로 결합된다. 정신과 감성이 병치된 능력으로서 통합된 이러한 중간은 그 자체가 감성에 속해 있는 한, 감성의 기원이 정신으로부터 온다는 표시이다. 기원적 일치의 표시인 이 중간을 토마스는 감각적 사고력(cogitativa)이라는 표제하에 다룬다. 표상으로의 전회 가능성과 필연성이 가능 지성에 따라 일어나야 한다면, 사유 행위와 감성의 일치된 중간인 감각적 사고력은 전회의 실현 외에 다름이 아니다. 이로써 이 장에서 토마스에게서 발견되는 주제인 두 가지 표제가 잠정적으로 드러났다.

172

2. 가능 지성

이 용어에서 가능 지성에 대한 이중 진술이 등장한다. 가능 지성은 지성으로서, 토마스는 지성에 대하여 이미 두 가지 관점에서 규정하였다. 그리고 이러한 각각의 관점은 인간 인식 행위의 기본적 특성에서 인간 존재의 본질적 특성을 드러낸다. 두 특성은 서로에 대한 가능성의 근거이기에 궁극적으로 인간의 존재 행위와 인식 행위에 대한 하나만의 규정을 구성한다. 인간의 인식 행위는 완전한 회귀를 통해 실행되며, 따라서 그 자체를 통해 실현하는 형상의 행위이다. 또한 어떠한 것에 대한 보편적인 것을 판단하는 진술이며, 따라서 존재 행위 자체를 향한 247 선취에 의해 지탱되고 가능하게 되는 것으로 드러난다. 여기서 우리는 존재 구성에서 능동 지성의 규정적 특성을 발견한다. 능동 지성과 가능 지성의 관계에 대한 토마스의 간략한 고찰에서는 그가 인간의 인식 행위에 대한 특징을 묘사함으로써 지성으로서의 가능 지성의 본질이 동시에 파악된다는 점을 보여 주고 있다. 왜냐하면 토마스가 능동 지성과 수용 지성의 실재적 차이를 고수하는 한,[1] 두 지성이 한 가지 인식 행위의 본질적·보완적 계기로서 일치하여 한쪽의 특성을 통해 다른 쪽의 존재론적 구조가 드러난다고 보기 때문이다. 두 기능에서 하나의 지성 행위(intelligere)가 따른다.[2] 따라서 이들은 자발성 및 수용성을 도외시하면 그 본질에서 동일한 보완적 능력이다. 능동 지성이 »모든 피조물의 기원«(quo est omnia facere)인 존재 행위 자체를 향한 인간 정신의 자발적이고 역동적 방향 매김(Hingerichtetsein)이라면, 지성으로서의 가능 지성은 수용적 인식을 통해 존재 행위 자체, 즉 »모든 생성의 기원«[3](quo est omnia fieri)을 이해하는 인간 정신의 가능성이다. 가능 지성의 수용 범위는 능동 지성의 파악 범위와 동일하다.[4] 능동 지성에 대한 진술을 통해 가능 지성의 형이상학적 본질이 이미 동시에 파악된다. 즉, 수용성의 범위는 본질적으로 시공간적인 것, 즉 수적 원리의 존재자(ens principium numeri)가 아니라 존재 행위 자체, 곧 그 자체로 부정적이자 모든 방향에서 무제한적 존재 행위이다. "지성은 존재자에 대한 공통 본성에 따라 자신의 대상을 고찰한다. 가능 지성은 존재자에 따라 모든 것이 되기 때문이다."[5](Intellectus respicit suum objectum

173

·······

1 I. q. 79 a. 4 ad 4; a. 7 corp.; S.c.g. II 77; III. de anima lect. 10, n. 732; De spir. creat. a. 9 corp. 시작 부분; a. 10 ad 4; De anima a. 3 ad 18; a. 4 ad 8 usw.에서 실제적 차이는 언제나 명확하게 전제되어 있다. 명시적으로 표현된 곳은 다음과 같다: I. q. 79 a. 10 corp.; II. Sent. dist. 17 q. 2 a. 1 corp.; Compend. theol. c. 83; 88. 능동적 원리와 수동적 원리의 실재적 구분에 대해서는 다음을 참조할 것. IX. Metaph. lect. 1, n. 1781 ff.

2 De anima a. 4 ad 8; De spir. creat. a. 10 ad 15.

3 I. q. 88 a. 1 corp.; In VI. Ethic. lect. 1, n. 1119; In III. de anima lect. 10, n. 728.

4 I. q. 88 a. 1 corp.: "가능 지성이 수용적으로 확장하여 가는 동일한 사물로 능동 지성은 능동적으로 확장한다."(intellectus agens ad eadem se active extendens ad quae se extendit intellectus possibilis receptive)

5 I. q. 79 a. 7 corp.; vgl. I. q. 5 a. 2. corp.; q. 79 a. 9 ad 3; q. 82 a. 4 ad 1 usw.

secundum communem rationem entis, eo quod intellectus possibilis est
qua est omnia fieri)

가능 지성은 가능하다(possibilis). 이 진술에서 비로소 정신성은 그 특성에서 정확히 인간의 정신성으로 파악된다. 인간 정신의 »가능성«은 단순히 이 정신이 모든 유한한 인식 능력과 마찬가지로 인식이 실제로 수행되는 것보다 존재론적으로 선행하는 것으로서 이해될 수 있다고 주장하는 것은 아니다. 이것이 토마스가 말하는 전부가 아니라는 사실은 이미 그가 (천사의) 유한한 직관적 지성에 그러한 가능성을 부여하지 않았다는 사실에서 비롯된다. »천사«는 가능 지성을 갖고 있지 않다.[6] 유한한 지성적·직관적 인식은 가능 지성이라고 불릴 수 없다. 왜냐하면 그러한 존재 행위는 그 자체로 자기 자신과 함께 현존하기 때문이고, 그 자체로 자신을 드러내는 타자를 수용할 때에야 비로소 자기 자신에게로 오는 것이 아니기 때문이다. "천사의 지성은, 가지 대상들의 종 안에 현실태로 있는 것처럼 자신과 함께 현존하는 본질을 가지고 있기 때문에 자체의 가지 대상이 무엇인지를 이해할 수 있다. 즉, 천사의 지성은 어떠한 유사성을 통해서가 아니라 자기 자신을 통해 자신의 본질을 이해할 수 있다."[7](Intellectus angeli, quia habet essentiam quae est ut actus in genere intelligibilium, sibi praesentem, potest intelligere id quod est intelligibile, apud seipsum, scilicet essentiam suam, non per aliquam similitudinem sed per se ipsum) 토마스는 이 자리에 가능 지성과 정확히 대조되는 이러한 유한한 직관적 지성의 형이상학을 제공한다. 여기에는 그가 이러한 우리 인간 정신의 한계 관념에

....

6 I. q. 54 a. 4; S.c.g. II 96. 이들은 II Sent. dist. 3, q. 3, a. 4 ad 4.에서 제기된 질문의 개념을 넘어선다.

7 De verit. q. 8 a. 6 corp.

제2부 세계 내 정신

대해서 말하는 모든 것이 간략하게 포함되어 있다. 직관적 지성(Eine intuitive Intellektualität)은 존재론적으로 »오로지 자기 자신과 함께 있는 행위«(essentia sibi praesens)이다. 왜냐하면 직관적 지성에는 질료라는 타자가 결코 없기 때문이다.[8] 그러나 토마스는 이러한 자신의 이해를 근거로 존재 행위와 인식 행위의 관계를 결국 다음과 같이 결론 짓는다. 즉, 그러한 존재 행위는 단순히 존재론적으로 자기 자신과 함께 있기 때문에 인식하면서 자기 자신과 함께 있다. 그러므로 인간 인식과는 대조적으로 천사가 인식하는 첫 대상은 자신의 고유한 본질이다. 이 본질을 통해 천사는 다른 모든 것을 인식한다.[9] 그러한 직관적 지성은 따라서 수용적이지 않다. 왜냐하면 그러한 지성의 »대상«은 자신의 존재 행위 자체이고, 따라서 대상은 지성을 »만나지« 않으며, 지성에게 자기 자신을 보일 필요가 없어서 지성에 자신을 은폐할 가능성을 갖고 있지 않기 때문이다. 이로부터 가능 지성이 가능하다고 뜻하는 바가 이해될 것이다. 즉, 가능 지성은 존재 행위, 자신과 함께 있는 행위, 그리고 완전한 회귀를 말한다. 그러나 가능 지성은 그 자체로부터 언제나 이미 자신과 함께 현존하지 않는다. 자기 자신에게 자신을 직접 줄 수 없으며, 수용적으로 타자를 만날 때에만 자기 자신에게로 온다. 타자와의 이러한 수용적 만남을 허용(Sich-begegnen-Lassen)하지 않는다면, 가능 지성 자체는 자신과 함께 현존하지 않는다. "천사는 자신의 본질을 통해 이해한다. 그러나 인간 지성은 오직 가능성에 있는 존재자로서만 가지적 사물의 종 안에 존재한다. 이러한 이유로 인간 지성은 가능하다고 칭해진다. 따라서 자신의 본질을 통해 고찰된 것은 지성

174 249

....

8 Vgl. I. q. 50 a. 2; II. Sent. dist. 3 q. 1 a. 1 corp.; S.c.g. II 50; 51; 91.

9 I. q. 12 a. 4 corp.; q. 84 a. 7 corp.; q. 85 a. 1 corp.; q. 87 a. 1 corp.; De verit. q. 8 a. 3 corp.; De malo q. 16 a. 12 ad 4.

적 가능태로 존재한다. 그러므로 그것은 자체적으로 이해하는(즉, 어떠한 것을 수용하면서 경험하는) 능력을 소유하지만 실제로 발생하게 하는 원인을 따르지 않고는(즉, 인간 지성이 감각 대상으로부터 연원하고 감성을 통해 감각 대상과 하나가 되지 않고는) (자신에게 현존하는 자로) 이해되지 않는다."[10] [Per essentiam suam se intelligit angelus intellectus autem humanus se habet in genere rerum intelligibilium ut ens in potentia tantum unde possibilis nominatur. Sic igitur in essentia sua consideratus se habet ut potentia intelligens. Unde ex seipso habet virtutem ut intelligat (etwas hinnehmend zu erfahren) non autem ut intelligatur (bei sich zu sein), nisi secundum id quo fit actu (außer dadurch, daß er vom Sinnlichen herkommt, mit dem er in der Sinnlichkeit eins geworden ist)] »오직 가지적 가능태만«(potentia tantum intelligibilis)이라는 표현은 올바로 이해되어야 한다. 이는 감각 대상의 가지적 가능태가 아니다. 왜냐하면 감각 대상은 그 자체로 자신 안에 완전한 회귀의 가능성을 갖고 있지 않기 때문이다. 여기서 가지적 가능태는 인간 정신을 직관적·지성적 인식으로부터 구별하지, 감성으로부터 구별하지는 않는다. 감성으로부터의 구분은 이미 지성(intellectus)이라는 단어에 들어 있다. 이 단어에는 한 존재가(즉, 형상이) 여지없이 질료적 타자에 자신을 잃어버리고, 그래서 그러한 것으로서 근본적으로 자기 자신에게 결코 돌아오지 않는다는 사실에 의거하여 존재 행위와 인식 행위가 문제가 아니라는 점이 이미 함축되어 있다. 따라서 가능 지성은 분리된 형상과 형상 사이의 중간(Mitte)에 가능한 것으로서 존재하게 된다. 이 중간은 양자의 제한을 통해서만 규정되며, 그 존재 현실은 질료적 규정에 의해 국한된다. 가능

....

10 I. q. 87 a. 1 corp.

지성의 본질은 사실 자신의 인식 방식으로 비교적 쉽게 규정된다. 즉, 이는 타자를 인식함으로써 자기 자신과 함께 있는 저 존재 행위를 말한다. 그러나 이 규정은 존재론적 관점으로 »번역«되자마자 두 가지 다른 규정들 간의 중간으로서만 발견될 수 있다. 즉, 가능 지성은 자신의 '자기 자신과 함께 있는 행위'에서 자신을 통해 실현하는 형상(forma in se subsistens)이다.[11] 타자를 만나도록 추동(Zwang)함으로써 가능 지성은 감성이 된다. 즉, 그것은 질료의 형상, 곧 육체의 형상이다.[12](forma *250* materiae, forma corporis) 두 가지 규정이 내적으로 서로 수정하게 하는 이러한 이중성에서만 가능 지성은 존재론적으로 파악된다.[13] 자기 자 *175* 신과 함께 존재하기 위하여 타자와 마주치게 하는 추동은 지성이 사실 그 자체로 현실적이라는 사실에서 연역되는 한, 즉 지성이 자기 자신과 함께 존재할 수 있지만 단순히 자신의 현존재를 통해 자기 자신과 함께 존재하는 것이 아닌 한―이에 대해서는 가능 지성이라는 항목에서 이미 논의된 바 있다―가능 지성은 인간 인식과 인간 존재 행위에 대한 가장 적합하고 가장 단순한 개념이다.

이로써 토마스가 인간 존재 행위와 인식의 특성에 대해서 파악하려고 시도하였던 다른 진술들의 의미 또한 이미 알게 되었다. 즉 "영혼

....

11 I. q. 75 a. 2 corp.; a. 6 corp. usw. 토마스는 영혼을 심지어 분리된 것으로 칭한다.: I. q. 76 a. 1 ad 1.

12 I. q. 76 a. 1 corp. usw.

13 여기에 다음을 참조할 것. I. q. 76 a. 3 ; De verit. q. 16 a. 1 ad 13: "그리고 자신의 본질에 의해 (영혼) 정신이 존재하고 자신의 본질에 의해 육체의 형상이 존재하지만, 그것에 부가된 어떠한 것에 의하여 존재하지는 않는다."[et per essentiam suam (anima) spiritus est et per essentiam suam forma corporis est et non per aliquid super additum] 아울러 다음을 참조할 것. De spir. creat. a. 2 corp. 여기서 토마스는 이러한 이중 진술(difficultas quaestionis)의 문제에 대해 의식하고 있었음이 분명해진다: 앞서 논의된 것들은[즉, 형상과 정신적 실체(forma-substantia spiritualis)는] 일치한다.

은 지성적인 것들과 지성들의 종류에서 가장 낮은 것이다."[14](anima est infuna in genere intellectualium et intellectuum) 본질적으로 영혼은 지성적 존재의 가장 낮은 가능성이라고 생각될 수 있다. 왜냐하면 영혼은 실제로 자기 자신으로 올 수 있는(zu sich selber zu kommen vermag) 존재 행위라고 이해되지만 그것만으로는 자신과 함께(bei sich) 있을 수 없기 때문이다. 이 점에서, 그리고 오직 이 점에서만 토마스는 영혼을 제일 질료와 비교하여[15] "깨끗한 서판"(tabula rasa)이라고 칭한다.[16] 제일 질료처럼 영혼이 그 자체로 전적으로 무규정적이고 수용적이어서 오로지 타자에 의해서 모든 규정을 수용하는 것은 아니다. 영혼은 모든 인식 행위를 통해 자기 자신을 파악하며, 현실태의 가지 대상은 영혼 고유의 조명이다. 영혼이 이 조명을 능동적이자 자발적으로 그 대상들에 전달하기에, 이 모든 것은 영혼에 외부로부터 주어지는 것이 아니다. 그러나 감각 대상이 스스로 영혼에 드러낼 때에만, 그리고 드러내야 할 때에만 영혼은 이 모든 것을 파악한다. 왜냐하면 영혼은 그 자체로는 자신을 파악하는 데에서 오로지 가능태로만 있기 때문이다. 즉, 영혼은 가능 지성인 것이다.

....

14 I. q. 51 a.1 corp.; q. 75 a. 7 ad 3; q. 77 a. 2 corp.; q. 79 a. 2 corp.; q. 89 a. 1 corp.
15 De anima a. 8 corp.
16 De anima a. 8 corp.

3. 감성의 기원인 (가능) 지성

다음에 오는 것을 올바로 이해하기 위해서는 사전 설명이 필요할 것이다. 불필요한 질문으로 말미암아 추가적 고찰에 부담이 되도록 하지 않기 위해, 다음 절에서는 토마스의 사유 과정을 의식적으로 단순화하여 설명한다. 토마스는 인간 인식 행위의 실체적인 본질 근거와 고유한 인식 능력, 즉 엄격한 의미의 (가능) 지성을 구분한다.[1] 이로써 토마스는 영혼의 본질과 능력 사이의 관계를 명확히 해야 할 필요가 있다는 결론에 이른다.[2] 지베르트를 참조함으로써 이 질문들은 여기서 생략할 수 있다. 그러므로 다음에 가능 지성에 대해 논의된다면, 이는 다음과 같은 전체를 뜻한다. 즉, 이 전체 안에서 실체적인 근거가 자신의 176

....

1 I. q. 79 a. 1과 병행 구절. 유사하게 이미 I. q. 77 a. 1과 병행 구절에서 더 일반적인 질문이 제기되었다.

2 I. q. 77 a. 6과 병행 구절. Vgl. *Siewerth*, a.a.O., 22-31.

능력인 (가능 및 능동) 지성을 자신에게서 흘러나오게(fluere ab essentia animae sicut a principio) 하고, 지성을 자신의 특성으로[즉, 주체에 수용된 것(recipi in subjecto)으로] 지닌다.[3] 따라서 우리는 단지 넓은 의미에서 이해된 (가능) 지성이 감성과 어떠한 관계를 갖는지에 대해서 물을 뿐이다. 토마스 자신은 (가능) 지성에 대한 그러한 개념을 보여 준다. 그에 따르면 지성은 단지 »특정한 능력으로서«(ut potentiam quandam)뿐만 아니라 »이 능력이 영혼의 본질에 뿌리를 박고 있는 한에서«(inquantum haec potentia radicatur in essentia animae) 고찰될 수 있다.[4]

1) 가능 지성을 감각화하는 기본 구조

(가능) 지성은 그 자체로 자신에게 실제로 현존할 가능성 안에 서 있는 정신이다. 자신의 이러한 존재를 근거로 정신은 자기 자신에게 올 수 있게 하는(zu sich selbst zu kommen) 가능성 안에 스스로 자신을 세워야 한다. 본질적으로 이것이 정신은 이미 언제나 그 자체로 자신과 함께 있다는 사실을 통해 발생하지 않는 한, 이러한 자기-자신-에게-오는 행위(Zu-sich-selber-Kommen)는 정신이 타자를, 즉 직접적이고 처음으로 파악된 자를 수용적으로 조우하도록 허용함(hinnehmenden Sichbegegnenlassen)으로써 자기 자신에게 오는 경우에만 가능하다. 따라서 자신의 존재 행위를 근거로 (가능) 지성은 첫 번째로 의식된 것인 타자가 자신과 대상적으로 조우할 수 있는 가능성을 스스로 만들어 내야 한다.

....

3 전문 용어들에 대해서는 다음을 참조할 것. I. q. 77 a. 6 corp.
4 III. Sent. dist. 15 q. 2 a. 3 sol. 2 ad 2.

두 번째 장의 첫 번째 절에서는 자신과는 다른 타자를 자신의 첫 번째이자 직접(따라서 직관적으로) 파악된 대상으로 수용적으로 받아들이는 인식이 본질적으로 감성이라는 사실을, 즉 오직 질료의 현실태로만 이해될 수 있다는 사실을 보여 주었다.

이로부터 가능 지성은 오직 감성이 되어야만 정신일 수 있는 실재적 가능성을 가질 수 있다는 결론이 나온다. 다른 한편으로 정신-존재 행위(Geist-Sein)의 본질이 놓여 있는 완결된 회귀의 가능성은, 본질적으로 지성이 자신에게 회귀할 때 감각적이지 않고 질료로부터 자유롭게 되어 자신 안에 실현되어야 함을 요청하기 때문에, (가능) 지성이 이렇게 감각적이 되는 것은 그것이 자신을 잃어버리지 않는 가운데 자신의 능력인 감성을 자신으로부터 발생하도록 한다는 면에서만 이해될 수 있다. 따라서 (가능) 지성은 자신으로부터 발생하는 감성을 실제로 자신의 고유한 것으로, 그러나 자신에게 속하는 능력으로 유지하며, 자신을 감성과 함께 그러한 것으로 행위하는 비감각적 능력으로 유지한다. 그러므로 감성은 (가능) 지성에서 발생하고, 그래서 언제나 이미 타자를 향하여 실행된 지성 자체의 회귀, 즉 표상으로의 전회인 지성의 고유한 현실이기에, (가능) 지성은 감성과 더불어 그 자신이 하나의 능력인 방식으로 감성의 기원으로 드러난다.

2) 인간 정신의 특성에 따른 감각화의 필요성(육신-영혼 간의 관계의 문제 영역으로부터)

이러한 사고 과정은 토미스트적이라고 입증되어야 한다. 타자에 대 177
한 직관적이자 수용적 인식의 유일한 가능성인 감성에 대해서는 여기에서 더 이상 논의할 것이 없다. 이러한 이해가 토마스에게 얼마나 자

명한 것이었는지를 의도치 않게 정확히 보여 주는 짧은 본문이 무작위

253 표본의 방식으로만 참조될 수 있다. 『영혼론』 'a. 20 ad 6'에서는 천사

또는 육체가 없는 영혼이 물질적 개별자를 인식할 수 있다는 명제가

갖고 있는 어려움을 해결하고자 한다. 이 어려움과 답변의 전제는 감

성을 소유하지 않은 지성(Intellektualität)이 문제가 된다는 것이다. 어

려움은 순수 지성(상, species)에 대한 지성적 규정이 개별적이자 물질

적인 '여기 이것'을 그 자체로 인식하게 할 수 없다는 데 있다. 여기서

어려움 자체를 해결하는 것이 우리에게는 그다지 중요하지 않다.[5] 이

와 관련하여 중요한 것은 토마스가 그 어려움을 인정한다는 사실이다.

즉, 만일 인식이 개체 자신으로부터 개체를 수용하고 인식이 그 개체에

의해 규정되어야 한다면, 순수 지성적 방식의 인식은 본질적으로 개체

를 인식할 수 없다. "만일 상이 사물로부터 수용되었다면, 상이 추상화

된 개체의 적절한 지성으로 존재할 수 없을 것이다."(si species essent a

rebus acceptae, non possent esse propria ratio singularium a quibus abs-

trahuntur) 이제 수용적 인식이 개체를 필히 개념적으로 인식한다는 사

실은 명확하다. 왜냐하면 모든 것은 구체적으로 실존하기 때문이다. 결

국 토마스에게는 본질적으로 감성을 포함하지 않는 수용적 인식이[사

물로부터 상을 수용하는 것(accipere species a rebus)이] 없다. 이에 따라

다음과 같이 말할 수 있다. "가지상은 표상의 매개 없이는 사물로부터

수용되지 않는다."[6](species intelligibilis non accipitur a re nisi mediante

phantasmate) 즉, 수용적 인식은 본질적으로 감각적이다. 방금 인용한

문장은 아마도 감성에 대한 토마스의 형이상학적 표현에서 가장 짧은

....

5 신의 창조적 인식에 직접 참여함으로써 그러한 어려움을 해결하고자 한다.

6 II. Sent. dist. 3 q. 3 a. 1 ad 2.

표현일 것이다. 그에게 »사물로부터 인식을 수용하지 않는 것«(a rebus cognitionem non accipere)과 »이성적 탐구 없이, 그리고 감각의 도움 없이 인식하는 것«(sine investigatione rationis et sine adminiculo sensus cognoscere)은 동일하다.[7] 감성이 주어지지 않았기 때문에 인식이 수용적이지 않다면, 인식은 창조적이어야 하거나 창조적 인식 자체에 참여해야 한다. 따라서 천사에 대해서는 다음과 같이 말할 수 있다. "천사는 사물로부터 지식을 얻지 않고 능동적 지식을 갖기에 감각적 영혼을 필요로 하지 않는다."[8](non acquirit scientiam a rebus, sed habet scientiam quasi activam et ideo non indiget anima sensitiva) 그러므로 이미 그 자체로 자기 자신과 함께 있지 않은 지성은 감성을 자기 고유의 능력으로 소유하기 위해서 필히 자신으로부터 감성이 발생하도록 하여야 한다.[9] 토마스는 지성으로부터 오는 감성의 이러한 기원을 명백히 두 가 지 형식으로 다룬다. 첫 번째는 육체와 영혼 간의 관계에 대한 질문에서[이것은 다시 두 가지로 체계로 다루어진다. 하나는 지적 원리가 형상으로서 육체에 일치되는지 여부이고[10](utrum intellectivum principium uniatur corpori ut forma), 다른 하나는 지적 영혼이 그러한 육체에 적절히 일치되는지 여부이다.[11](utrum anima intellectiva convenienter tali corpori uniatur)] 다루어지고, 두 번째는 타자로부터 오는 능력의 기원에 대한 질문에서 다루어진다.[12] 당연히 서로 겹치는 이 두 개의 문제 영역에서 우리의 맥

178 254

....

7 II. Sent. dist. 3 q. 3 a. 4 ad 1.
8 II. Sent. dist. 14 q. 1 a. 3 ad 3.
9 De anima a. 20 ad 6와 유사한 전개를 Quodl. 7 a. 3 corp.에서도 할 수 있다. 여기서는 좀 더 상세히 진술된다.
10 Z. B. 1. q. 76 a. 1과 병행 구절.
11 Z. B. 1. q. 76 a. 5와 병행 구절.
12 I. q. 77 a. 7과 병행 구절.

락에 중요한 것이 무엇인지를 배울 수 있을 것이다.

비록 토마스가 일반적으로 육체와 영혼의 실체적 일치, 즉 한 인간이 정신적이자 감각적 행위의 주체로서 우리와 조우한다는 사실에 입각해서 질료의 형상인 정신적 영혼을 이해한다면, 이미 이 질문에도 여기서 우리에게 문제가 되는 사고 과정이 결여되어 있지는 않다. 토마스는 이미 이 질문에서 감성이 인간의 정신적 특성의 관점에서 요구되는 것이라고 이해한다. "인간 정신의 인식 행위 자체는 (우리가 이미 기술하였던 특별한 방식으로) 특정한 신체 기관을 통해 작동하는 능력, 즉 상상력과 감각을 필요로 한다. 이로부터 완전한 인간이 되기 위해서 인간 정신의 인식 행위는 자연적으로 육체와 결합된다고 말할 수 있다."[13] [- Quia tamen ipsum intelligere animae humanae (in der Eigenart, die wir schon beschrieben) indiget potentiis quae per quaedam organa corporalia exercentur, scilicet imaginatione et sensu, ex hoc ipso declaratur quod naturaliter unitur corpori ad complendam speciem humanam] 감성의 필요성은(그리고 이로써 그 기원에 대해서도) 인간 지성의 특성으로부터 이해되며, 이 감성은 자신의 편에서 인간 정신이 질료적 현실, 즉 육체의 형상이 된다는 사실을 통해서만 존립한다는 점이 명확하다. 토마스는 다른 기회에 다음과 같이 유사하게 논의하기도 하였다. "인간 영혼의 작용으로부터(문맥에 따르면 이는 정신적인 것을 뜻한다) 자신의 존재 방식은 인식될 수 있다. 왜냐하면 인간 영혼이 물질적인 것을 넘어서는 작용을 하는 한 자신의 존재 행위는 육체를 넘어 고양되어 육체에 의존하지 않기 때문이다. 그러나 물질적인 것으로부터 비물질적인 인식을 얻는 한, 육체와의 결합 없이는 완전한 자신의 상은 존재할 수 없다

....

13 S.c.g. II 68 결론 부분. 자세한 전개에 대해서는 다음을 참조할 것. S.c.g. II 83.

는 것이 자명하다."[14](ex operatione animae humanae modus esse ipsius cognosci potest. Inquantum enim habet operationem materialia transcendentem esse suum est supra corpus elevatum, non dependens ex ipso; inquantum vero immaterialem cognitionem ex materiali est nata acquirere, manifestum est quod complementum suae speciei esse non potest absque corporis unione) 물론 이 본문에는 그 자체로 감성을 요구하는 *255* 지성 자체의 특성이 무엇인지 명확히 표현되지 않는다.

토마스가 "지성적 영혼이 그러한 육체에 적절히 일치되는지 여부"[15](utrum anima intellectiva convenienter tali corpori uniatur)라는 주제를 다룰 때 이러한 관련성은 더욱 명확히 드러난다. 여기에 원래의 의도상 우리의 관심을 끌지는 않는 이 질문에 토마스가 응답하기 위해 제시하는 형이상학적 전제들은 논의된 곳에서 언제나 같은 방식으 *179* 로 제시된다. 현실성을 부여하는 원리(형상)의 존재 구성은 자신의 특성을 통해, 이 원리가 자체적으로 실재적인 타자의 원리를 통해 자신의 본질을 실현하기 위하여, 공허하고 비규정적인 가능성으로부터 요청하는지 여부 또는 요청 방식을 규정한다. "형상이 질료로 말미암아 존재하는 것이 아니라 오히려 질료가 형상으로 말미암아 존재하기에, 질료가 왜 그러한지는 형상으로부터 그 근거를 취해야 하지[16] 그 역은 아니다."[17](cum forma non sit propter materiam, sed potius materia propter

....

14 De anima a. 1 corp. 유사한 내용에 대해서는 다음을 참조할 것. 1. c. a. 2. corp. 결론 부분.

15 Vgl. I. q. 76 a. 5 ; De malo q. 5 a. 5 corp.; De spir. creat. a. 7 corp.; De anima a. 8 corp.

16 기본 원리의 정식화는 이미 해당 논고의 특정 질문을 목적으로 한다. 당연히 이는 하나의 형상이 전적으로 제일 질료를 향한 본질적 지향성을 보편적으로 갖는지 여부와 그 이유에 대한 질문에도 적용된다.

17 I. q. 76 a. 5 corp. 유사한 내용에 대해서는 다음을 참조할 것. De malo q. 5 a. 5 corp.

formam, ex forma opportet rationem accipere quare materia sit talis, et non e converso) 이제 질료에 대해 필연적 관계를 갖는 인간 정신의 특성에 대해서 탐구할 것이다. 토마스는 먼저 "그것은 지적 실체들 중에서 최저의 등급을 차지한다."[18](infimum gradum in substantiis intellectualibus tenet)라고 확언한다. 이러한 비교를 통해 인간 정신은 이미 천사의 직관적 지성이라는 한계 관념에 대조적으로 드러난다. 생각할 수 있는 이러한 최저의 정신성은 다음과 같이 상세히 규정될 수 있을 것이다. "그것은(즉, 인간 정신은) 천사처럼 진리에 대한 주부적(注賦的) 지식을 본성적으로 갖고 있지 않다.[19] 그것은 마치도 우월한 지적 실체들이 가지고 있는 것처럼 본성적으로 주부적 가지상을 갖고 있지 않다.[20] 인간 영혼은 가능태에 있는 지성적 영혼이다."[21](non habet naturaliter sibi inditam notitiam veritatis sicut angeli; non habet intelligibiles species sibi naturaliter inditas sicut habent superiores substantiae intellectuales; anima humana intellectiva in potentia) 이러한 규정은 가능 지성의 본성에 대해서 논의된 것과 일치한다.

　　이러한 규정으로부터 토미스트적 결론을 이해할 수 있는 가능성을 처음부터 차단하지 않기 위해서 다음과 같은 것을 주의해야 한다. 즉, 256 »진리에 대한 주부적 지식을 자연적으로 갖는 것«(habere naturaliter sibi inditam notitiam veritatis), 다시 말해 »주부적 가지상을 자연적으로 갖는 것«(habere intelligibiles species sibi naturaliter inditas)은 임의의 어떠한 것에 대한 본유 관념이라는 식의 단순히 그 어떤 통상적 관

....

18　I. q. 76 a. 5 corp. 유사한 내용에 대해서는 다음을 참조할 것. de anima a. 8.
19　I. q. 76 a. 5 corp.
20　De anima a. 8 corp.
21　De malo q. 5 a. 5 corp.

점으로 이해하면 안 된다. 토마스에게 상은 우선 정신에 대한 존재론적 규정이다. 이 규정은 인식의 형상인으로서 인식 자체보다 선행한다.[22] 만일 상이 »본성적으로« 정신에 속한다면, 따라서 본질적으로 이 상이 자신의 존재 강도에 대해 영혼 자신으로부터 야기된 표현이어야 한다면, 정신에 대한 그러한 존재론적 규정으로서의 상은 인식의 형상적 원리가 될 수 있는 가능성을 갖고 있으면서 정신 자신의 존재 강도에 의존한다. 그러니까 상이 규정에 따라 형상적 인과 관계에 있는 임의의 어떠한 것에 대한 인식에 영향을 미칠 수 있다면, 정신은 이미 개념적으로 필히 자기 자신에 대해서 미리 파악한 것이다. 다시 말하자면, 그 자체만으로도 현실태의 가지 대상의 존재론적 근거가 되는 것은 180 필히 자신이 그 자체로 이미 현실태의 가지 대상, 즉 »천사«처럼 이미 언제나 자기 자신과 함께 있는 것이다. 따라서 우월한 지적 실체들에 대한 지칭은 이 본문에서 우연적인 것이 아니다. 모든 가지상이(그러므로 인식자가 자신을 파악할 수 있도록 하는 상, 즉 그 자체로 이미 가지 대상들의 현실태인 본질이)[23] 자신의 본질을 통해 인식자에게 [자연적으로(naturaliter)] 이미 그 자체로 제공된 것이 아니라면, 이 인식자 또한 그 자체로 이미 자기 자신에게 있는 것이 아니라 오히려 가능태에 있는 지성(intellectivum in potentia)일 뿐이다. 이것이 인간의 존재 등급에 대한 규정이다. 이제 이 규정으로부터 토마스는 어려움 없이 다음과 같은 결론을 내린다. "마땅히 감각을 통해 가지상을(진리에 대한 지식을) 모아야 한다. 마땅히 외부 사물로부터 감성의 매개를 통해 가지상을 수용해야 한다.[24] 감각을 통해 가지상을 수용해야 한다.[25] 가지상에 의해 앎

....

22 Vgl. z. B. De verit. q. 1 a. 1 corp.
23 Vgl. z. B. I. q. 87 a. 1 corp.
24 I. q. 76 a. 5 corp.

이 실현되기 때문이다."[26] [oportet quod eam (notitiam veritatis) colligat per viam sensus; oportet quod species intelligibiles a rebus exterioribus accipiat mediantibus potentiis sensitivis per sensus accipiat species intelligibiles quibus fit intelligens actu] 정신이 자신 또는 타자를 오로지 스

257 스로에게서 이미 언제나 의식적으로 소유하지 못한다면 »외부 사물로부터«(a rebus exterioribus) 자신의 인식을 수용적으로 받아들여야 한다는 점이 그 즉시 명백해진다. 그러나 토마스는 곧바로 타자를 감각적으로(sinnlich) 수용해야 한다는 필연성에 결론적으로 도달한다. 이 결론이 성급하거나 부당하지 않다면 수용적 감수(empfangende Hinnahme) 자체는 따라서 토마스에게는 개념적으로 필히 감각적이어야 한다. 개념적 필연성에 대해서는 이미 앞서 보여 주었기에 여기서 상세히 설명할 필요는 없다. 그러나 이러한 짧은 결론은 이 필연성이 토마스에게 얼마나 자명한지를 보여 준다. 나아가서 토마스는 인식자와는 다른 대상을 감각적으로 수용해야 한다는 필연성으로부터 정신적 원리가 질료적 감성과 실체적으로 일치해야 한다고 결론 내린다.[27] 그래서 정신이 자신의 인간적 특성에서 감성을 요청한다면, 정신은 형상인을 통해 이 감성을 스스로 산출해야 한다. 왜냐하면 정신은 그 자체로, 즉 감성과 함께할 경우에만 인식 능력자로 존재하고 또 그런 능력자로 생각될 수 있기 때문이다. 그러나 토마스가 이러한 맥락에서 말하듯이 "본성은 필요한 것에서 그 어떠한 것도 결여되어 있지 않다."[28] (natura autem nulli deest in necessariis) 그는 지성의 고유한 본질 실현으로서의 이러

....

25 De anima a. 8 corp.
26 De malo q. 5 a. 5 corp.
27 각주 8-10 본문을 참조할 것.
28 I. q. 76 a. 5 corp.

한 감성의 형상적 작용을 이제 명시적으로 다룬다.

육체와 영혼의 관계라는 문제 영역에서 비롯되어 지금까지 사용된 본문들에서 토마스가 인간 정신의 고유한 특성에서 감성의 필연성을 연역하였다는 점이 명백해졌다. 다른 한편으로 지성이 어떻게 자신에게 필요불가결한 감성에 연결되는지는 이 본문들에서 논의되지 않은 채 남아있다. 이 질문은 타자로부터 오는 능력의 기원에 관한 본문에서 명시적으로 다루어진다. 여기서는 감성이 지성으로부터 발출한다는 점이 분명히 논의된다. 반면에 이 본문들은 왜 지성이 감성을 자신으로부 181 터 발생시키는지에 대한 문제를 매우 일반적이고 형식적인 방식으로만 다룬다. 그래서 이 본문들은 방금 다루었던 일련의 본문들과 함께할 경우에만 이 절에서 우리가 다루고 있는 문제에 대한 토마스의 전체 사상을 제공한다.

3) 능력들의 상호 기원적 관계 및 실체적 근거(본성적 발산)에 대한 기원적 관계의 형식적 구조   *258*

다음의 것을 올바로 이해하기 위하여, 타자 및 정신 자체의 실체적 근거에 기인하는 한 능력의 기원에 대한 질문에서 작용인으로서 완성되고 완벽한 존재자와 이로부터 발출한 결과, 즉 존재자 자신에게 외적으로 남아 있는 결과(das Bewirkte) 사이의 관계가 주제는 아니라는 점을 처음부터 주의하여야 한다. 오히려 주제는 다양한 능력을 지닌 유일자로서의 개별적 본질 자체를 본연의 의미의 형이상학적 차원으로 구성하는 것이다. 따라서 이러한 일치는 단순히 결과와 이것이 발출하는 원인 간의 관계로 간주될 수 없고, 그 자체로 이미 구성된 능력의 부가적 결합으로 간주될 수도 없다. 토마스는 첫 번째의 것을 명백히 거부한다.[29] 두 번째의 것은 본질 규정에 대한 각각의 다양성에 대치한 본질 일치의 우선성을 말하는 토마스의 생각과는 처음부터 반대된다. "다수의 것들은 그 자체로 일치되지는 않기 때문이다."(non enim plura secundum se uniuntur) 그러므로 한 존재자를 본질적으로 구성하는 능력의 다수성이 일원론적으로 논박되지 않으려면, 일치되어야 하는 다수성이 자신에 앞서 언제나 이미 하나인 가운데 하나의 유일한 기원에서 발출하는 것으로서 간주될 때에야 비로소 이 다수성은 하나의 유일한 존재자의 다수성으로 이해될 것이다. 토마스는 이를 발출(origo, fluer, resultatio, emanatio)이라고 칭한다.[30] 발출은 작용인과 결국 우연히 외부에서 야기된 우발적 존재자의 규정 간의 더 이상 규정할 수 없는 중간으로 들어와 존립하게 된다. 작용인을 통한 결과(das Gewirkte)는 기원과는 다르며, 실제로 기원 자체를 지속적으로 규정할 필요도 없다.[31] 작용인은 단순한 본질 규정으로서, 이는 본질적으로 기원과 동일하기에 능력의 다수성에 근거를 제공하지는 않기 때문이다.[32] 그리고 결국 외부에서 생산된 우발적 존재자의 규정은[33] 능력을 실제로 기원과는 다른 것으로서 형식적으로 규정하고 기원과의 본질적 일치를 형성하지 않는다. 이는 영혼과 그 인식 능력들 간에, 그리고 이 인식 능력들 사이에서도 마찬가지이다.[34] 결과적으로 하나의 일치된 존재자에게 본

182
259

....

29 Vgl. I. q. 77 a. 6 ad 3; a. 7 ad 1; q. 77 a. 1 ad 5.

30 I. q. 77 a. 6; a. 7.

31 그렇지 않으면 어떠한 것이 동일한 관점에서 능동적 가능태이고 수동적 가능태일 것이다. 내재적 행위가 엄격한 의미에서 효과인(causalitas efficiens)이라고 간주되는 한, 이는 토마스가 내재적 행위에서도 거부하는 것이다.

32 토마스는 바로 우리의 질문에서 이것을 명확히 구분한다: De anima a. 12 ad 7; ad 8.

33 I. q. 77 a. 1 ad 5; a. 6 corp.

34 L. c.; De anima a. 12 ad 7; I. Sent. dist. 3 q. 4 a. 2 corp.: "이들은 영혼의 총체성에 관한 것이다."(sunt de integritate animae)

질적으로 함께 제공된 자기 본질의 전개가 문제가 된다. 본질은 가장 안쪽의 중심으로부터 나와 자신의 능력을 다수화하는 방향으로 전개된다.

추후의 숙고를 위해 여기서는 방금 논의된 것과 적절히 관련된 간략한 고찰만 소개될 것이다. 토마스가 본래적인 내재적 행위(actio immanens)는 작용인의 의미에서 가능하다고 생각한 것은 사실 옳다. 그러나 이는 존재자의 부분들의 다수성이 주어지고 이들이 서로 작용하여 생산된 규정이 결코 생산자의 규정이 아니라 다른 부분의 규정인 한에서만 그러하다.[35] 그러나 능력이 발출하는 경우 생산적 원리와 수용적 원리는 완전히 동일하다. 따라서 만일 토마스가『신학대전』제3부 'q. 32 a. 4 corp.' 그리고 'ad 3',『명제집 주해』제2권 'dist. 18 q. 1 a. 2 corp.',『명제집 주해』제3권 'dist. 3 q. 2 a. 1 corp.' 그리고 'ad 6',『형이상학』제7권 'lect. 8, n. 1442 a-h' 등의 본문에서 생산적 원리와 규정된 원리가 완전히 일치할 수 있다는 사실을 부정한다면, 그러한 진술은 발출(resultatio) 개념에 반대하여 사용된 것으로 간주되어서는 안 된다. 이는 실제로 일시적 효율성 자체의 의미에서 규정 생산을 위해서만 통용된다. 일시적 효율성에 대해서 여기서는 더 이상 다루지 않겠지만, 토마스도 이 효율성이 살아 있는 존재의 통상적인 내재적 행위에서 여전히 작동하고 있다고 본다. 따라서 감수자(das Leidende) 자신으로부터 생산된 것의 발출이 일시적 행위에(즉, 작용인 자체에) 언제나 내적으로 필히 속한다는 사실이 나중에 밝혀진다면, 비록 이 경우 발출자가 »감수자«로부터 반드시 발출하지는 않더라도, 위에 인용된 본문이 이 견해에 반대되는 사례라고 볼 수는 없다. »감수자«의 »수동성«(Passivi-

....

35 Vgl. I-II. q. 9 a. 3 corp. und ad 1; II-II. q. 59 a. 3 corp. 시작 부분; De malo q. 2 a. 11 ad 8; q. 6 a. 1 ad 20 usw.

260 tät)은 »감수한 것«(das Erlittene)이 감수자 자신에게서 발출한다는 사실을 배제하지 않는다. 일반적으로 토마스가 유일하게 다루었던 작용인의 의미에서 행위(actio)와 발출의 관계는 토마스에게서 거의 밝혀지지 않았다는 주장은 물론 옳다. 그는 거의 항상 한 사물이 다른 사물에 인과적으로 영향을 미친다는 사실에서 출발하며, 이로부터 부가적으로, 183 그리고 거의 매우 부정적으로 발출 개념을 규정하기 때문에, 종종 발출의 기원 지점이 단지 수동 원리(principium passivum)로 드러나는 것은 놀랍지도 않다. 이러한 규정으로 토마스가 발출의 의미에서 이 수동적 원리에 행위를 인정하지 않으려 하였다고 결론을 연역할 수는 없을지라도 말이다. 일시적 행위(actio transiens)를 존재자가 발출을 통해 결여된 방식으로 자기 수행을 하였다고 이해하는 더 기원적이고 진정한 형이상학적 고찰은 거의 표현되지 않는다.[36] 그럼에도 불구하고 『신학대전』 제3부 'q. 32 a 4 corp.' 등의 본문에서 발출에 대한 의심의 여지 없는 토미스트적 이해를 파괴하는 결론을 연역하는 것은 전적으로 잘못된 것이다. 곧, 더 자세히 설명될 발출 개념은 토마스가 그러한 것으로서 기원적 능동 원리(principium fontale activum)인 수용 원리(principium susceptivum)를(따라서 수동 원리를) 알고 있다는 사실을 보여 준다. 그래서 만일 토마스가 어떠한 것을 단순히 수동 원리라고 설명한다면, (제일 질료의 명백한 »예외«를 도외시하더라도) 이로써 발출의 의미에서의 자기 규정이라는 능동적 생산 행위가 이러한 »수동적« 원리로부터 제외되어야 한다는 점이 아직 확정된 것은 아니다. 능동적 인과성은 개념과 단어가 물리학의 작용적이고 일시적인 인과성을 지향하는 인과 관계의 의미에서만 그러한 수동 원리로부터 제외된다.

....

36 예를 들어 S.c.g. IV 11과 같다.

이 중간 고찰 후에는 발출 개념 자체가 계속 설명될 것이다. 능력은 실체적 근거로부터 발출한다. 이 개념에서 존재자의 본질적 핵심과 이로부터 발출되는 능력들 간의 관계가―이 관계는 오로지 변증법적으로만 파악될 수 있다―결과로 연역된다. 이러한 실체적 중심은[즉, 본질(essentia), 상의 원리들(principia speciei)은] 발출하도록 하는 기원이자 동시에 수용적 기원이다. 실체적 중심은 발출하게 하는 기원이다. 토마스는 본질을 능력들의 »원리«(principium)라고 칭한다.[37] 그는 원 *261* 리라는 단어를 나감(Ausgang)의 출처(Woraus)라고 설명하고,[38] »기원«(origo)에 대한 지칭이 그 본질적 의미라고 강조한다.[39] 그는 »원천적 원리«[40](fontale principium)라는 단어를 알고 있다. 이 단어는 이러한 맥락에서 사용될 수도 있다.[41] 이 기원은 발출하게 하는 기원, 즉 '능 184 동적 원리'(principium activum)이며[42] 뿌리(radix)로서[43] 이 기원으로부터 능력이 »흘러나온다«[44](entfließen). 기원은 원인이자[45] 생산적인 것

....

37 I. q. 77 a. 6 corp.; De malo q. 4 a. 4 ad 6 usw.

38 I. q. 33 a. l corp. 이에 따라 능력들의 기원은 »발출 행위«(procedere)이다.

39 I. q. 33 a. l ad 3. 이에 따라 영혼은 가능태들의 기원(origo potentiarum)이다: IV. Sent. dist. 44 q. 3 a. 3 sol. l corp.

40 II-II. q. 26 a. 3 corp.; S.c.g. I 68.

41 위의 115ff를 참조할 것. "가능태들은 자신의 본질에서 파생된다."(potentiae derivantur ab eius essentia)

42 I. q. 77 a. 7 corp.; a. 6 ad 2.

43 De verit. q. 14 a. 5 corp.; De virtut. q. l a. 4 ad 3; Compend. theol. c. 89 (radicantur); II. q. 37 a. l corp.; q. 77 a. 1 corp.; III. q. 46 a. 7 corp. 결론 부분; De verit. q. 26 a. 3 corp.; a. 9 corp.; De malo q. 3 a. 9 corp.; De anima a. 4 ad 1; a. 11 corp. 결론 부분; Quodl. 11 a. 5 corp.

44 De verit. q. I4 a. 5 corp.; q. 25 a. 3 ad 2; a. 6 ad 1; De spir. creat. a. 2 ad 5; De anima a. 11 ad 17; I. q. 77 a. 7 ad 1; I-II. q. 110 a 4 ad l; III. q. 62 a. 2 corp.; q. 89 a. l corp.; III. Sent. dist. 27 q. 2 a. 4 sol. 3 ad 2; IV. Sent. dist I q. 1 a. 4 sol. 5 corp.; IV. Sent. dist. 17 q. 1 a. l sol. 1 ad 3.

45 I. q. 77 a. 6 ad 2 und corp.; I. q. 77 a. l ad 5: "그것은 상의 본질적 원리들로부터 발생

(productivum)으로서[46] 능력을 능동적으로 생산한다. 발출 허용자(das Entspringenlassende)는 발출자(das Entspringende)를 어떻게든 이미 자기 자신과 함께(bei sich selbst) 소유하여야 한다.[47] 즉, 그것은 »현실태인 한«[48](inquantum est actu) 기원이며, 그 자체로 발출자보다 »더욱 완벽하다«[49](perfectius). 따라서 피발출자(das Entsprungene, originatum)는[50] 자신의 기원적 특성을 (비록 축소된 방식일지라도) 자신과 함께 담지할 수 있다는 것이 설명된다.[51] 기원은 여전히 발출자의 목적(finis)이며[52] 자신의 발출을 허용할 때에야 자기 자신을 의미한다. 기원은 자기 자신이 되기 위하여 자신의 능력으로 흘러나간다. 왜냐하면 여기서 문제가 되는 것은 산출 행위(Hervorbringen)가 산출자(das Hervorbringende)를 완수된 것으로 이미 전제하는 분리된 타자의 산출 행위가 아니라, 오히려 기원 자체가 목적에 도달하는 행위(Zu-ende-Kommen), 즉 자기 고유의 본질로 전개하는 행위이기 때문이다[53](ad completionem subjecti). 이로써 발출을 허용하는 기원은 수용적 기원, 즉 수용적 원리로[54] 드러난다. 수용적 기원으로서의 기원은 발출자를 자신의 완성으로서 받아들이지만, 자신에게 담지된 피발출자 없이는 더 불완전하

....

한다.”(ex principiis essentialibus speciei causatur)

46 I. q. 77 a. 6 corp.

47 IV. Sent. dist. 44 q. 3 a. 3 sol. 1 corp.: “기원에서처럼 원리가 원리들에 의해서 정초되는 방식으로”(Ut in radice per modum quo principiata sunt in principiis suis)

48 I. q. 77 a. 6 corp.

49 I. q. 77 a. 7 corp. und ad 3.

50 I. Sent. dist. 3 q. 4 a. 2 corp.

51 II. Sent. dist. 24 q. 1 a. 2 corp.

52 I. q. 77 a. 6 ad 2; a. 7 corp.; De anima a. 13 ad 7.

53 I. q. 77 a. 6 corp.

54 I. q. 77 a. 6 corp. und ad 2; a. 7 corp.

기에 발출되는 것에 대해 가능태로서 관련을 맺을 것이고,[55] 더 불완전한 단계를 통해서만 자신의 완성으로 성장할 것이다.

이러한 발출을 허용하는 기원이자 동시에 수용하는 기원인 형상은 이제 단순히 본질의 실체적 근거로서만 능력 자체와 관계되는 것은 아니다. 다수의 능력이 하나의 본질 근거에서 흘러나오는 경우 자신의 중심점으로부터 자기 능력의 다수성으로 향하는 본질의 이러한 전개는 185 특정한 »질서«(ordo) 안에서 실행된다. 즉, "하나로부터 다수로의 과정은 특정 질서를 통해 이루어진다."[56](Ordine quodam ab uno in multitudinem proceditur) 한 존재자의 가장 본질적인 기원이 하나인 것처럼 존재자는 자신의 완성, 즉 자신의 목적에서도 하나이다. 따라서 능력이 발출되도록 하는 것은 하나의 기원에서 선취된 이러한 하나의 목표를 향하여 발생한다. 이 목표에서 기원은 자신의 종점에 도달한다. 따라서 기원으로부터 발출하는 능력의 다수성은 목표를 향하는 한 운동의 부분적 계기들의 다수성으로만 생각될 수 있다. 이 목적은 모든 발출자에게 이 운동을 통해 자신의 특정한 장소를 지정한다.[57] 지금 이러한 부분 운동의 질서와 관련한 그 형식적 도식은 토마스에 따르면 다음과 같다. 즉, 발출을 허용하는 기원의 관점에서 보면 기원들의 일련 순서는 더 완전한 발출자의 발출 행위에서 시작하여 덜 완전한 발출자에게서 끝 263 난다. 하지만 수용적 기원의 관점에서 보면 이 일련 순서는 그 반대이

....

55 I. q. 77 a. 6 corp. vgl. a. 7 corp.

56 I. q. 77 a. 4 corp.

57 기원이 능동적 능력으로[토마스 자신도 이를 능동적 원리(principium productivum), 능동적인 것(activum), 원인(causa)으로 칭한다] 간주될 수 있기에 여기서도 다음과 같은 것이 적용된다: "한 사람의 가능태들은 종속된 것이 아니라면 동시에 다수의 현실태로 존재할 수 없다."(unius potentiae non possunt simul esse) (우리는 여기서 한 본질의 형이상학적 구성의 동시성을 갖는다) Vgl. I. q. 58 a. 7 ad 2; q. 62 a. 7 ad 3 usw.

다. 즉, 기원은 우선 덜 완전한 것을 자신 안으로 수용하고, 그 후에야 더 완전한 것을 수용한다.[58] 따라서 첫 번째 피발출자는 자신의 기원과 일치하기에 (그리고 이로써 하나의 기원은 발출을 허용하는 기원 또는 수용적 기원으로 고찰될 수 있다는 동일한 관점에서) 두 번째 발출자 등의 기원이라는 사실은 자명하다. 그래서 하나의 능력은 타자로부터 흘러나온다. 기원과 발출자 간의 관계는 능력들 사이에서도 방금 설명한 방식으로 지배된다.[59]

만일 우리가 토마스가 보는 것처럼 이전의 탐구에 따라 운동의 형이상학적 관계로 돌아간다면, 이러한 관계, 특히 기원의 일련 순서가 독특하게 역전되는 것과 관련된 것은 더욱 명확해진다. 엄밀한 의미에서 지금 운동이(즉, 물질 자체의 시간 형성 운동이) 문제가 되지 않는다 하더라도, 운동 개념은 우리의 경우처럼 시작(principium)과 목적(finis), 능동(agens)과 수동(patiens), 그리고 실제로 다양한 것이 문제가 되는 곳 어디서나 넓은 의미에서 적용될 수 있다.[60] 토미스트 운동 개념에 대한 이러한 고찰을 통해, 모든 부분 운동에서 동자(das Sichbewegende)가 운동의 최후 목적에 대해 선취한다는 사실이, 또 선취할 때 이 목표를 언제나 이미 자신 안에 담지함으로써 운동이 일어난다는 사실이 드러났다. 따라서 토마스에 따르면, 발출을 허용하는 기원이 자신의 완성을 향하여 나아가고, 가장 완벽한 능력을 향한 이 운동을 통해 더 낮은 능력을 생산함으로써 발출 행위를 전적으로 생산하는 한, 발출을 허용

....

58 I. q. 77 a. 7 corp.
59 1. c.
60 따라서 수량의 변화는(이는 정신에 대한 능력들처럼 육체적 실체와 유사한 관계이다) 하나의 운동(motus)이다: I. Sent. dist. 17 q. 2 a. 1 ad 3. 토마스는 본질에 수반된 운동을 알고 있다(Thomas Kennt einen motus secundum quodcumque adhaerens essentiae): De virtut. a. II ad 3.

하는 기원이 어떻게 자신의 가장 완전한 능력을 먼저 발출하도록 하는지 이해된다. 이러한 의미에서 더 높은 능력은 우선 피발출자일 수 있고 그 자신은 낮은 능력의 기원일 수 있다. 여기서 수용적 기원으로서 264의 동일한 기원이 우선 낮은 능력이고 그 연후에야 비로소 그것을 통해 더 높은 능력을 수용한다는 진술은 다른 진술들과 모순되지 않는다.

토마스는 종종 두 가지 사물이 서로 존재의 기원이 되는 유사한 경우에 작용인(causa efficiens)과 목적인(causa finalis)을 구분하기도 한다.[61] 그러나 목적과 목표가 기원이 될 수 있기 위해서 생산하는 기원에 이미 주어져야 하는 한[62] — 행위는 어떻게든 가능태 자체에 있기 때문에[63](nam in ipsa potentia quodammodo est actus) — 작용인과 목적인 간의 관계에 근거한 능력들 간의 기원 관계에 대한 설명은 우리가 방금 운동 개념으로부터 발전시켰던 것과 동일한 결과에 도달할 것이다. 능력들 간의 이러한 전체적인 기원 관계는 인간 현존재의 시작과 함께 전개되었다가 사멸하는 일회적 과정으로 간주될 수 없다는 것은 자명하다. 오히려 능력들은 실체적 근거로부터, 그리고 서로에게서 발출하는 이러한 관계 속에서 끊임없이 자신을 유지한다. 이는 토마스가 기원에 대해서 언제나 현재 시제로 말한다는 사실 하나만으로도 이미 드러난다. 다시 말해, 그의 모든 숙고가 보여 주듯, 그는 자연적 발출(naturalis resultatio)에 대하여 논의할 때 정신의 영구적이자 »현재의« 구성을 이해하려고 하였지 자기 현존재의 특정한 역사적 계기를 이해하려

....

61 I-II. q. 33 a. 4 ad 2.; II. Sent. dist. 36 q. 1 a. 3 ad 2; IV. Sent. dist. 17 q. 1 a. 4 sol. 1 corp.; De verit. q. 28 a. 7 corp.; De virtut. q. 1 a. 12 ad 5; V. Metaph. lect. 2, n. 775.
62 I-II. q. 1 a. 1 ad 1 ; De pot. q. 5 a. 1 corp. 목적에 대한 »지향적«(intentionales) 선취는 자신의 존재론적인 것을, 즉 자신의 목적을 향한 능력의 존재론적 지향성을 전제한다. 이 지향성은 목적을 인식하면서 선취하는 가능성의 조건이다.
63 I-II. q. 27 a. 3 corp.

고 한 것은 아니다. 나아가서 토마스는 이러한 자연 발출에서 한 능력이 또 다른 능력을 지속적으로 자신의 영향하에 둘 수 있는[다른 가능한 것들을 움직이는(alias potentias movere)] 가능성의 조건을 보았다.[64] 만일 능력들의 기원이 일회적이고 일시적인 사건을 뜻한다면 이는 무의미하였을 것이다. 인간 정신은 지속적으로 자신의 능력들을 발출하는 가운데 오로지 그렇게 실존한다. 실체를 통해 지속적으로 존재하게끔 유지되는 수량(quantitas)에 대비되는 실체의 기능에 대한 고찰에서도 동일한 결과가 연역될 것이다.[65] 왜냐하면 이 기능은 토마스 자신에 의해 능력들의 기원과 평행을 이루기 때문이다.[66]

4) 지성과 감성 간의 특징적 기원 관계

지금까지 본질의 형이상학적 구성이 본질의 실체적 근거에서, 그리고 서로에게서 오는 자기 능력의 기원에 의한 것이라고 일반적이자 형식적으로 말한 것은 이제 지성과 감성의 관계에 적용될 수 있다.

우선 다음과 같이 간단히 말할 수 있을 것이다. 즉, 지성은 감성이 발출하도록 허용하는 기원이며, 감성은 지성의 수용적 기원이다. "자연적 기원에 따라 감각은 특정한 방식으로 지성에서 온다. 영혼은 감각적 능력을 갖고 있는 한 주체로, 그리고 어떤 면에서는 지성과 관련하여 물질로 간주된다."[67](Sensus secundum naturalem originem quodammo-
....

64 De verit. q. 14 a. 5 corp.

65 Vgl. S.c.g. IV 65; III. q. 77 a. I corp. usw.

66 I. q. 77 a. 7 ad 2.

67 I. q. 77 a. 7 corp. - I. Sent. dist. 3 q. 4 a. 3에서는 감성과 정신의 관계가 오직 수용된 기원의 관점에서 고찰되기 때문에 여기서는 감성적 기원의 상대적 우선성만 강조된다. De anima a. 13 ad 7에서는 발출을 허용하는 기원의 관계에서 고찰되기 때문에 능력의 발출에

do est ab intellectu; anima secundum quod habet potentiam sensitivam, consideratur sicut subjectum et materiale quoddam respectu intellectus)
방금 인용한 논고에서 토마스는 방금 설명하였던 능력들의 기원 관계를 사유 행위와 감성의 관계에 적용하는 근거가 오로지 다음과 같은 형식적 명제에만 있다고 본다. 즉, 감성은 사유 행위를 위하여 있고 사유 행위와 비교하면 덜 완전하다. 이러한 정당화가 매우 일반적이고 형식적이라고 할지라도, 토마스에 따르면 서로에게서 오는 감성과 사유 행위의 기원이 어떻게 이해될 수 있는지 명확하고 충분히 드러난다.

우선 이미 논의된 것에서 보면 다음과 같은 것이 명확하다. 즉, 실체적 근거에서 오는 능력들의 발출은 오로지 하나로만 생각할 수 있기에 여러 능력의 발출은(다시 말해서 우리의 지성과 감성의 경우에는) 인간 정신의 형이상학적 자기실현을 위한 한 운동의 부분 운동들로만 이해될 수 있다. 그러므로 이러한 하나의 운동은 인간 정신의 완성을 향하여 266 있다. 그래서 이 운동은 자기 구성의 최종 목적을 향하여, 즉 그 안에 가장 완전한 것을 향하여 간다. 토마스는 이것을 지성이라고 보았다. 지성을 통해 하나의 인간 인식 행위는 자신의 충만한 구성에 도달한다.

토마스는 왜 지성이 감성보다 더 완전한 것이라고 볼까? 이 질문에 188 대한 답은 토마스가 보는 능력들의 질서에 대한 이해 여부를 규정한다. 그는 능력들의 기원 관계에 대한 질문과 관련하여 이 전제로 더 이상 들어가지 않는다.[68] 그러므로 우리는 그가 고려하는 다른 사항에서 이 질문을 명확히 해야 한다. 우선 이는 마치 우리의 이전 고찰들이 다른 방향을 가리키는 것처럼 보인다. 인식 행위는 일단 직관이다. 그러나

....

서 정신의 우선성이 명시된다.

68 I. q. 77 a. 4 corp.; a. 7 corp.

토마스에게 감성은 직관의 유일한 인간 능력이다. 그렇다면 사유 행위는 오히려 감성의 보조 능력이고, 따라서 덜 완전한 것으로서 그 자체로 »맹목적인 것«이기에 감성으로부터 발출하는 것인가? 그러나 이러한 고찰이 질문을 규정하지는 않는다. 왜냐하면 지성이 감성을 자신의 직관으로서 자신에게서 발출하도록 허용할 수 있다면 본연의 의미에서 지성은 »그 자체로 맹목적«이지 않기 때문이다. 그러나 토마스에게는 감성에 비해 사유 행위가 더욱 큰 존재 강도를 갖고 있다는 점에서 다음과 같은 것이 결정적이다. 즉, 인식 행위는 본질적으로 피인식자와의 동일성을 통해 피인식자를 자신과 함께 소유하는 행위이다(Beisich-selbsthaben des Erkannten). "사물에 대한 앎은 이들이 인식자 안에 존재하는 한 소유된다."[69](scientia habetur de rebus secundum quod sunt in sciente) 따라서 인식 능력의 완성은 그러한 자신과 함께 소유하는 행위(Beisichhabens)의 가능성(범위)의 정도에 따라 측정된다. "그래서 지성적 활동의 고귀함은 지성의 정도에 달려 있다."[70](et ideo nobilitas operationis intellectualis attenditur secundum mensuram intellectus) 이제 토마스에 따르면 (최소한 선취에서 일어나는 한에서) 지성의 범위는 시간과 공간의 지평 안에 수적 원리의 존재자(ens principium numeri)로 국한되는 상상력의 영역을 넘어선다는 점이 이미 밝혀졌다. 따라

267 서 지성은 토마스에게는 감성보다 »더 완전한 것«이다. 만일 정신의 비질료성과 감성의 질료성에서 동일한 결론이 연역된다면 그것은 동일한 사유 행위의 또 다른 변형일 뿐이다. 왜냐하면 인식 능력의 질료성은 결국 더 낮은 존재 강도 수준을 말하기 때문이다. 그 이유는 질료성

....

69 Vgl. I. q. 19 a. 3 ad 6. 유사한 내용에 대해서는 다음을 참조할 것: I. q. 19 a. 6 ad 2; q. 82 a. 3 corp. usw.

70 II-II. q. 23 a. 6 ad l.

이 존재 행위인 인식 행위를 상상력의 공간으로 제약하고 인식하는 존재 행위를 질료적 타자에 넘겨 줌으로써 자기 자신에게로 오도록 하지 않는 데 있다. 귀환(reditio) 가능성과 그 가능성의 척도 또한 한 본질과 그 능력들의 존재 강도의 형이상학적 척도이기 때문이다.[71]

이러한 전제하에 이제 두 가지 능력 간의 관계에 대한 일반 원칙들이 인간의 정신과 감성에 적용될 것이다. 인간의 인식 행위를 구성하는 저 모든 규정과 능력들의 실체적 근거는 그 자체로 실현되고 있기에 '자신과 함께 있는 행위'를 지향한다. 이로써 실체적 근거는 자신의 목적과 목표, 즉 '자신과 함께 있는 행위'의 완성된 가능성을 향하여 나아가는(완성된 자기 구성을 향한 단일한 진행인) 하나의 유일한 발출 행위가 가능하도록 허용하는 원천이다. '자신과 함께 있는 행위'의 이 완성된 가능성이 (하나로서의 가능성과 능동성인) 지성이라고 불리기 때문에, 이 지성은 발출을 허용하는 원천에서 나오는 첫 발출자이다. 이 발출자는 하나의 발출 행위의 목적과 목표로서 전적인 발출 행위를 지향하고 유지한다. 이러한 '자신과 함께 있는 행위'가 자신의 단순한 가능성에서 (가능 지성으로) 오는 한, 완성된 가능성인 '자신과 함께 있는 행위'는 실체적 근거가 지성을 향하여 나아갈 때 타자에 대한 수용적 직관 능력을, 즉 감성을 기원적으로 생산할 때에만 구성될 수 있다. 직관은 첫 번째 전제, 즉 인식 자체의 첫 본질적 특성이기에, 감성은 수용적 원천으로 받아들여지는 첫 번째의 것이다. 감성 형성은 이중의 과정으로 이루어진다. 실현적 근거(der subsistierende Grund)는 질료적 타자와 함께 일치하여 존재자가 된다. 즉, 영혼은 육체의 형상이다(anima forma corporis). 실현적 근거는 정신과 질료의 이러한 실체적 일치를 통해 좁

....

71 Vgl. S.c.g. IV 11 usw.

268 은 의미의 능력으로서 감성을 형성한다. 토마스가 『신학대전』 제I부 'q. 77 a. 7'에서 능력들 간의 관계에만 연관된 제한된 질문을 제기하였기 때문에 수용적 직관 형성의 첫 단계, 즉 정신과 질료의 실체적 일치는 명시적으로 논의되지 않았다. 그러나 그가 실체적 일치를 지성 행위의 본질을 근거로 요청되는 것으로 간주한다는 점은 이미 입증되었고, 그에 따라 감각 능력이 본질적으로 질료적 능력인 한, 실체적 일치는 본고에서도 암묵적으로 동시에 긍정되었다. 그래서 원천이 자신의 완성된 자신과-함께-있을 수-있음(Bei-sich-seinKönnen)으로서의 지성 행위로 나아갈 때 감성이 발출하도록 하였다면, 그리고 (원천이 자신과 자신의 존재 행위를 질료에 실체적으로 나누어 주고 능력으로서의 감성을 이러한 실체적 일치의 전체로 수용하는 한) 이 감성을 자기 자신으로 수용하였다면, 능력으로서의 지성은 감성 자체와 함께 수용자로서의 기원으로 받아들여질 수 있다. 따라서 지성은 이미 감각적이 된 원천이 자신 안으로 수용하는 두 번째의 것이다. 왜냐하면 지성은 원천의 고유한 완성이기 때문이다.

4. 표상으로의 전회인 감성의 기원

얻어진 결과에 비추어 보면 지성에서 비롯된 감성의 기원은 규정적 190
표상으로의 전회로 이해될 수 있고, 따라서 지금까지의 결과는 더 상세
하게 전개될 수 있다. 그러나 그전에 몇 가지 보충 사항을 마지막 절에
추가해야 할 것이다.

실체적이고 정신적인 근거는 자기 고유의 구성 과정 중에 자신의
감성을 형성하여, 이러한 정신화(Geistwerden) 과정 중에 자신의 능력
들 중 첫 번째 것으로 자신 안으로 수용한다. 감성은 오직 특정하고 좁
은 의미에서만 개별적인 외적 대상에 대하여 »수동적«이고 타자 안에
존재하기에 이미 그 자체로 세계를 소유(Welthabe)한다는 사실이 감성
에 관한 장에서 이미 밝혀졌다. 이제 이 감성이 정신에서 발출하는 것
으로 드러난다면, 즉 감성이 자신의 능동 원리인 정신에 의해 산출된
것으로 드러난다면, 이로써 정신은 자신으로부터 산출되어 언제나 이 269

미 자신에게 있는 것인 세계를 소유한다는 것을 뜻한다. 정신 자체는 감성이 발출하도록 함으로써 세계에 대한 접근을 능동적으로 개방하고 지평을 스스로 형성한다. 이 지평의 한계 내에서 개별적이고 감각적인 대상이 언제나 이미 개방적인 정신을 만날 수 있다. 토마스 자신은 "영혼에서 사물로 향하는 움직임"에 대해서 논의한다. 이 운동은 "정신이 열등한 힘들을 지배하고 그래서 개별적인 것들과 섞이는 한, 정신에서 시작하여 감각적인 부분으로 진행한다."[1](motus qui est ab anima ad res, incipit a mente et procedit in partem sensitivam prout mens regit inferiores vires et sic singularibus se immiscet) »지배하는 한«(prout… regit)이라는 표현 때문에 야기되는 본문 경시를 피하기 위하여, 토마스가 이러한 지배함(regere)이[즉, 움직임(movere)이] 인도자(das Leitende)로부터 인도된 것(das Geleitete)의 지속적 발출 행위에 그 근거를 둔다고 간주한다는 사실에 주목해야 한다.[2] 그래서 감성은 인간의 고유한 특성인 정신 자체의 직관 능력이다.

감성은 정신적 근거에서 발출하기 때문에, 그리고 사실 정신적 근거가 자신의 고유한 목적과 목표를 향하여 전개하기 때문에[감각 대상(sensibile)은 인간 영혼의 특유한 목적(finis praecipuus)인 가지 대상을 향해 질서 지워졌다(ordinatur ad intelligibile)],[3] 인간의 감성은 자신의 기원과 목적 사이에 영구적으로 놓여 있다. 그리고 이 기원과 목적으로 말미암아 정신적 각인을 그 자체로 지닌다. "한 가지 선행하는 능력의 덕은 뒤따르는 덕에 남겨진다."[4](Virtus unius potentiae praecedentis

....

1 De verit. q. 10 a. 5 corp.
2 De verit. q. 14 a. 5 corp.
3 De anima a. 13 ad 7.
4 II. Sent. dist. 24 q. 1 a. 2 corp.

relinquitur in subsequenti) "그러나 타자로부터 발생한 것은 그것으로 부터 형상과 상을 가져온다."[5](Illud autem quod ab alio oritur, formam et speciem ab eo trahit) 그러므로 인간의 감성은 "지성에 대한 일종의 결여된 참여"[6](quaedam deficiens participatio intellectus)이다. 다시 말해서 감성은 사실 무엇보다도 실제적 참여이지만, 이는 감성 자체가 구속력이 없는 감성과 정신 간의 추가적 비교의 의미인 것도, 이 두 가지를 어떻게든 하나의 정식(Formel)으로 이끄는 양자 간의 추가적인 비교의 의미인 것도 아니다. 오히려 이는 감성이 본질적으로 자신의 기원의 법칙, 즉 정신의 지배하에 있다는 의미이다. 감성이 단지 결여된 참여(deficiens participatio)일 뿐이라는 사실은 기본적으로 인간 정신 자체의 특수성을 나타내는 지표일 뿐이다. 이 정신은 타자로부터, 그러므로 질료로부터 와야 하며, 따라서 시공간의 유한성을 넘어가지 않는 감성으로 들어와야 한다. 감성의 이러한 정신성에 대해서는 나중에 "감각 191 *270* 적 사고력"이라는 제하에서 논의될 것이다. 토마스 자신도 『신학대전』 제I부 'q. 77 a. 7 corp.'에서 이 사실을 정신으로부터 오는 감성의 기원에 연결하기 때문에, 여기서 이에 대하여 논의되었다.

지성에서 오는 감성의 이러한 기원은 이제 진정한 '표상으로의 전회'로 더욱 분명하게 이해될 수 있다. 이를 위해서는 이전의 문제 제기를 다시 한번 반복해야 한다. '표상으로의 전회'는 무엇을 의미하는가? 이 용어는 지적 보편성이, 즉 가지상이 엄격한 의미에서 감각적으로 알려진 것을 통해, 그리고 이것에서만(in und an dem sinnlich Gewußten), 따라서 이것을 향한 전회를 통해서만 알려질 수 있다는 사실을 말한다.

....

5 II. Sent. dist. 26 q. l a. 4 ad 5.
6 I. q. 77 a. 7 corp.

»가지 대상«은 엄격한 의미에서 능동 지성의 조명, 즉 정신 자체의 선험적 구조라는 사실이 이미 밝혀졌다. 여기서 이러한 선험적 구조는 감각적으로 알려진 것의 »형상«(forma)으로 의식된다. 따라서 '표상으로의 전회'는 능동 지성의 빛에 의한 표상에 대한 조명(illustratio phantasmatis per lumen intellectus agentis) 외에 다른 것이 아니다. '표상으로의 전회'와 '추상'은 단일 과정의 계기들이며 상호 우선적인 불가분의 관계에 있다. 표상 »안으로«(in) 능동 지성의 조명이 »들어갈«(Eingehen) 때에만 추상이 생각될 수 있는 한, 전회는 논리적으로 추상 이전에 있다. 전회가 의식적인 정신적 과정으로서 하나의 정신적 인식인 한, 즉 추상을 이미 전제하는 한, 추상은 이미 전회에 선행한다. 따라서 추상의 문제와 추상 작업을 수행하는 완전한 회귀의 문제가 표상으로의 전회에 대한 질문으로 전환되었다는 사실은 놀랍지 않았다. 둘 다 정신과 감성의 관계에 대한 이해를 요구한다. 지금까지 이것은 정신에서 비롯한 감성의 발출 행위를 통해 구성된 것으로 정의되었다. 여기서 정신은 발출 행위 안에 상존하는 것으로, 그리고 발출 행위의 고유한 능력으로 간주된다. 이로써 능동 지성의 빛에 의한 표상에 대한 조명으로서 추상과 완전한 회귀를 수행하는 표상으로의 전회 가능성 또한 이미 근본적으로 이해되었는가?

271   ## 1) 표상으로의 전회로서의 감성의 내적 형성

이 질문에 대답하기 전에 우선 토마스는 표상으로의 전회가 능동 지성의 빛에 의한 표상에 대한 조명과 사실상 같은 과정이라고 간주한다는 점을 이전보다 더 명시적이고 직접으로 보여 주어야 한다. 우리는 표상으로의 전회가 정신적인 파악 행위 자체를 위한 가능성의 조건

이고, 따라서 이러한 파악 행위에 논리적으로 선행한다는 사실에서 출발한다. "영혼은 표상 없이는 이해할 수 없다."[7](Anima non potest intelligere sine phantasmate) 이는 단지 앎의 첫 번째 획득에서만이 아니라 이미 획득된 통찰의 모든 실제적인 의식적 소유 행위(Bewußthaben)에서도 통용된다.[8] 따라서 표상으로의 전회는 바로 인간적인 지적 행위의 본질 정의에 속한다.[9] 전회가 지성에, 즉 보편적인 것을 파악하는 데, 다시 말해 추상에 부가적인 것이 아니라는 점은 매우 자명하다. 즉, 전회는 지성에 본질적 계기이고 지성의 정의에 속한다. 대상으로의 »전회«(Zuwendung)가 대상을 »보는 행위«(Sehen)와 구분될 수 있는 한, 전회는 보편적인 것을 파악하는 것에 선행한다. 따라서 표상으로의 전회를 통해 보편적 파악을 하는 행위는 단일한 과정으로서, 토마스는 기꺼이 이를 »표상 안에서 가지상을(즉, 보편적인 것을) 통찰하는 행위«(inspicere species intelligibiles in phantasmatibus)라고 특징짓는다.[10] 어쨌든 보편적인 것을 인식하는 것 자체와 전회는 사실상 일치한다는 것은 매우 명확하다. 그러나 추상 행위로서의 추상이 추상된 보편적인 것에 대한 인식에 특정 방식으로 선행하는 것으로 생각될 수 있는 한, 전회는 추상 자체와 사실상 일치한다는 점이 더 드러난다. 이러한 의미에서 추상은 능동 지성의 조명을 통해 표상에 대한 »정보«(Information)의 양식으로 우리에게 드러났기에, 표상에서 이 빛은 가능 지성에 가시적이 되고, 그래서 가능 지성은 이 빛을 통해 감각적인 내용을 보편적인

192

....

7   III. de anima lect. 12, n. 772.

8   De anima a. 15 corp.

9   I. Sent. dist. 3 q. 4 a. 3 corp.

10   I. q. 86 a. 1 corp.; I-II. q. 113 a. 7 ad 5; II-II. q. 180 a. 5 ad 2; III. q. 11 a. 2 ad 1; S.c.g. II 73; In Boeth. de Trio. q. 6 a. 2 ad 5 usw.

것으로 파악할 수 있다. 왜냐하면 이 빛은 정신의 실재성(actualitas)으 *272*
로서 선취를 통해―지성은 선취를 통해 감각적으로 제공된 모든 개별
적 존재자를 제한된 것으로 경험한다―파악한 존재 행위 자체를 향한
자신의 지향성(Ausgerichtetheit) 외에 다른 것이 아니기 때문이다. 이제
토마스 자신은 이러한 추상을 »표상을 향한 능동 지성의 전회«[11](con-
versio intellectus agentis super phantasmata)라고 칭한다. 이로부터 보
편자에 대한 앎이 발생한다. 이로써 토마스 자신은 추상 과정을 '표상
으로의 전회'라고 부른다. 이것은 단순히 현실적으로 두 가지 다른 전
회를 나타내는 단어들의 동일성에 대한 문제가 아니다. 왜냐하면 둘 다
(즉, 표상으로의 전회와 표상을 향한 능동 지성의 전회) 가능성의 조건으로
서 보편적인 것을 파악하는 것에 선행하기 때문이다. 이들이 어떻게,
그리고 왜 여전히 구분되어야 하는지를 통찰하는 것은 더 이상 가능하
지 않다. 양자는 동일한 것이다. 그리고 이러한 동일한 전회의 형상적
효과는 보편자에 대한 의식적 소유 행위, 즉 보편자에 대한 앎이다. 이
앎 자체는 물론 추상이라고도 할 수 있다.

2) 표상으로의 전회로서의 감각적 사고 행위

약간 다르지만 조금 더 상세한 방식으로 동일한 결과가 얻어질 수
있다. 이러한 방식으로 이번 절과 다음 절의 고유한 논제에 대한 답변 *193*
이 준비되기 때문에 이러한 두 번째 입증 과정이 필요하다.

우리는 능동 지성의 빛에 의한 표상에 대한 조명과 동일한 하나의
과정으로서의 추상에 대한 이전의 해석에 모순되는 것처럼 보이는 본

....

11   I. q. 85 a. 1 ad 3.

문에서 시작할 것이다.[12] 이 본문에는 '조명'(illuminatio)과 »추상«(abstractio)이 다음과 같이 구분된다. "그들은 조명될 뿐만이 아니라 재차 구분된다."(et illuminantur et iterum abstrahuntur) 토마스는 구분에 대한 이러한 이중 진술에 대해 다음과 같은 두 문장으로 설명한다. "그들은 실제로 조명된다. 그러나 그것은 추상한다."(illuminantur quidem…; abstrahit autem…) 따라서 두 번째 문장은 조명으로부터 구분되는 저 »추상«을 토마스가 어떻게 이해하는지를 우리에게 말해 주어야 한다. 이러한 추상은 »우리가 능동 지성의 힘으로 개별 조건들을 제외하고 상들의 본성을 우리의 고찰로 수용할 수 있을 때«(inquantum per virtutem intellectus agentis accipere possumus in nostra consideratione naturas specierum sine individualibus conditionibus) 발생한다. 추상과 *273* 구분되는 조명은 보편자를 »고찰하는 행위«(considerare) 자체일 뿐이다. 이 고찰은 보편자를 검토하는 것(In-Erwägung-Nehmen)으로서, 다른 말로는 보편자 자체에 대한 의식적 소유 행위라고 할 수 있다. 따라서 이러한 보편자가 자신의 구성을 통해 고찰에 제공되는 과정은 이미 전제되었고, 이에 따라 이 과정은 조명 자체를 통해 이미 발생했음에 틀림없다. 그러므로 여기서 사용된 의미에서 추상이 오로지 조명의 자명한 형식적 결과인 한, 토마스가 그 밖의 다른 곳에서 보편자에 대한 앎을 포함해 전체 추상 과정을 조명이라는 용어로 표기하는 것은 놀랍지 않다. 이제 우리는 조명을 통한 본연적 추상 과정을 보아야 한다. 이 본문에 따르면 조명은 어떻게 구성되어 있는 것일까? 토마스는 이전의 고찰에서 다음과 같은 아직 익숙하지 않은 방식으로 이에 대해서 말한다. "그들은(즉, 표상은) 실제로 조명된다. 왜냐하면 감각적인 부분이 지

....

12 I. q. 85 a. 1 ad 4.

성에 결합함으로써 더욱 강하게 된 것처럼 그만큼 표상은 능동 지성의 힘으로 더욱 적합한 것들로 되고 이들에 의해 가지적 지향들이 추상되기 때문이다[여기서 이러한 추상됨(abstrahi)은 방금 확정된 의미에서 '우리의 고찰로 수용할 수 있음'(accipi posse in nostra consideratione), 즉 '구성된 보편자 자체의 알려짐'(Gewußtheit)으로 간주될 수 있다].”[Illuminantur quidem (phantasmata) quia sicut pars sensitiva ex conjunctione ad intellectum efficitur virtuosior, ita phantasmata ex virtute intellectus agentis redduntur habilia ut ab eis intentiones intelligibiles abstrahantur] 조명에 대한 이러한 설명에서는 우선 '~처럼, 그만큼'(sicut… ita…)이라는 평행을 설정한다. 언뜻 보기에는 능력들 간의 관계와 그 행위들 간의 관계의 평행이, 즉 “한편으로는 감각적 부분—지성(pars sensitiva-intellectus), 다른 한편으로는 표상—능동 지성의 힘(phantasma-virtus intellectus agentis)” 간의 평행이 문제가 되는 것으로 보인다. 이러한 관계에서 각각 감각 대상의 [더 강하고 적합한(virtuosior-habilius)] »정신화«(Vergeistigung)가 발생한다. 행위들 간의 관계는 능력들 간의 관계의 결과일 뿐이라는 사실은 토마스의 형이상학적 틀에서는 자명하다.[13]

194 감성은 능력들의 결합을 통해 더욱 강해지는데, 이제 우리는 능력들의 결합에 대해서 이미 어느 정도 이해할 수 있는 위치에 있다. 감성은 지성과 결합된다. 왜냐하면 감성은 지성으로부터 발출되고, 지성의 능력으로서 지성 안에 지속적으로 유지되기 때문이다. 그러므로 감성에 “선행하는 한 가지 능력의 힘은 뒤따르는 능력에 남아 있다.”(virtus unius potentiae praecedentis relinquitur in subsequenti)는 명제가 적용된다.

274 따라서 감성은 처음부터 본질적으로, 그리고 »기원적으로« 정신에 의

....

13 Vgl. dazu 1. q. 77 a. 7 sed contra.

해 형성되었다(durchformt). 즉, 더 강하게 되었다. 이미 여기서 추상의 가능성은 정신에서 비롯되는 발출에 근거를 둔다는 사실이 드러난다. 그러나 이에 대해서는 나중에 더 논의될 것이다. 이제 감성의 행위들, 즉 표상은 능력들 간의 이러한 관계에 상응하여 그들 안에 있는 보편자를 보기에 »더 적합하다«(habilia). 그리고 조명의 본연적 추상 과정은 표상의 이러한 적합성에서 구성된다.

이제 우리는 이러한 적합성이 무엇인지를 정신에서 비롯된 감성의 기원이 뜻하는 본질적 의미에서 전개하지 않고, 무엇보다도 두 가지 명제에만 집중할 것이다.

1. 이 적합성은 정신에서 비롯된 감성의 기원으로부터 온다.

2. 적합성이란 표상에서 곧바로 보편자가 보일 수 있는 것이다. 왜냐하면 추상을 완성하기 위해서는 조명에 의해 생성된 적합성에 대한 »고찰«(consideratio) 자체만을 따르기 때문이다.

이제 이렇게 이해된 조명이 실제로 표상으로의 전회와 일치한다고 증명하기 위해, 여기서는 감각적 사고력 개념에 대한 간략한 선이해가 필요하다. 감각적 사고력의 본질에 대한 대략적 설명은 지금 다음과 같은 한 문장으로 충분하다. 즉, 감각적 사고력은 정신과 이로부터 발출되는 감성이 인간 인식 행위로 일치되는 중간이다. 여기서 문제가 되는 입증은 두 단계로 실행된다. 하나는 조명이 (행위로서의) 감각적 사고력을 통해 방금 논의된 두 가지 특징에서 발생한다는 것이다. 또 다른 하나는 감각적 사유 행위가 그와 동시에 표상으로의 전회와 실제로 일치한다는 것이다. 이로써 추상을 실행하는 조명 자체는 표상으로의 전회를 통해 발생하는 것임이 드러난다. 감각적 사고력과 관련하여 다음과 같은 것은 사실이다. 1. 우리가 다루고 있는 본문에서 토마스는 조명이 맞닥뜨리는 감성의 부분에 대해서 "지성과의 결합으로부터 더욱 강하게 되었다."(ex conjunctione ad intellectum efficitur virtuosior)라고 말한다. 감각적 사고력은 단순히 감성 자체로부터라기보다는 (감각적 부분에 고유한 것을 통해서가 아니라) "오히려 보편적 이성을 향한 특정한 발출에 따른 어떠한 친밀성과 근접성을 통하여"[14](sed per aliquam affinitatem et propinquitatem ad rationem universalem secundum quandam refluentiam), 그리고 실제로 감각적 사고력은 이성에 결합되어 있다는
275 (jungi) 사실로부터 그 고유한 기능을 갖는다.[15] [특별 이성(ratio particu-
195 laris)인] 감각적 사고력은 감성 안으로 정신이 »연속«(Fortsetzung)됨으로써 생성된다.[16](mens continuatur viribris sensitivis) 그래서 정신으로부터 발출되고, 따라서 특히 정신에 의해 »형성된«[17] 감각적 사고력은 2. 시야에 보편자를 제공한다. "감각적 사고력은 개별자를 공통의 본성하에 실존하는 것으로 파악한다. 이는 감각적 사고력이 동일한 주체 내에서 지성과 일치되는 한 일어날 수 있다."[18](Cogitativa apprehendit individuum ut existens sub natura communi quod contingit ei inquantum unitur intellectivae in eodem subjecto) 공통의 본성하에 있는 개별자에
....

14 1. q. 78 a. 4 ad 5.
15 I-II. q. 74 a. 3 ad I. Vgl. III. Sent. dist. 26 q. 1 a. 2 corp.; In II. de anima lect. 13, n. 398.
16 De verit. q. 10 a. 5 corp.; vgl. 1. c. ad 2 und ad 4; 다음도 참조할 것. De verit. q. 2 a. 6 corp. 여기에는 감각적 사고력에 대한 확장 개념인 '상상력'이 등장한다. 아울러 다음을 참조할 것. IV. Sent. dist. 50 q. la. 3 ad 2 in contr.
17 참조. 이러한 표현에 대한 일반적 원칙은 다음과 같다. "(낮은 능력의) 현실태는 형상과 상을 월등한 능력 또는 상태로부터 수용한다. 이는 열등한 자가 우월한 자에 의해 질서 지위지는 것과 같다."(actus recipit formam et speciem a superiori potentia vel habitu, secundum quod ordinatur inferius a superiori) I-II. q. 13 a. l corp.; vgl. 1. II. q. 17 a. 4 corp.
18 II. de anima lect. 13, n. 398. Vgl. auch Post. Anal. lib. II. lect. 20(Parma 225 a). 여기서는 더 모호한 사용이지만 실질적으로 동일한 것을 뜻한다: "감각은 어떠한 면에서, 그리고 자신의 방식으로 보편적이며 특수한 것에서 보편적인 것을 파악한다."(sensus est quodammodo et ipsius universalis apprehendit universale in particulari)

대한 이러한 파악은 단순히 감성 자체로는 불가능하다.[19] 이로써 보편자 자체는 아직 그 자체로 알려진 것이 아니지만 추상은 이미 규정적 지점에서 실행되었다. 왜냐하면 아직은 개별자 자체와 공통 본성 사이에서 실행된 차별화의 한 »부분«을 일별할 필요가 있기 때문이다. 감성에서 정신에 의한 이러한 차별화가 이루어지기 때문에, 정신은 (그리고 오로지 정신만이) 감성을 통해(»표상을 통해«) 이미 그 안에서 구별된 공통 본성을 본다. 따라서 표상은 자신 안의 보편자를 보이기 위하여 감각적 사고력을 통해 실제로 »더욱 적합하게 된다.«(habilia)

그러므로 감각적 사고력은 개별자들 자체 및 보편자의 이미 차별화된 일치, 즉 "공통의 본성하의 개별체"(individuum sub natura communi)를 제공한다. 그러나 이를 통해 감각적 사유 행위는 표상으로의 전회를 통해 이루어지고, 그 행위는 실제로 표상으로의 전회와 동일하다는 점이 판명된다. 그러므로 우리는 표상에 대한 조명이 추상을 실행하는 것으로서 표상으로의 전회와 실제로 일치한다는 두 번째 증명 단계를 수행한다. 감각적 사고력 안에는 개별자와 보편자의 차별화된 일치가 있다.[20] 감각적 사고력이 정신과 감성의 일치된 중간(Mitte)인 한,[21] 감각 276 적 사고력은 "감각적 부분과 관련된다."[22](pertinet ad partem sensitivam) 그럼에도 감각적 사고력에는 보편적 지성을 향한 친밀성과 근접

....

19 II. de anima 1. c.

20 Vgl. De principiis individuationis (opsc. 2.9): "질료적 사물의 하성은 자신의 특수성 자체로 말미암아 대상, 즉 특별 이성의 대상이다."(quidditas rei materialis in ipsa sua particularitate est objectum rationis particularis)

21 III Sent. dist. 23 q. 2. a. 2. sol. 1 ad 3: "그것은 감각적 부분과 지성적 부분의 경계에 있다."(est in confinio sensitivae et intellectivae partis) Vgl. De verit. q. 10 a. 5 corp. 여기에서는 감각적 사고력이 »매개 능력«(potentia media)이라고 칭해진다(vgl. auch 1. c. corp. vorher; ad 2. und ad 4).

22 I-II. q. 30 a. 3 ad 3.

성이 본질적이어서 감각적 사고력은 동물에게서는 발견되지 않는다.[23] 감각적 사고력은 감성 자체와 지성 자체로부터 고찰될 수 있다. 감각적 »능력«인 감각적 사고력은 그 자체로 "특별 이성"(ratio particularis),[24] 즉 "개체적 지향"(intentiones individuales)이다.[25] 다른 한편으로 감각적 사고력은 이와 함께 정신이 감성으로 들어가는 삼투 장소이다. 더 좋게 말하자면, 감각적 사고력은 감성으로 들어가기 위해 정신에서 비롯되는 첫 발출자이다. 따라서 정신이 개별자를 인식하는 한, 이는 정신이 정확히 감각적 사고력 안으로 연속하는 가운데 일어난다. 감각적 사고력이 정신화되었기(durchgeistigt) 때문에 감성이 자신의 능력인 감각적 사고력을 통해 공통의 본성을 파악하듯이(물론 감각적 사고력이 감각적이기 때문에 그것은 개별자 안에 있는 공통의 본성을 파악한다), 정신은 자신의 능력인 감각적 사고력을 통해 개별자를 파악한다(물론 감각적 사고력이 정신화되었기 때문에 공통의 본성하에 있는 개별자를 파악한다). 왜냐하면 감각적 사고력은 감각화(versinnlicht)되어 있기 때문이다. 두 명제 모두 정신과 감성 간의 하나이자 동일한 중간을 설명하고 있다. 토미스트 라틴어에서 두 명제는 다음과 같다. "감각적 사고력이 지성과 일치되는 한, 감각적 사고력은 (감성의 최고 능력으로서) 개별자를 공통의 본성하에 실존하는 것으로 파악한다."[26](cogitativa apprehendit individuum ut existens sub natura communi inquantum unitur intellectivae) 그 반대도 마찬가지로, "정신은 감각적 사고력이라고 불리는 특별 이성

....

23 I-II. q. 74 a. 3 ad 1 [다른 동물들에 앞서(prae aliis animalibus)]; I. q. 78 a. 4 corp.; II. Sent. dist. 25 q. 1 a. 1 ad 7; III Sent. l. c. [오로지 인간들에게만(in solis hominibus)] usw.
24 I-II. q. 51 a. 3 corp.; I. q. 79 a. 2. ad 2.; q. 78 a. 4 corp.; q. 81 a. 3 corp. usw.
25 I. q. 78 a. 4 corp.; In VI Ethic. lect. l, n. 1123: '특정 지향들의 집합체'(collectiva intentionum particularium); I. Metaph. lect. l, n. 15.

400   제2부 세계 내 정신

의 중재로 개별자들과 결합한다."[27](mens singularibus se immiscet mediante ratione particulari quae alio nomine dicitur cogitativa) 이 두 명제 중 두 번째는 우리의 맥락에서 중요하며, 토미스트적이라는 것을 간략히 입증하여야 한다. 이것이 논증된다면 공통의 본성과 개별자 간의 이 277 미 차별화된 일치 안에 있는 구체적인 것이 감각적 사고력 자체를 통해 현전(vorhanden)한다는 사실이 드러나고, 그래서 처음에 『영혼론』 제2권 'lect. 3'에만 근거하는 감각적 사고력의 성취가 무엇을 의미하는지 확인된다. 토마스는 지성이 자체로는 질료적 개별자를 인식할 수 있다는 것을 엄격히 부정한다.[28] 이제 지성이 순수 감성처럼 감각적 사고력으로의 전회를 통해 차별화되지 않은 개별성 안의 개별자를 인식한다면 이러한 주장은 의미가 없을 것이다. 그럼에도 불구하고 지성은 자신이 »연속«함으로써 개별자를 인식해야 한다. 따라서 지성과는 구별되는 능력으로 간주되는 단순히 감각적 사고력의 감성이 아니라 지성 자신이 인식해야 한다.[29] 그러므로 지성 자신이 감성과 같은 방식으로 개별 197 자 자체를 인식한다면, (지성은 정신을 통해 보편자를 인식하는데) 정신으로서의 지성의 탁월성은 완전히 부정될 것이고 지성은 이러한 행위를 통해 전적으로 감성일 것이다. 그래서 지성은 감각적 사고력의 도움으로 개별자를 인식한다고 토마스가 말한다면, 이는 감각적 사고력을 통해 차별화된 일치 안에서의 개별성과 공통의 본성이 지성에 주어지고,

....

26　II. de anima lect. 13, n. 398.

27　De verit. q. 10 a. 5 corp.

28　I. q. 14 a. 11 ad 1; q. 50 a. 2 corp.; q. 56 a. 1 ad 2; S.c.g. I 63; De verit. q. 2 a. 5 ad 1; De malo q. 16 a. 7 ad 5; De anima a. 20 corp.; II. de anima lect. 12, n. 377; I. Sent. dist. 36 q. 1 a. 1 ad 1.

29　Vgl. In III. de anima lect. 8, n. 712; IV. Sent. dist. 50 q. 1 a. 3 corp.: "지성을 통해서도 개별적인 것들을 인식한다."(etiam per intellectum cognoscit singularia)

지성은 감각적 사고력을 자신의 능력으로서 자신 안에 유지하며, 이를 통해 언제나 이미 감각적 사고력 안에 제공된 것을 인식한다는 점만을 뜻할 수 있다. 그렇지 않으면, 지성은 자신에게 표상이 주어졌음에도 불구하고 결코 자신의 추상 행위를 수행할 수 없다는 식의 토미스트적으로는 실현 불가능한 생각에 도달해야 한다. 이러한 생각은 토미스트적으로는 실현 불가능하다. 왜냐하면 능동 지성의 자발적 활동은 필히 영구적이고(intellectus agens semper actu) 비물질적 인식은 이를 통해 이미 그 자체로 보편적이기 때문이다. 이제 사실 토마스는 언제나 반복적으로 지성은 감각적 사고력의 도움으로 개별자를 인식한다고 말한
278 다.[30] 우리는 정신을 향한 감성의 경계로서의 감각적 사고력에 대하여 논의된 것에 따라 감각적 사고력에 대한 본문을 이해할 수 있다. 본문에서는 개별자를 파악하기 위해 지성에 도움을 주는 감성 자체에 대하여[즉, 감각적 부분(pars sensitiva), 상상력에 대하여] 더욱 일반적인 용어로 논의되었다.[31] 그래서 지성은 감각적 사고력을 통해 공통의 본성하에 있는 개별자를 파악한다. 이미 감각적 사고력을 통해 공통의 본성이 개별성으로부터 차별화되었기에 (행위로서의) 감각적 사고력은 그 안에 있는 보편자를 파악할 수 있는 가능성을 제공한다. 이로써 위에서 밝혀진 바와 같이 추상을 실행하는 조명의 다음과 같은 두 가지 특성이 감각적 사고력에도 뒤따랐다. 즉, 감각적 사고력의 기반은 지성에서 비롯된 감성의 발출에 있다는 점, 그리고 개별자 안의 보편자를 볼 수 있기 위한 개별자의 적합성은 감각적 사고력을 통해 주어졌다는 점이다.

....

30 De verit. q. 10 a. 5 corp.; ad 2 und ad 4; q. 2 a. 6 ad 2; De anima a. 20 ad 1 in contr.; VI. Ethic. lect. 1, n. 1123; IV. Sent. dist. 50 q. 1 a. 3 ad 3 in contr.
31 De verit. q. 2 a. 6 corp.; q. 10 a. 5 corp.; I. q. 86 a. 1 ad 2 usw.

3) 감각적 사고 행위를 통한 성찰의 본질

그러나 이제 감각적 사고력은 토마스가 표상으로의 전회라고 칭하는 것과 동시에 일어난다. 지성을 통한 개별자에 대한 파악을 토마스는 종종 성찰(reflexio)이라고 칭한다.[32] 물론 여기서 보편자 자체를 파악하는 데 중립적인 추가적 »반성«(Reflexion)이 문제가 된다는 생각 198 은 멀리해야 한다. "어떠한 보편적 본성인 자신의 대상을 인식함으로써 지성은 상이 추상되는 표상으로 돌아간다."[33](Cognoscendo objectum suum, quod est aliqua natura universalis, redit in phantasma a quo species est abstracta) 다시 말해, 지성은 보편자를 인식함으로써 이미 언제나 감성으로 돌아간다. 따라서 토마스가 인간의 인식 행위의 개별적 계기를 순차적 개별 행위인 양 논리적인 순서에 따라 파악하여 진술하였다고 이해한다면, 그것은 토마스를 오해하는 것이다. 행위에 대한 반성, 즉 행위 내용(species)에 대한 반성 행위(reflectere)는, 다시 말해 이 행위 내용에 의해 감각적으로 의식된 근거에 대한 반성 행위는(즉, 표상[34]에 대한 반성은) 대상 자체를 향하는, 즉 가지적 사물로 향하는 하나의 인식 행위를 구성하는 계기이다. 왜냐하면 이러한 성찰 »대상«에 279 는 행위 자체 또한 속하기 때문이고, 토마스도 "동일한 행위로 자신을 이해하고 자신이 이해한다는 사실을 이해한다."[35](eodem actu intelligit

....

32　곧바로 논의될 본문들을 제외한 것을 참조할 것. z. B. I. q. 86 a. 4 corp.; II-II. q 47 a. 3 ad 1 (II. Sent. dist. 23 q. 2 a. 1 corp.: 행위와 능력에 대한 성찰).

33　De verit. q. 10 a. 5 corp.

34　IV. Sent. eilst. 50 q. 1 a. 3 corp.; de verit. q. 2 a. 6 corp.; q. 10 a. 5 corp.; de anima a. 20 ad 1 in contr.

35　I. Sent. dist. 10 q. 1 a. 5 ad 2; I. Sent. dist. 1 q. 2 a. 1 ad 2.: "동일한 작용을 통해 나는 가지 대상을 이해하고, 이해하고 있는 나를 이해한다."(eadem operatione intelligo intelligise et intelligit se intelligere)라고 명백히 말하기 때문이다. 따라서 성찰이 지향하는 그 밖의 계기에 대해서도 동일한 것이 적용된다. 물론 이로써 인간의 인식 행위를 자신의 정신적-감각적 일치 안에 구성하는 개별적 계기도 그 자체만으로 추가적인 명시적 성찰의 대상이 될 수 있다는 점을 말하는 것은 아니다.

감성을 통해 개방된 세계의 사물을 향한 첫 번째 »자연적« 인식 행위에서, 그것의 모든 계기는, 질료적 대상을 도외시하면 오로지 »암묵적으로 함께 주어졌기에«(mitgegeben), 일컬어지는 바와 같이 »배후에서«(in der Rückenlage) 인식된다. 그렇지 않다면 이는 지성적-직관적 인식을 통해서일 것이다. 이러한 인식에는 인식자의 본질이 그 자체로 자신의 고유한 대상으로서, 따라서 인식자의 본질의 완성으로서 인식 행위 자체이기에, 단순히 암묵적으로 함께 파악되지 않고 »대상적으로« 먼저 파악된다. 그러므로 인간의 행위 자체가 명시적으로 인식의 대상이어야 한다면, 이는 신과 천사와는 대조적으로 넓은 세계를 향한 자연적 관점에 근거한 두 번째 행위에 의해서만 발생할 수 있다는 것이 명확하다. 『신학대전』 제I권 'q. 28 a. 4 ad 2; q. 87 a. 3 corp.' 그리고 'ad 2'에서 말하고자 하는 것은 이것을, 그리고 오직 이것만을 뜻한다. 이 논의에서는 명시적이자 주제적 대상으로서의 인간 고유 행위에 대한 인식이 문제가 된다는 것을 처음부터 주목해야 한다. 이는 왜 오로지 명시적 대상 인식만이 의미가 있을 수 있는지와 관련하여 인식 대상의 개별 영역이 다루어지는 문제 86에서 88까지의 전개에 상응한다. 그래서 『신학대전』 제I권 'q. 87 a. 3'에서도 인간의 행위를 자신의 고유한 대상으로 만드는 인식, 즉 인간 행위에 대한 명시적 인

....

bile et intelligo me intelligere)

식, 곧 완전한 인식(cognitio perfecta)을 주제로 다루고 있다.[36] 토마스   199
가 후기 저작들에서 비물질적 행위와 함께 즉시 완전한 회귀, 즉 자기
자신에 대한 파악이 필연적으로 주어졌다는 사실을 간과하거나 부정
하였다고 가정하는 것은 그가 원칙적으로 비물질적 행위의 본질에 대
하여 갖고 있는 개념과 매우 어긋난다.[37] 『신학대전』에는 "자신의 본질   280
로 돌아가는 것은 사물이 자기를 통해 실현된다는 것 외에 다른 것이
아니다."[38](Redire ad essentiam suam nihil aliud est quam rem subsistere
in seipsa)라는 진술도 있다. 그래서 토마스가 영혼에 '자신을 통한 실
현'(in se subsistere)을 귀속시키는 한,[39] 그는 영혼에 직접 제공된 완전
한 회귀를 부정할 수 없었다. 토마스가 『신학대전』 제I권 'q. 87 a. 3'
및 『영혼론』 제2권 'lect. 6 (n. 308)'에서 주장한 것은 직접적이자 대상
적으로 파악된 것이 세계의 사물이지 다른 것이 아니라는 사실일 뿐이
다. 행위 자체에서 행위에 대한 암묵적 파악이 이로써 배제되지는 않
는다. 이는 토마스가 『명제집 주해』에서 이미 다음과 같이 말하였다는
점에서 더욱 그렇다. "행위는 수적으로 다양하다. 행위를 통해 말을 이
해하고 행위를 통해 말의 행위를 행위의 차원에서 이해한다."[40](sunt
diversi actus in numero, quo intelligit equum et quo intelligit actum illius
sub ratione actus) 그리고 바로 그 『명제집 주해』에서 인용된 문장에
서[행위 자체인 행위를 통해 동일한 행위가 사랑받는다(idem actus diligitur
per actum qui est ipse)] 토마스는 첫 번째 행위 자체와 동일한 성찰을

....

36 Vgl. I. q. 94 a. 2 corp.
37 Vgl. III. Sent. dist. 23 q. 1 a. 2 ad 3.
38 I. q. 14 a. 2 ad 1.
39 I. q. 75 a. 2.
40 I. Sent. dist. 17 q. l a. 5 ad 4.

알고 있다. 개별자에 대한 이러한 반성적 파악과 관련하여 그의 이해가 변화되었다고 가정할 규정적 근거 또한 없다. 왜냐하면 그는 후기의 저술에서 행위와 함께 암묵적으로 의식된 일련의 계기 전체를 더 이상 개별적이고 명시적으로 드러내지 않기 때문이다. 이미 『명제집 주해』에서 더 간략하지만 사실상 동일한 진술이 발견된다.[41] 이는 후기의 저술과 마찬가지이다.[42]

성찰에 의해서 개별자가 인식되는데, 이 성찰이 일련의 행위가 아니라 모든 인간 인식 행위에 본질적으로 속해 있다는 사실과,[43] 개별자를 파악하는 데 규정적인 것은 감성 안으로 들어가는 정신의 »연속«이라는 점이 밝혀지고, 여기에 여타의[행위 및 상의(des actus und der species)] 행위 계기들 자체에 대한 파악은(즉, 성찰은), 설사 마찬가지로 동일한 행위를 통해 이 계기들이 파악된 대상과 함께 암묵적으로 직접 파악된다고 하더라도, 본질적인 것에 기여하지 못한다는 점이 밝혀질 때, 토마스가 후기 저술에서 여전히 그가 성찰이라고도 일컫는 개별자에 대한 파악이 오직 감성을 향한 정신의 전회를 통해서만 일어난다는 주장은 더 이상 낯설 수 없다. 이는 논의된 바와 같이 그가 이에 대해

....

41 II. Sent. dist. 3 q. 3 a. 3 ad 1: "지성이 즉 개별자들로부터 추상한 상을 상상력에 보존된 개별적 형상에 적용하는 가운데, 상상력과 감각에 대한 지성의 특정한 성찰을 통해…"(per reflexionem quandam intellectus ad imaginationem et sensum, dum scilicet intellectus speciem quam a singularibus abstraxit, applicat formae singulari in imaginatione servatae)
42 Vgl. z. B. I. q. 86 a. 1 corp.; III. de anima lect. 8, n. 713: "그것이 표상으로 회귀하는 한, 그리고 그 표상으로부터 가지상이 추상되는 한, 특정한 성찰을 통해…"(per quandam reflexionem, inquantum redit super phantasmata, a quibus species intelligibiles abstrahuntur)
43 이는 성찰 관련 본문들을(De verit. q. 10 a. 5 corp.; q. 2 a. 6 corp.; De anima a. 20 ad 1 in contr. ; IV. Sent. dist. 50 q. 1 a. 3 corp.) 가지 대상에서 행위로, 여기에 상으로, 그리고 여기에 결국 표상과 개별적인 것으로 향하는 모든 것이 »폐쇄되었다«(geschlossen)는 식의 의미로 해석하는 것을 처음부터 불가능하게 한다.

이미 초기 저술에서 주장하고 있고 동일한 성찰이 감각적 사고력의 도움으로 발생하는 것이라고 초기 및 후기 저술에서 기술하고 있기에 더욱 그러하다.[44]

특수성과의 차별화된 일치 안에 있는 보편자는 개별자에 대한 반성적 파악을 통해 이미 주어진다. 이러한 반성적 파악은 이제 표상으로의 전회를 통해 실행된다. 다음은 토마스의 명확한 주장이다. "(지성은) 간접적으로, 그리고 어떠한 성찰을 통해 개별자를 인식할 수 있다."[45][in-directe autem et quasi per quandam reflexionem potest (intellectus) cognoscere singulare] 토마스는 이 성찰을 어떻게 설명하고 있는가? 그는 즉시 이어서 지속한다. "위에서 논의하였듯이(q. 84 a.7) 상은 표상에 의해 이해되므로, 표상으로의 전회 없이는 가지상을 추상한 이후에라도 이에 따라 실제로 이해할 수 없다."[Quia sicut supra dictum est (q. 84 a. 7), etiam postquam species intelligibiles abstraxerit, non potest secundum eas actu intelligere, nisi se convertendo ad phantasmata, in quibus species intelligit] 따라서 (모든 후속적인 것은 전회의 결과로 도입된 것임을 주목한다면) 보편자 자체는 가지상을 통해 직접 이해되지만 표상이 속하는 개별자들은 간접적으로 인식된다(Sic igitur ipsum universale per speciem intelligibilem directe intelligit, indirecte autem singularia, quorum sunt phantasmata). 그리고 이러한 방식으로 '소크라테스는 사람이다.'라는 명제를 형성한다(Et hoc modo format hanc propositionem: Socrates est homo). 따라서 개별자에 대한 성찰은 사실상 표상으로의 전회와 일치한다.

....

44 IV. Sent. dist. 50 q. 1 a. 3 ad 3 in contr.(ca. 1256-59); VI. Ethic. lect. 1, n. 1123 (ca. 1269-72).

45 I. q. 86 a. 1 corp.

공통의 본성하에 있는 개별자에 대한 이러한 파악은 감각적 사고력을 통해 이루어지며, 이미 규정적이자 추상화하는 조명과 사실상 일치한다고 논증된다. 왜냐하면 이 조명은 저 차별화를(즉, 적합성을) 감각적으로 제공된 것 안으로 인도하며, 감각적으로 제공된 것은 자신 안의 보편자를 정신적으로 파악할 수 있도록 하기 때문이다. 이로써 이러한 282 추상화하는 조명은 표상으로의 전회와 동일한 것으로 드러난다. 표상으로의 전회는 단지 보편적인 것에 대한 실제적 인식에 논리적으로 선행하여 인식을 가능하게 하는 감성을 향한 정신의 전회일 뿐만 아니라, 정신의 지향 운동(Hinbewegung des Geistes)이다. 이 지향 운동에서 감각적 내용이 정신의 선험적 구조를 통하여, 즉 자신의 »조명«을 통하여 이를테면 형성된다. 다시 말해 감각적 내용은 정신이 선취하는 존재 행위 자체를 통해 보이고, 이로써 자신의 보편성을 통해 인식된다. 추상 201 과 전회는 한 과정의 두 가지 면이다. 추상은 정신 자체의 선험적 구조가 감각 대상을 향하여 전회가 일어나는 가운데 발생한다. 이 전회가 일어나는 곳에서 감각 대상이 자신의 보편성을 통해 인식된다. 즉, »추상된다.« 그리고 정신의 이러한 선험적 구조가(엄격한 의미에서 진정으로 보편적인 가지상이) 이 구조가 향하는 감각 대상에서만 인식될 수 있는 한, 모든 추상은(즉, 보편적인 것에 대한 인식은) 본질적으로 표상으로의 전회이다.

따라서 토미스트적으로는 추상 및 전회의 가능성이 함께 파악되어야 한다는 점이 드러난다. 추상화하는 표상으로의 전회의 이러한 가능성은 이제 정신에서 비롯되는 감성의 발출에 기초하는 것으로 명시적으로 논증되어야 한다.

5. 추상하는 표상으로의 전회를 가능하게 하는 정신으로부터의 감성의 기원

선행 연구에서 토마스 자신이 추상하는 표상으로의 전회와 정신에서 비롯되는 감성의 기원 간의 연관성을 보았다는 것은 이미 밝혀졌다. 정신에 의해 감성이 내적 형태를 이루는 것(die innere Durchformtheit)은 능력들의 관계로서 지성과의 연결에서(ex conjunctione ad intellectum) 오며, 이렇게 연관된 능력들의 활동인 추상하는 조명은 이 능력들에 기반을 두고 있다. 여기서 이러한 연결 자체는 정신에서 비롯되는 감성의 발출에 근거를 두고 있다는 점은 의심의 여지가 없다. 왜냐하 283 면 이미 드러났듯이 토마스는 그러한 기원을 명시적으로 가르치기 때문이다. 나아가 규정적 추상의 장소로 드러난 감각적 사고력은 특정한 유출에 따라[1](secundum quandam refluentiam) 정신과 연결된다. 따라서 여전히 남아 있는 과제는 토마스가 두 가지에 대해 말한 것에 입각해서 감성의 기원과 추상하는 표상으로의 전회 간의 연결을 보다 명확히 하는 것이다. 따라서 다음은 본질적으로 이미 토미스트적이라고 논증된 논제에 대한 개관이 될 것이다.

표상으로의 전회는 감각 행위에 대한 정신 행위의 관계이다. 행위들 간의 관계는 근본적이자 본질적으로 능력들 간의 관계에 기초한다. 따라서 표상으로의 전회에 대한 형이상학적 이해는 본질적으로 감성과 정신 간의 관계를 파악하는 데 있을 것이다. 전회가 정신적 인식 행위는 오로지 지성적 행위와 감각적 행위의 선행적 일치를 통해서만 인간에게 가능하다고 뜻하는 한, 감성과 정신 간의 기초를 놓는 관계는 양자 간의 일치로서 규정되어야 한다. 왜냐하면 이 일치는 인간의 사유 행위의 가능성의 조건 자체에 속하고, 그 어느 것도 그 구성에 부가적인 것일 수 없으며, 따라서 기원적 일치로, 즉 일치시키는 단일성 자체로 이해되어야 하기 때문이다. 이러한 기본적 고려 사항은 다음의 것에 대한 지침을 제공한다.

용어가 우선적이자 직접적으로 이해되어야 하듯이, 표상으로의 전회가 이렇게만 파악될 것이라면 이미 이 지침에도 질문을 통해 제기되어 고려된 모든 사항이 들어 있을 것이다. 왜냐하면 이미 논증된 바와 같이 정신 자체가 감성을 지속적으로 자신으로부터 발출시키고 자신의 능력으로서 지속적으로 자신 안에 유지할 때에만 자기 고유의 본질로 구성된다면, 감성의 완성, 즉 실제적인 감각적 파악 행위를 통한 *284* (즉, 표상을 소유함으로써) 감성의 현실성이 정신 자체의 실현이라는 점이 그 자체로 드러나기 때문이다. 그리고 만일 정신이 능력으로서의 감

202

....

1 '영혼의 능력들에 관하여'(De potentiis animae)에 긍정적인 토미스트적 이해는(최소한 그 정신에 입각해서) 제4장을 참조할 것: '특정한 영향으로'(per quandam influentiam)

성을(마치 자신의 최종 목적을 향한 길처럼) 지속적으로 자신 안에 유지함으로써만 능력으로서의 그 고유한 완성에 도달한다면, 실제적 인식 행위를 통한 정신의 완성 또한 감성의 실현 위에서만 가능하다. 즉, 이 실현은 본질적으로 표상으로의 전회이다. 그러므로 정신으로부터 비롯되는 감성의 발출의 의미와 필연성이 인간 정신의 특성에 비추어 이해될 수 있다면, 이 말대로라면 표상으로의 전회 또한 가능하고 필연적인 것으로 이해된다. 그러나 이 표상으로의 전회는 그사이에 추상 자체와 사실상 동일한 것으로 밝혀졌다. 그래서 정신에서 비롯되는 감성의 발출과 함께 전회 또한 추상으로 이해되는 것인지에 대한 질문이 여전히 제기된다. 적어도 이러한 새로운 질문에서 방금 다룬 기본적 고찰은 후속 탐구에 방향을 제공하는 일반 지침 외에 다른 것이 아니라는 정도까지는 분명하다. 아직 해명해야 할 점은 지금까지 추상의 본성에 대해 논의된 것과 정신에서 비롯되는 감성의 발출에 대해 논의된 것 사이의 대조를 통해 도달될 수 있어야 한다.

1) 존재 행위 자체를 향한 욕구(역동적 개방성)로서의 정신

추상 자체는 지금까지 이에 대한 진술들의 독특한 이중성에 의해 이해되어 왔다. 그러나 이 진술들 간의 관계는 아직 명시적으로 충분히 파악되지는 않았다. 추상은 한편으로는 존재 행위 자체를 향한 초월에 근거하여 실행되는 것으로, 다른 한편으로는 감각적으로 제공되어 선험적 구조에 의해 형성된 내용에서 정신 자체의 선험적 구조에 대하여 의식하는 것(Bewußtwerden)으로 드러난다. 이미 수행된 가능 지성의 본질에 대한 규정은 추상에 대한 이 두 가지 본질 규정이 어떻게 하나이자 동일한 것으로 이해될 수 있는지를 보여 준다. 정신의 본질은 »그 203

것에 의해 모든 것이 생성되는 그것«(quo est omnia fieri)이다. 정신은 가능태에 있는 존재 행위 자체이다. 그리고 "특정한 방식의(즉, 가능태 285 와 지향성 안에서) 모든 것"(quadammodo omnia)이다. 그러므로 자신의 선험적 현실에 대하여 의식하는 것은 존재 행위 자체를 향한 선취이며 이는 역으로도 마찬가지이다. 존재 행위 자체를 향한 선취인 정신의 이 러한 현실태는 '되어감'(Werden), 즉 자기 대상들의 전체를 향한 역동 적 방향 매김(ein dynamisches Hingerichtetsein)이다. 토마스는 종종 강 렬하게 정신의 이러한 규정에 주의를 환기시킨다. 감성의 발출은 인간 정신의 본질 규정의 관점에서 그 구체적 적용으로 이해되어야 하고, 또 여기서 인간 정신의 본질 특성을 다루기에, 우리는 이 점에 대해 더욱 자세히 살펴보아야 할 것이다.

인간의 정신 자체는 욕구, 추구, 그리고 행위이다. 정신은 그 자체 로 가능 지성이기 때문이다. 즉, 정신은 사실 자신의 고유한 행위를 통 해 자신의 가능성으로부터 자신의 충만한 현실에 도달한다. 왜냐하면 정 신은 자신의 고유한 활동력으로[즉, 능동 지성으로(intellectus agens)] 스 스로[즉, 언제나 현실태로(semper actu)] 오직 감각적으로 제공된 것에 서 비롯되는 자신의 대상을(즉, 현실태의 가지 대상을) 산출한다. 인식 자 체에서 욕구의 이러한 특성은 토마스에 의해 명시적으로 드러난다. 그 는 인식 행위와 의지 행위가 상호 우선권을 갖는[2] 개별 능력으로서의 지성과 의지의 상호 포함(ein gegenseitiges Sicheinschließen, invicem se includere)[3]을 알지 못한다. 오히려 지성도 자신의 고유한 내적 충동 인 욕구를 자기 자신 안에 갖고 있다. 지성 또한 그 자체로 자신의 고

....

2 Vgl. S.c.g. I 55; I. q. 16 a. l; q. 82 a. 4 corp. und ad l; 1. II. q. 9 a. l corp.; I-II. q. 12. a. l corp.; II-II. q. 180 a. l corp. usw.

3 I. q. 82 a. 4 ad 1.

유한 내적 구조를(즉 형상, 본성을) 지니는 존재자[즉, 어떠한 사물(res quaedam)]이다.[4] 그러나 모든 존재자는 자신의 고유한 완성을 향한 자신의 욕구(appetitus in bonum)를 갖고 있다.[5] "사물로 존재하는 모든 것은 자신에게 적합한 어떠한 것에 대한 어떠한 성향과 열망을 갖고 있다."[6](quidquid est in rebus, habet aliquam inclinationem et appetitum alicuius sibi convenientis) 따라서 어떠한 사물인 지성 자체 또한 자신의 고유한 목적을 향한 내적인 본성적 열망(appetitus naturalis)을 갖고 있다.[7] 그러므로 최종 목적을 향하여, 즉 자신의 선을 향하여, 무엇 204 286 보다도 일반적으로 표현한다면 진리를 향하여 운동하는 지성은 그 자체로 욕구이다.[8] 이러한 최종 목적에 대해서도 다음과 같이 적용된다. 즉, "본성은 오직 일자만을 향하는 경향이 있기에"[9](natura non tendit nisi ad unum) 단 하나만의 최종 목적이 있다.[10] 이것이 물질적으로 어떻게 규정되든지 또는 인간이 자신의 결단을 통해 실제로 그것을 어떻

....

4 Z. B. I. q. 82 a. 4 ad I.

5 Vgl. I. q. 59 a. I corp.; q. 80 a. l corp.; I-II. q. l a. 5 corp.: "각자는 자기 자신의 완전하고 보완된 선으로서의 자기완성을 갈망한다."(unumquodque appetit suam perfectionem ut bonum perfectum et completivum sui ipsius)

6 De malo q. l a. 1 corp.

7 I. q. So a. 1 ad 3; q. 78 a. l ad 3 시작 부분; I-II. q. 30 a. l ad 3; De verit. q. 22. a. 3 ad 5; q. 25 a. 2. ad 8; De virtut. q. l a. 4 ad 10; III. Sent. dist. 27 q. l a. 2. corp.

8 I. q. 82 a. 3 ad l ; I-II. q. 9 a. l ad 3; q. 57 a. 2 ad 3; q. 64 a. 3 corp.; 2. II. q. 180 a. l ad l ; De malo q. 6 a. l corp.; VI. Ethic. lect. 4 n. 1239.

9 I-II. q. l a. 5 corp.

10 Vgl. l. c. und a. 6 corp. 토마스가 a. 5에서 제시한 근거들은 "한 인간의 의지가 궁극적 목적들과 동시에 다양한 목적들을 갖는 것이 불가능하다."(quod impossibile est quod voluntas unius hominis simul se habet ad diversa sicut ad ultimos fines)는 원래의 의도된 논증을 실제로 넘어선다는 점에 유의해야 한다. 논증은 좁은 의미의 의지만이 아니라 실제로 모든 갈망에 적용된다. '동시에'(simul)는 인간의 자유로운 자기규정 자체가[즉, 의지가(voluntas)] 자신의 최종 목적이라고 이해하는 질료적 내용을 다양하게 규정할 수 있다는 가능성을 열어 놓는다. 이는 자연적 욕구(appetitus naturalis)에서는 고려되지 않는다.

게 이해하든지와는 관계없이 말이다. 따라서 정신의 모든 »운동«은 무엇을 향하든지 간에 (만일 그렇지 않으면 다수의 목적이 있을 것이기 때문에) 최종 목적을 향한 욕구 덕분에 발생한다.[11] 하나의 능력이 동시에 여러 행위의 능력일 수 없는 것처럼, 이 행위들이 자신의 부분 운동으로서 최종 목적을 향하여 있지 않는 한,[12] 이 원칙은 일반적으로 능력의 모든 행위에 동등하게 적용된다. 능력의 모든 행위는 최종 목적에 의하여 산출된다. "목적을 향하여 있는 것들의 열망과 행위는 목적으로부터 나온다."[13] (ex fine procedit et appetitus et operatio eorum quae sunt ad finem) 여기서 주의할 점은 다수의 최종 목적이 없다면 목적을 향한 열망과 목적을 소유하는 것 이외에 능력의 모든 다른 행위도 목적을 향해야 한다는 것이다. 따라서 능력의 모든 행위는 (단순히 동시적 행위들이 아니며) 최종 목적을 향한 욕구라는 동일한 법칙하에 종속되어 있고 이러한 최종 목적을 향한 선취에 의해 야기된다. 정신이 갖고 있는 욕구의 최종 목적은, 무엇보다도 형식적으로 말하자면, '지성의 선'(bonum intellectus), 즉 진(眞, verum) 자체이다. 그러나 지성의 선인 이러한 진은 존재 행위 자체이다. 왜냐하면 정신은 모든 존재 행위를 수용할 수 있는 가능성이고[이것에 의해 모든 것이 생성되고(quo est omnia fieri); 모든 보편적 존재자의 관점에서(respectu totius entis universalis)][14] 이

287 를 향하여 활동하는 욕구이기 때문이다. 그러나 이는 정신의 최종 목적을 보여 준다. 왜냐하면 능력의 목적은 그 능력이 뻗어가는 폭에 상응하고, 자신의 형상적 목적의 질료적 성취 이외의 다른 것이 아니며, 따

....

11 I-II. q. 1 a. 6 corp.; q. 12 a. 3 ad 2.
12 I. q. 58 a. 7 ad 2; q. 62 a. 7 ad 3; I-II. q. 54 a. 1 ad 3.
13 S.c.g. I 76.
14 Vgl. I. q. 79 a. 2 ad 3; a. 7 corp.; q. 54 a. 2 corp. usw. 앞의 절들도 참조할 것.

라서 이 목적을 통해 이미 암묵적으로 함께 논의되었기 때문이다. "모든 능력의 완성은 자신의 형상적 목적에 달려 있다."[15](uniuscuiusque potentiae perfectio attenditur secundum rationem sui objecti) "그 능력의 205
고유한 대상의 형상이 그 자체에 속하는 한, 모든 것은 그만큼 그 능력의 완성이다."[16](Unumquodque in tantum est perfectio alicuius potentiae, inquantum ad ipsum pertinet ratio proprii objecti illius potentiae) 그러나 정신은 자신의 행위에서 모든 대상을 존재 행위 자체를 향한 선취를 통해 파악하고 이 존재 행위 자체가 자신의 형상적 목적(objectum formale)이라는 사실이 밝혀졌다. 그래서 정신은 자신의 모든 행위에서 선취를 통해 언제나 이미 존재 행위 자체를 소유하며, 모든 행위의 대상을 통해 선취 안에 제공된 존재 행위의 형상적 공허를 충만히 하려고 한다. 따라서 그러한 질료적 충만함을 통한 존재 행위 자체, 즉 절대적 존재 행위는 정신 자체의 최종 목적이다. 그러므로 정신의 모든 활동은 그것이 무엇이든 간에 존재 행위 자체를 향한 운동의 계기, 즉 정신 욕구의 최종 목적을 향한 운동의 계기로만 이해될 수 있다.

2) 존재 행위 자체를 향하여 도약하는 정신적 욕구를 통한 감성의 산출

이로부터 능동적 산출이―정신은 이 산출에서 능동적 기원과 목적으로서 자신으로부터 감성이 발출되도록 허용한다―존재 행위 자체를 향한 욕구의 계기로서 이해되어야 함을 알 수 있다. 또한 이로써 정신으

....

15 I-II. q. 3 a. 8 corp.
16 I-II. q. 3 a. 7 corp.

로부터 비롯되는 감성의 발출은 표상을 향하여 추상화하는 전회의 가능성(die Möglichkeit der abstrahierenden conversio ad phantasma)이라는 것이 명백해진다. 정신으로부터 오는 감성의 기원은, 정신이 도약하여 향하는 자신의 고유한 완성된 본질 구성을 산출할 때 자신으로부터 감성을 발출하도록 허용하고, 감성을 지속적으로 자신의 능력으로서 자신 안에 유지하며, 자신의 고유한 완성을 산출하는 이 감성을 처음부터 자신의 고유한 본질의 법칙으로 형성하는 쪽으로 규정되어 있다. 그러나 이제 자신의 고유한 완성을 향하여 감성을 산출하는 정신의 욕구는 존재 행위 자체를 향한 욕구임이 드러났다. 그런데 존재 행위 자체를 향한 욕구는 존재 행위를 향한 선취라는 논제하에 이미 근본적 추상이라고 논의된 바 있다. 따라서 존재 행위 자체를 지속적으로 선취하면서 존재 행위를 향하는 이 욕구를 통해—이 욕구는 추상이기도 하다—정신은 자신의 감성을 산출한다. 정신은 그 자체로 욕구일 뿐이기에(즉, 가능 지성일 뿐이기에) 감성을 산출해야 한다. 그러나 정신이 감성을 자신의 고유한 완성의 조건으로서 산출하는 한, 정신은 감성을 (능력으로서, 그리고 이로써 자기 고유의 현실인 표상에) 처음부터 존재 행위를 향한 선취의 법칙하에 있는 자신의 능력으로 유지한다. 정신에서 오는 감성의 발출은 규정적 '표상으로의 전회'이고, 이러한 발출의 허용이 존재 행위 자체를 향한 선취적 욕구에서 발생하는 한, 이러한 '표상으로의 전회'는 언제나 이미 본질적으로 추상, 즉 능동 지성의 빛을 통한 추상의 조명(illuminatio phantasmatis per lumen intellectus agentis)이다. 개별적 감각 행위와 그 대상은 처음부터 그 자신이 존재 행위 자체를 향한 선취를 통해 산출된 능력 안에 본질적으로 존재하기 때문에, 그러한 행위는 그러한 능력에 대한 규정으로서 행위를 산출하는 자기 능력의 본성에 참여하는 것이다. 따라서 감성의 행위는 그 자체가 존재 행위를 향한 선취 행위의 계기이며, 그래서 자신의 대상은 언제나 이미 추상되어 있다. 여기서 이전에 감성에 대하여 논의된 것에 주의하여야 할 것이다. 즉, 감성은 그 자체로 이미 완전히 세계를 소유하고 있다. 세계에 대한 접근은 감성을 통해 원칙적으로 이미 개방되었으며, 사실 우리가 지금 추가할 수 있는 것처럼 정신 자체에 의해 개방되어 있다. 개별적 감각 대상을 통한 감성에 대한 규정은 감성의 세계와-함께-있음(Bei-der-Welt-Sein)을 먼저 만드는 것이 아니라 단지 공허하지만 실제적인 세계 소유에 대한 형식적 제한과 규정이기 때문에, 정신이 존재 행위 자체에 대한 욕구를 지니는 한, 이러한 전적인 세계 소유 행위는 정신의 소유 행위이다. 이러한 세계 소유 행위에 대한 순전히 형식적 제한 및 규정으로서 감성에 자신을 드러내는 개별적 외적 대상 또한 이미 필연적으로 정신의 법칙에 종속되어 있다. 정신은 자신의 고유한 본질로, 즉 존재 행위 *289* 자체에 대한 인식 능력(Vermögen)으로서의 자신에게로 도달한다. 그리고 이로써 정신은 존재 행위에 대한 실제적 파악에 이르게 되는데, 이를 위하여 이미 선행하는 조건인 정신이 지속적으로 감성이 자신에게서 발출하도록 허용하여, 정신과 감성이 앞서 밝혀진 방식으로 서로를 수용하는 기원이 되는 한에서만 이는 가능하다. 이미 완전한 세계 개방성인 감성의 존재 강도에 감성의 개별 규정이 외적 객체를 통해 아무것도 추가하지 않는 한, 세계는 이미 언제나 소유된 것이다. 즉, 제일 질료의 실현에서, 다시 말해 형상적으로 작동하고 있는 정신에 의해 타자가 실현된다는 점에서 세계는 이미 언제나 정신에 의하여 생산된다. 그리고 정신이 언제나 이미 존재 행위에 대한 개방성을 전적으로 뜻하는 한, 정신에 의해 생산된 세계는 감각적으로 개방된 세계로서 언제나 이미 존재 행위에 대한 정신적 개방성 안에 전적으로 존립한다. 그러나 만일 감성 자체가 정신의 수용적 기원이라면, 정신의 의식된 현실은 감성의 현실로서 의식된다. 그리고 정신의 수용적 기원 자체가 완전한 현실인 경우에만 정신의 현실은 인식될 수 있다. 다른 말로 감성이 실제로 인식적 (erkennend)이라면, 정신의 현실은 감성의 완성된 현실의 현실로 알려진다. 정신의 선험적 실재성은 감각적으로 의식된 소여(das Gegebene), 즉 표상의 형식(Form)으로서 의식된다. 감성 자체는 정신을 통해 정신의 수용적 기원이 되는데, 정신에서 비롯되는 감성의 기원은 감성의 후험적 질료를 정신이 선험적 형식으로 종합할 수 있는 가능성과 필연성의 근거로 드러난다. 이는 이 질료가 정신 자체에 의해 산출된 선험적 세계 소유에 대한 형식적이자 제한적 규정, 즉 시공간의 순수 직관에 대한 형식적이자 제한적 규정인 한에서만 그러하다.

207　　정신이 감성 발출의 기원인 한, 감각적으로 인식된 것은 언제나 이미 추상되어 있다. 왜냐하면 그것은 존재 행위 자체를 통해 파악되고, 정신은 감성을 산출하는 가운데 이 존재 행위 자체를 갈망하기 때문이다. 감성이 정신의 수용적 기원인 한, 표상으로의 회귀는 언제나 이미 실행되었다. 왜냐하면 전적인 존재 행위는 감각적으로 직관하는 세계 소유
290　를 통해서만 소유되기 때문이다. 이로써 정신에서 비롯되는 감성이 발출한다는 관점에서 표상으로의 추상화하는 전회 가능성에 대한 개념이 얻어졌다.

3) 토미스트적 사유 과정의 형식적 구조에 대한 논증

물론 이러한 논증은 최종 단계에서 명시적인 본문보다는 토미스트적 사유의 지속적인 내적 역동성에 의존해야 하였다. 감각적 사고력의 도움으로 실행되는 추상화하는 조명과 감성의 기원 간의[즉, 결합 (conjunctio) 간의] 연결에 대한 명백한 표시가 있는 한, 이미 이에 대한

관심은 집중되었다. 나아가 공통 본성(natura communis)이 감각적 사고력을 통해 파악되는 한, 그러나 감각적 사고력이 감성으로 들어가는 정신의 연장(continuatio)으로서 언제나 고찰되는 한, 추상에 대한 우리의 해석은 토마스 자신에 의하여 명백히 진술되었다. 비록 추상이라는 제하에서 다루지는 않았을지라도 말이다. 더 나아가서 토마스가 추상과 정신에서 비롯되는 감성의 발출이라는 두 가지 제하에서 개별적으로 다루었던 것에 대한 명확하고도 상세한 개요는 토마스에게서 직접 나타나지는 않는다.

그럼에도 불구하고 이러한 사유 과정의 마지막 단계의 형식적 구조는 토미스트적이라고 더욱 명백히 드러난다. 이는 반복적 확인 방식으로 이제 덧붙여 언급될 것이다. 정신과 감성의 기원적 일치는 »질서«(ordo)를, 즉 능력에 대한 형상학적 위계의 근거를 마련한다.[17] 따라서 정신과 감성은 »질서화된«(ordinierte) 능력이다. 이러한 기원 질서에 정신이 감성을 »작동시킬«[18](bewegt) 가능성이 기초로 세워져 있다. 그러나 이로써 감성과 그 대상들과의 행위가 처음부터 정신의 형태하에 서 있다는 사실이 당연히 주어졌다. "왜냐하면 서로를 향하여 질서 *291* 지워진 작동 원리 또는 행위 원리 두 가지가 있을 때마다, 사실상 더 우월한 행위자로부터 오는 것은 마치 형상적인 것과 같고, 열등한 행위자로부터 오는 것은 마치 질료적인 것과 같기 때문이다."[19](Quandocum-

....

17 Vgl. I. q. 77 a. 4 und a. 7 사실적 맥락에서 참조할 것.
18 Vgl. De verit. q. 14 a. 5 corp.: "어떠한 능력은 (직전에 상술하였듯이 자신들의 기원으로 말미암아) 자연적으로 다른 것들에 선행하여 그것들을 움직이기 때문이다."(cum quaedam potentiae sint naturaliter aliis priores et alias moveant) 여기서 »움직임«(movere)은 분명히 존재론적 차원의 작용이고 능력의 기원 관계에 대한 인식론적 근거이다. 이는 그가 본문에서 인용하여 말하는 내용이다.
19 De verit. q. 14 a. 5 corp.

que enim duo sunt principia moventia vel agentia ad invicem ordinata, id quod in effectu est ab agente superiori, est sicut formale; quod vero est ab inferiori agente, est sicut materiale) "그러나 우월한 것은 열등한 것과 관련해서 형상적인 것이고 더욱 완전하기에 (그리고 감성과 정신 간의 관계는 더욱 완전한 것을 향한 덜 완전한 것의 관계이기에)[20] 열등한 것에서 우월한 것에 의하여 분여되는 것은 형상적인 것이다."[21](Cum autem superiora sint formalia respectu inferiorum, quasi perfectiora quod participatur a superioribus in inferioribus formale est) 그러한 원리적 행위에 적용되는 원리는 다음과 같다. "본질적으로 하나의 가능태나 상태에서 비롯되는 현실태는 열등한 것이 우월한 것에 의하여 질서 지워지는 원리에 따라 더 우월한 가능태 또는 상태로부터 형상과 상을 받는다."[22](actus qui est essentialiter unius potentiae vel habitus, recipit formam et speciem a superiori potentia vel habitu, secundum quod ordinatur inferius a superiori.) 동일한 맥락이 다음과 같이 다른 방식으로 표현되기도 한다. "모든 질서 정연한 능동적 가능태에서 보편적 목적을 바라보는 저 가능태는 개별적 목적을 바라보는 가능태를 움직인다."[23](In oninibus potentiis activis ordinatis illa potentia quae respicit finem universalem, movet potentias quae respiciunt fines particulares) 반면에 열등한 능력의 능동적 운동 가능성은 기원 관계를 통해 산출된 바로 이러한 질서에 기반하고 있다. 왜냐하면 더 불완전한 것은[즉, 개별적 목적을 바라보는 것들은(quae respiciunt fines particulares)] 더 완전

....

20 Z. B. Quodl. 11 a. 5 corp.
21 III. Sent. dist. 27 q. 2 a. 4 sol. 3 ad 2
22 I-II. q. 13 a. l corp. 유사한 내용에 대해서는 다음을 참조할 것. I-II. q. 17 a. 4 corp.
23 I. q. 82 a. 4 corp.; I-II. q. 9 a. l corp.

한 것에서 발출되기 때문이다. 그러나 우월한 것에 의한 열등한 능력의 이러한 »운동«에는 다음과 같은 것이 적용된다. 즉, 우월한 것은 자신의 고유한 목적을 향하여 열등한 능력을 움직이게 하거나, 더 적절하게는 그것을 통해 스스로 움직인다. "만일 질서를 소유하는 다수의 행위자들이 있다면, 모든 행위자의 행위와 운동이 최종 목적인 제일 행위자의 선을 향하여 정향되는 것은 필연적이다. 열등한 행위자들이 우월한 행위자에 의하여 움직여지고 모든 작동자가 자신의 목적을 향하여 움직이기 때문에, 열등한 행위자들의 행위와 운동이 제일 행위자의 목적을 향한다는 것은 당연하다."[24](Si sunt multa agentia ordinem habentia, necesse est quod omnium agentium actiones et motus ordinentur in bonum primi agentis sicut in finem ultimum. Cum enim a superiori agente inferiora agentia moveantur et omne movens moveat ad finem proprium, oportet quod actiones et motus inferiorum agentium tendant in finem primi agentis) 따라서 정신에 기반한 자신의 기원에 의해서 생긴 하위 능력인 감성이 이 기원에 의해 질서 잡히고 움직여졌다면, 감성과 그 현실은 이러한 기원적 질서에 의해 처음부터 정신의 최종 목적으로, 즉 존재 행위 자체로 정향되었다.

추상하는 조명을 명확히 하기 위해 두 가지 능력의 그러한 형이상 *292*
학적 관계를 정신과 감성 간의 관계에 적용하는 것이 역사적 토마스의 사유 범위 내에 있다는 점은 토마스가 사실상 매우 유사한 문제에서 논의된 공리로 돌아간다는 사실에 의해 더욱 확증될 수 있다. 이는 (존재론적이고 은총적인 능력으로 간주되는) 상위의 덕이 다른 심리적 능력에 속하는 하위의 덕을 어떻게 형성하면서 움직이게 하는지에 대한

....

24 Campend. theol. c. 103, 유사한 내용에 대해서는 다음을 참조할 것. S.c.g. III 17.

질문에서 발생한다.[25] 이러한 유사성은[26] 다음과 같은 이유로 더욱 정
당화된다. 왜냐하면 토마스 자신은 이 질문에서 실체적 근거로부터 서
로에게서 비롯되는 자연 능력의 발출로 되돌아가기 때문이다.[27] 그런데
이러한 유사한 질문을 전개하는 것은 신학적 문제 제기 방향으로 너무
멀리 가는 것이다.

얻어진 결과에 비추어 볼 때 지금까지 주목받지 못한 추상에 대한
토마스의 논의 방식은 더 잘 이해될 수 있다. 한편으로 표상은 정신적
앎에서 능동 지성의 도구적 원인으로 간주된다.[28] 이 견해를 이해하려고
할 때 표상이 능동 지성이 가능 지성을 통해 정신적인 상을 생성하는
데 도움을 주는 필기도구와 같다는 생각을 피해야 한다. 좁은 의미의
가지상에 대한 올바른 개념은 이러한 해석을 이미 금하고 있다. 이러한
논의 방식은 표상을 참된 의미로 파악해야만 올바로 이해될 수 있다.
만일 표상이 정신에 의해 생성된 정신 능력인 감성의 형식적 규정이라
고 이해된다면, 정신이 자기 자신으로, 즉 전적인 존재 행위로 와서 언
제나 이미 추상한다는 사실을 위한 도구적 원인이라는 점은 자명하다.
그러나 표상은 이러한 감성의 형식적 규정에 의한 도구적 원인이지, 이
와는 달리 정신에 대한 그 이상의 영향을 통한 도구적 원인은 아니다.
정신의 완성을 향하여 정신에 의해 야기된 정신의 길인 감성이 자신의
형식적 규정을 통해, 즉 표상 자체를 통해 실제로 완성되었을 때, 정신
은 자신의 고유하고 자발적인 활동을(즉, 능동 지성을) 통해 자신의 고

....

25 Vgl. z. B. II-II. q. 23 a. 8; II. Sent. dist. 26 q. 1 a. 4 ad 5; III. Sent. dist. 27 q. 2 a. 4
sol. 3 corp. und ad 2; De caritate a. 3 corp.
26 병행 절에 대해서는 다음을 참조할 것. z. B. I-II. q. 62 a. 4 mit 1. q. 77 a. 4 und a. 7.
27 I-II. q. 110 a. 4 ad 1 und ad 4; III. q. 7 a. 2 corp.; q. 62 a. 2 corp.; q. 89 a. 1 corp.;
De verit. q. 25 a. 6 ad 1; IV. Sent. dist. 1 q. 1 a. 4 sol. 5 corp.; dist. 17 q. 1 a. 1 sol. 1 ad 3.
28 De verit. q. 10 a. 6 ad 7; Quodl. 8 a. 3 corp.

유한 완성에 도달한다. 표상은 감성의 완성인 자신의 고유한 존재 행위
를 통한 도구적 원인이다. 정신에 이와 다른 영향을 미칠 필요는 없다.
사실 토마스는 다른 곳에서 자신의 대상성을 넘어서는 표상의 도구적
인과성을 명백히 거부하기 때문이다.[29] 통상적인 의미에서 어떠한 것이
사전에 타자에 영향을 미치지 않고서도 이 타자가 사전에 인식된 경우
에는 이것의 도구가 될 수 있기 때문에, 표상의 도구적 인과성(causali-
tas instrumentalis)은 상식적 차원에서 이미 의미가 없다. 이것이 도구를
자발적으로 인수할 수 있는 유일한 연결 방법이다. 그러나 능동 지성과
표상 간의 도구적 인과성은 능동 지성에 대한 표상의 영향만큼이나 생
각할 수 없다. 왜냐하면 이 영향은 표상에 의한 상상력에 대한 형식적
규정과는 다르기 때문이다.

더욱이 토마스는 추상을 종종 표상의 준비(praeparatio)에 의해 조
건 지워진 것으로 묘사한다. 이러한 준비는 때로는 정신 자체의 능동
적인 영향에[30] 기인하고, 때로는 감성들의 능동적인 영향에[31] 기인하기
도 한다. 이제 얻은 결과로부터 겉보기에 이중적인 이러한 준비가 사
실은 하나라는 점이 드러난다. 감성의 발출을 허용함으로써 정신은 이
미 언제나 감성 안으로 능동적인 영향을 미친다. 즉, 정신은 처음부터

....

29 I. de anima lect. 2, n. 19(Reginald von Piperno의 보고!); III. Sent. dist. 31 q. 2 a. 4
corp.
30 I. q. 85 a. l ad 4; I. q. 76 a. 2 corp.: "감각적 능력들은 지성에 복종하고 봉사한다."(o-
boediunt vires sensitivae intellectui et ei deserviunt); II-II. q. 173 a. 2 corp.; S.c.g. II
73[표상에 대한 이성의 지배(imperium rationis über die phantasmata)]; III. de anima
lect. 13 n. 791: "어떠한 표상을 형성하는 행위(formare sibi aliquod phantasma); 이성을 통
하여 상상력의 표상을 형성하는 행위"(formare sibi aliquod phantasma; formare imaginati-
vae virtutis phantasmata durch die ratio): I. q. 81 a. 3 ad 3.
31 I-II. q. 50 a. 4 ad 3; S.c.g. II 73; II 80. Vgl. auch S.c.g. II 60 아베로에스(Averroës)와
동일한 견해.

능력으로서의 감성을 형성하여 감성의 형식적 규정인 표상이 정신의 법칙에 서 있도록 한다. 감성이 자신의 이러한 정신성을 자신의 규정인 표상에 전달하는 한, 감성은 정신에 표상을 추상하도록 준비한

294다[즉, 이는 »우리가 상들의 본성을 고려할 수 있는 한«(inquantum accipere possumus in nostra consideratione naturas specierum)이라고 간주된다]. 감성의 이러한 정신성이 정신 자체에 의해서 기원적으로 산출되는 한, 정신은 표상을 준비시키는 것 자체이다. 정신이 일단 자기 자신과 함께 있게 되면, 이 같은 이유로도 정신은 감성을 자유로운 방향으로 이끌어 이를 완성할 수 있다. 이러한 마지막의 경우에 두 가지 구분되는 준비가 있다. 하나는 감성의 준비이다. 이는 원래 자연적인 자기 구성을 통한 정신 자체의 준비이다. 다른 하나는 자유로이 자신의 감성을 지배하는 정신의 준비이다. 두 번째 준비는 첫 번째 준비에서 다시 자신의 가능성을 갖는다. 근본적으로 추상은 감성의 발출을 허용하는 행위(Entspringenlassen)에 근거한다. 즉, 추상은 자유롭게 머무는 정신 안에 유지되는 정신 능력의 발출 허용에 근거하기에(정신의 자유에 대해서는 별도로 논의할 것이다), 토마스는 능동 지성이 가능 지성에 »직접« 영향을 미치지 않고 표상에 영향을 미친다고 말할 수도 있다.[32]

....

32 De anima a. 18 ad II.

6. 정신의 자유

앞 절에서 정신으로부터 감성이 발출하는 것이 추상하는 조명의 가능성이라고 대략적 개요로 이해되었다. 지금까지는 차라리 전제된 것으로 또는 단지 암시적 방식으로만 논의되어 강조되었기에, 이러한 해명은 어떠한 면에서 더욱 본질적인 보완이 필요하다. 정신으로부터 감성이 발출하는 것은 정신의 선험적 실재성(die apriorische Aktualität des Geistes)이 감각적으로 제공된 것의 형식으로 의식되어 추상이 실 211 행되기 위한 가능성임이 밝혀졌다. 여기서 발출은 다음과 같은 방식으로 포괄적으로 이해되었다. 발출은 한편으로는 단순히 능력이 발출하는 본질이나 존재 규정의 본질에도 속하지 않지만, 다른 한편으로는 감성의 정신화(Durchgeistung der Sinnlichkeit)가 실제로 추상화를 가능하게 하는 데 규정적인 역할을 한다.

1) 정신에서 비롯된 자신의 기원을 뛰어넘는 감성의 자유

위에서 능력의 발출에 대해서 정신 및 감성의 발출의 관점에서 진술되었던 것은 토마스에 따르면 한 존재자의 필연적 규정 자체를 전개하면서(accidens per se proprium) 그 본질을 구성하는 데 일반적으로 적용된다. 그럼에도 불구하고 필연적이지만 본질 근거와는 다른 존재자 규정은 이 근거로부터 발출하며, 이 근거는 그들 안으로 들어가 자신을 전개한다.[1] 이제 좁은 의미의 능력들이 특정한 질서 안에서도 흩어져 발출하듯이, 이는 한 존재자 자체의 규정에서도 전적으로 일반적이다.[2] 따라서 토마스에 따르면 수량(quantitas)은 질료적 존재자를 통해 이 존재자의 다른 모든 질적 규정을 수용적 기원으로서 자신에게 받아들이는 첫 발출자이다.[3] 그러나 이제 질료적 존재자의 실체적 근거가 자신의 다른 모든 규정의 첫 번째 수용적 기원인 수량이 자기 자신으로부터 발출하도록 허용한다면, 실체적 근거 자체는 전적으로 수량적이자 시공간적이 된 것이다. 그 자체로는 단순하고 구분되어 있지 않은[4]

....

1 S.c.g. IV 14: "우유들은 실체의 원리들에 의해 야기된 어떠한 형상이다."(accidentia sunt formae quaedam a principiis substantiae causatae) 유사한 내용에 대해서는 다음을 참조할 것. IV. Metaph. lect. 2 n. 559; De malo q. 4 a. 2 ad 9; I. q. 77 a. 1 ad 5 ; a. 6 corp. und ad 3.[자연적 결과(naturalis resultatio)] 유의할 점은 이 시점에서 모든 고유하고 그 자체로 우연적인 것에 대해 전적으로 보편적으로 논의된다는 것이다. "주체의 원리들은 그 자체로 우연의 원리들이다."(Principia subjecti sunt principia per se accidentis): De virtut. q. 1 a. 3 corp. Vgl. De spir. creat. q. 1 a. 11 corp.; De anima a. 12 ad 7; I. Sent. dist. 17 q. 1 a. 2 ad 2.

2 I. Sent. dist. 3 q. 4 a. 3 ad 2.

3 IV. Sent. dist. 12 q. 1 a. 1 sol. 3 corp.; dist. 16 q. 3 a. 1 sol. 1 ad 3; I-II. q. 7 a. 1 ad 3; I. q. 77 a. 7 ad 2; I-II. q. 50 a. 2 ad 2; q. 56 a. 1 ad 3; IV. Metaph. lect. 7 n. 635.

4 S.c.g. IV 65: "모든 실체는 수량이 제거되면 나누어지지 않는다."(remota quantitate substantia omnis indivisibilis est) Vgl. auch I. q. 50 a. 2 corp. 이는 물론 비현실적 가정을 다루고 있다.

실체적 근거는 수량적인 것의 근거인 질료의 분산에 의해 자신을 잃어, 자신에게는 분산을 극복하는 일치이자 정신 그 자체를 자신에게 모아 그 자체가 되게 하는 일치는 더 이상 머물지 않는다.[5]

이러한 상황에서 다음과 같은 질문이 제기된다. 왜 정신은 감성의 발출을 허용함으로써 타자에, 즉 질료에 자신을 잃지 않고 타자 안에서만 자신을 소유하여 더 이상 자기 자신과 함께 있지 않는가? 어찌하여 이러한 방식으로 가능 지성이 자신과 함께 존재할 수 있도록 하는 것이 자기 자신으로의 회귀를 가능하게 하는가? 동시에 이 질문은 정신의 선험적 구조가 감각적으로 제공된 것의 형식이 되는 특유한 방식에 대한 질문이기도 하다. 이 형식이(즉, 존재 행위 자체가) 질료적 존재자의 형상에 따라 표상을 정신화하는 것이었다면, "형상은 질료의 비율을 넘어서지 않을 것이다."라고 적용되었을 것이다. 형상은 오로지 그 자체로서 인식될 수 있었을 것이고, 정신은 표상 자체로의 전회를 통해 감각적으로 되었을 것이며, 표상은 더 이상 의식된 존재 행위 자체를 통해 인식되지는 않았을 것이다.

이 질문에 응답하기 위한 전제들은 이미 우리에게 주어졌다. 즉, 이 질문에 대한 답은 감성을 자신에게서 발출하도록 허용하는 정신이 도약하여 향하는 목적을 확정함으로써 얻어진다. 이 목적은 타자도 질료

....

5 토마스의 다음과 같은 용법들을 비교해 볼 것: "형상은 비율적으로 질료를 초월하지 않는다;"(forma non excedit materiae proportionem) "질료적 형상은 실현되게 하는 절대 존재를 소유하지 않는다."(forma materialis non habens esse absolute in quo subsistere possit)(II. Sent. dist. 1 q. 2 a. 4 ad 4); "자체적으로 실현되지 않는 형상은 주체의 양식으로부터 다른 양식을 소유하지 않는다. 왜냐하면 그것은 그러한 주체의 현실태인 한에서만 존재 행위를 소유하기 때문이다."(forma quae non est per se subsistens, non habet alium modum a modo subjecti, quia non habet esse nisi inquantum est actus talis subjecti)(IV. Sent. dist. 49 q. 2 a. 3 ad 6, vgl. auch 1. c. a. 4 corp. 시작 부분)

도 아니고, 따라서 감성도 아니다. 이 목적은 오히려 존재 행위 자체, 비감각적 정신 자체이다. 왜냐하면 정신은 존재 행위 자체를 향한 열망을 통해—이 열망도 정신 자체이다—감성을 산출하기 때문이다. 그래서 정신은 감성이 발출하도록 허용하는 가운데 감성의 폭을 언제나 이미 뛰어넘었고, 지성은 감성의 발출을 허용하는 기원으로서 실체적 근거로부터 가장 먼저 발출하며, 따라서 감성의 모든 협소함보다 우선적이다. 따라서 정신 자체가 감성이 된다는 의미에서 정신은 수용적 기원인 감성에 최종의 것으로서(als Letztes) 수용될 수 없다. 그렇지 않다면 정신은 자신의 수용적 기원을 더 이상 넘어서지 않았을 것이다. 이는 동일한 것이 두 번씩이나 기원에서 발출되어 기원에 수용되었을 것이라는 점을 말한다. 따라서 정신은 감성보다 우선하며 동시에 나중에 온다. 그러므로 다음의 진술은 사실이다. "그것은 타자를 정복하고 지배하면서 타자와 결합한다. 영혼의 본질은 형상으로서 육체와 결합한다. 그러나 정신이 실현되게 하는 절대적 존재 행위를 소유하지 않는 질료적 형상으로서가 아니라,[6] 자신의 능력으로 육체적 질료를 넘어 질료를 지배하면서도 이에 매몰되지 않는 형상으로서이다."[7](Unitur alteri ut vincens et dominans super illud essentia animae unitur corpori ut forma, non tamen sicut forma materialis non habens esse absolute in quo subsistere possit sua virtute excedit materiam corporalem dominatur materiae et minus ei immergitur) 그럼에도 불구하고 정신은 감성 안으로 자신이 발출하도록 허용하는(Sich-entspringen-Lassen) 데에서 자유롭다. 정신은 질료의 형상으로서 자신 안에서 실현된다. 따라서 자신의

....

6 II. Sent. dist. I q. 2 a. 4 ad 4.
7 I. q. 76 a. 1 corp. Vgl. S.c.g. II 81; De spir. creat. a. 2 corp. und ad 2, ad 4; De anima a. 1 corp.; a. 2 corp. 결론 부분.

선험적 구조는 표상의 형상이자 자기 자신에게 존재하는 형상이다. 형상은 감각적으로 제공된 것의 구조인 감성을 통해 제공된 개별자의 구조로서 인식되지만, 개별자의 개별성 안으로 사라져 자신의 보편성을 숨기는 방식으로 인식되지 않는다. 두 가지 면에서 제한되어야 하고 수 213 용 지성의 본질에서 더욱 기원적인 일치로 이해되어야 하는 정신으로서의 정신과 질료의 규정으로서의 정신 간의 관계는 능동 지성의 빛과 표상의 빛 간의 관계에도 적용된다. "따라서 이러한 이해의 작용 원리는 형상적으로(즉, 형식으로서) 이 인간에(즉, 질료적 본질에) 내재해야 한다. 그러나 이러한 작용의 원리는 자신의 존재 행위가 육체에 의존하여 질료에 구속되었거나 또는 매몰되어 있는 것의 형상이 아니다. 그래서 앞서 논의된 것들이 맞다면 특정 정신적 실체는(그 자체로 머무는 것, 즉 질료로부터 자유로운 것은) 인간 육체의 형상이라고 말해야 한다."[8] [oportet igitur principium huius operationis quod est intelligere, formaliter inesse huic homini; principium autem huius operationis non est forma aliqua, cuius esse sit dependens a corpore et materiae obligatum sive immersum. Oportet autem dicere, si praedicta coniungantur, quod quaedam spiritualis substantia (solche bleibend, d. h. frei von der materia) sit forma humani corporis] 앞서 논의된 것들은 다음과 같다. 정신의 선험적 구조는 감각적으로 제공된 것의 형식이다. 왜냐하면 감성은 정신의 수용적 기원이기 때문이다. 그럼에도 불구하고 자유롭게 머물러 정신이 자기 자신에게 회귀하여 감성을 통하여 타자를—이 타자는 감성 안에서 정신 그 자체이다—타자로서 인식한다. 왜냐하면 정신 자

....

8 De spir. creat. a. 2 corp. Vgl. 1 c. a. 9 ad 3: "형상은 육체의 능력을 초월한다."(forma transcendens corporis capacitatem) und ad 4: "육체는 영혼의 정의 안에 놓여 있다."(in definitione animae ponitur corpus)

체는 감성의 발출을 허용하는 기원이고 감성이 아니라 정신 자신이 발출 허용이 향하여 가는 목적이기 때문이다.

앞 절의 문제점이 토마스에게는 낯선 것이 아니라는 점을 보여 주기 위해서 이미 거기서 정신의 선험적 구조와 표상 간의 관계의 신학적 유사성에 대해 간략히 주의를 기울였다. 이제 이 유사성은 또한 이 298 절의 문제점으로 지속된다. 따라서 예를 들어 사랑(caritas)은 다른 덕목들에 영향을 주고 그것들의 고유한 목적으로 향하게 하고 움직이게 하는 형식이자 뿌리이며 다른 덕목들을 낳는 원리이다.[9][즉, 어머니(mater)이다] 그럼에도 불구하고 사랑은 그들 안에서 사라지지 않고 특정한 의미에서 그들 외부에 있으면서도 자기 자신을 유지한다.[10] 여기서는 이 유사성에 대해 더 자세하게 살펴볼 수 없다.

그러므로 이제 타자를 그 자체로 아는 문제와 완전한 회귀의 문제가 상대적인 결론에 도달하게 되었다. 인식자가 타자가 될 때에만, 즉 감성이 될 때에만 타자는 인식되어 소유될 수 있다. 타자 존재 행위(Anders-Sein)가 자기 자신을 향하여 추구하도록 인식자가 야기하고 이를 통해 타자를 언제나 이미 능가하는 한, 인식자가 타자라는 사실과 함께, 그리고 인식자가 타자이고 타자를 지배하면서(dominans super illud) 자기 자신과 함께 있다는 사실을 통해 하나가 될 때에만, 타자는 그 자체로 파악될 수 있다. 그러므로 정신의 선험적 구조는, 즉 존재 행위 자체에 대한 앎은 감각적으로 제공된 것의 구조로뿐만 아니라 이를 214 뛰어넘는 구조로 의식된다. 그리고 이로써 인식자는 타자와는 구분되는 자로서 자기 자신에게 있는 존재가 된다. 인식자는 감각적으로 제공

....

9 De caritate a. 3 corp. und ad 8.
10 L. c. ad 4 und ad 18.

된 것에 대한 앎을 통해 그 자체로 돌아가며, 타자보다 자신을 더 높이는 한, 정신의 선험적 형식을 자신의 고유한 것으로서 안다.

자기 자신에게로의 정신의 회귀, 즉 감성의 타자를 넘어선 이러한 나아감(Hinausgekommensein)을 우리는 토미스트적 용어로 정신의 자유라고 칭한다. 감각적인 것(das Sinnliche)은 자유롭지 못하다. 왜냐하면 그것은 자신 외의 것을 배제하는, 그리고 자신 외의 잠재적 타자를 배제하는 개별적인 것이기 때문이다. 실제로 물질 자체의 »자유«(potentia passiva libera)도 있지만,[11] 이러한 자유는 규정에 비해 전적으로 비규정적인 것의 공허한 무관심(die leere Gleichgültigkeit)일 뿐이며, 폐기되어 형식의 규정에 의하여 가능성에 속박된(ligata) 것이다.[12] 질료적인 것 자체는 규정을 통해 규정적인 것, 즉 한정적인 것이 된다. 이것은 서로 맞서고 상쟁하는 반대되는 것들, 즉 자신과 나란히 모순된 것들을 지니고 있다.[13] 정신에는 반대의 편협함과 부자유가 지양된다. *299* "왜냐하면 서로 이해가 되는 한, 모순되는 것들의 이유들은 모순되지 않기 때문이며,[14] 이러한 (정신적) 존재 행위에 따르면 모순되는 것들은 모순성을 지니고 있지 않다."[15][Contrariorum enim rationes secundum quod sunt apprehensae, non sunt contrariae, Secundum hoc esse (spirituale) non habent contraria contrarietatem] 지성적으로 인식된 것들로서 모든 사물은 동일한 종(genus)에 속한다.[16] 모순을[즉, 대립에 대치되는 것을(das se habere ad opposita)] 넘어서는 이러한 자유는 비합리적

....

11 IV. Sent. dist. 44 q. 2 a. l sol. l ad 2.

12 IV. Sent. dist. 44 q. 2 a. l sol. l ad 2.

13 I. q. 103 a. 3 obj. 2.

14 I-II. q. 35 a. 5 corp. und ad 2; q. 64 a. 3 ad 3; S.c.g. I 71.

15 III. Sent. dist. 26 q. l a. 3 ad 4.

16 S.c.g. I 55.

가능태에 우선하는 합리적 가능태의 특징이기도 하다.[17] 따라서 토마스에게 전통적인 의미에서의 자유 또한 정신의 절대적인 폭에서(즉, 보편성에서) 파생된다.[18] 정신은 언제나 개별자만을 여기 지금 있는 것으로 파악하는 감성과는 대조적으로 자유롭다. 개별자는 여기 지금 있는 것 외의 다른 것을 배제할 뿐이다. 왜냐하면 존재 행위 자체를 향하여 선취하는 한, 정신은 개별적 대상을 언제나 파악하기 때문이다. 그러나 이로써 정신은 대상을 파악하지만 정신에 의하여 파악된 그 대상이 자신 외의 다른 대상을 피인식성(Erkanntsein)에서 배제하지는 않는 방식으로 파악한다. 왜냐하면 존재 행위 자체는 자신에 반대하여 존재를 제한하고 따라서 그 폭을 좁히는 모순을 소유하지 않기 때문이다.[19]

그래서 정신의 자유가 존재 행위 자체를 향한 선취 가능성에 대한 또 다른 이름일 뿐이라면, 그리고 다른 한편으로 이 선취가 정신의 본질에 대한 의식일 뿐이라면, 선취로 말미암아 정신이 자신의 고유한 목적을 향하여 도약하고 그것을 통해 감성을 산출하면서도 뛰어넘으며, 감성 발출을 허용하는 이러한 방식으로 감각적으로 되지 않으면서 오히려 »추상적«으로 되어 자기 자신에게 회귀하여(zu sich selbst zurück-kehrend) 머문다면, 추상 가능성과 완전한 회귀 가능성은 정신의 자유 안에 근거를 갖는다고 말할 수 있다. 정신은 »질료를 지배한다«(dominatur materiae). 비록 정신이 질료와 결합되어 있다 할지라도 사실 정신은 질료에 결합되어 있기 때문에, (정신이 질료에 대한 이러한 결합을 통해 자기 자신에게 오는 한) 정신은 질료의 주인이다. "그것은 타자와 일

....

17 IX. Metaph. lect. 2 n. 1789ff.; lect. 9 n. 1881 usw.
18 S.c.g. II 47 결론 부분; II. 48; De verit. q. 22 a. 4 ad 2; q. 24 a. 1 corp.; a. 2 corp.
19 I-II. q. 64 a. 3 ad 3: "존재 행위와 비존재 행위는 모순이 아니라 모순된 반대이다."(esse et non esse non sunt contraria, sed contradictorie opposita)

치하여 그것을 지배한다."(unitur alteri … dominans super illud) 표상으로의 전회에도 불구하고, 또 이 때문에 정신은 자기 자신과 함께 있다. 즉, 자유롭다. "정신은 질료적 상태가 되기 위해 물질에 복속되지는 않 *300* 는다."[20](Non tamen materiae subditur, ut materialis reddatur) "이 (지성적) 조명은 육체에 매여 있지 않다."[21][Hoc lumen (intellectuale) non est corpori obligatum]

정신은 자신의 자유로움을 통해 감성 이외의 능력으로 등장한다. 그러나 이는 자유를 구성하기 위하여 양자가 추가적으로 만난다는 의미에서가 아니다. 즉, 둘이 함께 작용하는 것에 대한 문제, 다시 말해 둘 사이의 간극을 연결하는 문제가 야기하는 부차적 만남의 의미에서가 아니다. 정신은 자신을 수용하는 기원인 감성이 발출하도록 허용하는 기원이다. 그러나 정신 자신이 감성으로 여지없이 흘러들어가 감성이 흘러나가도록 허용하지는 않는 한, 정신은 자신의 고유한 본질에 따라 현실적이 되는 가능성을 유지하며, 그 본질의 영역은 감성에 우선하는 동시에 감성 너머에 놓여 있다. 그래서 감성의 기원인 정신은 단순히 감각적이기만 한 감성을 통해서만 자신을 드러낼 수 있는 감성의 깊은 근거만이 아니라, 감성과 더불어 자신의 고유한 본질을 작동시키는 능력이다. 그러나 감성이 발출하도록 정신이 허용하면서 자신의 고유한 본질을 작동시키는 한, 감성 자체를 통해 자신의 비감각적 본질이 드러나야 하고, 정신은 감성 자체를 통해 비감각적으로 나타나야 한다. 토마스는 비감각적 정신을 드러내는 감성을 감각적 사고력이라고 부른다.

....

20 De verit. q. 10 a. 8 ad 4.
21 De verit. q. 19 a. l corp.

2) 감성을 지시함으로써 정신의 자유를 나타내는 지표로서의 부정(»무«의 존재론적 의미)

이전의 고찰에서 자주 부딪혔던 또 하나의 문제가 이 절에서의 고찰에 이어 부록에서 명시적으로 해결되어야 할 것이다. 그것은 즉 부정 가능성에 관한 질문이다. "지성으로 들어오는 첫 번째 것은 존재자이고, 두 번째 것은 존재자의 부정이다."[22](Primum quod in intellectum cadit, est ens, secundum vero est negatio entis) "그렇다면 먼저 존재자 자체가 알려지고, 그리고 그 결과로부터 비존재자가 알려진다."[23](Primo igitur intelligitur ipsum ens et ex consequenti non ens) 문제에 대한 토마스의 전체 대답이 이 명제들에 포함되어 있다. 존재자(ens)는 이미 언제나 [아무 사물의(irgend etwas)] 어떠한 성질(Washaft)과 존재 행위 (esse)의 종합을 뜻한다. (인간 인식을 통해 대상적으로 파악된 것 자체의 형이상학적 구조를 표현한다는 의미에서) 가장 먼저 파악된 것(das Erst-Erfaßte)인 존재자 자체는, 존재 행위가 전형적이자 감각적으로 제공된 하성[어떠한 성질(Irgendwasheit)]을 향한 지향을 통해서만 인식되는 한, 언제나 이미 존재 행위 자체를 향한 선취로서의 추상과 표상으로의 전회를 표현한다. 따라서 존재자는 기본적으로 이미 정신에서 비롯되는 감성의 기원을 감각적 하성과 보편적 존재 행위의 종합을 위한 근본적 가능성이라고 말한다. 이러한 종합을 통해 정신이 자신의 자유를 보존하는 한, 존재자를 파악할 때 존재 행위 자체는 이미 언제나 암묵적으로 동시에 인식되어 있다. 즉, 존재자 자체는 언제나 이미 존재 행

....

22 De pot. q. 9 a. 7 ad 15.

23 IV. Metaph. lect. 3 n. 566 ; vgl. I. q. 11 a. 2 ad 4; VII. Metaph. lect. 4 n. 1336: "비존재자(das non ens)는 »후험적인 것을 통해«(per posterius) 존재자로 알려진다.

위 자체를 향한 선취에 의해 능가된다. 존재자가 대상적으로 인식되기 위해 이러한 선취를 통해 파악되는 한, 존재자는 이미 언제나 제한된 것으로서 인식된다. 즉 »부정«(negiert)되는데, 사실 논의된 바에 따라 이는 존재자가 경계를 이루고 있는 »무«이자 그 공허한 공간을 존재자가 채우지 않는 무를 어쩌다 고려함으로써 일어나는 것이 아니라, 오히려 존재 행위 자체에 대한 앎을 통해 일어난다. 정신의 자유를 통해 인식되는 이 존재 행위는 궁극적으로 감각적으로 제공된 하성을 통해 제한된 것으로 파악된다. 이렇게 표상으로의 전회를 통해 하성이 존재 행위와 함께 존재 행위를 제한하는 종합으로 진입한다. 이러한 종합은 존재 행위의 자유를, 즉 존재 행위의 보편성을 박탈하지 않으며 존재 행위를 의식할 수 있는 가능성의 조건이다. 따라서 감각적으로 제공된 것에 대한 부정은 대상적 인식 자체를 위한 가능성의 선험적 조건에 속한다. 부정(remotio)은―이 부정이 없으면 상상력에 토대를 둔 형이상학은 불가능하다[24]―존재자를 뛰어넘어 존재 행위를 향하는 선취의 주제화일 뿐이다. 이 선취를 통해 대표적으로 제공된 내용만이 대상화된다. 따라서 부정은 긍정의 궁극적 주제화를 통해 가능하다. 추상화하는 표상으로의 전회(die abstrahierende conversio ad phantasma)는 그러한 부정의 필연성과 가능성의 근거이다. 부정은 정신이 감성에 결속됨으로써 그 자유를 나타내는 지표이다. 비존재자(das non-ens)는 존재자가 무에(das Nichts) 맞서서 지속되기 때문이 아니라 존재 행위 자체가 암묵적으로 동시에 파악되기 때문에 인식된다. 그렇지 않으면 무 자체에 대한 개념이 있어야 했을 것이다. 이러한 »무«는 존재자(ens)와는 »어떠한 것도« 관련이 없기에 이 개념은 존재자에 대한 인식에 의해 지탱

302

....

24 I. q. 84 a. 7 ad 3.

될 수 없을 것이다[»추후로도« »결과적으로도« 아님(nicht »secundo«, »ex consequenti«)]. 그러나 토마스에게 비존재자는 스스로 드러날 수 있는 대상이 아니며,[25] 부정은 그 자체로 특정한 인식 방식이 아니다.[26] 그래서 만일 모든 부정이 긍정에 근거한다면,[27] 가장 근본적 부정인 비존재 또한 그러해야 한다. 부정은 존재 행위 자체에 대한 초월적 긍정에, 즉 모든 임의의 긍정에 필히 암묵적으로 동시에 설정된 긍정에 근거한다. 사실 이 긍정은 그 자체로 더 이상의 것이 없는 저 부정이다. 존재 행위 자체는 더 이상 곁에 부정을, 즉 비존재를 소유하지 않는다. 실재적 존재 행위와 비존재가 동등한 권리를 공유하는 인식 대상의 공간은 없다. 우리가 사유하면서 존재 행위 옆에 비존재 행위 자체를 동등하게 정렬된 인식 대상으로 설정할 수 있다고 항상 믿기 원한다는 사실은 우리가 존재 행위를, 감성에 대한 결속됨 없이는, 즉 표상으로의 전회 없이는 인간에게 정신적 자유가 없는, 존재자의 양식을 통해서만 인식한다는 사실에서 기원하는 환상일 뿐이다.

....

25 I. q. 16 a. 3 ad 2: "비존재자는 자기 안에 인식될 수 있는 것이 아무것도 없다."(non habet in se unde cognoscatur)

26 I-II. q. 71 a. 6 ad 1: "긍정과 부정은 동일한 종으로 환원된다."(affirmatio et negatio reducuntur ad idem genus) 1. II. q. 72 a. 6 ad 3: "부정은 상에 적합하지 않더라도, 그것이 따르는 어떠한 긍정으로의 환원을 통해 상에 의해 구성된다."(negatio, etsi proprie non sit in specie, constituitur tamen in specie per reductionem ad aliquam affirmationem quam sequitur)

27 De malo q. 2 a. 1 ad 9.

7. 감각적 사고력

감각적 사고력은 감성 자체를 통한 자유로운 정신의 개시(Enthül-lung)로, 정신과 감성의 통합된 중간으로, 조명된, 즉 추상화하는 표상으로의 전회로, 따라서 정신이 감성에 영향을 주어 자신으로부터 발출하도록 허용하여 감성을 움직이고 형성하면서 자신의 인식 행위의 공동 원리로 소유할 수 있다는 지표로, 우리에게 이미 드러났다.

이 작업의 맥락에서 볼 때 감각적 사고력에 대한 토마스의 이론에 303
서 우리에게 중요한 것은 오로지 표상으로의 전회에 대한 이해를 고찰해야 한다는 것이다. 이러한 관점에서 감각적 사고력에 대한 토마스의 규정적 진술이 다루어졌다. 이제 우리가 이 진술을 보완한다면 이로써 이미 도달한 표상으로의 전회에 대한 이해에 관하여 일종의 소급 검증이 동시에 수행될 것이다.

1) 전회의 »감각적« 능력으로서의 감각적 사고력

감각적 사고력과 전회가 일단 사실적으로 동일한 것을 말하거나 또는 만일 감각적 사고력이 무엇보다도 능력(Vermögen)을, 그리고 전회가 현실적 인식 행위를 칭한다는 사실을 고려한다면, 우리는 "감각적 사고력은 표상으로의 전회의 능력이다."라고 말할 수 있다. 토마스에게는 감각적 사고력이 하나의 (여전히 규정되어야 한다는 의미에서) 감각적 능력이라는 점을 우리가 고려한다면, 표상으로의 전회가 근본적으로 무엇인지를 유념하는 가운데 우리의 정식은 다음과 같아야 한다. "감각적 사고력은 발출을 허용하는 정신의 자유로운 기원에 지속적으로 감성이 유지된다는 사실을 가리키는 용어이다." 토마스가 감각적 사고력을 실제로 표상으로의 전회와 일치시킨 것은 4절에서 이미 보았다. 이는 또 다른 더 간단한 방식으로도 확인된다. 토마스는 [개별 이성(ratio particularis)인] 감각적 사고력 없이는 인간은 결코 인식할 수 없다고 명시적으로 설명한다. "이것 없이는(즉, 지각적 감성이라고 불리는 개별적 이성 없이는) 영혼은 어떠한 방식으로든(즉, 자신의 현세적 상황에서는) 인식하지 않는다."[1](sine hoc anima nihil modo intelligit) 그 이유는 답변과 전체 논고의 맥락에서 드러나듯이 표상으로 추상하면서 회귀하는 것이 필수적이기 때문이다. 감각적 사고력 및 회귀의 필요성은 일치하고, 따라서 이들 자신은 실제로 하나이다. 토마스의 후기 저술에서도 같은 것이 더욱 명확하게 나온다. "그러나 육체적 영혼의 이러한 부분이 없이는(즉, 수동적 지성 없이는) 지성은 아무것도 인식하지 않는다. 왜냐하면 아래에서 논의되듯이 표상 없이는 어떠한 것도 인식할 수 없

....

1 IV. Sent. dist. 50 q. 1 a. 1 ad 3.

기 때문이다."[2][sine hac autem parte animae corporalis (d. h. ohne den passivus intellectus) intellectus nihil intelligit. Non enim intelligit aliquid sine phantasmate ut infra dicetur] »영혼은 표상 없이는 아무것도 인식하지 않는다.«[3](nihil sine phantasmate intelligit anima)라는 아리스토텔레스의 진술은 '표상으로의 전회'에 대한 또 다른 표현일 뿐이다. 따라서 『신학대전』 제I권 'q. 84 a. 7 sed contra'는 전회를 논증하는 철학자 아리스토텔레스의 진술이다. 회귀의 필요성에 대하여 토마스가 제시한 논증은 (아래에서 논의되듯이)[4] 토마스에게는 더할 나위 없이 이미 감각적 사고력에 대한 논증이다. 따라서 이들은 실제로 하나이다.

2) 자신의 특정 감성을 통한 감각적 사고력

정신과 감성의 일치된 중간이 오로지 인간에게만 고유한 감성 능력인 한, 그리고 정신이 감성 안으로 연속하여 정신이 주재하는 영향하에 서 있는 것이 이 능력에 본질적인 한, 감각적 사고력이 정신과 감성의 일치된 중간이라는 점은 이미 논증되었다. 이 결과는 토마스가 감각적 사고력에 부여한 기능들을 고려하면 확인된다. 개별자 자신과 공통본성(natura communis)이 이미 차별화된 일치를 통해 제공되어야 함을 보여 주는 방식으로, 감각적 사고력은 개별 대상의 능력이다. 감성과 감각적 사고력의 정신화는 무엇보다도 지성 기능의 거의 모든 이름이 정신화로 이월된다는 면에서 이미 순전히 외적으로 드러난다. 토마스

....

2 III. de anima lect. 10 n. 745. 전회(conversio)와 감각적 사고(cogitativa) 기능의 일치에 대해서는 다음을 참조할 것. S.c.g. II 80 결론 부분.
3 De anima Γ, 7 437 a 17.
4 Vgl. III. de anima lect. 12 n. 772; lect. 13 n. 791.

는 지성에서 협의의 지성(intellectus)과 이성(ratio)을 구분하듯이,[5] 감각적 사고력에서도 지성적 측면과 이성적 측면을 구분한다.[6] 지성이 판단을 통해 나누고 구성하듯이(dividit et componit), 감각적 사고력에도 219 305 나눔과 구성 행위(dividere et componere)가 귀속된다.[7] 감각적 사고력은 지성과 유사하게 »비교한다.«[8](confert) 감각적 사고력은 '조사하고 비교함으로써'[9](inquirendo et conferendo) 활성화되고 지성처럼 관계 파악(collativa) 능력으로 설명된다.[10] 우리는 'collativa'라는 단어를 관계 파악 능력이라고 번역할 수 있다. 왜냐하면 감각적으로 제공된 것에 대해 유용한지 아니면 해로운지 등을 파악하는 것 등 감각적 사고력이 성취하는 것은, 단순히 실제적 결과로만 본다면, 짐승들의 본능과는[11] 명백히 구분되기 때문이다. 따라서 관계 파악을 위한 능력인 감각적 사고력은 개별 이성(ratio particularis), 즉 수동 지성(intellectus passivus)이라고도 불린다.[12] 지금 토마스가 감각적 사고력의 이러한 능력들을 오로지 개인적 지향(intentiones individuales)과 관련해서만,[13] 곧 오로지 개별 대상과 관련해서만 개별적 지향(intentiones particulares)으로 귀속시키는 것은 옳다. 토마스에게 감각적 사고력은 감각적 능력이기

....

5 Z. B. I. q. 79 a. 8 und 병행 구절.

6 VI. Ethic. lect. 9 n. 1249; n. 1255.

7 S.c.g. II 73; I. q. 78 a. 4 obj. 5.

8 De verit, q. 15 a. 1 corp. 결론; vgl. Metaph. lect. 1 n. 15[»비교«(collatio)«].

9 De anima a. 13 corp.

10 II. de anima lect. 13 n. 396; I. q. 81 a. 3 corp.; I. q. 78 a. 4 corp. usw.

11 I. q. 78 a. 4 corp.; De anima a. 13 corp.; III. Sent. dist. 26 q. 1 a. 1 ad 4: "본능은 비교하지 않는다."(instinctus »non confert«) 마찬가지로: I. q. 83 a. 1 corp.; II. Sent. dist. 24 q. 2 a. 2 corp.; dist. 25 q. 1 a. 1 ad 7.

12 De anima a. 13 corp.: "관계 파악의 관점에서 개별 이성뿐만 아니라 수동 지성 또한 논의된다."(… collativa … unde et ratio particularis dicitur et intellectus passivus)

13 I. q. 78 a. 4 corp. usw.

때문에 이는 그에게는 이미 자명한 것이다. 그러나 자세히 살펴보면 이는 모든 감성이 개별자만을 파악할 수 있을 뿐이라는 것을 뜻할 수 없다는 점이 즉각 드러난다. 개별자는 보편자의, 즉 공통 본성과의 이미 차별화된 일치를 통해 감각적 사고력에 제공되어야 한다.[14] 이를 명시적으로 강조하는 본문은 이미 언급되었다. 그러나 방금 논의된 것 또한 이러한 이해를 확인시켜 준다. 단순한 동물적 본능과 명백히 구분되는 관계 파악, 즉 복수의 개별자들 간의 비교(collatio plurium singularium)는,[15] 비록 명시적 주제가 되지는 않았을지라도, 개인적 지향들 중에서 이미 부각되고 제공되며 파악되는 공통적인 것이 없다면 생각될 수 없다. 그러므로 이러한 특별한 의미에서 정신은 개별자를 파악하는 감각 *306* 적 사고력에 이미 작용하고 있음이 틀림없다. 그래서 토마스는 감각적 사고력의 이러한 비교 행위(conferre)를—비교 행위는 본능에 귀속되지 않는다—이성적 영혼과의 결합(conjunctio ad animam rationalem)으로 소급한다.[16] 따라서 다른 곳에서는 감각적 사고력의 인간적 연결고리에 주의를 기울이지 않고 본능을 직접 정신적 능력과 대치시키듯이,[17] 토마스가 동물의 본성과 인간의 실천적 행위를 구분하는 비교 행위를 한 번은 직접 열등한 이성(ratio inferior)으로 소급하여 이 열등 *220* 한 이성을 우월한 이성(ratio superior), 즉 지성과 동일시하는 것은 놀

....

14 다음에 유의할 것; 우리는 여기서(C. Nink, a.a.O., 51에서 말하듯이) 본성과 개별 사물 자체에 대해서가 아니라 오히려 감각적 사고력을 통한 그들의 소여 방식에 대해서 논의한다. 유사한 내용. C. Nink, a.a.O., 82, 각주 79. 여기서는 보편 개념을 통한 개별 사물의 특정한 소여 방식이 문제가 된다.

15 I. Metaph. lect. 1 n. 15.

16 III. Sent. dist. 26 q. 1 a. 2 corp.

17 I-II. q. II a. 2 corp.; q. 15 a. 2 corp.; q. 16 a. 2 ad 2; q. 17 a. 2 ad 3; q. 46 a. 4 ad 2; a. 7 ad 1.

랄 일이 아니다.[18] 감각적 사고력이 개별자를 파악하는 이러한 특별한 방식은 그것이 특정한 경우에 정신과 함께 작용하는 방식에서 더욱 명확해진다. 토마스에 따르면 실천 이성(intellectus practicus)의 추론적 판단은—이 판단을 통해 작용의 보편적 법칙(universalis sententia de operabilibus)이 특정한 개별 사례(particularis actus)에 적용된다—감각적 사고력의 도움을 통해서만 가능하다.[19] 감각적 사고력은 개별자를 제시하여 실천 이성의 일반 법칙(opinio intellectus practici)이 개별자에 적용될 수 있도록 한다. 게다가 감각적 사고력은 필수적이다. 왜냐하면 이미 보여 준 바와 같이 감각적 사고력 없이는 개별자 자체에 도달될 수 없기 때문이다.[20] 그러나 이제 개별자가 감각적 사고력을 통해 제공되어 보편적 법칙이 개별자에 적용될 수 있다면, 개별자 자신은 이 법칙의 사례로서 감각적 사고력을 통해 제공되어야 한다. 감각적으로 제공된 것은 단순히 감각적으로, 즉 다른 것과 관계없이 이것임(Diesheit)으로서 감각적 사고력 안에 존립할 수 없다. 감각적 사고력을 통한 개별자는 스스로 이미 보편자에 대하여 지시해야 한다. 비록 이것임과 기본적인 보편적인 것으로서의 공통 본성이 아직 실제로 분리되지 않았다고 할지라도 말이다. 개별자는 공통 본성하에 존재하는 자로서(ut existens sub natura communi) 제공되어야 한다. 감각적 사고력의 본질에 대한 이러한 통찰이 추상화하는 표상으로의 전회를 올바로 이해하기 위하여 어떠한 의미를 갖는지는 이미 4절에서 밝혀졌다.

보편적 이성을 향한 친화성과 근접성(affinitas et propinquitas ad

....

18 II. Sent. dist. 24 q. 2 a. 2 corp.

19 Vgl. I. q. 81 a. 3 corp.; q. 86 a. 1 ad 2; De verit. q. 10 a. 5 corp., ad 2 und ad 4; IV. Sent. dist. 50 q. 1 a. 3 ad 3 in contr.

20 De anima a. 20 ad 1 in contr.

rationem universalem)이 감각적 사고력에 본질적인 한, 거기에서는 정신 자체가 이러한 »감각적« 능력의 구성적 요소라는 사실도 이미 드러났다. 이로써 감각적 사고력이 정신과 감성의 일치된 중간을 형성하는 한에서만 감각적 능력이라는 점 또한 드러났다. 따라서 '왜 토마스가 감각적 사고력을 감각적 능력이라고 그렇게 강조하였는가?'라는 질문만이 남는다. 이 질문은 토마스가 유사한 질문에서 제시한 전유 원칙(Zueignungsprinzip)에 의해 명확해진다. 선택의 자유는 지성과 의지에 공동으로 뿌리를 두고 있지만 그것과는 구분되는 능력인가? 만일 그렇지 않다면 선택의 자유는 두 능력 중 어디에 속하는가? 토마스는 선택의 자유가 »이성과 지성의 덕목이 의지에 머무는 한«(secundum tamen quod manet in ea virtus rationis et intellectus) 의지에 속한다고 대답한다. 따라서 선택의 자유가 적어도 그 정도로 이성과 지성의 덕목 ²²¹ (virtus rationis et intellectus)을 표현하는 것이라면, 그럼에도 불구하고 왜 선택의 자유가 »주로 의지의 행위«(principaliter actus voluntatis)인가? "왜냐하면 어떠한 능력의 행위가 다른 덕목이 이 능력에 머무는 것에 따라 발생한다면, 그 행위는 언제나 그 능력에 귀속되고 그것의 매개에 의해 야기되기 때문이다."[21](Quandocumque enim est aliquis actus alicuius potentiae secundum quod manet in ea virtus alterius, semper ille actus illi potentiae attribuitur, qua mediante producitur) 따라서 행위는 기원적으로는 하나의 능력에서 출발하고, 능력의 덕을 자체 내에 지니고 있다. 왜냐하면 이 덕은 두 번째 능력에도 본질적으로 속하여, 행위는 이 두 번째 능력을 매개로 해서(qua mediante) 전개되기 때문이다. 오로지 이러한 이유로 행위는 이러한 두 번째 능력의 행위로서 진술된

....

21　II. Sent. dist. 24 q. 1 a. 3 corp.

다. 바로 이 관계가 우리의 경우에도 존재한다. 공통 본성과 개별자의 차별화된 일치는 감성의 매개를 통해서만 개별자와의 일치로서 전개될 수 있다. 따라서 오로지 이러한 이유로 이러한 일치의 장(Ort), 능력, 그리고 그 행위는 감각적이라고 불린다. 결국 이로써 이러한 »감각적« 능력 안에 (자유 의지에서와 같이) 이성과 지성의 덕목이 머물고, 감각적

308 사고력을 감성에 이렇게 귀속시키는 시키는 것에도 유사한 경우에서 처럼 "그러나 절대적으로가 아니라, 지성 또는 이성의 덕목이 그 안에 머문다는 사실에 따라."(non tamen absolute, sed secundum quod manet in ea virtus intellectus vel rationis)라는 진술이 언제나 적절히 추가되어야 한다는 사실이 결코 부정될 수 없다.[22] 그래서 감각적 사고력의 감성이 올바로 이해된다면, 이러한 특성은 감각적 사고력을 근본적으로 추상화하는 표상으로의 전회의 장으로, 즉 감성에 결합된 정신의 자유의 장으로 파악하는 데 아무런 방해가 되지 않는다. 감각적 사고력은 사실 수동 지성이다. 곧, 정신의(즉, 지성의) 자유로운 자발성과, 감성을 통하여(즉, 수동적으로) 타자와의 만남을 수용하는 것의 중간이다.

3) 정신의 유일한 기원적 구상에 의하여 상상력과 일치한 감각적 사고력

감성에 관한 장에서 상상력은 모든 감성을 유지하는 뿌리임이 밝혀졌다. 만일 감성 전체가 정신을 자신의 기원으로 하고 감각적 사고력은 정신이 감성 안으로 발출하여 이로부터 감각적 사고력을 장악하는 장의 이름이라고 한다면, 상상력과 감각적 사고력은, 만일 이들이 단순히

....

22 Loc. cit.

동일한 본질의 두 가지 이름이 아니라면, 최소한 가장 가까운 관계에 서 있다는 사실이 처음부터 예견될 수 있다. 지금 토마스가 상상력과 감각적 사고력을 두 가지 다른 능력이라고 구분하는 것은 옳다.[23] 그리 고 여기서 우리는 네 가지 내적 감각(sensus interni)에 대한 이러한 객 관적 구별이 토미스트적 인식 형이상학의 내적 역동성에 의해 정말로 요구되는지, 또는 오히려 무비판적으로 전해지는 전통의 일부인지를 조사할 필요는 없다. 이 질문에 대한 대답이 무엇이든 간에, 어떠한 경 우에도 다음과 같은 한 가지 주장을 할 수 있다. 곧, 실제적인 차이 또 한 본질적으로 가변적인 개념이라는 것이다. 서로 분리되어 있고 전적 으로 구분되는 본질인 두 가지 사물은 실제적으로 다르다고 논의된다. 하나의 유일한 존재자에 속하고 하나의 유일한 의미 전체를 형성하는 두 가지 능력, 심지어 공통의 기원에 속하여 거의 동일한 발출에 자신

....

23 De anima a. 13 corp.; I. q. 78 a. 4 corp. 사실 토마스는 이들에 대해 심리학적으로 구 분한다; 양자에 대한 구분은 다음을 참조할 것: IV. Sent. dist. 7 q. 3 a. 3 sol. 2 obj. 1; 상상 력에 대해서는 다음을 참조할 것: II. Sent. dist. 20 q. 2 a. 2 corp.; IV. Sent. dist. 7 q. 3 a. 3 sol. 2 corp.; De verit. q. 18 a. 8 corp.; 감각적 사고력에 대해서는 다음을 참조할 것: I. q. 78 a. 4 corp.; IV. Sent. dist. 50 q. l a. 1 ad 3; S.c.g. II 60; De verit. q. 10 a. 5 corp.; q. 15 a. 1 corp. 결론. 그러나 de mem. et rem. lect. 2 n. 321에서 내적 감각들(sensus interni) 간의 실제적 다양성이 소개되는 방식은[아비첸나는 합리적으로 보여 준다(sed Avicenna rationabiliter ostendit)] 토마스가 이 주제에 대해 결정적인 형이상학적 관심을 갖고 있지 않다는 점을 보여 준다. »합리적으로«(Rationabiliter)라는 표현을 토마스는 종종 »지시적으 로«(demonstrative)라는 표현에 대조적으로 사용하였다. Vgl. In de coelo lib. I. lect. 12 und Rousselot, a.a.O., 149. 따라서 토마스는 종종 감각적 사고력이 사용되는 범위를 »의사 들«(medici)과 »주석가«(Commentator)에 제한한다. 이외에 지성적 기억과 지성이 동일시 되는 I. q. 79 a. 7에서 왜 감각적 기억, 상상력, 그리고 공통 감각에 동일한 근거들이 적용되 지 않아야 하는지, 왜 여기에서도 적용되지 않는지는 명백하지 않다: "왜냐하면 보존하고 유 지하는 것이 수동적 능력의 본성에 속하기 때문이다."(ad rationem enim potentiae passivae pertinet conservare sicut et retinere) I. q. 78 a. 4 corp.처럼 »마땅하다«(oportet)와 »필연 적인 것이다«(necessarium est)라는 표현이 토마스에게는 엄격한 결론을 반드시 가져다주지 않는다는 사실은 이미 자주 관찰되었다. Vgl. Rousselot, a.a.O., 52.ff.; 161f.

들의 존재 행위가 기인하는 이 두 가지 능력 또한 실제적으로 다르다고 할 수 있다. 이제 상상력과 감각적 사고력은 궁극적 의미에서 기껏해야 그러한 실제적 차이를 갖는다. 이것은 양자가 감각적 능력이자 실제로 내적 감각의 더 좁은 영역에 속하는 것으로서 정신을 발출 허용의 기원으로 소유하고 있다는 점에서만 드러나는 것은 아니다. 실제로 이러한 구분을 하는 토마스도 이들은 언제나 다시 함께 발출한다고 본다. 표상은, 이미 그 이름이 말하는 바와 같이, »동일한 구상 또는 상상력«[24](phantasia sive imaginatio quae sunt idem)에 속한다. 상상력이란 자신 안에 자유로이 표상을 구성할 수 있는 능력을 말한다.[25] (여기서 정신 자체의 자발성이 드러난다)[26] 다른 한편으로 감각적 사고력은 정확히 표상으로의 전회를 위한 장소로 드러나기에 표상 자신은 감각적 사고력에 제공되어야 한다. 게다가 감각적 사고력은 최고의 감성이다. 왜냐하면 감각적 사고력은, 기억력을 도외시한다고 하더라도, 동물에게는 결여된 유일한 것이기 때문이다. 그러나 다른 한편으로는 최고의 감각적 성취, 즉 질료와 정신 간의 연결 고리이다.[27] 따라서 표상은 최고의 감성인 감각적 사고력에 속해야 하지만 상상력 또한 정확히 연결 고리의 장으로 다시 드러난다.[28] 지성을 위하여 표상을 준비하는 능력으로서 때로는 감각적 사고력만이[29] 드러날 때도 있고, 기억과 함께하는 감

223 310

......

24 I. q. 78 a. 4 corp.

25 I. q. 84 a. 7 ad 2; q. 85 a. 2 ad 3; De verit. q. 8 a. 5 corp.; Quodl. 8 a. 3 corp.

26 S.c.g. II 73: "왜냐하면 지성의 지배에 따라 표상은 상상력을 통해 형성되기 때문이다." (secundum enim imperium intellectus formatur in imaginatione phantasma)

27 S.c.g. II 96: "이제 현실태의 가지 대상이 아니라면 인식 가능한 대상의 질서에서 표상적으로 더 우월한 것은 없다."(nihil autem est altius phantasmate in ordine objectorum cognoscibilium, nisi id quod est intelligibile actu)

28 I. q. 55 a. 2 ad 2. Vgl. De verit. q. 19 a. 1 corp. 제1절 결론.

29 S.c.g. II 73.

각적 사고력이,[30] 또는 단순히 상상력 또한 포함될 수 있는 더 내적인 이해 능력이,[31] 또는 상상력 및 기억과 동시에 함께하는 감각적 사고력이 드러날 때도 있다.[32] 이러한 일정치 못함에 상응하여 기억 및 상상력과 함께하는 지각적 감성은 전체로서 개별 이성(ratio particularis), 즉 수동 지성이라고 불리는 반면[33] 다른 곳에서는 감각적 사고력만이 이 이름으로 등장한다. 사실 토마스는 아리스토텔레스의 본문을 논의하면서 구상(phantasia)만을 수동 지성이라고 한 번 불렀던 반면에,[34] 다른 곳에서는 그 동일한 아리스토텔레스 본문을 감각적 사고력에 대한 진술로 간주한다.[35] 상상력과 감각적 사고력 간의 규정을 이렇게 병합하는 것은 비논리적 피상성이 아니라 사물의 본성에서 비롯된다. 이 본성은 두 능력 간의 아마도 그 모든 필수적인 사실적 구분과 함께 언제나 반복적으로 이 능력들을 한 가지 인식 행위의 일치된 전체로서 보도록 한다. 즉, 감성으로 보도록 한다. 이 감성은 정신에서 발출하여 추가적이 아니라 기원적으로 언제나 이미 정신화된 장이자 정신의 자발적 상상력에 위치한 장이다. 이 장에서 정신은 자신의 선험적인 폭의 형식적 제한과 규정을 수동적이지만 자유롭게 수용할 수 있다. 감성에 대한 이러한 기술(Beschreibung)은 상상력과 감각적 사고력에 동시에 유효하다. 이 둘을 더 분리하는 것은 인식 형이상학에서 더 이상 근본적으로 의미가 없다.

....

30 S.c.g. II So; II 81.
31 I-II. q. 50 a. 4 ad 3.
32 S.c.g. II 60. 아베로에스(Averroës)의 의견에 관한 이 보고는 분명히 토마스 자신의 의견이기도 하다(참조, 방금 인용한 본문).
33 I-II. q. 51 a. 3 corp.
34 VII. Metaph. lect. 10 n. 1494.
35 IV. Sent. dist. 50 q. l a. l obj. 3 und ad 3.

외적 감각의 한 기원인 상상력과 공통 감각 간의 긴밀하고 밀접한 관계에 대해서는 이미 앞서 드러났다. 그래서 이제 공통 감각, 상상력, 그리고 감각적 사고력은[36] 인간의 감성에서 »내적 감성(innere Sinnlich-keit)으로« 통합된다. 내적 감성 전체는 정신에서 발출되며, 이 자체가 정신에서 흘러나오는 한, 결국 외적 감각의 기원이자 뿌리이다. 상상력의 관점에서 이러한 내적 감성을 정신의 상상력으로 특징짓는 것이 독일어에서는 사안에 가장 적절할 것이다. 정신 자체는 (육체의 형상, 그리고 감각적 능력의 형상으로서) 감성의 타자 안으로 들어가 자신을 형성하고, 질료 안으로 이러한 발출을-허용함(Sich-selbst-entfließen-Lassen)으로써 자유로운 주인으로 머문다. 자유로운 주인은 자신의 고유한 법칙에 따라 상상력 안에서 질료를 형성한다. 에디트 슈타인(Edith Stein)은[37] 개별 이성, 즉 감각적 사고력을 »판단력«(Urteilskraft)이라고 번역한다. 이 단어가 독일의 철학 전통에서 특수성을 보편성에 포함된 것으로 생각하는 능력으로 이해되는 한, 이러한 번역은 옳다. 왜냐하면 감각적 사고력은 개별자를 공통 본성하에서(sub natura communi) 파악하기 때문이다. 따라서 우리는 다음과 같이 말할 수 있다. 정신의 보편적 선험성과 감각적 후험적 소여(das sinnlich aposteriorisch Gegebene) 간의 종합 능력으로서의 판단력은 상상력에 의해 형성되었다. 이 상상력을 통해 정신 자체가 감성 안으로 자신을 형성한다.

....

36 단순히 보존 능력으로서의 기억력(memorativa)에 대해서는 여기서 고찰하지 않을 것이다. 특히 I. q. 78 a. 4 corp.에 따르면 상상력(imaginativa)은 이미 이러한 보존 기능을 수행하고 기억력은 단지 감각적 사고력을(즉, 평가를) 위한 보조 기능일 뿐이기 때문이다.
37 그녀의 Q. disp. de veritate 번역에는 다음과 같은 것이 있다: "Des heiligen Thomas von Aquino Untersuchungen über die Wahrheit I" (Breslau 1931), z. B. 274(2. Auflage: Edith Steins Werke III, Louvain-Freiburg i. Br. 1950ff.).

8. 가지상 I: 가지상의 문제를 존재자에 대한 외적 규정 가능성이라는 더 보편적인 문제로 환원

    토마스가 자신의 인식 형이상학 전체에서 표상으로의 전회에 대하여 무엇을 말하고자 하는지는 어느 정도 이해하였다. 즉, 자신을 형성하는 자유로운 정신과 감성 간의 기원적 일치의 표현인 판단력에 의한 직관과 사유 행위의 일치가 그것이다. 토마스가 표상으로의 전회에 대해 명시 *312* 적으로 논의한 다수의 원전들에 대한 단순한 나열적 해석만으로는[1] 이

....

1 완전하게 준비된 것은 아니지만 참조할 것: I. q. 12 a. 12 obj. 2; q. 75 a. 6 obj. 3; q. 84 a. 7; q. 85 a. 1 ad 5; q. 86 a. 1 corp.; q. 88 a. I corp.; q. 89 a. 1 corp.; a. 2 corp.; q. 118 a. 3 corp.; q. 111 a. 2 ad 3; I-II. q. 5 a. 1 ad 2; II-II. q. 174 a. 2 ad 4; q. 175 a. 4 corp.; q. 180 a. 5 ad 2; III. q. 11 a. 2; S.c.g. II 59; 60; 73; So; 81; 96; De verit. q. 2 a. 6 corp.; q. 10 a. 2 ad 7; q. 19 a. 2 corp.; De malo q. 16 a. 8 ad 3; De anima a. 15 corp.; a. 16 corp.; Boeth. de Trin. q. 6 a. 2 ad 5 ; III. de anima lect. 12 n. 771; lect. 13 n. 791; De mem. et rem. lect. 2 n. 311-317; I. Sent. dist. 3 q. I a. 1 ad 5; II. Sent. dist. 19 q. 1 a. 1 ad 6; III. Sent. dist. 31 q. 2 a.

결과를 확장하거나 심화하는 수단이 더 이상 제공되지 않을 것이다. 이 본문들은 전회에 대한 논제를 반복하는 것으로 제한된다. 따라서 그 해석은 토마스의 전체 인식 형이상학을 오로지 확장되고 심화된 방식으로 다룰 때에만 이 작업의 범위 내에서 달성할 수 없는 이점을 약속할 수 있다. 그 대신 우리는 토미스트 인식 형이상학의 기본 개념으로부터 이 작업 과정에서 이미 자주 논의되었던 가지상 개념을 가려낼 것이다. 지금까지 얻었던 이 개념의 의미를 확장하고 정당화하는 가운데, 표상으로의 지성의 전회에 대한 토마스의 이론으로 밝혀진 것을 요약하고 반복할 기회가 있을 것이다. 그에 따라 이 개념이 전회를 이해하기 위하여 고려되는 한에서만 여기서도 그 의미가 중요하다. 이 개념과 다른 곳에서 여전히 관련된 그 밖의 모든 문제는 여기서 제외된다. 가지상의 이러한 문제는 감성을 다루는 장의 첫 부분에서 해결되지 못한 채로 남아 있는 저 문제를 해결하는 과정 중에 저절로 다시 수용하도록 할 것이다.

1) 가지상과 전회 간의 관계

먼저 우리는 가지상 이론과 표상으로의 전회 이론 간의 관계를 다시 생각해 보아야 한다. 그래야만 우리가 어떠한 관점에서 가지상의 본질을 규정해야 하는지가 확정된다. 표상으로의 전회는 감각적 직관이 모든 사유 행위의 본질적이고 지속적인 전제라는 사실을 표현하는 것이며, 이 전제는 지속적이고 항구하게 실제 사유 행위의 기초로 놓여 있다. 존재론적 규정은 각각의 경우 특정 대상에 대하여 실제적으로 인

……

4 corp.; IV. Sent. dist. 50 q. 1 a. 2 corp. und ad 6.

식하기 위하여 사유 능력을 규정하는데, 사유 능력에 대한 이러한 존재론적 규정을 가지상이라고 한다. 이것이 우리가 시작하였던 가지상의 본질에 대한 첫 번째 순수한 형식적 규정이었다. 가지상 자체는 표상으로의 전회가 실제적 인식 행위를 위한 필수 조건으로서 자신의 본질로부터 기인한다는 방식으로 확장되어야 한다. 가지상은 탐구 과정 중에서 우선 부정적으로 규정된다. 따라서 지성 자체에 대한 존재론적 규정인 가지상은 엄격히 말해 지성적 인식의 본질적 내용으로 채우는 것에 적용될 수 없다. 그다음에 ─감각적으로 제공된 것의 제한성을 넘어 향하는 실제적 선취를 통해 감각적 내용이 보편적으로 파악될 수 있다─ 가지상은 이러한 실제적 선취를 가능하게 하는 것으로서 비록 형식적이지만 긍정적인 방식으로 처음 드러났다. 그리고 나서 상은 인식자 자신의 의식적 존재 규정으로 나타나고, 이로써 이는 인식된 타 대상의 존재 규정으로서 드러난다. 가지상의 이러한 규정들은 표상으로의 전회라는 관점에서 왔다. 그러나 토마스가 가지상에 대하여 명시적으로 논의한 것으로부터 이것들도 논증될 수 있는지는 여전히 의문이다. 이것이 성공한다면 상 개념에서 물러남으로써 전회에 대한 우리의 해석이 명확해지고 확인된다.

2) 지성과 감성 간의 더 보편적 관계로의 상 개념의 환원

토마스의 가지상 개념을 해석할 때 처음부터 오류를 범하지 않기 226 위해서는 일반적으로 토마스가 이 개념을 매우 형식적인 방식으로 사용한다는 점에 대해서, 따라서 단어가 암시하는 저 내용적 의미가 매우 조심스럽게 이 개념에 귀속될 수 있다는 점에 대해 처음부터 주의해야 한다. 확실히 토마스의 가지상은 언제나 다시 알고자 하는 대상의 »지 *314*

향상«(intentionales Bild)과 같은 것이다. 이는 너무 일반적이고 자명하기에 우리가 긴 논증 자료 목록을 생략할 수 있을 정도이다. 그러나 정확히 바라보면 대상의 »상«(Bild)에(즉, species, similitudo, imago, forma에) 대한 논의라는 것이 드러난다. 지성은 상을 통해 대상을 인식한다. 왜냐하면 대상은 자신의 상을 통해 정신에 고유하게 되고 자신이 하나의 »상«이 되기 때문이다. 이를 인식하기 위해서는 신적 인식 행위를 가리키는 것으로 충분하다. 신은 »상«을 통해 사물을 인식하는데, 이 상은 사실 신의 고유한 실재적 본질이다.[2] 따라서 상이라고 논의되는 어떠한 것이 어떻게, 그리고 왜 한 대상의 »지향상«인지에 대해서 언제나 물어볼 수 있다. »모상성«(Abbildlichkeit)이 상을 자신의 존재 안에 최우선적으로 근거 지울 필요는 전혀 없지만 상의 매우 부차적인 기능일 수 있다. 어떠한 것의 상은 한 정신의 모든 존재 규정(Seinsbestimmung)일 수 있다. 존재 규정은 정신으로 하여금 이러한 »어떠한 것«에 대해 알도록 한다. 이러한 어떠한 것의 상이라는 이 형식적 논의를 통해 이 존재 규정의 내적 본성이 어떻게 그 자체로 이해되어야 할지는 철저히 개방되어 있다.

인간의 가지상의 내적 본성을 규정할 때 얼마나 조심스럽게 처리해야 하는지는 다음의 고려 사항에서 알 수 있다. 지성이 수용적 기원인 감성을 지속적으로 떠오르게 하는(oriri) 데 있다고 전제하는 것은 전적으로 분명히 토마스의 주장이다. 그런 다음 능력들의 이러한 관계가 그들의 행위의 관계로 이어지는 것은 토마스의 형이상학적 틀에서 더 이상 의심할 여지가 없다. 이제 상은 »가능태«(Möglichkeit)인[3] 지성의 정

....

2 I. q. 14 a. 5; S.c.g. I 46 usw.
3 S.c.g. I 46.

확한 »현실«(Wirklichkeit)이다. 그러므로 상은 필연적으로 자신의 가능태의 특수성을 그 자체로 지니고 있어야 한다. 따라서 상을 두 가지 방식으로 이해하는 것이 실제로 요구된다. 1. 지성이 감성을 자신의 수용적 근거로 포함하는 한, 그리고 이로써 상 자체가 표상을 포괄하는 한, *315* 상은 지성의 현실태이다. 그리고 2. 지성이 감성에 대해서 자유롭게 머무는 한, 그리고 이로써 상 자체가 표상과 달리 구별될 수 있는 한, 상은 지성의 현실태이다. 토마스는 상에 대해서 일반적으로 이미 설명된 순수 형식적 방식으로 말하기 때문에, 상에 대한 이러한 두 가지 의미 *227* 를 명시적으로 분리할 필요는 없었다. 상에 대한 첫 번째 의미가 명확할 때에만, 표상이 어떻게 지성 행위의 정의에 속할 수 있는지,[4] 그래서 현실적 인식 행위의 근거인 상에 대한 정의에도 속할 수 있는지 이해된다. 오직 이런 식으로만 명제 자체가 본질적으로 이해될 수 있고 가지상은 표상 »안에서«(im) 보이게 된다.[5] 가지상에 대한 이러한 첫 번째 의미에서 표상으로의 전회가 본질적으로 가지상의 본질에 속하는 한, 그리고 이 전회가 능동 지성의 성취인 한, 능동 지성의 활동이 모든 경우에, 그리고 지속적으로 요구된다는 점은 자명하다.[6] 그리고 역으로도 이 진술은 가지상에 대한 우리의 해석을 확인시켜 준다. 상(species)이 그 자체만으로 순수 지성적 존재 규정으로서 대상에 대한 »상«(-Bild)을 충분히 제공하는 것이라면, 표상을 향하여 조명을 주는 능동 지성의 지속적 활동은 그 자체로 불필요할 것이다.

....

4 I. Sent. dist. 3 q. 3 a. 4 corp.

5 Vgl. S. 152, 각주. 11 u. 12.

6 I. Sent. dist. 3 q. 4 a. 5 corp.; II. Sent. dist. 24 q. 2 a. 2 ad I. 능동 지성의 지속적 활동은 '표상으로의 전회'의 지속적 필요성에도 암묵적으로 포함된다. 왜냐하면 표상으로의 전회는 능동 지성의 활동과 일치하기 때문이다.

이러한 고찰로부터 가지상은 그 자체만으로 정신 자체의 선험적 구조, 즉 존재 행위 자체로 정향된(ausgerichtet) 능력의 선험적 구조 외에 다른 것이 아니라는 점을 뜻할 정도로, 가지상은 자유로운 지성에 대한 순수 지성적 규정으로(두 번째 의미로) 이해되었다. 질료적이자 감각적인 내용이 지성으로 옮겨 간다고 간주됨 없이, 가지상의 구조는 감각적으로 제공된 것의 형상이 된다. 지금 토마스의 논제는 이러한 해석에 모순되는 듯 보인다. 그에 따르면 실제로 정신이 감성과 구별된다고 이해되는 한, 상은 실제적 사유 행위 이후에도 정신 안에 »보존되어«(aufbewahrt, conservari) 남아 있다. 반면에 우리의 해석에서는 실제적 사유 행위 이후에 오직 정신 자체의 선험적 구조만 남아 있는 것으로 보이지, 다수의 상이 남아 있는 것으로 보이지는 않는다. 이러한 어려움에 대한 해명은 전회에 대한 우리의 이해를 상에 대한 토미스트적 개념에서 검증하는 계기를 지금 마련해 준다.

3) 상의 현실태로 표상이 포함됨

토마스에 따르면 상을 통해 제공된 대상에 대한 실제적 사유 행위가 형성된 이후 상은 가능 지성에 »상존적으로«(habitualiter) 머문다.[7] 이것은 무슨 뜻일까? 만일 상을 »지향상«(intentionales Bild)이라고 이해할 수 있다면, 정신에 상이 상존적으로 머무는 것을 플라톤적인 상들의 장소(locus specierum),[8] 즉 가지상의 보고(thesaurus specierum

....

7 I. q. 79 a. 6; q. 84 a. 4 corp.; a. 7 ad l; I-II. q. 67 a. 2 corp.; De verit. q. 10 a. 2; q. 19 a. l corp.; a. 2 corp.; IV. Sent. dist. 50 q. l a. 2; S.c.g. II 74; Quodl. 3 a. 21; 12 a. 12; De mem. et rem. lect. 2 n. 314ff.; III. de anima lect. 8 n. 701 bis 703.
8 So z. B. De verit. q. 10 a. 2 obj. l in contr.

intelligibilium)라고[9] 이해할 수 있을 것이다. 그래서 대상의 상은 마치 완료된 것처럼 정신 안에 지속적으로 처분될 수 있는 상태로 존재하여, 지금 당장은 고려되지 않지만 언제든지 다시 주목의 대상이 될 수 있다고 이해하였을 것이다. 그러나 토마스의 상 개념을 이해하기 위한 출발점인 지향적이자 사물적으로(dinglich) 이해된 상에 대하여 의문시되는 문제점을 도외시하더라도, 이러한 해석은 토마스의 의도를 놓치게 될 것이다. 왜냐하면 이러한 해석에서는 상 자체에 외적으로만 머무르는 의식에 의해서만 실제적 상이 상존적 상으로부터 구분되기 때문이다. 이것이 토마스가 뜻하는 바가 아니라는 사실은 상이 표상을 향한 새로운 전회에 의해 다시 의식될 수 있다는 점을,[10] 그래서 이 표상이 대상의—대상이 없으면 인식은 생각될 수 없다—역할을 갖는다는 점을 그가 단순히 상존적 상의 현전 존재(Vorhandensein)에서 명시적으로 추론한다는 점에서 밝혀진다.[11] 이미 이것만으로도 »보존된«(aufbewahr- *317* te) 상이 대상을 모사하는 대표(Repräsentation)의 특성을 자신의 첫 번째이자 기본적 특성으로서 가질 수 없다는 점이 명확해진다.

그러나 이제 실제적 사유 행위 뒤에 남겨진 상은 무엇인가? 이 질문에 답하기 위해서 우리는 '기억과 회상'(De mem. et rem.) 'lect. 2, n. 316'에서 시작할 것이다. 토마스는 상의 지속에 대한 이러한 질문에 관해 자신의 반대자인 아비첸나(Avicenna)의 견해를 거부한다. 능동 지성과 실제적 사유 행위 중에 상을 취득하는 방식에 대한 아비첸나의 의견을 도외시한다면, 토마스의 견해는 실제적 사유 행위 뒤에 정신 안에는 어떠한 가지상도 남아 있지 않고 모든 새로운 사유 행위에

....

9 So z. B. S.c.g. II 74.
10 I. q. 84 a. 7 ad I.
11 De verit. q. 10 a. 2 ad 7(erste Serie).

는 감각 기억의 도움으로 표상으로의 새로운 전회에서 가지상이 새롭게 얻어진다는 것이다. 그런 이유에서 지성적 인식을 형성하는 보편적 능력만이 남는데, 기껏해야 상을 새롭게 형성하는 보편적 상존성이 남는다는 것이다.[12][상존성은 … 한결같이 상존적이다(habilitas … aequaliter habilis)] 이러한 견해에 대해 토마스는 다음과 같이 말한다. 1. 상은 »자신의 (지성의) 양태에 따라 움직이지 않고 가능 지성 안에«[in intellectu possibili immobiliter secundum modum ipsius (intellectus)] 머문다. 다시 말해서 지성의 한 존재론적 규정이 다른 규정의 배제를 뜻한다는 면에서 지성 자체는 수용적 변화(motus)를 겪을 수 없다[거부와 변화를 229 겪는 것이다(pati cum abjectione et transmutatione)].[13] 따라서 지성의 새로운 규정은(예를 들어 또 다른 새로운 인식 행위는) 지성 자체의 선행하는 존재 규정을(즉, 앞선 인식 행위로 규정하는 상을) 배제할 수 없다. 상은 정신의 부동성(immobilitas)에[즉, 안정적이고 불변적인 존재 행위에(dem esse stabile et immobile)] 참여한다.[14] 상은 안정적이고 불변적으로 머문다. 그러나 이러한 규정과 그 근거로부터 상 자체가 실제의 사유 행위 중 지성 자체에 그랬던 것만큼 존재 수준(Seinshöhe)에 머물러야 한다는 점은 필수적이다. 왜냐하면 상 자체가 점차적으로만 덜 현실 318 태가 될 수 있다면, 왜 상이 적절한 의미의 »겪어냄«(pati)에서처럼 전적으로 사라질 수 없는지, 그리고 어떻게 토마스가 그것에 반대하여 여전히 그 근거에 대해서 논증할 수 있는지가 더 이상 이해될 수 없기 때

....

12 De verit. q. 10 a. 2 corp.; S.c.g. II 74[적용된 능력(potentia adaptata)].

13 I. q. 79 a. 2 corp.; 1. II. q. 22 a. I corp. usw.

14 Vgl. Quodl. 3 a. 21 corp. usw. Vgl. auch 1. q. 89 a. 5 corp. 왜 정신의 형상이 그 반대 또는 그 주체의 파괴를 통해 멈출 수 없는가에 대하여 참조할 것. 유사한 내용에 대해서는 다음을 참조할 것. S.c.g. II 74; 76.

문이다. 그러나 이제 토마스가 제안하는 상의 두 번째 규정은 다음에 모순되는 것처럼 보인다. 즉, 2. 존재 수준(Seinsgrad, gradus essendi)과 관련하여 상은 사유 행위 이전의 정신의 순수 가능태(pura potentia)와 실제적인 사유 행위를 하는 정신의 순수 현실태(actus purus) 간의 중간 형태(medius modus) 안에만 머문다.[15] 상존적 존재 행위(esse in habitu)는 아직-인식하지-않음(Nochnicht-Erkennen)과 실제적 인식 행위 간의 제한을 통해서만 규정될 수 있다. 그러나 사유 행위 중의 상의 존재 현실(Seinswirklichkeit)보다는 본질적으로 더 낮은 단계의 존재 현실로서 규정된다. 상에 대한 이러한 규정과 함께 사실 토마스는 남아 있는 상들이 왜 즉시 형상적 작용으로서의 실제적 인식 행위를 갖지 않는지를 설명한다. 그는 이들의 더 낮은 존재 수준을 가정해야 한다. 왜냐하면 상은 실제적 사유 행위에서 갖고 있는 수준에 대한 존재론적 규정으로서 필연적이자 항구적으로 실제적 인식 행위를 형상적 작용으로서 수반한다.[16] 따라서 만일 실제적 인식 행위가 제공되지 않았다면 상은 그것이 수행될 때보다는 필연적으로 더 낮은 존재 수준이어야 한다. 토마스의 동일한 명제에 들어 있는 상에 대한 이러한 두 가지 진술은 다음과 같은 조건에서만 일치하는 것으로 이해된다. 즉, 만일 상이 실제적 사유 행위의 규정이 된다면, 그것이 지성 자체의 규정인 한, 자신의 존재 수준에 따라 상존적인 것으로 경험하는 존재 강도의 증가

....

15   Vgl. auch De verit. q. 19 a. lcorp.(actus completus); De anima a. 15 ad 17; a. 18 ad 5; I. q. 79 a. 6 ad 3; De verit. q. 8 a. 14 corp.; q. 10 a. 2 ad 4; De malo q. 16 a. 11 ad 5; Comp. theol. c. 83 ; In III. de anima lect. 8 n. 703.

16   S.c.g. I 46: "가지상을 통해 지성은 현실적으로 지적이 된다."(per speciem intelligibilem fit intellectus intelligens actu) Vgl. auch S.c.g. II 74. 여기서 토마스는 이러한 원리를 전제하기에 지속적인 상에 오직 '가능태와 현실태 간의 매개 양태'(medius modus inter potentiam et actum)만 부여한다는 것이 분명해진다.

는 상에 전혀 영향을 주지 않는다. 오히려 상이 자신의 본질에서 존재

230 강도의 그러한 변화에 근본적으로 민감한 능력의 규정인 한에서만, 다
른 말로 하면 상이 자신의 더 폭넓고 충만한 개념 안에 표상 및 이로
써 감성을 포함하는 한, 영향을 준다. 그렇다면 상은 지성 자체의 규정
으로서 실제적 사유 행위 후에 »자신의 (지성의) 양태에 따라 움직이지

319 않고«[immobiliter secundum modum ipsius (intellectus)] 남을 수 있다.
그러나 상은 감성의 변화하는 규정 가능성을 [겸허히 겪는 것으로서(als
pati cum abjectione)] 자신의 본질에 포함하는 한, 더 낮은 존재 단계
로 돌아갈 수 있다. 상에 대한 우리의 본문에서 만나는 세 번째 규정은
이중성을 지닌 상에 대한 이러한 개념이 이러한 숙고에 기초가 된다는
사실을 보여 준다. 3. 실제적인 상들은 »마치. (지성이) 표상 안에 있는
이들을 특정 방식으로 관찰하는 것과«[ut (intellectus) eas quodammodo
in phantasmatibus inspiciat] 같은 방식으로 존재한다. 이 명제는 따라서
(ergo) 상존적인 상의 중간 형태로부터 결과로 도입되었다. 동일한 연
관성이 다른 곳에서도 보인다.[17] 우리는 이전의 고찰로부터 방금 인용
한 명제의 '특정 방식으로'(das quodammodo)라는 단어를 이미 이해할
수 있다. 즉, 표상 속의 가지 대상에 대한 하나의 »확실한«(gewisses)
관찰 행위만이 문제가 된다. 왜냐하면 표상에서 관찰된 것은 표상에 앞
선 정신의 선험 자체이기 때문이다. 선험은 자신의 감각적 물질 정보
에서도 정신의 자유로운 차별성에 머문다. 그러나 이 '특정 방식으로'
라는 단어가 무엇을 뜻하는지를 우리가 여기서 그냥 열린 문제로 놓아
둔다고 하더라도, 상에 대한 이러한 세 번째 규정으로부터 표상이 어
떻게든 자신의 충만한 본질에 속한다는 결론이 나온다. 왜냐하면 상은

....

17 I. q. 84 a. 7 ad 1.

오로지 표상을 통해서만 의식되어 소유될 수 있기 때문이다. 만일 이제 상을 자신의 중간 형태로부터 현실태(actus)로 가져오기 위해, 표상으로의 이러한 전회, 즉 표상 안에서 상을 보는 것(inspicere species in phantasmatibus)이 필연적인 것으로 소개된다면, 결론은 궁극적으로 설명되지 않는 채로 남아 있는 것도, 표상에서 비롯되는 효과도 아니라, 표상 자체가 존재 강도의 증가라는 사실이다. 상은 존재 강도의 증가를 여전히 경험해야 하고 경험할 수 있다. 왜냐하면 상은 지성 자체의 규정으로서 부동적(immobilis)이지만 자신의 충만한 본질 안에 표상을 포함하기 때문이다. 이로써 우리는 이번에는 상 자체의 본질로부터 시작하여 완전히 다른 관점에서 전개되었던 표상의 형식적인 도구적 인과성에 대한 동일한 개념에 도달하였다.

4) (형상으로서의) 상의 현실태로부터 (물질로서의) 표상의 차별화 320

가지상의 본질에 대한 이러한 문제점이 스스로 표상으로의 전회에 대하여 이미 제공된 해석으로 돌아간다고 하더라도, 이로써 정신 자체의 규정인 상 그 자체가 무엇인지 아직 명확해진 것은 아니다. 『신학대전』 I-II. 'q. 67 a. 2 corp.'는 이 문제에서 한 걸음 더 나아간다. 여기서 논의된 상은 가장 좁은 의미에서 지성 자체의 규정을 뜻한다. 왜냐하면 »분리된«, 즉 육체에서 해방된 영혼 안에 상이 지속하는 것이 문제가 되기 때문이다. 형상적 요인이 자신의 질료적 요인과 관련되어 있는 것 231 처럼, 상은 표상과 관련되어 있다. 이러한 구별을 이해하기 위해서 토마스는[18] 도덕적 덕목 내에서 지배적인 유사한 관계만을 논의한다.[19] 도덕적 덕목의 총체 개념에는 감각적 부분이 자신의 감수(感受, passio)와

작동(operatio)과 함께 질료적 요인으로 (우리의 경우 표상에 상응하여)
속하고, 이성적 질서에 의한, 즉 이성적 정신에 의한 정신적 인격의 전
체 목적을 향한 질료적인 것의 본질적 정향성이 형상적 요인으로 속한
다. 즉, 형상적 요인을 통해 감성은 이성을 향한 상존적 합치성(habitu-
alis conformitas ad rationem)을 유지한다.[20] 그래서 이러한 암시는 상이
표상과 연관된 정신의 선험적 법칙이라는 점을 최소한 추정하도록 한
다. 이 법칙은 표상을 구성하고 정신의 고유한 인식 목적에 종속시켜 도
움이 되도록 한다. 그러나 우리는 이미 앞에서도 질료적 기능 중에 있
는 표상을 만났고, 이로부터 토마스가 표상의 형상으로서의 상이 무엇
이라고 말하는지를 더 정확하게 규정할 수 있게 된다. 여기서 질료적인
것이나 형상적인 것 말고 질료, 가능태, 그리고 현실태에 대해서 논의된
다면, 동일한 관계가 문제가 된다는 점이 주저 없이 전제될 수 있다. 표
상은 질료인(materia causae)으로서,[21] 즉 능동 지성과 그 조명에 대한
321 가능태(potentia)로서[22] 나타났다. 지성적 영혼이(anima intellectiva) 현
실태로 소유하고 있는 조명적 본성, 즉 능동 지성은 형상이다. 이 형상
을 통해 정신은 감각적인 것을 자신에 동화시킴으로써 가지적으로 만
든다.[23] 따라서 상이 지성만의 규정인 한, 만일 상이 질료적 요인인 표
상을 향한 형상적 요인이라면, 상은 본질적으로 능동 지성의 빛,[24] 정신
....

18 I-II. q. 67 a. 2 corp. und ad 3. 유사한 것으로서 지성에 대해서는 다음을 참조할 것.
I-II. q. 67 a. 2 corp.; I. q. 89 a. 5 corp.
19 I-II. q. 67 a. 1.이 우선적으로 의미됨.
20 I-II. q. 56 a. 4 corp.
21 I. q. 84 a. 6 corp.
22 De verit. q. 10 a. 6 corp.; De spir. creat. a. 10 ad 4; Comp. theol. c. 88.
23 III. Sent. dist. 14 q. 1 a. 1 sol. 2 ad 2.
24 IV. Sent. dist. 46 q. 2 a. 2 sol. 3 corp.; De verit. q. 20 a. 2 ad 5【(능동 지성은) 자신의
형상을 그들에게(즉, 가지 대상들에게) 부여한다."[formam suam eis (intelligibilibus) tribuit

의 선험적 구조, 그리고 존재 행위 자체이다. 이 결과에 놀랄 필요는 없다. 왜냐하면 이는 단지 다음과 같은 토마스의 일반 공리를 적용한 것일 뿐이기 때문이다. "행위자의 부분에서 오는 것은 모든 행위에서 마치 형상적인 것과 같다. 그러나 감수자(感受者) 또는 수용자의 부분에서 오는 것은 마치 질료적인 것과 같다."[25] (in qualibet actione illud quod est ex parte agentis, est quasi formale; illud autem quod est ex parte patientis vel recipientis, est quasi materiale) 그러나 인간의 인식 행위에서 지성은 자발적인 것이고 감성은 수용하는 부분이다. 질료적 요인에 대한 형상적 요인처럼 지성은 감성을 대해야 한다. 특히 지적 행위는 두 가지 정향된 행위보다 더 높은 행위로서 이미 이러한 근거로부터 표상 232 의 형상적 요인이어야 하기 때문이다.[26] 그러나 순수한 자발적 활동의 형상적 요인은(즉, 수용 없는 능동 지성은) 이러한 능력의 선험적 본질 자체일 수 있겠지만 수용적으로 수용하는 규정일 수는 없다. 따라서 인간의 인식 행위의 형상적 요인으로만 지속적으로 머무는 지성 자체의 규정은 정신 자체의 선험적 규정성이다. 이는 자신의 고유한 본질로 말미암아 필연적으로, 그리고 영구적으로 정신에 속한다.

그럼에도 불구하고 우리는 토마스가 극복하려 하였던 아비첸나의 입장으로 다음과 같이 돌아간 것처럼 보인다. 즉, '상은 당연히 감성에 제공된 특정 대상에 대한 실제적 인식 행위 이후에도 남아 있는 정신 자체의 선험적 법칙성(Gesetzlichkeit)이다.' 그러나 토마스는 남겨진 상 자체에서 비롯된 분리된 영혼이 앞서 인식하였던 대상들의 보편적

....

(intellectus agens)]】.

25   IV. Sent. l. c.; De verit. q. 9 a. 1 ad 12에서는 조명이 정신의 형상적 요인이라는 것을 명백히 논의한 것처럼 보인다.

26   참조, S. 291, 각주 19-23.

인 것을 최소한 다시 인식할 수 있다고 주장한다.[27] 분명히 토마스는 이러한 보편성을 한 존재자 자체의 저 궁극적인 보편적 구조들로만,[28] 즉 분리된 영혼이 자신의 고유한 본질을[29] 파악할 때 인식할 수 있는 보편적 구조들로만 이해한 것은 아니다. 이제 토마스의 견해가 내용적으로도 아비첸나의 견해와는 다를지라도, 아비첸나의 입장은 (이미 위에서 명시된 정확한 제한에서) 일단 우리에게는 상에 대한 토미스트적 개념에 대하여 지금까지 우리가 가졌던 해석이 적어도 토마스에게 문제가 될 수 있는 범위를 넘어서도록 이끌지 않았다고 최소한 확증해 준다. 그렇다. 마지막에 논의된 토마스의 명제들은 상에 대한 지금까지의 우리의 해석이 양립 가능하도록 하며, 이 명제들은 지금까지 상에 대해서 논의하였던 것이 본 논문의 문제 제기에 규정적인 것으로 유효하게끔—물론 본질적으로—보완하는 방식으로 이해된다고 생각된다. 비록 분리된 영혼의 인식에 관한 질문에 이 보완이 중요하고 따라서 토마스에게는 이 보완이 이 세계에 대한 인간의 인식과 관련된 것에서보다 더욱 두드러짐에도 불구하고 말이다. 만일 우리가 토마스의 상존 지식(habitus scientiae)이 이미 인식된 것과 아직도 상존적으로 알려진 것의 총합이고, 가지상은 우리에게 지금까지 이러한 대상들 중 하나에 대한 상존 인식에 필수적인 모든 것을 포괄하였다는 사실을 고려한다면, 우리

는 이 논제를 토마스의 용어를 빌려 다음과 같이 정식화할 수 있다. 즉, "그리고 따라서 상존적인 지성적 부분은 조명과(즉, 능동 지성과) 상을 통해 알게 된 것들의 가지상으로 이루어졌다."[30][et ideo habitus intellec-
······

27 De verit. q. 19 a. 1 corp.(vgl. a. 2 corp.); De anima a. 15 corp. 결론 및 ad 5; I. q. 89 a. 1 ad 3[보존된 상들만을 통하지 않고(non solum per species conservatas)] usw.
28 Vgl. I. q. 89 a. 3 ad 4; a. 6 corp.; S.c.g. II 81 결론 usw.
29 I. q. 89 a. 2 corp.; De anima a. 17 corp.
30 III. Sent. dist. 14 q. 1 a. 1 sol. 2 corp.

tivae partis conficitur ex lumine (intellectus agentis) et specie intelligibili eorum quae per speciem cognoscuntur] 그러므로 능동 지성의 조명은 상존 지식에 (그리고 따라서 토마스에게도 당연한, 지금까지 사용하였던 의미에서의 개별적 가지상에) 실제로 속한다. 그리고 이는 우리가 지금까지 명시적으로만 제시하였던 것이다. 새로운 과제는 왜 그리고 어떻게 더 많은 것이 그것에 속할 수 있고 속해야 하는지를(즉, 토마스가 여기서 가지상을 무엇이라고 칭하는지를) 보여 주는 것이다. 이 목적을 위해 좀 더 *323* 탐구를 진행해야 하겠다.

능동적이고 자발적인 활동 자체의 규정은 오로지 그 본질 자체일 수 있지만 수동적 수용적 규정은 아니라는 사실이 지적된 바 있다. 이제 능동 지성도 자신의 활동에 있어서 어떠한 규정도 감수하지 않으며,[31] 능동 지성이 자신의 선험적 법칙성을 표상에 전달한다 해도 감성 쪽에서 수동적으로 겪는 것(passives Erleiden)에 의해 달라지지 않는다. 능동 지성의 활동의 형상은 자신의 고유한 본질이다. 그러나 한편으로는 정신을 수동적으로 수용하는 정신으로 이해하기 위해서 그리고 다른 한편으로는 정신도 자발적 행동으로 이해되어야 하기에, 방금 논의하였던 자발적 행동의 법칙이 위배되지 않도록 하기 위해서 토마스는 감성과 더불어 다른 능력인 가능 지성의 개념을 도입한 것처럼 보인다. 이제는 '가능 지성이 의미하는 바가 무엇인가?'라는 질문이 문제의 핵심이다. 가능 지성은 감성 수용만큼이나 수동적이지만 감성 수용과는 구별되는 수용 능력을 가리키는 용어일까? 가능 지성이 매우 일반적 의미로 해석된다고 해서 이 질문에 대한 긍정이 정당화되

....

31 I. q. 54 a. 1 ad 1; I_II. q. 50 a. 5 ad 2.; q. 54 a. 1 corp.; III. Sent. dist. 14 q. 1 a. 1 sol. 2. ad 2.; De verit. q. 10 a. 8 ad 11 in contr.; q. 20 a. 2. ad 5; De virtut. q. 1 a. 1 corp.; a. 3 ad 5 ; a. 9 ad 10.

어서는 안 된다. 또는 가능 지성은 정신 자신이 우리가 감성이라고 칭하는 수용 능력을 산출하고 또 산출시켜야 하며 소유한다는 사실을 가리키는 용어일 뿐일까? 그래서 정신 자체가 산출자로서 능동 지성이라고, 산출시켜야 하는 자이자 소유자로서 가능 지성이라고 일컬어지는가? 첫 번째 해석에서 감성은(구체적으로 표상은) 궁극적으로 그 자체로는 수동적으로 수용하며 정신에 영향을 주는 작용인일 것이다. 하지만 토마스는 이를 명백히 거부한다. 왜냐하면 한편으로 그는 현실태의 가지적 규정이 정신 안에서 감각적-질료적 대상에 의해 산출될 수 있다는 것을 명백히 부인하기 때문이다.[32] 또한 다른 한편으로 감각 대상을 통해 정신에 대하여 이전에 내린 다른 규정 또한 아직 현실태의 가지 대상이 아닌 것이기에 생각할 수 없다. 왜냐하면 규정은 질료적인 것에 의해 영향을 받는 것으로서 영향을 주는 질료적인 것의 형상적 특성을 그 자체로 담지해야 하기 때문이다. 따라서 규정은 그 자체로 또 다른 형상에 대한 질료적 형상의 대립을 담지할 것이다.[33] 그리고 이로써 정신의 감수 행위는 [변경에 의하여(per alterationem), 이동을 통하여(per viam motus)] 겸허히 겪는 것(pati cum abjectione), 즉 규정되는 것일 것이고 규정됨을 통해 규정은 다른 것들을 배제하고 밀어낼 것이다. 그

234 324

....

32 I. q. 54 a. 4 corp.; q. 79 a. 3; De verit. q. 8 a. 9 corp.; q. 10 a. 6 ad 1; De spir. creat. a. 9 corp.; a. 10 corp.; De anima a. 4.

33 I. q. 115 a. l corp. (그리고 다른 곳에서도 종종): "모든 행위자는 자신과 유사하게 행동한다."(omne agens agit sibi simile) De verit. q. 8 a. 9 corp.: "행위자와 수용자는 하나의 종에 속하여야 한다."(oportet quod agens et patiens sint unius generis) De pot. q. 5 a. lad 5: "육체적 행위자는 변형에 의해서만 작동하지만 질료적 사유 외에는 아무것도 변형되지 않기에, 어떠한 방식으로든 질료에 있지 않은 것이 아니고서는 그것을 향하여 육체적 행위자들의 인과성이 확장할 수 없다."(cum agentia corporalia non agant nisi transmutando, nihil autem transmutetur nisi ratione materiae, causalitas agentium corporalium non potest se extendere nisi ad ea quae aliquo modo sunt in materia)

러나 토마스는 정신의 이러한 감수 행위를 알지 못한다.[34] 정신에 대한 표상의 작용적 인과성(effiziente Wirkursächlichkeit)을 단순히 도구적이라고 후속적으로 규정하는 것도 얼버무리는 것에 지나지 않을 것이다. 왜냐하면 토마스는 이러한 도구적 영향도 그 자체로 자신의 고유한 내적 본성에 따라 도구적 인과성을 전제하지만,[35] 이는 우리의 경우에 생각될 수 없다는 것이 명확하기 때문이다. (작용적 인과성이 감성 자체의 규정을 넘어가려는 한) 토마스는 단순히 도구적일지라도 그러한 작용적 인과성 역시 알지 못한다는 것이 이미 드러났다. 그러나 능동 지성 자체가 가능 지성에 있는 표상에 따라 상을 인과적으로 산출한다고 가정해야 한다면, 능동 지성 자체는 그것에 선행하여 표상에 의해 규정되었다고 생각되어야 할 것이다. 이는 이미 순수 자발성인 능동 지성의 본성에 모순된다.

이로써 가능 지성에 대한 두 번째 해석만이 남는다. 즉, 정신은 가능 지성이다. 다시 말해 정신이 필연적으로 감성을 자신의 수용적 직관으로서 산출하는 한 수용적이다. 그리고 가지상이 자유로운 정신 자체의 규정으로서 단순히 정신의 보편적 법칙성 이상의 것이어야 한다면, 이는 오로지 정신이 감성을 단순히 공허한 보편적 능력으로서가 아니라 자신의 각각의 구체적 확실성을 통해 산출한다고만 생각될 수 있다. 325

·······

34 De verit. q. 26 a. 1; Quodl. 2 a. 13; De spir. creat. a. 1 ad 20; IV. Sent. dist. 44 q. 3 a. 3 sol. 3 corp.[육체는 정신에 본성적 방식으로는 작동할 수 없다(corpus in spiritum naturaliter agere non potest)]; S.c.g. IV 90[비육체적 실체들 또한 지성적인 경우가 아니라면 감각적 형상을 수용하지 않는다(substantiae incorporeae neque etiam formarum sensibilium susceptivae sunt nisi intelligibiliter)]; De anima a. 21 corp. 이 시점에서 우리는 이러한 명제들의 본질적인 근거를 도외시할 수 없다.

35 Vgl. zu diesem Prinzip: I. q. 45 a. 5 corp.; De verit. q. 26 a. 1 corp.【어떠한 공동 본성적 행동을 취하는 것을 제외하고[nisi exercendo aliquam (actionem) connaturalem]】; Quodl. 3 a. 23 corp.; S.c.g. II 21 usw.

정신은 변화하는 구체적 실행에서 감성을 능동적으로 산출하는 가운데 일반적으로 감성의 산출을 넘어서는 규정을 »감수한다.« 자신의 감각적 규정성에 의해 이러저러한 구체적 인식 행위를 능동적으로 산출하는 능력인 정신 안의 형상적 요인은 상응하는 감각적 규정이 정지한 후에도 남아 있을 수 있다. 이러한 정지는 인간의 감성을 보편적으로 지배하는 자유로운 정신의 법칙보다 더 명확히 규정된 것이다. 우리가—우리의 문제 제기에서 정당하게—정신과 감성, 그리고 이들의 관계에 대해서 보편적으로 논의하였기에, 상에 대한 우리의 해석이 이곳의 문제점에서 아비첸나의 입장과 일치한다는 인상을 받을 수 있었다. 방금 지적한 해결 방향은 이제 명확해야 하고 토미스트적이라고 논증되어야 할 것이다.

5) 형상적 요인의 배타적 성취인 질료적 요인의 구체적 현실태(영혼은 육체의 유일한 형상)

우리가 다루고 있었던 상-개념(species-Begriff) 문제는 다음과 같다. 즉, 상은 토마스에게 한편으로 외부 세계로부터 수동적으로 수용된 정신의 구체적 규정으로 드러났고, 다른 한편으로 정신 자체의 능동적인 보편적 작용을, 즉 정신의 보편적인 선험적 법칙을 표현하는 것일 뿐이다. 그러나 상에 대한 외견상의 이러한 불합치성은 토마스에게 보편적 문제성의 특수한 경우일 뿐이다. 이러한 보편적 문제성을 가시화하기 위해서 우리는 '인간에게 영혼은 질료의 유일한 형상이다.'라는 토마스의 명제로부터 출발한다.[36] 이 명제로 영혼에 대한 통상적인 생

....

36 I. q. 76 a. 1 und a. 3과 병행 구절.

각은 규정적으로 포기되었다. 이러한 통상적인 생각은 영혼을 비가시적 정신의 양태로 이해한다. 정신은 동등한 가치를 지니는 인간의 부분인 몸을 통해 자신의 본질을 수행하고, 몸은 질료적 육체로서 애초에 *326* 자신의 고유한 현실태를 그 자체로 소유하고 있다는 것이다. 하지만 토마스의 경우에는 다르다. 즉, »영혼« 또한 질료적 육체인 몸 자체의 유일한 실재이지, 자신의 고유한 규정을 그 자체로 갖고 있는 화학적 재료 안에 있는 정신적 본질은 아니다. 영혼은 가시적이다. 왜냐하면 육체의 가시적 실재가 자신의 고유한 실재이기 때문이다. 그리고 그러한 한 영혼은 가시적이다. 영혼이 비가시적인 것은 오로지 모든 가시적인 것의 실체적 근거와 단순한 물질적 사물의 실체적 근거가 비가시적인 한에만,[37] 그리고 무엇보다도 영혼이 이러한 가시적 실재를 산출할 때 자신의 고유한 본질을 그 자체로 자유롭게 유지하는 한 그러하다. 토미스트적 관점에서 인간은 »몸«과 »영혼«(Seele)이 아니라 영혼(anima)과 제일 질료(materia prima)로 이루어졌다. 이 구분은 본질적으로 »형이«-상학적(meta-physisch)이다. 이에 따르면 인간에게 귀속되는 질료적 양태의 현실은 전적인 현실, 즉 영혼이 제일 질료의 공허한 가능성 안으로 들어가는 현실이다. 비록 영혼이 이러한 자신의 고유한 현실을 오직 질료를 통해 산출할 수 있고 또 질료의 현실로서 산출할 수 있다고 하더라도, 영혼은 이 현실을 질료로부터 수용하지 않는다. 인간 현실의 우발적인, 즉 비본질적인 규정들 또한 이로부터 제외되지 않는다. 확실히 »생성 중«(in fieri)인 이들은 영혼 밖의 외적인 원인에 의존 *236* 할 수 있으며, 따라서 오로지 »우연적으로«(per accidens)만 현실의 인

....

37 I. q. 57 a. 1 ad 2; q. 67 a. 3 corp.[어떠한 실체적 형상도 그 자체로 감각적이지 않다 (nulla forma substantialis est per se sensibilis)]; I. Sent. dist. 19 q. 5 a. 1 ad 6; VII. Metaph. lect. 2 n. 1304.

간을 암묵적으로 함께 규정할 수 있다. 그럼에도 불구하고 이들 자체
는 »존재 행위에서«(in esse) 인간의 현실에 속한다. 이들은 외적으로
는 마치 인간 실체의 중립적인 담지자에 의해서 유지되는 것처럼 이뿐
만 아니라 실체적 근거로부터 영속적으로 산출되어 나온다. "마치 우
연적 존재 행위가 실체적 존재 행위에 의존하는 것처럼 우연적 형태
의 작용은 실체적 형태의 작용에 의존한다."[38](Actio formae accidentalis
dependet ab actione formae substantialis, sicut esse accidentis dependet
ab esse substantiali) 여기서 '의존 행위'(dependere)는 발출로서 간주되
어야 한다. 왜냐하면 이 지점에서는 수량이 문제가 되고 있고, 실체적
근거에 대한 수량의 이러한 형이상학적 관계가 토미스트적이라고 이
미 논증되었기 때문이다.[39] 이 지점에서 우선 '적절한 우연이자 우연 그
자체'(propria et per se accidentia) 또한 문제가 될 수 있다면, 모든 우
327 연 자체에도 동일하게 적용될 수 있다. 왜냐하면 비적절한 우연들(die
zufälligen Akzidentien)은 '우연 그 자체'(per se accidentia)에 의하여 유
지되기 때문이며(예를 들어 수량에 의해 규정된 형태), 실체적 전체의 규
정으로 지속적으로 존재하기 위해서는 그들 또한 존재 안에서 자신들
의 지속적 생산 근거를 가져야 하기 때문이다. 그러므로 규정이 실체적
근거로서, 즉 지속적이고 능동적으로 산출하는 근거로부터 발출하는
것으로서 이 근거에 지속적으로 머무는 한, 존재자의 모든 규정, 심지
어 우연적 규정 또한 실체의 규정이다.

비적절한 우연들도 자신의 지속적 존재 행위가 실체적 근거에서 오
는 기원에서 비롯된다는 이러한 명제가 토미스트적이라는 점을 무엇

....

38 III. q. 77 a. 3 ad 2.
39 Vgl. S. 295, 각주 1.

보다도 상세하게 밝혀야 한다. 토마스가 자주 논의하는 감수자의 수동성에 호소함으로써 이 명제가 애초에 거부될 수 없다는 사실은 이미 이전에 드러났다.[40] 따라서 『신학대전』 제I권 'q. 104 a. 1 corp.'에서는 다음과 같이 말한다. "집의 존재 행위는 이 사물의(즉, 건축 자재들의) 본성에 의존한다."(esse domus dependet ex naturis harum rerum) 건축 자재는 단순히 수용적일 뿐만이 아니라 집의 우연한 형태를 보존한다(conservativa). "그리고 유사한 방식으로 자연 사물에 대해서도 고려되어야 한다."(Et simili modo est considerandum in rebus naturalibus) 『진리론』(De Veritate) 'q. 2 a. 3 ad 20'에서도 본질적 원리들(principia essentialia)은 존재자가 규정되고 인식될 수 있는 모든 차원에서 존재자의 존재 근거라는 사실이 마찬가지로 전제된다. 『진리론』 'q. 5 a. 8 ad 8'에서는 생성의 원인(causae fiendi)에 대조되는 존재의 원인(causae essendi)에 대해서 말한다. 여기서는 신만이 존재 행위의 원인이 아니다. 『명제집 주해』 제4권 'dist. 12 q. 1 a. 1 sol. 1 ad 1'에 따르면 실체는 우연적 존재들에게 '그 존재 행위에 가장 가까운 원인'(causa proxima sui esse)이다. 이에 상응하여 『덕론』(De Virtutibus) 'q. 1 a. 3 corp.'에는 우연에 대비하여 실체의 삼중 기능이 열거되어 있다. 그 기능은 담지자, 가능성, 그리고 원인이다. 확실히 토마스는 실체적 근거를 통한 우연적인 것의 산출과 관련하여 '적절한 우연이자 우연 그 자체'(proprium et per se accidens)와 '외적인 우연'(accidens extraneum)을 구분한다. 전자만이 전적으로 실체적 근거에서 나오고, 실체는 후자에게 '수 237 용적일 뿐'(susceptivum tantum)이다.[41] 그러나 일단 이는 무엇보다도

....

40 Vgl. S. 259f.

41 I. q. 77 a. 6 corp.; De spir. creat. a. II corp.; 1. Sent. dist. 17 q. 1 a. 2 ad 2; De ente et essentia c. 5.

먼저 생성(fieri) 자체의 관점에서 논의되었는데, 그러고 나서 바로 '외
적 우연'(accidens extraneum)의 지속적 존재 행위를 위한 [수용적(su-
sceptivum)] 질료인(causa materialis)을 객관적으로 어떻게 이해하여야
하는지에 대한 질문이 떠오른다. 동시에 능력 또는 수량에 대한 규정
인 우연이 언제나 문제가 되고 이들은 자신들의 편에서 실체적 근거로
부터 산출되기 때문이다. 따라서 분명히 질료인은 이러한 우연의 중립
적인 담지자(der gleichgültige Träger) 이상이다. 왜냐하면 질료인은 '적
절한 우연이자 우연 그 자체'를 '외적 우연'에 의해 규정된 것으로 산출
해야 하기 때문이다. 게다가 위에 인용된 명제에 따르면 '외적 우연'도
'자기 존재 행위의 가장 가까운 원인'(causa proxima sui esse)을 필요
로 한다. 따라서 'I. q. 104 a. 1 corp.'에서 '외적 우연'에 수용적인 것
(susceptivum)과 더불어 보존적인 것(conservativum)을 설정한다면, 이
때문에 토마스가 그러한 외적으로 우연한 것의 지속적 존재 행위를 위
한 질료인의 개념을 어떻게 파악하기를 원하는지가 이미 충분히 명백
해진다. 그래서 『명제집 주해』 제3권의 'dist. 14 q. 1a. 1 sol. 2 corp.'
에서는 수동적 변화(transmutari)와 이러한 수동적 규정의 존재 방식
(Seinsweise)을 구분한다. 이 존재 방식을 통해 우연은 감수(passio)로
부터 질(qualitas)과 형상이 되는데, 이 자체로 우연은 »수동적인 것 자
체에 공통 본성적인 것«(connaturalis ipsi passivo)이다. 이를 통해 외적
우연은 적어도 '적절한 우연이자 우연 그 자체'에 가장 근접하게 된다.
『명제집 주해』 제1권의 'dist. 37 q. 1 a. 1 corp.'에서 보존적인 것의 활
동성은 다음과 같이 명확해졌다. "건축가가 제거된다고 하더라도 집의
존재가 제거되지는 않는다. 왜냐하면 집의 원인은 남아 있는 돌들의 무
게이기 때문이다."[42](remoto aedificatore non tollitur esse domus, cuius
causa est gravitas lapidum, quae manet) 이에 상응하여 감수 역시 '현실

태로 나감'(exire in actum),[43] 즉 작동(operatio)이다.[44] 『영혼론』'a. 12 ad 7'에서 '분리 가능한 우연들'(accidentia separabilia)도 '개별자의 원칙들에 의해 야기된 것들'(causata ex principiis individui)로서 드러난다. 여기서 제기된 문제들도 '분리 가능한 우연들'에 포함시켜야 한다. 왜 냐하면 이 지점에서 제공된 우연들의 분류가 분명히 적절하기를 원하고[우연에는 세 가지 종류가 있다(tria sunt genera accidentium)] 외적 우연은 다른 두 가지 양식에는 적합하지 않기 때문이다. 이에 동의하면서 보에티우스의 『삼위일체론(De trinitate)』'q. 5 a. 4 ad 4'에서는 다음과 같이 말한다. "형태와 그 밖의 다른 모든 우연은 원인과 함께 실체를 따른다. 따라서 우연에 대한 주체는 수용적 능력일 뿐만 아니라 특정한 의미에서 능동적 능력이기에, 어떠한 우연들은 본성적으로 자신들의 주체 안에 영속한다."(figura et omnia alia accidentia consequuntur substantiam sicut causam; et ideo subjectum se habet ad accidentia non solum ut potentia passiva sed etiam quodammodo ut potentia activa et ideo aliqua accidentia naturaliter perpetuantur in subjectis suis)

실체는 모든 우연에 비하여 능동적으로 생산적이다. 즉, 우연이 자 *329* 신의 실체를 통해 지속적으로 생산되는 것(Hervorgebrachtwerden)이 자신의 지속적인 존재 행위의 근거라는 점은 분명하다. 지속적 생산 행 *238* 위(Hervorbringen)는 해당 실체의 특성에 달려 있다. 이러한 관계는 상을 이해하는 데 중요하다. 영혼의 '안정적이자 불가변적 존재 행위'(esse stabile et immobile)는 상이 영구적이자 생산적으로 유지되는 근거

....

42 Vgl. auch De pot. q. 3 a. II ad 5 : "자신에게 제공된 형상을 유지하는 것"(retinere formam sibi traditam)

43 III. Sent. dist. 14 q. 1 a. 1 sol. 2. corp.

44 S.c.g. II 57; III 66.

로서 드러나야 한다. 토마스가 상의 지속성의 근거를 정신의 안정적이고 불가변적인 존재 행위에서 보기 때문에, 방금 인용된 본문에 따르면 이러한 연결의 근거는 지성이 수동적 능력만이 아니라 특정한 의미에서 능동적 능력으로서의 지속적인 상에 관계하고 있다는 사실에서 찾을 수 있다. 아무튼 인용된 본문에서 종합하면 비적절한 우연들(die zufälligen Akzidentien)도 자신들의 지속적인 존재 행위에서 실체의 능동적 산출 행위에 의존한다는 사실이 매우 분명하다.

그러므로 영혼(die Seele)은 단순히 인간의 유일한 실체적 현실만이 아니다. 영혼만이 모든 우연적 규정을 자신과는 다른 것으로 발출하도록 허용하는 가운데, 그리고 이들을 자신의 고유한 것으로 받아들이는 가운데, 모든 우연적 규정을 산출한다. 영혼은 마치 스스로 실재를 소유하였을 것 같은 몸으로부터 자신의 실재를 받아들이지 않고, 오히려 몸의 현실이 영혼의 고유한 것이 되도록 몸의 모든 실재를 자기 자신으로부터 산출한다. "영혼이 몸 안에서(즉, 영혼의 고유하고 공허한 가능성 안에서, 다시 말해 제일 질료 안에서) 완성된다고 하더라도 몸에 의하여 완성되지 않고 순응하는 몸의 도움을 받아 자기가 자신을 완성시킨다."(anima quamvis perficiatur in corpore, non tamen perficitur a corpore. Sed … ipsa seipsam perficit cum adminiculo corporis obsequentis)(만일 몸에 의해서 완성되지 않았거나, 영혼 자체에 의해 이미 산출된 몸의 실재, 즉 영혼의 지속적인 능동적 산출 행위를 위한 수단으로서 계속 작동하는 실재가 없는 경우에만, 몸의 도움은 단지 제일 질료의 수용적 가능태일 수 있다)[45] 이러한 전체 숙고에서 중요하고 유일한 것은 토마스에게 인간의 총체적 현실이 영혼에 의하여 산출되었음을 보는 것이다.

....

45 De verit. q. 26 a. 2 ad 2.

이제 형상으로서의 영혼에 그 자체로 귀속되는 질적 차원의 각각의
차이는 토마스에 따르면 특별한 차이일 것이며,[46] 따라서 영혼은 그 자   *330*
체로 다른 영혼과 관련하여 질적인 차이를 전혀 가질 수 없다. 그러나
바로 이 영혼만이 총체적 인간의 구체적 현실의 유일한 실체적, 즉 능
동적으로 산출하는, 존재 근거이다. 토마스도 간과할 수 없었던 것처
럼, 질적으로 완전히 동일한 본질 근거에도 불구하고 인간에게는 상당
한 차이들이 있다. 만일 형상이 완전히 비규정적인 공허한 제일 질료와
일치한다면, 토마스는 인간 사이의 그러한 차이들을 단순히 외부의 원
인에 의해 야기되고 영혼에 의해 오로지 수동적으로만 수용된 질료의
»정렬«(dispositiones)로, 그리고 영혼 자체의 영향을 받지 않고 외부로   *239*
부터 영향을 받은 것으로서 지속적으로 존재하는 질료의 성향으로 소
급시키지 못한다.[47] 그래서 예를 들어 인간의 성(Geschlecht)은 질료의
정렬에 의존한다.[48] 그리고 이러한 성향은 다시금 외부 환경과 원인에
의존한다.[49] 그러나 이러한 정렬은 »존재 행위의 방식에서«(in essendo)
형상에 의존되어야 하고[50] 형상과 관련해서 »후험적인 것들«(posterio-
res)이어야 한다.[51] 이는 인간의 정렬과 인간의 »개별성«(Individualität)
자체에 대해서도 마찬가지이다.[52]

....

46 Vgl. I. q. 47 a. 2 corp.; q. 50 a. 4; q. 62 a. 6 ad 3; q. 75 a. 7 corp.; q. 76 a. 2 ad l; II.
Sent. dist. 17 q. 2 a. 2 corp.; De pot. q. 3 a. 10 corp.
47 I. q. 76 a. 6; a. 7; II. Sent. dist. l q. 2 a. 4 ad 3; dist. 2 q. 2 a. 3 ad 4; dist. 26 q. l a. l
ad 5 ; S.c.g. II 71 usw.
48 I. q. 115 a. 3 ad 4; De ente et essentia c. 7; De verit. q. 5 a. 9 ad 9.
49 I. q. 92 a. l ad l ; q. 99 a. 2 ad 2 usw.
50 S.c.g. II 71.
51 Vgl. S.c.g. II 63; 65.
52 I. Sent. dist. 8 q. 5 a. 2 ad 6; II. Sent. dist. 3 q. l a. 2 corp. und ad l ; a. 4 ad l. 분명히
수량적 다수화만이 아니라, 오히려 인간이라는 형상의 »개별적« 변화가 문제가 되는 본문들.

가지상에 대한 문제가 오로지 특별한 경우라고 한다면, 이로써 우리는 보편적인 문제에 직면한다. 한 본질의 구체적이자 각기 다른 규정에 대한 질문, 즉 이 본질에 의해서 구체적이자 독특하게 능동적으로 산출되어야 하는 질문이 그것이다. 비록 본질이 그 자체로 질적으로 완전히 동일하다고 간주되고 따라서 구체적 규정이 외적 원인으로부터 소급해 올 수 있다고 할지라도 말이다. 이는 형상적 요인에 대한 331 문제, 즉 이미 형상적인 것의 동일한 보편성을 넘어 특수성 자체를 지니고 있는 능동적 원리에서 유래하는 형상에 대한 문제이다. 여기서 특수성은 우선 수동적으로 수용되는 것으로만, 즉 질료적 요인으로만 드러난다. 만일 한 존재자 자체의 구체적인, 즉 우연적인 규정이 외적 원인에서 온다는 점을 고려한다면, 제기된 질문은 다음과 같이 표현될 수 있을 것이다. 즉, '외적인 것에 의한(즉, 질료적인 것에 의한) 존재자의 피규정성이 어떻게 내부로부터 수용자에 의해 능동적으로 산출되어 형상적 요인이 될 수 있는가? 토마스에 따르면 그러한 경우는 지금까지 있었던 것에서 이미 분명하였어야 한다. 이러한 표현법으로 제기된 우리의 질문에서는 토마스가 다음과 같은 명제로 정식화한 것에 대해서만 묻는다. 즉, "그리고 형상에 대한 정렬은 존재 행위의 방식에서는 후험적이지만 발생의 방식에서는 질료에 있는 형상에 선행한다."[53](in via autem generationis dispositiones ad formam praecedunt formam in materia, quamvis sint posteriores in essendo) 비록 정렬은 다른 한편에서는 형상을 규정하지만 존재론적으로는 형상을 통해 형상적 산출에 의존한다[즉, 존재 행위의 방식에서는 후험적이다(posteriores in essendo)] 왜냐하면 정렬은 사실 형상을 향한 정렬(dispositiones ad formam)이기 때

....

53 S.c.g. II 71.

문이다. 그렇게 규정된 존재자 자신을 통해 자체적으로 산출된 규정과
함께 수용적으로 외부로부터 수용된 정체성에 대한 이러한 질문은, 그
대답이 외적 원인을 통해 규정되는 것(Bestimmtwerden)이 토미스트적
관점에서 형이상학적으로 무엇을 의미하는지에 대한 사전 설명인 경
우에만 명확해질 수 있다. 이로써 탐구는 이전의 숙고에서(제2장 제2절) 240
아직 불명확하게 남아야 하였던 질문으로 다시 돌아간다.

9. 가지상 II: 세계 내적 인과율의 존재론을 향하여

1) 세계 내적 인과율의 문제인 (항구적) 상에 대한 질문

우리의 탐구가 지금 서 있는 지점에 대해서 다시 한번 명백히 밝혀야 할 필요가 있다. 그것은 정신 자체 안의 (좁은 의미에서) 가지상의 항구적 보존에 관한 것이다. 한편으로 가지상은 오로지 정신 자체의 능동적 자발성에 의해서만 산출되어 나오는 것으로 밝혀졌고, 따라서 정신의 선험적 법칙성 자체 외에 다른 것이 아닌 것으로 보인다. 다른 한 편으로 가지상은 특정 대상을 인식하기 위한 정신의 존재론적 규정으로 밝혀졌고, 그래서 수동적으로 수용하는 규정이자 외적 영향에 기인하는 규정일 수밖에 없는 것으로 보인다. 그래서 상이 어떻게 동시에 두 가지가 될 수 있는지에 대한 문제가 제기되었다. 즉, 이는 상이 외적 대상을 수동적으로 수용된 것으로 나타낼 수 있는 방식으로 자발적 정신 활동을 구성하는 것에 대한 것이다. 이 질문은 보편적인 문제의 특별한 예로서 계속 나타났다. 이 문제는 우리가 형상으로서의 영혼과 우연적 규정을 지닌 몸 간의 관계에서 출발하였다는 사실에서 드러났다. 그러고 나서 그 과정에서 이 문제는 다시 한번 불가피하게 더욱 보편적인 문제로, 즉 존재자 자체의 형상적 본질 근거와 우연적 속성들 간의 관계에 대한 질문으로 넘어갔다. 곧, 존재자의 우연적 속성들과 규정들은 그 자체로 언제나 수동적으로 외적 인과율에 의해 야기되어 수용되지만, 해당 존재자 자체의 내적인 형상적 존재 근거에 의해 야기되어야 한다. 그래서 내적인 형상적 존재 근거 자체가 저 규정들의 근거 자체인 한, 내적인 형상적 존재 근거는 이러한 규정들을 기원적으로 소유하여야 한다. 그리고 자기-자신-에 의한-존립(In-sich-selber-Stehen), 즉 자신의 자유에 근거하는 정신적 영혼에서의 경우처럼 형상이 분리된 것으로 간주될 수 있다면, 기원적인 것으로 유지할 것이다.

따라서 항구적 가지상에 대한 질문이 명확해지기 위해서는 방금 논의한 가장 보편적인 문제점이 더 밝혀져야 한다. 이러한 의미에서 상에 대한 인식 형이상학적 문제성은 이러한 형상 존재론적 관계(das formalontologische Verhältnis)를 해명하는 것과 결부되어 있다. 그러나 그 측면에서도 이러한 해명과 모든 형상 존재론적 고찰은 상 자체가 인식 형이상학적 문제로 변화될 때 실제로 존재론적으로 수행될 수 있다. 진정한 존재론적 개념들은 이에 상응하는 인식 형이상학적 개념과의 일치를 통해서만 얻어질 수 있다. 질료 존재론(Ontologie der Materie)은 인식 형이상학적 문제를 존재론적으로 적용할 때에만 구성될 수 있다. 지금 여기서 인식 형이상학적 문제 제기는 존재자의 본질 근거와 존재 *333* 자의 우연적 속성 간의 관계에 대한 가장 보편적인 문제성으로 되돌려졌다. 객관적으로 세계 내적 변화는, 즉 어떤 존재자의 영향으로 말미암아 다른 한 존재자에게 새로운 규정이 생성되는 문제는, 두 존재자가 인과적 관계보다 선행적으로, 그리고 독립적으로 존재한다고 이미 전제되는 것과 같은 문제이다. 토마스는 이러한 세계 내적 인과성이 물질적인 것들에 있다는 사실을 전제한다. 즉, 그는 물질적인 것들의 본질에 전제되어 있는 세계 내적 인과성의 형이상학적 가능성만을 모색할 뿐이다.[1] 따라서 다음과 같은 사실에서 시작해야 할 것이다. 즉, 존재자는 다른 존재자를 통해 새로운 규정을 산출한다. 우리는 이 지점에서 시작한다. 인간 인식의 형이상학에서 출발해야 했던 토마스의 체계적인 형이상학 전체에서의 출발점은 물론 다를 것이다. 곧, 그 출발점은 다른 존재자 자체의 특성을 직접 파악하는 감성에 있을 것이다. 여기가 한 존재자가 다른 존재자에게 미치는 영향에 대한 개념이 형성되는 진정한 장소일 것이다.[2] 그러나 이 탐구의 결론부에서 인간 인식에 대한 지금까지의 우리의 토미스트적 해석을 지속하는 것은 중요하지 않다. 오히려 이미 다른 방식으로 적용 가능한 토마스 형이상학의 전체에서 이 해석을 확인하는 것이 중요하기에, 우리는 지금 논의된 요점으로부터 시작하고자 한다.

2) 행위-감수 개념 쌍의 잠정적인 난제

그러한 생성에서[즉, 운동(motus)에서] 토마스는 행위자 측의 능동적 규정 행위와 감수자 측의 규정 수용을 구분한다. 즉, 행위(actio)와 감수(passio)이다. 그러나 이미 여기에서도 토마스의 개념에 대해 적어

....

1 Vgl. I. q. 115 a. 1 ; S.c.g. III 69; De verit. q. 5 a. 9 ad 4; De pot. q. 3 a. 7 corp.
2 Vgl. De pot. q. 3 a. 7 corp.

도 명백한 모호함이 자리 잡고 있다. 한편으로(첫 번째 진술 일련에서) 행위와 감수는 두 가지 다른 현실, 즉 하나는 행위자의 규정, 그리고 다 *334* 른 하나는 감수자의 규정 등 두 가지 다른 규정으로 드러난다. "행위는 행위자에게 있고 감수는 감수자에게 있기 때문에, 행위이고 감수인 동일한 수의 우유는 존재할 수 없다. 하나의 우유는 서로 다른 주체에 있을 수 없기 때문이다.[3] 또 다른 작업은 운동을 하는 것이고 운동을 수용하는 것이다."[4](Cum actio sit in agente et passio in patiente, non potest esse idem numero accidens quod est actio et quod est passio, cum unum accidens non possit esse in diversis subjectiss. Alia operatio est facere motum et recipere motum) 이에 상응하여 행위는 »행위자 안에«[5](in agente) 있고 행위자 자신의 완성이다.[6] 그러나 다른 한편으로 (두 번째 진술 일련에서) 정확히 '동자에 의한 피동'(motus a movente)은 오로지 '움직여진 것' 안에만 존재해야 하지 »동자가 그 안에 있는 것«[7](moventis ut in quo)이 아니다. "행위자 및 운동자의 행위는 감수자 안에서 *242* 발생하지 행위자와 운동자 안에서 발생하지는 않는다.[8] 즉 피동은 가동

....

3 II. Sent. dist. 40 q. I a. 4 ad 1. 토마스가 어떠한 의미에서 두 가지 우유에 대해서 논의하였는지는 나중에서야 명확해질 수 있다.

4 S.c.g. II 57. 다음에서 알 수 있듯이 앞의 인용에서 더 명확하게 논의된 차이점이 문제가 된다. I. q. 25 a. 1 ad 3은 행위(actio)와 감수(passio) 간의 차이를 전제한다. I. Sent. dist. 8 q. 4 a. 3 ad 3에서는 행위자에게서 유래하는 행위(actio fluens ab agente)를 행위자와 그 작업 간의 중간자인 작용(opus)으로부터 구분한다. I. Sent. dist. 37 q. 3 a. 2 ad 3; III. Sent. dist. 35 q. 1 a. 2 sol. 1 corp.에서도 마찬가지이다.

5 De pot. q. 8 a. 2corp.; q. 7 a. 9 ad 7; I. Sent. dist. 32 q. l a. l corp.; dist. 40 q. l ad l ; S.c.g. II 9.

6 De pot. q. 7 a. 10 ad l ; III. Sent. dist. 35 q. I a. 2 sol. 1 corp. [행위자 자신의 완성된 작용(operatio perfectio ipsius operantis)].

7 XI. Metaph. lect. 9 n. 2312; III. Phys. lect. 5 (Parma 301b).

8 III. de anima lect. 2 n. 592.

자의 행위이다."[9](Actus activi et motivi fit in patiente et non in agente et moventes, motus est actus mobilis) 그리고 이에 상응하여 다음과 같이 말한다. "제작은 제작자의 완성이 아니라 제작된 것의 완성이고[10] 행위는 제작된 것의 완성이다."[11](factio non est perfectio facientis sed facti, actio est perfectio facti) 이 두 가지 일련의 진술이 단순히 서로 모순되는가? 어쨌든 »순수 역사가들«에게 널리 알려진 토마스의 입장 변경에 대한 가정은 여기서 다루지 않을 것이다. 왜냐하면 추정되는 모순이 그의 동일한 저술들에서 발견되기 때문이다.[12] 또는 정확하게 이해되어 토마스 입장에서는 그렇게 이해되어야 한다고 논증된, 상호 포용하는 두 가지 일련의 진술이 문제가 되는 것일까? 자세히 살펴보면 두 번째 가정이 옳다는 것을 알 수 있다.

335 ### 3) 감수자에게 내속하는 영향의 다양한 방식(영향의 수용과 발출)

"어떠한 수용적 능력도 능동적인 것의 형상에 의해, 즉 현실이 되게 하는 형상에 의해 완성되지 않는 한 행동으로 들어갈 수 없다. 그러나 능동적인 것의 각인은 두 가지 방식으로 수동적일 수 있다. 하나는 감수의 방식이다. 즉, 수동적 가능성이 변화하고 있을 때이다. 다른 하나

....

9   I-II. q. 57 a. 5 ad 1.
10   Loc. cit. Vgl. auch I-II. q. 3 a. 2 ad 3; q. 31 a. 5 corp.
11   S.c.g. II 23. 또한 참조할 것. S.c.g. I 100; De pot. q. 3 a. 15 corp.
12   Vgl. S.c.g. II 23 mit II 57; I. q. 25 a. l ad 3 mit I-II. q. 57 a. 5 ad l; I. Sent. dist. 37 q. 3 a. l ad 3[행위자의 작동은 언제나 수용자의 자신의 방식으로의 완성이다(operatio agentis semper est perfectio patientis ut huiusmodi)] mit III. Sent. dist. 35 q. l a. 2 sol. 1 corp.; De pot. q. 3 a. 15 corp. mit De pot. q. 7 a. 10 ad 1.

는 질과 형상의 방식이다. 즉 능동적인 것의 각인이 이미 수동적인 것 자체와 같은 본성으로 된 때이다."[13](Nulla potentia passiva potest in actum exire nisi completa per formam activi per quam fit in actu. Impressiones autem activorum possunt esse in passivis dupliciter: uno modo per modum passionis, dum scilicet potentia passiva est in transmutari; alio modo per modum qualitatis et formae quando impressio activi jam facta est connaturalis ipsi passivo) 방금 대조되어 설정된 진술의 본질적 공속성(Zusammengehörigkeit)을 다시 한번 밝힐 수 있는 고려 사항이 이러한 명제와 연결된다. 방금 인용된 명제는 우선 다음과 같은 것을 말하고자 한다. 즉, 영향(Einwirkung)은 두 가지 방식으로 감수자 안에 존재할 수 있다. 하나는 (두 번째 방식을 가정하면서) 영향 자체가 중지되었을 때, 즉 변화(transmutari)가 더 이상 주어지지 않았을 때이다. 이러한 경우 지속적 특성으로서의(즉, 질로서의), 그리고 항구적 규정으로서의 영향은 감수자로부터 수취한 것이다. 그런 다음 영향은 감수자에 대한 행위자의 영향이 여전히 지속적인 가운데, 그리고 바로 이 때문에 감수자의 규정인 각인(impressio)이 현전하는 방식으로 아울러 감수자에게도 있을 수 있다. 감수자에게 내속(Insein)하는 규정의 이러한 이중적 방식에 따라 그 영향은 감수 또는 [수용적(passibilis)] 질이라고 일컬어진다. 이러한 구별 자체는 이해하는 데 더 이상 어렵지 않다. 토마스는 다른 곳에서는 이러한 구별을 제안한다.[14] 비록 감수와 수용적 질에 대해서 전문 용어로 꾸준히 구분하지 않았음에도 불구하고 말이다.[15] 그

....

13 III. Sent. dist. 14 q. 1 a. 1 sol. 2 corp.

14 De verit. q. 20 a. 2 corp.

15 I-II. q. 110 a. 3 obj. 3; In III. Phys. lect. 6(Parma 305 a); In V. Phys. lect. 1(Parma 380 b) usw.

243 러나 이러한 구분 뒤에는 의심의 여지 없이 토마스가 보았지만 충분히 명시적으로 논의하지 않은 더 깊은 문제가 은폐되어 있다. 영향의 내속 (Insein der Einwirkung)에서 이러한 각각의 방식은 영향이 내속하는 또 다른 두 가지 방식을 드러낸다. 비록 이 방식이 원전에 명시적으로 강조된 것과 단순히 동일하지는 않더라도 말이다.

336 토마스가 감수자에게 내속한 영향을 명시적으로 강조한 두 번째 방식은 외적 영향이 중지된 이후에도 그 영향이 (다소 길게) 유지되는 감수자의 특성으로 남아 있도록 하는 것이었다. 그러나 이제 토마스에게는 이미 앞선 논의에 따르면 존재자의 규정이 오로지 단순히 외적으로 감수자에 의해서 »담지되거나«(getragen) »소유되는«(gehabt) 것만이 아니라 수용적인 것의 존재 근거 자체로부터 지속적으로 산출된다는 사실을 통해서만 규정 자신일 수 있다. 오로지 그래야만 규정은 공통 본성이 된다. 따라서 변화 이후 지속적인 감수를 통해 외부 영향의 형이상학적 구조의 본질적 계기가 드러나게 된다. 즉, 감수자 자체를 통한 영향의 산출이 그것이다. 우리는 외적 영향에 의해 야기된 감수자의 규정을, 이 규정이 감수자 자신에 의해서 산출되는 한, [상의 »수용 행위«(recipere species)에 대한 토미스트적 담론에 의존하여] 수취한 규정이라고 칭한다. 여기서 수취 행위(übernehmen)는 감수자 자체의 실체적 근거에서 비롯되는 능동적 산출이라는 의미에서 이해되어야 한다. 이제 토마스가 질로부터 구분한 단순한 감수조차도 수취한 규정이라는 점이 처음부터 분명하다. 왜냐하면 감수는 감수자 자신의 특성이기 때문이다(이에 대한 예외는 곧 논의될 것이다).[16] 규정을 넘겨받는 것

....

16 이는 토마스(III. Sent. dist. 14 1. c.) 자신의 구별 방식에서 나온다. 외적 감각에 대한 실제적 인식은 단순한 수용(passio)이 특징이지만, 감각상(species sensibilis)은 수용된 규정으로서 수용자(das Leidende)에 속한다는 것이 자명하다. 왜냐하면 감각 행위(sentire)는 감각

은, 만일 이것이 정말로 뒤이어 발생한다면, 행위자의 실제 영향 뒤에 시간적 후순으로 배치될 수 없다. 왜냐하면 행위자의 실제 영향은 감수자 내의 규정을 감수자의 규정으로 산출하기 때문이다. 그러나 이 규정 244 337은 수취하고 나서만 감수자의 규정이 된다. 그럼에도 불구하고 외적 영향이 시속하는 한, 규정의 원인으로서의 감수자의 규정은 저 인과성을, 즉 감수자 자체의 근거에서 비롯되는 인과성이자 일시적인 행위(actio transiens)가 끝나고 감수로부터 질이 되어 버린 인과성을 은폐한다. 거꾸로 단순한 감수는 수취를 이미 포함하더라도 수동적인 것(passivum)에 대한 행위자의 외적 영향의 본질을 드러낸다. 바로 감수가 수취를 은폐한다는 사실을 통해 감수는 자신의 고유한 본질 자체를 보여 준다. 따라서 만일 우리가 영향의 총체적 현상에서 수취를 배제한다면, 수동적인 것으로의 행위자의 행위(actio agentis in passivum)는 그 자체로 남아 있어야 한다. 이제 규정적인 것은 그런 연후에도 이러한 행위가 감수자(patiens)의 매개를 통해 확장된다는 통찰이다. 왜냐하면 일시적 행위는 타자의(즉, 수동적인 것의) 매개 안에 있는 자기 존재 행위의 특정한 내속 없이는 결코 생각할 수 없기 때문이다. 그러므로 일시적 행위가 그 자체로 생각된다면, 행위자의 영향이 감수자의 매개에 내속한다는 사실을 이해될 수 있다. 이 내속은 논리적으로는 수취를 통한 규

....

인식자의 내재 행위(actio immanens)이기 때문이다(I-II. q. 31 a. 5 corp.; I. Sent. dist. 40 q. 1 a. 1 ad 1 usw.). 그러나 내재 행위의 감각적 인식 행위는 감성과 감각상 간의 일치를 전제한다(I. q. 12 a. 2 corp.). 그런데 이러한 일치에서 감각상은 감각적 »수용자«의 수용된 규정이어야 한다. 왜냐하면 이러한 일치는 »감각상을 수용하는 행위«(recipere species sensibiles)이기 때문이다(I. q. 78 a. 4 corp.; S.c.g. II 73; I. Sent. dist. 22 q. 1 a. 2 corp.; IV. Sent. dist. 44 q. 2 a. 1 sol. 3 corp.; q. 3 a. 1 sol. 3 corp.). 즉, 하나의 변화 행위(immutari)이다(I. q. 81 a. 3 ad 3; IV. Sent. dist. 44 q. 2 a. 1 sol. 4 ad 1). 상은 인식자 자신의 감각적 행위의 형상적 원리이다(I. q. 56 a. 1 corp.).

정의 내속에 선행한다.

다양한 징후에서 보이듯이, 비록 자신의 글에서 명시적으로 충분히 진술하지는 않았음에도 불구하고, 토마스는 이러한 정황을 보았다. 토마스는 다음과 같이 말한다. "모든 수동자는 자신의 양식에 따라 행위자의 활동을 수용한다."[17](omne passivum recipit actionem agentis secundum suum modum) 이미 이로써 (외적 영향만을 고려할 때는 언제나 같을 것이기 때문에) 외적 영향 자체와 수용을 포괄하는 전체로서의 영향을 구분하는 내적 가변성이 감수자에게 수용되어 들어온다. 나아가서 토마스는 수용의 변화, 즉 영향이 수용자의 규정이 되는 방식을 알고 있다. 수용된 규정이 내적이자 본질적으로 외적인 영향에 의존하도록 외적 행위자의 영향이 지속되는 한, 그는 수용에 대해서 진술한다.[18] 영향이 감수자의 매개를 통해 확실히 확대됨에도 불구하고, 사실 토마스는 수용이 실제로 일어나지 않은 경우를 알고 있다(이 경우가 실제로 주어졌는지 여부에 대한 질문은 여기서 당연히 중요하지 않다). 토마스에 따르면 색상은 공간을 매개로 색상을 가진 물체로부터 확장된다. 그러나 공기는 자연적 변화(immutatio naturalis)를 겪지 않고 색상은 공기에, 즉 자연적 존재 행위에 따라(secundum esse naturale) 투명한 공기에, 즉 투명한 매개 내에 존재하지 않는다.[19] 다시 말해 색상은 공기

......

17 IV. Sent. dist. 44 q. 2 a. I sol. 3 ad 2.
18 De pot. q. 5 a. 1 ad 6; q. 6 a. 4 corp.
19 IV. Sent. dist. 1 q. l a. 4 sol. 2 corp.; sol. 4 corp.; dist. 8 q. 2 a. 3 corp.; dist. 44 q. 2 a. l sol. 3 ad 2; sol. 4 ad 5; I. q. 67 a. 3 corp.; De verit. q. 27 a. 4 ad 4; De pot. q. 3 a. 7 ad 7; Quodl. 7 a. 2 ad 5. 색상에 대한 이러한 진술을 공간의 매개 안에 빛이 내재하는 것에 대한 질문과 혼동해서는 안 된다. 토마스는 빛이 공간에 의해서 제공된다고 생각한다(habet esse naturale in aere: I. q. 67 a. 3 corp.; II. de anima lect. 14 n. 420; II. Sent. dist. 13 q. I a. 3 corp.). 물론 발광체(das Leuchtende)의 실제 영향하에서만 빛이 공간에 수용되는 한(II-II. q. 171 a. 2 corp.; De verit. q. 12 a. l corp. usw.), 토마스는 우선 색상이 매개 중인 존재 방

를 지칭하지는 않는다(non denominat aerem). 색상은 사실 공기에 대
하여 진술할 수 없으면서도, 곧 공기에 대한 일시적 존재 규정이 되지
않고서도, 공기 내에 있다. 그러나 이로써 위에 정의된 의미에서 투명
한 매개를 통한 색상의 수용은 거부되었다. 그럼에도 불구하고 토마스
는 여기에서도 유색 몸체의 영향이 공간에 내재한다고 주장한다. 그는
이를 또한 수용(receptio)이라고 칭한다. 논의된 바에 따르면, 수용에
의한 내속과 이 수용은 분명히 구별되어야 한다. 따라서 토마스에 따르
면 감수자에게는 영향이 내속한다. 이 내속은 감수자 자신에 의하여 생
성된 규정에 대한 수용이 아니다. 영향은 생성(Erwirkung)을 통해 비로
소 감수자 자신의 규정이 된다. 이미 진술한 바와 같이 감수자에게 영
향이 이러한 방식으로 내속하는 것을 우리는 모든 영향에 속하는 것으
로 간주할 권리를 갖고 있다. 이러한 내속은 수용을 통한 내속에 논리
적으로 항상 선행하는 것으로 간주될 수 있다. 이러한 내속 방식에 의
한 영향을 우리는 (아직) 수용된 영향이라 부르지 않고 발출하는 영향
(ausfließende Einwirkung)이라고 부른다. 영향 자체는 미수용된 영향 *339*
(nichtübernommene Einwirkung)이라고 불린다. 왜냐하면 영향은 한편
으로는 이미 감수자의 매개 안으로 영향을 미친 것으로 간주되어야 하
기 때문이고, 다른 한편으로는 수용된 영향과는 아직 구별되어야 하며

....

식을 나타내는 용어들을 사용한다(forma imperfecta, intentio: IV. Sent. dist. 1 q. 1 a. 4 sol.
2 corp. und ad 4). 또한 그는 투명한 매개 안의 빛의 내재(Insein)를 나타내는 용어들을 사
용한다(De pot. q. 5 a. 1 ad 6; q. 6 a. 4 corp.). 이에 대해서는 아래에서 더 논의될 것이다.
수용 없이 감수자의 매개 안에 있는 영향의 내재 개념에 대해서 알고 있다는 사실을 보여 주
는 것이 중요한 한, 토마스에게 색상에 귀속된 이 내재가 색상의 본질에 대한 다른 규정들과
양립할 수 있는지 여부는 여기서 중요하지 않다. 색상의 본질에 대한 토마스의 입장에 대해서
는 다음을 참조할 것: I. Sent. dist. 17 q. 1 a. 1 corp.; De male q. 2 a. 2 ad 5 und ad 11; De
verit. q. 2 a. 4 ad 4; q. 14 a. 8 ad 4 usw.

영향은 이러한 수용을 통해 비로소 감수자의 규정이 되기 때문이다. 그럼에도 불구하고 수용되지 않은 이러한 영향이 필연적으로 존재자의 규정이어야 하는 한, 영향은 여전히 행위자에게 속한다. 그리고 행위자가 오로지 감수자의 매개를 통해서만 규정을 자신의 규정으로 산출할 수 있는 한에서만 행위자에게 이러한 규정이 귀속하도록, 영향은 행위자에 의해 자신의 고유한 규정으로 산출된다. 이와 같이 행위자에 의하여 산출된 영향은 발출하는 것이라고 할 수 있다. 이 용어는 토마스 자신이 모든 영향을 행위자로부터 발출하는 것으로 이해하고[20] 이러한 감수를 »행위자로부터 오는«(ab agente) 것으로 이해한다는 점에서 토미스트적 정당성을 갖는다. 따라서 이 진술에 따라 »행위자로부터 오는«(ut ab agente) 영향은, 즉 수용에 의해 감수자에게 내속하기에 앞서 이미 자신에게 고유한 방식이자 감수자에게 내재하는 또 다른 방식을 갖고 있다.

이것으로 우리는 움직임(motus)에 관하여 위에서 강조된 일련의 진술들이 내적으로 일치되어 있다는 사실을 적어도 잠정적 방식으로라도 이해할 수 있는 위치에 있다. 첫 번째 일련의 진술에서는 그 자체로 행위(actio)를 어떠한 방식으로든 아직 행위자 안에 있는(in agente) 미수용된 영향의 관점에서 본다. 왜냐하면 이러한 영향은 그 자체로 행위자(der Tätige)에 의하여 산출된 자신의 규정, 즉 자신의 완성이며, 이러한 의미에서 여전히 행위자 »안에«(in) 있기 때문이다. 두 번째 일련의 진술에서는 수용된 영향에 대해서 논의한다. 이 개념에 비추어 이러한 진술들은 자명하다. 이 두 가지 일련의 진술의 공속성을 이해하는 데 필수적인 것은 첫 번째 일련의 진술에서 뜻하는 행위자를 통한

....

20 S.c.g. IV II.

행위(actio in agente)가 감수자의 매개를 통해 확장되며, 엄밀한 의미에서 아직 수용이 아닌 감수자 내의 내속(Insein im Leidenden)이 논리적으로는 수용을 통한 내속 이전에 행위자로부터 오는 행위(actio ut ab agente) 자체에 내적이자 본질적으로 속한다는 통찰이다. 두 번째 일련의 진술에서 의도된 엄밀한 의미의 수용을 통해 행위는 감수자의 완성(perfectio)이 된다. 수용 없이(또는 최소한 수용과는 별개로) 감수자 내에 영향이 내속한다는 개념이 일련의 두 가지 진술의 양립 가능성을 보여주는 한, 그러한 내속은 근본적으로 모든 영향에 속한다는 새로운 증거를 얻을 수 있다. 토마스에 따르면 수용을 통한 내속이 전혀 없는 경우에만 명시적으로 파악하였다고 말이다. 이러한 내속 방식을 토마스는 지향(intentio), 영적 존재(esse spirituale), 영적 수용(receptio spiritualis)이라고 칭한다.[21] 인식에 대한 단순한 현상학적 고찰을 위하여 (이용어에 대한 첫 근거로서) 인식 대상이 인식될 때 인식자 »안에«도 존재하기 때문이다. 이러한 현상학적 고찰은 오로지 의도된 외부 대상만이 인식으로부터 독립되어 있는 즉자 안에 존재한다고 볼 뿐이며, 인식자의 존재론적 (수용적) 규정이 되지는 않는다. *340*

이렇게 확립된 개념에 비추어 발출하는 영향의 본성이 정확히 무엇인지, 이것이 수취된 영향과 어떠한 관련을 갖는지, 그리고 감수자의 매개가―이 매개를 통해 발출하는 영향이 확장된다―정확히 어떻게 규정될 수 있는지에 대해서 질문해야 한다.

....

21 De pot. q. 6 a. 4 corp.; IV. Sent. dist. 44 q. 2 a. I sol. 3 ad 2; sol. 4 ad 5 usw.

4) 발출의 본성

첫 번째 일련의 진술에서 시작하여 행위자로부터 오는 영향은 행위
자의 규정 자체, 즉 자신의 완성이라는 사실을 우선 다시 한번 주목해
야 한다. 피규정자를 통해 규정이 산출된 것 자체에 대하여 논의된 것
은 언제나 타당하기 때문에, 행위자는 자신의 고유한 규정인 영향이 자
247 신의 실체적 근거 자체에서 발출하도록 허용해야 한다. 행위자는 자기
존재 행위의 자발적 활동 덕에 자신의 활동을 자신의 고유한 활동으로,
즉 자신을 완성하는 규정으로 만들어낸다. 따라서 토마스가 행위자의
완성(perfectio agentis)으로 간주하는 행위는 정확히 행위자의 자기실
현, 곧 존재 행위(das Sein)로 이해된다. 행위자는 존재 행위를 통해 궁
극적으로 자신의 고유한 충만한 본질, 즉 자신의 완성에 도달하기 때문
이다. 자신의 고유한 존재 행위를 산출하는 이러한 방식은 통상 토마
스가 사용하는 통례의 범주로 포착하기 어렵다는 점은 발출을 허용하
341 는 존재자의 자기 전개에 대한 일반적 고찰에서 이미 논의되었다. 행위
자의 이러한 자기 산출(Selbsterwirkung)이 왜, 그리고 어떻게 행위자가
타자의 영향을 감수하는 경험을 통해서만 가능한지에 대해서는 여기
서 더 들어갈 필요는 없다. 고유한 활동 행위를 이렇게 능동적으로 산
출하는 것은 발출을 허용하는 근거의 본질에 따라, 즉 행위자 형상의
존재 방식에 따라 질서 지워진다.[22] 형상이 자기 자신 안에 적을수록,
형상이 덜 내적일수록, 즉 형상이 자기 자신에게 덜 현존할수록, 그리
고 형상 자체가 자신으로부터 떨어져 질료적 타자에게 더 양도될수록

....

22 S.c.g. II 20: "모든 행위자를 현실태이게 하는 형상을 통해 모든 행위자는 행동한다."(om-
ne agens agit per formam qua actu est) usw.

형상에 의해서 산출된 그 활동 행위는 형상 자체에 덜 속하게 되고, 필연적으로 타자에게 더욱 자신을 상실하며 발출(emanatio)은 자신으로부터 떨어져 나와 타자 안으로 사라지게 된다.[23] 어떻게 순수 질료적 사물이 갖고 있는 형상의 존재 방식이 다른 존재자에게 영향을 미침으로써만 고유한 본질의 충만한 산출일 수 있는지를 우리가 이러한 생각에 비추어 낱낱이 보여 주려고 시도하길 원한다면, 이는 지금 여기에서는 지나치게 나간 것이리라.

5) 감수자의 매개적 본성(질료 개념 I)

우리는 타자 존재자 자체에 대한 이러한 영향이 있다는 사실에서 출발한다. 이에 대하여 토미스트적으로 파악할 수 있는 첫 번째 계기가 행위자 자신에 의한 활동 행위의 자기 산출이라는 점은 이미 드러났다. 이미 지적한 바와 같이 이 활동 행위 자체는 본질적으로 감수자의 매개를 통해서만 실현되므로, 먼저 감수자가 영향받은 규정이(즉, 수용된 영향이) 아니라, 활동 행위 자체가 오로지 감수자에게서만 행위자의 규정일 수 있다. 따라서 매개를 통해 행위자가 자기 자신이 되는데, 감수자의 이러한 매개가 어떻게 정의될 수 있는지는 더욱 정확하게 규정해야 한다. 발출하는, 즉 미수용된 영향과 수용된 영향을, 곧 감수자 자신 *342* 에 의해서 산출된 영향을 구분하도록 우리를 강요하였던 고찰은 결국 존재자가 피규정자 자체의 실체적이자 존재를 부여하는 근거에 의하 248 여 산출된다는 사실을 통해서만 어떠한 것이 존재자의 규정일 수 있다는 통찰에 기초하고 있다. 그러나 이로써 이 근거 자체는 자기 자신의

....

23 S.c.g. IV 11.

고유한 가능성과 구성에 외부적이고 추가적인 영향에 의하여, 즉 세계 내적 원인인 영향에 의하여 결코 규정될 수 없다는 점이 주장된다. 이 근거가 토미스트적으로는 [실체적(substantialis)] 형상(forma)이라고 불린다. 세계 내적 영향의 의미에서 존재자는 형상에 따라 근본적으로 감수할 수 없다. 따라서 존재자가 감수해야 한다면 그것은 이중의 전제하에서만 생각될 수 있다. 1. 엄밀히 말하면 외적 영향 자체는 이미 언제나 감수자 자신의 규정일 수 없다. 만일 감수자 자신의 규정이라면, 영향은 언제나 이미 감수자 자신에 의해 산출되었을 것이고, 따라서 엄격한 의미에서 외부로부터 오는 것이 아닐 것이다. 2. 그럼에도 불구하고 이러한 외적 영향은 이미 감수자 안에 있어야 한다. 그렇지 않다면 이는 감수자와 아무런 관계가 없을 것이다. 그러나 이러한 두 가지 전제는 절대적 무규정성의 실제 원리가 감수자의 구성에 속할 경우에만 생각될 수 있다. 오로지 자기 자신으로부터만 규정될 수 있는 근거이자 존재자의 존재 행위를 규정하는 근거이며 존재 규정 안으로 자기 자신을 전개하는 근거는 간단히 존재자 자체와 일치할 수 없다. 즉, 감수자는 단순히 형상일 수 없다. 감수자가 형상이라면, 형상 자체는 발출하는 영향 자체의 매개여야 하기 때문이다. 영향이 자신의 고유한 규정이라는 의미에서 이 영향이 매개일 수 없다는 점은 이미 드러났다. 그러나 다른 의미에서 영향은 규정에 속할 수 없다. 왜냐하면 형상은 본질적으로, 그리고 배타적으로 존재자의 규정을 산출하는 기원으로 이해되어야 하기 때문이다. 따라서 이 기원 자체에 속하는 것은 본질적으로 존재자 규정의 부분 기원이 되며, 이로써 해당 존재자 자체의 규정이 된다. 따라서 감수자 자신이 존재론적으로 규정된 발출하는 영향의 담지자가 아니라면, 전적으로 수동적인 것, 그리고 그 자체로 무규정적인 원리가 감수자에게 속할 경우에만 감수자는 발출하는 영향의 매개

일 수 있다. 이 감수자는 순전히 수용자이지, 형상에 입각해서 산출된 *343*
규정의 담지자, 즉 그 자체로 산출하는 담지자는 아니다. 이 원칙을 통
해 산출된 이러한 규정은 확산되고 유지된다. 이러한 수동적인 것, 즉
그 자체로 존재 규정의 무규정적인 내처(內處, Worin)는 토미스트적 관
점에서 (제일) 질료라고 불린다. 따라서 타자에 대한 존재자의 세계 내
적 인과성은 감수자가 질료적일 경우에만 가능하다. 감수자의 질료는
행위자의 형상에 의하여 능동적으로 산출된 활동이 자신의 기체(基體,
substratum)에서와 같이 스스로를 유지하는 내처이다.

감수자 자신에 대한 규정 없이도 감수자의 매개를 통해 발출하는
영향이 존재할 수 있다는 감수자의 매개적 본성에 대한 이러한 간략
하고도 암시적인 논증이 토마스에게서 자세하고 명확히 수행되었다고
논증하기 어렵다고 하더라도, 그 결과 자체는 명시적으로 토미스트 이
론이다. 제공된 논증을 이 이론으로부터 거꾸로 찾아가면 토미스트적 249
임이 드러나기 때문이다. 결과 자체가 토미스트적이라는 점이 여기서
간단히 제시될 것이다. "질료는 행위자로부터 행위를 수용하는 자로서
의 행위자와 관련이 있다."(Materia comparatur ad agens sicut recipiens
actionem quae ab ipso est) "왜냐하면 현실태는 행위자로부터 오기에
행위자에게 속하며, 수용자 안에 있기에 수용자에게 속하기 때문이
다."(actus enim qui est agentis ut a quo, est patientis ut in quo)[이러한
내속에서 (즉, 수용에는) 분명히 수용 이전의 내속이 문제시된다. 왜냐하면 행
위가 즉각 행위자의 현실로 설명되기 때문이다] "따라서 자신의 행위를 수
용하기 위해서는 어떠한 행위자에 의한 질료가 요구된다. 왜냐하면 수
용자 안에 받아들여진 행위자의 행위 자체는 행위자의 현실태, 그리고
(= 즉) (행위자) 형상의 현실태이기 때문이다."[Igitur requiritur materia
ab aliquo agente, ut recipiat actionem ipsius; ipsa enim actio agentis in

patiente recepta est actus agentis et (=d. h.) formae (des Tätigen)][24] "모든 창조적 작용은 질료의 가능태를 전제한다."(Omnis operatio creaturae praesupponit potentiam materiae)[25] "능동적 가능태는 불완전하고 사물의 전체 실체에 영향을 줄 수 없기에 자신의 행위 대상인 소재를 요구한다."[26](Potentiae activae accidit quod requirat subjectam materiam in quam agit, inquantum est imperfecta, non potens in totam rei substantiam) 다음은 완전히 명확하게 공식화된 우리의 논제이다. 즉, 산출된 것의 존재 행위와 감수자의 존재 행위를 전적으로 담지하지 않는 원인 (Ursache)은, 따라서 단지 존재자의 규정을 위한 원인이기에, 사물의 전적인·실체(tota rei substantia)에 부가적으로 오는 원인에는 (그리고 우리는 이렇게 세계 내적 원인을 규정하였으므로) 소재(subjecta materia)가 필요하다. 이 명제가 공허한 동어반복이 되지 않기 위해서 질료는 엄격한 형이상학적 의미에서 수용되어야 한다. 창조된 덕은 자신이 그 안에서 작동하는 질료를 전제한다.[27](Virtus creata praesupponit materiam in qua operetur)

토마스는 어떠한 질료도 귀속되지 않는 존재자 간의 상호 영향의 가능성을 위한 이 원리에서 오는 결론에 대해서는 명확히 한다. 그러한 존재자는 직접적 통교를 가능케 하는 어떠한 »창«(Fenster)도 갖고 있지 않다. »말하는 천사«는 대화 대상의 천사에게 아무것도 하지 않으며(nihil facit angelo cui inloquitur),[28] 말을 듣는 것은 신적 조명의 방사

....

24 S.c.g. II 16.
25 I. Sent. dist. 14 q. 3 corp.
26 I. Sent. dist. 42 q. 1 a. 1 ad 3.
27 IV. Sent. dist. 8 q. 2 a. 3 ad 2. Ähnlich De verit. q. 27 a. 3 corp.
28 De verit. q. 9 a. 5 ad 2 und ad 5; q. 9 a. 6 ad 4.

(radiatio divini luminis)를 통해 발생된다.[29] 말하는 것 자체는 단지 내적 발언(locutio interior)일 뿐이며,[30] 화자의 자유로운 연설을 인식하는 것은 동일한 생득상(species innata)을 통해(즉, 신의 창조적 인식 자체에 분여함을 통해) 청자에게서 발생한다. 생득상을 통해 청자는 화자의 본성을 인식한다.[31]

앞에서 이미 규정되었고 이 상황에서 새롭게 드러난 의미에서 질료 250 는 세계 내적 원인을 통해 존재자의 규정을 수용하는 데 필수적인 내처임이 알려졌다. 왜냐하면 이를 위해 전제된 발출되는 영향은 질료를 통해 확장하고 유지되기 때문이다.

전체적인 탐구의 목적과 관련된 이러한 통찰로부터 이미 여기서 중요한 결론에 도달할 수 있다. 토마스는 대상을 수용하는 인식이 본질적인 감성이라고 확인하였다. 만일 인식 일반이 존재론적 과정이라고 가정된다면, 그리고 이로써 대상 자체가 추가적인 인식자의 존재 구성에서 인식자를 인식으로 규정한다는 사실에 의해서만 수용적 인식이 가능하다면, 그렇게 인식하는 자는 그렇게 규정된 자로서 질료적으로, 즉 345 감각적으로 인식하는 존재여야 한다. 그러므로 인과론에 대한 토미스트의 일반 존재론의 입장에서 인간은 수용하면서 인식할 수 있고 또

.

....

29 II. Sent. dist. II q. 2 a. 3 ad 3.

30 I. q. 107 a. 4 ad 1.

31 De verit. q. 9 a. 4 ad 11. 이러한 해석은 카예타노(Caietano), 실비우스(Sylvius), 그리고 그 밖의 다른 이들의 해석이기도 하다. 토마스가 열등한 천사의 조명(illuminatio)이 우월한 천사를 통하여 어떻게 정확하게 수행되었을 것이라고 생각하는지는 여전히 모호한 채로 남아 있다. 토마스는 조명이 제공된 것이라고 간주하고 천사의 말(locutio)과는 다른 것이라고 본다. 아무튼 천사들의 말(locutio angelorum)은 조명 중에라도 영들이 서로 실제적인 영향을 주고받는 것으로 단순히 생각해서는 안 된다고 보여 준다. 따라서 토마스가 조명이 단순히 현전한다는 보는 것은, 토마스가 세계 내적 영향은 오직 물질적 감수자(ein materielles Leidendes)에게만 가능하다고 생각한다는 우리의 해석에 반대되는 논증이 될 수 없다.

인식해야 하지만 그 역은 아니기 때문에, 인간은 질료적 양식의 감각기관을 갖고 있다는 토마스의 통찰이 확인되었다. 왜냐하면 능력이 기관을 위해서가 아니라 기관이 능력을 위해서 존재하기 때문이다.[32](non enim potentiae sunt propter organa, sed organa propter potentias)

6) (단순히) 발출하는 영향과 수용된 영향 간의 관계(질료 개념 II)

이제 단순히 발출하는 영향과 수용된 영향 간의 관계에 대해서 더 질문해야 한다. 우선, 발출하는 영향이 감수자의 질료를 통해 어떻게 확장될 수 있는지, 또 그래야 하는지가 우리가 얻은 통찰을 바탕으로 이해될 수 있다. 만일 우리가 행위자는 세계 내적 원인 자체로서 질료라는 사실, 즉 이 존재자 자체의 존재 행위는 그 자체로 자신의 본질을 질료적 타자를 통해 전개한다는 사실에서 출발한다면, 자신의 발출하는 영향이 오로지 질료를 통해서만 유지될 수 있다는 점이 이해될 수 있다. 왜냐하면 발출하는 영향은 드러난 바와 같이 행위자 자체의 자기 실현으로서만 이해될 수 있고, 따라서 행위자가 자신의 존재 방식을 공유하기 때문이다.

그러나 이제 질료 자체는 이것 또는 저것이 아니다. 질료는 동일한 것이 다수가 되는 근거로서[이러한 의미 하나만으로 질료는. 토미스트
251 346 적 관점에서 »개별성«의 근거이지,[33] 다른 것과의 하성적 차이(washafte Un-

....

32 I. q. 78 a. 3 corp.
33 토마스에 따르면 개별화의 문제는 두 가지 측면을 갖고 있다(Boeth. de Trin. q. 4 a. 2; III. q. 77 a. 2 corp.; III. Sent. dist. 1 q. 2 a. 5 ad 1; IV. Sent. dist. 12 q. 1 a. 1 sol. 3 ad 3).: a) 하나의 보편적 무엇(Was, 하나의 형상)이며 그 자체로 다수의 향처(Worauf)와 관련되어

terscheidung)를 가져다주는 »개별성«의 근거는 아니다][34] 본질적으로 »하나«(eine)인 동시에 »다수«(viele)이다. 질료는 동일한 것으로 반복될 수 없는 방식으로 하나여야 한다. 그렇지 않다면 질료에 대한 일반적이자 구체적인 개념이 형성될 수 있다는 것이고, 동일체의 반복과 같은 난제가 새롭게 시작된다. 이 반복으로 말미암아 질료가 요구될 것이기 때문이다. 그러나 질료는 하나로 유지되는 동시에 다수여야 한다. 왜냐하면 질료는 바로 그 근거, 즉 동일체가(즉, 형상이) 다수가 될 수 있도록 하는 공허한 내처(das leere Worin)여야 하기 때문이다. 게다가 이제 이러한 단일성은 수치적인 하나로 간주될 수 없다. 왜냐하면 이러한 단일성은 동일한 것으로서 사실상 무한히 반복 가능하다는 사실을 말하기 때문이고, 따라서 질료에 대한 특정적 보편개념을 형성할 수 있고 또 요구한다는 사실을 말하기 때문이다. 질료 자체가 물질적 사물을 통해 반복될 수 있는 것이 아니라는 점이 주장된다면, 이러한 부정적 진술에는 물질적 사물이 자신의 질료적 원리를 수치적으로는 하나로 공유하였을 것이라는, 즉 말하자면 단지 형상이라는 반쪽(Forma-Hälfte)

....

있고 다수의 하처(Worin)에 있을 수 있는, 알려진 것(ein Gewußtes)이 어떻게 바로 이러한 것인지에 대해, 즉 다른 것과는 더 이상 관계하지 않고(incommunicabilis) 더 이상 »다수 안에«(in pluribus) 있을 수 없는 것인지에 대해 질문할 수 있다. 본 논문의 이전 장들에서 제일 질료 개념은 오직 이러한 문제성에서 취득된 것이다.

　b) 즉, 그러한 궁극의 주체로서 다른 것 »안에« 더 이상 있을 수 없는 형상의 이러한 하처들이 서로 어떻게 구별이 되는지, 그래서 어떻게 형상이 단지 서로 관계하지 못하는 것만이 아니라 다양하게 되고 증대되는지에 대해서 질문해야 한다. 토마스는 이러한 질문으로부터 수량적으로 표시된 질료(materia quantitate signata) 개념을 얻는다. 우리는 이후에 이러한 문제성에 대해서 다룰 것이다. 수량적으로 표기된 질료에 대해서는 다음을 참조할 것. Boeth. de Trin. q. 4, a. 2, corp.: "이 질료는 산출되고, 치수에 따라 표기된다."(materia efficitur haec et signata secundum quod est sub dimensionibus) 아울러 다음을 참조할 것. 1. c. ad 4: "표기된 질료"(materia signata) usw.

34　예를 들어 다음을 참조할 것. Boeth. de Trin. q. 4 a. 2. 개별화와 (오직) 수치에 따르는 다양화는 동일한 것을 뜻한다는 것이 명백해지는 첫 번째 반론.

에서만 서로 구분될 뿐이라는 긍정적 진술은 포함되지 않을 것이다. 질료가 동일체의 반복 가능성의 원리로 간주되는 한, 질료로부터 와서 원리로서 다수의 동일체 안으로 들어가는 것이 전체에 대한 하나의 부분처럼 질료와 관련된다. 그래서 게다가 질료는 »부분«이 한 가지 질료로 이루어진 전체와는 »구체적으로« 동일하지 않은 방식으로 존재하여야 한다.

질료의 이러한 본질적 특성은 구체적으로 표현하자면 공간성 자체이다.[35] 공간성 자체는 직접적으로 질료의 본질을 구성하지 않는다.

35 우리가 여기서 말하는 (수량적으로 표기된 질료로서 이해된) 공간성(Räumlichkeit)은 특정 공간의 장소를 말하는 장소성(Örtlichkeit)과 단순히 동일시되어서는 안 된다. 지역성은 사물에 대한 언제나 상대적인 외적 관련 체계이다(자신의 외부에 있는 것에 의한 명명[eine denominatio ab eo quod est extra ipsum]: S.c.g. II 16]. 반면에 이와는 반대로 공간성이란 '수량이 그 자체로, 그리고 절대적으로 안에 있는'(quantitas ei inest per se et absolute) 내적 공간성을 말한다(V. Metaph. lect. 9 n. 892). 수량은 제공된 공간과 관계되지 않고 공간 안으로 단지 편입된 것이 아니라 공간을 창출하는 것으로서의 공간이다. 장소(locus)와 질료(materia)의 »수용성«(Receptibilitas)은 오직 »유사한 방식으로«(similitudinarie)만 진술된다(물론 본질적인 관련을 근거로).: II. Sent. dist. 12, 본문 설명(expositio textus) 원래 여기서는 시간에 대해서도 논의되어야 할 것이다. 왜냐하면 수량과 공간성은 토마스에게 단순히 동일한 것은 아니고, 시간 또한 공간성과 같이 수량의 본질에 속하기 때문이다(de pot. q. 9 a. 7 corp.). 따라서 공간성은 토마스에게 정확히 치수적 수량(quantitas dimensiva) 또는 치수로 다시 제공된다. 예를 들어 III. q. 77 a. 2 corp.이 그것이다. 그러나 사실 토마스는 수량적으로 표시된 질료를 통한 개별화에 대한 질문에서 시간에 대해서 명시적으로 논의하지 않고 오히려 언제나 치수적 수량만 지시한다. 따라서 암시적으로 논의되었고 그 자체로도 가능한 접근 방법은 여기서 더 이상 추구하지 않을 것이다. 아무튼 토마스는 질료와 시간 간의 연관성을 보았다. 이는 바로 그가 오로지 제일 질료의 단일성에만 외적 시간을 정초하려고 원한 것이 아니기 때문이다(II. Sent. dist. 2 q. 1 a. 2 corp.의 »결코 안 됨«(nullo modo)이라는 표현이 I. q. 10 a. 6 corp.에는 »충분치 않음«(non sufficiens)으로 변경됨). 내가 알기로 시간은 개별화에 대한 질문과 연관되어 오직 한 번만 등장한다: "왜냐하면 그것이 이 또는 저 질료에 수용되어 여기 그리고 지금 규정되는 한에서만, 그것이 질료에 수용됨으로써 개별화되기 때문이다(non enim individuatur per hoc quod recipiatur in materia nisi quatenus recipiatur in hac materia vel illa distincta et determinata ad hie et nunc): Boeth. de Trin. q. 4 a. 2 corp.

공간성은 토마스에게는 그 자체로 가시적이기 때문에 실체적 원리 자체가 될 수 없다.[36] 그러나 공간성 자체는[즉, 무한한 차원은(dimensiones interminatae)] 그 자체로 [실체적 형상에 앞서(ante formam substantialem)] 질료에 속하고, 오로지 그러한 경우에만 질료는 다수의 동일체의 하처일 수 있다.[37] 그 공간 자체로서[즉, 수량으로 표기된 질료로서(materia signata quantitate)] 질료는 부분들과 함께 »하나«이다. 이 부분들 중에서 어느 것도 서로에게 타자가 아니며 모두 함께 하나의 구체적 개념을 만들지 않고(이 개념의 »논리적« 부분들은 각각 전체를 반복하지만, 무

....

36 III. q. 77 a. 2 corp.; IV. Sent. dist. 12 q. 1 a. 1 sol. 3 corp.; In V. Metaph. lect. 10 n. 901; lect. 15 n. 983. 수량 자체가 실체적 원리라고 한다면, 실체적 형상과 실체는 자신의 고유한 자아를 통해 가시적이어야 할 것이다. 토마스는 이를 부정한다: II. de anima lect. 14 n. 420; 1. q. 67 a. 3 corp. usw.

37 IV. Sent. dist. 11 q. 1 a. 1 sol. 3 ad 4; dist. 12 q. 1 a. 2 sol. 4 corp.; a. 3 sol. 1 ad 3; dist. 44 q. 1 a. 1 sol. 1 ad 3; a. 2 sol. 5 ad 3; De verit. q. 5 a. 9 ad 6. 나아가서 다음을 비교해 볼 것.

| I. q. 76 a. 4 ad 4:
1. 원소들의 다양한 형상은 질료의 다양한 부분들을 통하지 않고서는 존재할 수 없다(Diversae formae elementorum non possunt esse nisi in diversis partibus materiae).
2. 치수들은 (부분들의) 다양성하에 이해되어야 한다. 치수들이 없으면 질료들은 분할될 수 없다[Ad quarum (partium) diversitatem oportet intelligi dimensiones sine quibus materia divisibilis non est]. | II. Sent. dist. 3 q. 1 a. 4 corp.:
1. 다양한 형상은 질료의 다양한 부분에 수용되어야 한다(Oportet quod diversae formae recipiantur in diversis partibus materiae).
2. 그러나 주석가가 말하였듯이 질료를 분할하는 최소한의 유한한 수량으로 질료를 선이해하지 않는 한 질료의 다양한 부분들을 이해하는 것은 불가능하다(Sed impossibile est in materia intelligere diversas partes, nisi praeintelligatur in materia quantitas ad minus interminata, per quam dividatur, ut dicit Commentator). |

이 비교로부터 토마스는 여전히 『신학대전』에서 이러한 견해를 기초로 삼고 있다는 결론이 나온다. 동일한 결론이 다음에서도 나온다. I. q. 50 a. 2 corp.(ogl. Quodl. 9 a. 6 corp.); I. q. 75 a. 7 corp.; III. q. 77 a. 2 corp.; In Boeth. de Trin. q. 4 a. 2 ad 3 und ad 5. 따라서 만일 『신학대전』에서도 실제로 이러한 아베로에스적 관점이 제시된다면, 우리는 여기서 이러한 틀로는 도저히 이룰 수 없는 과제에서, 즉 토마스가 'De natura materiae et dimensionibus interminatis c. 4-7'에서 평소와는 다른 관점을 제시하는지, 그리고 어느 정도로 제시하는지를 조사하는 과제에서 면제될 것이다.

한 차원의 부분들인 질료적 부분들(partes materiae)의 경우에는 정확히 그
348 렇지 않다) 오히려 하나의 공간을 형성한다. 따라서 형상은 다양한 질료
253 적 부분들인 다수의 내처에 있으며, 공간성 자체를 분할한다.[38] 질료의
다수성은 동일체가 반복하는 다수성이 아니라,[39] 그 자체로 하나이면
서도 자기 자신을 자신의 부분들로 확장하는 공간의 분할 방식에 따른
다. 따라서 공간성 자체로서 질료는 동등하고 동질적으로 요구되는 방
식으로 하나이자 다수이다. 왜냐하면 질료 자체에는 부분을 한정함으
로써 무한히 확장하는 자신의 단일성을 분할하는 어떠한 것도 없기 때
문이다. 또한 그래서 질료는 하나이고, 많은 부분들의 중립적 병치에서
바로 이러한 동일한 제한에 의해 규정된 부분들을 강제하여 질료 자체
의 유동적 무한성보다 더 큰 일치를 만드는 것도 질료 자체에는 없기
때문이다. 한계를 정하는 이러한 분할, 즉 제한된 것을 통해 더욱 진정
한 단일성을 동시에 확립하는 분할 자체는 형상에 의해 산출된다. 이러
한 의미에서 토마스가 질료를 모든 '구별하는 형상의 제거를 통해'(per
remotionem omnium formarum distinguentium) »하나«라고 칭한 것에
대해 이해할 수 있다.[40]

그러나 이제 제일 질료의 이러한 본질은 물질적 사물로서의 육체

....

38 I. q. 75 a. 7 corp.; q. 76 a. 4 ad 4; III. q. 77 a. 2 corp.; II. Sent. dist. 3 q. 1 a. 4 corp.;
dist. 30 q. 2 a. 1 corp.; IV. Sent. dist. 12 q. 1 a. 1 sol. 3 ad 3; S.c.g. II 49; De malo q. 16 a.
1 ad 18; In Boeth. de Trin. q. 4 a. 2 corp.

39 따라서 토마스는 제공된 구절에서 언제나 »다양한 질료의 부분들«(partes materiae di-
versae)에 대해서, 즉 »질료의 분할«(divisio materiae) 등에 대해서 진술한다. 내가 아는 한
오직 한 번만 질료의 »증대«(multiplicari)에 대해서 논의될 뿐이다(I. Sent. dist. 2 q. 1 a. 1
ad 3). 그러나 질료는 동일한 구절에서 »수적으로 하나«(una numero)라고 논의된다. 두 가
지 사용법에서 토마스의 생각에 정확히 들어맞지 않는다는 점이 상술하였던 것에서 명확히
드러나야 한다.

40 I. q. 16 a. 7 ad 2; I. Sent. dist. 2 q. 1 a. 1 ad 3; De verit. q. 1 a. 5 ad 15.

들 가운데 공속성이 있다는 점을 보여 준다. 이 공속성은 물질적 사물의 존재론적 구성에 부가적으로 오지 않고 오히려 이들의 고유한 근거이다. 따라서 물질적 사물은 상호 연관된 육체들이다. 왜냐하면 이들은 질료에서 하나이지 그 역은 아니기 때문이다. 형상에 의한 공간성 자체인 질료의 »분할«은 형상이 기원적 단일성을 단순히 폐지한다는 것으로 이해되어서는 안 된다. 자신의 결여되고 비한정적인 가능태에 있는 질료는 개별적 형상에 의해 완전히 실현되지 않는다.[41] 이러한 가능태에는 언제나 각기 다르게 규정된 차원들(dimensiones terminatae)을 위한 비한정적 가능태도 속한다. 즉, 사실 질료 형성(informatio der materia)은 질료의 공간성 자체에 대한 각각의 규정된 제한을 뜻한다. 그러나 형상에 의하여 규정된 질료는 다른 형상에 대한, 즉 다른 제한된 공간성에 대한 자신의 가능태를 유지한다. 이러한 가능태는 결여되고 비한정적이기에 규정된 사물의 질료는 공간성 자체에 대해 가능태를 유지한다.[42] 따라서 하나의 규정된 육체의 질료가 공간성 자체에 대해 가능태를 갖는다면, 육체가 지금까지 더욱 큰 공간성으로부터 오로지 부분만을 갖고 그 밖의 부분에 대해서는 육체가 여전히 가능태로 머문다. 그런데 이러한 더욱 큰 공간성은 실제로 이미 다른 부분들에 현전하는 공간성과는 구별되는 공간성이 아니다. 그렇지 않다면 여러 공간성들 자체에 대한 가능태들이 현전할 것인데, 이는 사실 이미 규정된 질료의 단일성에 의해 본질적으로 배제된 것이다. 공간성 자체에 대한 가능태는 개별 육체에 고유한 것으로서, 본질적으로, 그리고 자신의 고유

349

254

....

41 I. q. 66 a. 2 corp.; II. Sent. dist. 12 q. 1 a. 1 corp. usw.

42 물론 이 진술은 이 가능태 자체가 하나의 사물 안에 유지되면서 무한정 실현될 수 있다는 것을 뜻하지는 않는다. 토마스는 이에 대해 명시적으로 거부한다: II. Sent. dist. 30 q. 2 a. 1 corp.; S.c.g. II 16; In III. Phys. lect. 10 (Parma 317 b).

한 근거, 즉 질료에 비추어 보면 타자 육체의 실제적 공간성이다. 앞서 타자에게 영향을 행사하는 것은 자신의 형상 근거에 비추어 볼 때 무엇보다도 행위자의 자기실현으로 이제 드러났다. 순전히 물질적인 것의 자기실현은 오로지 타자의 질료를 통해서만 확장적으로 실현될 수 있다고 지금 드러났다. 왜냐하면 순전히 물질적인 것 자체의 자기실현은 질료적 가능태의 실현이고, 이는 본질적으로, 그리고 항구적으로 수량적(quantitativ)이기 때문이다. 따라서 형상적 근거의 자기실현이 있

350 다면, 즉 자신의 본질에 상응하는 수량성(Quantität)을 통해 질적인 실체적 본질의 확장을 넘어가는 자기실현이 있다면,[43] 이러한 자기실현은 더 나아가 공간성을 넘는 확장이라고만 생각될 수 있다. 그러나 이 확장은 타자의 공간성이다. 발출하는 영향은 타자의 매개, 즉 타자의 질료를 통해 확장된다. 왜냐하면 이는 행위자의 자기실현이기 때문이고, 이러한 자기실현은 타자의 질료를 통해 가능하기 때문이며, 또한 감수자의 실재적 공간성은 질료의 단일성에 비추어 보면 이미 언제나 행위자의 더 큰 가능태이기 때문이다. 토마스는 타자를 통해 영향받지 않은 내속을 영적 존재 행위(esse spirituale)라고 칭하기에, 우리는 다음과 같이 이 결과를 정식화할 수 있다. 자신의 필연적인 실체적 본질의 구성을[이 구성에는 자기에게 고유한 우유(accidentia per se propria)가 포함된다] 넘어가는 물질적 사물의 자기실현은 본질적으로 (최소한) 영적 존재이다. 발출에 대한 토미스트적 개념은 자기실현과 같은 뜻이기에,

255 뒤따르는 토마스의 명제는 단순히 사실에 대한 확언만이 아니라 본질-명제(Wesens-Satz)라고 이해할 수 있다. "발출은 생명이 없는 육체들

....

43 이것이 의미하는 바는 왜 수용자가 (규정을 받아들일 때) 자신의 자기실현(Selbstvoll-zug)을 위해 행위자의 흘러넘치는 영향을 전적으로 필요로 하는지에 대한 질문에서 더 명확히 드러날 것이다.

에는 그들 중 하나가 다른 것에 미치는 작용을 통하지 않고 달리 존재할 수 없다."[44][in quibus (corporibus inanimatis) emanationes aliter esse non possunt nisi per actionem unius eorum in aliquod alterum]

우리에게는 발출하는 영향과 수용된 영향 간의 관계 문제가 여전히 남아 있다. 왜 발출하는 영향이 행위자의 자기실현으로서 감수자의 매개, 즉 타자의 질료적 매개를 통해 확장될 수 있는지, 그리고 확장되어야 하는지에 대해 지금까지는 최소한 대략적 윤곽만 드러났다. 이미 드러났듯이, 만일 토마스를 따라 감수자의 규정을 수용하는 것이 발출을 통한 감수자의 고유한 능동적 규정 산출로서 이해되어야 한다면, 그다음 질문은 그렇다면 왜 감수자가 자신의 질료를 통해 유지되어 발출하는 행위자의 영향을 필요로 하는가이다.

실체적 형상 자체는 그 자체로 어떤 부정적 비한정성(Ungegrenztheit)을 지니고 있다. 이는 앞서 강조한 의미, 즉 형상 자체는 다수의 질료적 내처에서 실현된다는 의미에서만, 다시 말해 다수의 첫 번째 주체와 관련된다는 의미에서만 이해되어서는 안 된다. 오히려 형상은 자신 *351* 의 고유한 실체적 의미의 한계 내에서 자기 자신에 대한 다수의 다양한, 상반되고 반대되는 규정을 존재론적으로 산출하는 근거가 될 수 있다는 의미로도 이해될 수 있다. 왜냐하면 한편으로 토마스에 따르면 한 사물의 실체적 본질 근거는(이는 형상으로 말미암아 산출적이다) 자신의 우연적 규정들이 자신에게서 발출하도록 허용한다는 점이 이미 드러났기 때문이며, 다른 한편으로 그러한 규정의 우연성이 또 다른 상반된 규정 가능성을, 그리고 마찬가지로 동일한 본질 근거로 말미암아 산출되어야 하는 규정 가능성을 이미 포함하기 때문이다. 이는, 이미 좁은

....

44 S.c.g. IV II.

의미에서 감수에 대조되는 수용적 자질이 문제가 되는 경우, 이 자질이 외부의 영향 이후에도 지속되는 자신의 존재 행위에서 영향에 의해 규정된 것의 실체적 근거에 의하여 항구적으로 산출되어야 하지만, 그럼에도 불구하고 [외부 행위자(agens externum)에 의존하여 생성 중인 것으로서] 한 존재자의 우연적 규정일 뿐이라는 점을 이미 보여 준다. 그러나 이는 이러한 존재자 자체가 상반된 규정을 아울러 낳을 수 있다는 점을 곧바로 말하기도 한다. 따라서 형상에 의해 규정된 한 사물의 실체적 근거가 상반된 규정들의 수용 원리(principium susceptivum)인 한, 그리고 수용 원리 자체가 상반된 규정들도 발출하도록 허용하는 기원인 한, 어떠한 긍정적 비규정성, 즉 능동적 비규정성은 자기 본질의 한계 내에서 그 자체로 실체적 형상의 특징이다.

이로써 그러한 형상이 (예를 들어 감각 및 사유 능력과 같이) »그 자체로«(per se) 발생하는 우유(accidentia)를 위한 기원인 것처럼 고유하지 않은 우연적 규정에서도 전적으로 동일한 방식으로 발출을 허용하256 는(즉, 자기 자신을 실현하는) 기원이 아니라는 사실에 대해서, 그리고 왜 아닌지에 대해서 통찰하게 된다.[45] "상반된 것에 대한 수용적 존재 행위는 가능태를 통해 질적으로 다른 방식으로 실존하는 실체에 속한다. 이 실체가 질료와 형상으로 구성되었든 아니면 단순하게 구성되었든 말이다."[46] (Esse susceptivum contrariorum est substantiae in potentia aliqualiter existentis, sive sit composita ex materia et forma sive sit simplex)

352 그러나 우리는 받아들임(suscipere)이 발생을 허용하는 것, 즉 능동적

....

45 우유의 이러한 차이에 대해서는 다음을 참조할 것. De pot. q. 5 a. 4 ad 3; I. q. 9 a. 2 corp.; q. 77 a. Iad 5 ; a. 6 corp. usw.

46 De spir. creat. a. 1 ad 7. 본질적으로 다양한 의미에서 비질료적인 것 또한 '반대되는 것들의 수용'(susceptivum contrariorum)일 수 있다는 것은 여기에서 문제가 아니다.

수용이라는 것을 알고 있다. 따라서 실체는 형상적 작용 근거에서 원천적으로 이중의 대립에 빠져 있다. 이 대립은 실체의 타자성 안으로, 즉 질료 안으로 들어가 자신의 본질을 전개하는 것을 허용할 수 있기 때문이다. 그러나 이제 질료 안에서의 대립은 동시에, 즉 한 번에 실현될 수 없다.[47] 따라서 만일 실체적 형상이 그 가능성의 폭을 실현하고자 한다면, 이는 한편으로 그 가능성들의 전체 폭을 향한 지향성 안에서 일어나고, 다른 한편으로 언제나 규정들을 통해서만 가능하다. 이 규정들은 근본적으로 가능성들의 이러한 전체 폭을 한 번에 실현시키지는 않는다. 그러나 이는 자신의 전개 가능성 자체인 전체 폭을 향한 지향성에서 실체적 근거가 그때마다 개별적인 우연적 규정에 중립적으로 서 있다는 것을 뜻한다. 이 우연적 규정은 언제나 가능성들의 전체 폭 자체의 실현을 불가능하게 하지만, 실체적 근거는 그 자체로 이미 다른 가능한 규정을 향한 경향을 갖고 있음을 뜻한다. 그러나 이 다른 규정은 마찬가지로 실체적 근거가 갖는 가능성들의 부분 실현임과 동시에 이러한 가능성들의 제한이기에, 첫 번째 규정보다 더 우위에 있는 것은 아니다. 언제나 근본적으로 물질적인 존재 행위에서 어떠한 실현보다 더 큰 가능성들의 폭으로부터 다음과 같은 것이 귀결된다. 즉, 한편

....

47 이것이 영적인 것에서 가능한지 여부, 그리고 어떠한 의미에서 가능한지 여부는 더 자세히 탐구할 필요가 없다: 비질료적 형상은 언제나 존재 행위 자체에 있다. 왜냐하면 비질료적 형상은 자기를 통해 실현하면서 자기 자신과 함께 있기 때문이다. 그러나 완전한 회귀는 오로지 존재 행위 자체를 향한 초월을 통해서만 가능하다. 존재 행위 자체 안에 상반된 것들이 대립되는 것은 아니다. 이는 »자유로운« 형상이 모순된 것에 대한 인식을 통해서만이 아니라 »대립된 것«을 규정하는 데에서 자신에게 본질적인 선택의 자유를 실현함으로써 자신의 전적인 본질을 한 번에 실현시킬 수 있다는 사실을 의미한다. 따라서 »천사«는 본질적으로 자신의 본질의 전체 덕목으로 한 번에(I. q. 62 a. 6 corp.; q. 63 a. 8 ad 3; q. 62 a. 5 ad 3 usw.) 그리고 취소 불가능하게(I. q. 63 a. 6 ad 3; q. 64 a. 2 corp. usw.) 규정한다. 이 모든 것의 배경은 비물질적인 것 자체의 자기실현이 본질적으로 한 번에 전적으로 발생한다는 생각이다.

으로 실체적 작용 근거는 모든 규정하에서 이미 상반된 다른 실현으로 기울어져 있고 그 실현으로 규정될 수 있다. 다른 한편으로 실체적 작용 근거는 우연적 피규정성에 대한 이러한 규정 근거를 다른 피규정성에 앞서 그 자체로 소유할 수 없기에, 외부로부터 규정되어야 한다. 산출자(das Erwirkende)가 하나를 선호하면서도 특정 방식으로 다른 하나를 소유하고 또 유지할 때에만, 즉 전적인 존재 행위에 머물 때, 그러니까 정신적이면서도 자유로울 때에만, 다른 규정보다 하나의 우연적 규정을 선호하는 근거가 산출자에게 내재할 수 있다. 그리고 이 산출자는 단지 한 가지 가능성에 대한 것보다는 더 넓은 가능성에 서 있게 된다.

덧붙여서 이제 어떠한 의미에서 토마스가 『신학대전』 제I권 'q. 77 a. 1 ad 5; a. 6 corp.' 등에서 사물의 본질적 원리들에서 발출하는 우유들(Akzidentien)과는 대조적으로 비본질적 규정들에 대한 실체적 근거를 오로지 수용 원리(principium susceptivum)로만 허용한다는 점이 명확해졌다. 이러한 우유들은 아울러 자신들의 특정 본질 존재(Sosein)에서 실체적 근거에 의해 명확히 규정되고, 따라서 자신들의 본질 존재에서 사물의 본질에 속한다. 사실 우연적 규정들은 이러한 근거에서도 발출하지만(왜냐하면 이는 수용 원리에 이미 암묵적으로 상정되어 있기 때문이다) 그것들의 본질 존재 행위는 외적 인과성에 의존한다. 오로지 이러한 의미에서 실체적 근거는 이러한 우유들과 관련하여 단지 »수동적«일 뿐이다.

이로써 이제는 세계 내적 행위자가 감수자와 관련하여 무엇을 성취해야 하는지에 대해 더욱 날카롭게 이해하기 위한 출발점이 새로운 관점으로 나타났다. 이는 감수자의 존재론적 전개 자체를 위한 근거가 아니며, 감수자의 규정을 자신의 존재 행위를 통해 그 근거로부터 확립하는 것도 아니다. 오히려 감수자 자체에 가능한 어떤 방법을 통해 감수자가 자신의 고유한 존재 행위를 실현하는지를 규정하는 것뿐이다. 따라서 이는 규정의 생성(fieri)의 근거일 뿐이지 존재 행위의 근거는 아니다. 그러므로 토마스는 무엇보다도 세계 내적 원인은 단지 산출된 규정의 되어감의 근거일 뿐이지 지속적으로 산출하는 존재 행위의 근거는 아니라고 명시적으로 가르친다.[48] 무엇보다 이러한 이해는 그 의미에서 자명하지 않다. 왜냐하면 생성을 규정의 첫 존재 행위의 계기라고 간주하였다면,[49] 생성의 근거는 규정의 존재 행위의 담지적 근거가 될 수 있을 것이고 또 되어야 한다고 귀결되어야 하기 때문이다. 만일 이 354 것이 사실이 아니라면, »생성의 존재 근거«(Grund des fieri sein)는 그 자체로 존재 행위 안으로의 규정(Bestimmung ins Sein)을 오직 처음에만 확립한다는 것을(즉, 발생을 허용한다는 것을) 뜻할 수 없고, 오히려 물론 단순히 수용적 조건으로서가 아니라, 즉 영향을 미침으로써 발생한 것의 본질 존재의 근거라는 점을 뜻할 수 있을 뿐이다. 이는 토마스가 세계 내적 원인에 발생한 존재 행위의 산출이 아니라, 오로지 규정 258 만을, 즉 발생한 것의 특성만을 귀속시킨다는 사실과 일치한다.[50] 물론 이러한 진술을 발생하는 규정의 하성이 세계 내적 원인에 의해 산출되었을 것이라고 이해해서는 안 된다. 다시 말해 감수자 내에서 절대적 존재 행위가 지속적으로 작용하는 것은 본질적으로 감수자의 구성에

....

48 De pot. q. 5 a. 1 ad 4 und ad 5 ; I. Sent. dist. 37 q. 1 a. 1 corp.
49 따라서 토마스 자신은 예를 들어서 »존재 행위에로 나아가는 것«(producere in esse)을 (되어감을 근거 짓는 존재 행위로) »항구적으로 선사하는 존재 행위«(semper dare esse)의 첫 계기로, 다시 말해 보존하는 행위(conservare)의(그러니까 지속적 존재 행위를 근거 짓는 존재 행위의) 첫 계기로 이해한다: I. q. 9 a. 2 corp.; II. Sent. dist. 15 q. 3 a. 1 ad 4 und ad 5.
50 De pot. q. 3 a. 1 corp.; a. 7 corp.; S.c.g. II 21; II. Sent. dist. 1 q. 1 a. 4 corp.; vgl. auch I. q. 104 a. 1 corp.

속해 있기에, 하성의 존재가 절대 존재 행위의 영향하에 감수자 자체를 통해 산출되었을 것이라고 이해되어서는 안 된다는 것이다. 규정은 이러한 방식으로 자신의 하성과 존재의 짜깁기가 될 수 없다. 따라서 이러한 진술을 올바로 이해할 수 있는 가능성은 다음과 같은 하나뿐이다. 즉, 감수자의 구성에는 감수자에게 항구적으로 귀속되는 신의 내적 영향에 의한 지속적 자기실현이 속하기에, 왜 감수자 자신이 다른 방식이 아니라 바로 이러한 방식으로 자신의 우연적 규정들 안으로 전개하는지에 대한 근거는 외적 행위자(agens externum)이다.

이로써 우리는 발출하는 영향과 수용된 영향 간의 일반적 관계를 고찰하는 규정적 지점에 도달하였다. 감수자의 매개에 의한 행위자의 자기실현인 발출하는 영향이 자신의 본질 존재 상태에서 감수자 자신을 통해 규정의 능동적인 산출을 규정할 수 있는가? 따라서 본질 존재의 이러한 규정이 감수자의 작용 근거에 의해 순전히 수용적으로 수용된 규정으로 다시 드러나지 않도록, 즉 그 근거 자체를 존재론적으로 변화시키는 규정으로 다시 드러나지 않는 방식으로 규정할 수 있는가?

이 질문에 답하기 위한 전제들은 우리에게 이미 주어졌다. 무엇보다도 우선 질료와 형상의 일반적 관계를 살펴보아야 할 것이다. 질료인은 형상에 »작용하지« 않는다. 즉, 질료는 형상에 자신이나 형상과는 다를 것 같은 어떠한 규정을 부여하지 않는다.[51] 이러한 개념은 질료-형상 인과성을 파괴할 것이다. 질료는 형상에 규정을 부과하지 않고 오히려 자기 자신을 형상에 부여한다. 또는 거꾸로 더 잘 표현하자면, 형상은 자신의 질료인의 타자성으로 들어가 자신을 포기한다. 형상

355

....

51 De spir. creat. a. 3 ad 21: "질료는 다른 능력을 매개로 하여 형상에 종속되지 않는다."(materia non subest formae mediante alia potentia)

자체인 이러한 형성 행위를 통해 형상은 자신과 다른 어떠한 것을 산출하지 않는다. 자기 자신으로서 수용된 것인 형상 자신이 질료의 현실이고 그 자체로 질료의 현실인 자기 자신을 산출하는 현실로서 형상은 질료에 의해 규정되지만, 질료의 작용 과정에 의해 규정되지는 않는다. "형상은 자기 자신을 통해 사물을 현실의 존재로 만든다. 왜냐하면 자신의 본질을 통해 (질료는) 현실이 되기 때문이다. 형상은 어떠한 매개를 통해(즉, 질료와 형상 »사이에« 놓여 있는 규정 또는 관련을 통해) 존재 행위를 부여하지 않고, 자체적으로 자신의 행위로서의 질료와 결합한다."[52] [Forma per se ipsam facit rem esse actu, cum per essentiam suam sit actus (sc. materiae), nec dat esse per aliquod medium, secundum seipsam unitur materiae ut actus eius] 그러나 이는 반대의 것을 말하기도 한다. 즉 형상이 »자신을-자체-로부터-질료-안으로-삼투하는 것«(Sich-von-sich-aus-in-die-materia-Hineingeben)은[토미스트적 관점에서는 자신을 전달하는 것(communicari)은] 이미 본질적으로(per essentiam) 질료에 의한 자신의 피규정성(Bestimmtheit)이다. 왜냐하면 형상은 그 자체로 질료적 현실(actus materiae)이기 때문이다. 그러나 형상이 자신의 형성에 앞서 작용 과정을 통해 질료에 의해 규정된 것으로서 간주되었다면, 이러한 과정과 형성에 앞서 형상은 이미 본질적이라고 간주되었을 것이다. 또한 형상은 본질적으로 질료적 현실(per essentiam actus materiae)일 것이고, 이로써 본질적으로 지양되었을 것이다. 따라서 질료의 수동적 본질 자체는 이미 본질적으로 질료의 가능성을 실현하기 위한 형상의 규정이다. 엄격한 의미에서 형상이 능동적으로 형성한다는 점을 통해 형상은 »감수한다«. 왜냐하면 형상 자신은 질료

....

52 I. q. 76 a. 7 corp.

적 현실 외에 아무것도 아니기 때문이다.[53]

여기서 이러한 형성이 사물이 실존하기 시작할 때 순간적으로 일어나는 것이라고 간주되어서는 안 된다. 오히려 형상은 끊임없이 새로운, 즉 마치 유동적으로 머무는 것 같은 과정이다. 왜냐하면 존재자는 지속적으로 새롭게 신의 창조적 근거로부터 솟아오르기 때문이다. 이를 통해 여기서 형상과 질료 간의 경직된, 즉 영원히 고정된 관계가 문제가 되는 것이 아니라는 점이 자연스럽게 귀결된다. 형상은 자신의 본질 가능성 내에서 언제나 각각의 유형에 따라 질료적 현실이다.

7) 작용적 인과성의 내적 인과성으로의 환원

외적 작용인의 영향 자체는 발출하는 영향으로, 즉 타자의 질료적 매개를 통한 행위자의 자기실현으로 엄격히 이해되어야 한다는 점이 이제 이미 드러났다. 그래서 만일 행위자의 자기실현이 이러한 질료를 통해 확장되고 유지된다면, 이로써 질료는 특정 관점에서 자신의 가능성 내에서 실현된다. 이는 그 자체로 타자가 이미 규정을 받아들였다는 것을 뜻하지 않고, 마치 질료 자체가 행위자의 자기실현을 통해 자신 안에 수용한 규정이 이러한 자기실현과는 다른 어떠한 것처럼 이해해서도 안 된다. 왜냐하면 이러한 규정조차 형상적 인과율로 이해되어야 하기 때문이다. 그러나 이로써 질료의 가능성은 질료가 그 자체로 갖는 결함의 무한한 폭으로 제한된다. 왜냐하면 동일한 질료가[즉, 이러한 질료적 »부분«이(pars materiae)]

....

53 우리는 여기서 질료와 형상의 그러한 개념에, 그리고 이들의 상호 인과성에 어떠한 형이상학적 전제가 더 있는지라는 질문을 생략할 수 있다. 여기서는 전체 토미스트 형이상학을 해석하는 것이 중요하지 않다. 질료가 영향을 주는 것이 아니라 현존하면서 형상에 부여되어 형상이 자기 수행을 하도록 규정한다는 사실에 대한 통찰만으로 충분하다.

반대되는 현실들을 동시에 담지하는 내처가 될 수는 없기 때문이다. 따라서 감수자의 형상이 이러한 질료의 현실로서 실현될 수 있는 가능성은 특정한 방식으로 제한되고 규정된다. "질료는 그 자체로 고려한다면 모든 형 260 상에 중립적으로 존재하지만, 동자의 힘에 의해 특수한 형상으로 규정된 다."[54](Materia prout nuda consideratur, se habet indifferenter ad omnes formas, sed determinatur ad speciales formas per virtutem moventis) "형상이 질료를 통하지 않고서 존재하기 시작하지 않는 한"(inquantum forma non incipit esse nisi in materia) 육체적 원리는 형상의 존재 행위를 위해 필수적이다. "질료는 어떠한 방식으로라도 존재하면서 형상하에 종속될 수 없다. 왜냐하면 고유한 실현은 고유한 질료를 통해야 하고 질료를 변화시키는 어떠한 것이 있어야 하기 때문이다. 그리고 이것이 운동에 의한 행위가 속하는 어떠한 육체적 행위자이다."[55](non enim materia quocum-quemodo se habens potest subesse formae, quia proprium actum in pro-pria materia oportet esse ⋯ unde oportet quod sit aliquid transmutans materiam. Et hoc est aliquod agens corporeum cuius est agere movendo) 감수자의 능동적 자기실현 자체는 행위자에 의해 그렇고 그렇게 규정된 357 질료를 »감수한다«. 다른 말로 하면, 감수자는 자신의 형상 근거로부터 자기 자신을 바로 이러한 질료의 현실로 실현한다. 감수자 자체는 자신의 »감수 행위«(Erleiden)를, 즉 외부 행위에 의한 자신의 규정을 능동적으로 산출한다. 만일 우리가 발출하는 영향과 수용된 영향의 실제적 동일성에 대하여 곧바로 논의될 것을 추가한다면, 앞서 토마스로부터 인용된 다음과 같은 명제 또한 해명된다. 즉, 정렬(dispositiones)은 발생 방식에서 형

_____

54 De spir. creat. a. 3 ad 20.
55 De pot. q. 5 a. I corp.

상보다 앞서서, 그러나 존재 행위에서 형상보다 나중에 온다는 것이다. 발출하는 영향으로서의 정렬은 형상보다 선행하며 그 질료인에 속하고, 수용된 영향으로서의 정렬은 형상적 인과성을 통해 형상 자체에 의하여 자신의 고유한 존재 행위로 산출된다. 이제 토마스에게는 외부에서 영향을 주는 행위자의 작용적 인과성은 내적 인과성이 삼중으로 얽힌 양식일 뿐이다.[56] 즉, 한편으로 이러한 작용 인과성(Effizienzursächlichkeit)은 행위자의 자기실현으로서의 행위 자체(actio perfectio agentis)라는 형상적 인과성의 독특한 방식으로 나타난다. 다른 한편으로 작용 인과성은 동시에 질료적 인과성의 특정한 양식, 즉 감수자의 규정 가능한 질료를 행위자의 자기실현의 내처로서 형성한다. 그리고 마지막으로, 작용 인과성은 다시 한번 형상적 인과성의 면모를, 즉 감수자의 능동적 자기실현을 바로 이러한 질료의 실현으로서 함유하고 있다. 작용 인과성을 내적 인과성의 삼중적 양식으로 환원한 결과, 외부에 의한 감수자에 대한 규정이 내부로부터 오는 (형상적인 것, 즉 자신을 산출하는 실체적 근거의 규정인) 자신의 고유한 행위와 매우 동일하다는 점은 토마스에게 모순이 아니다. 그리고 이러한 자신의 고유한 행위는 외적 행위자를 단지 수동적으로만 수용된 외부 행위자의 존재론적 영향에 대한 단순히 부가적 반응으로만 이해되어서는 안 된다. 자기 자신에 의해 산출된 규정은 질료적인 것을 통해 외부에 의해 엄격히 그 자체로 규정될 수 있다.

본질은 내적 인과성을 통해 그 자체로 구성되는데, 이러한 내적 인과성으로 작용적 인과성을 환원하는 것이 토미스트적이라는 점은 두

....

56 이는 우리에게는 가장 엄밀한 의미에서 형상인을 뜻하지 않고 오히려 토마스가 평소 결과(resultatio)라고 칭하는 것을 뜻한다. 결과는 형상인에서 이해될 수 있다. 왜냐하면 결과 자체는 외부로부터의, 그리고 외부로의 영향이[즉, 작용인(causalitas efficiens)이] 아니기 때문이다.

가지 사실을 보여 준다. 첫 번째로, 토마스는 순수 물질적인 것의 잠재 *358*
적 인과성(die transeunte Kausalität)을 발출의 유일한 양식이라고 간
주한다. 잠재적 인과성은 물질의 내적 존재의 약점으로 말미암아 물질
적인 것에 가능하고, 발출은 자신의 출처와 '향처'에 따라 각기 항구적 261
으로 사물의 가장 내적인 것이며, 여기에 잠재적 인과성이, 즉 자기실
현이 속해 있다. 순수 물질적인 것에는 '질료에 대한 형상의 전적인 발
출'(totalis effusio formae super materiam)로 말미암아 더 이상의 내적인
것이 없기 때문에, 궁극적 자기실현은 타자의 타자를 통하여 자기 고유
의 본질을 확장하는 것이다. 따라서 궁극적 자기실현은 실제 발출의 결
핍된 양태에 지나지 않는 잠재적 인과성이며, 이 인과성은 한 존재자의
내부에서 자기실현으로 발생한다.[57] 두 번째로, 토마스는 타자를 산출
하는 최고의 방식인 신의 창조적 행위를 더 이상 행위자에 의해 외부
의 감수자로 나가는 행위(actio an, quae egreditur ab agente in patiens
extrinsecum)로 간주하지 않고, 오히려 신의 내적 행위(actio immanens)
로, 즉 자기 안에서 자신을 온전히 유지하는 신 자신의 자유로운 자기
실현으로 간주한다.[58] 따라서 외부를 향한 최고의 인과성조차 자신을
더 강하게 자기실현의 양식으로 드러내고, 이로써 잠재적 인과성은 형
상적인 것의 독특한 양식으로 드러난다.

8) 발출하는 영향과 수용적 영향의 하성적 동일성

토미스트적인 의미에서 작용인에 관한 이러한 일반적 고찰의 결론

....

57 우리는 여기서 S.c.g. IV 11을 사용해야 하지만, 그럼에도 불구하고 그 해석을 삼가야 한다.
58 De pot. q. 3 a. 15 corp.

에서, 발출하는 영향과 수용된 영향 간의 하성적 관계는 더욱 명시적으로 파악되어야 한다. 즉, 감각 인식에 대한 이 질문의 중요성 때문에 발출하는 영향과 수용된 영향이 각각의 내적 하성(Was)의 관점에서 서로 어떻게 관련되는지 명확히 해야 한다는 것이다. 지금까지 말한 바에 따르면, 질료를 전제하는 세계 내적 인과성은 토마스에게는 처음부터 단순히 두 가지 현상이[»원인«(Ursache)과 »결과«(Wirkung)] 본질적 하성 차원에서는 비교될 수 없으면서도, 이들 사이에는 단순히 수량적으로 규정 가능한 기능적 관련이 여전히 있다는 방식으로 이들 간의 법 359 칙적 연관성을 뜻할 수 없다. 타자에 대한 영향은 토마스에게는 »자기를 실현하는 자로서 타자의 매개 안으로 들어가 자기 자신을 유지하는 것«이다. 즉, 감수자 »안에«(im) 있는 것은 자신의 완성된 본질에 있는 행위자 자신, 다시 말해 자기 자신의 외부에 있는 한 본질에만 가능한 자신의 고유한 내면의 발출, 곧 내면성을 통한 자기실현이다. 다른 한 편으로, 행위자 자신의 존재 행위로서의 이러한 자기실현은 타자의 질료에 의하여 담지되며 이 질료의 현실로서 질료가 이미 앞서 행위자의 이러한 현실을 위한 가능성이었던 한에서만 가능하다. 질료는 그 자체로 앞서 감수자의 형상에 의해서 생산되었다. 왜냐하면 질료는 오로지 형상에 의해서만 실재적 가능성이기 때문이고, 형상의 질료이기 때문 262 이다.[59] 그러나 이는 감수자 스스로 (형상적인 것으로서의 자신의 근거로부터) 행위자의 자기실현을 위한 가능성을 산출하였고 지속적으로 유지한다는 것을 뜻한다. 이는 결국 감수자 자신이 (형상으로서) 실제로 언제나 이미 그러한 가능태의 현실태로 도약하는 한에서만 가능하다.

....

59 De verit. q. 9 a. 3 ad 6: "형상이 질료에 현실태의 존재 행위를 부여하는 한, 형상은 어떠한 방식으로라도 질료의 원인이다."(forma est quodammodo causa materiae inquantum dat ei esse actu)

왜냐하면 전적으로 정적인 가능태 자체는 실재적 가능태가 아닐 것이기 때문이다. 그러나 만일 감수자가 스스로 행위자의 자기실현의 현실태를 향해 능동적으로 정향되어 있다면, 이는 그에게 이를 위한 실재의 가능태가 내포되었기 때문이다. 만일 감수자의 질료를 통한 행위자의 실재적 자기실현 중에 감수자의 상반되는 가능태들이 동시에 실현 가능하지 않다면, 더구나 감수자에 의한 상반된 가능태들의 실현이 문제시되지 않는다면, 이는 감수자가 사실 이를 위해 외부로부터 규정되었어야 하거나 또는 이미 가능태들을 실현시켰기 때문이다. 따라서 자신의 하성을 통해 행위자의 자기실현과 일치하는 것을 감수자는 자체로 실현시킬 수 있다. 그러므로 수용된 영향과 발출하는 영향은 자신들의 내적 하성에서는 차이가 나지 않는다. 오직 행위자가 이 하성을 타자적 질료를 통한 자신의 하성으로서, 즉 감수자가 하성을 자기 자신에 의해 담지 되는 고유한 가능태로 실행한다는 사실을 통해서만 차이가 난다. »움직임«(Bewegen)과 »움직여짐«(Bewegtwerden)은 자신들의 내적 존재 행위에서 동일한 것이다. 이들은 오로지 우리가 »움직임«이라고 360 칭하는 존재 행위가 움직이는 자(das Bewegende)의 현실태로서 바로 움직여진 자(das Bewegte)에게서 유지된다는 사실, 즉 »움직여짐«은 자기 자신의 본질적 하성과 함께 움직여진 자에 의하여 산출되고[즉, 움직여진 것은 »자신을 움직이고«(das Bewegte bewegt sich)], 따라서 움직여짐은 스스로 움직이는 자(das Sichbewegende)의 현실태로서 움직여진 것 자체를 통해 확장한다는 사실에 의해서만 구분된다. 외견상 이에 반대로 주장하는 범례들에 대해 토마스는, 실제로 행위자의 현실태인 감수자에 의해 행위가 확산되는 한, 행위 자체는 대부분의 경우 엄격하게 그 내적 하성에서 우리에게 접근 가능하지 않다는 점을, 따라서 발출하는 영향과 수용하는 영향의 동일성 대신에 대부분 원인과 결과 간의 순전히 기능적 연관 법칙만을 유지해야 할 것이라는 점을 지적하면서 논박할 것이다. 왜냐하면 원인과 결과는 행위자와 감수자의 하성 그 자체를 엄격하게 파악하지 못하는 특성들로 규정되기 때문이다.

이로써 우리가 토마스가 제시한 전제들로부터 단순히 결론을 도출한 것은 아니다. 토마스는 우리의 결론 자체를 명시적으로 진술한다. 행위자와 감수자의 하성 자체의 관계에 대해서 그는 두 가지 원인 을 알고 있다. 그것은 일의적 원인(causa univoca)과 유비적 원인(causa aequivoca/analoga)이다. 즉, 원인으로서의 내적 본성 안에 원인이 산출하는 것과 전적으로 일치하는 원인과 그렇지 않은 경우의 원인이다. 이러한 명백히 순수한 형상적 구별은 토마스가 유비적 원인을 보다 더 정확히 규정하는 방식에 대해서 주의를 기울여야만 즉각 형이상학적 의미를 얻게 된다. 유비적 원인은 존재 행위 일반의 영역(formae inquantum huiusmodi)에 대한 형이상학적 근거이며, 단지 이 개별자로서의 단순히 그렇고 그렇게 규정된 존재자에 대한 형이상학적 근거는 아니다. 유비적 원인은 보편적 원인이자 본질적 원인이지 개별적 원인이 아니며, 그 자체로 존재 행위의 근거이지 단지 되어감(das Werden)의 근거는 아니다.[60] 유비적 원인 자체는 비물질적이어야 한다. 왜냐하면 질료를 통해 개별화된 존재자는 처음부터 형상 자체의 형이상학적 근거일 수 없으며 따라서 존재 행위 자체의 근거도 될 수 없기 때문이다.[61] 거꾸로 일의적 원인은 오로지 되어감의 근거일 뿐이지 존재 행위의 근거는 아니며,[62] 개별자 자체의 근거이고 본질적으로 물질적이

263

361

....

60 Vgl. I. q. 13 a. 5 ad 1; q. 104 a. 1 corp.; De pot. q. 5 a. 1 corp.; I. Sent. dist. 12 q. 1 a. 2 ad 2
61 De pot. q. 5 a. 1 corp.
62 각주 60 참조; De verit. q. 10 a. 13 ad 3; De pot. q. 7 a. 7 ad 7(erste Serie); S.c.g. III 65.

다.[63] 일의적 원인에서 산출되어야 하는 형상은 그 하성에 따라 덕으로 (virtute)만이 아니라 현실태로(actu) 존재한다. 즉, 일의적 원인은 산출자로서의 일의적 원인인 것을 산출한다.[64] 이 두 가지 유형의 원인에서 오는 개별적 규정들을 연결하여 각기 설명하는 것은 너무 멀리 나간 것일 것이다. 토마스의 견해를 확립하는 것만이 중요한 여기서는 그가 이 두 가지 양태의 원인만 알고 있다는 사실만으로도 충분하다. 그러나 이로써 개별 원인의 양태에 대한 제공된 규정들이 본질적이라는 점이, 그리고 한 가지 양태의 규정이 다른 양태의 원인에서는 발견될 수 없다는 점이 주장되었다. 이제 유비적 원인은 단순히 자신의 되어감을 넘어서는 사물의 존재 행위의 항구적 근거로서 우리가 세계 내적 원인에 대해서 이해하는 것과는 정확히 정반대이다. 따라서 토마스에게서 세계 내적 원인은 일의적 원인이다. 즉, 세계 내적 원인은 영향을 미치는 자 자체인 원인을 낳는다(bewirk).[65] 이러한 두 가지 가능한 유형의 원인 중에는, 비록 존재자의 산출된 존재 행위의 영구적 근거가 아닐 지라도, 따라서 필연적으로 다의적일 수 없을지라도, 즉 본질적이자 보편적(essentialis et universalis)일 수 없을지라도(만일 그렇지 않으면 원인이 자신의 고유한 근거일 것이기 때문이다), 행위자(agens)와 감수자(patiens) 자체의 하성과 관련하여 감수자와의 기능적 관계에만 서 있는 원인, 즉 단지 다의적 원인(causa aequivoca)에 불과한 원인에 대한 자리는 없

……

63 II. Sent. dist. 18 q. 2 a. 1 corp.

64 De pot. q. 5 a. 1 corp.

65 토마스는 사실 다의적 원인들(causae aequivocae) 중에서 달에 영향을 준 천체의 움직임들(motus caeli)을 열거한다(I. q. 104 a. 1 corp.; q. 115 a. 3 ad 3 usw.). 그러나 고대 물리학의 이러한 개념은 천체가 영적 실체들의 운동하에서만 이러한 능력을 소유한다는 방금 전개된 관점과 다시 조화를 이루며[II. Sent. dist. 15 q. 1 a. 2 corp.; S.c.g. III 23; De spir. creat. a. 6 ad 12(erste Serie); I. q. 70 a. 3 ad 3], 여전히 '규정된 종에 대한 규정된 행위자'(determinata agentia ad species determinatas)도 필요하다는 관점과도 다시 조화를 이룬다.

264 다. 하나의 원인은 필연적으로 자신이 무엇인지를 일의적으로(univoce) 생산한다. 그렇지 않으면 원인은 일의적일 수도, 이로써 세계 내적일 수도 없다. 왜냐하면 원인은 산출된 것이 존속하는 존재 영역 자체를 지속적으로 담지하기 때문이다.

362 우리는 지금까지 발출하는 영향과 수용된 영향에 대해서 섣불리 확정하지 않으면서 언제나 본연적으로 두 가지 상이한 존재 현실로서 이해하여 왔다. 따라서 이들의 질적인 일치에 대해서 근본적으로 양자가 숫자상으로 동일한 존재 현실은 아닌지, 즉 이들이 동일한 것으로서 발출하는 이중의 실체적 근거와 관련해서만 구분될 수 있는가라는 질문과는 별도로 논증하였다. 발출하는 영향과 수용된 영향 양자가 동시에 주어졌을 경우에도 숫자상으로는 다를 것이라고 적어도 잠정적으로 이해해야 한다는 점에서 우리는 전적으로 정당하였다. 왜냐하면 토마스는 전혀 수용되지 않은 발출하는 영향을 알고 있고, 발출하는 영향이 이미 오래전에 중단되었다고 하더라도 수용된 영향은 많은 경우에 감수자에게 수용적 질(qualitas passibilis)로서 여전히 남아 있기 때문이다. 이 모든 경우를 지금까지 구별하지 않았기 때문에 우리는 필히 두 가지 영향을 수치상으로 구별해야 하였다. 그러나 발출하는 영향이 지속하는 한, 그리고 이러한 외부의 영향이 지속되는 동안 수용된 영향이 감수자의 근거에서 발출하는 한, 양자의 관계는 어떠한가? 이 질문이 우리에게는 중요하다. 왜냐하면 작용인에 관한 이러한 총체적 탐구는 무엇보다도 외적 감성의 관점에서 수행되는데 이 감성에 외적 영향이 있는 동안 규정의 수용이 바로 문제가 되기 때문이다.

이 질문은 다음과 같은 진퇴양난으로 이어지는 것 같다. 즉, 우리는 두 가지 실체적 근거들을, 다시 말해 그들 각자의 자기실현에서 능동적인 자기 산출적 근거들을 갖고 있기 때문에 발출하는 영향과 수용된 영향은 비록 질적으로 동일하지만 필연적으로 두 가지 존재 실현으로 이해되어야 하는 것처럼 보인다. 우리는 동일한 질료의 한 가지 매개를 갖고 있으며 이러한 양자의 자기실현은 질료의 현실태로 동시에 발생해야 하기에, 어떻게 하나의 동일한 가능태가 바로 이러한 하나의 질료적 가능태의 두 가지 질적으로 완전히 동일한 현실태를 담지하는 매개일 수 있는지 통찰될 수 없을 정도이다. 이로써 우리는 이 절의 시작 부분에 있는 두 가지 일련의 진술 간의 명백한 모순으로 다시 돌아간 것처럼 보인다. 즉, 행위와 감수는 두 가지 상이한 우유이다. 왜냐하면 이들은 행위자의 완성, 경우에 따라 감수자의 완성이기 때문이다. 행위와 감수는 »무엇으로부터«(a quo)와 »무엇 안에서«(in quo)의 두 가지 관 *363* 계와 동일하다.

"어떠한 것은 그것으로부터 자기 존립을 갖고 있기에 숫자상으로 곱해진다."[66](Ex eo aliquid secundum numerum multiplicatur, ex quo subsistentiam habet) 즉, 하성은 자신의 내처가 중복된다면 중복되어 현 *265* 전한다. 그 자체로 자신의 내적 하성에서 언제나 하나인 형상은 질료의 존재 행위라는 사실에서만 다수화된다(vervielfältigen). "따라서 이러한 열등한 것들 안에 있는 형상은 그 자체로 실현될 수 없기 때문에 전달받는 자 안에는 (다른) 형상 또는 본성이 실현되기 위한 어떠한 것이 있어야 한다. 이 실현은 질료적 형상과 본성들에 의하여 실현되는 질료이다. 그러나 사실 질료적 본성 또는 형상은 존재 행위 자체는 아니기 때문에 그것이 타자에게 수용되었다는 사실을 통해 존재 행위를 수용한다. 그것이 다양한 것들 가운데 있는 한, 그곳에서 필연적으로 다양한 존재 행위를 소유한다. 인간성은 소크라테스나 플라톤의 존재 행위

....

66 De pot. q. 9 a. 5 ad 13.

에 따라 하나가 아닐지라도 고유한 이성에 따라서 하나이다."[67] [Forma ergo in istis inferioribus, quia per se non subsistit, oportet quod in eo cui communicatur, sit aliquid (aliud), per quod forma vel natura subsistentiam recipiat et haec est materia quae subsistit formis materialibus et naturis. Quia vero natura materialis vel forma non est suum esse, recipit esse per hoc quod in aliquo suscipitur, unde secundum quod in diversis est, de necessitate habet diversum esse; unde humanitas non est una in Socrate et Platane secundum esse, quamvis sit una secundum propriam rationem] 그러나 이제 바로 잠재적 인과성의 본질로 말미암아 발출하는 영향은 감수자의 질료에 머문다. 그래서 질료의 차이가 한 형상이 반복될 수 있는 유일한 이유라면, 발출하는 영향과 수용된 영향은 하나이고 동일한 것이라고 역으로 결론을 내려야 한다. 왜냐하면 이들은 감수자의 한 질료를 통해 실현되기 때문이다. 그러므로 하나이자 동일한 현실은 두 가지 실체적 존재자의 규정이다.

이 명제를 이해하기 위해서는 개별적으로 셀 수 있는 사물에 있는 질료가 그 자체로(von sich aus) 하나라는 사실, 이에 상응하여 개별적 물질적 사물의 차이성과 다수성은 그들의 첫 번째 근거에 비추어 서로 관계없는 중립에 있지 않고 오히려 각각의 물질적인 것이 실현되게 하는 »하나의« 질료를 통해 각 개별자가 근본에 비추어 이미 타자라는 사실을 다시 한번 기억해야 한다. 개별적인 물질적 사물의 »독립성«(Selbständigkeit)은 원래 인간에게만 접근 가능한 정신의 독립이라는 관점에서 이해되어서는 안 된다. 다른 한편으로 (영향이 지속되는 가

....

67 De pot. q. 2. a. 1 corp. Parma 판의 본문과 Fretté의 파리 판의 본문은 서로 다르다. 우리는 Parma 판에서 인용하고 다른 것은 삭제할 것을 제안한다. 우리의 질문에서 본문의 차이가 중요하지는 않다.

운데) 발출하는 영향과 수용된 영향의 동일성을 전제하는 가운데 더욱 어려운 것은 이 동일성이 어떻게 (행위자와 감수자의 실체적 근거 등) 두 *364* 가지 산출하는 실체적 근거가 있어야 한다는 사실과 조화될 수 있는가에 대한 이해이다. 왜냐하면 이들로부터 이러한 하나의 현실이 발생하기 때문이다. 이를 이해하기 위해서는 질료의 한 가지 가능성으로 진입하는 한 가지 현실의 두 가지 산출이 실체적 형상적 근거에 비추어 보면 본질적으로 다른 성격을 갖는다는 사실과 서로에 대해 조건을 지운다는 사실을 통찰하는 것이 중요하다. 우리는 다음과 같은 명제로 시작해야 할 것이다. "형상은 질료에 현실태의 존재를 부여하는 한 어떤 면에서 질료의 원인이고, 질료는 형상을 유지하는 한 어떤 면에서 형상의 원인이다."[68](forma est quodammodo causa materiae, inquantum dat ei esse actu; quodam vero modo materia est causa formae, inquantum sustentat ipsam) 여기서 형상이 질료의 각기 구체적이고 특정한 가능 *266* 성을 실현시키는 한, '질료에 현실태의 존재 행위를 부여하는 것'(dare materiae esse actu), 즉 질료적 가능태의 실현은 역동적 관계, 곧 끊임없는 유동적 관계라는 사실에 대해 주목해야 한다. 따라서 감수자의 형상은 '질료에 현실태의 존재 행위를 부여'하는 과정에서 수용된 영향을 성취한다. 왜냐하면 오로지 감수자의 형상만이 규정된 질료와 실체적으로 결합되어 있기 때문이다. 행위자의 형상은 자신의 자기실현 (sustentat ipsam formam)을 수반하는 내처를 찾아가는 과정에서만 정확히 감수자의 질료 속으로 자기실현을 성취한다. 왜냐하면 행위자는 감수자의 질료와 실체적으로 결합하지 않았기에 오직 자신의 고유한 자기실현을 위해서만 질료를 향해 나아가기 때문이다. 따라서 두 가지

....

68 De verit. q. 9 a. 3 ad 6; vgl. q. 28 a. 7 corp. usw.

산출은 하나의 존재 현실에서 만나지만 본질적으로 차이가 있는 방향성(Richtungssinn)을 갖는다. 게다가 이들은 이를 넘어 서로에 »의존한다«(abhängig). 행위자의 자기실현은 타자의 질료를 통해 발생하기 때문에 감수자의 질료에 의존한다. 그러나 이 질료는, 형상이 '질료에 현실태의 존재 행위를 부여하는' 한, 감수자의 형상에 의존한다. 따라서 행위자의 자기실현은 감수자의 형상이 »질료에 현실태의 존재 행위를 부여하는 것«에 의존한다. 만일 감수자의 형상이 행위자가 자기를 실현하는 가운데 이 질료에 현실태를 부여한다면, 질료적 가능태를 실현하는 것은 곧바로 행위자의 자기 성취를 동시에 실현하는 것이 된다.

365 그리고 그 반대의 경우도 마찬가지이다. "질료가 형상 자체를 유지하는 한"(inquantum materia sustentat ipsam formam) 감수자의, 즉 자신의 형상의 자기실현은 자신의 질료에 의존한다. 그러나 이 질료는 자신의 구체적 가능성에서 질료를 통한 행위자의 자기실현에 의해 규정된다. 이에 따라 이러한 자기실현은 감수자 자신의 형상을 통해 다시금 질료적 가능성의 구체적 실현을 규정한다. 그러나 만일 그래서 두 가지 산출 자체가[곧, 발출(resultatio)이, 이것이 발출하는 것(resultans)과 구분되는 한] 차이 나는 방향성을 갖는다면, 그리고 동시에 서로에게 조건 지운다면, 두 가지 실체적 근거에서 발생하는 것은 기원 자체의 이중성에도 불구하고 하나이자 동일한 현실이라는 사실을 확정하는 데 결국 어떠한 어려움도 없다. 기원의 이원성의 관점에서 보면(그리고 오직 이렇게만) 행위와 감수는 두 가지 우유라고 아울러 주장될 수 있다. 무엇보다도 만일 우리가 이전의 전개에서 발출하는 영향과 수용하는 영향을 단순히 이들 기원의 이중적 방향에서가 아니라, 오히려 명확히 이들의 절대적 존재 행위에서 구별하였다면, 그리고 단순히 이들의 정체성 확립으로 시작하지 않았다면, 그것은 오직 그렇게 해서 다음과 같은 사실

을 실제로 통찰할 수 있기 때문에 필수적인 것이었다. 즉, 영향은 감수자 자신의 생산적이자 실체적 근거에서 발생하는 것과 엄격하게 동일하다는 것이다. 발생하는 이러한 것이 아무리 그 하성에서 외적 행위자에 의해서 규정된다고 하더라도 말이다.[69]

이로부터 바로 직접 결론을 도출할 수 있다. 만일 감각적 인식자가 267 감각적 대상의 영향을 받아 자신의 규정을 산출한다면, 그는 감각적 대상의 자기실현 자체와 엄격하게 동일한 것을 산출하는 것이다. 이러한 366 자기실현이 감각적 인식자 자신에 의해서 대상의 규정으로서 산출되는 한, 그리고 인식자의 존재 강도에 참여하는 것으로서 산출되는 한, 자기실현은 자기 자신에 대해서 반성된다. 즉 감각적 인식자에 의해 감각적으로 의식된다. 감각적 인식자가 자기실현을 질료의 타자성 안으로 발출하도록 허용하는 한, 자기실현은 타자로서 (따라서 곧바로 »상« 이 아닌 것으로서) 의식된다. 감각적 인식자가 감각 대상에서 비롯한 발출의 입장에서 이러한 자기실현을 특징짓는 기원적 방향(Ursprungs-richtung)을 이해하지 않는 한, 감각적 인식자는 감각 대상이라는 이러한 타자적 존재 현실을 이러한 감각 대상에 의해 산출된 것으로 파악하지 않고 자기 자신과는 다른 존재 현실의 절대적 질을 통해서만 타자로서 파악한다.

....

69 만일 닝크(C. Nink)의 a.a.O., 184f.(Anm. 169)에서 행위가 단지 수용자(patiens)에게만 있는 것이 아니라 그 자체가 수용자의 완성(perfectio patientis)이라면, 우리의 입장에 비판적으로 거리를 취하면서 저 수용자의 완성이, 즉 사실 행위자의 행위의 결과이지만 그 행위와는 실제로 다르면서도 오직 수용이어야 하는 수용자의 완성이 무엇이어야 하는지는 더 이상 명확하지 않다. 세상에 미치는 신의 영향을 지시함으로써 여기 우리가 제시한 주장을 (닝크가 시도한 것처럼) 무효화할 수는 없다. 왜냐하면 스콜라주의 자체는(정확히는 토마스주의에서는) 신의 창조적 인과율이 바로 일시적 작용인으로(이는 세계 내적 작용인에 대한 우리의 분석에서 유일하게 문제가 되는 것이다) 이해될 수 없다는 점을 종종 강조하기 때문이다. 이에 대해서는 다음을 참조할 것. De pot. 9: 3a. 15 corp.

10. 가지상 III: 감성과 능동 지성의 본질에 적용되는 세계 내적 인과성의 존재론

선행하는 절의 결과는 두 가지 방향으로 평가할 수 있다. 한편으로 우리는 이제 감성의 본질에 대한 질문을 해명하는 위치에 있다. 이 질문은 제2장에서 아직 해명되지 않았기 때문이다. 그러고 나서 두 번째로 8절에서 제기된 가지상에 대한 질문에도 답할 수 있을 것이다.

1) 토마스의 감수, 지향, 영적 존재 행위

첫 번째 질문에 대해서는 여전히 사전 설명이 필요하다. 토마스에 따르면 외적 감각 지각(die äußere Sinneswahrnehmung)은 '수용적 질'과 대조되는 감수이다.[1] 그러므로 이러한 감수의 본질은 무엇보다 먼저 더 정확하게 규정해야 한다. 외적 감성의 이러한 감수가 단순히 발출하

는 영향의 의미에서 파악될 수 없다는 사실은 이미 밝혀졌다. 그러므 367
로 수용이 발생한다. 즉, 감성의 실체적 근거가 스스로 감성을 실제의
인식자로 만드는 바로 이러한 외적 규정을 산출한다. (공기를 통한 색상
의 예를 들어) 우리는 토마스가 수용된 영향이 아닌 단순히 발출하는 영
향을 영적 존재 행위, 즉 영적 지향(intentio spiritualis)이라고 칭한다는
점을 보여 주었다. 그 당시 토마스는 다른 의미에서도 이러한 영적 존
재의 개념을 알고 있었으며, 물론 앞서 강조한 것과 실제로 연관성이
있다는 점에 이미 주의를 기울였다. 이 개념은 지금 명확히 이해되어야
한다. 왜냐하면 이로써 감수, 그리고 따라서 감성의 본질이 해명될 수
있기 때문이다.

수용된 영향이 문제가 되는 구절에서[수용된 영향은 이미 드러났듯이 268
공기 중에 있는 자연적 존재 행위(esse naturale)가 공기의 빛과 관계되는 것
과 같기 때문에] 그러한 의도의 핵심은 다음과 같이 설명된다. 즉, "왜냐
하면 이러한 종류의 의도는 단순히 우연적으로가 아니라 그 자체로 육
체들의(즉, 행위자들의) 본성적 형상에 의존하기 때문이다. 이러한 이
유로 그들의 존재 행위에서는 행위자들의 행위가 중단된 채 남아 있
지 않다."[2][huiusmodi enim intentiones dependent a formis naturalibus
corporum (sc. agentium) per se et non solum per accidens; et ideo esse
eorum non manet cessante actione agentium] 그리고 다른 구절에 다음
과 같은 표현도 있다. "지향은 제일 행위자의 존재 행위에 의하지 않고
....

1　III. Sent. dist. 14 q. 1 a. 1 sol. 2 corp.
2　De pot. q. 5 a. 1 ad 6. 여기서 수용된 영향이 문제가 된다는 사실은 토마스가 한 번은 빛
을 공간의 실제 속성이라고 한 것에서(I. q. 67 a. 3 corp.), 그리고 두 번째로 같은 『신학대전』
에서(I. q. 67 a. 3 ad 1 ; q. 104 a. 1 corp.; 2. II. q. 111 a. 2 corp.) 공간에 빛이 내재하는 것
(Insein)에 대해서 De pot. q. 5 a. 1ad 6에서와 실제로 같은 방식으로 기술한다는 데에서 드
러난다.

서는 지속하지 않는다."[3](intentiones non permanent nisi per praesentiam agentis principalis) 우선 단순히 발출하는 영향처럼(예를 들어 공기 중의 색상같이) 어떠한 관점에서 그러한 수용된 영향 또한 지향이라고 일컬어질 수 있는지 곧바로 이해할 수 있다. 양자는 »그 자체로«(per se) 작동자(das Wirkende)에게 의존하는데, 이는 발생에서만이 아니라 그들의 지속적 존재 행위에서도 그렇다. 여기서 주의할 점은, 규정이 자신의 존재 행위에서 지속적이자 외적 행위자에 의존한 채 그 자체로 머문다면 감수자가 아마도 새로운 외적 영향에 의해 그 후에 새로운 규정으로 옮겨질 것이기 때문에 외부로부터의 영향 이후에 감수자를 규정하는 것을 중단하지 않는다는 것이다. 오히려 규정은, 어느 정도 는 규정된 종점에서 이 관점으로부터가 아니라 이미 언제나 그러한 것 368 으로서 단순히 감수일 뿐이다. 그러나 이는 수용 중인 감수자가 이러한 상반된 규정에 능동적으로 향한다는 이유만으로 반대되는 규정에 기 울어 있는 것이 아니라(이러한 한 각각의 우연한 규정은 단순한 수용이었을 것이다), 오히려 이미 이보다 앞서 상반된 규정을 향한 이러한 능동적 지향과는 본질적으로 독립적인 근거에서 비롯되기에 반대되는 규정에 기울어 있다는 사실을 말한다.

따라서 감수자 자체에 의해서 그 자체로 생성된 수용된 영향이 행 위자의 추가적 지속 행위에 어떻게, 그리고 왜 본질적으로 의존할 수 있는지에 대한 질문이 발생한다. 우리는 이 질문을 감성에 대한 감각 적인 것의 영향의 관점에서 제기하기 때문에 토마스가 빛과 관계된 이 질문에 대하여 내려준 답변은 여기서 고려되지 않는다. 따라서 이 답변 이 모순 없이 이전의 절에 해석된 인과론에 대한 일반론에 편입될지,

....

3 De pot. q. 6 a. 4 corp.

즉 이 답변의 전제하에 감수를 여전히 수용할 수 있는지 여부에 대해서는 다루지 않을 것이다. 토마스에 따르면 "조명이 끝난 후 투명한 물질에 빛이 머물지 않는 것처럼, 우월한 종의 본성에 속하는 것은 결코 행위자의 행위 이후에 머물지 않는다."[4](quod pertinet ad naturam superioris generis, nullo modo manet post actionem agentis sicut lumen non manet in diaphano recedente illuminante)라는 이유로만 빛은 실제로 조명되는 동안에만 공기 중에 머문다. 공기는 그 자체로 빛을 산출하는 269 담지자인 방식으로, 또 그렇게 머무는 방식으로 빛을 수용하지는 못한다. 왜냐하면 빛은 '우월한 종'(superius genus)이기 때문이다. 또는 다른 면에서 비추어 보면, 감수하는 주체는 존재론적이자 본질적으로 열등한 위치에 있어서 그 자체만으로는 행위자의 형상을 산출할 수 없기 때문이다. (마치 생성에 있어서만 외적 행위자에 의존적인 형상처럼) "완성된 형상은 주체의 조건에 따라 주체 안에 있기"[5](forma completa est in subjecto secundum conditionem subjecti) 때문이다. 영향을 완성된 형상으로 수용할 수 있는 가능성을 판단하기 위한 외적 기준은 토마스에게는 주체가 실체적으로 문제의 우연적 형태가 이러한 실체적 본질을 369 질적으로 표현하는 것을 자체적으로 포함하고 있는 것이 될 수 있는지 여부를 확립하는 데 있을 것이다.[6] 공기는 조명체가 될 수 없기에 이러한 발광성(luminositas)을 수용적 질로서 수용할 수 없고, 외적 행위자에 대한 본질적이자 지속적인 의존을 통해서만 발광성을 갖는다. 왜 영

....

4 S.c.g. III 65.
5 III. q. 63 a. 5 ad 1. 이는 도구적 덕목들(virtus instrumentalis)에 대한 질문과 연관되어 논의되었다. 이들의 존재 방식은 토마스에 의해 매우 자주 공간 중의 빛의 존재 방식과 평행을 이루며, 마찬가지로 »지향적«(intentionales) 존재 행위로 이해된다.
6 I. q. 67 a. 3 ad 1.

10. 가지상 III: 감성과 능동 지성의 본질에 적용되는 세계 내적 인과성의 존재론 525

향이 지향으로서만 수용되는지에 대한 이러한 이유는 이제 분명히 외적 행위자로서의 감각적인 것과 감성 간의 관계를 고려하지 않는다. 왜냐하면 분명히 감각적인 것은 »우월한 종의 본성«(natura superioris generis«)이 아니라 그 반대이기 때문이다. 따라서 감성이 그 자체 하나만으로 감각적인 것의 영향을 산출할 수 없으리라는 것은 있을 수 없다. 그러므로 감성이 그렇게 하지 않는다는 사실은, 즉 감성이 발출하는 영향을 오로지 감수로서만 수용한다는 사실은, 감각적인 것에 대한 감성의 더 높은 존재 수준(Seinshöhe)으로부터 올 수 있다.

작용인(die effiziente Kausalität)에 대한 우리의 일반적 고찰에서는 왜 물질적 현존재의 실체적이자 형상적인 근거가 행위자의 발출하는 영향을 자신의 고유한 근거로 산출하는지에 대한 이유가 이러한 형상적 근거가 자신의 자기실현인 그러한 규정을 향하여 능동적으로 지향하고 있다는 사실에 있음을, 따라서 형상적 근거가 이러한 규정을 산출하기 위해서는 더욱 큰 잠재적인 범위를 제한하는 것만 필요하다는 사실에 있음을 보여 주었다. 그러나 형상적 근거가 규정을 산출하였다면 다른 상반된 규정을 향한 자신의 지속적 성향에도 불구하고 그 자체로 또 다른 규정을 산출할 이유를 가질 수는 없다. 감수자의 실체적 근거를 항상 갖고 있는 상반된 규정에 대한 실재적 가능태는 그 자체로 이를 위한 어떠한 이유가 될 수 없다. 이러한 다른 규정은 그만큼 그 전체 범위에서 이러한 가능성의 부분 실현(Teilverwirklichung)일 뿐이고, 따라서 다른 규정보다 이 규정을 산출할 이유일 수는 없기 때문이다. 왜냐하면 규정을 산출하는 데에서 실체적 근거가, 외부로부터의 영향을 통해 수용한 첫 번째 규정에서처럼 자신의 가능성을 제한하는 가운데 똑같은 정도로 상실될 것이기 때문이다. 따라서 그럼에도 불구하고 감수자가 단순한 수용으로서의 자기규정을 그대로 둔다면 [그리고 아마도 사유 가능한 존재 결함(Seinsschwäche)의 무능에서 비롯되는 것이 아니라 면], 이는 잠재적 규정들 사이에서 »중립 위치«(Indifferenzlage) 자체로 370 감수자가 귀환하는 것이 자신의 존재 완성(Seinsvollkommenheit)을 상실한다는 것을 뜻하는 것이 아니라 오히려 지속적인 »이러한-규정들-위에서-자신을-유지하는 행위«(Sich-über-diesen-Bestimmungen-Haltens)의 표현이라고 가정할 때에만 생각할 수 있다. 결과적으로 감수를 이렇게 놓아 버리는 것은 상반된 규정 자체를 향한 실체적 근거의 성향을 나타내는 지표가 아니라 오히려 모든 개별적 규정에 대한 우월성의 표현이다. 그리고 이 우월성은 다른 두 번째 규정의 수용을 통해서야 드러나는 것이 아니라, 첫 번째 규정이 단순히 감수로서 수용되었다는 사실에 대한 사전 조건이었다. 물론 존재자는, 더 폭넓은 가능성에 근거하여 다른 규정을 향해 기울어져 있지 않았다면, 규정을 자신의 질(qualitas)로서도 산출할 수 있었을 것이다(예를 들어 능력으로서). 따라서 각각 자신의 규정을 수용하는 데에서 더 폭넓은 가능성 자체는 일반적으로 이러한 수용의 선행적 근거로서 존재하지 않는다. 그러므로 감수는 감수자의 더 폭넓은 가능성이 자기 자신으로 드러날 때에만, 즉 더 폭넓은 가능성이 이미 모든 각각의 규정에 따라 각기 홀로 자기 자신으로서 취해진 경우에만 제공된다. 그러나 감수 자체가 이 또는 저 규정의 산출 행위에 주어졌다면, (일반적으로 작용인에 의해 규정을 산출하는 것에서처럼) 감수는 바로 이 또는 저 규정의 가능태만이 아니라 (작용하고 실현시키며 자신을 드러내기 때문에) 오히려 이 그리고 저 규정의 가능태로서 주어졌다. 따라서 가능태는 단순히 행위를 통해서만 자신을 제공하기 때문에, 감수는 이 또는 저 규정의 현실태 자체에 대한 관계를 통한 가능태만이 아니라 오히려 이미 그 자체로, 즉 자기 자신을 드러내는 현실태이다. 달리 표현해서 만일 규정이 자신의 실체적 근거로부터 산출되었다면, 이 근거가 이미 규정을 넘어 자신의 더 큰 가능태를 통해 자신을 유지하는 한, 따라서 이러한 더 큰 가능태 자체가 자신으로 실현되고 그래서 이로부터 현실태인 한, 규정은 오로지 감수이다.

그러나 자신의 존재 수준으로 인해 자신의 우연적 규정을 감수로서, 즉 지향으로서 겪는 감수자의 이러한 존재 방식은 토마스의 형이상학적 기본 규정에 비추어 보면 이미 그 자체로(eo ipso) 감각적 인식자의 존재 방식이다. 따라서 감성이 지향 양식에 따라 자신의 규정을 영적 존재 행위로 취한다는 명제는 정신적 인식 행위의 관점에서 모호한 유비에서 일어나는 불분명한 기술만이 아니다. 명제는 존재론적 과정 중에 일어나는 감각적 인식이 감각 대상의 현실태를 그 자신으로 파악한다는 점을 부정하지 않는다. 명제는 감각적인 것의 »상«(Bild)을 수용함으로써 얻어지는 인식을 설명하는 것과는 관계없다. 오히려 이 명제는 감각적 인식 자체의 본질 정의(Wesensdefinition)이다. 유일한 전제조건은 토마스에게 감수, 지향, 그리고 영적 존재 행위가 뜻하는 것이 무엇인지를 이해하는 것이다. 진술된 명제가 감각적 인식의 본질 정의라는 점을 보여 주는 것이 지금 중요하다. 이로써 자신의 존재 수준을 근거로 외부로부터의 규정을 오직 감수로 수용하는 감수자의 본질에 대한 암시적 방식만의 해명이 더욱 명확해질 수 있을 것이다.

2) 감성의 존재론적인 본질 규정인 지향 양식에 따른 수용

인식 행위는 비물질성과 같은 것이라는 토마스의 명제는 다른 기회에 이미 자신의 일반적 의미로 설명되었다. 이제 지향으로서의 자신의 존재 강도를 근거로 자신의 규정을 갖는 감수자의 존재 행위는 (비록 물질적 존재임에도 불구하고) 첫 번째이자 독특한 비물질성을 뜻한다는 사실을, 즉 감수자의 존재 행위는 인식하는 행위이자 실제로 물질적인 것으로서 감각적으로 인식하는 행위라는 사실을 보여 주어야 한다.

인식 행위는 존재 행위의 존재론적 '자기와-함께 있는 행위'이다. 따라서 자신의 존재 행위가 자기에게 있지 않고 오히려 질료적 타자의 비존재자에게 있다면 존재자는 인식자가 아니다. 그리고 반대의 경우도 마찬가지이다. 존재 행위가 »자유롭게«(frei) 되는 만큼 존재 행위는 인식 행위이다. 인식을 방해하는 존재 행위의 '질료-와-함께 있는 행위'(Bei-der-materia-Sein des Seins)의 가장 분명한 특징은 존재 행위가 (즉, 형상이) 각각의 바로 이것의 '여기 이것'(Diesda), 즉 질료의 '여기 이것'에 양도된다는 점이다. 형상이 자유로워지는 만큼, 곧 형상이 질료의 규정된 '여기 이것' 각각에게 무조건 양도되지 않는 만큼, 형상은 동일한 정도로 자기 자신과 함께 현존하고 의식적이다. 이제 (수용된 자신의 현실태인) 감수로서 자신의 규정을 지니고 있는 존재자는 이로써 *372* 특정한 방식으로 자유롭다(비록 궁극적으로 이 자유는 정신과 단순한 물질적 형상과 대조적으로 오직 부정적으로만 구별될 수 있지만 말이다). 왜냐하면 규정이 단순한 감수라고 한다면 이는 규정을 산출하는 형상적 근거가 규정을 산출하는 가운데 이미 이 규정을 넘어서는 자신의 고유한 현실태를 산출한다는 점을 말하기 때문이다. 따라서 만일 이 규정이 산출되어야 하고 이로써 감수자가 이러한 전적으로 더욱 큰 현실태를 산출하였다면, 산출된 현실태는 언제나 이미 각각의 규정 이상이다. 형상적 근거는 규정 자체를 자신의 현실태로 실현하는 것만이 아니라 다수의 규정 자체를 위한 가능성 중에 있는 자기 자신 또한 현실태로 실현한다. 만일 이러한 후자의 현실태가 아울러 특정한 방식으로 공허해야 한다면 말이다. 왜냐하면 사실 그렇지 않으면 외부로부터의 규정은 더 이상 자리를 잡을 수 없을 것이고, 다수의 상반된 규정들 자체가 감수자의 한 질료를 통해 동시에 실현될 것이기 때문이다.

272   개별 규정 자체를 산출하는 데에서 다수의 규정을 위해 현실태로 존재하는 더욱 큰 가능성 자체는 (비록 이것이 공허하더라도) 실현된 가능성으로서의 더 큰 가능성이 각자의 '여기 이것'으로서의 개별적 규정의 현실태에서 소진되지 않는다는 점에서 자유롭다는 사실을 보여 준다. 따라서 형상적 근거는 한편으로는 개별적 규정 산출을 통해, 그리고 오직 그렇게 해서만 자체적으로 현실화되고, 다른 한편으로는 단순히 정확히 이 규정의 현실태로서만 자신을 산출하지 않는다. 오히려 형상적 근거는 현실적 근거로서 언제나 이미 개별적 규정보다 우월하다. 그러나 이로써 형상적 근거는 어떤 면에서 자유로운데, 사실 형상적 근거가 모든 개별적 규정을 떨어지게 할 수 있다는 점, 즉 처음부터 이 규정을 감수로서 수용할 수 있으며 그렇게 수용된 규정을 감각적으로 의식하였다는 이중적 의미에서, 그리고 근본적으로는 단일한 의미에서 자유롭다. 왜냐하면 형상적 근거는 단지 가능태로서가 아니라 현실태로서 개별적 규정보다 우월하기에 현실태로서 이미 특정한 방식으로 개별적인 '여기 이것'을 넘어서고 이로써 특정한 관점에서 자유롭고 비물질적이기 때문이다. 그러므로 정확히 이러한 존재 수준을 지니는 이 현실태 구성에 속하는 것에 대해서 의식하여야 한다. 즉, 산출된 개별적 규

373 정, 감수 자체, 그리고 감수하는 동안 그 자체로 현실적 가능태로서 개별적 규정이 존립하여 진입하는 더 폭넓은 가능성 등이 그것이다. 다른 말로 하면, 외부 행위자의 형상은 의식되며, 그리고 한편으로 가능성인 외부 규정과 관련된 »어떠한 것«으로서(이것은 오직 그 규정을 통해서만, 그리고 규정하에서만 의식되기 때문에), 그리고 다른 한편으로는 더 큰 현실태로 드러나는 »어떠한 것«으로서 의식된다(외부 규정은 그때서야 단지 감수로서 받아들일 수 있기 때문이다). 감수라는 개념에 비추어 형

상적으로 이해된 이러한 »어떠한 것«이 외적 규정을 감수로, 그리고 이로써 감각적으로 의식된 것으로 수용할 수 있는 선험적이자 의식된 가능태인 한, 우리는 이러한 의식된 »어떠한 것«을 순수 직관으로 부를 수 있다. 그리고 개별적 규정이 단지 감수여야 한다면, 그리고 현실적 규정으로서 의식되어야 한다면, 잠재적 규정들에 대한, 그 자체로 현실이 되어야 하는, 의식된 공허한 선취(Antizipation)로 부를 수 있다. 왜냐하면 규정은 현실적인 것으로서 개별적 규정의 개별적인 '여기 이것'을 넘어 상승되었기 때문에, 즉 특정한 의미에서 자유롭고 비물질적이기 때문이다. 여기서 이와 관련하여 순수 직관에 대하여 감수로부터 얻어진 형상적 개념과 함께 순수 감성의 선험으로서의 시공간에 대한 형상적 규정이 객관적으로 주어졌다는 점이 확립될 필요가 있다. 공허한 현실로 의식되는 다수의 규정 가능성은 질료적 형상의 가능성, 즉 모든 시공간성의 존재론적 뿌리인 양적 질료의 규정 가능성이라는 사실에 주목해야만 한다. 우리는 외부 행위자(agens externum)의 규정을 감각적으로 의식할 수 있는 가능성의 조건인 순수 직관으로부터 상상력 개념 및 공통 감각 개념을 외부 감각의 뿌리라고 도출하였다. 그러나 여 273 기에서 이를 다루기에는 너무 멀리 나가는 것일 것이다.

감각적 인식자가 자신의 규정을 단지 감수로서 산출한다면, 이로써 감각적인 것의 더욱 낮은 존재 수준은 자신의 규정이 감각적으로 인식된다는 점에 장애가 되지 않는다는 사실이 밝혀졌다. 반대로, 감성은 외부로부터 규정될 때에 오직 그 자체일 수 있고, 이 규정이 단지 감수로서 수용될 때에만 인식될 수 있다. 그리고 이것이 또다시 규정 자체와 관련하여 감성의 더욱 큰 존재 수준에서만 가능하다면, 따라서 규 *374* 정의 어느 정도 더욱 낮은 존재 수준, 그리고 이로써 감각적인 것 자체의 더욱 낮은 존재 수준 자체 모두는 더군다나 타자에 대한 직관적이자 수용적인 인식을 위한 필수적 전제 조건이다. 사실, 감각적인 것 자체의 존재 강도와 이로써 인식자의 매개를 통한 자신의 자기실현의 존재 강도가 더 낮지 않다면, 존재 강도는 단순한 감수로서는 전혀 확장될 수 없을 것이다. 이로써 자신의 존재론적이자 반성된 규정과 함께하는 감각적 행위는 근본적으로 다른 인식자에 의해 그 자체로 직관적으로 지각될 수 없다는 사실은 형이상학적으로 필연적이다. 그러므로 토마스가 붉은 것을 볼 때 동공이 붉지는 않다고 말한다면, 이는 붉은 색이 실제로 지향적 존재 행위에서처럼 기관 자체에 존재하지 않기 때문에 옳은 것이 아니라, 오히려 이러한 더 우월한 존재 행위 자체가 기관 자체와 더불어 이들의 이러한 더욱 큰 존재 강도로 말미암아 타자에 의해서 직관될 수 없기 때문에 옳은 것이다. 따라서 오로지 이러한 이유로 동공은 타자에 의해서 지각될 수 있는 질의 의미에서 붉은색이 아니다.

감각적 인식의 본성에 대한 그 밖의 똑같이 중요한 결론들은 이전의 절에서 그 자체로 분명하기에 간추려서 명시적으로 논의하는 것으로 충분하다. 그 이전에 우리는 지금까지 논의된 것이 토미스트적 문제의식(Problematik)에 포함되어 있다는 사실을 명확히 확인하고자 한다. 토마스에 따르면 감각적 인식은 타자의 형상을 하나의 지향으로,[7] 감수로,[8] 하나의 지향적이자 영적인 존재 행위(esse intentionale et spirituale)로[9] 수용하는 행위이다. 그러나 토마스에 따르면 단순한 감수와 지향은(즉, 영적 존재 행위는) 동등한 개념이다.[10] 따라서 우리는 이 개념

....

7 I. q. 78 a. 3 corp.[형상의 지향(intentio formae)].

8 III. Sent. dist. 14 q. 1 a. 1 sol. 2 corp.

9 II. de anima lect. 24 n. 553; I. q. 78 a. 3 corp.

10 같은 이유로 어떤 것은(공중의 빛, 도구적인 행위자의 덕 등은) 때로는 지향으로(De pot. q. 5 a. 1 ad 6; q. 6 a. 4 corp.) 때로는 단순한 수용으로(2. II. q. 171 a. 2 corp.; De verit. q. 12 a. 1 corp. usw.) 나타난다.

들이 인식 행위에 대해서 논의되지 않은 곳에서 더 쉽게 추론되는 그들의 보편적 존재론적 의미에서 주어지는 방식으로 감성을 지향과 단순한 감수의 개념에 비추어 해석할 권리가 있다. 만일 그렇지 않으면 감성에서의 지향, 영적 존재 행위에 대한 논의 방식을, 인식 자체에 대 한 논의가 없는 곳에서도 의미를 가질 수 있는 보편적 존재론적 의미의 용어 대신에 단지 감각적 인식을 위한 다른 인식론적 용어(gnoseologische Worte)로서만 파악할 위험이 항상 있기 때문이다. 그러나 만일 토마스가 감성의 본질을 영적이자 지향적 존재의 수용으로 규정한다면, 이는 그것을 존재론적으로 파악하려는 그의 분명한 의도이다. 토마스가 단순히 감수를 감수자의 존재 결핍(Seinsschwäche) 또는 존재 대립(Seinsgegensatz)으로 말미암아 형상 수용이 행위자에게 실제적으로 영향을 미치는 중에만 일어나는 것이라고 파악하는 한, 물론 두 개념의 의미가 그 점에서는 다소 모호하다. 그러나 이제 감각적 인식자의 경우에는 분명히 그렇지 않다. 왜냐하면 인식자는 감각적인 것보다는 더 탁월하기(nobilius) 때문이다.[11] 그러나 이러한 전제하에서 단순 감수로서의 지향 개념이 계속 전개된다면, 이 개념은 단순한 감수를 통해 '겪는자'(das Leidende)와 그의 규정 간의 존재론적 관계에 대한 통찰에 이르게 된다. 이 관계는 어떠한 비물질성에 대해서 논의하기에, 토미스트적 인식 형이상학의 일반 원칙에 따르면 곧바로 인식을 뜻한다. 따라서 우리가 외부 행위자에 의하여 규정되는 것(Bestimmtwerden)에 대한 보편 개념으로부터 감성 개념을 얻는 한 (이 피규정성은 언제나 감수자의 물질성을 전제하기에) 우리는 처음부터 토마스의 명제를 위반하는 위험에 놓여 있지는 않다. 감각에 의해 파악된 것에 속하는 영적이자 지

....

11 III. de anima lect. 3 n. 612.

향적 존재 행위에서 단순히 인식론적이자 은유적인 의미가 아니라 존재론적인 의미를 얻는 것에 대해 우리는 무능한 상태에 놓이지 않아야 한다. 그러면서 "감각은 감각되는 사물의 유사성을 육체적이자 물질적으로 수용해야 한다."[12](oportet quod sensus corporaliter et materialiter recipiat similitudinem rei quae sentitur) 우리가 '지향 방식에 따른 수용 행위'(recipere ad modum intentionis)에서 추론한 »비물질성«(Immaterialität) 자체는 명백한 토마스의 가르침이다. 즉 "(감각 능력은) 어떤 비물질성을 지닌다."[13][(virtus sensitiva) quandam immaterialitatem habet] 만일 우리가 실체적이자 형상적 근거는 다수 규정들의 가능태로서 총체적으로, 그리고 한 번에 현실이 된다는 사실에서 (비록 외부로부터의 개별 규정을 통해 최소한 부분적으로 충족시켜야 하는 공허한 방식임에도 불

376 구하고) 결국 이 비물질성이 예고되었음을 발견하였다면, 비록 명시적으로 지향 개념으로부터 얻어진 것이 아닐지라도 이 또한 토마스에게서 제공된 것이다. 왜냐하면 토마스에 따르면 감성은 그 자체로 외부로부터의 규정 이전에 이미 현실태여서 »마치 누군가가 이미 배운 후에 (지성을 통하여) 아는 것과 같기«[14][sicut aliquis habet scientiam (durch den Intellekt) quando jam didicit] 때문이다. 그러므로 감성은 그 자체로 자신의 규정 가능성들의 폭을 단순히 가능태(potentia)가 아니라 현

275 실태(actus)로서 외부로부터 이미 선취하였음이 틀림없다(이를 통해 감성은 외부 규정을 산출하여 외부 규정에 대해 자유롭게 머물고 외부 규정을 오직 감수로서만 산출한다). 왜냐하면 그렇지 않으면 이미 학습한 자(der schon Gelernthabende)처럼, 즉 자신의 대상을 이미 상존적(habitu)으

....

12 II. de anima lect. 12. n. 377.
13 De sensu et sensato lect. 2. n. 20.
14 II. de anima lect. 12 n. 374.

로 소유한 자처럼, 다시 말해 자신의 인식 행위의 가능성들을 이미 실현한 자처럼 감성은 이미 그 자체로 현실적일 것이라는 점을 토마스는 주장할 수 없을 것이기 때문이다. 토마스가 이러한 »언제나 그 자체로 이미 대상을 소유하는 행위«(je von sich her schon Besitzen des Gegenstandes)를 대상에 대한 공허한 선취라고 뜻하였다는 사실은 감성이 현실적 인식을 위해서 여전히 외적 대상을 필요로 한다는 점을 그가 즉각 덧붙인다는 사실에서 드러난다.[15] 만일 토마스가 감각을 수용적으로 인식해야 하는 형상으로부터 감각이 그 자체로 자유로워야 한다(denudari)고 강조한다면 사실 동일한 것이 주장된 것이다.[16] 이 자유로움(Freisein)은 결여가 아니라 긍정적 특성으로 이해되어야 하기 때문이다. 형상을 통해 사실 질료는 그 자체로 형상으로부터 자유로운데(nuda), 자유로움이란 형상에 대한 질료의 우세, 그리고 형상에 대한 질료의 수용적 중립성의 우세로서 이해되어서는 안 된다.[17] 따라서 수용되어야 하는 형상으로부터의 이러한 긍정적 자유는, 감성이 형상을 산출한다면, 감성이 자기실현에서 그 자체로 개별적 형상을 언제나 이미 능가한다는 방식으로 이해되어야 한다.

3) 감성의 본질에 대한 외부 영향의 존재론적 결과

이제 우리는 감성의 본질에 대한 외부 영향의 존재론에 관한 일반적 고찰에서 나온 결과를 다음과 같이 요약한다.

....

15 L.c.n. 375.

16 II. de anima lect. 23 n. 547; 548; II. Sent. dist. 17 q. 2 a. l ad 4; De verit. q. 22 a. l ad 8; I. q. 91 a. l ad 3; De anima a. 8 corp.

17 De spir. creat. a. 3 ad 20.

1. 감각적 인식은 수용적 인식으로서, 즉 세계 내적이자 존재론적으로 규정되는 인식으로서 감성을 물질적 존재로서 전제한다.

2. 감각적인 것을 통해 감성으로부터 자신의 현실태로 산출하는 수용적 규정은 감각자(sentiens)를 매개로 하는 감각적인 것의 자기실현과 동일하다. 따라서 감성의 매개를 통한 감각적인 것의 이러한 자기실현은 동시에 능동적으로 감성 자체에 의해 산출되지만, 단순히 수동적으로 수용된 규정은 자신의 완성으로서의 감각적인 것의 자기실현과는 다른, 그리고 감성의 의식적이자 내재적인 행위와도 다른 감성에 선행하지 않는다.

3. (자신의 더 높은 존재 행위를 근거로) 규정을 단순한 감수로서(즉, 지향으로서) 산출하는 존재자는 사실 (시공간의) 순수 직관을 근거로 이 규정을 인식한다. 순수 직관을 통해 이러한 더 높은 존재 행위가 드러나고, 이 때문에 규정은 단순한 감수가 된다. 따라서 '지향 방식에 따른 수용 행위'는 감성의 존재론적 본질 규정이며, 이로써 수용적 인식 자체의 존재론적 본질 규정이다. 왜냐하면 수용적 인식은 본질적으로 감각적이기[즉, 물질적(materiell)이기] 때문이다. 만일 우리가 지금까지 말한 것을 감각상 개념에 적용한다면, 다음과 같이 말할 수 있을 것이다.

4. 상은 첫 번째이자 근본적인 의미에서 상징적인 것(bildhaftes), 즉 현대적 의미에서의 외부 대상의 »지향적« 이중성(intentionales Doppel)이 아니라, 오히려 감성의 물질적 매개를 통한 감각적인 것의 자기실현으로서 대상의 존재 행위 자체에 속한다. 왜냐하면 발출하는 모든 영향은 행위자의 완성이기 때문이다. 감각적인 것의 이러한 자기실현이 감수자의 매개를 통해서만(구체적으로는 감각자의 매개를 통해) 확장되고 유지될 수 있는 한, 이 상은 감각적인 것의 존재 행

276

위에 속하더라도 감각적인 것의 새로운 자기실현이고, 따라서 그 자체가 이미 그 어느 감각 대상 자체(Ansich)에 속하지 않는다. 이 감 각 대상 자체가 실제적 지각(Wahrnehmung)보다 앞서 놓여(voraus-liegend) 있다고 생각되기 때문이다. 이로써 감각적인 것의 질적으로 동일한 자기실현이 경우에 따라 감성이라는 매개가 아닌 다른 매개를 통해서도 확장될 수 있다는 점이 부정되어서는 안 된다. 실제로 토마스는 이것을 공기 중의 색상의 예와 같이 명백히 받아들인다. 사실 그는 매개를 통한 자신의 고유함의 지속적(움직여진 현존재 행위는 아닌) 확장을 최고의 본질적인 작동 방식으로서 모든 육체에 귀속시키는 것으로 본다.[18] 그러나 무엇이든 간에, 어쨌든 감수자의 매개에 의한 행위자의 자기실현이라는 개념에 비추어 보면, 즉 행위자의 완성으로서의 행위에 비추어 보면, 대상 그 자체가 감성에 의해 파악되는지 여부의 문제는 토마스가 색상, 강도 등이 감성의 유기체적인 것을 »통해« 실제적일 수 있는 것일 뿐이라는 주장을 통해 부정적으로 처리하는 것과는 거리가 멀 것이다. 그러나 감성의 매개를 통한 감각적인 것의 자기실현이 수용될 때에서야, 즉 규정이 인식자 자신에 의해도 산출된 것으로서 인식자 안에서 유지될 때에서야, 감성의 매개를 통한 감각적인 것의 이러한 자기실현은 상이 된다, 즉, 감각적인 것의 자기실현이 인식 안으로 들어간다.[19] 아마도 이는 감성에 대한 장에서 여전히 남아 있던 저 질문들에 대한 답이기도 하다. 그 장에서 얻은 지식들을 여기서 더 이상 반복할 필요는 없다.

....

18 Vgl. De pot. q. 5 a. 8 corp.
19 이 점에서 우리는 지베르트의 해석에 동의하고 그와 동시에 수정하는 우리의 입장을 다시 한번 정식화하였다고 믿는다.

4) 정신의 선험적 구조 자체와 대조되는 고유한 존재의 가지상

정신의 선험적 구조 자체 그 이상인 가지상의 가능태에 대한 우리의 질문은 지금 새롭게 제기되고 답변될 수 있다. 용어가 갖고 있는 가장 넓은 의미에서 표상인 감성의 규정은 감성에 의해 단지 수동적으로 담지된다는 의미에서 외적 행위자인 감각적인 것에 의해 산출되지 않는다는 점이 이전보다 더 명확히 드러났다. 이 규정은 감수자 자신의 자기실현이다. 왜냐하면 수용된 규정은 감수자 자신에 의해 산출되기 때문이다. 그러나 이제 토마스에게 정신은 감성의 자유로운 발출을 허용하고 수용하는 기원이라는 점이 이미 밝혀졌다. 여기서 정신과 감성 양자는 항구한 기원 관계에 서 있으며, 이 관계는 유일회적 생성의 근거뿐만이 아니라 양자의 지속적 존재 행위의 근거이기도 하다. 따라서 감성이 자신의 규정을 외부로부터 능동적으로 산출하는 가운데 자신의 목적에 도달하면, 이러한 산출은 감성 자체의 고유하고 지속적인 기원에서 발생한다. 정신은 질료 안으로 자신을 형성하면서 감성을 각각의 충만한 현실이 되도록 스스로 발출하도록 하는데, 자신의 목적을 향하여 가는 이러한 정신 자체에 의해 표상이 산출된다. 그리고 감성 자체에 의하여 산출된 감각상인 표상은 표상과는 다른 규정을, 따라서 감성의 매개를 통한 감각적인 것의 자기실현과는 다른 규정이자 외부로부터 단순히 수동적으로 수용된 규정을 전제하지 않기에, 감성과 그 규정을 능동적으로 산출하는 능동 지성인 정신은 자유로운 정신으로서 표상을 산출하기 위해서, 따라서 표상으로의 전회를 통한 추상을 언제나 이미 실현하기 위해서, 무엇보다도 먼저 단순히 수동적으로 수용된 규정을 필요로 하지는 않는다. 여기서 정신이 전제하는 것은 외부로부터의 규정, 즉 발출하는 영향, 다시 말해서 정신이 자유롭게 머물면서도 언제나 이미 그 안으로 들어온 감성의 물질성을 통한 감각적인 것의 자기실현이다. 그러나 자유로운 정신이 자신을 유지하면서도 감성과 그 개별적 규정을 자신의 고유한 완성으로 산출한다면, 자유로운 정신의 존재 행위를 통한, 즉 스스로 실현하는 영혼(anima in se subsistens)을 통한 저 독특한 이중성은 필히 표상의 산출에서 발생하게 된다. 즉, 영혼은 육체의 형상이기에 육체의 현실태, 곧 몸»이다«. 하지만 영혼은 (동물과는 대조적으로) 자유롭고 그 자체로 현실태이고, 따라서 하나의 육체를 »소유한다.« 따라서 토마스가 보편적으로 공식화한 것은 표상에도 적용된다. "그 자체로 실현되지 않는 형상은 주체의 양태 외에 다른 양태를 소유하지 않는다. 왜냐하면 형상은 그러한 주체의 현실태가 아닌 한, 존재를 갖지 않기 때문이다. 그러나 그 자체로 실현되는 형상은 실현되는 특정한 것인 한, 어떠한 양태를 갖고, 그러한 주체의 현실태에 따라 특정한 양태를 갖는다."[20](Forma quae non est per se subsistens, non habet alium modum a modo subjecti, quia non habet esse nisi inquantum est actus talis subjecti; sed forma quae est per se subsistens, habet aliquem modum inquantum est res quaedam subsistens, et quendam modum secundum quod est actus talis subjecti) 여기 *380* 서 주목해야 할 것은 그 자체로 실현되는 형상의 이러한 두 가지 양태가 단순히 서로 병렬적으로 서 있는 것이 아니라[왜 영혼이 (스스로 실현하는) 정신으로서 질료의 형상인지에 대해서는 이미 논의한 바 있다] 영혼이 또한 자유로운 정신으로서 자신의 방식으로 양태를 소유한다는 사실이다. 영혼은 질료의 현실태로서 이 양태를 소유한다. 영혼은 그렇

....

20   IV. Sent. dist. 49 q. 2 a. 3 ad 6.

게 함으로써 이러한 현실태를 자체로서(즉, 발출된 것으로서) 완성된 본
질에 추가할 뿐만 아니라, 이 현실태를 또한 발생해야 하는 현실태로
서 이미 자신과 함께 보유하고 있다. 따라서 영혼은 그러한 주체의 현
실태인 영혼으로 »존재하는« 모든 양태를 그 자체로 실현되는 것(res
in se subsistens)으로서의 영혼에 이미 귀속된 양태로서 »소유한다.«
이는 당연히 양태가 실제로 발출되지 않았어도 영혼은 발출해야 하
는 양태를 소유할 수 있다는 점을 주장하려는 것은 아니다. 따라서 예
를 들어 영혼은 질료의 형상인 자신의 존재 행위로부터 자신의 개체
성(individuatio)을 소유한다. 그러나 이는 오직 영혼이 질료의 현실태
(actus materiae)가 되었기 때문이며, 영혼이 더 이상 육체의 형상(forma
corporis)이 아니더라도 개체성은 유지한다.[21] 이제 자유로운 정신에 의
한 물질적 규정의 산출 행위에도 동일한 것이 적용된다. 만일 정신이
표상을 산출한다면, 질료의 현실태인 정신이 이 규정을 자신의 물질적
규정으로 수용하는 한에서 자신을 규정하는 것만이 아니라 오히려 자
신을 이미 자유로운 정신으로서 영향을 주는 존재로 규정하였기 때문
에, 따라서 정신은 우리가 앞서 좁은 의미에서 가지상이라고 칭하였던
이러한 규정을 분리된 영혼으로서 자신에게 유지할 수 있다. 정신은 표
상을 산출하고 자유로운 정신으로서 표상을 언제나 이미 자신 안에 추
상된 채로 유지한다(이는 넓은 의미에서의 가지상이다). 그러나 정신이 표
상을 산출한다는 사실 때문에 또한 이미 발출을 허용하는 기원으로서
자신의 자유의 관점에서 그 자체로 규정되며, 표상이 감각적 규정으로
더 이상 주어지지 않더라도 이는 논리적으로는 정신이 표상을 수용하

....

21 I. q. 76 a. 2 ad 2; I. Sent. dist. 8 q. 5 a. 2 ad 6; II. Sent. dist. 3 q. 1 a. 4 ad 1; dist. 17 q.
2 a. 2 ad 4; De spir. creat. a. 9 ad 3; De anima a. I ad 2; a. 3 corp.

기 이전에, 그리고 이러한 규정을(즉, 좁은 의미의 가지상을) 자신에게 유지할 수 있기 이전에 [상들의 보고(thesaurus specierum)에서 또는 분리된 영혼(die abgeschiedene Seele)으로서] 일어난다. 이러한 가지상이 육체가 없는 영혼을 인식하기에 충분한지는 여기서 논의할 문제가 아니다. 어떠한 경우든 자유로운 정신 자체에는, 능동 지성이 감수자가 되지 않는 가운데 지성의 빛(lumen intellectus)이, 즉 정신의 선험적 구조를 넘어서는 가지상이 주어졌다는 사실이 이미 명백하다. 이것이 바로 8절 에서 문제가 되는 유일한 것이었다. 381

표상을 산출하는 데에서 자유로운 정신 자체의 자기 규정으로서의 가지상에 대한 이러한 이해는 토마스에게서도 명시적으로 논증된다. 비록 8절에서 얻은 토마스의 전체 추상 이론에 대한 우리의 이해가 다시 의문시되는 것처럼 보이는 맥락에서는 원하는 만큼의 명료성을 갖는 것은 아니지만 말이다. 따라서 토마스에 따르면 분리된 영혼은 앞서 인식된 개별 대상들과의 관계를 규정을 통해(determinantur) '또는 선행하는 인식 또는 어떠한 정감을 통해'[22](vel per praecedentem cognitionem vel per aliquam affectionem), '영혼에 머물러 있는 성향'(habitudo) 을 통해,[23] 그리고 '선행하는 인식이나 정감의 자취'[24](vestigium praecedentis cognitionis seu affectionis)를 통해 여전히 갖고 있다. 여기서 우 279 리는 이러한 인식을[즉, 정감(affectio)을] 내용(즉, 인식된 것(cognitum) 보다는 행위(Handlung)로 이해하여야 한다(이는 이 용어의 첫째가는 의미 이다). 왜냐하면 토마스에 따르면 개별자는 자신의 개별성 자체를 통해서는 엄밀히 말해 지성에 결코 주어지지 않기 때문이다. 따라서 토

....

22 I. q. 89 a. 4 corp.
23 Loc. cit. ad 2 und ad 3.
24 I. q. 89 a. 8 corp.

마스에 따르면 정신 자체에는 앞서 인식된 개별자와의 관계가 남아 있다. 왜냐하면 정신은 이러한 인식을 행위로서 한때 산출하였기 때문이다. 그러나 이러한 식으로 좁은 의미의 가지상을 이해하는 데 방해가 되는 것은 없다. 영혼은 질료에 대한 자신의 능동적인 내적 구성을 통해 개체화되고, 이로써 이 개체화를 질료의 현실태로서만이 아니라 자유로운 정신으로서 소유한다. 우리는 개별화와 유사한 사례에 대하여 논의한 바 있다. 비교되는 것들은 토마스 자신에 의해 다음과 같이 명시적으로 강조되었다. "그러나 이러한 한정된 존재 행위는 비록 영혼에 의하여 육체를 통하여 얻어지지만 전적으로 육체로부터도 아니고 육체에 의존하여 얻어지는 것은 아니다."[25](Hoc autem esse terminatum, quamvis acquiratur animae in corpore, non tamen ex corpore, nec per dependentiam ad corpus) 영혼 자체는 자신의 규정된 존재를 능동적으로 산출하지, 이를 육체로부터(a corpore) 절대적, 수동적으로 수용하지는 않는다. 비록 영혼이 그렇게 산출하는 '하성'이 외적 행위자에 의해서 질료와 그 규정을 통해 규정된다고 할지라도 말이다[이는 육체를

382 통해 일어난다. 이 때문에 좀 전에는 다소 부주의한 언어로 "육체에 의해서가 아니면 개체화되지 않는다."(non individuatur nisi ex corpore)라고 표현하였다]. 토마스는 계속해서 다음과 같이 말한다. "그러므로 육체가 제거될 때에도 그러한 육체의 완성이었던 만큼의 자체를 따르는 정감 또는 정렬에 입각해 각 영혼에는 자신의 제한된 존재가 남아 있을 것이다."[26](Unde remotis corporibus adhuc remanebit unicuique animae esse suum terminatum secundum affectiones vel dispositiones, quae conse-
......

25 I. Sent. dist. 8 q. 5 a. 2 ad 6.
26 그것은 바로 뒤의 동일한 본문에서 말하는 바와 같이 '그 자체로 존재 행위를 유지하는'(retinent esse per se) 정식(Formen)에 속하기 때문이다.

cutae sunt ipsam, prout fuit perfectio talis corporis) 영혼에는 가지상이 머문다[즉, 제한된 존재가 머물 것이다(remanebit esse terminatum)]. 그래서 우리는 이러한 일반 명제를 우리의 문제에 적용할 수 있다. 왜냐하면 영혼 자체가 자유롭게 머물면서 육체의 형상(forma corporis)으로서 [그러한 육체의 완성이었던 만큼(prout fuit perfectio talis corporis)] 표상을[즉, 정감 또는 정렬(affectio vel dispositio)을] 능동적으로 산출하였기 때문이다[육체를 통해서이지 육체로부터는 아니다(in corpore, non ex corpore)]. 질료에 대한 형상의 일반적 관계와 영혼이 육체로부터가 아니라 육체를 통해 산출한 규정들 간의 유사성, 특히 가지상과 표상 간의 유사성은 토마스에 의해 다음과 같이 분명히 확정될 수 있다. "영혼이 비록 육체를 통해 완성되었을지라도 (그리고 사실 방금 인용된 본문에 따르면 영혼이 이러한 완성을 유지하는 방식으로) 육체로부터 완성되는 것이 아니라 순응하는 육체의 도움으로 자신을 완성한다[이러한 육체의 도움 (adminiculum corporis)과 외적 행위(agens externum)를 어떻게 이해할지, 그리고 영혼의 완성(perfectio animae)이 다시 한번 육체에 의한 완성(perfici a corpore)으로 이해되지 않기 위해서 9절에서 충분히 설명하였다]. 이는 마치 가능 지성이 그 자체로 현실태의 가지 대상이 되는 표상의 도움을 얻어 능동 지성의 힘으로 완성되는 것과 같다."[27](anima quamvis perficiatur in corpore, non tamen perficitur a corpore, sed ipsa seipsam perficit cum adminiculo corporis obsequentis, sicut virtute intellectus agentis perficitur intellectus possibilis adminiculo phantasmatum quae per ipsum fiunt intelligibilia actu) 모든 외부 영향이 오직 질료적 원인으로만 발생하고, 여기서 또한 발출하는 외부로부터의 영향에 의한

....

27 De verit. q. 26 a. 2 ad 2.

우연적 규정들이[성(Geschlecht)과 같은 것들이] 발생의 방식(via genera-tionis)에서는 영혼의 자기실현보다 앞서지만 (수용된 규정들로서는) 산출된 현실의 결과가[즉, 존재자로서는 추후적인(posterior in essende)] 되는 정도로 영혼이 능동적으로 질료를 통해(여기서는 육체를 뜻한다) 자기 자신을 질료인으로서 완성하는 것처럼, 정신의 인식 행위라는 특별한 경우에도 마찬가지이다. 정신은 자기 자신에 대한 열망(Begierde)을 통해 감성이 자신으로부터 발출하도록 허용한다. 정신은 질료 안으로 들어가 자기 자신을 형성하며, 감성의 자유로운 기원으로서 이 감성을 자신의 능력으로 자신 안에 유지하고 감성에서 표상을 감성의 수용된 규정으로서 산출하는 가운데 언제나 이미 추상하였다. 왜냐하면 정신은 이러한 내적 구상(構想, Einbildung)을 통하여 자유롭게 머물기 때문에, 그러나 표상으로의 전회를 통해 질료적 타자 안으로 자신을 구상할 때에만 자신의 자유의 목적에 도달하기 때문에, 언제나 이미 질료적 조건들, 즉 시공간의 법칙들에 종속되어 있다.

제3부

상상력에 기반한 형이상학의 가능성

1. 문제: 세계의 유일한 대상적 개방성 구성으로서의 형이상학의 개시

『신학대전』 제I권 84문 7항에 대한 입문 해석은 어떻게 토마스 자신이 '표상으로의 전회'에 대한 질문 안에 자신의 유일한 직관이 오직 감각뿐인 사유 행위에 대한 형이상학적 가능성이 함께 암묵적으로 질문되었다고 간주하는지를 이미 보여 주었다. 토마스는 직관에 대하여 다음과 같이 말한다. "상상력은 시간과 연속체를 초월하지 않는다."(ima-ginatio non transcendit tempus et continuum) 본 논문에서는 두 가지 결과가 나왔다. 첫째, 본 논문은 '표상으로의 전회'에 대한 탐구에서 형이상학의 가능성에 대한 질문을 단순히 지나칠 수 없다. 둘째, 그러나 본 논문은 이 질문을 모든 범위에서 묻고 해결하려는 시도는 하지 않는다. 왜냐하면 이는 단지 '표상으로의 전회'가 아니라 형이상학 전체가 다루어지는 곳에서만 일어날 수 있기 때문이다. 따라서 이하에서는 이러한

문제 영역에서 '표상으로의 전회'에 대하여 탐구하면서 부수적으로 제기된 문제를 다시 한번 객관적인 맥락에서 논문 형식으로 요약하는 것만이 중요할 것이다. 이는 토마스가 말하는 역사적 세부 사항과 개별적인 것들을 논증하는 것을 여기서 주장하는 것이 더 이상 중요하지 않다는 사실 또한 말해 준다. 이하에 오는 것은 이미 앞에서 토미스트적이라고 논증되었던 것이다.

우리는 모든 인간의 사유 행위가 영구적으로 감각 직관에 의존한다는 전제하에서 형이상학의 가능성에 대해서 질문한다. 형이상학에 대해서 질문이 제기될 때, 형이상학은 토마스로부터 유래한 전통적인 의미로 이해된다. 여기서 다른 한편으로는 형의상학의 의미, 방법, 그리고 한계, 따라서 형이상학을 가능하게 하는 근거에서부터 형이상학 자체가 새롭게 규정된다는 사실을 놓치면 안 된다. 전통에 따르면 토마스에게 형이상학은 그 최종 목적에 따라 '첫 번째 존재자에 대한 신성한 학문'[1](scientia divina de primo ente)이라고 규정된다. 즉 "제일 철학 전체는 신에 대한 인식을 궁극적 목적으로 지향한다."[2](Prima philosophia *388* tota ordinatur ad Dei cognitionem sicut ad ultimum finem) 그러나 그 대상에 따르면 형이상학은 존재 행위 자체에 대한 학문이어서 신학이자 존재론으로서 오로지 유일한 학문이다. "왜냐하면 제일 존재자에 대한 학문과 공통 존재자에 대한 학문은 동일하기 때문이다."[3](eadem est enim scientia primi entis et entis communis) "제일 존재자에 대한 학문

....

1 Metaph. Prooemium[신성한 학문 또는 신학(scientia divina sive theologia)]; Boeth. de Trin. q. 5 a. 1 corp.[신학은 형이상학의 명칭으로서의 신성한 학문이다(theologia id est divina scientia als Namen der Metaphysik)]; VI. Metaph. lect. 1 n. 1170[제일 존재자에 관한 학문(scientia primi entis)]; I. Metaph. lect. 3 n. 64[신성한 학문(scientia divina)].

2 S.c.g. III 25.

3 VI. Metaph. lect. 1 n. 1170

에는 공통 존재자에 대한 고려가 관련되어 있고, 공통 존재자에 대한 학문에는 제일 존재자에 대한 고려가 관련되어 있다."[4](Ad illam scientiam pertinet consideratio entis communis ad quam pertinet consideratio entis primi) 그러나 이제 형이상학의 이 두 가지 »대상« 간의 관계는 토마스에게서 절대적 존재 행위 자체가 결코 형이상학의 대상이[즉, 주제(subjectum)가] 아닌 방식으로 규정된다.[5] 사실 신은 "그 자체로 어떠한 완전한 본성이자 어떠한 것인 본질"(quae sunt in seipsis quaedam naturae completae in seipsis res quaedam)에 그 자체로 속한다. 그러나 신에 대해서는 원칙적으로 형이상학에 입각해 의미가 밝혀질 수 없으며, 따라서 오로지 자신의 계시 말씀을 통해서만 의미가 밝혀질 수 있다. 형이상학은 신에게 형이상학적 대상의, 즉 공통 존재자(ens commune)의 근거[즉, 원리(principium)]로서만 도달한다. 그리고 그렇게 도달된 이러한 근거를 자신의 고유한 규율에 따라 다시 »대상«으로 만드는 것은 형이상학에서 본질적으로 불가능하다. 대상화한다는 것은 마치 천체나 원소들을 일시적인 물체 또는 합성체의 근거로 우선 이해하지만 그다음에는 자신의 고유한 학문 영역에서 이들을 그 자체로 완성된 본성(naturae completae)으로서도 연구하는 것과 같기 때문이다. 신은 인간의 형이상학에서 그 시작이기 때문에, 본질적으로 오직 '원리를 다루는 학문'(scientia quae agit de principiatis)을 통해서만 접근될 뿐이다. 경험될 수 없는 존재자인 형이상학적 »대상들«(Gegenstände)은 형이상학의 »대상«이, 즉 (그 자체로는 대상이 아니고 그 자체로 사물도 아닌) 공통 존재자가 형이상학적 대상들을 언제나 이미 근거로서 전제하는

....

4 IV. Metaph. lect. 5 n. 593.
5 다음을 참조할 것. Boeth. de Trin. q. 5 a. 4 corp. und Metaph. Prooem.

한 접근 가능하다. 이 근거는 그 자체로 탐구될 수 있는 대상으로 존재하지 않는다. 형이상학에서 "신성한 것은 학문의 주제로서가 아니라 주제의 원리로서 간주된다."(considerantur res divinae non tamquam subjectum scientiae sed tamquam principium subjecti) 그러므로 토마스에게는 특수 형이상학을 통해 규정된 형이상학적 대상들이 이미 어떠한 방식으로든 알려진 것들로서 특수 형이상학에 주어졌을 것이고 지금 특수 형이상학에 의해 형이상학적 대상들이 본질적으로 탐구되어 더 정확하게 규정될 것이라는 의미에서의 »특수 형이상학«은 결코 존재할 수 없다. 오히려 그러한 대상들은 형이상학의 유일한 대상의, 즉 공 *389* 통 존재의 개시(開示, Enthüllung)가 도달하는 목적으로서만 비로소 처음 드러난다. "그들에 대한(즉, 별도의 것들에 대한) 특정한 학문은 있을 수 없다."[6][Non potest de eis (rebus separatis) scientia particularis esse] 따라서 신 인식은 이러한 의미에서도 오직 형이상학의 »궁극적 목적«(finis ultimus)일 뿐이다. 따라서 모든 자연 신학(theologia naturalis)은 [토마스는 이를 자연 철학(theologia philosophica)이라 칭한다][7] 특수 분야로서 일반 존재론의 반복이거나 또는 성경 신학에서만 가능한 것에 대한 월권이다.

신은 형이상학적 대상의 근거이지만, 그 자체로 자신의 내적 본질에 기초 지워진 것을 근거 없이 파악한 후에 »결국« 신에 부딪히게 되는 식의 그러한 형이상학의 목적이 아니다. 형이상학의 대상들은 (그리고 그 근거들 또한) 사실 "우리에게 나중에 알려진 것보다"[8](posterius *283* nota quoad nos), 즉 알려질 수 있는 다른 것보다 더 늦은 것이지만, "본

....

6 De natura generis c. 6.
7 Boeth. de Trin. l. c.
8 I. Metaph. lect. 2 n. 46; Boeth. de Trin. q. 5 a. 1 ad 9.

성에 따라 먼저 알려진 것"(prius nota secundum naturam)이다. 그러나 이는, 우리가 형이상학적 대상들을 그 자체에 기초한 다른 인식을 위하여 추후적으로 파악하여 »추후적으로« 인식하는 대상이 먼저 인식된 대상의 근거일 뿐이지, 이러한 먼저 인식된 것에 대한 인식의 근거는 아니었을 것이라는 사실을, 따라서 인식된 것보다 오직 현실적으로만 그 자체로 우선하였을 것이며 아마도 어떠한 누군가에 의해(예를 들어 자기 자신에 의해) 우리의 첫 대상에 앞서 인식되었을 것이라는 사실을 뜻하는 것은 아니다. 오히려 토마스에게는 그 자체로 먼저인 것이 인간의 인식 행위에서도 먼저이지만, '인식된 대상'(objectum cognitum), 즉 '먼저 인식된 것'(id quod primo intelligitur)으로서가 아니라 오히려 인식 원리(principium cognitionis)로서 파악된다. 반면에 파악

390 되는 첫 대상은 사실 질료적 하성(quidditas materialis)이다.[9] 감각적 대상에 대한 파악을 통해 함께 암묵적으로 파악된 이러한 '인식 원리'는 '지성의 빛'(lumen intellectus)이며, 이를 통해 '영원한 이성들'(rationes aeternae)이 '최초의 가지 대상들'(prima intelligibilia)로 암묵적으로 함께 파악된다.[10](miterfaßt) 그러나 형이상학의 '자체에 관해 먼저 알려진 것

....

9 I. q. 12 a. 11 ad 3; q. 85 a. 5 corp.; q. 88 a. 3 ad 1. 이 본문을 이해하는 데 필요한 것은 사실 이미 앞서 논의되었다. 토마스 또한 더욱 은폐시켰다면서 아우구스티누스에 반대하는 것으로 추정되는 [헤르틀링(Hertling), 그라프만(Grabmann), 가이저(Geyser) 등의] 이러한 본문 해석은 오류이다. 아우구스티누스와 토마스 간의 대립은 토마스의 아리스토텔레스주의와(즉, »경험적«(empirischen) 추상과) 아우구스티누스의 신적인 이데아에 대한 선험적 직관 간이 아니라, 오히려 토마스가 주장하는 주체의 형식적 선험(formalen Apriori des Subjekts)으로서의 지성적 조명(lumen intellectuale)의 선험주의(Apriorismus)와 아우구스티누스가 주장하는 그 자체로 대상적으로 현존하는 이데아의 선험주의 간에 놓여 있다. 왜냐하면 지성의 조명은 사실 객관적인 주제적 대상으로 파악되지 않지만 모든 대상적 인식의 선험적 형식으로서 인식을 통해 함께 암묵적으로 파악된다는, 즉 »의식된다«(gewußt)는 사실이 이미 앞서 드러났기 때문이다.

10 Vgl. noch I. q. 16 a. 6 ad 1. Vgl. dazu auch S. 191f.

들'(prius nota quoad se)은 인간의 첫 대상에 대한 인식을 지지하는 근거, 즉 '우리에게 먼저 알려진'(prius nota quoad nos) '지성의 빛'에 의해 비록 대상적으로 제시되지는 않지만 이미 암묵적으로 함께 파악된다. »대상들«로서 이들은 '우리에게 나중에 알려진 것'(posterius nota quoad nos)으로 남아 있다. 토마스에게는 암묵적으로 함께 파악된 지성의 빛으로 형이상학을 통해 도달할 수 있는 대상들의 총체가 왜 암묵적으로 함께 주어져야 하는지는 이전의 고찰에서 명백하다. 곧, '공통 존재자'가 스스로 해석하게 하는 첫 번째 원리는 '지성의 빛' 안에 기초한다. 그러나 인간은 형이상학적 대상을 '공통 존재자'에 대한 앎을 통해서만 파악할 수 있다. 따라서 형이상학은 모든 인간 인식의 고유한 근거에 대한 반성적 해석일 뿐이며, 이 근거는 그 자체로 언제나 이미 인식에 처음부터 암묵적으로 함께 상정되어 있다. 그러므로 토마스가 방금 인용된 본문에서 '지성의 빛'을 '창조되지 않은 빛의 공유된 유사성'(participata similitudo luminis increati)이라고 파악한다면, 이는 인식의 원리인 조명의 빛의 작용과 관계없는 형이상학적 언명만이 아니라 오히려 이 빛을 모든 인식의 원리라고 특성 짓는 하나의 규정인 것이다. 왜냐하면 모든 인식은 존재 행위 자체(esse schlechthin)를 향한 선취를 통해서만 가능하기 때문이고, 이로써 절대 존재 행위에 대한 암묵적 긍정이 모든 인식의 가능성을 위한 조건이기 때문이다.

이로써 우리는 형이상학의 가능성에 대한 질문을 위한 고유한 출발점을 토마스에게서 볼 수 있는 새로운 상황에 놓여 있다. 그러면 형이상학적 영역이 '지성의 빛'을 통해 드러나는 한 형이상학은 가능하다. 그러나 이 빛이 생득 관념(eine angeborene Idee)도 아니고, 어떠한 식으로든 형이상학적 대상을 »영원한 진리« 또는 대상적으로 의미된 절대 존재 행위로 파악하는 직접 조망하는 행위를 허용한다는 것도 아니라는 점이 드러났다. 오히려 이 빛은 보편적인 '질료적 하성'과 같은 인간 인식의 직접적 대상일 뿐인 '저 어떠한 것'(jenes Etwas)을 대상적으로 소유하는 가능성의 조건으로서만 우선적으로, 그리고 기원적으로 접근 가능하다. "영혼 안에 있는 것들에 대해 지성이 아는 모든 지식은 (따라서 자신의 고유한 조명 또한) 지성이 자신에 상응하는 표상을 가진 자신의 대상을 인식한다는 사실에 기초한다."[11](Tota cognitio qua cognoscit, intellectus ea quae sunt in anima, fundatur super hoc quod cognoscit objectum suum quod habet phantasma sibi correspondens) 다시 말해서, '지성의 빛'은 우선 오로지, 그리고 배타적으로 '가동적 존재자'(ens mobile),[12] 즉 물질적인 것의 하성과 관계있는 학문인 물리학(physica)의 가능성의 조건으로서 주어졌다. 그러나 이는, '지성의 빛'이 형이상학적 영역의 개시(Eröffnung)라고 논증될 수 있는 것이 '지성의 빛'이 오로지 그러한 개시로서 물리학의 가능성의 조건일 수 있음을 보여 줌으로써만 가능함을 뜻한다. 이에 따라 형이상학은 인간이 자신의 물리학을 위해 언제나 이미 사용하는 한에서 인간에게 존재한다. 형이상학의 영역은 인간이 세계에 존재할 수 있는 데 필요한 만큼만 인간에게 개시된다. 이는 토미스트적 의미의 형이상학이 여전히 가능한지에 대한 질문을 제기한다. 왜냐하면 형식적 선험적 원리들은(즉, '조명의 빛'은) '가동적 존재자'나 시공간의 순수 직관으로서의 상상력 같은 곳까지, 다시 말해 선험적 원리들이 이들의 근거로 드러나는 곳까지 도달해야 하는 것으로 보이기 때문이다. 선험적 원리들은 더 이상 도달할 수는 없는 것처럼 보인다. 왜냐하면 '지성의 빛'은 우리에게 '형

....

11 III Sent. dist. 23 q. 1 a. 2 ad 5.
12 In I. Metaph. lect. 2 n. 47 usw.

식적 선험'(formales Apriori)으로만, 즉 언제나 이미 감각적 직관으로
만, 곧 표상을 포함하는 가지상의 형상으로만, 주어졌기 때문이고, 가
지상의 형상은 오직 '표상으로의 전회'를 통해서만 발생하고 유지되
어 존재하기 때문이다. 저 빛은(제일 원리에 대한) 모든 필수적 인식이   285
이루어지는 장소로서 감각적 직관에 봉사하는 형식 원리로서만 이해
될 수 있다. 왜냐하면 토마스에 따르면 정신은 그 자체로 순수 가능태
에 있고, 정신의 근본 행위여야 하는 타자에 대한 수용적 직관은 그 자
체로 이미 필히 감각적이기 때문이다. 따라서 인간 인식의 형식 원리들
(die formalen Prinzipien)에 대한 반성은 오직 조건들만을 개시할 수 있
는 것처럼 보인다. 이 조건들 중에는 감각 경험 자체의 대상들이 있어   392
서 이 조건들은 처음부터 인간 직관의 대상들을, 즉 감성을 넘어서는
조망(Ausblick)을 열지 않는다. 따라서 물리학은 (자신의 가능성의 조건
에 대한 질문을 그 자체로 이해하는 한) 궁극적으로 제일 철학(philosophia
prima)이 될 것이며, 저 고명한 »고대의 철학자들«은 옳을 것이다. 토
마스는 그들의 명백한 의견에 대해 (합당한 이유와 함께) 다음과 같이 설
명한다. "왜냐하면 고대의 철학자들은 물리학자가 다루는 가동적 물체
의 실체 외에 어떠한 실체가 있다고 생각하지 않았기 때문이다. 그래
서 그들만이(즉, 물리학자들만이) 자연 전체와 결과적으로 존재자에 대
해서, 그리고 아울러 존재자와 함께 동시에 고려되어야 하는 제일 원리
들에 대해서 규정할 수 있다."[13][antiqui enim non opinabantur aliquam
substantiam esse praeter substantiam corporalem mobilem, de qua physi-
cus tractat. Et ideo creditum est quod soli (d. h. als physici) determinent
de tota natura et per consequens de ente et ita etiam de primis principiis

....

13 In IV. Metaph. lect. 5 n. 593

quae sunt simul consideranda cum ente] »세계«에[14] 대한 앎은 참되고 전적인 형이상학이었을 것이다. 형이상학의 가능성을 위한 '표상으로의 전회' 개념에서 제기된 문제가 형이상학의 가능성에 대하여 이와 같이 제기된 질문으로 공식화되었다는 것에 대해서는 더 이상의 설명이 필요하지 않다.

....

14 »세계는 여기서 가시적으로 제한된 것들로 받아들여지기에, 천사는 세계의 피조물로 계산되지 않는다.«(Mundus accipitur hie secundum quod est continentia visibilium tantum et ita inter creaturas mundi non computatur angelus) 이는 즉 토마스가 이해하는 형이상학에 속하는 분리된 실체(substantia separata)를 뜻한다.

2. 형이상학의 가능성: 존재 행위 자체를 향한 개방으로서의 인간의 기본 행위(초월)

그런데 토마스에 따르면 '표상으로의 전회'에도 불구하고 또는 사실은 '표상으로의 전회'로 말미암아 어떻게, 그리고 왜 그가 이 개념을 이해하는 의미에서 형이상학이 가능한 것일까? 우리는 이러한 질문에 답변하기 위해서 토마스가 '표상으로의 전회'에 대한 논고,『신학대전』 제I권 'q. 84 a. 7 ad 3'에서 제안한 지침으로 시작한다. 사유 행위가 시공간에 구속된 상상력으로 필히 향해야 함에도 불구하고 형이상학은 초월, 부정, 그리고 비교를 통해 가능하다.

우리는 여기서 형이상학의 가능성에 대한 첫 번째 전제를 다루고 있다. 이 시점에서 토마스는 위에 논의된 세 가지 행위(Akte)만을 열 *393* 거한다. »신을 원인으로 인식하는 것«(deum cognoscere ut causam)은 형이상학을 전개한다는 것을 가리키며, 토마스의 명제에 나타나는 어

법에서도 분명해진 것처럼 이러한 전개는 자신의 고유한 본질을 통

286 해 위에 열거된 세 가지 행위를 이미 전제한다. "우리는 신을 초월과
부정을 통해 원인으로 인식한다."(deum cognoscimus ut causam et per
excessum et per remotionem) 첫 번째 »그리고«(et)는 '초월'(excessum)
을 '원인'(causam)과 연결하지 않고 '부정'(remotionem)과(et … et) 연
결하기에 신이 존재자의 근거로 인식될 수 있는 전제인 »원인으로«(ut
causam)와는 구별된다. 왜냐하면 신을 존재자의 근거로서 인식하는 것
은 (이미 이전에 알려진 것으로서의) 신을 사물의 근거로 인식한다는 것
이 아니라, 존재자를 존재 행위로서 인식하는 가운데 언제나 이미 암묵
적으로 함께 개방되어 있는 근거가 절대적 존재, 즉 신이라는 것, 그래
서 신을 처음 인식한다는 것을 뜻하기 때문이다. 명제에 대한 이러한
해석은 형이상학의 신이 단지 '주제의 원리'(principium subjecti)일 뿐
이지 '주제'(subjectum)가 아니라는 사실에 대한 의역에 불과하다. 그
러나 '신을 원인으로 인식하는 것'(deum cognoscere ut causam)에 대한
이러한 해석만 옳다고 한다면, 형이상학의 기본 행위는 존재자 자체로
부터 더 이상 존재자로서도 존재할 필요가 없을 그 근거를 향한 그 어
떤 인과론적 추론이 아니라, 오히려 존재자와 자신의 인식의 근거인 존
재 행위 자체를 향한 인식자의 개방이라는 사실은 자명하다. 그러나 이
는 정확히 초월을 통해 제공된다.

초월, 부정, 비교가 『신학대전』 제I권 'q. 84 a. 7 ad 3'에서 신을 아
는 데 알려진 세 가지 방법과[즉, 인과성의 방법(via causalitatis), 탁월한
방법(excellentiae), 부정의 방법(remotionis)] 어떠한 관계를 갖는지에 대
해서는 더 이상 자세하게 들어갈 수 없다. 어떠한 경우든 그것들은 단
순히 동일시될 수 없으며, 특히 두 번째의 세 가지 방법(Ternar)은 토
마스에 따르면 분명히 항상 같은 의미로 이해되어서는 안 되고, 사실

556   제3부 상상력에 기반한 형이상학의 가능성

항상 동일한 순서로 열거되지도 않는다.[1] '인과성의 방법'은 존재자의 존재 행위(esse)가 »수용된 것«(receptum)이라는 인식을 이미 전제하고,[2] 한계성에 대한 인식은 존재 행위 자체의 개념을 이미 조건으로 전제하기에, 우리가 부여하는 의미에서의 초월은 이미 '인과성의 방법'을 위한 전제라는 사실이 드러난다. 나아가서 초월, 부정, 비교는 여기서 (『신학대전』 제I권 'q. 84 a. 7 ad 3') 통상의 세 가지 방식과 동일시될 수 없다. 왜냐하면 '인과성의 방법'을 »원인으로«에서 암시된 것으로 추가하고자 하면, 가장 중요하면서도 일반적으로 제일 먼저 거명되는 방법이(즉, 인과성의 방법이) 결여되거나 또는 '네 개로 구성된 군'(Vierergruppe)이 발생할 것이기 때문이다. 물론 보에티우스의 『삼위일체론』 'q. 6 a. 2 corp.'에는 일반적인 탁월의 방법(excellentia, eminentia) 대신에 초월이 세 가지 방법 중의 하나라는 것을 인정해야 한다. 그러나 이것이 초월의 본질에 대한 우리의 이해를 거부하는 근거일 필요는 없다. 왜냐하면 초월은 존재 행위 자체에 대한 선취로서 사실 '탁월의 방법'을 위한 가능성의 조건이고, 따라서 두 개념은 어떤 경우에 있어서는 쉽게 교환될 수 있기 때문이다.

토마스에 따라 만일 형이상학의 근거가 세계에 대한 인식 가능성의 조건이라는 사실에 의해 드러나고, 인식이 바로 감각적 직관을 향한 사유 행위의 전회를 통해, 즉 표상으로의 전회를 통해 완성된다면, 초월, 부정, 그리고 비교는 본질적으로 감각적 직관에 의존하는 사유 행위를

....

1 Vgl. I. q. 12 a. 12 corp.; q. 13 a. 1 corp.; q. 13 a. 8 ad 2[여기에서는 탁월한 방식(modus emientiae)이 우선이다]; q. 13 a. 10 ad 5; I. Sent. dist. 3 본문 제1부의 분할(divisio primae partis textus); I. Sent. dist. 3 q. 1 a. 3 corp.; dist. 35 q. 1 a. 1 corp.[부정은 셋 가운데 첫 번째이다(remotio ist das erste der drei)]; De malo q. 16 a. 8 ad 3[부정이 선행한다(negatio geht voraus)].

2 I. Sent. dist. 3 div. 본문의 제1부(primae part. text).

통해 세계를 인식하기 위한 가능성의 조건이 되는 방식으로 형이상학의 근거여야 한다.

토마스에게 초월, 부정, 그리고 비교는 비록 모두가 필수적이지만 단순히 동일한 기원으로서 형이상학을 가능하게 하는 정신의 동등한 행위(gleichgeordnete Akte des Geistes)가 아니라는 사실이 무엇보다도 분명하다. 우선 '비교'는 분명히 형이상학적 대상과 감각적으로 직관된 대상 간의 비교로서 어떠한 양식으로든 형이상학적 영역의 개방을 이미 전제한다. 나아가 '비교'의 필요성은 형이상학적 대상을 첫 번째로 파악할 수 있게 하는 것이라기보다는 인간의 이러한 인식 행위가 [현재 상태에서(in praesenti statu)] 감성에서만 가능하다는 사실의 지표이다. 따라서 비교는 형이상학적 인식을 가능하게 하는 첫 번째 조건이라기보다는 제한하는 조건이다. "그러나 현재 상태에서 우리가 이해하는 모든 것들은 감각적이고 자연적인 사물과의 비교를 통해 우리에 의해 인식된다."[3](Omnia autem quae in praesenti statu intelligimus, cognoscuntur a nobis per comparationem ad res sensibiles naturales) '부정'(remotio, negatio)은 토마스에게는 '긍정'(affirmatio)만큼 동등한 기원성을 지니고 있지 않다는 것이 이미 드러났다. 한계와 목적은, 그 경계가 인식되고 그것을 통해 그 경계가 제거되는(removeri) 존재 행위보다 더욱 포괄적인 존재 행위를 향한 내뻗음을 통해서만 인식된다. 즉, "부정에 대한 이해는 언제나 어떠한 긍정에 기초한다."[4](intellectus negationis semper fundatur in aliqua affirmatione) 따라서 세계에 대한 앎의 조건으로서 형이상학을 가능케 하는 최초의 기원적 행위로서 초월만이 남는다. 그러므로 물리학과 형이상학과 관련하여 자신의 본질을 규정할 필요가 있다.

....

3 I. q. 84 a. 8 corp.
4 De pot. q. 7 a. 5 corp.

만일 우리가 형이상학이 우선 가설적으로 가능하다고 전제한다면, 이러한 초월은 형이상학에 비추어 다음과 같은 특징으로 규정된다. 즉, 초월은 형이상학적 영역을 열어야 함에도 불구하고 그 자체로만으로 형이상학적 대상들 자체를 대상적이자 가시적으로 직접 제시할 수 없다. 왜냐하면 그렇지 않으면 초월은 그 자체로 드러나는, 즉 인간에 의해 다른 것으로 수용되는 대상에 대한 직관일 것이기 때문이다. 그러나 이러한 직관은 본질적으로 감각적이며, 따라서 그 자체로 형이상학 288 적 대상을 제공하지 않는다. 따라서 초월은 인식 주체의 측면에서 오로지 형식 원리의 현실성(Aktualität)일 수 있다. 이러한 원리 자체는 필연적으로 인식 대상의 가능성의 조건, 즉 실제로 가지 대상의 가능성의 조건이며, 따라서 선험적이고 필연적인 인식의 근거이다. 만일 이러한 인식의 형식 원리가 형이상학의 가능성의 근거로서 한편으로 존재 행위 자체의 영역을 개방해야 하는 입장이라면, 그리고 동시에 다른 한편으로 형이상학적 직관이 주어지지 않았기 때문에 형이상학적 대상 자체를 제시하지 않고 따라서 감각적 직관과 관련되어 있는 사유 행위의 형식 원리여야 한다면, 이러한 원리의 두 가지 특징은 존재 행위 자체에 대한 선취적 개방이 오로지 감각적 직관의 대상성으로의 전회를 통해서만 성립되는 방식으로만(이를 통해 존재 행위 자체는 대상적으로 직관 396 되지 않고 오히려 오직 선취를 통해서만 소유된다), 그리고 이러한 감각적 대상성이 인간의 방식으로 오로지 존재 행위 자체의 개방을 통해서만 보편적이고 대상적인 것으로 소유될 수 있는 방식으로만 일치되었다고 생각할 수 있다.

이로써 우리는 다음과 같은 질문에 맞닥뜨린다. 인간적, 즉 대상적이자 감각적 직관의 어떠한 특성들이 초월을, 즉 존재 행위 자체를 향한 선취를 그 가능성의 조건으로서 전제하는가?

인간 인식은 우선 수용적 인식이며, 그러한 한 감각적이다. 그러나 인식은 그 자체로 자신을 드러내는 대상에 대해 참된 판단이 내려지는 방식으로 감각적이다. 즉, 인간 인식은 보편적이자 대상적이다. 보편성과 대상성은 필연적 관계에 서 있다. 수용적 인식 자체는 감각적이다. 그러나 이는 감각적 인식자가 존재론적으로 타자가 된다는 것을 뜻한다. 따라서 감각적 인식자는 감각적인 것으로서 피인식자로부터 반드시 구별되지는 않는다. 따라서 수용적 인식이 객관적이 되어야 한다면 한편으로 피수용자(das Hingenommene) 자체가 되는 (본질적으로 수용적인) 감성이어야 하며, 다른 한편으로 감각적으로 직관된 것에 대하여 대상으로서 판단하기 위해서 감각적으로 직관된 것에 대한 보편적 '하성'을 알아야 한다. 따라서 수용적 인식은 이러한 '하성'을 인식자가 타자 자체가 되는 대상의 감각적 소여 방식으로부터 구별해야 한다. 그러므로 '자신과 함께 있는 행위'와 감각적으로 직관된 것의 관련성이 불가분적으로 서로에 대해 조건 지우는 방식으로 주체는 대상에 대한 대척자로서 자기 자신과 함께 있어야 한다. 수용된 어떠한 것에 관한 하성을 아는 것은 자신을 드러내는 것, 즉 수용된 어떠한 것에 대하여 인식 주체가 대립(Entgegensetzung)될 때에만 항상 가능하다. 그리고 역으로도 마찬가지이다. 즉, 자신의 고유한 대상(objectum proprium)이 타자인 수용적 주체의 '자신과 함께 있는 행위'는 대립된 어떠한 것에 대한 '하성'을 아는 것을 통해서만 가능하다. 인간 인식은 타자로부터 보편적 '하성'을 알면서 자기 자신에게로 회귀(Rückkunft)한다. 이러한 모든 계기와 함께 이 인식을 통해서만 인간에게 세계 내 대상이 제공된다.

289

감각적 직관을 통해, 그리고 감성과의 동일화를 통해 소유된 것을 참된 판단을 통하여, 즉 보편적인 것에 대해 진술하는 판단을 통하여 대상으로 자신에게 대립해서 세우는 이러한 가능성은 선취에 기반을

397

두고 있다. 선취를 통해 감성의 구체성 안에 소유된 감각 대상의 형상은 구체성을 통해 제한된 것으로 인식되고, 이를 통해 추상되며, 따라서 그렇게 추상된 형상이 자기 자신 내에 제공된 대상을 향하여 감성을 통해 관계를 갖게 되어, 대상이 대치해-서 있는(gegen-ständiger) 것으로 보인다. 이로써 인식 주체 자체는 자신의 보편적 앎을 통해 대상으로부터 자신을 구분하고, 이를 통해 '완전한 회귀'가 완성되는 가능성이 처음 열린다.

이러한 선취는 존재를 향하여 간다. 이 선취의 폭은 단순히 감성을 통해 대표적으로 상상 가능한 것, 즉 수적 원리의 존재자(ens principium numeri)로서의 가동적 존재자(ens mobile), 다시 말해 세계의 총체성이 아니라, 부정적 (결여가 아닌) 비제한성으로 있는 존재 행위 자체이다. 선취가 자신의 고유한 가능성의 조건을 긍정하는 한, 그리고 이러한 조건에 선취의 '향처'(Woraufhin)가 속하는 한, 선취는 존재 행위자체를 세계 너머의 가능한 것이자 현실적인 것으로 긍정한다. 이로써 상상력의 공간 너머의 존재 행위가 긍정된다. 이 긍정은 세계에 대한 대상적 인식의 가능성의 조건이다. 왜냐하면 긍정은 최초로 그러한 대상적 세계 소유를 가능케 하는 선취에서 발생하기 때문이다.

토마스에 따르면 초월은 본질적으로 판단을 통해서만 발생하며, 따라서 판단은 존재 행위 자체를 향한 정신의 역동적 열망을 표현하는 것일 뿐이라는 점이 이미 밝혀졌다. 이는 또한 존재 행위 자체가 제시되거나 재현되지 않고 주어질 수 있다는 사실을 설명한다. 이를 통해 상상력의 기초가 유일한 직관으로 남겨진다. 존재 행위 자체는 직관되지 않는다. 즉, 존재 행위 자체는 지성적 직관(intuitio intellectualis)의 시야에서 자신을 드러내지 않고, 오히려 직관에 유일하게 제시되는 존재자의, 즉 인간 인식의 고유한 대상(objectum proprium)으로서의 가동적 존재자의 대상적 인식을 위한 가능성의 조건으로서 암묵적으로 함께 긍정된다.

토마스에 따르면 이것은 형이상학이 인간에 의하여 수행될 수 있다는 기본 지침 또한 제공한다. 형이상학은 통상적인 의미에서 »실재적«(realistisch)도 »귀납적«(induktiv)도 아니다. 왜냐하면 형이상학의 가능성을 위해서는 '능동 지성의 빛'(lumen intellectus agentis)이 규정적이기 때문이다. 다른 한편으로 이러한 '빛'(lumen)은 선험적이며 세계의 대상성에 대한 형식적 조건일 뿐이기에, 형이상학은 형이상학적 대상의 조망, 즉 존재 행위 자체와 같은 것의 조망으로 구성되지 않고, 오히려 세계에 대한 인식을 통해, 즉 물리학에 대한 긍정을 통해 암묵적으로 함께 긍정된 것에 대한 초월적 반성(transzendentale Reflexion)으로 구성된다. 만일 "학문이 관련된 사안들을 고려하기 위해 학문으로 진행하기 전에 우선 학문적 양식을 인식하여야 한다."[5](prius oportet cognoscere modum scientiae quam procedere in scientia ad ea consideranda de quibus est scientia)라는 명제가 참이라면, 그럼에도 불구하고 형이상학이 제일 학문이어야 한다면, 토마스에 따르면 형이상학을 가능하게 만드는 것에 대한 반성은 이미 그 자체가 형이상학이고 기본적으로 이미 인간적 형이상학에 접근할 수 있는 총체이다. 만일 인간이 자신의 세계 인식을 가능하게 하는 선취에서 암묵적으로 함께 긍정한 것을 형이상학 자체에서 자신의 인식 »대상«으로 만든다면, 필히 그 자체를 가질 수 있는 방식으로만 이 형이상학을 제시된 대상으로 만든다. 인간은 그것을 세계의 사물처럼 사물로서 표현한다. 왜냐하면 인간은 표상으로의 전회 없이는 표현된 것으로서의 대상을 결코 가질 수 없기

....

5 IV. Metaph. lect. 1 n. 529.

때문이다. 그러나 인간이 형이상학적 »대상«에 대한 이러한 표현 자체를 다시 한번 선취를 통해 가능하게 하는 한, 그러나 선취가 언제나 이미 표현된 것을 부정하는 한, 이미 언제나 이러한 판단 방식의 선취를 통해 가동적 존재자에 대해 존재를 제한하는 것을 부정한다. 따라서 인간은 부정을 통한 이러한 제한을 판단하면서 제거할 수 있으며, 그래서 직접 제시하지 않고서도 형이상학적 대상을 초월과 부정을 통해(per excessum et remotionem) 판단하는 방식으로 사유할 수 있다. 이러한 부정에서는 대상적으로 표현되어 상상력의 영역에 속하는 것보다 판단을 통해 더 많은 것이 파악된다. 왜냐하면 상상력의 대상들을 제시하는 선취는 이러한 목적을 위해 존재 행위 자체의 더 넓은 지평을 이미 언제나 열었기 때문이다. 선취가 감각적 소여와 존재 행위의 종합으로서의 모든 가동적 존재자를 언제나 이미 선취를 통해 개시된 존재의 절대적인 폭으로 가지고 들어와서 이 존재 행위에 가동적 존재자를 대치시킴으로써 정신이 종합에서 자유로워지기 때문에, 감각적 존재자의 부정, 그리고 존재 행위 자체와 직관된 존재자 양자 간의 비교 또한 언제나 이미 기본적으로 수행된다. 따라서 부정과 비교는 초월 자체에 *399* 서 내적 계기들로 드러나며, 이들을 통해 초월은 전적으로 자기 자신이 된다. 형이상학이 초월에 대하여 반성한다면 부정과 비교 역시 형이상학적 대상만을 사유할 수 있도록 가능하게 하는 기본 행위(Grundakte)로서 명백해진다. 그러나 부정과 비교는 언제나 선취로서의 초월에, 즉 가동적 존재자를 파악하는 데에서만 존재 행위 자체를 선취하는 행위에 기반을 두고 있다. 따라서 부정과 비교는 형이상학적인 것을 그 자신의 고유한 것으로가 아니라, 오히려 인간 인식의 고유한 대상의 원리로서, 즉 세계의 원리로서 부여한다.

291

3. 형이상학의 한계: 초월적 양태가 내재되어 있는 공허한 공통 존재로서의 선취를 통해 개시된 존재

이로써 처음부터 이러한 형이상학에 대한 한계 또한 이미 어느 정도 드러났다. "사변적 학문들의 전적인 고찰은 감각적인 것들에 대한 인식이 이끌 수 있는 것보다 더 확장될 수 없다."[1](tota consideratio scientiarum speculativarum non potest ultra extendi quam sensibilium cognitio ducere potest)라는 토마스의 명제는 지금 전적으로 무게를 얻는다. 이는 실제로 접근 가능한 경험 자료의 한계가 아니라 오히려 인간 인식의 본질적 구조와 함께 이미 처음부터 암묵적으로 함께 제공된 한계를 뜻하는 것이다. 왜냐하면 절대 존재 행위 자체를 향한 선취의 능력으로 드러난 능동 지성의 '가지적 빛'(lumen intelligible)은 »가

....

1 I-II. q. 3 a. 6 corp.

지적 빛이 그것에(즉, 형상에) 참여하는 한 감각적 사물의 형상«²[forma rei sensibilis inquantum in ea (forma) participatur lumen intelligibile]에 대한 지성적 인식을 통해서만 언제나 제공된다. 토마스 형이상학의 더 정확한 한계와 구체적인 범위는 당연히 선취에 언제나 이미 암묵적으로 함께 상정된 존재 행위 자체의 의미가 무엇인지에 대한 탐구를 통해서만 규정될 수 있다. 이러한 탐구는 본 논문의 범위를 훨씬 벗어난다. 여기에서 이미 얻어진 결과로만 다음과 같은 것을 알 수 있다. 즉, *400* 형이상학의 가능성과 한계가 물리학을 가능하게 하는 존재 행위 자체를 향한 초월에 대한 반성에서만 성립한다면, 우리 대상들의 영역 이외의 대상, 즉 상상력 이외의 대상에 내려질 수 있는 기본적 양식의 유일한 형이상학적 언명들은 존재 행위 개념 자체에서의 본질적 계기들이다. 토마스는 이들을 초월자들(nomina transcendentia)이라고 칭한다.³ 이에 본질적으로 속한 것이 존재(ens), 참(verum), 선(bonum)이다.⁴ 여기서 이러한 초월자들의 의미와 수, 그것들의 파생과 파생 원리, 그리고 실제로 논의된 초월자들의 내적 완성에 대해서 논구하는 것은 불가능하다. 그러나 범주 문제, 개별적 범주의 의미, 그 수량, 그리고 파생 등은 토마스 형이상학의 핵심 문제가 결코 될 수 없다는 점이 이미 드러났다. 인간 형이상학의 대상과 우리가 대상에 대해서 알 수 있는 범위를 기본적으로만 규정하는 것은 '초월자들'이다. 토마스는 이에 대해서 명확히 의식하고 있었다. 그는 우리가 분리된 것들(separata) 자체

....

2 Vgl. Loc. cit.
3 Vgl. De verit. q. l a. 1 corp.; q. 21 a. 1 corp.; a. 3 corp.; De pot. q. 9 a. 7 ad 6 und 그 반대되는 것들에 관하여(ad ea quae in contrarium); I. Sent. dist. 8 q. 1 a. 3; 종의 본성에 관하여(De natura generis) c. 2; I. q. 30 a. 3 corp.; ad l; q. 39 a. 3 ad 3.
4 이전의 각주 3과 함께 다음을 참조할 것. I. q. 16 a. 4 ad 2.

에(즉, 무엇보다 가동적 존재자가 아닌 모든 것에) 고유하게 귀속되는 하성

에 대한 인식을 갖지 못한다는 것을 언제나 반복해서 강조한다.[5] 우리

는 그들의 현존재에 대해서만 알고 있기에, 그들의 본질에 대해서는 그

들의 현존재에 대한 앎에서 필연적으로 함께 제공된 것만이 오로지 암

묵적으로 함께 파악될 뿐이다. 즉, 그것은 존재 강도를 통한 초월 규정

들이다. 이들은 존재 강도를 통해 물질적 한계를 넘어 한 존재자 또는

존재 행위 자체에 필연적으로 귀속된다. 그러나 이로써 형이상학적 대

상은 오직 공허한 존재 개념의 관점에서만 규정된다. 왜냐하면 존재 행

위 또한 그 자체로 모든 존재자의 충만한 근거이고, 따라서 이러한 충

만함은 우리의 선취의 절대적으로 공허한 무제한성을 통해서만 주어

지거나 또는 동일한 것이 자기에게 고유한 자신의 본질적인 초월적 양

식과 함께 공통 존재(ens commune)를 통해서만 제공된다. 그래서 신

에 대한 최고의 인식은 '무지의 어둠'(tenebra ignorantiae)이라는 명제

는 남아 있다.[6] 특별히 범주와 (특히 실체 범주와) 관련하여 토마스는 물

질적 사물과 분리된 실체들(substantiae separatae)에는 공통의 '자연

적 종'(genus naturale)이 없기에 물질적인 것과 상상력 너머의 대상들

에 대한 범주 적용가능성은 전제되지 않고, 오히려 존재 행위의 형이상

학으로서 그리고 초월적 양태로서 범주를 구성한 후 추가적으로 착수

될 수 있는 토마스 형이상학의 과제라는 사실을 명시적으로 강조한다.

이로써 형이상학적인 것과 물질적인 것이 하나의 '자연적 종' 안에 일

치되지 않는다는 이러한 토미스트적 진술은 여기서는 암시만 될 뿐이

....

5 Vgl. A. D. *Sertillanges*, Saint Thomas d'Aquin2 I, II(Paris 1912), 178-182.(Dt. Über-
setzung: Der heilige Thomas v. Aquin 2, Köln-Olten 1954, 182ff.) 천사에 대한 인식도 마
찬가지로 적용된다.

6 I. Sent. dist. 8 q. 1 a. 1 ad 4.

다.[7] 이 점에 대해 더욱 면밀히 파고 들어가면, 토마스의 '존재자의 유비'(analogia entis)는 개념적으로 신의 본질에 대한 부정적 규정을 위하여 고안된 수단(Hilfskonstruktion)일 뿐만 아니라, 초월과 부정을 통해(per excessum et remotionem) 세계에 대한 경험을 선취하면서 넘어서는 곳에서 이미 시작되었다는 점이 드러날 것이다. 사실, 존재 행위 개념은 나중에 유비적으로 확장되기 위해서 무엇보다도 일의적이지 않고 오히려 선취의 형식으로서 유비적이며, 표상으로의 전회에서는 물질적인 것의 존재로서 일의적이다. 유비는 일의적인 것의 근거이지 그 역은 아니다. 즉, "모든 일의적인 것들은 일의적이지 않고 유비적인 존재자인 첫 번째 일자로 환원된다."[8](omnia univoca reducuntur ad unum primum non univocum sed analogum quod est ens)

범주 자체는 일단 형이상학적 개념이 아니라 물리학의 개념이고(여기서 물리학은 물론 철학적 분과로 이해될 수 있다) 가동적 존재자 자체의 존재 방식이다. 이미 이는 단순히 '표상으로의 전회' 이론으로부터 비롯된다. 범주가 상상력의 영역을 넘어서 타당성을 지닌다는 사실, 그 293 리고 어떠한 의미에서 그러한 것인지 또 어느 정도의 범위를 지니는지에 대해서는 어떠한 경우에도 우리가 존재 개념에 대해서 암시하려고 최소한 시도하였던 유사한 양식의 논증이 필요하였을 것이다. 그러나 이러한 논증은 감성의 선험적 형식들이 표상으로 추상하는 전회에서 선취에 제공된 정신의 선험적 형식과 어떻게 개별적으로 인간의 대 402 상 경험의 순수 개념으로 일치하는가라는 반문에 대하여 대답하는 것과 사실상 동일할 것이다. 이러한 질문에 대한 답이 있어야만 '표상으

....

7 Vgl. I. q. 88 a. 2 ad 4; q. 66 a. 2 ad 2; Boeth. de Trin. q. 4 a. 2 corp.; 종의 본성에 관하여(De natura generis) c. 6-7; 9; 14.
8 I. q. 13 a. 5 ad 1.

로의 전회' 이론으로 접근한 토마스의 방식이 사실상 실행될 것이며, 이런 연후에야 우리는 '표상으로의 전회'가 무엇인지를 진정으로 알게 될 것이다. 토마스는 이러한 방식으로 자신의 접근 방법을 실행하지는 않았다. 그에게서는 오직 두 가지 범주만 처음부터 존재자의 두 가지 영역에 제한되지 않았다는 인식이 발견된다. 즉, 실체(substantia)와 관계(relatio)는 존재 행위 자체에 대한 유비적 적용을 위해 고려 대상으로 등장할 수 있다.[9] 더 나가서 토마스는 우리의 지성적 사유 행위의 특성이, 즉 사유 행위는 판단하면서 추론해야 한다는 등의 사실이 감성에 기초를 두고 있음을 보고 있다.[10] 그는 일반적으로 시공간은, 즉 감성의 선험적 형식들은, 다음과 같이 지성적 개념에 포함된다는 점에 주목한다. "그것은 표상에 따라 연속체와 시간을 갖고 이해한다. 왜냐하면 표상을 통해 가지상을 고려하기 때문이다.[11] 영혼의 인식에는 연속체와 시간이 있다."[12](intelligit cum continuo et tempore secundum phantasmata in quibus species intelligibiles considerat, in cogitationibus animae est continuum et tempus) 그에 따르면 확정적 종합은 표상으로의 전회로 말미암아 본질적으로 시간적 계기 자체를 갖는다.[13] 그러나 세계에 대한 우리의 일의적 이해의 최상 개념인 범주들에서 감성의 선험적 형식들이 어떻게 타당한지에 대하여 토마스는 체계적이고 자세한 논증을 하지 않는다. 따라서 결과적으로 범주들을 초월적으로 사용하는 것에 대한 체계적 비판을 그에게 기대할 수 없다.

....

9   I. q. 28 a. 2 corp.; I. Sent. dist. 8 q. 4 a. 2 und a, 3; dist. 22 q. 1 a. 3 ad 2 usw.

10   I. q. 85 a. 5; II. Sent. dist. 3 q. 1 a. 2 corp. usw.

11   I-II. q. 113 a. 7 ad 5. Vgl. I. Sent. dist. 38 q. 1 a. 3 ad 3.

12   De instantibus c. 1.

13   S.c.g. II 96 결론 부분; I. q. 85 a. 5 ad 2; I. Sent. dist. 8 q. 2 a. 3 corp.; De verit. q. 8 a. 14 ad 12; X. Metaph. lect. 3 n. 1982.

이러한 확정은 또 다른 관점에서 우리에게 중요하다. 왜냐하면 우리는 이미 말한 것을 넘어서 '표상으로의 전회'의 의미가 무엇인지를 전개한 것을 토마스에게서는 기대할 수 없다는 사실이 지금까지보다 더 명확히 나타나기 때문이다. 토마스는 실험 심리학의 도움으로 직관 *403* 적인 것과 비직관적인 요소들을 구분하는 아마도 자기 관찰(Introspektion)과 같은 것을 통해 자신의 '표상으로의 전회' 이론을 구축하고 정밀하게 만드는 것을 소홀히 한 것은 아니다. 이러한 것 때문에 그에게 *294* 책임이 있다고 할 수는 없다. 왜냐하면 이러한 방법은 형이상학적 질문에 대하여 본질적인 것을 기여할 수 없기 때문이다. '전회'의 문제는 '추상'의 문제와 마찬가지로 완성된, 즉 이미 의식적으로 제공된 인간 인식의 본성, 특성, 그리고 차이성에 대한 문제가 아니라 오히려 그것들의 생성 가능성의 조건에 대한 질문이기 때문에, 소위 »비직관적 사유 내용«이 제공될 때, 그리고 »직관적 사유 내용«도 '추상'이 이미 일어난다는 이유만으로 인간에게 제공될 때 '전회'는 언제나 이미 수행된 것이다. 그러나 범주에 대한 초월적 연역을 시도하는 것은 가능하였을 것이고 전적으로 토마스의 문제의식과 같은 방향에 놓여 있을 것이다. 하지만 토마스는 그렇게 하지 않았다. 아리스토텔레스의 범주표에서[14] 그가 연역한 것은 이미 주어진 것으로 전제된 범주들을 추후에 배열한 것에 지나지 않는다. 범주들의 이러한 기원적 연역에 의해서만 형이상학 내에서의 범주 적용 문제를 근본적으로 해결할 수 있을 것이다. 토마스는 물리학 너머에 적용되는 개별 사례에서 개별 개념들을 비판하는 것에 만족한다. 그러나 이러한 확인에서 인간 형이상학의 내용과 한계는 존재, 그리고 선취에서 드러나는 자신의 초월적 양태를 통해 근본

....

14 V. Metaph. lect. 9 n. 889ff.

적으로 이미 드러났다는 사실을 잊어서는 안 된다.

여하간 물리학에 대한 이러한 초월적 해명만이 형이상학이 (자신의 가능성 조건에 대한 초월적 반성이 이미 형이상학 자체에서 전적으로 주제화될 정도로) 단순히 자기 정당화에 고갈되지 않고 오히려 이를 넘어 »범주적 형이상학«(kategoriale Metaphysik)일 수 있다는 사실을 증명할 수 있다. 또한 선험적 탐구(Aprioriforschung)로서의 형이상학이 물리학을, 즉 »세계«를, 다시 말해 후험적인 것(das Aposteriori)을 (육체적 정신의 형이상학으로서) 형식적으로 관련되어 남아 있는 실재적 부정성(reale Negativität)만으로 고찰하지 않고 오히려 형이상학 자체가 후험적인 것을 통해서만 자신의 고유한 선험을 통해 내용적으로 명확히 의식한다는 사실은 초월적 해명만이 증명할 수 있다. 오로지 그렇게 해야만 심지어 선험적인 것 자체의 의미를 결여한 형식적 선험주의의 위험을 명백히 피할 수 있다. 왜냐하면 형이상학적으로 참된 선험적인 모든 것은 후험적인 것을 단순히 »병치«(neben) 또는 »후치«(nach)하지 않고 오히려 그 자체를 유지하지만, 후험적인 것을, 즉 »세계«를 그 긍정적인 내용을 통해 다시 한번 순수 초월적 선험성 안으로 풀어 넣을 수 있는 것으로서의 그 자체를 유지하는 것은 당연히 아니고, 오히려 선험적인 것이 그 자체에서 비롯하여 후험적인 것과 관련되어 실제로 자기 자신이 되기 위해서 자신을 자신의 순수 초월성 안에서 결코 유지할 수 없고 오히려 자신을 떠나 범주적인 것 안으로 들어가야 하는 방식의 후험적인 것 그 자체를 유지하기 때문이다. 그러므로 후험적인 것에 대한 선험적인 것의 개방성, 즉 범주적인 것에 대한 초월적인 것의 개방성은 부차적인 것, 즉 적당히 분리 가능한 현실과 앎 간의 추가적인 접합이 아니라, 오히려 하나의 인간 형이상학 자체의 내용에 대한 기본 규정이다. 그래서 토마스에게 범주들을 초월적으로 연역하는 것이 (단순히 물리학으로만이 아니라) 형이상학의 자기규정의 방식으로서 여전히 부족하다고 하더라도―후대의 스콜라학이 그를 넘어서 이 점을 전개하지는 못하였지만―그럼에도 불구하고 그는 범주적인 것을 끊임없이 자신의 형이상학적 반성의 대상으로 고찰하였다.[15]

....

15 Zu *U. v. Balthasar*, in: Zeitschr. f. kath. Theologie 63 (1939), 378f. 저자는 인간에 대한 어떠한 범주적 피규정성들(kategoriale Bestimmtheiten)에 대해(이것은 특히 초월적 해명의 가능성과 관련하여 인간 이하의 범주성과는 다시 한번 특별히 구별되어야 한다) 토미스트적 원칙에 따라 초월적 연역을 시도하였다. 따라서 인류의 역사성(Geschichtlichkeit)에 대해서는 다음을 참조할 것: Hörer des Wortes, 138-211, bes. 162ff.; 인류의 역사적 일치(geschichtliche Einheit)와 모든 인간이 한 쌍에서 연원한다는 것에 대해서는 다음을 참조할 것: Theologisches zum Monogenismus [Schriften zur Theologie I(Einsiedeln 1954)], 253-322, bes. 311-322. 인간의 범주적 규정들에 대한 초월적 연역에 관한 근본적인 질문에 대해서는 저자의 다음 논문을 참조할 것. »자연 법칙과 그 인식 가능성에 대한 몇 가지 소견«(Bemerkungen über das Naturgesetz und seine Erkennbarkeit):. Orientierung 19(1955), Nr. 22, S. 239-243.

4. 세계 내 정신으로서의 인간

토마스가 명시적으로 논의한 것은 적지만, 본 논문의 과정을 통해 어떻게 그의 모든 형이상학적 질문이 인간에게 비추어 제기되었고 인간을 질문의 대상으로 설정하였는지가 분명히 드러났다고 할 수 있겠다. 왜냐하면 토마스에게는 처음부터 자신의 철학 행위의 기반이 세계이기 때문이고, 바로 이 세계는 이미 인간의 정신이―표상으로의 전회를 통해(convertendo se ad phantasma)―삼투된(hineinbegeben) 세계이기 때문이다. 엄밀히 말해서 첫 번째 피인식자, 즉 첫 번째로 만나는 자는 그 자체로 »정신이 배제된«(geistlosen) 세계가 아니라, 정신의 빛을 통해[1] 초월적으로 변형된(überformt)―그 자체인―세계이며, 인간이 이 세계를 통해 자기 자신을 보는 바로 그 세계이다. 피인식자로서

....

1 Vgl. I-II. q. 3 a. 6 corp.

의 세계는 언제나 인간의 세계이며 본질적으로 인간을 보완하는 개념이다. 그리고 궁극적-피인식자, 즉 신은 선취의 무한한 폭을 통해서만, 즉 존재 행위 자체를 향한 열망을 통해서만 빛을 발한다. 존재 행위 자체를 향한 열망은 인간의 모든 행위를 수반하고 자신의 궁극적 인식들과 결단에서만 작용하는 것만이 아니라, 오히려 정신이 되기 위해서 자유로운 정신이 감성이 되고 또 되어야 한다는 사실에서도 작용한다. 그래서 신은 이 땅의 모든 운명에 자신을 내맡긴다. 그러므로 인간은 자 295 신을 세계 내에서 발견할 때, 그리고 신에 대해서 물을 때 자신을 만나게 된다. 그리고 신의 본질에 대해서 물을 때 인간은 이미 언제나 세계 내에서 자신을 발견하며 신을 향한 여정 중에 있음을 발견한다. 그리고 인간은 이러한 두 가지를 모두 동시에 행하고 있고 이들 중 어느 쪽도 다른 한쪽 없이는 존재하지 않는다.[2]

그러나 이로써 인간은 본질적으로 양면적이라는 사실이 드러난다. 인간은 언제나 세상 안으로 추방되어 있지만 언제나 이미 세계를 넘어선다. 인간은 '어떤 면에서 모든 것'(quodammodo omnia)이지만 자신에게 본질적으로 정렬된 자신의 앎의 대상은 '물질적 사물의 본질'(essentia rerum materialium)이다. 인간의 첫 번째이자 마지막 학문은 형이상학이다. 형이상학 "전체는 궁극 목적인 신 인식으로 정향되어 있다."(tota ordinatur ad Dei cognitionem sicut ad ultimum finem) 그러나 인간에 대해서 "우리는 가장 낮은 존재자만 알 수 있다."[3](nos non sci-

....

2 이를 위해서는 저자의 다음 논문 전체를 참조할 것: »신앙 고백«으로서의 학문?(Wissenschaft als: »Konfession«?)[Schriften zur Theologie III(Einsiedeln 1956)], 455-472; und: 인간의 존엄성과 자유(Würde und Freiheit des Menschen)[Schriften zur Theologie II(Einsiedeln 1955)], 247-277, bes. 247-269.
3 S.c.g. III 49.

mus nisi quaedam infima entium)고 진술된다. 이러한 모호성의 각 측면은 다른 측면을 불러일으킨다. 만일 인식이 주로 직관이고 인간의 유일한 직관이 감성이라면, 모든 사유 행위는 오직 감각적 직관만을 위해서 존재한다. 그리고 만일 감성 자체의 의미가 '행위의 필연성'(necessitas actionis)이라면,[4] 모든 인식 행위 자체는 투쟁과 염려, 그리고 세상의 쾌락에 대한 인간의 강력한 자기주장에만 봉사하는 것처럼 보인다. 모든 »형이상학적인 것«은 대상적 감각적 직관을 가능하도록 하기 위해서만 존재하는 것처럼 보인다. 우리는 신, 즉 형이상학의 »대상«을 오직 그렇게만 가능한 세계 경험의 필연적 지평으로서 인식하는 것으로 보인다. 그러나 우리는 세계를 대상적으로 인식하기 때문에 이미 언제나 '완전한 회귀에 의해'(reditione completa) 우리 자신과 함께 존재하고, 세계를 향해 나아감을 통해 우리 자신에게로 되돌아왔다. 그러나 이로써 가능한 세계 경험의 지평은 필연적으로 주제 자체가 되고, 형이상학은 인간 현존재에 필수적이 된다. 우리가 인간에 의하여 인식된 세계에 대하여 물어보는 가운데, 세상과 질문하는 인간은 이미 자신들의 절대적 근거에 대하여, 즉 언제나 인간에 의하여 도달될 수 있는 한계 너머, 즉 세계 너머에 놓여 있는 근거에 대하여 되물었다. 따라서 세상으로 나가는 모든 것은 존재 행위 자체를 향한 정신의 궁극적 열망에 의하여 담지되는 것으로 드러나고, 감성 안으로, 즉 세계와 그 운명 안으로의 모든 삼투(Eingehen)는 절대자를 추구하는 정신의 생성(Werden)으로서만 드러난다. 따라서 인간은 세상과 신 사이에서, 즉 시간과 영원성 사이에서 부유하는 중간이며, 이러한 경계선은 "마치 육체적인

....

4 Vgl. I. q. 91 a. 3 ad 3; I-II. q. 31 a. 6 corp.; I-II. q. 167 a. 2. corp.; In I. Metaph. lect. 1 n. 14.

것들과 비육체적인 것들 간의 어떠한 지평이자 경계처럼"[5](quasi qui-dam horizon et confinium corporeorum et incorporeorum) 자신의 규정 장소이자 운명의 장소이다. 인간은 "마치 영원과 시간 사이의 지평에 있는 실존과 같다."[6](quasi in horizonte existens aeternitatis et temporis)

만일 토미스트 형이상학의 내적 운동이 추구하는 그 궁극적 목적에 도달하지 못하게 되면, 우리는 이 모든 토미스트적 형이상학의 궁극적 의도에 부응하지 못할 것이다. 우리가 토마스의 인식 형이상학에서 파악하려고 시도하였던 모든 것은 토마스에게는 신학적 작업 영역에 있다. "영혼의 측면에서 인간의 본성을 고찰하는 것은 신학자들의 몫이다."[7](Naturam hominis considerare pertinet ad theologum ex parte animae) 신학자 토마스에게 인간은 신이 자신의 계시 말씀을 통해 "영혼의 측면에서"(ex parte animae) 들을 수 있는 방식으로 자신을 드러내는 장소로 간주된다. 신이 말씀하시는지 들을 수 있으려면, 우리는 그가 존재한다는 사실을 알아야 한다. 이로써 그의 말씀이 이미 알고 있는 자와 조우되지 않도록 그는 우리에게 은폐되어 있어야 한다. 인간에게 말하기 위해서 그의 말씀은 우리가 언제나 이미 존재하는, 지상의 장소와 지상의 시점에 우리와 조우해야 한다. 인간이 '표상으로 전회하면서'(convertendo se ad phantasma) 세상 안으로 진입하는 가운데, 존재 행위 자체의 개방, 그리고 신의 현존재에 대한 존재 행위 자체를 통한 앎은 언제나 이미 수행되었다. 하지만 또한 이로써 세계 너머의 이

296

407

....

5 S.c.g. II 68.
6 S.c.g. II 81. 유사한 내용에 대해서는 다음을 참조할 것. S.c.g. III 61. 토마스는 이 구절에서 '원인론'(liber de causis)의 문장을 자유롭게 인용한다. Vgl. O. Bardenhewer, Die pseudoaristotelische Schrift über das reine Gute, bekannt unter dem Namen Liber de causis(Freiburg 1883), 267ff.
7 I. q. 75 들어가기.

러한 신은 우리에게 언제나 이미 은폐되어 있다. 추상은 존재 행위 자체의 개방이다. 이 개방은 인간을 신 앞에 세우고, '전회'는 이 유한한 세계의 '여기 지금'(Da und Jetzt)으로의 진입이며, 이는 신을 멀리 떨어져 있는 미지의 존재로 만든다. 추상과 전회는 토마스에게는 동일한 것이다. 즉, 그것은 인간이다. 만일 인간이 그렇게 이해된다면 인간은 신이 아마도 말씀하지 않았는지 여부도 들을 수 있을 것이다. 왜냐하면 그는 신이 존재함을 알고 있기 때문이다. 신은 미지의 분이기 때문에 신은 말씀하실 수 있다. 그리고 만일 그리스도교가 영원하고 항구적으로 현존하는 정신의 관념(Idee)이 아니고 오히려 나자렛 예수라면, 토마스의 인식 형이상학은 그리스도교적이다. 만일 토마스의 인식 형이상학이 인간을 자신의 유한한 세계의 '여기 지금'으로 되부른다면 말이다. 왜냐하면 인간이 영원한 분을 발견하고 또 영원한 분을 통해 인간이 다시 한번 자기 자신을 발견하기 위해서 영원한 분 또한 유한한 세계로 진입하기 때문이다.[8]

....

8 저자는 인간을 »말씀의 청자«(Hörer des Wortes)로 간주하고 토마스의 형이상학적 단초를 구체적으로 실행하여 같은 제목으로 종교 철학 저서를 다음과 같이 출판하였다. 말씀의 청자(München 1941).

찾아보기

세계 내 정신 제2판

토마스 아퀴나스의 유한한 인식의 형이상학

2024년 2월 8일 초판 1쇄 찍음
2024년 2월 26일 초판 1쇄 펴냄

지은이 카를 라너
옮긴이 이규성

책임편집 정용준
표지·본문 디자인 김진운
본문조판 민들레
마케팅 김현주

펴낸이 윤철호
펴낸곳 (주)사회평론아카데미
등록번호 2013-000247(2013년 8월 23일)
전화 02-326-1545
팩스 02-326-1626
주소 03993 서울특별시 마포구 월드컵북로6길 56
이메일 academy@sapyoung.com
홈페이지 www.sapyoung.com
ISBN 979-11-6707-138-5 93110

* 사전 동의 없는 무단 전재 및 복제를 금합니다.
* 잘못 만들어진 책은 바꾸어 드립니다.